Franz Hoffmann, Franz Baader, Johann Caspar Bluntschli

Philosophische Schriften

Band 4

Franz Hoffmann, Franz Baader, Johann Caspar Bluntschli

Philosophische Schriften
Band 4

ISBN/EAN: 9783743357976

Hergestellt in Europa, USA, Kanada, Australien, Japan

Cover: Foto ©Thomas Meinert / pixelio.de

Manufactured and distributed by brebook publishing software (www.brebook.com)

Franz Hoffmann, Franz Baader, Johann Caspar Bluntschli

Philosophische Schriften

Philosophische Schriften

von

Dr. Franz Hoffmann,

ordentlichem Professor an der Universität Würzburg, Ritter des Michaelsordens erster
Klasse und auswärtigem Mitglied der Academie der Wissenschaften in München.

Vierter Band.

Erlangen.

Verlag von Andreas Deichert.

1877.

C. Fr. Meyer's Buchdruckerei (C. Löper) in Weissenburg.

Julius Hamberger und Anton Lutterbeck

den Mitherausgebern der Baader'schen Werke

in treuer Freundschaft

der Verfasser.

Viribus unitis!

Inhalt.

Zur Geschichte der Philosophie.

Kritiken wichtiger Erscheinungen der philosophischen
Literatur in den Jahren 1861—1871.

Pythagoras, der Weise von Samos. Ein Lebensbild, nach
den neuesten Forschungen bearbeitet von Eduard Baltzer.
Mit einer Uebersicht-Karte. Nordhausen. Verlag von F. Förste-
mann. 1868.

Pythagoras ist bis zu den letzten Jahrzehnten hin, wenn nicht
eine fast mythische, doch räthselhafte Gestalt gewesen. In den
Werken über Geschichte der Philosophie fand man über keinen namhaften Philosophen des Alterthums weniger befriedigende Aufschlüsse,
als über die Philosophie des Pythagoras. Und doch musste er ein
hervorragender Philosoph gewesen sein, sonst hätte er zu dem ausserordentlichen Ansehen nicht gelangen können, welches er schon im
hohen Alterthume genoss. Da trat Eduard Röth mit seiner Geschichte der abendländischen Philosophie hervor, deren erster Band:
Die ägyptische und die zoroastrische Glaubenslehre als die ältesten
Quellen unserer speculativen Ideen, im Jahre 1846 erschien, indess
der zweite: Geschichte der griechischen Philosophie (bis Pythagoras)
mit einem ganzen Bande gelehrter Noten im Jahre 1858 an das
Licht trat. Leider kam das Werk nicht bis über Pythagoras
hinaus, indem der Verfasser schon in demselben Jahre starb. Auf
seiner Grundlage hat namentlich Julius Braun fortgearbeitet und
hat der Verfasser in seiner Allgemeinen Religionsgeschichte Pythagoras dargestellt. Die vorliegende Schrift kann als eine Ausführung
dieser Darstellung gelten, so weit man vermuthen darf, ohne dieses
Werk zu kennen.

Der Verfasser beginnt seine Schrift, die in 48 Capitel zerfällt,
mit einer Schilderung der Insel Samos und der Seereisen des
Vaters des Pythagoras, Mnesarchos, der reicher Kaufmann und
Künstler in einer Person war, schildert die Jugendbildung des
Pythagoras, dessen Geburt der Verfasser mit Röth in das Jahr 569
v. Chr. setzt, und entrollt ein Bild der wunderbaren, an Wechsel-
fällen so reichen Lebensgeschichte des grossen Philosophen. Wir

sehen ihn als hochbegabten Jüngling voll begeisterten Dranges nach
tieferer Wissenschaft, wahrscheinlich von seinem Jugendlehrer Hermodamas ermuntert, zu den drei glänzendsten Sternen am Geistes-
himmel seiner Zeit, zu Pherekydes in Lesbos und zu Thales und
Anaximander in Milet reisen und von diesen den Rath empfangen,
nach Aegyptens, dem Mutterland griechischer Cultur, zu schiffen und
sich besonders an die Priester von Memphis und Diospolis (Theben)
zu wenden; denn von diesen habe auch er mitgebracht, was ihn in
den Augen der Menge zum Weisen mache. Pythagoras reiste nach
Phönizien, nahm die Weihen in den bedeutsameren Heiligthümern
von Byblus und Tyrus und ward somit Priester, wodurch er sich
wohl günstige Aufnahme in Aegypten erleichtern wollte. Nach
Bestehen einer ernsten Gefahr zur See, die ihm von ägyptischen
Bootsleuten drohte, langte er in Aegypten an und beschloss, Alles
aufzubieten, in den Priesterstand aufgenommen zu werden, um, nach
empfangenen Weihen, das Studium der ägyptischen Wissenschaft
beginnen zu können. Die Priesterschaft in Heliopolis wie in Memphis wiesen ihn ab, aber in Theben überwand er alle Schwierigkeiten, so gross sie auch waren und empfing die Weihen. Nun
konnte er die ägyptische Wissenschaft in allen ihren Zweigen unter
der Leitung des ägyptischen Oberpropheten Sanchis studiren, durch-
lief die hierarchische Stufenleiter des Priesterthums, bereiste Aegypten,
lernte die berühmtesten Männer kennen und studirte — Priester unter
Priestern — die verschiedenen Tempel- und Weihedienste. Aber
er blieb nicht blos empfangend, sondern erschuf in kräftiger Pro-
ductivität die heilige Sage (ἱερὸς λόγος), die er seinem späteren
Leben in Griechenland, seiner religiösen und religionsphilosophi-
schen Lehrthätigkeit zu Grunde legte. Vom 22. bis 44. Lebensjahre
(547—525 v. Chr.), also 22 Jahre, weilte Pythagoras in Aegypten.
Da fiel Kambyses, der König von Persien, in das Land und be-
siegte bei Pelusium die Aegypter und Griechen, worauf er sich zum
Herrn von Aegypten machte. Wegen ihres geleisteten Widerstandes
wandte sich der Zorn des Königs Kambyses am heftigsten gegen
die vornehmen Klassen der Aegypter, also gegen die Priesterschaft
und schickte Tausende von vornehmen Aegyptern, unter ihnen die
Mitglieder der Priesterkaste, nach Susa und Babylon, und mit ihnen
Pythagoras. Babylon war in Asien der alte, glänzende Centralpunkt
einer religiösen, wissenschaftlichen und weltlichen Cultur. Eine neue
Welt ging für den Forschungsgeist des Pythagor as auf. Zwölf Jahr
weilte er hier, von 525—513 v. Chr. Er soll hier mit den Magiern
und mit Zoroaster Umgang gehabt haben und sich von ihnen haben
unterrichten lassen. Auch mit den Juden, die sich noch in der Ge-

fangenschaft befanden, scheint er Umgang gepflogen zu haben. Er
genoss zu Babylon jede Freiheit der sonstigen Bürger, nur nicht
die, Babylon zu verlassen und nach seinem Vaterlande zurückzukehren. Durch eine eigenthümliche Verkettung der Umstände kam
der berühmte griechische Leibarzt des Tyrannen Polykrates (des
Jüngeren) von Samos Demokedes nach dem Kreuzestod seines
Fürsten durch den persischen Satrapen von Lydien, Orötes, als Ge-
fangener nach Babylon, heilte den auf der Jagd verrenkten Fuss
des Königs Darius, wurde in Folge dieser Heilung und seines grossen
ärztlichen Rufes Leibarzt des Königs, befreite die Gemalin desselben
von einem bösen Brustleiden und erlangte es in Folge seiner ärztlichen Verdienste, unter dem Versprechen der Rückkehr, an die
Spitze einer Botschaft gestellt zu werden, welche Griechenland erforschen sollte, und entfloh, in Tarent gelandet, mit Hülfe des dortigen Herrschers Aristophalides, in seine Heimath Kroton. Ein gewisser Gillos, ein tarentinischer Flüchtling, der sich dem König
Darius gefällig erweisen wollte, kaufte die Perser der Botschaft, die
an der tarentinischen Küste Schiffbruch gelitten hatten und in
Sclaverei gekommen waren, los, brachte sie dem Perserkönig zurück
und erlangte auf seine Verwendung von Darius die Freilassung
und Rückkehr des Pythagoras in sein Vaterland. Im Jahre 513 v.
Chr. nach Samos zurückgekehrt, traf er nach achtunddreissigjähriger
Abwesenheit seine Eltern beide in hohen Jahren noch am Leben.
Auch sein Jugendlehrer Hermodamas und sein späterer Pherekides
(in Delos) lebten noch. Pythagoras eilte nach Delos und pflegte
den hochbejahrten, an der schrecklichen Krankheit der Phthiriasis
leidenden hochgesinnten Mann bis zum letzten Athemzuge. Nach
Samos zurückgekehrt, beschloss er zu bleiben, um mit Hermodamas
zusammen zu sein. Doch bald nach Erfüllung der Pietätspflichten
trat er eine Rundreise durch Griechenland an, welche hauptsächlich
den Heiligthümern, den Tempelstätten und ihren Mysterien, den damaligen Pflanzstätten aller geistigen höhern Cultur, galt. Er besuchte
zuerst das altberühmte Kreta und wurde durch Epaminidas, den
jüngeren, in die Mysterien des idäischen Zeus, die ältesten und
heiligsten in Griechenland, eingeweiht. Dann reiste er nach der
Priesterstadt Delphi in der Landschaft Phocis, einer Filial von Kreta,
die jetzt aber die Mutter schon überstrahlte. Der Weg führte ihn
über Sparta, Elis, Sicyon und Phlius. Hier gab er dem Fürsten
Leon auf die Frage: „welche Kunst er denn eigentlich treibe?" die
berühmt gewordene Antwort: eine besondere Kunst verstehe er
nicht, er sei ein Liebhaber des Wissens — ein Philo-Sophos. *)
Delphi, dessen Tempelgebiet mehrere Stunden im Umfange sich

ausdehnte. zu dessen neuerem Tempelbau selbst König Amasis von Aegypten beigetragen hatte, war, in prachtvoller Landschaft, der Wallfahrtsort der Gläubigen der ganzen Welt. Pythagoras liess sich auch dort weihen. Von Delphi zog er von Norden durch Thessalien, das Thal Tempe, zwischen dem Ossa und Olymp, nach Libethri am Meere, dem Sitze der thrazischen Mysterien, und liess sich auch hier in die von Orpheus gestifteten Mysterien des Dionysos aufnehmen, welche die Vorbilder weit verbreiteter Cultur gewesen sind. Auch von den verwandten samothrazischen Kabirenculten und Weihen nahm er Kenntniss. So reifte in ihm der Plan der religiösen Reform. Aber nach seiner Rückkehr nach Samos gewahrt man davon noch nichts. Er folgte der Aufforderung seiner Vaterstadt und eröffnete seine Lehrthätigkeit. Sie fand aber wenig oder keinen Anklang, vielleicht weil er jene Methode anwandte, mit welcher er einst in Aegypten in die Wissenschaft eingeführt worden war; wahrscheinlicher wohl, weil den leichtlebigen Joniern der hohe, zugleich philosophische und mystische Ernst und Geist des Pythagoras nicht zusagte. In der bürgerlichen Verwaltung des Gemeinwesens, wozu man ihn herangezogen hatte, wollte er seine Kraft nicht opfern. Er erfuhr das Schicksal so vieler hervorragender Männer, in seinem Vaterlande wenig oder nichts zu gelten. Nachdem, wie es scheint, sein Vater gestorben war, verliess er seine Heimath und segelte mit seiner greisen Mutter, seinem gleichnamigen Schüler und seinen beiden Sclaven Aristäos und Zamolxis nach Gross-Griechenland. Er kam zuerst nach Sybaris, einer Stadt, die neben Tarent und Kroton unter den Städten Gross-Griechenlands als eine der Perlen durch Reichthum glänzte. Aber er fand dort bereits die Ausartung des Reichthums in Ueppigkeit, Weichlichkeit und Frivolität, so dass er so-

---

*) Cicero erzählt (Tusc. ed. Wolf 5, 3), Pythagoras habe auf die weitere Frage: was das eigentlich sei? gesagt: Das menschliche Leben gleiche jener Messe, welche ganz Griechenland mit Festreigen und Spielen begehe. Denn wie hier die Einen Ehre und Ruhm der Kampfpreise suchten, Andere dem Gewinn durch Handel nachgingen, noch Andere — und zwar die Besten — weder Ruhm noch Geld suchten, sondern kämen, um zu sehen und zu verstehen, was und wie Alles geschehe: so kämen die Menschen aus einer besseren, höheren Welt in dieses irdische Treiben, wie aus der Heimath auf eine Messe, und gingen Einige dem Ruhm, Andere dem Gelde nach; einige Wenige achteten alles Andere gering und durchforschten allein die Natur der Dinge; das seien die, welche die Weisheit liebten, die Philosophen oder die Liebhaber des Wissens. Und wie es dort für das Nobelste gelte, dem Schauspiel beizuwohnen, ohne selbst activ zu sein, so sei auch im Leben das Studium und die Erkenntniss der Dinge der Praxis weit vorzuziehen.

fort sich nach Kroton wandte, einer Stadt, deren Stern im Aufsteigen begriffen war. Kroton hatte noch einigen Sinn für altgriechische Tugenden bewahrt und fortentwickelt. Es hatte einst bei den olympischen Spielen sieben Sieger Demokedes, der aus Babylon zurückgekehrte berühmte Arzt, hatte hier die erste freie (philosophisch) medicinische Schule in Griechenland gegründet und erhielt sie in Blüthe. Sybaris war bereits unter Telys der Tyrannis verfallen; Kroton bewahrte noch eine aristokratisch-republikanische Verfassung. Doch stand dem „Rath der Tausend" eine demokratische Partei gegenüber. Pythagoras fand hier in dem Hause des Arztes Brontinos gastliche Aufnahme.

Alsbald erschien er in der Turnhalle und hielt eine ergreifende Rede an die versammelte Jugend. Ihre Wirkung war so gross, dass der Rath der Tausend ihn einlud und ersuchte, den Vorstehern mitzutheilen, was er zum Besten der Stadt zu sagen habe. Es erschien eine Frauendeputation bei der Gemalin des Brontinos mit der Bitte, gegen das Unwesen der Nebenfrauen und ausserehelichen Verbindungen wirken zu wollen. Pythagoras ergriff die Gelegenheit mit Nachdruck und hielt im Rathe der Tausend vor den versammelten Vätern eine kühne, gedankentiefe und eingreifende Rede, die von grösstem Erfolge begleitet war. Der Rath der Tausend schritt zu den nöthigen Reformen und beschloss, als Denkmal derselben den Musen einen Tempel zu erbauen. Dann hielt Pythagoras noch zwei eindringliche tief ergreifende Reden, die eine an die Knaben im Tempel des pythischen Apollo, die andere an die Frauen im Tempel der Hera, mit durchgreifendem Erfolge, so dass man ihn von nun an den Göttlichen nannte. Seine Reden wirkten so gewaltig, dass die Männer ihre ehelichen Verhältnisse sittlich regelten, die Frauen ihre Kleiderpracht aufgaben und die Jugend mit Begeisterung seinen nun eröffneten Lehrvorträgen folgte. Er bildete sich einen engern Kreis von Schülern und hielt ausserdem Abends Vorträge religiössittlicher Art für ein gereiftes Publikum, das sich bis zu 600 Besuchern erhoben haben soll. Anlässe mancherlei Art führten zu einem Kriege Kroton's mit Sybaris nicht ohne Zustimmung des Pythagoras, der sich tief entrüstet über den nichtswürdigen Mord der Gesandten der Krotonenser durch die Sybariten ausgesprochen hatte. Unter der Führung des berühmten Athleten Milo siegte das 100,000 Mann zählende Heer der Krotonenser über die 300,000 Mann starke Heeresmacht der Sybariten. Sybaris sank in Staub. Die Sieger theilten das Stadtgebiet unter sich in Loose und colonisirten es mittels Anlage kleinerer Ortschaften. Pythagoras, der zum Wagniss des Krieges beigetragen hatte, bewohnte seitdem als krotonischer Bürger auf sybaritischem Boden ein ihm geschenktes Landgut. Nun war er in der Lage, eine förmliche Erziehungsanstalt für die griechische Jugend in grossem Massstabe anzulegen und geistiger Reformator seines Volkes zu werden. Zur Erreichung seiner Absicht musste er seinem Volke Lehrer erziehen. Er nahm daher nur fähige Schüler auf, die, zu ihrer Aufgabe erzogen, später zahlreich als Lehrer und Priester wirken konnten. Desshalb unterwarf er, die Einheit von Religion und Wissenschaft festhaltend, die Knaben einer väterlich milden, aber strengen Zucht. Sein Landgut wurde zu einer grossartigen Lehranstalt umgeschaffen, die unter seiner Leitung herrlich gedieh. Alkäos aus Kroton, ergriffen von dem erhabenen Geiste und den grossartigen Planen des Pythagoras, setzte ihn zu seinem Erben ein und hinterliess ihm nach baldigem Tode reiche Mittel. Jetzt konnte er auch einen eigenen Hausstand gründen. Er erkor Theano, die schöne und geistreiche Tochter des Brontinos, die begeisterte Schülerin, zu seiner Gemalin. Sie besass gediegene wissenschaftliche Bildung und war Dichterin und Schriftstellerin. Sieben Kinder gebar sie ihrem Gatten, drei Söhne und vier Töchter. Sein Haus war ein Muster der Einfachheit und Mässigkeit in jeder Beziehung. Dass er nur weisse Gewänder trug, hing mit seinem priesterlichen Charakter zusammen. Die Einrichtung der Schule, eine höchst eigenthümliche und merkwürdige, war durch des Gründers Ansichten und Absichten bis in das Einzelne bedingt. Sie beruhte auf vier Hauptgrundsätzen: 1) Sorgfältige Auswahl bei der Aufnahme; 2) Bleiben in der Anstalt bis zur männlichen und wissenschaftlichen Reife; 3) Unterwerfung unter strenge Disciplin und Ueberlassung grosser Selbstständigkeit in gewissen Dingen; 4) solche Erziehung im Zusammenleben, dass dann der Baum von selbst weiter wachsen konnte. — Die Zöglinge verwalteten ihre Sache selbst unter Oberaufsicht des Hauptes. Aus ihren Capital-Einschüssen bildeten sie eine gemeinsame Kasse, aus welcher sie ihren Unterhalt bestrittten. Unterricht gegen Entgelt zu ertheilen, war bei dem Meister und bei den Schülern verpönt. Der Zuwiderhandelnde wurde ausgeschlossen. Ein selbstgewählter Ausschuss stand an der Spitze der Verwaltung. Ausgeschlossene erhielten ihre Einlagen sammt Zinsen zurück und wurden als Todte betrachtet. Etwa drei Jahre — nie unter zwei — waren die Zöglinge in Lehrlingsstellung den Oberen gegenüber auf Schweigen und Gehorsam angewiesen — als Hörer (ἀκουστικοί). Dann wurden sie in eine zweite, höhere Abtheilung aufgenommen. Der grosse Hörsaal war daher durch einen Vorhang in zwei Theile getrennt — für die Vorschüler und, wenn man so will, für die Hochschüler. Man nannte sie Exoteriker und Esoteriker; sie waren also

Uneingeweihte und Eingeweihte. *) Beim Uebergang von der niederen zur höheren Stufe — nach bestandener Prüfung — empfing der Schüler förmlich und zuerst eine Art Priesterweihe. Man kann darin eine Promotion in der Form feierlicher religiöser Weihe erblicken. Auf zwei Grundgedanken ruhte die Erziehungsmethode des Pythagoras: 1) dass der Mensch von Natur zunächst ein vorherrschend receptives Wesen sei, das erst allmälich sich zur spontanen Selbstthätigkeit durcharbeite; 2) dass die Aufgabe der Erziehung darin bestehe, den Menschen zur göttlichen Selbstbestimmung — zur Gottähnlichkeit — zu erheben. Daher wies Pythagoras seine jüngeren Schüler zuerst auf das Schweigen und Hören an und legte grossen Werth auf die Stärkung der Gedächtnisskraft, wie die Aegypter. Unter dem Namen Akusmata wurden den jungen Schülern Denkstoffe gegeben. Sie breiteten sich ihrem Inhalte nach über Alles, besonders über das sittliche Denken und Wollen aus. Alle diese Denkstoffe standen unter sich in systematischer Uebereinstimmung. Alle bezogen sich auf das Ewige und waren von dem Gedanken geleitet, dass alles Gute von Gott komme. Der darin niedergelegte religiöse Gehalt wurde durch ein ausführliches Ceremonial-Gesetz unterstützt, welches Aehnlichkeit mit demjenigen hatte, was Pythagoras in Aegypten und im Zendavesta gefunden hatte. Es regelte, wie man in den Tages- und Jahreszeiten sich zu verhalten hatte, gab Kleider- und Speisegesetze, sowie Vorschriften über die Opfer. Es fehlte auch ein Todten-Cultus und die Vergeltungslehre nicht. Ein eigener Festcyclus in ägyptischer Weise nach siebentägigen Wochen war angeordnet. Der Gegensatz zu dem dissoluten Sybaritismus konnte kaum schärfer sein. Die leibliche Lebensweise des Pythagoras war, nach dem Muster seiner Vorbilder, so geordnet, wie sie zum Einklang mit der allgemeinen Natur und mit dem Geist und Gemüth des Menschen insbesondere erforderlich schien. Er strebte, alles Rohe, Leidenschaftliche fern zu halten und wo es vorhanden war, umzubilden in sein Gegentheil. Er sah auf strengste Reinlichkeit und Sauberkeit, tägliche Lustrationen und Waschungen mit Quellwasser und Seewasser waren Vorschrift, Berührung mit Unreinem war zu vermeiden. Selbst mit dem Darreichen der Hand war Vorsicht empfohlen. Wie Pythagoras selbst in Speise und Trank ausserordentlich mässig war, so lehrte er diese Tugenden als religiöse

---

*) Es muss doch hier bemerkt werden, dass der Unterschied der Uneingeweihten und der Eingeweihten nicht darauf beruht haben kann, dass die Einen den Lehrer sahen, die Anderen — durch den Vorhang getrennt — ihn bloss hörten.

Pflicht und begnügte sich nicht mit der quantitativen, sondern übte auch die qualitative Mässigkeit. Er ass kein Fleisch und trank keinen Wein, missbilligte die Jagd, mied Köche und Jäger und opferte den Göttern kein Thier, sondern brachte nur unblutige Opfer. Weniger streng, als die Esoteriker, waren die Exoteriker diesen Grundsätzen unterworfen. Wie Pythagoras die Musik, auf Mathematik gegründet, theoretisch betrieb, so benutzte er sie, und zwar als religiöse, auch mit grossem Erfolg als Erziehungsmittel. Diesem Charakter gemäss schloss er die Blasmusik und Blasinstrumente aus und liess nur das Saitenspiel, Lyra und Kythara, zu. Durch die musikalische Harmonie suchte er Heiterkeit und Seelenruhe zu erzeugen und zu erhalten und gebrauchte die Musik auch in erhöhtem Stil bei festlichen Gelegenheiten. Durch die Mathematik wirkte er direct auf den Geist. Sie war ihm die eigentliche Wissenschaft. Von Aegyptern und Babyloniern hatte er den Schatz mathematischer Kenntnisse empfangen und selbst denselben als mathematisches Genie original weiter gestaltet. Durch ihn ergoss sich daher die wissenschaftliche Bildung über Griechenland, indem er sie aus dem Orient in seine Heimath hinüberleitete. Dies führte zugleich zu einer wissenschaftlichen Neugeburt. Nikomachus, Euklides u. s. w. formten weiter an der pythagoreischen Neugestaltung. Die Mathematik war dem Pythagoras der Schlüssel der Welt geworden, daher die Logik und Philosophie selbst, die Mutter aller Special-Wissenschaft. Auf der Basis der Mathematik wurde er Schöpfer und Fortbildner einer Reihe von Special-Wissenschaften.

Der ägyptische Osirisdienst war als Dionysos-Cultus in der Form geheimer Weihedienste (Mysterien) über ganz Griechenland verbreitet. Die thrazischen Mysterien, von Orpheus gestiftet, erkannte Pythagoras als ihrem Urbilde am nächsten kommend. Zugleich in Berücksichtigung des nationalen Moments nahm er daher die thrazischen Mysterien, die sogenannten Orphika, in seine Schöpfung auf in Anpassung an sein System. So waren die Orphika als Fest der Priesterweihe der Mittelpunkt des pythagoreischen Cultus. Sie waren die heilige Schwelle, über welche die Akusmatiker in die Reihe der Mathematiker hinüberschritten. Erst Pythagoras gab dem orphischen Culte persönlich seine vollendete Form. Dies geschah nach Röth in einem Werke aus 24 Gesängen oder Rhapsodien, also einer förmlichen Epopöe von dem Umfange der Ilias und der Odyssee, wozu noch ein Prolog oder Epilog moralisirender Art unter dem Namen der Diatheken hinzukam. Dieses Werk — die pythagoreische Bibel — ist nach

Röth leider verloren gegangen und nur in Fragmenten noch vorhanden, war aber den Neuplatonikern noch bekannt.

Es soll in poetischer Form eine vollständige Dogmatik, Moral
und Religions-Philosophie enthalten haben. Nach Röth soll es unter
dem Namen der orphischen Theologie von allen Philosophenschulen
förmlich studirt und commentirt, ja selbst allgemein der Jugend,
selbst den Mädchen, in die Hände gegeben worden sein, um mit
der Lectüre den Religionsunterricht zu verbinden. Dieses Werk,
dessen Verfasser nur schlechtweg der Theologe genannt wurde, soll
den Späteren wie eine göttliche Autorität gegolten haben und die
Hauptquelle des nachmaligen Neuplatonismus geworden sein.

Der Verfasser sagt: „Der Eingang des Werkes:
„„Jünglinge, horcht ehrfürchtig und still auf Alles! Ich will jetzt
Zu den Geweihten singen. Profanen schliesset die Thüren!"“
zeigt den pädagogischen Standpunkt des Ganzen und der Inhalt
erhebt sich nach Form und Gedanken oft zu dem erhabensten
Psalmenschwung oder strömt silberhell dahin wie Perlen der Weisheit aus Götterhänden."*) Nach Röth's Reconstruction der Fragmente theilt der Verf. eine ganze Reihe von Strophen in deutscher
Uebersetzung mit, deren schwungvoller Inhalt allerdings der ägyptischen Lehre nicht widerspricht, aber in griechische Anschauung
und Form umgebildet erscheint. Die Hauptstellen sind:
„Zeus ist Haupt, Zeus Mitte, aus Zeus ist Alles entstanden,
    Zeus war der zeugende Mann und der ewige Zeus auch die Jungfrau,
Zeus ist die Feste der Erd' und des sternbesäeten Himmels.
    Zeus ist der Odem des Alls und der Strom nie rastender Wärme;
Zeus ist die Wurzel des Meeres und Zeus ist Sonnen- und Mondball.
    Zeus ist Herrscher, Zeus selbst der Urerzeuger des Weltalls.
Eine Kraft ist, Ein Geist, des Weltalls gewaltiger Urgrund.
    Und Ein göttlicher Leib, in dem dies Alles herumkreis't. . . .
Gross, untrüglich und hehr ist der unvergängliche Aether,
    Durch den Alles er hört und wahrnimmt. Denn es ist keine
Rede, es ist kein Ton, kein Geräusch, kein Gerücht selbst,
    Welches den Ohren entginge des Zeus, des gewalt'gen Kroniden. . . .
Einer Er, sein selbst Grund! Von dem Einen stammt Alles Geschaffne.
    Darin tritt er hervor; denn ihn selbst ist der Sterblichen Keiner
Anzuschauen im Stande, obgleich sie Sämmtliche Er schaut. . . .
Denn auf das eh'rne Gewölbe des Himmels hat er errichtet

---

*) Julius Braun ergeht sich in ähnlichen Schilderungen des Gehaltes der
Fragmente jenes vorausgesetzten Gedichtes: Die heilige Sage.

Seinen goldenen Thron, die Erde liegt ihm zu Füssen,
Und bis fern zu den Grenzen des Oceans hält er die Rechte
Allhin ausgestreckt; vor ihr erheben die hohen
Berg' und die Ström' und die Tiefen des bläulich dunkelen Meeres....
Ew'ges, unsterbliches Wesen, unnennbar Unsterblicher einzig,
Komm, mit dem mächtigen Schicksal vereint, o erhabenste Gottheit,
Furchtbar und unbezwinglich und ewig, in Aether gehüllt, und
Gnad' uns, gepriesene Zahl. die die Götter und Menschen erzeuget,
Heil'ge Vierfaltigkeit du, die der ewig strömenden Schöpfung
Wurzel enthält und Quell! Denn es gehet die heilige Urzahl
Aus von der Einheit Tiefen, der unvermischten, bis dass sie
Kommt zu der heiligen Vier, die gebiert dann die Mutter des Alls, die
Alles aufnehmende, Alles umgrenzende, erstgeborne,
Nie ablenkende, nimmer ermüdende heilige Zehn, die
Schlüsselhalt'rin des Alls, die der Urzahl gleichet in Allem!"

Auch aus den „goldenen Sprüchen" entnimmt der Verf. nach
Röth die bemerkenswerthesten Strophen, welche die religiöse Moral
des Pythagoras zum Theil in ergreifender Weise vorführen.

Es gab für Pythagoras nur Eine Wissenschaft (Mathesis, das
Wissen), aber so schloss sie alle Wissenschaften in sich. So feiert
ihn der Verf. als den Vater der Philosophie. Pythagoras begründete nach ihm die Anfänge aller Wissenschaften. Aus seiner
Mathematik hebt er hervor, dass Pythagoras bereits einen Theil der
Himmelsbewegungen als bloss scheinbare, von dem eigentlich bewegten Gegenstande auf die Schobjecte übertragene Bewegungen
auffasste, daher bald nach ihm Aristarch von Samos bereits lehrte,
was nachmals Kopernikus, Kepler und Galiläi erst von Neuem entdecken und erdenken mussten. Euklid setzte in seiner „Harmonik"
die musikalische Harmonielehre des Pythagoras durch akustisch-
mathematische Untersuchungen fort. Ebenso bearbeitete Euklid
die Optik in Erweiterung pythagoreischer Anregungen. Die Metaphysik des Pythagoras war Monadologie, ein Beantwortungsversuch
der von ihm in jenem Gedichte aufgeworfenen Frage:
„Wie soll als Eins mir das All und gesondert doch Jedes bestehen?"

Nicht ohne Grund bemerkt der Verfasser: „Es ist zwar das
gewöhnliche Schicksal der grössten Wohlthäter des menschlichen
Geschlechts, dass sie erst gekreuzigt, dann vergöttert, zuletzt vergessen werden; aber bei Pythagoras hat dies seine ganz besonderen
Gründe. Einen Hauptgrund, dass Pythagoras ein paar Jahrtausende
und selbst heute noch in den meisten „Geschichten der Philosophie"
auf eine geradezu komische, weil gänzlich unverstandene Weise
eingeführt wird, bildet seine Zahlenlehre. Nämlich Pythagoras hatte

als mathematisches Genie die Neigung, die Zahlen nicht nur als mathematische Grössen in unserem Sinne, sondern zugleich als Symbole zu betrachten." Die hieraus erwachsenen Missverständnisse deutet der Verf. an und verweiset für das Eingehendere auf Röth's Geschichte der abendländischen Philosophie.

Zwei Jahrzehnte blühte des Pythagoras Anstalt. Der Neid, mit welchem Pythagoras von Jugend auf zu kämpfen hatte, hatte unterdessen in den neuen grossartigen Verhältnissen weite Verbreitung gefunden. Die Agitationen der wachsenden Demokratie mussten in Conflict mit den zahlreichen Pythagoreern als Aristokraten kommen; der Hass des in seinen Vortheilen durch die strenge Lebensweise der Pythagoreer verkürzten gemeinen Volkes erhob sich immer stärker. Aus der Anstalt des Pythagoras Ausgestossene, wie Hippasos, Kylon, gesellten sich zu den Gegnern. Vergeblich widersetzten sich Pythagoras wie Alkimachos, Dimachos, Meton, Demokedes dem Antrage des Hippasos, Diodoros und Theages im Rathe der Tausend, dass die Regierenden einem durch das Loos zu wählenden Bürger ausschussweise Rechnung legen sollten. Kylon und Ninon brachten in einer Volksversammlung verleumderische Anklagen vor und Ninon liess aus einem untergeschobenen Buch, welches angeblich die Geheimlehren des Pythagoras enthalten sollte, aufreizende Stellen vortragen. Wenige Tage nachher entstand ein Auflauf der durch Ninon fanatisirten Masse, als die Pythagoreer ihr Musenfest feierten. Zeitig von einem beabsichtigten Angriff unterrichtet, entzogen sie sich der Gefahr durch die Flucht. Von Platea her, wohin er geflohen war, kam Demokedes mit Anhängern oder Geworbenen zum Kampf mit den aufständischen Demokraten, unterlag aber gegen Theages, den Führer derselben. Die Geflüchteten wurden mit der Strafe des Exils belegt. In Folge dessen wurden vollends Alle vertrieben, denen die Gegenwart missfiel, und ihnen ihre Einkünfte abgeschnitten.

Nach Jamblich's Angaben befand sich Pythagoras während der Unruhen in Kroton auf dem 20 Stunden entfernten Landgute. Für den Augenblick unangefochten, musste er sich doch zur Flucht entschliessen. Er nahm seine Freunde zusammen und rettete sich zunächst in den Hafen nach Kaulonia und von da weiter nach Lokri. Die Lokrer aber nahmen ihn nicht auf, und erklärten bloss, zu seinen Diensten stellen zu wollen, was er etwa nöthig habe. Der der Armuth preisgegebene, heimathlose Pythagoras musste sich nach der spartanischen Colonie Tarent wenden, damals eine der blühendsten Städte Grossgriechenlands, die in noch grösserem Aufschwung zu Reichthum und Macht begriffen war. In dieser schönen

Stadt Japygiens fand Pythagoras zwar Zuflucht und er konnte hier ruhig wohnen und wirken. Aber auf sein Wort hörte man nicht und liess sich im materialistischen Lebensgenuss nicht stören. Doch wurde nun Tarent unvermerkt allmälich der Hauptsitz der Wissenschaft. Wieder fast zwei Jahrzehnte (491—474) lebte Pythagoras in Tarent und erlebte hier die Siege der Griechen über die Perser und über Karthago. *) Aus dieser Zeit wird insbesondere berichtet, wie er die geographischen Studien gepflegt und die Länderkarte „in ehernen Tafeln" dargestellt habe. Die Geschichte rühmt ihn deshalb besonders.

In dieser ganzen Zeit setzten sich die Kämpfe der pythagoreisch-aristokratischen Partei mit den demokratischen Parteien in Abwechselung von Niederlagen und Sieg fort, aber, wie es scheint, ohne wesentlichen Einfluss auf die Lage des Pythagoras, der Vieles in dem Verhalten der Aristokraten nicht gebilligt zu haben scheint. Ein ganz anderer Sturm sollte ihm noch beschieden sein. Die Tarentiner geriethen in einen furchtbaren Kampf mit den eingeborenen Japygiern. Die Tarentiner, wiewohl von Rhegium unterstützt, wurden von den Eingeborenen besiegt und mussten einen ungünstigen Frieden sich gefallen lassen. Nach Herodot soll die verlorene Schlacht (474), in welcher wohl der grösste Theil der von Japygiern ins Feld gestellten 100,000 Mann gekämpft haben mochte, die grösste bekannte Niederlage der Griechen gewesen sein.

In Folge dieser Niederlage wandte die aristokratische Regierung in Tarent das einzig übriggebliebene Rettungsmittel gegen den Andrang der Demokratie an, indem sie selbst die Initiative zu einer demokratischen Staatsform ergriff. Die radicale Reform gelang und Tarent ging jetzt einem raschen Aufblühen entgegen, das ihm die Suprematie über alle griechischen Rivalen eintrug. Aber der Sieg der Demokratie war auch hier für die Pythagoreer und für Pythagoras selbst verhängnissvoll. Welche Stellung er zu der demokratischen Reform einnahm, wird nicht berichtet. Nach Diogenes Laertius aber haben die Pythagoreer das Schicksal der Verbannung auch hier gefunden, weil sie der herrschenden Partei, als diese eine demokratische Verfassungsänderung selbst begann, hartnäckige Opposition machten. Der sechsundneunzigjährige Pythagoras musste mit auswandern. Er begab sich — im Jahre 474 — nach Metapont. Zwei Jahre mochte er hier leidlich Ruhe gefunden haben. Allein die Pythagoreer, entschiedene und durch ihre Kämpfe und Niederlagen wahrscheinlich höchlich erbitterte Aristokraten,

---

*) Die Schlacht bei Marathon im Jahre 490 v. Chr., bei Platäa 479.

reizten auch hier das Volk gegen sich. Im Jahre 471 brach ein Aufruhr gegen sie aus. Das Haus, in welchem sie gerade beisammen waren, wurde umzingelt und in Brand gesteckt. Mit Ausnahme von Zweien fanden sie (ihrer 40) hier ihren Tod. Nähere Nachrichten sagen, dass, als das Haus von dem Feuer verzehrt wurde, sich die Genossen des Pythagoras selbst in die Flammen warfen, um ihrem Lehrer einen Durchgang zu verschaffen, indem sie mit ihren Körpern dem Feuer einen Damm entgegenstellten und gleichsam eine Gasse bildeten. So sei Pythagoras aus der Feuersbrunst herausgelangt, aber durch den Gram über den Verlust seiner Freunde habe er sich selbst den Tod zugezogen in einem Alter von 99 Jahren.*) Dass es nur eine rohe Rotte war, welche diese Schandthat verübte, geht wohl aus der Nachricht des Jamblichus hervor, der sagt: „Die Metapontiner bewahrten nachmals sein Andenken in Ehren, machten sein Haus zu einem Tempel der Ceres, und den Platz, wo es stand, zum Museum.

Seine Familie wandte sich nach Rhegium, seine Wittwe Theano ward Vorsteherin der Schule und später folgten ihr ihre Söhne in diesem Amte.

Schon zu den Lebzeiten des Pythagoras hatte sich der Unterschied der Exoteriker und der Esoteriker in der Schule nachher zu dem Unterschiede des engeren Kreises der Pythagoriker und des weiteren der Pythagoreer ausgebildet. Die letzteren standen unter dem Einflusse des D e m o k e d e s, der in seine krotonische Aerzteschule zoroastrisch-dualistische Elemente aufgenommen hatte. Wenn die Pythagoreer auch nicht unmittelbar die exacten Wissenschaften pflegten, so bildeten sie doch den fruchtbaren Boden, auf welchem eine freie Wissenschaft allmälich entstand und dies hatte entscheidenden Einfluss auf die Entwickelung Griechenlands.

Der Umstand, dass Pythagoras seine tiefsten Lehren nur dem engeren Kreise mittheilte, begünstigte das Aufblühen einer von seiner Autorität unabhängigen Wissenschaft. Hierzu kam, dass Hippasos, der ausgestossene Schüler des Pythagoras, nach der krotonischen Revolution eine eigene Schule an die Stelle der verschwundenen zu setzen bemüht war. Er verschmolz pythagorische Lehren, so weit er sie kannte, mit demokedischen und damit mit zoroastrischen Elementen. Er veröffentlichte einige mathematische

*) Nach dieser Angabe im Zusammenhalt mit der Angabe seines Geburtsjahres 569 müsste P. im J 470, jedenfalls nicht vor 471 gestorben sein. In das Jahr 471 fiel die Verbannung des Themistokles auf zehn Jahre aus Athen Von Anderen wird freilich Geburts- und Sterbejahr des Pythagoras sehr verschieden angegeben. Ruckgaber z. B. gibt als Geburtsjahr 584 v. Chr. an.

Schriften, die zwar von den Pythagorikern als Plagiat gebrandmarkt wurden, ihm aber bei den Unwissenden doch Ruhm ein-
trugen. Seine Richtung hatte Erfolg, weil sie ein entschiedenes Bedürfniss mit populären Mitteln befriedigte. Zu seinem Schülerkreise
gehörten Philolaos und Heraklit, und durch den Ersteren wurde
Pythagorisches an die nachfolgenden Philosophen von Archytas bis
Aristoteles und Speusippos übertragen, während die ächt pythagoreische Philosophie noch in ihren Fesseln gefangen liegen blieb.
Parmenides war zwar Anfangs Schüler des Xenophanes und dua-
listisch-zoroastrischen Ansichten zugethan, aber von den Pythagoreern Aminias und Diokedes erhielt er die pythagoreische Allein-
heitslehre mitgetheilt, welcher er sich nun zuwendete. Dass aus
der Parmenideischen, der eleatischen, Schule Zeno und Melissos
hervorgingen, ist bekannt. So ging das geistig herrliche Griechenland aus Pythagoras hervor. Dass es nicht so hervorging, wie er
wollte, Religion und Wissenschaft in Einheit, dies war Griechenlands früher Untergang.

Dies ist die äusserst gedrängte Darstellung des Inhalts der
vorliegenden Schrift. Wenn die historische Kritik gegen diese
Lebensgeschichte des Pythagoras nichts Wesentliches zu erinnern
hat, so muss man dem Verf. beipflichten, wenn er (S. 177) von dem
wunderbaren Manne spricht, „von dem Lehrer vieler Geschlechter,
dem Meister sonder gleichen, von dem man, weil er in Wahrheit
so gross, so edel war, sagen darf, dass selbst seine Irrthümer nur
der Schatten sind, auf dem sein Lichtbild desto heller strahlt und
durch die Jahrhunderte leuchten wird, so lange die Menschheit
Freude daran haben wird, zu erforschen und zu erkennen, wie sie
das geworden, was sie ist." Wir haben dann nur die Einschränkung
zu machen, dass dies nur von dem Theil der Menschheit gelten kann,
der auf der Höhe der Cultur steht. Wir können aber dann auch
den Worten des Verfassers nicht widersprechen: „Nur mit stiller
Bewunderung vermögen wir auf ein Leben zurückzuschauen, das
in sich so wunderbar schön ist, und von dem die heutige Welt
noch so viel Weisheit einzuernten hat." *) Die Schlussbetrachtung des
Verfassers hebt noch die Hauptvorzüge des Pythagoras hervor.

Aber wie steht es mit der historischen Kritik? Des Verfassers
Darstellung ruht nicht eigentlich im vollen Sinne des Wortes auf
eigenen Quellenstudien. Er stützt sich in allen Hauptsachen auf

---

*) Wer den vollen Eindruck dieser Auffassung des Lebens des Pytha-
goras empfangen will, der muss das Original, die Darstellung Röth's im 2. Bande
seines bemerkten Werkes zur Hand nehmen.

die Darstellung von Eduard Röth in seiner Geschichte der Abendländischen Philosophie. Diesem Forscher nun kann man umfassende
Quellenstudien nicht absprechen. Und doch hat sich seit dem Erscheinen seines unvollendeten Werkes (1846—1858) keine rechte und
volle Zustimmung der quellenkundigen Forscher einstellen wollen,
während nicht allzuwenige theils geringschätzig, theils heftig gegen
ihn aufgetreten sind. Liegt es vielleicht an dem Unglauben der
Stubengelehrten an die Möglichkeit eines so wechselvollen, fast
romanhaft scheinenden Lebens, einer solchen Grösse des Geistes
und des Charakters und noch dazu in so früher Zeit des Griechen-
thums, so dass auch die quellenmässigsten Beweise nicht oder nur
langsam zur Ueberzeugung der Wahrheit führen könnten? Oder
flösst unseren Gelehrten, besonders den klassischen Philologen, die
Behauptung Röth's, dass die Cultur und die Philosophie der
Griechen ihre Wurzeln in Aegyyten und Babylonien habe, unüber-
windliches Misstrauen ein, welches sich dann auch auf die übrigen
Theile der Dartellung verbreitet? Oder sollte etwa gar Röth mindestens Theile dieser Lebensgeschichte rein erfunden haben? Das
Letztere zu behaupten, ist nun allerdings Niemandem eingefallen.
Man räumt ein, dass Röth mit umfassender Quellenkunde so gut
wie alles als thatsächlich Behauptete auf das Genaueste auf Beleg-
stellen aus den Schriften der Alten stützt. Allein unsere klassischen
Philologen erklären einen guten Theil dieser Schriftsteller des Alterthums für unzuverlässig, manche Schrift für unterschoben, verfälscht u. s. w. Sie stellen entgegen, dass die hauptsächlich be-
nutzten Schriften nicht einmal bis zu Aristoteles und Platon,
geschweige bis in die Zeiten des Pythagoras selbst hinaufreichen
und meist von Neupythagoreern und Neuplatonikern, wie Appol-
lonius von Tyana, Jamblich und Porphyr u. s. w. herrühren, die
durch ihre unkritische und selbst schwärmerische Richtung
wenig Vertrauen einflössten. Sie machen ferner bemerklich, dass,
wenn man einmal für historisch beglaubigt annehmen wollte, was
diese Männer über Pythagoras und die Pythagoreer zu wissen behaupten, man noch gar manches Andere, über sie Behauptete nicht
zurückweisen könnte, was offenbar falsch, unmöglich, mitunter ganz
abgeschmackt sei. G. Rathgeber räumt zwar in seinem Werke:
Grossgriechenland und Pythagoras*) (1866) Eduard Röth nicht

*) Rathgeber: Götter der Aeolier, haben wir uns leider nicht verschaffen
können, worin eine vom Bisherigen ziemlich abweichende Auffassung des Entwickelungsganges der Geschichte der griechischen Philosophie versucht worden
zu sein scheint. So viel steht fest, ohne dass nicht zuvor völliges Licht über
Pythagoras geschafft sein wird, erscheint eine wahrhaft genügende Geschichte
der griechischen Philosophie rein unmöglich.

gerade wenig ein, wenn er namentlich den längeren Aufenthalt des Pythagoras in Aegypten und später in Babylon nicht bestreitet, aber sonst weicht er von ihm in so Vielem ab, dass man von ihm ein ziemlich verschiedenes Bild des Lebens des Pythagoras empfängt. Allein auch hier bleiben unerledigte Fragen genug zurück. Am schärfsten hat sich unter den Geschichtschreibern der Philosophie Eduard Zeller in der zweiten Auflage seiner Philosophie der Griechen gegen Röth, aber nur indirect, ohne ihn zu nennen, ausgesprochen. Zeller legt entscheidendes Gewicht darauf, dass uns die Ueberlieferung über den Pythagoreismus und seinen Stifter um so mehr zu sagen wisse, je weiter sie der Zeit nach von diesen Erscheinungen abliege, wogegen sie in demselben Masse einsilbiger werde, in dem wir uns dem Gegenstand selbst zeitlich annäherten. Es liege am Tage, dass eine solche Erweiterung der Ueberlieferung, wie sie die neupythagoreeischen und neuplatonischen Schriftsteller gebracht hätten, nicht auf geschichtlichem Wege möglich gewesen sei; denn wie lasse sich annehmen, dass den Schriftstellern der christlichen Zeit eine ganze Masse urkundlicher Nachrichten zu Gebote gestanden habe, die Aristoteles und seinen gelehrten Schülern gefehlt hätten u. s. w. „Ist aber," fährt Zeller fort, „demnach der unzuverlässige und ungeschichtliche Charakter dieser Darstellungen in der Hauptsache unbestreitbar, so werden eben damit ihre Angaben als solche auch da unbrauchbar, wo sie für sich genommen der geschichtlichen Wahrscheinlichkeit und den älteren und zuverlässigeren Zeugnissen nicht widerstreiten würden, denn wie können wir uns in den Nebenumständen auf die Aussagen derer verlassen, die uns in den Hauptsachen erweislich aufs Gröbste getäuscht haben?"

Hier könnte denn doch die Frage aufgeworfen werden, ob die älteren Zeugnisse so unzuverlässig sind, als sie vor Röth angenommen worden sind. Zeller räumt doch selbst ein, dass die Nachrichten des Platon und Aristoteles über Pythagoras ziemlich dürftig sind. Dies konnte aber ganz unmöglich daraus hervorgegangen sein, dass Pythagoras zu wenig bedeutend gewesen wäre, um mehr über ihn zu berichten. Waren sie aber nicht besser unterrichtet, so bleibt dies unter allen Umständen räthselhaft und sie hätten eigentlich selbst empfinden müssen, dass der Mann bedeutender gewesen sein musste, als er nach ihren Angaben erscheinen konnte, wobei man leicht auf die Vermuthung gerathen kann, dass wenigstens Platon mehr von ihm wusste, als er sagen wollte. Die Behauptung Zellers, dass die späteren Schriftsteller aufs Gröbste getäuscht hätten, ist doch so sicher noch nicht, als hingestellt wird.

Absichtliche Täuschung kann wenigstens dem Porphyr sicher nicht vorgeworfen werden. Der Vorwurf dogmatischer Voraussetzungen, der Parteiinteressen, unsicherer Sagen, willkürlicher Erfindungen, unterschobener Schriften ist leicht gemacht, aber wenigstens in dieser Ausdehnung nicht zu erweisen. In der angedeuteten Art fährt Zeller fort, Alles zu verdächtigen, was die Neuplatoniker über Pythagoras und die ältesten Pythagoreer vorgebracht haben, obgleich sie öfter aus früheren Schriftstellern, wie z. B. dem hochberühmten Dikäarch ganze Stellen anführen, denen das Gepräge der Aechtheit keineswegs abgeht. In dieser Weise sind ihm denn auch nicht nur die meisten Angaben der Späteren über das Leben des Pythagoras unsicher, sondern er geht auch so weit, zu behaupten, es lasse sich nicht einmal die bestbezeugte Nachricht, die von seiner Reise nach Aegypten, historisch feststellen. Wie weit ist es von da noch zu Niebuhr's Behauptung, es habe zwar eine pythagoreische Schule, niemals aber einen Pythagoras gegeben? Mögen die Angaben der Späteren, dass Pythagoras in das Wissen und die Gottesdienste der Phönicier, der Chaldäer, der Assyrer, der persischen Magier, der Inder, der Araber, der Juden, selbst der gallischen Druiden eingeführt worden sei, theils fabelhaft, theils mindestens unerwiesen sein, so ist doch seine Reise nach Aegypten und sein Aufenthalt dort im höchsten Grade wahrscheinlich auch nur darum erst etwa anderthalbhundert Jahre nach Pythagoras zuerst ausdrücklich bezeugt, weil von der älteren Literatur das Meiste untergegangen ist. Das Auftreten und Wirken des Pythagoras in Grossgriechenland wird von Zeller nicht bestritten. Aber alle Ueberlieferungen darüber scheinen ihm so unsicher, dass er nur gewisse allgemeine Ergebnisse annähernd feststellen zu können glaubt. Wiewohl er nun hier mit unläugbar vielfach scharfem kritischen Zusehen weit entfernt sich zeigt von dem begeisterten Schwunge Röth's und Baltzer's, auch von G. Rathgeber erheblich differirt, so bleibt doch auch bei ihm ein bedeutsam wichtiger Kern geschichtlicher Thatsachen übrig, welcher den Pythagoras als einen ausserordentlichen Mann, als den Stifter eines religiösen Vereins mit eigenthümlichen Weisen und Gottesdiensten, als Seher und Weihepriester, als Propheten und sittlichen Reformator und auch als Staatsmann erkennen lässt. Aber wenn Pythagoras ein so hervorragender, tiefreligiöser Mann war, wie konnte dann Zeller die Philosophie des Pythagoras in einem so abstracten, abstrusen Sinn auffassen, dass sie, wenn sie das und nicht mehr gewesen wäre, den grellsten Contrast zu seinem religiösen und staatsmännischen wie pädagogischen Charakter darstellen würde? Er sucht nämlich die allgemeinste Unterscheidungslehre der pythagoreischen Philosophie in der seit langer Zeit herkömmlichen banalen Behauptung, dass die Zahl das Wesen aller Dinge, dass Alles seinem Wesen nach Zahl sei. „Dies also," sagt Zeller, „ist der Sinn der pythagoreischen Grundlehre: Alles ist Zahl, d. h. Alles besteht aus Zahlen, die Zahl ist nicht bloss die Form, durch welche die Zusammensetzung der Dinge bestimmt wird, sondern auch die Substanz und der Stoff, woraus sie bestehen, und eben das gehört zu den wesentlichen Eigenthümlichkeiten des pythagoreischen Standpunkts, dass die Unterscheidung von Form und Stoff noch nicht vorgenommen, dass in den Zahlen, worin wir freilich nur einen Ausdruck für das Verhältniss der Stoffe zu sehen wissen, unmittelbar das Wesen und die Substanz des Wirklichen gesucht wird." Zeller fühlt doch das für den gesunden Menschenverstand sehr Befremdende einer solchen Lehre, die zugleich jedem religiösen Gefühl aufs Aeusserste widerstrebt und sucht daher die Sache in folgender Weise zu erklären: „Es ist das eine Vorstellungsweise, die uns fremdartig genug anspricht; bedenken wir aber, welchen Eindruck die erste Wahrnehmung einer durchgreifenden und unabänderlichen mathematischen Gesetzmässigkeit in den Erscheinungen auf den empfänglichen Geist machen musste, so werden wir es begreifen, wenn die Zahl als die Ursache aller Ordnung und Bestimmtheit, als der Grund aller Erkenntniss, als die weltbeherrschende göttliche Macht verehrt, und von einem Denken, dass sich überhaupt nicht in abstracten Begriffen, sondern in Anschauungen zu bewegen gewohnt war, zu dem Wesen aller Dinge hypostasirt wurde." *) Nun soll nach Zeller Pythagoras sogar trotz seiner metaphysischen Zahlenlehre kein anderes als das sinnliche Sein gekannt haben, was zu seinem religiösen Charakter überdies wie die Faust auf das Auge passt. Aristoteles versichert, wie Zeller sagt, auf das Bestimmteste, Anaxagoras sei der Erste gewesen, welcher den Geist von dem Stoff unterschied, und er rechnet aus diesem Grunde auch die Pythagoreer zu denen, welche kein anderes, als das sinnliche Sein gekannt haben. Hier können wir nun nur sagen: entweder war Aristoteles ganz schlecht von der Lehre des Pythagoras unterrichtet, oder er wollte nur sagen, dass Anaxagoras unter den jonischen Philosophen zuerst den Geist von dem Stoff unterschieden habe

---

*) Der Entdecker des pythagoreischen Lehrsatzes und anderer mathematischer Wahrheiten, der Optiker, Akustiker, Astronom, Geograph u. s. w. soll sich nur in Anschauungen und nicht in Begriffen zu bewegen vermocht haben??

und zwar als persönlichen, nicht wie bereits Heraklit als Logos, Weltvernunft oder Weltgeist. Nimmermehr kann angenommen werden, dass Platon den Pythagoreer Timäus in seinem Gespräche: Timäus, zum Träger seiner Naturphilosophie ausgewählt haben würde, wenn dieser und sein Meister Pythagoras kein anderes als das sinnliche Sein gekannt hätten, nähme man dies auch in dem Sinne, dass ihnen das Sinnliche als Erscheinung der Zahl gegolten habe. Platon musste etwas Tieferes im Pythagoreismus gefunden haben, wenn es ihm so sehr angelegen war, das Pythagoreische mit dem Sokratischen in einer tieferen Einigung zu verschmelzen. Zeller schreibt nun Pythagoras eine Geistesart zu, die in jene Zeit gar nicht passt, nämlich eine Art doppelter Buchhaltung des religiösen Glaubens und des philosophischen Wissens, die getrennt neben-einander in seinem Kopfe Platz gefunden hätten. Dies halten wir bei Pythagoras für ganz unmöglich. Wenn man es aber auch an-nehmen wollte, so blieben doch die grossartigen Wirkungen völlig unbegreiflich, die er in Grossgriechenland unwidersprechlich als Cultusstifter oder Reformator, als Staatsmann, als Sittenlehrer und Erzieher hervorgerufen hat und welche überall einen Mann aus einem Gusse voraussetzen. Eine solche metaphysische Zahlentheorie, wie man sie dem Pythagoras zuschreibt, wäre allenfalls bei einem zurückgezogenen, einsamen Denker möglich gewesen, wiewohl auch dies schwer zu begreifen wäre, aber bei einem Manne, der so tief in das praktische Leben eingriff, wie unser Philosoph, ist sie rein undenkbar. Ist es denn auch nur im Geringsten annehmbar, dass eine metaphysische Theorie, mit welcher heute sich der sonst ange-sehenste Mann dem allgemeinen Gelächter preisgeben würde, damals bei dem intelligenten, schon hoch entwickelten Volke der Griechen seine praktische Wirksamkeit nicht bloss nicht verhindert, sondern ihm auch noch die höchsten Ehren eingetragen haben soll? Für eine solche Theorie, wenn sie von Pythagoras vertreten wor-den wäre, hätten sich allenfalls einige abstracte und abstruse Köpfe gewinnen lassen, nicht aber eine begeisterte und geistbegabte Jugend, nicht Hunderte von Aristokraten in Grossgriechenland, die ihm mit Bewunderung und Verehrung folgten und noch lange nach seinem Tode ehrfurchtvolle treue Anhänglichkeit bewahrten. Wenn man dieses und vieles Andere, was hier übergangen werden muss, in Erwägung ziehen will, so wird man zunächst wenigstens be-greifen, wie E. Röth auf den Gedanken kommen konnte, durch tiefere Erforschung Mittel und Wege zu entdecken, den Wider-sprüchen der herkömmlichen Auffassung des Pythagoras und seiner

Philosophie zu entkommen. *) Aber Röth fasste seine Aufgabe noch weit allgemeiner. Aus dem Studium der herrschenden speculativen Systeme hatte sich ihm frühzeitig die Ueberzeugung ergeben, dass der Zustand unserer heutigen Speculation nur aus dem Entwickelungsgange der gesammten Philosophie zu verstehen sei. Das stetig fortschreitende Wachsthum des Studiums der orientalischen Sprachen und Literaturen hatte ihm bald die Ueberzeugung gebracht, dass die Ursprünge unseres Ideenkreises nicht bloss im Occident, nicht bloss im römischen und griechischen Alterthume, sondern auch im Orient zu suchen seien, worauf schon längst St. Martin, Baader, Schlegel u. A. hingewiesen hatten. Er glaubte nach Jahre langen Studien in den Glaubenslehren der Aegypter und Perser die gemeinsamen Quellen der griechischen Philosophie und des jüdisch-christlichen Ideenkreises erkannt zu haben. Wie es sich nun auch mit dieser Entdeckung verhalte, welche das originale Hinausschreiten des Judenthums und des Christenthums weit über jene Anfänge hinaus nicht ausschliesst, so ist doch jedenfalls gewiss, dass er sein Unternehmen einer Geschichte der abendländischen Philosophie wahrhaft grossartig anlegte, aber den Anstrengungen im J. 1858 erlag, nachdem er nur bis zum Schlusse des zweiten Bandes gelangt war. Im ersten Bande stellte er seiner Idee gemäss den ägyptischen Glaubenskreis mit seinen Abkömmlingen: dem phönikischen und dem griechischen dar und dann die zoroastrischen Speculationen. Der zweite Band enthält dann mit einer geschichtlichen Einleitung über die Culturanfänge Griechenlands die Darstellung der jonischen Philosophen und des Pythagoras mit Vorblicken auf die nachfolgenden Philosophen, auf die Pythagoreer, auf Platon, Speusipp, Xenokrates und Aristoteles.

Nicht alle Aufstellungen dieses Werkes erweisen sich als haltbar, Manches ist sicher unrichtig, Anderes sehr unwahrscheinlich, Anderes mindestens zweifelhaft. Aber einen mächtigen Impuls zu neuen und tieferen Forschungen hat es unbestreitbar gegeben, der trotz aller stillschweigenden und lauten Opposition fortwirken wird. Insbesondere über Pythagoras und seine Schule ist doch Vieles nicht sicher gestellt und hinlänglich aufgehellt, selbst wenn man die Hauptsache für erwiesen erachtet, dass Pythagoras ägyptische Wissenschaft umbildend und fortgestaltend nach Griechenland brachte. Unter die unglaublichsten Behauptungen Röth's scheint

---

*) Man vergleiche die Ausführungen Röth's über die Zahlen-Symbolik des Pythagoras in s. Gesch. der ab. Philos. II., 868 ff. u. in der vorliegenden Schrift S. 153 ff.

uns zu gehören, was er von der Existenz eines Werkes des Pythagoras: die heilige Sage (ἱερός λόγος), zu erzählen weiss. Sie soll
(II, 623), wie schon bemerkt, aus 24 Gesängen, Rhapsodien, be-
standen haben, in den Philosophenschulen interpretirt und commentirt und geradezu auswendig gelernt worden sein, und sie soll so
populär gewesen sein, dass sie ganz allgemein der Jugend, selbst
den Mädchen, in die Hand gegeben wurde etc. Dieses Werk sei
untergegangen und uns nur in den sogenannten orphischen Gedichten
und den „goldenen Sprüchen" Fragmente davon erhalten geblieben.
Diese Fragmente sind nun allerdings sehr merkwürdig und widersprechen dem altägyptischen Glaubenskreise nicht gerade, wenn sie
auch griechische Färbung tragen, aber ihr Ursprung und ihr Alter
ist in Dunkel gehüllt und aller Aufwand von Scharfsinn, womit
Röth sie dem Pythagoras zuzueignen sucht, kann uns über gewichtige
Zweifel nicht hinwegheben. Erst die späteren Schriftsteller gedenken
der heiligen Sage des Pythagoras. Wie kam es nur, dass die älteren
Schriftsteller nichts davon wussten? Sollten nur die Schriften derer
untergegangen sein, die von der heiligen Sage Nachricht gegeben
hatten? Aber warum wissen Platon und Aristoteles nichts von ihr?
Das Räthsel erstreckt sich freilich noch viel weiter und namentlich
auch auf die übrigen Schriften, welche von Röth dem Pythagoras
zugeschrieben werden. Röth will das Räthsel lösen durch die Annahme, dass Pythagoras das strengste Verbot der Veröffentlichung
seiner Schriften hinterlassen habe, welches aus Pietät, Verehrung,
Hochhaltung befolgt worden sei. Aber wenn es wirklich gegeben
war, was wenigstens in der Ausdehnung auf alle seine Schriften
selber wieder räthselhaft wäre und schwerlich als historisch streng
erwiesen werden kann, so sollte man doch erwarten, dass es nur
eine Zeitlang befolgt worden, später aber doch gebrochen worden
wäre. *) G. Rathgeber will daher das Räthsel durch die Annahme
erklären, dass die Schriften des Pythagoras in den heftigen und
stürmischen Parteikämpfen der pythagoreischen Aristokraten mit den
Demokraten in Grossgriechenland untergegangen seien. Allein auch
diese Auskunft will nicht befriedigen; da doch nicht leicht dabei
Alles hätte untergehen können.

----

*) Das behauptet nun freilich Julius Braun gewissermassen, wenn er
(Prutz' Museum, Jahrg. 1860, S. 585) sagt: „So geschah es, dass in der That
erst in alexandrinischer Zeit des Pythagoras Lehre ins ungeweihte Publikum
kam, und dass er erst dann anerkannt wurde als Verfasser der schon früher
bekannten „orphischen Gedichte"." Dieses Bekanntwerden fällt danach so spät,
dass es zu einem neuen Räthsel wird.

Julius Braun, der Jünger und zum Theil Fortbildner Röth's, fertigt die Kritik etwas kurz ab, wenn er sagt: „Benutzt sind (von Röth) die Reste von mehr als fünfzig Quellenschriften, zumeist Biographieen des Pythagoras von Demokrit an. Wunderbarerweise werden die Angaben um so bestimmter, je entfernter in der Zeit sie von dem Manne selber stehen. Statt den richtigen Grund davon einzusehen, dass nämlich die entfernter Stehenden eine grössere Literatur und ganze Bibliotheken vor sich haben und allerdings Vieles besser zu wissen pflegen, als die Zeitgenossen, heut zu Tage ganz genau wie damals — statt das einzusehen, erfolgt das Verketzerungsgeschrei: „Späte Quellen, untergeschoben, Fälschung etc.*) Das nennt man Kritik."

Damit wird sich der Gegner doch noch nicht entwaffnet fühlen. Denn er kann fragen, ob denn auch jene zahlreichen Schriften der Alexandriner und Neuplatoniker den erforderlichen Grad der Zuverlässigkeit hatten und ob diese späteren Forscher Kritiker genug waren, um die Angaben älterer Schriften richtig prüfen zu können? So hoch wir den Grundgedanken Röth's anschlagen, so gross uns sein Verdienst erscheint, der Forschung einen neuen Impuls gegeben zu haben, so glauben wir doch, dass ein erneuertes Studium der Quellen erforderlich sein wird, um aus so vielen Ungewissheiten im Einzelnen herauszukommen, welche Röth noch stehen gelassen hat.

Zwar hat Julius Braun mit Geist und vielem Geschick in seiner Abhandlung: Reformbedürfnisse in den Alterthumsstudien (eine Reihe von Artikeln im Deutschen Museum von Prutz 1860), die Forschungs-Ergebnisse Röth's vertheidigt, nicht ohne einige Irrungen desselben einzuräumen. Aber wenn er auch wirklich eine Reihe von zweifelhaften Punkten zur Lösung bringt, so bleiben doch noch andere unerledigt zurück.

In seinem Werke: Naturgeschichte der Sage (2 Bände, 1864—65), geht Julius Braun dazu fort, die sämmtlichen Mythologieen der Welt aus dem ägyptischen Sagenkreise ableiten zu wollen. Er gibt uns eine Art Darwinismus der Mythologie, wie Schleicher in anderer Art einen Darwinismus der Sprachen zu geben versuchte. Es soll eine Naturgeschichte der Sage sein, weil der Unterschied (von der bisherigen Behandlungsweise) in der Methode liege, und weil es naturwissenschaftliche Grundsätze seien, nach denen die uns vorliegenden Sagen und Ideen zu ordnen seien. Allerdings, wenn die Psychologie nach naturwissenschaftlicher Methode bearbeitet werden kann, so kann auch die Mythologie nach ihr bearbeitet werden.

*) Reform in den Alterthumsstudien von Julius Braun im Deutschen Museum von R. Prutz. Jahrgang 1860, S. 541.

Philosophische Schriften

von

Dr. Franz Hoffmann,

ordentlichem Professor an der Universität Würzburg, Ritter des Michaelsordens erster Klasse
und auswärtigem Mitglied der Academie der Wissenschaften in München.

Vierter Band.

Erlangen.

Verlag von Andreas Deichert.

1877.

Aber wo bleibt dann der Unterschied des Geistes und der Natur, der Freiheit und der Nothwendigkeit?

Ist aber Geist und Natur unterschieden und waltet in jenem die Freiheit und in dieser die Nothwendigkeit, müssen alsdann nicht die Erscheinungen und Entwickelungen des Geistes nach einer anderen (und eigenthümlichen) Methode erkannt werden als jene der Natur? Dagegen wäre nichts zu erinnern, dass zunächst das Gesammtgebiet der Mythologie empirisch erforscht werde, natürlich mit allen Hülfsmitteln, deren eine solche Erforschung bedürfte, und dass man sich erst nach dieser Erforschung der Philosophie der Mythologie zuwende. Aber es würde nicht genügen, bei der ersten stehen zu bleiben und sich der letzteren zu entschlagen, wie J. Braun im Grunde thut. Sein Werk ist so eine Art Gegenstück zu Schelling's Philosophie der Mythologie, wiewohl ohne ausdrückliche Entgegensetzung; denn der Name Schelling's wird in dem ganzen Werke nicht genannt und auf ihn nirgends merklicher Bezug genommen. Braun umspannt das Gebiet der Mythologie viel vollständiger als Schelling und zeigt sich im Detail ungleich unterrichteter. Während Schelling die Mythologie ohne genügende Thatsachenkenntniss in Metaphysik auflöst, bleibt sie bei Braun in der Empirie stehen, ohne dass uns eine Philosophie der Mythologie in Aussicht gestellt wird. Zuletzt soll wohl diese Empirie die Philosophie ersetzen oder selbst sein. Röth hatte noch das Erfahrungswissen vom philosophischen unterschieden und also auch das letztere verlangt. Von diesem Verlangen gewahren wir bei J. Braun fast nichts mehr.

Der Grundsatz J. Braun's: Nichts gelten zu lassen, als ein vom gesunden Menschenverstand geordnetes Erfahrungswissen, *) macht ein Ding zum Massstab der Wissenschaft, von dem Niemand sagen kann, worin es eigentlich besteht und das sich Jeder zuzuschreiben pflegt, ohne auch nur das Bedürfniss zu empfinden, sich darüber zu rechtfertigen. Die Wissenschaft kann ihren Massstab nur in sich selber tragen und nur wer sich dessen bewusst ist und diesen Massstab kennt und anlegt, kann sich mit Grund gesunden Menschenverstand beilegen; in jedem anderen Falle ist er eine wächserne Nase, die sich hundertfältig biegen und drehen lässt. Ausserdem soll man nicht damit falsche Speculation vertreiben wollen, dass man alle Speculation aufhebt, sondern man hat die wahre an die Stelle der falschen zu setzen, widrigenfalls man die falsche nie vertreiben wird. In die Erfahrungswissenschaft soll man nicht Speculation einmischen, aber mit der ersten auch nicht Alles gethan zu

*) Deutsches Museum von Prutz. J. 1860, S. 409—410.

haben glauben. Man soll die Erfahrungswissenschaft nicht dazu missbrauchen, der Speculation den Weg verlegen zu wollen. Wir treten darum J. Braun nicht entgegen, wenn er vielfältig mit geistreichen Gründen gegen die Wolf'sche Philologenschule streitet und wenn er Röth's grosses Verdienst kräftig hervorhebt, mag er im letzteren auch nicht immer das richtige Mass treffen. Selten hält sich ein Reformator von allen Nebenirrungen frei und so erging es auch Röth; aber der Impuls, den er der Forschung gegeben hat, wird in seiner Weiterwirkung die gesammte Wissenschaft des Alterthums umgestalten. Höchst treffend ist, was J. Braun gegen die gewöhnliche Verstocktheit der zünftigen Gelehrsamkeit erinnert, wenn sie sich einer neuen tieferen Auffassung der Alterthumswissenschaft gegenüber gestellt findet. Er hat vollkommen Recht zu behaupten, dass namentlich die Mythologie, aber auch die gesammte Ideenbildungsgeschichte des Alterthums so lange nicht verstanden werden könne, als man in willkürlicher Beschränkung auf irgend einen Bruchtheil des ganzen Gebietes (als Germanisten, Sanskritgelehrte, classische Philologen etc.) für diesen Bruchtheil dasselbe Verständniss und zwar nur aus den Mitteln, die dieser selbst gewährt, zu erzielen suche. *) Die Erläuterung dieses Gedankens ist sehr geistreich ausgeführt. Wenn sie es auch nicht sagen, so denken die Zunftgelehrten bei solchen Anlässen doch in der Regel: „Es passt nicht zu dem, was wir festgestellt haben, also muss es unrichtig sein." Diese Selbstberuhigung hat wenigstens das Gute, dass man davon keinen Anlass erhält, an jene Fabel erinnert zu werden, Pythagoras habe den Göttern hundert Ochsen geopfert, als er jenen mathematischen Lehrsatz entdeckte, welcher der pythagoreische genannt wird und in Erinnerung dessen nach Börne seitdem jeder Ochse zittern soll, so oft eine neue Entdeckung gemacht werde.

Die vorliegende Schrift Eduard Baltzer's hat das Verdienst, die bezüglichen Ergebnisse der Forschungen Röth's übersichtlich vorgetragen und damit auf den Urheber des unvollendeten Werkes: Geschichte der abendländischen Philosophie, zurückgewiesen zu haben. Aber zur Lösung der noch obwaltenden Schwierigkeiten und zweifelhaften Punkte hat sie doch nur Weniges beigetragen. Indessen darf der Verfasser den Zweck seiner Schrift erreicht glauben, wenn recht Viele durch sie Veranlassung nehmen, sich mit dem Werke Röth's genau bekannt zu machen. Wenn er darüber klagt, dass dieses Werk noch so wenig in die Kreise der Studirenden gedrungen sei, so kann dies erst dann anders werden, wenn das

---

*) Naturgeschichte der Sage von Julius Braun, I., 4—5.

Werk in der gelehrten und gebildeten Welt solchen Absatz findet,
dass der Verleger eine wohlfeile Ausgabe zu veranstalten vermag.
Möchte der geistreiche Verfasser, dessen pantheistische Richtung ich
freilich bedauern muss, sich entschliessen, in einer besonderen Schrift
die Leistungen Röth's zu schildern, die Gegner zu beleuchten und
die Arbeiten der Jünger zur näheren Kenntniss der gelehrten Welt
zu bringen.

2.

Sieben Bücher zur Geschichte des Platonismus.
Untersuchungen über das System des Plato und sein Verhältniss
zur späteren Theologie und Philosophie, von Dr. Heinrich
von Stein, ausserordentl. Professor der Philosophie in Göttingen. Erster Theil, Vorgeschichte und System des Platonismus
enthaltend. Zweiter Theil, das Verhältniss des Platonismus zum
classischen Alterthum und zum Christenthum enthaltend. Göttingen, Vandenhoeck und Ruprecht, 1862 — 1864.

Es kann nur äusserst willkommen genannt werden, dass endlich ein mit Geist und umfassender Gelehrsamkeit ausgestatteter
Mann die grosse Aufgabe unternommen hat, eine Geschichte des
Platonismus zu schreiben. Der Platonismus ist bis heute von so
bedeutendem Einfluss auf die Geschichte der Philosophie gewesen,
dass ihr gesammter Entwickelungsgang nicht richtig verstanden
werden kann, ohne gründliche Kenntniss der Lehren Platon's und
ohne Kenntniss der Geschichte ihrer Auslegung und ihres Verständnisses. Daher ist von der Vollendung dieses Werkes, wenn die
Ausführung der Anlage entsprechen wird, ein heilsamer Einfluss auf
die Behandlung der Geschichte der Philosophie zu erwarten.
Der erste Theil dieses Werkes gibt zuerst als Einleitung die
Vorgeschichte des Platonismus. Diese verdient in ihrer geistreichen
und tiefgedachten Entwickelung die vollste Anerkennung, und man
kann nur bedauern, dass die Oekonomie seines Werkes den Verfasser nöthigte, manches Moment nur kurz anzudeuten. Das erste
Buch enthält dann das ursprüngliche System des Platonismus, dargestellt nach den Original-Urkunden. Hier werden eine Charakteristik der platonischen Schriften, eine Erörterung über die schriftstellerische Absicht und über die Persönlichkeit des Plato nach seinen
Schriften vorausgeschickt. Wir können auf diese gründlichen und
lehrreichen Erörterungen nur kurz mit der Bemerkung hinweisen,

dass sie das Beste sind, was über diese Fragen jemals gesagt worden ist.

Der wissenschaftliche Lehrgehalt der platonischen Schriften wird von dem Verfasser nun in der Weise dargelegt, dass er in Unterscheidung dreier Schriftgruppen in der ersten Gruppe die in das Ganze des Systems einleitenden Dialoge, in der zweiten die das System in seinen einzelnen Bestandtheilen ausarbeitenden Dialoge, in der dritten die den Staat und die Natur construirenden Dialoge behandelt. In einem Anhang werden dann noch diejenigen Dialoge zusammengefasst, die nicht ohne Zwang in eine der drei Gruppen hätten gestellt werden können.

In der ersten Gruppe wird nun der philosophische Inhalt des Lysis, des Phädrus und des Gastmals dargelegt. Der Gegenstand dieser drei Dialoge ist die Liebe. Der Verfasser findet mit Recht in der Lehre von der Liebe in gewissem Sinne die Grundlage des ganzen platonischen Systems, sowie das zusammenhaltende Band seiner drei Haupttheile. Die genannten drei Dialoge nennt der Verfasser daher die Entdeckungsreisen des Plato und stellt sie in ein ganz ähnliches Verhältniss zu dem streng dialektischen Kerne der platonischen Schriften, wie Hegel selbst seine Phänomenologie des Geistes zu seinen späteren Darstellungen gestellt hatte. Die Exposition des Lysis lässt an Klarheit und Bestimmtheit nichts zu wünschen übrig Ungleich anziehender aber ist die Exposition des Phädrus und des Gastmals. Der Dialog Phädrus' wird mit Grund als der geistreichste Platon's charakterisirt und trefflich nachgewiesen, dass und wie das gesammte System Platon's in ihm im Keime niedergelegt ist. Nicht minder lehrreich ist die Exposition des Gastmals.

In der zweiten Gruppe der platonischen Dialoge wird die Tugendlehre Platon's (in Meno, Protagoras, Charmides, Laches, Euthyphron und Euthydem) mit eindringender Klarheit und Schärfe entwickelt, dann die Wissenschaftslehre nach dem Theätet dargelegt, die Güterlehre nach dem Gorgias und Philebus, die Ideenlehre nach dem Parmenides, Sophistes und Politikos, und endlich die Psychologie nach dem Phädo. Diese gehaltvollen Expositionen können mit vollem Grunde als unübertroffen bezeichnet werden. Sie eröffnen uns überall den Zugang zu einem tiefen Verständniss der bezüglichen platonischen Lehren.

Die dritte Gruppe der platonischen Dialoge ist der Exposition der zehn Bücher vom Staate, des Timäus und Kritias und der zwölf Bücher von den Gesetzen gewidmet. Auch hier begegnen wir überall tiefeindringendem Verständniss. Der Anhang fasst sich etwas allzukurz über die Apologie, Kriton, Menexenus, die beiden Hippias, Jon, den ersten Alkibiades und Kratylus.

Der zweite Theil des Werkes umfasst das zweite und dritte Buch des Ganzen. Das zweite Buch trägt die Aufschrift: Der Platonismus und das classische Alterthum, das dritte (kürzere) ist überschrieben: Der Platonismus und das Christenthum. Das dritte Buch zerfällt in die Abschnitte: 1) Verhältniss des Platon zur früheren Entwickelung, 2) Platon's Verhältniss zu seinen Zeitgenossen, 3) der biographische Mythus und die literarische Tradition, 4) der Platonismus und der Ausgang der griechischen Philosophie, 5) der Platonismus und die Philosophie der römischen Welt.

In der Beleuchtung des Verhältnisses Platon's zur früheren Entwickelung unterscheidet der Verfasser das Verhältniss zur religiösen und zur politischen Vergangenheit seines Volkes. In beiderlei Rücksicht gibt er sehr lehrreiche und wohlbegründete Nachweisungen und gelangt zu dem unangreifbaren Ergebniss, dass Platon den Höhepunkt aller philosophischen Literatur, ja aller Philosophie überhaupt, unter den Griechen bezeichnet. Er zeigt vortrefflich, wie Platon der organische Abschluss der früheren Richtungen der griechischen Philosophie ist. Ja der Verfasser geht mit Recht noch weiter und bezeichnet den Platonismus geradezu als die wichtigste Leistung der gesammten griechischen Cultur. Auch reicht er dem Schriftsteller Platon noch einen eigenen Kranz, indem er sagt: „Er hat nicht geschrieben, bloss um zu schreiben, d. h. nur aus den formell literarischen, aus lediglich künstlerischen Motiven. Aber dennoch hat er die bisherige Literatur um eine neue Gattung bereichert: und in der neuerfundenen Gattung ist er zugleich das nie übertroffene, nie oder doch nur selten erreichte Muster geblieben."

In dem Platon's Verhältniss zu seinen Zeitgenossen gewidmeten Abschnitt unterscheidet der Verfasser drei Gruppen: der älteren, d. i. derjenigen, deren Leben etwa dem des Sokrates parallel läuft, der dem Platon selbst parallelen, und endlich der — etwa mit dem Aristoteles gleichalterigen — jüngern. Unter allen diesen Männern sind Sokrates und Aristoteles die wichtigsten. Das Verhältniss des Platon zu Sokrates fasst der Verfasser in sofern abweichend von den meisten Darstellungen auf, als er eine Periode der Unreife oder Unentwickeltheit aus den Schriften Platon's nicht für erwiesen hält. „Was er (Platon) an Sokrates nicht fand, wie etwa Ausführung seiner Principien bis ins Detail, gelehrte Kenntniss und schriftstellerische Kunst mochte er auch an sich selbst und überhaupt nicht so gar hoch achten; dagegen äusserst hoch schlug er alles das an, was er am Sokrates fand: den Werth der wissenschaftlichen Prin-

cipien selbst, in denen ihm der Keim zu aller Wahrheit enthalten
zu sein schien und die er nur der Entwickelung und Durchführung,
nicht aber eigentlich einer Vermehrung oder Verbesserung für bedürftig halten mochte; so wie den Werth seiner fleckenlosen Tugend
und Liebenswürdigkeit, die in seinen Augen von Niemand zu übertreffen war. Dieses grössten Meisters treuester Schüler zu werden,
das mochte in seinen Augen das höchste Ziel sein, das sein Ehrgeiz sich zu stecken habe." Dass Sokrates schon die ganze Ideen
lehre Platon's und dessen Physik und Politik schon besessen habe,
will der Verfasser nicht behaupten. Aber er läugnet, dass Platon
sich einer genauen Grenzlinie bewusst gewesen sei. Das Verhältniss
Platon's zu Aristoteles wird von dem Verfasser mit grosser Sorgfalt untersucht. Ohne der Bedeutung Platon's etwas Wesentliches
zu vergeben, sucht er den Aristoteles doch in seiner ganzen Stärke
zu zeigen. Sein Streben geht dahin, den Streit zwischen Platonikern
und Aristotelikern möglichst zu beschwichtigen. Wenn der Verfasser meint, der Streit zwischen Aristotelikern und Platonikern
sollte nie wieder aus dem Grabe heraufbeschworen werden, so
möchte zu erinnern sein, dass er im Grunde nie zu Grabe getragen
worden ist und jeden Augenblick wieder heftiger entbrennen kann
und vermuthlich auch wieder aufs Neue entbrennen wird, trotz des
wohlgemeinten Ausgleichungsversuchs des Verfassers. Die Schlussbetrachtung dieses Abschnittes hebt die überragende Bedeutung des
Platonismus trefflich hervor. In den Abschnitt: der biographische
Mythus und die literarische Tradition, folgen wir dem Verfasser
nicht weiter, so reich an gründlicher Belehrung derselbe auch ist.
Ungleich wichtiger für unsere kurze Betrachtung ist der folgende
Abschnitt: Der Platonismus und der Ausgang der griechischen
Philosophie. Dieser Abschnitt ist ungemein lehrreich. Als Hauptpunkte sind hervorzuheben die Charakterisirung der Platonischen
Schule gegenüber der Aristotelischen und die entschiedene Höher-
stellung der ersteren. Sodann die Nachweisung, dass die Lehren
der Stoiker, Epikureer und Skeptiker nur ein Epigonenthum darstellen, welches in demselben Masse bedeutungsloser wird, als es
sich von Platon entfernt. „Mit Bewusstsein verlässt Aristoteles die
ihm unsicher erscheinende Höhe des Platonismus, unwillkürlich
gleiten jene anderen drei von eben dieser Höhe herunter." Die
näheren Nachweisungen über den Verfall der Philosophie durch die
Stoiker, Epikureer und Skeptiker sind voll treffender Wahrheit.
  Der folgende Abschnitt: Der Platonismus und die Philosophie
der römischen Welt, hält sich auf gleicher Höhe der Betrachtung.
Cicero, Seneka, Plutarch treten in helle Beleuchtung. Der Letztere

bildet den Uebergang zu den Neupythagoreern, welche in den Neuplatonismus münden. Plotin wird in seinem Bezug zum Platonismus
vortrefflich geschildert und sein negatives Verhältniss zum
Christenthum mit tiefem Blicke charakterisirt.

Das dritte Buch: Der Platonismus und das Christenthum, ist
gedrängter gehalten, zeigt aber überall tief eindringenden Blick
und hält sich frei sowohl von Ueberschätzung als von Unterschätzung
des Werthes des Platonismus im Verhältniss zum Christenthum.

Möchte es dem Verfasser vergönnt sein, sein hochwichtiges
Werk bald der Vollendung entgegen zu führen. Wenn es in gleicher
Trefflichkeit vollendet wird, wie es angefangen worden ist, so wird
es sich eine eingreifende Bedeutung sichern.

3.

Platon's Lehre von der Rotation der Erde und die
Auslegung derselben durch Aristoteles. Von Dr.
Georg Grote, Verfasser der „Geschichte von Griechenland".
Mit Bewilligung des Verfassers aus dem Englischen übersetzt
von Dr. Joseph Holzamer. Prag, Credner, 1861.

Im Timäus (p. 40 B.) des Platon, also beginnt der Verfasser
seine Untersuchung, lesen wir die folgenden Worte: Τὴν δὲ τροφόν μὲν
ἡμετέραν, εἰλλομένην δὲ περὶ τὸν διὰ παντὸς πόλον τεταμένον φύλακα
καὶ δημιουργὸν νυκτός τε καὶ ἡμέρας ἐμηχανήσατο, πρώτην καὶ
πρεσβυτάτην θεῶν, ὅσοι ἐντὸς οὐρανοῦ γεγόνασι (Nach Stallbaum's
Ausgabe.) In Platon's sämmtlichen Werken, übersetzt von Hie-
ronymus Müller, finden wir diese Stelle in folgender Weise übersetzt: „Die Erde aber, unsere Ernährerin, befestigt an der durch
das Weltall hindurchgehenden Weltachse, bildete er zur Erzeugerin
und Hüterin der Nacht und des Tages, die erste und ehrwürdigste
der innerhalb des Himmels erzeugten Götter.*)"

Die Dunkelheit dieser Stelle, fährt der Verfasser fort, wird
durch die zahlreichen Meinungsverschiedenheiten, zu welchen dieselbe sowohl in der alten, als in der neueren Zeit Veranlassung ge-

---

*) Grote gibt dieselbe Stelle in feinerer und doch wohl dem Sinn nach
richtigerer Weise: „Die Erde drängt, schwingt oder rollt sich dicht um die
Achse, welche den ganzen Kosmos durchläuft; ihre Functionen sind die einer
Wächterin und Werkmeisterin der Aufeinanderfolge von Tag und Nacht."

geben, zur Genüge bezeugt. Verschiedene Zeitgenossen Platon's verstanden dieselbe so, als ob sie die rotatorische Bewegung der Erde in dem Centrum des Kosmos behaupte, oder dieselbe sich daraus folgern lasse und hielten an dieser Lehre, die sie zu der ihrigen machten, fest. Aristoteles selbst spielt auf diese Zeitgenossen an (de coelo, II, 13, p. 293 b. 30), ohne sie jedoch zu nennen und adoptirt ihre Interpretation der Stelle; weicht aber von der Lehre selbst ab und sucht dieselbe durch Argumente zu bekämpfen. . . . Alexander von Aphrodisias schliesst sich der von Aristoteles gegebenen Erklärung des Platon an. Proklus dagegen behauptet, Aristoteles habe die Stelle (bei Platon) irrig ausgelegt. Simplicius äussert sich verworren und unbestimmt. Alkinous in seiner Isagoge tritt der Erklärung des Proklus bei.

In der neueren Zeit ist über die Auslegung jener Stelle am bemerkenswerthesten der Streit zwischen Gruppe und Böckh geführt worden. Gruppe hat in seiner Schrift: Die kosmischen Systeme der Griechen, zu zeigen versucht, dass Platon gegen das Ende seines Lebens zu dem Glauben gelangte, sowohl an die Bewegung der Erde um ihre eigene Achse, als auch an die doppelte Bewegung der Erde (Rotation wie Translation) um die Sonne als das Centrum; dass Platon der erste gewesen, der diese Entdeckung gemacht habe, dass er aber genöthigt gewesen sei, sie in absichtlich zweideutigen und dunklen Ausdrücken auszusprechen, aus Furcht, die religiösen Gefühle seiner Zeitgenossen zu verletzen*). Böckh unternahm es, in seinen Untersuchungen über das kosmische System des Platon diese Ansicht Gruppe's zu widerlegen und seine schon in seinen früheren Abhandlungen und Schriften aufgestellte Behauptung zu erhärten, dass Platon die Erde immer für unbeweglich und die Sternensphäre für rotirend gehalten habe.

Der Verfasser stellt sich nun in Mitte zwischen Böckh und Gruppe, jedem von Beiden beziehungsweise Recht und Unrecht gebend und kommt durch eine Reihe scharfsinniger Untersuchungen zu dem Ergebniss, dass Platon zwar die Umdrehung der Erde um ihre eigene Achse nicht direct ausspreche aber doch indirect und verhüllt andeute. Die Gründe für diese Ansicht, wonach Platon

---

*) Dass diese Rücksicht Platon zu einer nur verhüllten Andeutung der Bewegung der Erde um ihre Achse bestimmen konnte, erhält eine Stütze in der Nachricht bei Plutarch (de facie lunae, p. 923,a), dass noch später der Stoiker Kleanth nicht blos gegen Aristarch geschrieben, sondern auch diesen Gegner zu verketzern versucht und auf die Anklagebank bringen gewollt habe, weil er den Herd der Welt (ἑστία) in Bewegung gesetzt. Vergl. Grote's Schrift, S. 24 und Sophus Ruge's der Chaldäer Seleukos, S. 14.

übrigens nicht auch die Rotation der Erde um die Sonne lehrt, sind äuserst scharfsinnig entwickelt und man darf darauf gespannt sein, ob Böckh glaubt, dieselben entscheidend widerlegen zu können. Referent hält es nicht für wahrscheinlich, kaum für möglich, wozu ihn nicht bloss die Autorität des Aristoteles bestimmt, sondern auch die Erwägung, dass nur nach der Auffassung Grote's die der Erde von Platon beigelegte Function die Umdrehungen der Weltachse, von welcher nach Platon die Umdrehungen der Sternensphäre abhängen, zu erhalten und zu reguliren. Die Erde ist Platon φύλαξ καὶ δημιουργός νυκτός τε καὶ ἡμέρας.

4.

Theophrastos' Schrift über Frömmigkeit. Ein Beitrag zur Religionsgeschichte von Jakob Bernays. Mit kritischen und erklärenden Bemerkungen zu Porphyrios' Schrift über Enthaltsamkeit. Berlin, W. Hertz (Besser). 1866.

Diese neue Schrift eines anerkannt gründlichen und scharfsinnigen Forschers ist zwar zunächst ein sehr beachtenswerther und willkommener Beitrag zur Religionsgeschichte, kommt aber auch nicht unerheblich der Geschichte der Philosophie zu gut, indem sie so manchen wichtigen Punkt an das Licht zieht, der bisher übersehen worden ist. In der einzigen umfänglicheren Arbeit des Neuplatonikers Porphyrios, welche uns erhalten worden ist, in der Schrift desselben über die Enthaltsamkeit, fand der Verfasser fünf Fragmente oder Excerpte aus des Peripatetikers Theophrastos nicht erhaltener Schrift über die Frömmigkeit, welche von bedeutendem Werthe sind. Der hauptsächliche Inhalt der vorliegenden Schrift bezieht sich auf diese theophrastischen Fragmente aus dem umfänglicheren Werke des Porphyrios. Der Verfasser theilt sie im Original und in deutscher Uebersetzung mit und knüpft daran seine reichhaltigen und eindringenden Erläuterungen, welchen am Schlusse eine Fülle gelehrter Anmerkungen beigegeben sind.

Alle fünf Fragmente, die sich als Excerpte des Porphyrios aus der nicht erhaltenen Schrift des Theophrastos über die Frömmigkeit erweisen, verbreiten sich über die Opfer und gestatten einen tiefen Einblick in die Religionsphilosophie des grössten Schülers des Aristoteles, wobei es an bemerkenswerthen Streiflichtern nicht fehlt, die gelegentlich auf die Psychologie, Anthropologie und Ethik des Theophrastos fallen. Künftige Geschichtschreiber der Philosophie werden aus der vorliegenden Schrift wesentliche Bereicherungen schöpfen können. Aufs Neue tritt uns aus Anlass dieser Schrift die Vermuthung entgegen, dass eine vollständige Durcharbeitung aller auf uns gekommenen Schriften der Neupythagoräer, Neuplatoniker, der Gnostiker und Kirchenväter noch eine erhebliche Ausbeute von Fragmenten aus den älteren Philosophen der Griechen gewähren würde, die so manche Lücke unserer Kenntniss der vorneuplatonischen griechischen Philosophie auszufüllen im Stande wäre. Das erste und fünfte Fragment sind die lehrreichsten. Aus jenem lernen wir die Ansicht des Theophrastos kennen, dass mit Aristoteles die Urzustände der jetzigen Weltepoche auf ägyptischem Boden gesucht werden müssten; dass die ältesten Opfer vegetabilischer Art (aus Kräutern bestehend) gewesen seien, worauf auch die Benennungen der Opferstätten, der Opferhandlung und der Opfergaben hinweisen und dass die Thier- und Menschenopfer erst nach mehrfachen Uebergängen von der anfänglichen Einfachheit dann in Uebung gekommen seien, nachdem die Menschen in schweren Prüfungen der Hungers- und Kriegsnöthen Blut gekostet hätten. Der Verfasser nimmt hiervon Anlass zu sehr interessanten Erörterungen, die auch auf des Aristoteles Lehre von der Ewigkeit der Welt und selbst des Menschengeschlechts zurückgreifen und jenen Ausspruch des Aristoteles erläutern, dass jede Kunst und jedes philosophische System oftmals entdeckt und nach Möglichkeit ausgebildet worden, dann aber wieder untergegangen sei. Das zweite Excerpt bezieht sich auf die Menschenopfer und den Kanibalismus, gegen welche sich der Unwille des Theophrastos kehrt. Im dritten Excerpt setzt Theophrastos die Gründe auseinander, welche gegen die Thieropfer und für die Zurückführung der Opfer auf solche von Vegetabilien sprechen und indem er hervorhebt, dass die Gottheit mehr auf die Gesinnung des Opfernden als auf die Menge des Geopferten sehe, erinnert er an die Inschrift im Vorhof des Tempels zu Epidauros.

Nur wer rein ist, betrete die Schwelle des duftenden Tempels,
Niemand aber ist rein, ausser wer Heiliges denkt.

Hieran knüpft der Verfasser eine Reihe der trefflichsten Erinnerungen. Von grösserem Umfang ist das vierte Excerpt oder Fragment, welches in mehrfacher Beziehung Interesse darbietet. Auch hier führt Theophrastos Argumente gegen die Thieropfer aus,

wobei er sich auf Empedokles beruft, von dem er (nach der Uebersetzung des Verfassers) die Verse anführt:

> Nicht war jener Ares ein Gott, noch war es der Aufruhr,
> Weder der thronende Zeus, noch Kronos oder Poseidon,
> Sondern die thronende Kypris.
> Jene nun suchten die Gnade der Göttin mit frommen Geschenken,
> Tropfender Harze Gemisch und künstlicher Salben Gerüchen,
> Auch mit den Opfern von lauterer Myrrh' und duftigem Weihrauch,
> Schütteten ferner zu Boden die Spenden des gelblichen Honigs,
> Nie jedoch netzte der Gräuel gemordeter Stiere den Altar.

Ein weiterer Punkt von Interesse ist, dass hier zuerst von einem
griechischen Philosophen der Juden ausdrücklich erwähnt wird, und
zwar in anerkennendem Sinne, wenn auch nicht mit ganz zuläng-
licher Kenntniss ihrer Opfergebräuche. Bemerkenswerth ist, dass
die Juden als ein der Philosophie ergebener Stamm der Syrer bezeichnet werden, welches doch wohl auf Kenntniss der Hauptzüge
des jüdischen Monotheismus deuten möchte. Endlich ist auch dies
ein bemerkenswerther Punkt in dieser Auslassung des Theophrastos,
dass er bestimmt der Fortdauer der menschlichen Seelen über
dieses Leben hinaus das Wort redet, wenigstens ausdrücklich in
Rücksicht derjenigen, welche die Opfer den Göttern recht, wie
Theophrastos will, als vegetabilische Opfer, darbringen. Da man
allen Grund hat, anzunehmen, dass in dieser Lehre Theophrast
nicht von Aristoteles abgewichen ist, so werden die Gründe derjenigen hierdurch verstärkt, welche dem Aristoteles die Lehre von
der Unsterblichkeit der menschlichen Seele oder des menschlichen
Geistes zuschreiben. Das kürzere fünfte Excerpt aus Theophrastos
bei Porphyrios ist deshalb besonders bemerkenswerth, weil es in
ausdrücklicher Weise zum ersten Male in der griechischen Philosophie die Verwandtschaft der gesammten Menschheit ausspricht.
Wenn auch Theophrast diese Verwandtschaft zu einer mit allen
Thieren erweitert und die Gleichartigkeit der Menschenseelen und
Thierseelen behauptet, so will er doch den Unterschied des Menschen von dem Thiere nicht aufheben. Der Sache nach ist dieser
Gedanke dem Aristoteles nicht fremd, aber er scheint doch bei
Theophrast eine gesteigerte Bedeutung angenommen zu haben, wodurch er offenbar den späteren kosmopolitischen Lehren der Stoiker
präludirte. Von den lehrreichen Erläuterungen des Verfassers heben
wir nur noch die Nachweisung hervor, dass schon bald nach dem
Erwachen der griechischen Philosophie zugleich mit der Auflehnung
gegen die anthropomorphische Personification der Götter von verschiedenen Seiten her die Angriffe auf die blutigen Opfer begonnen

haben. Für das Einschreiten der Römer gegen Menschenopfer in der früheren Kaiserzeit führt der Verfasser das Zeugniss des Plinius an (S. 188) und dass die römische Polizei dem Ziele der Unterdrückung der Menschenopfer unter Kaiser Hadrian's Regierung nahe gekommen war. Die an Nachweisungen reiche Schrift ist dem Studium bestens zu empfehlen.

<hr>

5.

Der Chaldäer Seleukos. Eine kritische Untersuchung aus der Geschichte der Geographie von Dr. Sophus Ruge, Lehrer an der öffentlichen Handels-Lehranstalt zu Dresden. Dresden, Schönfeld (Werner), 1865.

Referent nahm diese kleine Schrift mit der Hoffnung zur Hand, es werde dem Verfasser gelungen sein, aus bisher unbeachteten oder unbekannten Quellen etwas Näheres ermittelt zu haben über die Beweise, welche nach Plutarch Seleukos für die Idee von der rotirenden Bewegung der Erde um die Sonne geführt haben soll, nachdem Aristarch vor ihm dieselbe Idee als Hypothese aufgestellt habe. Diese Hoffnung ist nun freilich nicht erfüllt worden. Dennoch ist die kleine Schrift keineswegs ohne wissenschaftlichen Werth.

Wir erfahren von dem Verfasser zunächst, dass M. Schmidt in einer Abhandlung im Philologus III. 436 ff., elf Männer, die den Namen Seleukos trugen, aufzählt, der Astronom und Geograph Seleukos aber in den Schriften des Alterthums nur an sechs Stellen und dazu nur beiläufige Erwähnung findet. Die Schriftsteller, die seiner erwähnen, sind Strabo, Plutarch, Stobaios, dann später noch Johannes Damascenus und um das Jahr 1300 nach Christus der Grosskanzler und Archidiakonus Theodoros Meliteniota in Constantinopel in seiner praefatio astronomiae. Von da an ist sein Name gänzlich verschollen, auch Copernikus nennt ihn nicht, bis zu Ende des 18. Jahrhunderts sein Name wieder in Erinnerung gebracht wurde. Zuerst gedenkt seiner wieder Bailly in seiner Historie de l'astronomie, dann Schaubach in seiner Geschichte der griechischen Astronomie; auch L. Ideler, Ukert, Forbiger, Letronne, A. Humboldt, M. Schmidt, Pauly, A. Böckh u. Urlichs in ihren Schriften erwähnen seiner. Aber nur Böckh hat sich das Verdienst erworben, die wahre Heimat des Seleukos ermittelt zu haben.*) Der Verfasser stellt die Ermittelung Böckh's durch Berücksichtigung zweier Stellen bei Strabo vollkommen fest, wonach denn Seleukos ein Chaldäer aus der Stadt Seleukeia am Tigris aus der Landschaft Babylonien am erythräischen Meere war. Auch das Zeitalter, in welchem Seleukos lebte, bestimmt der Verfasser unzweifelhaft richtig, indem er die Angaben Strabo's und Plutarch's benutzt, nach welchem Seleukos sich auf die Lehre Aristarch's bezieht und Hipparch sich auf Seleukos beruft. Sein Leben fällt demnach zwischen die beiden genannten Astronomen, deren Zeit nach Angabe des Ptolemäus zwischen 281 v. Chr. 160—125 sich ergibt. Seleukos lebte also in der Mitte des zweiten Jahrhunderts vor Christi Geburt.

Dass Seleukos gegen Krates (wahrscheinlich von Mallus) geschrieben habe, ist die einzige Nachricht über seine Schriftstellerthätigkeit (Strabo). Doch lässt sich aus den Angaben der Alten erkennen, dass Seleukos als Astronom und als Physiker gewirkt hat.

Als Astronom stimmte er mit Aristarch überein, der die Idee der rotirenden Bewegung der Erde um die Sonne als Hypothese aufgestellt hatte. Plutarch (ed. Hutten XIII, p. 271) schreibt ihm zu, dass er diese Hypothese mit Beweisen zur Gewissheit erhoben habe. Die Beweise selbst aber theilt weder er, noch ein Anderer mit. — Die physischen Lehrsätze des Seleukos fanden nach dem Verfasser mehr Anerkennung und Erwähnung. Obgleich sich nachweisen lässt, dass diese dem Hipparch und dem Poseidonios bekannt waren, wissen wir doch Genaueres nur über einen Punkt. Es betrifft dies die Lehre von der Ebbe und Fluth des Meeres, welche schon Seleukos mit dem Monde in Verbindung brachte. Der Verfasser erläutert diese und die damit in Zusammenhang stehende Lehre von der Abgeschlossenheit der Oceane in einer für die Geschichte der Geographie lehrreichen Weise.

---

*) A. Böckh's Untersuchungen über das kosmische System Plato's, S. 142: „Gelegentlich bemerke ich, dass Seleukos nicht, wie ich selber (Philolaus S. 122) meinte, aus der Stadt Erythräa ist, sondern vom erythräischen Meere (ἀπὸ τῆς Ἐρυθρᾶς ϑαλάττης), wie Strabo III, p. 174 sagt. Darunter ist nämlich der persische Meerbusen mitbegriffen. Ebenderselbe ist der Babylonier (Strabo I, p. 6) nach der Provinz und der Seleukeier (XIV, p. 739) nach der Stadt benannt.“

6.

Ueber Leben und Geistes-Entwickelung des Plotin.
Neu-Platonische Studien von Dr. Arthur Richter. Halle.
Schmidt 1864.

Seit Schelling und Hegel hat man sich wieder lebhafter mit
dem Studium der Neuplatoniker beschäftigt und ist ihnen in der
Beurtheilung gerechter geworden. Aber noch ist die Wissenschaft
zu einem befriedigenden Abschluss dieser Studien nicht gelangt.
Nach manchen achtungswerthen Leistungen auf diesem Gebiete
bleibt immer noch viel zu thun übrig, um uns einen vollen Einblick
in die Leistungen und die Bedeutung der Philosophie der Neuplatoniker zu vermitteln. Wenn der Verfasser unter den Forschern,
die sich um die Kenntniss und Würdigung der Neuplatoniker verdient gemacht haben, besonders Steinhart, Zeller und Kirchner
hervorhebt, so hätte doch wohl U. Wirth nicht übergangen werden
sollen, der in seiner Schrift: Die speculative Idee Gottes und die
damit zusammenhängenden Probleme der Philosophie (1845), die
Neuplatoniker tiefer gewürdigt hat als Steinhart, Zeller und Kirchner. Auch der geistreiche Verfasser geht in seinen Andeutungen
tiefer als die genannten Forscher, aber wenn er seine Aufgabe vollkommen lösen will, so darf er nicht unterlassen, sich mit den Lehren
Baader's genau vertraut zu machen. Nur vom Standpunkte Baader's
aus ist eine vollgenügende Würdigung der Neuplatoniker möglich.
Die vorliegende trefflich geschriebene und gehaltvolle Schrift ist
nur eine Art Programm einer künftigen Monographie Plotin's und
erfüllt diesen ihren Zweck in allem Wesentlichen auf anerkennungs-
werthe Weise. Es gelingt dem Verfasser, eine Menge unrichtiger
Auffassungen zu beseitigen und einem tieferen Verständniss des
Neuplatonismus, zunächst in der Gestalt des Plotinismus, Bahn zu
brechen. Seine kurze übersichtliche Charakteristik der Lehre Plotin's
gewährt einen richtigeren Einblick in das Wesen dieser Lehre, als sie bei
seinen Vorgängern anzutreffen ist. Er bezeichnet sie richtig als
eine Schöpfung wesentlich des griechischen Gedankens, auf welche
die geistigen Zeitmächte natürlich ihren Einfluss ausgeübt haben.
Sie steht ihm auf einem universalen, allgemein menschlichen Standpunkte und ist ihrem wesentlichen Charakter nach Religions-
Philosophie. Als solche erscheint sie ihm mit Recht als die letzte
Anstrengung des Hellenismus, die geistige Weltherrschaft zu ge-

winnen. „Sie bewegt sich in der Gegenüberstellung von Gott und Materie, einer jenseitigen idealen und der diesseitigen irdischen Welt; zu einer Verknüpfung dieser Gegensätze kommt es in der Seele, die an beiden Welten Theil hat. Die Aufgabe und Bestimmung der letztern wird in ihrer Befreiung und Reinigung von der irdischen und in ihrer Erhebung in die ideale Welt gefunden. Der höchste Gedanke dieser Philosophie ist Gott, der Urquell aller Existenz, aus dem alle Dinge sind und zu dem sie zurückstreben, der als der Eine über alles Dasein Erhabene, in einziger Güte und Schönheit und sich selbst genugsam besteht." Hienach zeigt der Verfasser, entgegen den Auffassungen der Meisten, dass Plotin zwar keinen persönlichen Gott lehre, aber Monotheist sei, einen Gott lehre, und, wenn er von Göttern spreche, dies nur Anbequemung an die gewöhnliche Redeweise sei. „Er ist kein Pantheist, denn obwohl er von der Allgegenwart seines Göttlichen in allen Dingen spricht, so unterscheidet er doch das Göttliche scharf von allem Existirenden und lässt es in unendlicher Erhabenheit über ihm bestehen." Der Verfasser räumt hier nicht ein, dass nach Plotin der Hervorgang der Vernunft aus diesem Ersten, Göttlichen, Einen Emanation, wiewohl auch nicht ein Schöpfungsact, sei, und er macht nur nicht hinlänglich klar, in welcher Weise dieser Hervorgang denn nun gedacht werden soll. Die Vernunft ist Plotin der Inbegriff der Ideen, welche die Einheit des Göttlichen in einer Vielheit entfalten, ohne das Göttliche selbst durch diesen Act zu trüben oder ihm etwas von seiner Göttlichkeit zu rauben. In gleich trefflicher Weise entwickelt der Verfasser die übrigen Grundbestimmungen der Plotinischen Weltanschauung. Dies, so wie Alles, was der Verfasser über das Leben und die Schriften Plotin's vorträgt, erweckt die günstigste Erwartung von dem, was derselbe in einer künftigen Monographie Plotin's zu leisten gedenkt. Möchte ein günstiges Geschick ihm die Ausführung dieses wichtigen Werkes ermöglichen.

Plotin's Lehre vom Sein und die metaphysische Grundlage seiner Philosophie von Dr. Arthur Richter. Halle, Schmidt, 1867.

Diese Schrift bildet das zweite Heft der Neu-Platonischen Studien des Verfassers. Die Neu-Platonischen Studien sollen in fünf Heften eine vollständige Darstellung des Lebens, der Schriften und der Philosophie des Plotin umfassen. Die drei noch fehlenden Hefte, welche binnen Jahresfrist versprochen werden, sollen die Theologie und Physik, die Psychologie und die Ethik Plotin's darstellen.*)

Das vorliegende zweite Heft der Neu-Platonischen Studien handelt in der Einleitung über Aufgabe, Methode und Eintheilung einer Darstellung der Philosophie Plotin's. Das erste Buch, welches das ganze zweite Heft ausfüllt, ist in drei Abschnitten der Metaphysik des Plotin gewidmet. Der erste Abschnitt handelt von der Potentialität und Actualität, der zweite von den Kategorieen, die nach Erledigung der Kritik der Kategorieenlehre des Aristoteles und der Stoiker in Kategorieen des idealen und des sinnlichen Seins eingetheilt werden. Der dritte Abschnitt verbreitet sich über die Verknüpfung des idealen und sinnlichen Seins durch die metaphysischen Bestimmungen der Seele.

Die Ausführung ist in allen Hauptpunkten als wohlgelungen zu bezeichnen. Der Verfasser ist tiefer in das Verständniss Plotin's eingedrungen, als seine Vorgänger. Die hohe Bedeutung der Plotinischen Philosophie tritt uns überall in lichten Zügen entgegen. Die Objectivität der Auffassung lässt in keinem Hauptpunkte etwas zu wünschen übrig. Daher sehen wir den Verfasser weder vergöttern, noch verdammen, sondern kritisch abwägen und mit Maass und Umsicht Lob und Tadel vertheilen. Nicht die kleinen oder grösseren Fehler Plotin's sind es, auf die der Verfasser Jagd macht, sondern er ist überall bestrebt, die Grundgedanken seiner Lehre, die Tiefen und Höhen derselben herauszustellen, ohne seine Irrungen zu verschweigen oder zu verhüllen. Plotin erscheint ihm als der Abschluss der antiken Philosophie und als der Prophet der neueren Philosophie. Richtig zeigt er, dass die Elemente, aus denen sich die Ansicht Plotin's von der Philosophie zusammensetzt, gleicherweise in der Platonischen, Aristotelischen und Stoischen Philosophie liegen. In den innersten Kern der Plotinischen Anschauung dringt er ein, wenn er (S. 2) sagt: „Der Mittelpunkt menschlicher Geistesregungen ist (nach Plotin) auf religiösem Wege zu suchen, und in den Dienst der Religion, d. h. der Wiedervereinigung mit Gott, tritt auch die Philosophie. Auch die Philosophie ist ein Weg zu Gott und zwar der vornehmste. Drei Mittel gibt es, weltfrei zu werden und zu Gott zu kommen: Liebe, Kunst und Philosophie." Wenn man immer Schelling und Hegel zur Vergleichung mit Plotin heranzieht und diese Philosophen als seine Fortsetzer bezeichnet, so wäre Baader noch vor ihnen heranzuziehen, aber auch zu zeigen, dass nur er die idealistische Einseitigkeit Plotin's gründlich über-

*) Sie sind vollständig erschienen.

wunden hat. Wenn der Verfasser seine Neu-Platonischen Studien mit gleicher Trefflichkeit, wie er sie begonnen, ausführt, so wird sein Werk eine Zierde der deutschen Literatur und von eingreifender Bedeutung werden.

7.

Dante Alighieri und die göttliche Komödie. Eine Studie zur Geschichte der Philosophie und zur Philosophie der Geschichte. Von Dr. Hugo Delff. Leipzig, Teubner, 1869.

Die grössten Dichter hatten von jeher einen philosophischen Gehalt, wie die grössten Philosophen eine dichterische Ader. Ganz kürzlich ist eine Schrift*) erschienen, welche die Vertrautheit Shakespeare's mit den Ideen der grössten Philosophen vor ihm nachzuweisen sucht. So gut wie gleichzeitig sehen wir von dem Verf. der vorliegenden Schrift den Versuch gemacht, Dante nicht bloss als vertraut mit grossen mystischen Philosophen, sondern sogar selbst als Philosophen erscheinen zu lassen.

Die Schrift zerfällt nächst einer Einleitung in zwei Theile, deren erster sieben Capitel, deren zweiter drei Capitel enthält:

I. Dante's Weltanschauung: 1) Dante ein Mystiker, 2) Die politischen und kirchlichen Ansichten Dante's, 3) Die Theologie Dante's, 4) Die Kosmologie Dante's, 5) Die Anthropologie Dante's, 6) Die Erkenntniss- und Sittenlehre Dante's, 7) Die Religionslehre Dante's.

II. Der Gedankengang der göttlichen Komödie: 1) Die Hölle, 2) Das Fegefeuer, 3) Das Paradies.

Rücksichtlich der Anordnung des Stoffs lassen sich Bedenken erheben. Man könnte fragen, ob nicht der Gedankengang der göttlichen Komödie hätte vorausgeschickt werden sollen, wenn auch die Weltanschauung Dante's nicht lediglich aus diesem Gedicht entnommen wird. Man sieht keinen hinlänglichen Grund, Dante's Erkenntnisslehre ins fünfte Capitel statt ins erste oder zweite zu stellen und näher zur Sittenlehre als zu den andern Theilen seiner Philosophie. Ebenso wenig war es nöthig oder gerechtfertigt, Dante's politische und kirchliche Ansichten vor seiner Theologie, Kosmologie und Anthropologie abzuhandeln.

---

*) Unter dem auf Aristoteles zurückweisenden Titel: Τὸ τί ἦν εἶναι.

In der Einleitung begegnen wir sogleich dem verhängniss-
vollen Fehler, dass sich der Verf. ohne Kritik und, wie es scheint,
ohne Kenntniss der bezüglichen kritischen Forschungen auf die unter
dem Namen des Areopagiten Dionys zwischen dem dritten und
fünften Jahrhundert hervorgetretenen Schriften über die himmlische
und die kirchliche Hierarchie stützt, während er doch wissen musste,
dass diese Schriften betrüglich sind und er erst die Anklage hätte
widerlegen müssen, wenn es möglich war, dass sie mit im hierarchischen Interesse geschrieben und untergeschoben waren.*) Statt
dessen gelten dem Verf. diese Schriften als Zusammenfassung des
Ideengehalts „des bisherigen kirchengeschichtlichen Processes" und
brachten ihm „das mehr oder weniger unklar in den Gemüthern
Schwimmende für alle Zeiten zur festen klaren Gestalt."

Mit dieser Hinneigung zur hierarchischen Tendenz stimmt es
denn ganz gut, wenn der Verf. daran die Worte anschliesst: „Die
Organisation der Kirche hatte sich mit der Fixation des Pabstthums
geschlossen." (Sogar Pabstthum schreibt der Verf., nach römischem
Gebrauch, nicht Papstthum.) Die Berechtigung des Papstthums
wird nicht der mindesten Untersuchung unterstellt. Es wird wie
vom Himmel gefallen eingeführt, womit der Verf. nicht nur seiner
Aufgabe nicht genügt, sondern auch sich von dem von ihm so hoch
gestellten Baader ganz erheblich entfernt. Die Uebergriffe der
Päpste in die weltliche Gewalt, die dann immer stärker hervor-
traten, will er auf vorausgegangene Uebergriffe der deutschen
Kaiser in die christliche Welt erklären, und hält gar nicht für
nöthig, einen Beweis dafür zu führen, dass die sächsischen Kaiser
das kirchliche Regiment von dem kaiserlichen abhängig, die Päpste
zu blossen Reichsbeamten zu machen, die kirchliche Autorität zu
politischen, ja selbstsüchtig-ehrgeizigen Zwecken zu missbrauchen
gesucht hätten. Wenn er dann die Uebergriffe der Päpste und ihr
Streben, den Staat (die Staaten) von sich abhängig zu machen,
missbilligt, so kann er nur auf halbem Wege stehen bleiben und
sieht nicht, dass das Papstthum seiner Natur nach in stetem Hader
und Streit mit den weltlichen Mächten sich befinden muss, der nur
bald stärker, bald schwächer hervortritt, um zu gelegen scheinender

---

*) Die christliche Philosophie nach ihren Begriffen und in ihrer Ge-
schichte bis auf die neuesten Zeiten. Von Heinrich Ritter. I, 385, 390. „Die
Maske eines frommen Betrügers deckt den Namen des Mannes, aus dessen
Schriften fast alle späteren Mystiker des Mittelalters geschöpft haben." . . . .
„Diesem bodenlosen Skepticismus liegt eine Emanationslehre nach neuplatoni-
schem Muster zu Grunde." . . . . „Unter der Maske der Frömmigkeit verbirgt
sich hier das bare Heidenthum u. s. w."

Zeit oder auch durch grosse Noth gedrängt mit der Tendenz hervorzutreten, die Infallibilität und die Universalherrschaft des Papstes
zum förmlichen Dogma erklären zu lassen.

Der Verfasser kann natürlich die Zerrüttungen nicht verkennen,
welche die Uebergriffe der Päpste im Mittelalter für Kirche und
Staat herbeiführten und er belobt einen Bernhard von Clairvaux,
einen Hugo von St. Victor u. s. w. hoch, dass sie mit Freimuth
den Päpsten die Wahrheit, so weit sie dieselbe erfasst hatten,
sagten. Allein auf die Wurzel des Uebels dringt er nicht vor. Er
kommt hier auf den Gegensatz der Mystik und der Scholastik des
Mittelalters zu sprechen und während seine unklare Hinneigung zur
Hierarchie ihn näher zur Scholastik stellen müsste, sehen wir ihn
mit besonderer Vorliebe der Mystik des Mittelalters sich zuwenden.
Wiewohl er ganz im Rechte ist zu behaupten, dass die Mystik
älter als das Christenthum sei und ihre Spuren sich in das Uralter
der Menschheit verlören, so macht er doch nicht bemerklich, dass
die besondere Art und Färbung der Mystik des Mittelalters nicht
wenig bedingt war durch den Druck der Hierarchie und den immer
mehr erstarrenden Formalismus der Scholastik. Ohne den furchtbaren Druck des Papstthums würde die Mystik des Mittelalters
vermuthlich nicht zwar einen edleren, wohl aber einen wissenschaft-
licheren Charakter angenommen haben und ihre tiefsinnigen Ideen
würden in solcher Gestalt viel grössere Wirkungen geübt haben.
So wie sie vorliegen, müssen sie dem Geiste der Neuzeit guten
Theils erst wieder durch Uebersetzung in die Sprache der neueren
Philosophie verständlich gemacht werden, wiewohl ich nicht leugnen
will, dass schon blosse Uebersetzungen in die neudeutsche Sprache
nicht wenige Schwierigkeiten heben würden.

Es ist eine Verkennung des wahren Wesens der Mystik, wenn
der Verfasser sie überall auf ekstatische Zustände hinauslaufen
lässt. Man kann allenfalls in einem weniger strengen Sprachgebrauch
jede besonders intensive und begeisterte Erhebung des Geistes und
Gemüthes über das Sinnliche zum Ewigen eine Ekstasis nennen,
aber diese kann bei vollem Bewusstsein und normalen Functionen
der Sinne und des Leibes stattfinden und muss wohl von jenen
eigentlich ekstatischen Zuständen unterschieden werden, die aus ungewöhnlichen und meistens nicht normalen Ursachen und Einwirkungen entspringen und immer nur von vorübergehender Dauer
sein können. Begeisterung kann permanent sein und soll es, Ekstase
nicht. Jene ist um so ächter, je mehr sie von Besonnenheit durchdrungen ist. Alle Religion ist mystisch, gesunde oder krankhafte
Mystik. Wo sie frei von kirchlichem und politischem Druck sich

entfaltet, ist sie oder wird sie gesund und verbündet sie sich mit Vernunft und Erfahrung, unter kirchlichem und politischem Druck aber kann sie zwar an Intensivität gewinnen, ist aber stets in Gefahr, ins Uebermaass zu gerathen, in forcirten Enthusiasmus, in krankhafte Convulsionen und in Zerrbilder aller Art.

Mit Recht sagt nun der Verf.: „Dagegen (im Widerspiel der Scholastik) wurde die Mystik die Pflegestätte alles innerlichen Lebens und verwies die Kirche auf das wahre Ziel: die freie Gemeinschaft der Gemeinde in Gott. Es ist durchaus irrthümlich, wenn man diese Bewegung unter die häretischen . . . Waldenser rangirt. . . Sie waren nicht gesandt, aufzulösen, sondern zu erfüllen. . . Unerbittlich gegen Missbräuche und Missbrauchende sind alle diese Mystiker doch voll Ehrfurcht vor der Kirche. . . Und ebenso sehen wir sie entschieden gegen die Häretiker zeugen, wie z. B. Ruysbroek gegen eine Secte der Beguinen. Hier sammelten sich die reformatorischen Kräfte. Es wussten sich die Mystiker als die, die das Original dieses Bildes, die Idee und den Zweck der socialen Anstalten, ihre wesenhafte Wahrheit im Himmel geschaut hatten, als die Propheten der neuen Kirche, und schonungslos und furchtlos folgten sie der inneren Stimme und liehen ihr Worte. Sie waren die furchtbarsten Gegner der Hierarchie und hörten nicht auf, die politischen Anmaassungen und Irrgänge der Päbste zu strafen." Sie waren es, welche im Mittelalter die gegenseitige Freiheit von Kirche und Staat verfochten. Sie lehrten, dass zweierlei Schwerter (Gewalten) wären, ein geistliches, welches sei Gottes Wort, das andere die weltliche Obrigkeit, und sie seien beide von Gott und. habe keins mit dem andern zu thun. (?) *)

Von dem Zwist des welfischen Heinrich und des hohenstaufischen Kaisers Friedrich I., zeigt der Verf., leiteten sich in Deutschland die Parteien der Welfen und Staufen (Ghibellinen) her. Die Parteinamen wurden von den Italienern adoptirt, aber nahmen einen bedeutungsvollen Inhalt an. Die Ghibellinen wurden hier zwar zuerst die kaiserliche, aber im Grunde zugleich die conservative monarchische Partei; die Guelfen die nationale und demokratische. Unter solchen Zeitumständen wurde Dante Alighieri (1265) geboren.

Das erste Capitel des ersten Theils dieser Schrift: Dante's Weltanschauung, ist überschrieben: Dante. Ein Mystiker. Hiermit will der Verfasser sagen, dass Dante im Sinne der mittelalterlichen

---

*) Vergl. Philalethes S. 151 und anderwärts.

Theosophie Mystiker war, denn dass er es überhaupt war, folgt daraus, dass er Christ war. Denn es ist ein reiner Unsinn, Christ sein zu wollen, ohne Mystiker zu sein. In diesem allgemeinen Sinne waren es auch die Scholastiker und alle ernsthaften Christen. Aber sie waren es nicht alle im Sinne der Theosophen. Der Beweis des Verfassers geht also nur darauf aus zu zeigen, dass Dante im Sinne der Theosophen Mystiker gewesen sei und diesen Beweis führt er schlagend und überzeugend. Dante war auch als Dichter und Philosoph bewusster Mystiker. Er selbst bezeichnet die Divina comoedia nach der Ausführung des Verfassers als ein allegorisches Gedicht. Er sagt: „Der Sinn dieses Werkes ist nicht einfach, das Werk ist vielsinnig. Denn der erste Sinn ist der buchstäbliche, der zweite aber der allegorische oder mystische. Nach dem allegorischen Sinn ist der Gegenstand der Mensch, sofern er durch sein Verdienen oder Verschulden der göttlichen lohnenden oder strafenden Gerechtigkeit unterliegt."

So sagt denn Abeken: „Sind allegorisch genommen nicht Hölle, Fegefeuer, Himmel die eigentlichen Gegenstände des Gedichts, sondern der Mensch und zwar der Mensch hier auf Erden, so müssen wir in den drei Theilen desselben Hölle, Fegefeuer, Himmel suchen, insofern der sündige, büssende und heilige Mensch diese in sich selbst hat." Das ist richtig, fährt der Verfasser fort, nur nehme man hinzu, dass der Zustand nach dem Tode nur die Fortsetzung oder näher die völlige Enthüllung und Entbindung der Zustände des inneren Menschen ist, wie auch Benvenuto d'Imola andeutet. Hölle, Fegefeuer und Himmel sind überhaupt nicht ein Raum, räumlicher Bezirk, irgendwo in der Welt, sondern sie sind Zustände der Seele in Wahrheit selbst die „drei Qualitäten" (Willens- und Lebensformen) des Geistes oder des inneren Menschen. Was Einer dem Wesen nach ist, insofern ist er hier oder dort, ein Theil dieses oder jenes Daseins, dieser oder jener Natur." Wenn der Verfasser hiefür sich auf eine Aeusserung Eckhart's bezieht, so hat er wohl J. Böhme, der jene Lehre wenn nicht noch tiefer, doch noch prägnanter darlegt, nur darum nicht herangezogen, weil dieser Theosoph in eine viel spätere Zeit fällt. Dante und J. Böhme lehrten die Ewigkeit (im Sinne der Endlosigkeit) der Höllenstrafen, erst Baader findet diese Lehre weder in der heiligen Schrift entscheidend begründet, noch will er einräumen, dass sie evident zu den katholischen Dogmen zähle. Nach den Aeusserungen Dante's selbst hat es der Verfasser leicht zu zeigen, dass sein Gedicht keine einseitig theoretische, sondern zugleich eine praktische Tendenz hat, und zwar nach Dante selbst die, die Lebenden zum Ausgang zu bewegen aus dem Stande des Elends (des Exils) und hinzuleiten zum Stande der Seligkeit. Und er bedient sich als Mittels der Schilderung seines eigenen Lebensstufenganges innerhalb einer universellen Peripherie. Dies führt der Verfasser sehr schön weiter aus. Wenn er aber so weit geht, einige Stellen des Gedichtes halbpantheistisch zu deuten, so hat er den Sinn Dante's meines Erachtens nicht getroffen. Das „transumanar" Dante's, das Verübermenschlichen, Vergöttlicht-werden des vollkommenen Menschen hat nicht den Sinn des Theil-werdens von Gott, sondern des Theilhaftwerdens Gottes. Und wenn es ihn hätte, so wäre es ein Irrthum Dante's, ein Irrthum, der nur aus dem Neuplatonismus geflossen sein könnte, aber weder im Judenthum, noch im Christenthum eine Wurzel hat. Ein Kenner Baader's sollte diesen Irrthum nicht erneuern. Was Gott nicht ist, kann nicht zu Gott oder zu einem Theil Gottes werden. Auch hat Gott keine Theile, am wenigsten endliche. Würde aber die End-lichkeit der „vergotteten" Wesen oder Geister aufhören, so würde mit ihrer Unterschiedenheit ihre Individualität aufhören und ihre Unsterblichkeit würde verschlungen in die unterschiedlose Allheit Gottes. Das will weder der Verfasser, noch wollen es die Theo-sophen, und von Ruysbroek führt der Verfasser das classische Wort an: „Wir müssen (sollen) mit Gott eins ewig ein anderes bleiben." Sehr schön! Aber dies sagt eben aus, dass die Vergottung, wenn man diesen Ausdruck für Vergöttlichung gebrauchen will, kein Theilwerden Gottes und Gottwerden ist und das Einigsein mit Gott und Theilhaftsein Gottes kein Getrenntsein und Gefallensein aus-sagt. Wohl ist, wie der Verfasser bemerkt, der Geist der Mystik der Geist der Philosophie (wie auch in der Neuzeit der Mystiker Baader der tiefsinnigste Philosoph ist). Aber wenn er kurz zuvor (S. 42) sagt: „So sehen wir . . . die Mystik, wo sie ihrem eigenen Geiste folgt, sofort das Märchen des vulgären Glaubens als Bild und Symbol der wahren wesentlichen Verhältnisse fassen und ge-brauchen und so ihre philosophische Natur auf das Schönste ver-herrlichen", so war doch wohl nicht das Verhältniss der Mystik zu dem Märchen des vulgären Glaubens, sondern das zu den Dogmen der Kirche zu untersuchen. Der Verfasser wird doch wohl nicht die Dogmen der Kirche in Bausch und Bogen mit dem Märchen des vulgären Glaubens vereinerleien wollen? Dass er hier die rechte Schärfe vermissen lässt, ist zu bedauern, da ihm leicht die Aus-legung unterstellt werden könnte, als schriebe er den mittelalterlichen Theosophen den mythischen Standpunkt in der Theologie zu und bringe unvermerkt einen David Strauss in die Nähe eines M. Eckhart und eines Dante, wiewohl auch da noch ein grosser Unterschied bliebe.

Sehr schön und wahr schildert dann wieder der Verfasser, wie die Reisen des Dante geschehen, ohne dass er leiblich den Ort wechselt. „Wie und was er auf ihnen erlebt an sich selbst und an Anderen, sind innere Zustände, innere Entwickelungsstadien in seinem eigenen inneren Menschen und im innern geistigen All, mit dem jenes correspondirt. Noch bei lebendigem Leibe fährt er hinunter in die Hölle, hinauf zum Himmel. Denn weder Himmel noch Hölle sind hie oder da, sie sind inwendig in uns, überall und doch nirgends, denn sie sind ein Geist und ein Wesen. . . . In deinem Empfinden ist Gott, in deinem Wollen und Sinnen, in deinem Gewissen, in deinem Charakter, wenn er göttlich ist. . . . In deiner Freiheit und dem Frieden deines gereinigten und erleuchteten Gewissens, da ist immer Gott in dir, wie in dem Zweige ist der Stamm und die Wurzel. . . . Reinige deinen Willen und deine Gedanken, und mit und in der göttlichen Gestalt derselben wird Gott selbst und das Bewusstsein des gegenwärtigen Gottes immer klarer hervorbrechen. . . . Göttlich sein, es hilft sonst weder Dogma noch Demonstration." Wenn der Verfasser weiterhin nach eigenem Ausspruch Dante's (Inferno II, 28 ff. und Parad. I, 73 ff.) den Dichter in einem dem ekstatischen Zustande analogen seine Wanderung vollziehen lässt, so nimmt er hier den Zustand der Ekstasis im reinsten Sinne und zeigt die Berechtigung zu dieser Auffassung in der schönen Schilderung: „Nicht durch unnatürliche Gewalt versetzen sich diese Männer (der ächten Ekstase) in krankhaften Krampf, es ist hier nur die Höhe der Betrachtung gemeint, das typische Gesicht, das dem Erkennenden . . . aufgeht. Es ist die Höhe und die Frucht der Sammlung und Vereinigung der frommen, erkennenden, in sich selbst zurückgezogenen Betrachtung."

Ganz richtig weiset der Verfasser auf die Bedeutung der Scenerieen des Drama's hin, auf die geistige Bedeutung, die es anzeigt, den inneren Lebensentwickelungsgang und seine Phasen. Auch ist er im Rechte, von Dante zu behaupten, dass er nicht von sich selber zu sprechen bekenne, dass er sich als einen Propheten gebe, der die innerlichen Einflüsse der Gottheit in Zeichen und Worten von sich gebe. Wie er denn selber sagt:

„Ich bin so Einer,
Dass, wenn die Liebe haucht, ich's merke, und der Weise,
Wie's innen sie dictirt: den Ausdruck gebe."

Zur Bestätigung des mystischen Charakters Dante's und seines Gedichtes weist der Verfasser die Lehrer und Autoritäten des Dichters nach und hier treten denn urkundlich auf: Aristoteles, Platon, Boethius, Augustin, Makarios, der Areopagite, Anselm, Bernhard, Hugo von St. Victor, Richard von St. Victor, Bonaventura, Albert und Thomas (der Aquinate). Wohl mochte, wie der Verfasser bemerkt, Dante seine formale wissenschaftliche Bildung aus der Schule der Scholastik empfangen haben, dem Geiste des Gedichtes liegen Männer wie Dionysios, Bernhard und Richard von St. Victor ohne Zweifel unvergleichlich näher. Thomas von Aquino wurde von Dante berücksichtigt, weil man bei ihm Platonischen Ideenzügen begegnet. *) Sein jüngerer Zeitgenosse M. Eckhart wird nicht erwähnt. Sollte er ihm unbekannt geblieben sein?

Der Verfasser hält Dante nicht für besonders gelehrt und belesen. Der Kreis seiner Gelehrsamkeit sei bedeutend geringer gewesen, als er auch zu jenen Zeiten habe sein können. Das möchte sehr cum grano salis zu fassen sein. Die politischen und kirchlichen Ansichten Dante's hat der Verfasser vortrefflich dargestellt. Besonders bemerkenswerth ist hier, wie auch P h i l a l e t h e s in einer Anmerkung erläutert, **) die drastische Abweisung der Unfehlbarkeit des Papstes (Inferno XI., 9) und die gegenseitige Begrenzung der Kirche und des Staates. ***)

Die Theologie Dante's bedarf einer kritischen Beleuchtung. Gott heisst nach dem Verfasser die erste Gleichheit, d. h. die wesentliche absolute Gleichheit oder Identität, in der Alles, was wirklich und möglich ist, alles Differente und Entgegengesetzte und die dieses Alles, so viel es wirklich ist, in Gleichheit, Gleichgewicht, Verhältniss, Ordnung setzt. . . . Der Punkt also, in dem sich alle Differenzen ausgleichen, der die gefärbten Strahlen in sich zu einem farblosen Lichte neutralisirt, die absolute Identität ist der Grundbegriff in dem System Dante's, das Princip seiner Philosophie. . . . Die Uebereinstimmung der grössten und edelsten Geister beschämt (?) diejenigen, welche den Calcul mit etwas Anderem anheben wollen,

---

*) Ich füge hinzu, wie bei Aristoteles, der doch den Platonismus nur modificirt. Dante wollte wohl beiden Richtungen Genüge thun.

**) Dante, A., göttliche Komödie von Philalethes. Neue Ausgabe 1865. S. 62. Vergl. Dante's Leben und Werke S. 406, 408. Dante versetzt mehrere Päpste in die Hölle, Anastasius, Nikolaus III., Bonifaz VIII., Clemens V. und spricht ihnen damit gewiss die Infallibilität in ihrem irdischen Leben ab.

***) Vergl. Baader über Dante, Werke V., 307. Siehe auch Societäts-Philosophie Baader's. Zweite Auflage S. 106 ff.

als mit der Einheit, welche die Kraft aller Zahlen . . . ist.*) Indem wir die Dinge in ihren gegenseitigen Beziehungen festhalten und betrachten, werden wir ihrer inne als alle aus dem hervorgegangen, in dem ruhend, das alle Beziehungen zu einer Indifferenz in einander aufgehoben in sich enthält, das die Gleichheit aller Beziehungen ist, das die Sache selbst, das Wesen ist, welches unten in Beziehungen erscheint; wir werden inne, dass wir die Dinge in ihrer Bezüglichkeit auch nicht einmal auffassen können ohne Voraussetzung dessen, welches das Subject aller dieser Beziehungen ist, dass also das Bewusstsein dieses allen unseren besonderen Auffassungen zu Grunde liegt. . . Die Idee, sagt der Verfasser, liegt nicht zu Grunde, sondern aus dem Grunde geht die Idee hervor. Zu Grunde liegt ein Bewusstsein, Bewusstsein aber ist Einheit von Wissen und Sein, Wissendem und Gewusstem, dieses also selbst, das Gewusste, Reale ist im Bewusstsein gegenwärtig. Aus dem Bewusstsein darnach entwickelt er das Denken zu der bloss formalen Vision einer Idee, in der schliesslich das Bewusstsein sich vermittelnd, seine Unmittelbarkeit zu einer kräftigen Gestalt lebendiger Gegenseitigkeit realisirt.

Der erste Fehler des Verfassers ist hier, dass er den Begriff der Indifferenz und der Identität vereinerleit. Allein Indifferenz ist Ununterschiedenheit, Identität ist Einheit in der Totalität der immanenten Unterschiede. Jener Begriff ist der des Pantheismus von Gott, dieser der des wahren Theismus. Wer beide Begriffe vereinerleit, vereinerleit Pantheismus und Theismus und bildet damit einen Missbegriff. Indem der Verfasser Gott Selbstbewusstsein zuschreibt, hebt er zwar selbst die Indifferenz in Gott auf und bekennt sich zur Identität, nimmt aber die Identität nicht bloss als Identität Gottes mit sich selbst, sondern auch als Identität Gottes mit der Welt und der Welt mit Gott. Seine Dreieinigkeitslehre Gottes ist ein blosser Modalismus und erhebt sich nicht zur Erkenntniss der Dreipersönlichkeit des Einigen Gottes, wenigstens genügt er den Anforderungen nicht, welche gestellt werden müssen, wenn die göttliche Dreieinigkeit als göttliche Dreipersönlichkeit erkannt werden soll. Vergl. die christliche und scholastische Theologie u. s. w. von Oischinger, 1869. Er schöpft sie nicht aus der Tradition und der h. Schrift oder aus den Dogmen der Kirche, sondern aus Platon, den Neuplatonikern und anderen Quellen. Die üblen Folgen dieser irrigen Auffassung zeigen sich auch bald in der Schöpfungslehre. Da nach der Voraussetzung

---

*) Weiss denn der Verfasser nichts von der Nothwendigkeit des regressiven und des progressiven Lehrgangs?

des Verfassers Gott und Welt sich wie Einheit und Vielheit seiner Bestimmungen verhalten, so sind sie wesenseins und ewig zusammen und zumal. Die Schöpfung ist ihm daher nicht Schöpfung, sondern Hervorgehen aus Gott und ächtneuplatonisch und heidnisch eo ipso ein Entfernen von Gott, „folgend dem centrifugalen Triebe seines Selbstbestehens" (von dem man nicht begreift, wo es herkommt), hiemit im Grunde eo ipso durch sein blosses Hervortreten Abfall von Gott (wie auch Schelling nach den Neuplatonikern eine Zeit lang lehrte und Hegel nach ihm). Dieselbe Lehre glaubt der Verfasser gefunden zu haben bei den Indern, im Zend-Avesta, in der ägyptischen Theologie, bei Empedokles, Heraklit, Pythagoras und Plotin. Das wäre ja eine wunderbare Uebereinstimmung der Heiden mit dem Christenthum, wenn dieses so, wie der Verfasser will, zu verstehen wäre. Aber warum hat denn das Christenthum einen so harten Kampf gegen das Heidenthum durchzukämpfen gehabt, um anfänglich auch nur seine furchtbar umdrohte Existenz zu behaupten? Wenn die Heiden bereits die christliche Dreieinigkeitslehre Gottes hatten und wenn das Christenthum keine andere Schöpfungslehre als die der Heiden brachte, woher dann der furchtbare Kampf gegen das Christenthum, welches mit dem Opfer so vieler Märtyrer auf Tod und Leben sich gegen den Hass und die Wuth der Heiden wehren musste. Es ist doch äusserst sonderbar, dass der Verfasser uns die christliche Schöpfungslehre nicht aus der h. Schrift alten und neuen Testamentes, um von Tradition und Kirchen-Dogma gar nicht zu sprechen, illustrirt, sondern aus heidnischen und pantheistischen Quellen. Am frappantesten ist seine Illustration aus dem indischen Pantheismus. Mit „Bramah's" Sünde und Abfall, sagt der Verfasser ganz arglos, bezeichnet die indische Speculation die centrifugale Action, in der die Dinge hervorgehen, mit „Schiwa" ihr Zurückgehen in die Identität, in „Wischnu" aber kommt die geordnete Welt zu Stande, indem die centrifugale und die centripetale Action einander binden und gegenseitig beschränken. Wenn der Geist des Verfassers mit dieser Speise und diesem Trank, auf den Saturnus, der vom Frasse seiner Kinder lebt, hinauslaufend, sich begnügen konnte, so sieht man nicht, wozu er sich zu den Theosophen des Mittelalters zurückwendete, da er diese Weisheit schon bei Schelling und Hegel (wenigstens nach der Auffassung des rechten Flügels der Hegel'schen Schule) finden konnte. Hätten die mittelalterlichen Theosophen nichts Tieferes gelehrt, so würden sie mehr als ein bloss historisches Interesse nicht in Anspruch nehmen können. Nun weiss ich wohl, dass der Verfasser von dem Saturnus, der vom Verschlingen seiner Kinder lebt, nichts wissen will; aber wie passt dann seine Illustration der christlichen Schöpfungslehre aus dem Pantheismus der Inder? Nach der christlichen Lehre ist kein Wesen schon durch sein blosses Dasein oder Insdaseingesetztsein böse, sondern durch Missbrauch seiner Freiheit, und kein endliches Wesen ist blosser Schein oder zufällige Scheinhaftigkeit, sondern bedingtes Wesen. Der Ausspruch (S. 80), dass die Einheit des absoluten Geistes auch die Vielheit der Geister und diese jene sei, ist halbpantheistisch.

Wenn nun der Verfasser diesen Halbpantheismus Dante zuschreibt, so müsste ihn schon der Text der Divina comoedia eines Andern belehrt haben. Machte ihn eine oder die andere Stelle, ein oder der andere Ausdruck irre, so hätte er genügende Auskunft bei C. F. Göschel finden können. Dieser geistvolle, tiefsinnige Forscher, der sich von Hegel zu Baader gewendet hat, vielleicht ohne es selber recht zu wissen, hat die Gotteslehre und Schöpfungslehre Dante's tiefer und richtiger aufgefasst, als der Verfasser. In seiner Schrift: Dante Alighieri's Unterweisung über Weltschöpfung und Weltordnung diesseits und jenseits. Ein Beitrag zum Verständnisse der göttlichen Komödie (Berlin, Enslin (Müller) 1842) zeigt Göschel nicht bloss, dass Dante's göttliche Dreieinigkeitslehre die christliche Dreipersönlichkeitslehre ist, sondern auch, dass Dante die Hervorbringung der Welt nicht als Emanation und nicht als ewig, sondern als Schöpfung auffasst, und dass nach ihm die Welt ursprünglich rein, unverdorben und gut war und allererst durch die aus Missbrauch des freien Willens des geistigen Wesens entsprungene Sünde unrein, verdorben, zerrüttet wurde und nur durch Gottes Gnade und Liebe und seine göttlichen Veranstaltungen gerettet, erlöst und wiederhergestellt werden kann und nach Gottes Willen soll.*) Bis auf die Eschatologie, in welcher Baader milder ist, zeigt sich die Uebereinstimmung Dante's mit Baader oder, wenn man will, dieses mit Jenem so gross, dass man glauben könnte, Baader habe seine Lehren in nicht wenigen Hauptsachen aus Dante geschöpft, wenn man nicht wüsste, dass Jener die Grundlagen seiner Lehren schon erfasst und gebildet hatte, als er Dante kennen lernte. Gleichwie Dante von dem Halbpantheismus der Neuplatoniker geschieden war, wenigstens auf dem Höhepunkte seiner Entwickelung, so ist er es auch von den modernen Lehren Schelling's, auch des späteren, und Hegel's, worüber indess Göschel, wundersam genug,

---

*) Dante's Unterweisung von Göschel S. 1 ff., 3 ff., 8 ff., 15 ff., 18 ff., 60 ff., 119, 121 ff., 125. — Philalethes in verschiedenen Anmerkungen zu seiner Uebersetzung, welche bis jetzt nicht übertroffen worden ist.

nicht eben so klar gesehen zu haben scheint, als über die Lehre Dante's selber.

Das vierte Capitel: Die Kosmologie Dante's stellt das Meiste recht gut dar, fehlt aber namentlich in einem Punkte, der mit seiner ungenügenden Auffassung der Schöpfungslehre zusammenhängt. Auch hier nämlich fasst er die Hervorbringung der Welt als Emanation und nicht als Schöpfung auf und übergeht überdies eine wichtige Lehre Dante's. Hinsichtlich des ersten Punktes sagt er (S. 88): „Die erste Bewegung, in der von ihr aus reale Wesen ausser ihr entstehen, muss die centrifugale sein. Eben in dieser Centrifugalität, durch die sie als solche individuelles Selbstbestehen haben, besteht abstract genommen ihre Wesenlosigkeit, Nichtigkeit, Scheinhaftigkeit; eben dieselbe aber ist die nothwendige Basis ihres Bestandes, die nun in der Durchdringung mit dem wesenhaften Leben zur wahren Wirklichkeit und Freiheit erhoben wird." Dies ist wohl die Lehre Plotin's, des Verfassers der Geheimnisse der Aegypter u. s. w., aber nicht die Lehre des Christenthums, nicht die Lehre Dante's und nicht die wahre Lehre. Die Urschöpfung Gottes bringt nicht Wesenloses, Nichtiges, Scheinhaftiges hervor, sondern individuell Bestehendes, bedingtes Daseiendes, Geistiges und Natürliches, welches jedes in seiner Weise der Vermittelung mit Gott, der Erhebung zu ihm in der Vollendung durch ihn bedarf. Die Vermittelung, Erhebung und Vollendung gibt dem Geschaffenen nicht erst Wesen, bedingtes Dasein, sondern führt dies zu seiner vollen, ganzen und vermittelten, unverlierbaren Bildung und Gestaltung, wozu das geistige Wesen frei mitzuwirken und das natürliche in seiner Art mit zu erheben hat.

Entzieht sich das geistige Wesen (der Engel wie der Mensch) dieser verlangten Mitwirkung, so wird es böse, was es als geschaffen noch nicht ist, fällt von Gott ab und wirkt störend auf die Naturordnung, die nun bindend, leidenverursachend, beschwerend, herabziehend, disharmonisirend auf das geistige Wesen zurückwirkt. Diese Seite der Lehre Dante's ist es, welche der Verfasser übergeht und die freilich in seine neuplatonisirende Auffassung nicht hineinpasst. Schon Göschel belehrt uns hierüber besser, wenn auch nicht ganz richtig. Es ist nöthig, einige Stellen aus seiner bemerkten Schrift anzuführen: (S. 2) „Gleich anerschaffen war (nach Dante) ihre (der Welt) Ordnung und ihr System der Wesen." (S. 3) „Aber nicht würdest du zählend so schnell zu zwanzig kommen (sagt Dante in seinem Gedicht: Die göttliche Komödie III.: Das Paradies. 29. Gesang, v. 49 ff.), als ein Theil der Engel den Erdstoff eurer Elemente störte. Der andere Theil der Engel blieb und begann die Weisen, welche du nun wahrnimmst, mit solcher Seligkeit, dass er sich nie von dem Umschwunge trennen kann. Des Falles Ursache war der vermaledeite Stolz dessen, den du gesehen hast eingezwängt von allen Wuchten der Welt." In der Anmerkung 18 zu S. 3 fügt Göschel hinzu: „Dieser Fall der Engel störte die Erde, die noch wüst und leer war, denn sie wurden zur Erde herabgestürzt. Dass die Erde zu der Zeit des Falles noch Chaos war, ist damit ausgedrückt, dass sie suggetto da' vostri elementi genannt wird. Erst dem Falle der Engel folgten die Schöpfungstage." (Dante sagt diess nicht. Nach ihm war, wie nach Baader, die Erde nicht ursprünglich chaotisch, sondern wurde es erst durch den Sturz eines Theils der Engel. (S. 5) „Der ursprünglichen Schöpfung, die ein Moment ausser der Zeit ist und nicht selbst in Zeitabschnitte zerfällt, folgt unmittelbar der Fall eines Theiles der Engel, während die übrigen durch Demuth immer seliger werden: so weit führt uns der Text (bei Dante). Dem Engelfalle folgte demnächst die Bildung der Erde aus den schon geschaffenen Elementen; dieser die zweite Schöpfung, die Schöpfung des Menschen. Zur Bildung der Erde dienten jene Schöpfungstage, in welchen sich die geschaffenen Elemente mit der Zeit Schritt für Schritt, discursiv, per discursum, entwickeln. Davon handelt das erste Capitel der Genesis vom dritten Verse an. Sie betreffen nicht mehr die Schöpfung, sondern die weitere Entwickelung aus den schon geschaffenen Elementen, Materie und Form, Leben und Stoff, deren Verbindung das Dritte ist.

Da lässet Gott aus der irdischen Finsterniss auch das irdisch sichtbare Licht hervorgehen, aus Wasser und Erde Meer und Land, aus der Erde Gras und Kraut, über der Erde Sonne und Mond, aus dem Meere Fische, aus der Luft Vögel, aus dem Lande Thiere, jedes nach seiner Art, nach Gattungen und Geschlechtern, nicht dieses und jenes Individuum, sondern ihre Arten und Geschlechter. Immer schwebet der Geist Gottes bildend und entwickelnd über den Wassern. — Zuletzt schuf Gott wieder selbst, und zwar — nicht Gattungen und Arten, sondern — ein Individuum, den Menschen: und derselbige Odem des Geistes, der über der Natur geschwebt hatte, wurde dem Menschen unmittelbar von Gott selbst eingehaucht am sechsten Tage, und Gottes Geist selbst (?) wurde der Creatur im Menschen immanent."

Die geocentische Anschauung wird von dem Verfasser gar nicht erwähnt. Das fünfte Capitel stellt die Anthropologie Dante's dar. Hier dürfte weniger zu erinnern sein. Doch sind drei Punkte

zu besprechen. Nicht das ist zu bezweifeln, dass der Verfasser mit
Dante die menschliche Seele (den menschlichen Geist) für unsterblich und frei hält, sondern es ist nur nicht abzusehen, wie er diese
Lehre mit seiner neuplatonisirenden, emanationistischen Schöpfungslehre in Einklang bringen will. Denn wenn das Hervorgebrachte
ursprünglich wesenlos, nichtig, scheinbar ist, wie kann es dann unvergänglich, wie kann das hervorgebrachte geistige Wesen unsterblich und vollends wie kann es frei sein? Dass dann der Geist von
Gott unmittelbar geschaffen sei, diese Lehre findet er mit Recht bei
Dante (S. 90). Wenn er aber den schöpferischen Anhauch Gottes
bei dem unmittelbaren Schöpfungsact als Emanation auffasst und
dieses Wort im strengen Sinne genommen werden soll, so lässt sich
daraus die Freiheit nicht erklären, weil von Gott Emanirtes, wenn
es möglich wäre, durch und durch vom Emanirenden (von Gott)
bestimmt (determinirt) sein müsste.

Endlich vermisse ich die Nachweisung davon, welche Stellung
Dante dem Menschen im Universum gegeben hat. Bei Göschel
tritt auch dieser Punkt heller hervor, und es zeigt sich aus seiner
Darstellung, dass auch hier Dante und Baader im Wesentlichen das
Gleiche lehren.*) (Vergl. Rougemont: Die Geschichte der Astronomie u. s. w.) Im sechsten Capitel werden die Erkenntnisslehren
und Sittenlehren Dante's allzu kurz dargestellt. Auf die Schwierigkeiten der Erkenntnisslehre Dante's geht der Verfasser nicht ein.

Auch die Religionslehre Dante's — im siebenten Capitel —
ist ausserordentlich kurz ausgefallen. Jedenfalls hätte eine Reihe
von Fragen eingehender und genauer erörtert werden sollen, z. B.
die Lehre Dante's über die Erbsünde, über die Materialisirung der
Natur, die Möglichkeit der Vergeistigung derselben, die Wunder,
ob es einen zulässigen Sinn hat oder nicht, zu sagen, dass wir
Christus, ja Christus selbst werden sollen, was Dante über die Ewigkeit der Verdammniss der Verworfenen lehrt und Anderes mehr.
In Betreff seiner Verwahrung gegen den Vorwurf, dass er die Herkunft des Christenthums aus dem Heidenthum des Platonismus und
der Mysterien zugegeben habe, ist Mehrfaches zu erinnern. Man
konnte von dem Verfasser verlangen, dass er vor Allem, wenn er
nicht bloss die Lehren Dante's darstellen, sondern auch aus ihren
Quellen erläutern wollte, primär die Quellen des Christenthums, die
Tradition und die Schriften des alten und neuen Testamentes, dann
die kirchlichen Dogmen hätte heranziehen und berücksichtigen

---

*) Göschel's Unterweisung Dante's über Weltschöpfung und Weltordnung
S. 6, 10, 12, 13 ff.

sollen. Dann war es seine Aufgabe, zunächst diejenigen Kirchenväter, Theologen und Theosophen zu vergleichen, welche Dante
selber in seinem Gedichte oder seinen anderen Schriften ausdrücklich nennt und hierauf erst die anderen, die er entweder nicht nennt
oder vielleicht auch nicht kennt. Besonders interessant wäre es hier
gewesen, zu ermitteln, ob sich Spuren der Bekanntschaft mit Meister
Eckhart finden, den er nicht nennt, während sich doch nicht wenig
Verwandtes mit ihm bei Dante findet. Dabei blieb es dem Verfasser unverwehrt, in den heidnischen Religionen, Theosophen,
Philosophen und anderen Schriftstellern den Spuren der Verwandtschaft mit den Lehren des Christenthums und Dante's nachzugehen.
Dante selbst hat dies in grossartigster Weise gethan, wie dies
Göschel in höchst bemerkenswerther Weise mit folgenden wichtigen
Worten auseinandersetzt: „So (wie Dante) lehret auch die christliche Offenbarung, welche aus dem alten Testamente in das neue
übergegangen ist. Von eben dieser Offenbarung dringet nach Dante
auch durch die Heidenwelt mehr als ein Lichtstreif. Es zeigt sich
mehr oder weniger eine Ahnung der Wahrheit unter allen Völkern,
und zwar nach allen unterschiedenen Lehren und Thatsachen der
geoffenbarten Erkenntniss, aber namentlich auch in Beziehung auf
die Lehre von den Engeln und ihren Geschäften. Von solchen
Lichtreflexen zeugt jede heidnische Religion, aber hauptsächlich die
classische Mythologie, welche sich, nicht ohne „göttliche Pro-
videnz und Inspiration", mehr und mehr in Rom concentrirt
hatte, wo demnächst auch das Christenthum seinen Mittelpunkt gewinnen sollte. Zu diesen allgemeinen Grundsätzen, welche in
unseren Zeiten wieder empfängliche Seelen gefunden und besondere
philosophische und historische Studien hervorgerufen und verbreitet
haben, bekannte sich schon Dante, als ein Vorläufer."*) Dazu
kommt die Anmerkung 2, S. 138: „Dante's Verhältniss zur heidnischen Philosophie und Religion gehört recht eigentlich zu seiner
Charakteristik . . Durch all' sein Dichten und Denken zieht sich
fort und fort die Anerkennung der heidnischen Mythologie in ihrer
Bedeutung für das Christenthum, in dessen Lichte die Fabeln und
Mythen erst zu ihrem wahren Verständnisse kommen. Während
häufig die Orthodoxie ihr Christenthum darein setzt, dass sie von

---

*) Nicht ohne seine Anregung ergab sich auch Baader's Schwiegersohn,
E. v. Lasaulx, solchen Studien, die nach der geistvollen Art des Mannes nicht
ohne Frucht geblieben sind, aber erfolgreicher geworden sein würden, wenn er
Baader noch tiefer, als geschehen ist, studirt und Schellingisch-Hegel'schen Einflüssen weniger unterlegen wäre. S. Studien des classischen Alterthums von E.
v. Lasaulx. Regensburg, Manz, 1854.

aller classischen Weltbildung abstrahirt, namentlich aber der heidnischen Religion keinen Titel des Rechts zugesteht, findet unser mittelalterlicher Dichter in der Mythologie der Alten die heidnische Prophetie des Christenthums. Dante's Poesie ist daher recht eigentlich eine Philosophie der Mythologie und der Offenbarung: sie ahnet Christum unter den Menschen auch vor seiner Menschwerdung. . . . Wo der Dichter eine Irrlehre der Alten rügt . . ., da vergibt er der Wahrheit nichts: wo er aber am Irrthum eine Wahrheit auch nur vermuthet, will er wenigstens die Acten noch nicht geschlossen wissen."

Der Verfasser hält nicht die richtige Grenzlinie ein und sieht mitunter in Lehren der Inder, der Perser, der Aegypter u. s. w. Uebereinstimmung mit christlichen Lehren, wo sie nicht vorhanden ist, und wo höchstens ein Kern von Wahrheit durch die Entstellung durchschimmert, was er aber nicht bemerklich machen kann, weil er in ihnen irrig die christliche Lehre wiederzufinden glaubt. So geistreich seine Schrift ist und so viele neue Gesichtspunkte und Enthüllungen sie bringt, so ist doch die Methode nicht ihre starke Seite und lässt die kritische Schärfe zu wünschen übrig. Nach den Bemerkungen Göschel's muss man sich wundern, dass er ein besonderes Capitel über die so reichhaltige Philosophie der Geschichte Dante's gar nicht bringt.

Der zweite Theil unserer Schrift erörtert den Gedankengang der göttlichen Komödie. Alles Hauptsächliche mindestens erscheint mir hier vortrefflich und ausgezeichnet orientirend. Ein näheres Eingehen würde aber eine Vergleichung mit den bisherigen Versuchen ähnlicher Art erfordern und hier zu weit führen. Es muss dies dazu geeigneten Zeitschriften überlassen werden.

Die Arbeit des Verfassers verspricht den Dante-Forschungen einen neuen Impuls zu geben und auf Vertiefung in den innersten Kern der Dante'schen Dichtung hinzuwirken. Der Verfasser hat bei aller Anerkennung nicht bloss seines ernsten Strebens, sondern auch seiner nicht zu unterschätzenden Leistung doch noch Vieles zu thun übrig gelassen, um die der Divina comoedia zu Grunde liegende Philosophie in vollkommen helles Licht zu stellen. Offenbar fehlt dem Verfasser in Folge seiner bedauerlichen Vereinsamung zu Husum in Schleswig-Holstein umfassende Kenntniss der Dante-Literatur, die ein halbes Jahrtausend umfasst. Sonst würde er schwerlich sein Erklärungsprincip für so ganz neu halten, während man nur einräumen kann, dass er mehr als alle seine genauer bekannten Vorgänger den Einfluss der Mystik und Theosophie und den Einklang mit ihr nachgewiesen und hervorgehoben hat, wobei indessen doch einige Missverständnisse untergelaufen sind. Dies hindert nicht, dem geistreichen Verfasser Recht zu geben, wenn er verlangt, dass von nun an Dante als Platoniker (im weiteren Sinne des Wortes) eine Stelle in der Geschichte der Philosophie eingeräumt werde. Ist eine solche doch viel minderen Geistern, welche philosophische Ideen in dichterische Formen kleideten oder Philosophie und Poesie ineinanderwachsen liessen, z. B. einem Xenophanes, Parmenides, Empedokles, Lucretius, zu Theil geworden. Ohne Zweifel würde in Folge dessen die Geschichte der Philosophie rückwärts und vorwärts in neues Licht gerückt werden.

Wenn der Verfasser sagt, er habe mit seiner Schrift ein bisher ziemlich in Schutt und Nebel vergrabenes Gebiet, die Mystik, in seinem wahren Geist und Gehalt aufzuklären versucht, so sind ihm auch hierin Andere vorausgegangen. Hier wäre denn auch der Ort gewesen, des hervorragenden Verdienstes zu gedenken, welches sich Baader durch vielfältige Rückweisungen auf die Theosophen des Mittelalters erworben hat. Nicht zwar in diesen besonders gewidmeten und am wenigsten in dicken Büchern hat er dies vollführt, aber in zahlreichen und so leuchtenden und eindringlichen Lichtblicken und Blitzen, dass von ihnen ein Impuls zu Forschungen in diesem Gebiete ausgegangen ist, der sich, gleichviel ob mittelbar oder unmittelbar, bis auf den Verfasser der vorliegenden Schrift erstreckt hat, und sich noch viel weiter erstrecken wird. Das Centralgestirn der mittelalterlichen Mystik, Meister Eckhart, ist, wie auch Lasson in seiner Monographie Eckhart's bezeugt, von Baader erst wieder entdeckt worden und eben so wenig war ihm Dante, der nicht erst entdeckt werden musste, eine unbekannte Grösse geblieben. Die Neuschaffung einer christlichen Wissenschaft, einer religiösen Speculation, aus welcher die Reform und Verjüngung der Kirche und des kirchlichen Lebens erwachsen sollte, ist am tiefsinnigsten und grossartigsten in der Neuzeit von Baader ausgegangen und kein Anderer hat in gleichem Grade und in den richtigsten Wegen für diese grosse Idee zu begeistern gewusst. *) Sobald er bemerkte, dass die durch die geistvollsten Männer der katholischen Kirche und durch die zu ihr übergetretenen Forscher eingeleitete Wiedererhebung des religiösen Forschens und Lebens von Rom, den Jesuiten und Ultramontanen schlau genug dazu be-

---

*) Dies können nur diejenigen verkennen,, welche den Fortschritt der Wissenschaft und der Menschheit in den Wegen des Rationalismus, in pantheistischer oder in deistischer Form, oder vollends gar in dem ideelosen Materialismus suchen.

nutzt wurde, die mittelalterlichen Prätensionen der Päpste des Mittelalters wieder aufleben zu lassen und die katholische Kirche vollends in die Papstkirche mit allen ihren Schäden, Gebrechen und Gräueln zu verwandeln, machte er mit einer nur mit Fichte's Geradheit und Energie vergleichbaren, aber tiefer begründeten, Ehrlichkeit, Charakterstärke und Entschiedenheit mitten in der Herrschaft des Ultramontanismus in Bayern Front gegen den Papismus und Jesuitismus, in demselben Augenblicke, in welchem er sich öffentlich mit gleichem Nachdruck gegen D. Strauss' pantheistische Mythenverflüchtigung der christlichen Religion erklärte. *) Es sollte ohnehin bekannt sein, dass er, ohne das relativ Gute, Erweckende und Fördernde in ihnen zu verkennen, sich doch weder von Neu-Schelling, Hegel, Krause, Schleiermacher, Schopenhauer, noch von den auftauchenden Materialisten Feuerbach und Genossen imponiren liess, und, unentwegt seine Wege wandelnd, in homöopathischen Dosen sie in den Herzpunkten ihrer Lehren getroffen hat. Die grossartige kritische Schlagkraft Baader's ist besonders von Deutinger **) hervorgehoben worden.

Wenn man Kant den Alleszermalmer genannt hat, ein Wort, das Mendelssohn nachgesprochen wurde, so haben sich seine berühmten Nachfolger doch wenig darum bekümmert und ich wage vorauszusagen, dass die Nachfolger Baader's nur so lange die bleibenden Zermalmungen Baader's verkennen werden, als sie Baader nicht eben so umfassend und nachhaltig studiren als Kant studirt worden ist. Wenn man in dieser starken Redeweise sprechen will, so hat Baader auch Kant, nicht seinem eigentlichen Ideengehalte nach, den Baader guten Theils mit ihm gemein hat (in den Ideen von Gott, Freiheit und Unsterblichkeit), wohl aber in seiner Begründungsweise derselben zermalmt, nicht zwar in breiten Ausführungen, wohl aber in in das Herz treffenden Gedankenblitzen. Während Baader wie kein Anderer den Ideen der Vergangenheit Rechnung trägt und insbesondere die besten und tiefsten Gedanken der Mittelalterlichen in sich versammelt hält, hat er doch zugleich stets den Blick auf die Zukunft gerichtet und will und erwartet er Fortschritt, Entwickelung und Vervollkommnung nach allen Richtungen, indem er noch im Alter mit Jugendfeuer der Nothwendig-

---

*) Die Verfassung der christlichen Kirche und der Geist des Christenthums. Blitzstrahl wider Rom von Franz Baader aus den Jahren 1838—1840. Auf Veranlassung des Concils 1869 besonders ans Licht gestellt. Erlangen. Deichert 1870. — Zweite Auflage, Würzburg, Stüber 1871.
**) Das Princip der neueren Philosophie und die christliche Wissenschaft von Prof. Dr. Martin Deutinger. Regensburg, März 1857, S. 341.

keit höherer und reicherer Evolutionen das Wort spricht. Dagegen
sinkt der Verfasser in die Vergangenheit zurück und klammert sich
dermassen an Dante an, dass man glauben sollte, es sei nach Dante
so gut wie nichts, wenigstens nichts Grösseres in der Philosophie
geschehen, als man aus den Gedichten und Schriften Dante's mit
vieler Mühe herausbringen kann. Und indem er sich ihm ganz in
die Arme wirft, muthet er der Philosophie und der Kirche zu, sich
zu der Idee der göttlichen Komödie zurückzuringen, man weiss
nicht recht, ob um dann dabei stehen zu bleiben, oder von da aus
erst wieder fortzuschreiten. Er hält es nicht einmal für nöthig, sich
gegen die Deutung zu verwahren, als ob er gewillt sei, z. B. auch
die geocentrische Anschauung Dante's — nach der Meinung seiner
Zeit — sich wieder anzueignen und anderes mehr, was hier nicht
weiter berührt werden kann. Freilich ist in seiner Kosmologie
Dante's von dessen geocentrischer Anschauung und deren Consequenzen gar nicht die Rede, als ob dies gar nicht zur Sache gehöre. Man kann dem reichbegabten Verfasser nur den wohlgemeinten
Rath geben, wenn er seiner Lebensaufgabe und sich selbst genügen
will, das Studium Platon's durch jenes des Aristoteles zu ergänzen,
neben Meister Eckhart Thomas, den Aquinaten, neben Leibniz,
Fichte, Schelling und Hegel, Locke, Kant und Herbart zu studiren
und den Platonismus und Aristotelismus u. s. w., den Dogmatismus
und den Kriticismus in sich zur gegenseitigen Durchdringung zu
bringen. Schliesslich kann noch der umfänglichen Kenntniss der
mystischen Literatur, die sich jedoch mehr auf die ältere als auf
die neuere von J. Böhme bis Oetinger und St. Martin zu erstrecken
scheint, rühmend gedacht werden, so wie der vortrefflichen Darstellungsart des Verfassers. Man kann ihn unbedenklich als einen
der besten Stilisten unter den Philosophen der neuesten Zeit bezeichnen.

8.

Meister Eckhart und die Inquisition. Von Wilhelm
Preger. Aus den Abhandlungen der k. b. Akademie der
Wissenschaften. III. A. XI. Bd. II. Abth. München 1869.
Verlag der Akademie, in Commission bei G. Franz.

Meister Eckhart, das Centralgestirn der mittelalterlichen speculativen Mystik, war so gut wie gänzlich vergessen worden, bis

Baader ihn wieder entdeckte und hervorhob. Baader kannte indess nur einige Traktate Eckhart's, namentlich die den Predigten Tauler's beigegebenen. Er durchdrang diese wenigen Traktate Eckhart's so tief, dass seine Auffassung und Auslegung der Grundlehren Eckhart's auch durch die späteren Auffindungen Eckhart'scher Traktate durch Andere, besonders durch E. v. Lasaulx, Franz Pfeiffer und den Verfasser der angegebenen Abhandlung nicht wesentlich geändert worden ist. Baader's Hinweisungen auf die genialen Ideen Eckhart's gaben den Impuls zu weiteren Forschungen und Entdeckungen. Er selbst hatte schon im J. 1830 Hand angelegt, die Predigten Meister Eckhart's herauszugeben, wozu ihn ein seltener Codex in der Münchener Staatsbibliothek veranlasste.*) Es kam indess nicht zur Herausgabe, wahrscheinlich weil er auf Schwierigkeiten des Verlags gestossen war. Von Baader angeregt, ging dann E. v. Lasaulx auf die Herausgabe einer möglichst vollständigen Sammlung der Eckhart'schen Schriften aus und legte zu diesem Zwecke Abschriften der Melker, Münchener, Wiener und Coblenzer Handschriften an. Zur Vollendung und Herausgabe der Sammlung kam es nicht, wohl aus keinem anderen Grunde, als weil die Uebernahme der Professur der classischen Philologie an der Hochschule zu Würzburg im Jahre 1835 andere Arbeiten nothwendig machte. So übergab er denn später, nach seiner Versetzung nach München, in uneigennützigster Weise seine gesammelten Manuscripte zu freiester Benutzung und Verfügung an Franz Pfeiffer, der unterdessen im Gang seiner deutsch-philologischen Studien auf Meister Eckhart geführt worden war.**) Die erste Abtheilung der Schriften Meister Eckhart's, von Fr. Pfeiffer herausgegeben, erschien im Jahre 1857 (Leipzig, Göschen), leider aber blieb die zweite Abtheilung aus; Pfeiffer starb und seine auf Eckhart bezüglichen Manuscripte gingen in andere Hände über. Dass sie noch an das Licht treten werden, ist nicht wohl zu bezweifeln. Seit der Herausgabe Pfeiffer's sind mehrere ausführlichere Darstellungen der Lehre Eckhart's erschienen: von R. Heidrich, Posen 1864, von J. Bach, Wien 1864, vom Verfasser der vorliegenden Schrift in Niedner's Zeitschrift für historische Theologie, 1864, und von Adolph Lasson, 1868 (Berlin, Hertz). Bach's Schrift ist besonders dadurch interessant, dass er auch Nachweisungen über die Schule Eckhart's gibt und eine ganze Reihe von Männern aufzeigt, die aus ihr hervor-

---

*) Baader's S. Werke XV, 457. Vergl. Bd. XVI, Artikel: Eckhart.
**) Deutsche Mystiker des vierzehnten Jahrhunderts. H. von Franz Pfeiffer. Zweiter Band: Meister Eckhart. Vorwort p. XIII.

gegangen sind, eine Bereicherung unserer Kenntniss, die der Verfasser der vorliegenden Schrift wahrscheinlich in seiner vorbereiteten Geschichte der deutschen Mystik weiter führen wird.

In der Vorrede zu seiner Ausgabe der Eckhart'schen Schriften hatte Fr. Pfeiffer mitgetheilt, dass er durch die freundliche Verwendung und seltene Liberalität des damaligen Präfecten der vaticanischen Archive zu Rom, P. Augustin Theiner, in den Besitz der wichtigen, den Meister Eckhart betreffenden Actenstücke gekommen sei, die er in der zweiten Abtheilung der Eckhart'schen Schriften zu veröffentlichen gedenke. Nur eine Stelle aus jenem den Inquisitionsprocess Eckhart's betreffenden Actenstücke theilt Fr. Pfeiffer in der bemerkten Vorrede mit, die nach seiner Auffassung einen öffentlichen und feierlichen Widerruf Eckhart's beurkunden soll. Diese Auffassung unterwirft der Verfasser vorliegender Abhandlung einer eingehenden Prüfung. Wir werden nachher sehen, wie sie ausgefallen ist. In Betreff der Actenstücke des Inquisitionsprocesses äussert der Verfasser S. 5 seiner Abhandlung Folgendes: „Die Originalien der Acten zu dem Processe Meister Eckhart's befinden sich im vaticanischen Archiv zu Rom Man erfuhr davon zuerst, als Waitz ein Verzeichniss von Urkunden dieses Archivs zu Paris fand und daraus von der auf die Geschichte des deutschen Mittelalters bezüglichen Mittheilung machte. Den Bemühungen Franz Pfeiffer's gelang es im Jahre 1857, eine Abschrift jener Acten zu erhalten, welche er im zweiten Theile seiner Sammlung Eckhart'scher Schriften zu veröffentlichen gedachte. Aber das Erscheinen dieses zweiten Theils verzog sich von Jahr zu Jahr und nun ist die Hoffnung auf denselben durch Pfeiffer's Tod abgeschnitten. Dennoch wird das Wichtigere von dem, was Pfeiffer für diesen zweiten Theil gesammelt hatte, noch zum Gemeingut werden können. Fürs Erste sollen es hier die Acten zu Eckhart's Process.*) Herr Director Dr. Halm hat dieselben für die k. Staatsbibliothek erworben und mir mit freundlicher Bereitwilligkeit ihre Veröffentlichung überlassen. Ich beklage es, dass ein zweimaliger Versuch, den ich vor einigen Jahren in Rom machte, gleichfalls eine Abschrift dieser Acten zu erhalten, gescheitert ist, nachdem die Gewährung schon zugesichert war. Eine zweite Abschrift würde wahrscheinlich die Möglichkeit geboten haben, einen etwas genaueren Text herzustellen."

*) Diese Aeusserung gewährt die erfreuliche Vermuthung, dass auch die anderen Eckhart betreffenden Manuscripte Pfeiffer's für die königl. bayerische Centralbibliothek erworben worden sind.

Bei den spärlichen und äusserlichen Notizen, die wir über das Leben Eckhart's haben, sind es allein diese Actenstücke, welche uns in einen wichtigen Lebensabschnitt des grossen Meisters unmittelbar versetzen. Sie zeigen ihn uns in Momenten, wo er für das, was sein hoher geschichtlicher Beruf war, einzustehen hat. Und dieser ihr Werth wird zugleich noch durch den Umstand erhöht, dass sie uns einen Einblick gewähren in die Verhältnisse, unter welchen Eckhart seine Lebensarbeit zu vollbringen hatte.

Die Bedeutung Eckhart's, über dessen Geburtsjahr und Geburtsort wir auch hier nichts erfahren, sucht der Verfasser in dem durch den Sieg der Kirche über ihre politischen und religiösen Gegner verstärkten tiefinnerlichen Streben des deutschen Geistes und Gemüthes, vor Allem zu einem unmittelbaren Erleben und Schauen des Göttlichen zu gelangen. Die deutsche speculative Mystik, als deren Begründer dem Verfasser M. Eckhart erscheint, ringt nach ihm danach, das Princip aller Dinge, das Wesen aller Wesen, zu erfassen, sie zersetzt und löst alles (?) Traditionelle auf, um es aus dem Grunde dieses Princips in neuer Weise erstehen zu lassen.

„Der Geist der Subjectivität stellt sich hier mit einem Male in grossartigster und kühnster Weise dem geschichtlich Gewordenen gegenüber und versucht einen Neubau auf Grund eigener Erfahrung und Wahrnehmung des Ewigen. Es ist nicht zufällig, dass von deutscher Seite dieser Versuch gemacht wird, wenigstens in einer Weise gemacht wird, dass ausländische Leistungen daneben nur wie vereinzelte und unvollständige Erscheinungen in Betracht kommen können. Denn der deutschen Natur ist eine tiefe Innerlichkeit des Gemüthslebens eigen und ihr Sein ist mit Vorliebe auf die ewigen Gesetze, welche dem Wechsel des Seins zu Grunde liegen, gerichtet. Dabei unterscheidet den Deutschen schon frühe ein kräftiger Trieb nach freier Gestaltung des Einzellebens. Es gehörten aber diese Voraussetzungen dazu, um eine Erscheinung wie die deutsche speculative Mystik, in jenen Zeiten eines alles beherrschenden theologischen Systems möglich zu machen. Und auch in der Sprache kündigt sich dieselbe als nationale Erscheinung an. Denn die deutsche Mystik redet deutsch, sie wendet sich an das Volk, um hier ein Selbsterleben, ein Selbstschauen und Selbstdenken des Göttlichen durch Predigt und Unterricht herbeizuführen, und wie die dichterische Sprache der Deutschen im Mittelalter in den Schöpfungen des 13. Jahrhunderts ihren Höhepunkt erreichte, so gewinnt ihn die Prosa in den Schriften der Mystiker des 14. Jahrhunderts."

Darüber ist unter allen competenten Beurtheilern nur eine
Stimme, dass Meister Eckhart eine geistige Riesengestalt des Mittelalters gewesen ist. Baader nennt ihn den Centralgeist der Mystik
des Mittelalters, im Wesentlichen übereinstimmend erklären sich
Martensen*), Carl Schmidt**), J. Bach, A. Lasson und der Verfasser. Letzterer feiert ihn als den Begründer der deutschen speculativen Mystik, als einen Fürsten unter den Geistern, als den Vater
der deutschen Philosophie, als den deutschen Philosophen des
Mittelalters.

Ueber die Veranlassung, den Gang und Verlauf des Inquisitionsprocesses, der über Meister Eckhart verhängt wurde, gibt der
Verfasser nach den aus dem vaticanischen Archiv gekommenen
Actenstücken bisher theils nicht genau bekannte, theils ganz unbekannt gebliebene Aufschlüsse, welche zugleich helle Schlaglichter
auf die Zustände und Verhältnisse jener bewegten Zeit werfen.***)
Das Ergebniss ist die Nachweisung, dass die Untersuchung mit Eckhart's Freisprechung durch den mit derselben vom Papste beauftragten
Nikolaus von Strassburg endete. Der Erzbischof von Köln, Heinrich
von Vinneburg, war aber damit nicht zufrieden und liess den Process gegen Eckhart wieder aufnehmen. Dagegen protestirten sowohl
der Vicarius des Papstes, Nikolaus von Strassburg, als auch Eckhart selbst mit dem höchsten Unwillen und besonders Eckhart in
so entschiedener kräftiger Sprache, wie sie nur von einem sich in
seinem Rechte tief gekränkt fühlenden Manne ausgehen konnte.
„Ihr habt," sagt Eckhart in seinem Proteste, „mich in einer un-
erträglichen Weise nun überlange herumgezogen und mich über
Maass und Gebühr wegen gewisser Artikel gequält, die ihr für irrig
im Glauben haltet, und die es doch nicht sind, und habt damit
mich und meinen Orden beschimpft." „Man muss Streitigkeiten in

---

*) Meister Eckhart von Martensen, Hamburg 1842.

**) C. Schmidt hatte im Jahre 1839 in den Studien und Kritiken Heft 3,
S. 663 ff. nach den Bruchstücken bei Tauler (Baseler Ausgabe 1521 und 1522)
eine Darstellung der Lehre Eckhart gegeben und später in den Etudes sur le
mysticisme allemand (Mémoires de l'academie des sciences morales et politiques
T. II. Paris 1847).

***) Ueber das Leben Eckhart's zeigt sich vor dem Verfasser Adolph Lasson
am besten unterrichtet. Er zeigt, dass die kirchlichen Verfolgungen Eckhart's
schon seit dem Jahre 1307 im Gang waren, wenn sie ihn zum Theil auch nur
indirect berührten. Er kennt bereits die bedingte Natur des Widerrufs Eckhart's
und es erscheint ihm bereits zweifelhaft, ob Eckhart einen zweiten ausdrück-
licheren Widerruf kurz vor seinem Tode geleistet habe. Die päpstliche Bulle
vom Jahre 1329 scheint ihm die Annahme eines zweiten bestimmteren Widerrufs nicht zu verlangen.

ordnungsmässiger Weise zu Ende führen, sonderlich wo Wichtiges auf dem Spiele steht und es sich um ein Aergerniss handelt, und eine Verzögerung für Kleriker und Laien gleich anstössig ist, wie im vorliegenden Falle. Denn ihr entscheidet und verkündet oder berichtet nicht auf rechtskräftige Weise, ob ich in dem erwähnten Falle mich befinde oder nicht, sondern nach reiner Willkür oder vielmehr Vermessenheit zieht ihr mich herum und umstellt ihr mich zu Schmach und Gefahr und grösstem Aergerniss und thut damit zugleich meinem Stande und dem Orden Eintrag. Und um mich noch mehr mit Schmach zu überhäufen, so beruft ihr häufig Brüder meines Ordens, welche bei dem Orden selbst um ganz evidenter Ursachen willen in hohem Grade anrüchig sind und die um des Brandmals ihrer eigenen schändlichen Excesse willen diese Sache bei euch betreiben, in der Absicht frei auszugehen wegen ihrer Excesse, die rechtlich durch den Spruch ihrer Richter festgestellt sind." ... „Und darinnen bestärkt ihr sie, was doch unmöglich verantwortet werden kann, und beschwert damit und schändet meinen Orden, und gebt auf ihre falschen Aussagen mehr, als auf meine Unschuld und Lauterkeit, welche ich bereit bin, vor dem Papst und der ganzen Kirche zu erweisen und darzuthun."

An der Festigkeit des Vicarius des Papstes, Nikolaus von Strassburg, scheiterte der Versuch des Erzbischofs von Köln, Eckhart vor sein Forum zu ziehen, und obwohl die von dem Erzbischof bestellten beiden Inquisitoren die Appellation des nun gleichfalls in Untersuchung gezogenen Nikolaus von Strassburg und des Meister Eckhart für rechtlich haltlos erklärten, gaben sie doch ihre Einwilligung, die Sache nur von dem römischen Stuhle selbst entscheiden zu lassen. Eckhart aber glaubte nun seiner eigenen Stellung eine öffentliche Erklärung schuldig zu sein. Es lag, wie der Verf. sagt, im Interesse seines Berufs, die Verdächtigung, welche dem Eingang seiner Lehre hinderlich war, öffentlich abzuweisen; und endlich konnte ja auch die Achtung, mit der er sich öffentlich zu dem Glauben der Kirche bekannte, für die Beurtheilung seiner Lehre am päpstlichen Hofe ein günstiges Vorurtheil erwecken.

So erschien denn Eckhart am 13. Februar 1327 in der Dominikaner-Kirche zu Köln an einem gewöhnlichen Freitag freiwillig und ohne irgend eine Nöthigung zu diesem Acte und gab nach abgehaltener Predigt vor dem Volke durch den Mund des Ordensbruders Konrad von Halberstadt in lateinischer Sprache eine Erklärung oder einen bedingten Widerruf, die (den) er dann übersetzte und in deutscher Sprache erläuterte. Eckhart gibt sich in dieser freiwilligen Erklärung, die nun im fünften Actenstück der vorliegenden Schrift authentisch vorliegt, keines Irrthums schuldig, sondern erklärt nur, ausdrücklich und öffentlich zu widerrufen, was sich etwa Irrthümliches in seinen Schriften oder Predigten finden sollte oder wovon sich herausstellen sollte, dass es einen minder gesunden Sinn habe. Eckhart wollte also nicht die Unmöglichkeit behaupten, dass sich bei genauerer Prüfung bei ihm einiges Irrige finde; aber er räumte nicht ein, dass ihm ein Irrthum nachgewiesen sei, wiewohl bereit, jeden etwa nachgewiesenen Irrthum zu bekennen und die bezügliche Behauptung zurückzunehmen. Nach den Angaben Lasson's*) und Anderer wäre Eckhart zwei Jahre nach dieser öffentlichen Erklärung, am Anfang des Jahres 1329, gestorben. In der Bulle des Papstes vom 27. März 1329, welche 28 Sätze des Meisters als ketzerisch oder der Ketzerei verdächtig bezeichnete, wird Eckhart als ein schon Verstorbener erwähnt. Lasson gibt keine Quelle für seine Vermuthung des Todesjahres Eckhart's an, und dass seine Angabe ihm nicht ganz sicher schien, zeigt der Wortlaut derselben ganz deutlich.**) Nun aber beruft sich der Verfasser auf den Geschichtschreiber des Domikaner-Ordens, Johann Mayer von Basel, der in der zweiten Hälfte des 15. Jahrhunderts lebte und der, wie der Verfasser aus seinen verschiedenen handschriftlich zu Basel und Strassburg vorhandenen Arbeiten ersehen haben will, sehr genaue Quellen für seine chronologischen Angaben gehabt habe, nach welchen Eckhart bereits im Jahre 1327, also ziemlich bald nach seinem bedingten Widerruf und noch in dem Jahre des wider ihn in Gang gesetzten Inquisitions-Processes, gestorben sei. Der Verfasser sucht daraus und aus dem Nichtvorhandensein noch anderer Process-Actenstücke zu erweisen, dass Eckhart nie einen andern als den erwähnten allgemeinen (und bedingten) Widerruf geleistet habe. Obgleich dieser Beweis (unter Anführung einer Stelle aus der päpstlichen Bulle vom 27. März 1329, in welcher 17 Lehrsätze Eckhart's als häretisch, 11 als der Häresie verdächtig verurtheilt wurden, in deutscher Uebersetzung) als geliefert erachtet werden darf, will dem Referenten doch scheinen, dass der Verfasser wohl gethan hätte, die eben genannte päpstliche Bulle am Schluss seiner Abhandlung zum vollständigen Abdruck im Original zu bringen. Unter allen Umständen wird man die päpstliche Bulle genau kennen müssen, um sich ein selbstständiges objectives Urtheil darüber bilden

---

*) Meister Eckhart, der Mystiker. Von A. Lasson. S. 63.
*) Er folgte übrigens vermuthlich der Angabe Quétif's und Echards (Script. ord. praedic. t. I, fol. 507), die ihm für die Biographie überhaupt als Quelle dienten.

zu können, ob der Verfasser ganz im Recht ist oder nicht, wenn er (S. 24 — 25) sagt: „Ob diese (in der Bulle verurtheilten) Sätze nun wirklich den pantheistischen Sinn hatten, den man darinnen fand, ob die Ansicht von dem, was das Heil des Menschen wirke, wirklich so verkehrt war, dass sie als Häresie gebrandmarkt zu werden verdiente, und ob nicht vielmehr Eckhart's Schüler Suso und Tauler den Meister richtiger verstanden haben als das Gericht zu Avignon (von wo aus jene päpstliche Bulle erlassen wurde), das ist eine Frage, die hier unerörtert bleiben kann; nur so viel sei bemerkt, dass sie die Gegenwart immer entschiedener zu Gunsten Eckhart's und seiner Schüler beantwortet." Hier wären denn doch zwei verschiedene Fragen auseinander zu halten gewesen, nämlich die Frage, ob Eckhart's Lehre vor dem Forum der theistischen Wissenschaft unserer Zeit bestehe, und die, ob Eckhart's Lehre mit den Dogmen der katholischen Kirche zusammen stimme. Was die erste Frage betrifft, so hält zwar Referent Baader hierüber für den competentesten Beurtheiler und dieser spricht allerdings Eckhart vom Pantheismus frei und tadelt es sogar, dass er vom Papst des Pantheismus beschuldigt worden sei, wiewohl er einräumt, dass Eckhart nicht immer in geeigneten Ausdrücken sich bewegt habe. Diesem Urtheil ist nun allerdings von nicht wenigen Neueren zugestimmt worden. Allein das ganze Heer der Kantianer, Friesianer, Herbartianer und verwandter Richtungen ist bis auf den heutigen Tag anderer Meinung.

Ja neuerlich hat sogar Dr. Anton Jonas in einer Reihe von Artikeln mit der Gesammtüberschrift: Der transscendentale Idealismus Arthur Schopenhauer's und der Mysticismus des Meisters Eckhart, in den von Dr. J. Bergmann herausgegebenen Philosophischen Monatsheften den Beweis zu führen versucht, dass Eckhart's Lehre in sehr naher Verwandtschaft mit der Lehre Schopenhauer's stehe, in welcher Niemand eine theistische Lehre suchen wird. So falsch mir diese Auffassung nun auch erscheint, so kann sie doch nicht durch einen blossen Machtspruch zurückgewiesen werden, sondern muss über kurz oder lang einer eingehenden Prüfung unterstellt werden.

In Betreff der zweiten Frage müssten die vom Papst in der Bulle vom 27. März 1329 verurtheilten und gerügten Sätze einer sorgfältigen Prüfung unterworfen werden, ehe sie gültig entschieden werden könnte. Wenn auch, wie stark zu vermuthen ist, die meisten katholischen Theologen sich gegen die durchgängige Uebereinstimmung Eckhart's mit den Dogmen der katholischen Kirche aussprechen würden, so würde immer noch zu untersuchen sein, ob

Eckhart's Lehren an und für sich haltbar oder nicht oder zum Theil haltbar und zum Theil nicht haltbar seien. Die überaus grosse Bedeutung und seltene Genialität Eckhart's würde sich dann erst in hellstem Lichte zeigen, wenn sich auch sicher herausstellen würde, dass er das Schicksal der grössten Geister getheilt habe, neben tiefsinnigsten Wahrheiten auch Halbwahres und entschieden Irriges gelehrt zu haben.

Dies hindert nicht, dem Verfasser beizustimmen, wenn er seine schöne, interessante und lehrreiche Abhandlung mit den Worten schliesst: „Der Abend seines Lebens war stürmisch und finster; aber so weit unser Blick ihm folgen kann, sehen wir ihn fest und aufrecht, von der Wahrheit seiner Lehre durchdrungen und diese bekennend. Die Seelenkraft, die aus seinen Schriften hervorleuchtet, scheint ihm bis zum Tode geblieben zu sein."

Der Abhandlung beigegeben sind die von dem Herrn Oberbibliothekar Prof. Dr. Halm zur Verfügung gestellten sechs abschriftlichen Actenstücke, welche Franz Pfeiffer aus dem vaticanischen Archiv zu Rom erhalten hatte. Sie sind hier zum ersten Mal veröffentlicht und werden gleichsehr die Aufmerksamkeit des Theologen und Historikers, wie des Philosophen auf sich ziehen.

Möchte die vorliegende Abhandlung von der gelehrten Welt mit der wohlverdienten Anerkennung aufgenommen werden und dieselbe den Verfasser anfeuern, seine in Vorbereitung begriffene Geschichte der deutschen Mystik ihrer Vollendung zuzuführen. Der Beruf des Verfassers zu dieser hochwichtigen Arbeit ist durch seine bisherigen trefflichen und gediegenen Leistungen ausser Zweifel gestellt.

9.

Nikolaus' von Basel Leben und ausgewählte Schriften von Dr. Karl Schmidt. Wien, Braumüller 1866.

Wer die Bedeutung Eckhart's und Tauler's u. s. w. zu würdigen weiss, der wird auch diese Schrift nicht bloss vom deutsch-philologischen Standpunkte aus willkommen heissen. In der Vorrede gibt der um die Biographie und Würdigung Tauler's hochverdiente Verfasser Nachricht von den Quellen der Geschichte des Nikolaus und von den Handschriften seiner Tractate. Die Aechtheit der-

selben wird von ihm befriedigend erwiesen. Von den 13 aufgefundenen Nummern schriftlicher Aufzeichnungen des Nikolaus von
Basel hat der Verfasser in die vorliegende Schrift nur 7 aufgenommen. Die Geschichte Tauler's, die sich darunter befindet, soll
ihre Stelle in der von Fr. Pfeiffer vorbereiteten Ausgabe der Tauler'
schen Werke finden. Die anderen Nummern werden als Nachtrag
versprochen, wenn die vorliegende Schrift hinlängliches Interesse
erregen wird.

Dass wir es aber bei Nikolaus von Basel mit einer Strömung
mittelalterlichen Geistes zu thun haben, welche ihre Wurzeln nicht
in Meister Eckhart haben konnte, zeigt sich schon aus den Erklärungen des Verfassers über die Schwierigkeiten der Benutzung
der aufgefundenen Schriften für die Geschichte des Nikolaus von
Basel, welcher in den bezüglichen Documenten überall nur als „der
Gottesfreund aus dem Oberland" bezeichnet wird. Die Erklärung
des Verfassers in der Vorrede gibt zu viel Licht über die Sphäre
von Anschauungen, in die wir hier versetzt werden, als dass sie
hier entbehrt werden könnte. Sie lautet: „Die Benutzung dieser
Schriften für die Geschichte des Mannes bietet . . . eine nicht
geringe, eigenthümliche Schwierigkeit, die darin besteht, dass die
erzählten Begebenheiten oft mehr einer mythischen Fabel gleichen,
als wirklich vorgefallenen Dingen. Es werden nicht nur Träume,
Visionen, Ekstasen berichtet, die sich ohne Mühe psychologisch erklären lassen, sondern auch wunderbare, ja zauberhafte Vorgänge,
wie deren in den Sagen und Predigten des Mittelalters so viele
vorkommen und deren Realität unmöglicher Weise angenommen
werden kann. Dass aber in der Hauptsache historische Facten zu
Grunde liegen, daran scheint mir nicht gezweifelt werden zu können;
zahlreiche Details weisen bestimmt darauf hin. Es ist eine an
romantischen Zügen reiche Geschichte, in der das Legendenartige
von dem wirklich Vorgefallenen oder wenigstens Möglichen sorgfältig unterschieden werden muss; vieles, das als äussere, sinnlich
wahrgenommene Thatsache dargestellt wird, ist theils absichtlich
ersonnener erbaulicher Roman, theils vielleicht sinnbildliches Gemälde zum Zweck, dem Uneingeweihten die geheimen Zwecke der
Gottesfreunde zu verhüllen, theils ist es aber auch das Erzeugniss
einer Phantasie, die in ausserordentlicher Erregung wunderbare
Wirkungen, die sie zu sehen wünscht, sich so deutlich ausmalt und
so lebendig einbildet, dass sie zuletzt an deren Wirklichkeit glaubt
und sich überzeugt, sie geschaut und erlebt zu haben. In einer
Zeit, wo die Herrschaft der Phantasie so mächtig war, und wo
man den Glauben an Wunder, bald der Maria und der Heiligen,

bald des Teufels, überall so zu sagen mit der Luft einathmete, sind solche Zustände nichts Befremdliches." . . . „Es ist ferner zu bemerken, dass der Gottesfreund seine Tractate nicht in historischem Interesse, sondern zur Belehrung und Erbauung seiner Leser geschrieben hat; daraus erklärt es sich, wie er den wirklichen, geschichtlichen Stoff so frei behandeln und mit imaginären Elementen untermischen konnte." Die Schrift selbst enthält I. das Leben des Nikolaus von Basel, II. Schriften des Nikolaus von Basel, und zwar: 1) Das Buoch von den zweyen jungen funfzehnjerigen Knaben u. s. w., 2) Buch von den fünf Mannen, 3) Der gefangene Ritter, 4) Sendschreiben an die Christenheit, 5) Die tryele die der liebe frunt Gottes in Oeberlant . . . gesendet hat u. s. w., 6) Buch von den zwei Mannen, 7) Briefe von und an Nikolaus von Basel.

Wer ein merkwürdiges Stück mittelalterlichen Glaubenslebens kennen lernen will, dem ist diese trefflich geschriebene Biographie dringend zu empfehlen. Etwas Aehnliches dürfte sich aus dem gesammten Mittelalter kaum nachweisen lassen. Dass Nikolaus von Basel ein ausserordentlicher Mensch gewesen sein muss, beweist die gewaltige geistige Macht, welche er bis zu seinem tragischen Ende über eine grosse Zahl von Männern und Frauen geistlichen und weltlichen Standes geübt hat. Merkwürdig ist auch das Geheimnissvolle, Freimaurerartige seines weitreichenden Wirkens und der geheime Bund der Gottesfreunde, den er Anfangs mit vier Genossen schloss und bis auf die Zahl zwölf, nach der Zahl der Apostel des Herrn, erweiterte. „Nikolaus war das Haupt, der Uebrigen waren Zwölf, nach der Zahl der Apostel; acht waren in verschiedene Länder zerstreut; vier waren stets mit Nikolaus zusammen und bildeten den Mittelpunkt, gleichsam den Rath des geheimnissvollen Vereins." (S. 45.) Von dem tragischen Ende des Nikolaus berichtet der Verfasser (S. 49): „Nikolaus hatte sich mit zweien seiner Gefährten, Jakob und Johannes, nach Oesterreich gewandt; zu Wien wurden sie ergriffen und der Inquisition überliefert; als Begharden (die sie nach dem Verfasser nicht waren) verurtheilt, starben sie in den Flammen; von dem greisen Nikolaus hatte man verlangt, seine Gefährten zu verleugnen; er wollte sich aber nicht anders als durch den Tod von ihnen trennen, in der Hoffnnug, alsobald wieder mit ihnen vereinigt zu sein." Das Buch kann nicht verfehlen, das Interesse des Philosophen, des Geschichtforschers und des Philologen auf sich zu ziehen.

10.

Ueber die Abhängigkeit des Copernikus von den Gedanken griechischer Philosophen und Astronomen. Vortrag, gehalten in der öffentlichen Sitzung des Copernikus-Vereins für Wissenschaft und Kunst zu Thorn am 19. Februar 1863, von Dr. L. Prowe. Separat-Abdruck a. d. Pr. Bl. 3. F. Bd. X. Heft 1 pro 1865. Thorn, Lambeck 1865.

Der Verfasser tritt in diesem lehrreichen Vortrag der vielfach laut gewordenen Herabsetzung der Bedeutung und des Verdienstes des Copernikus um die Astronomie entgegen. Er untersucht, ob die Behauptung nicht weniger Forscher der neueren Zeit wahr sei, dass schon die Alten den Grundgedanken seines Weltsystems ausgesprochen hätten, dass Copernikus nur lange bekannte Lehren der Griechen reproducirt und überdies noch den excentrischen Kreis und einige Epicykeln von Ptolomäus zu seinem Weltenbau hinübergenommen habe. Er leitet diese Untersuchung mit der Erklärung ein, dass die Entwickelung, die Copernikus in seinen kosmischen Ideen genommen, uns leider nicht bekannt sei. „Wir kennen,“ sagt er, „nur die Resultate seiner Forschungen, vermögen aber nicht anzugeben, durch welche äussere Anregung er zuerst auf den Gedanken gekommen ist, der Erde, die so lange allgemein als Symbol des Starren und Unbeweglichen, als die Feste des Weltalls galt, eine tägliche Bewegung um ihre Axe, eine jährliche Wanderung um die Sonne zuzuschreiben. Es ist möglich, dass bereits in Krakau, wo die mathematischen Studien damals in hoher Blüthe standen, die Keime seiner kosmischen Ideen gelegt sind; aber ebenso ist es möglich, dass er erst in Italien, wo ein reges geistiges Leben auf den berühmten Hochschulen des schönen Landes erblüht war, die Anregung zu seinen reformatorischen Ideen erhalten habe. Genaueres lässt sich bei dem Mangel an allen Nachrichten hierüber nicht angeben. Bis jetzt sind keine Briefe von ihm oder über ihn aus jener Zeit aufgefunden, obwohl Copernikus einen eifrigen Briefwechsel mit den Krakauer Gelehrten unterhalten hat, und sich aus manchen Zeugnissen mit Bestimmtheit schliessen lässt, dass er auch mit den Führern der geistigen Bewegung in Italien in regem wissenschaftlichen Verkehr geblieben ist. *)

---

*) In einer Anmerkung theilt der Verfasser die interessante Notiz mit, dass der Director der Sternwarte zu Krakau, Professor Karlinski, auf Grund urkundlicher Studien nachzuweisen gedenkt, worauf der mathematische Ruf der

Da wir uns demnach hauptsächlich auf die in seinem grossen Werke niedergelegten Resultate seiner Forschungen angewiesen finden, so theilt der Verfasser als Hauptgrundlage der Untersuchung die berühmte Widmung seines Werkes an den Papst Paul III. in deutscher Sprache mit, welche Copernikus seinem Werke: De revolutionibus orbium coelestium (1543) vorgesetzt hatte. Es zeigt sich allerdings, dass Copernikus die Vorstellungen der Griechen vom Weltbau ziemlich vollständig kannte. Der Verf. geht nun diese Vorstellungen der Griechen genau durch. Er zeigt, dass das System der Pythagoreer kein heliocentrisches gewesen sei, denn in der Mitte des Weltalls steht ihnen das Centralfeuer, und die Sonne ist ihnen ein Planet, der mit der Erde und dem Monde um das Centralfeuer läuft. Das Zeugniss Cicero's (Quaest. Acad. II. 39), wonach dem Syrakuser Hiketas nach Theophrast's Angabe die Axendrehung der Erde zugeschrieben wird, erregt dem Verfasser wegen des Stillschweigens anderer Schriftsteller des Alterthums wohl ein zu weit gehendes Bedenken. Selbst der Umstand, dass die Lehre des Hiketas, wie sie Cicero nach Theophrast angibt, im offenbaren Widerspruch mit der Centralfeuer-Theorie der älteren Pythagoreer steht, hat kein Gewicht gegen das Zeugniss Cicero's, dessen Gewährsmann Theophrast ist, dem man vertrauen darf, dass er seine Angabe aus den Quellen geschöpft hatte. Die Stelle bei Cicero ist merkwürdig genug, um sie hier mitzutheilen:

„Hiketas, der Syrakuser, glaubt, wie Theophrastus angibt, dass der Himmel, die Sonne, der Mond, die Sterne, kurz Alles über uns still stehe und ausser der Erde Nichts im Weltenraume sich bewege; indem die Erde sich um die Axe mit der grössten Geschwindigkeit umwälzt und dreht, werden eben die Erscheinungen bewirkt, als wenn die Erde stillsteht und der Himmel sich bewegt." Diese Angabe trägt zu entschieden das Gepräge der Aechtheit, als dass das Schweigen Anderer, selbst des Aristoteles, ihre Wahrheit zweifelhaft machen könnte. Copernikus selbst führt nicht bloss diese Stelle aus Cicero an, sondern noch eine andere aus Plutarch (De placitis philos. III. 13), worin gesagt wird, Heraklides aus Pontus und Ekphantos lehrten, dass sich die Erde bewege, jedoch nicht fortschreitend, sondern nach Art eines Rades sich drehend, wodurch sie von Abend gegen Morgen um ihren eigenen Mittelpunkt geführt werde.

Krakauer Hochschule im 15. und 16. Jahrhundert sich gründete und welche kosmischen Anschauungen die dortigen Gelehrten vertraten, wobei er zu ermitteln suchen wird, was Copernikus seinen Krakauer Freunden und was er den italienischen Meistern verdankt.

Die Richtigkeit dieser Angaben ist nicht zu bezweifeln. Ungewisser ist, ob Platon die Axendrehung der Erde gelehrt habe. Doch schreibt sie ihm Aristoteles (de coelo II, 13) zu, und Referent glaubt, dass schliesslich die angestellten Untersuchungen über diesen Punkt die Angabe des Aristoteles bestätigen werden. Wie sollte der scharf auffassende Jünger Platon's dazu gekommen sein, hierin den Meister misszuverstehen oder zu missdeuten? Copernikus erwähnt in seiner Widmung an den Papst weder des Platon noch des Aristoteles.

Indem sich der Verfasser von den Philosophen zu den Astronomen der Griechen hinwendet, lässt er nicht unbemerkt, dass A r i s t a r c h von Samos (circa 280 v. Chr.) nach einigen Stellen der Alten die jährliche und tägliche Bewegung der Erde gelehrt hat. Plutarch theilt mit (De plac. phil. II, 24), Aristarch zähle die Sonne zu den Fixsternen und lasse die Erde sich um den Sonnenkörper bewegen. Nicht bloss sagt Plutarch dasselbe in anderer Wendung an noch zwei anderen Stellen, sondern A r c h i m e d e s bestätigt in seiner Schrift „über die Menge des Sandes" die Angabe des Plutarch mit den Worten: „Aristarch nimmt an, dass die Fixsterne und die Sonne keine Bewegung haben, dass die Erde sich vielmehr in einer Kreislinie um die Sonne bewege, welche in der Mitte der Bahn sich befindet."

Der Verfasser kann nicht umhin, in diesen klaren Angaben bei Aristarch das heliocentrische System vorgedeutet zu finden, und findet es nur höchst auffallend, dass Aristarch keinen Nachfolger gehabt habe, ausgenommen Seleukus, von dem erzählt werde, er habe, was Aristarch nur als Hypothese vorgetragen habe, mathematisch bewiesen. Der Verfasser erklärt dies für unmöglich, weil dem Alterthum noch alle Mittel gefehlt hätten, die heliocentrische Theorie auf inductivem Wege, durch Beobachtungen, zu beweisen.

Allein es fragt sich doch, ob Seleukus nicht rein mathematische Beweise zu haben glauben konnte, die keiner complicirten Mittel der Beobachtung bedurften, wie ja auch später noch die Hülfsmittel des Copernikus sehr gering waren. Entscheiden lässt sich darüber nicht, wenn man die Beweisversuche des Seleukus nicht näher kennt. Dass die Beweise des Seleukus unbedingt zwingend gewesen wären, dagegen spricht allerdings der Umstand, dass die grössten Sternkundigen des Alterthums, Hipparch, Ptolemäus u. s. w. bei der geocentrischen Ansicht geblieben sind. Der Almagest des Ptolemäus blieb allerdings dreizehnhundert Jahre im Wesentlichen bestehen.

Alle Bedenken, die vielfach erhoben worden sind, führten doch zu keinem Versuche, ein System auf neuem Grunde aufzubauen. Nur Nicolaus, der Cusaner († 1464), präludirte der Lehre des Copernikus in einer Weise, die von dem Verfasser, wiewohl erwähnt, doch etwas zu sehr in den Hintergrund geschoben wird. Zwar blieb der Cusaner noch weit genug hinter Copernikus zurück, um dessen Ruhm nicht zu verdunkeln, aber er bildet doch ein bemerkenswerthes Mittelglied zwischen Aristarch im Alterthum und Copernikus an der Schwelle der Neuzeit.

Nikolaus von Cusa war kühn genug, die (im Verhältniss zu Gott zwar immer eingeschränkte) Unermesslichkeit und Unendlichkeit des Raumes und des Weltalls zu lehren und aus ihr zu folgern, dass es, wie keinen Umkreis so keinen Mittelpunkt des Weltalls gebe, folglich auch die Erde nicht Mittelpunkt des Weltalls sein könne, folglich auch die Erde, wie alle Weltkörper, sich im Raume (kreisförmig) bewegen müsse. Nach ihm dreht sich die Erde mit und an der Weltaxe in (circa) 24 Stunden, der Fixsternhimmel aber in 12 Stunden in kreisförmiger Bahn, nicht in einem vollkommenen Kreise. Auch erkennt der Cusaner bereits die Ursache, weshalb wir die Bewegung der Erde nicht gewahren, weil wir nämlich die Bewegung nur im Vergleiche zu einem festen Punkte wahrnehmen, und spricht mit genialem Blicke aus, dass jedem Beschauer, auf welchem Sterne er sich auch befinden möge, dieser Stern im unbeweglichen Mittelpunkte zu ruhen, alle anderen Gestirne aber sich zu bewegen scheinen müssten. *)

Der Verfasser feiert mit Recht den Copernikus als kühnen Reformator der Wissenschaft. „Er (Copernikus) beruft sich", sagt er, „ausdrücklich auf die Alten und es ist möglich, dass er die erste Idee zu seinem Weltsysteme von ihnen entlehnt hat. Ebenso ist es andererseits möglich, dass er ihre Autorität nur benutzt habe, um die Missgunst und den Neid zu entwaffnen und seiner Lehre bessern Eingang zu verschaffen. Der Streit hierüber ist müssig und wird schwerlich je mit einiger Sicherheit entschieden werden können. Aber es kommt hier auch weniger auf die erste Idee an, die öfter ausgesprochen ist, **) als vielmehr auf die tiefere Begründung und

---

*) Das merkwürdige nähere Detail bei Dr. Clemens in seiner Schrift: Giordano Bruno und Nikolaus von Cusa. S. 96—102. Vergl. besonders das von Clemens aufgefundene und S. 98 mitgetheilte Bruchstück von Cusa's Hand.

**) Whewell weist in seiner Geschichte der Astronomie (Geschichte der inductiven Wissenschaften I, 382) aus Usef. Knowl. Hist. Astron. p. 11 nach, dass schon unter den Indern Oryabatta (1320) die Lehre von der Rotation der Erde um ihre Axe in Schutz genommen hatte.

die Ausbildung zu einer astronomischen Lehre. Darin besteht das Verdienst des Copernikus. Darin unterscheidet er sich von allen seinen Vorgängern, so weit wir von ihnen Kunde haben. . . . Wo die Alten gesagt hatten, es könne vielleicht so sein, da trat Copernikus mit der Zuversicht des Mannes der Wissenschaft auf und bewies, dass es so sein müsse. „Durch keine Anordnung — sagt Copernikus begeistert — habe ich eine so bewunderungswürdige Symmetrie des Universums finden können, als da ich die Weltleuchte, die Sonne, die ganze Familie kreisender Gestirne lenkend, wie in die Mitte des schönen Naturtempels auf einen königlichen Thron gesetzt habe."“

Die weiteren Mittheilungen und Erörterungen des Verfassers enthalten lehrreiche Aufklärungen über den Antheil von Freunden des Copernikus an der Herausgabe seiner Schrift, über deren Aufnahme von Seiten der kirchlichen Gewalt vor und nach dem tridentiner Concilium und damit näher oder ferner Zusammenhängendes. Auch danken wir dem Verfasser die erste Kunde davon, dass im Jahre 1854 zu Warschau eine neue und schöne Ausgabe des berühmten Werkes des Copernikus erschienen ist, welche die von dem ersten Herausgeber (Osiander) aus Aengstlichkeit unterdrückte eigene Vorrede des Copernikus enthält. Der Verfasser hat diese schöne Vorrede in deutscher Uebersetzung mitgetheilt. Referent schliesst seine Anzeige mit der Hinweisung, dass in unserer Literatur noch immer eine dem heutigen Stande der Wissenschaft entsprechende Monographie des grossen Astronomen fehlt.

11.

Joannis Kepleri Astronomi Opera Omnia edidit Ch. Frisch. Volumen I—V. Francofurti A. M. et Erlangae. Heyder et Zimmer. MDCCCLVIII—MDCCCLXIV.

Erst unsere Tage sollen die erste Gesammt-Ausgabe der Werke des grössten Naturforschers der Deutschen erleben. Eine unternehmende Buchhandlung hat opferwillig den Verlag des hochwichtigen Werkes übernommen. Ein tüchtiger Gelehrter, Herr Christian Frisch, hat sich die Herstellung des umfassenden Werkes zur Lebensaufgabe gemacht. Der verewigte König Maximilian II. von Bayern, welchem das Werk gewidmet ist, hat durch königl.

Subvention auch hier fördernd eingegriffen. Fünf Bände des Werkes in Klein-Folio und in schöner Ausstattung liegen bereits vor. Die Vollendung des Ganzen wird bis zum Jahre 1868 erwartet. Die Haupteinleitung und die Einleitungen zu jeder besonderen Schrift, so wie die zahlreichen Anmerkungen des Verfassers sind in lateinischer Sprache geschrieben, in derselben, in welcher der Hauptstamm der Kepler'schen Schriften geschrieben ist. Die deutschen Schriften Kepler's würden zwar in besonderer Ausgabe mehrere Bände füllen, treten aber doch dem Umfang nach gegen den der lateinischen Schriften bedeutend zurück. Die wichtigsten Partieen der ungedruckten nachgelassenen Schriften Kepler's werden in die Gesammt-Ausgabe aufgenommen.

Erst die Vollendung dieses Werkes, welches zu den bedeutendsten dieser Zeit gehört, wird eine Monographie Kepler's ermöglichen, die aber selbst eine Lebensaufgabe für einen zu solchem Werke Berufenen sein wird. Für die Culturgeschichte überhaupt, insbesondere für die Geschichte der Astronomie und der Mathematik wird das Werk eine kaum zu erschöpfende Fundgrube bilden.

Die Biographie Kepler's wird erst in genügender Weise geschrieben werden können, wenn der ganze Umfang seiner Leistungen überblickt werden kann und die Grösse dieses seltenen Geistes wird uns in noch viel hellerem Lichte gezeigt werden, als dies bis jetzt von seinen entschiedensten Verehrern hat geschehen können. Kepler's Genie hat in der Astronomie Grösseres geleistet, als alle Jahrtausende vor ihm und seine Entdeckungen sind die Grundlagen, auf welchen sich die Fortschritte der neueren Astronomie aufgebaut haben.

12.

Johannes Kepler, der grosse Astronom Deutschlands in seinem Leben, Wirken und Leiden. Mit einem Jugendportrait und Facsimile Kepler's. Pest. Wien. Leipzig. A. Hartleben's Verlag. 1866.

Das vorliegende Lebensbild Kepler's kann als eine nicht werthlose Vorarbeit für den künftigen Biographen Kepler's willkommen genannt werden. Der Verf. bringt manches bisher Unbekannte über das Leben Kepler's bei, ohne sich doch über seine

Quellen irgendwie auszuweisen. Auffälliger Weise wird in der ganzen Schrift nicht die geringste Kunde davon verrathen, dass die erste Gesammt-Ausgabe der Werke Kepler's im Erscheinen begriffen ist und dass davon bereits fünf Bände an das Licht getreten sind. Auch der Schrift des Freiherrn von Breitschwert: J. Kepler's Leben und Wirken, nach neuerlich aufgefundenen Manuscripten bearbeitet (Stuttgart 1831), wird keine Erwähnung gethan, obgleich dieser Schrift das Verdienst nicht abgesprochen werden kann, nicht Weniges, bis dahin ganz Unbekanntes aus dem Leben Kepler's (namentlich über den gegen dessen bejahrte Mutter in Gang gesetzten Hexenprocess) an das Licht gezogen zu haben. Dagegen unterlässt der Verf. nicht, auf den historischen Roman: „Ein Hexenprocess" von F. J. Proschko (Harleben 1866) hinzuweisen, von welchem er rühmt, dass er auf die Verhältnisse der damaligen Zeit die interessantesten Streiflichter werfe. Ref. kennt diesen Roman nicht und ist daher ausser Stand, ein Urtheil über den Werth desselben abzugeben. Aber sein künstlerischer Werth mag sein welcher er wolle, so kann er doch zur Aufhellung und Sicherstellung geschichtlicher Vorgänge gewiss nichts beitragen, und die Berücksichtigung der Nachweisungen des Freiherrn von Breitschwert wäre eher am Platz gewesen. Von der bekannten schönen Hymne Kepler's auf Gott*) gibt der Verf. eine theilweise Uebersetzung, welche hier mitgetheilt zu werden verdient:

„Schöpfer der Welt, Du ewige Macht! durch alle die Räume
Schallet Dein Ruhm; er schallt Himmel und Erde hindurch.
Selbst das unmündige Kind hallt nach, die Stimm' es verkündet,
Dass der Läst'rer verstumm', laut Dein unendliches Lob.
Grosser Künstler der Welt, ich schaue wundernd die Werke
Deiner Hände, nach den künstlichen Formen gebaut,
Und in der Mitte die Sonn', Ausspenderin Lichtes und Lebens,
Die nach heil'gem Gesetz zügelt die Erde und lenkt
In verschiedenem Lauf. Ich sehe die Mähne des Mondes
Und dort Sterne zerstreut auf unermessener Flur — —
Herrscher der Welt! Du ewige Macht! durch alle die Welten
Schwingt sich auf Flügeln des Lichts Dein unermesser Glanz!"

---

*) Kepleri Opera ed. Frisch I, 185. Vergl. v. Breitschwert S. 37.

13.

Johann Scheffler's Cherubinischer Wandersmann.
Eine literar-historische Untersuchung von Franz Kern.
Leipzig, Hirzel 1866.

Nach der werthvollen literarhistorischen Untersuchung über
das Leben und die Schriften des Angelus Silesius (Joh.
Scheffler's) von Kahlert (1853) hat der Verfasser vorliegender Schrift eine eingehende Untersuchung über den Cherubinischen Wandersmann
Scheffler's unternommen. Er geht darauf aus, zwischen den Extremen enthusiastischer Bewunderung und spottender Geringschätzung und Herabwürdigung des Urhebers des genannten dichterischen Werkes die richtige Mitte der Beurtheilung zu gewinnen,
den Geist seiner Dichtung zu charakterisiren und die Quellen seiner
Weltanschauung zu ermitteln. Rücksichtlich der ästhetischen Beurtheilung und der Ermittelung der Quellen der Scheffler'schen
Weltanschauung hat der Verfasser einiges Werthvolle geleistet; den
Geist der Scheffler'schen Dichtung aber hat er unrichtig charakterisirt. Man kann ihm zustimmen, wenn er den dichterischen Werth
der Sinnsprüche Scheffler's ungemein verschieden findet. Aber er
unterschätzt sie im Ganzen, wenn er sagt: „Einige sind von makel-
loser Schönheit, andere sehr mittelmässig, andere völlig misslungen.
Der makellos schönen sind jedenfalls mehr als einige, mittelmässig
mag eine ziemliche Anzahl genannt werden, sehr mittelmässig nur
wenige und völlig misslungen sind wohl nicht gar zu wenige rücksichtlich der ästhetischen Form, weit wenigere aber dem Inhalte nach,
wenn der Dichter richtig verstanden wird. Wenn der jambische
Rhythmus der Alexandriner, wiewohl meist mit Geschick behandelt, doch mitunter zu tadeln ist, wenn die Reime nicht immer
rein sind, so trifft doch nach dem Urtheil des Verfassers härterer
Tadel seine poetische Diction. Nicht selten allerdings, wofür der
Verfasser vollgültige Belege beibringt. Der Dichter der Neuzeit,
Friedrich Rückert, steht in dieser Rücksicht unendlich viel höher,
als Scheffler.." Mit gleichem Rechte tadelt der Verfasser das öfter
hervortretende Tändeln und Spielen mit der Person des Erlösers in
der sinnlich weichlichen Durchführung des Bildes von der bräut-
lichen Liebe zwischen Christus und der Seele und noch andere
Geschmacklosigkeiten, Tändeleien und Spielereien, die sich in
einigen Fällen bis zu Sinnlosigkeiten steigern. Diese Nachweisungen
schliesst der Verfasser mit folgenden unbestreitbar richtigen Sätzen:
„Aus dem Mitgetheilten wird klar geworden sein, wie sehr im Un-

recht die sind, welche an den Epigrammen des Cherubinischen Wandersmannes gar nichts zu tadeln finden. Dass nun aber neben den Sprüchen, die durch geschmacklose Derbheit oder weichliche Tändelei, durch Schwulst und Unklarheit, durch Witzelei und Plattheit missfallen, viele andere vorhanden sind, die in kräftigem, schönem Ausdruck werthvolle und tiefe Gedanken geben, kann von keinem vorurtheilslosen Leser in Abrede gestellt werden. Oben (S. 27—28) habe ich eine Probe von solchen gegeben, dabei jedoch die ausgeschlossen, die Scheffler's eigenthümliche Gedankenwelt abspiegeln. Es sind nun aber unter den mystischen Sprüchen des Dichters viele vorhanden, die eben so sehr fesseln durch Reinheit der Form, wie durch Innigkeit der Empfindung, durch Neuheit und Schönheit der Metaphern, wie durch Tiefe des Gedankens. Und so mögen die Vorzüge und die Fehler der dichterischen Sprache Scheffler's sich wohl im Ganzen die Waage halten; nur muss anerkannt werden, dass ihre Flecken und Mängel in vielen dichterischen Erzeugnissen seiner Zeit anzutreffen, Sätze speculativer Mystik aber vor ihm von keinem deutschen Dichter in so vielen kräftigen und schönen Epigrammen ausgesprochen worden sind. Ueberhaupt ist das wohl nicht zu viel gesagt, dass von 1657 bis 1677, wenn wir Paul Gerhardt und Andreas Gryphius ausnehmen, keine deutsche Dichtung erschienen ist, die werthvoller wäre, als der Cherubinische Wandersmann von Angelus Silesius."

Rücksichtlich der Quellen der philosophischen Weltanschauung Scheffler's bemerkt der Verfasser (S. 39), dass Scheffler selbst in der Vorrede seiner Dichtung Tauler, Rusbroch, Bernhard, Bonaventura, Thomas a Jesu, Nikolaus a Jesu, Augustinus, Harphius, Blosius, Dionysius, Carthusianus, den unbekannten Verfasser der deutschen Theologie, Maximil. Sandäus nenne. Unter ihnen hebe er vor Allen Tauler hervor und nächst ihm Rusbroch, Harphius und den Verfasser der deutschen Theologie. Der Verfasser findet es auffallend, dass Scheffler nicht auch Jakob Böhme, Valentin Weigel und Schwenkfeld genannt habe, da sie doch nachweisbar Einfluss auf ihn gehabt hätten. In Betreff Böhme's geht dies aus Scheffler's „Schutzrede für seine Christenschrift" hervor, wo er sagt: „J. Böhme habe ich so wenig für einen Propheten gehalten, wie Luther'n; dass ich aber etliche seiner Schriften gelesen, weil Einem in Holland allerhand unter die Hände kommt, ist wahr, und ich danke Gott dafür, denn sie seyn grosse Ursach gewest, dass ich zur Erkenntniss der Wahrheit gekommen und mich zur katholischen Kirchen begeben habe." Doch hält der Verfasser die Unterschiede zwischen den Anschauungen Böhme's und Scheffler's für

sehr viel bedeutender, als die Aehnlichkeiten, worüber hier nicht
gestritten werden soll. Mehr Einfluss auf Scheffler schreibt der
Verfasser Valentin Weigel und Abraham Frankenberg zu, während
er nicht sehr wahrscheinlich findet, dass die Mystik des fast um
zwanzig Jahre älteren Czepko, wiewohl verwandten Geistes, auf
Scheffler von Einfluss gewesen sei.*) Am meisten Einfluss auf
Scheffler schreibt der Verfasser der Mystik des Meister Eckhart zu,
doch so, dass er wahrscheinlich Tauler zu verdanken glaubt, was
er in der That dem Meister Eckhart geschuldet habe. Er stützt
diese Vermuthung auf das Schicksal der Ausgaben von Tauler's
Predigten, worüber er einige Aufklärungen an die Hand gibt. Der
Gedanken-Inhalt des Cherubinischen Wandermannes bringe es,
meint der Verfasser, zur hinlänglichen Anschauung, dass Scheffler's
Sprüche mit Eckhart's Lehren in auffallender Art übereinstimmen,
mehr, als mit „der deutschen Theologie", auf welche Scheffler hin-
weise. Wenn der Verfasser damit eine Entdeckung gemacht zu
haben glaubt, so ist er im Irrthum; denn dieser Zusammenhang
war Jedem längst klar, der wusste, dass für Scheffler Tauler eine
Hauptquelle war, Tauler aber seine Hauptideen aus Eckhart geschöpft hatte, der auch auf die meisten anderen von Scheffler genannten Mystiker von grundbestimmendem Einfluss gewesen war.
Die Frage ist nur, ob der Verfasser die Weltanschauung Scheffler's
und Eckhart's, also auch der übrigen von dem Letzteren abhän-
gigen Mystiker oder Theosophen, richtig verstanden hat? Dies aber
kann ihm durchaus nicht eingeräumt werden. Der Verfasser will,
bei Scheffler wie bei Eckhart, den entschiedensten Pantheismus gefunden haben, die Leugnung der Persönlichkeit Gottes, des Unterschiedes Gottes und der Welt, der Unsterblichkeit der geistigen
Wesen und des Menschen, womit denn auch die Freiheit und Zurechnungsfähigkeit des Willens geleugnet wäre. Dies soll nach dem
Verfasser die eigentliche Weltanschauung jener Theosophen gewesen
sein. Darin macht ihn nicht einmal der Umstand irre, dass Eckhart
wie Scheffler auf das Allerentschiedenste die Ewigkeit (Unaufhör-
lichkeit) der Höllenstrafen der Verdammten behauptet und ausgesprochen haben. Wie sich der Pantheismus in seinen äussersten
Consequenzen, namentlich der Leugnung der Unsterblichkeit der

---

*) Kahlert theilt in seiner Schrift: „Angelus Silesius", S. 56, eine Reihe
von Epigrammen Czepko's mit, die auffallende Aehnlichkeit mit dem Cherubinischen Wandersmann zeigen. Die noch immer nur im Manuscript vorhandenen
„Monodisticha sexcenta sapientum" Czepko's verdienen durch den Druck bekannt
zu werden.

geistigen Wesen, mit der Behauptung der ewigen Verdammniss der verstockten Bösen in den Köpfen jener Theosophen habe vertragen können, das macht dem Verfasser nicht die geringste Sorge. Er citirt tapfer Stellen aus Eckhart und Scheffler, welche ihm seine Auffassung entschieden zu bestätigen scheinen, und wirft sich mit einem Male die Frage auf, ob jene Theosophen nicht vielleicht doch nur Semipantheisten gewesen seien, welche, ähnlich wie neuerlich Schelling, Fechner und Andere, zwar die Persönlichkeit Gottes und die Unsterblichkeit der geistigen Wesen festhielten und nur nicht einräumen wollten, dass zwischen Gott und der geschaffenen Welt eine Wesensverschiedenheit stattfinde, indem sie den Ursprung aller Dinge aus Gott als Wesenseinheit Gottes und der Welt bei aller ihrer Unterschiedenheit auffassen.

Im Grunde lehrt selbst Leibniz nichts Anderes, wenn er die Schöpfung als Effulguration Gottes fasst. Daher es sich seltsam genug ausnimmt, Leibniz über pantheistische Vorstellungen Scheffler's klagen zu hören, und womöglich noch seltsamer, wenn Neuere, auch der Verfasser, sich auf Leibniz gegen Scheffler berufen. Allein es bedarf doch noch der Untersuchung, ob jenen Theosophen auch nur Semipantheismus schuld zu geben ist. Vorzüglich zwei der tiefsten Denker und grössten Kenner der mystischen Literatur Nikolaus Cusanus im 15. und Franz Baader im 19. Jahrhundert haben den Meister Eckhart vom Pantheismus und Semipantheismus freigesprochen, ohne indess zu leugnen, dass die enthusiastische Kühnheit mancher seiner Aeusserungen missdeutbar sei und dass andere Aeusserungen ihm mit Recht die Missbilligung und Verwerfung der Kirche zugezogen hätten. Zu gleichem Ergebnisse seiner Untersuchungen gelangte neuerlich Joseph Bach in seiner tiefgehenden und lehrreichen Schrift: Meister Eckhart der Vater der deutschen Speculation, als Beitrag zu einer Geschichte der deutschen Theologie und Philosophie der mittleren Zeit (Wien, Braumüller 1864). Diese merkwürdige Schrift, welche ein überraschendes Licht auf den Entwickelungsgang der Speculation in Deutschland wirft, hätte der Verfasser schlechterdings nicht übersehen dürfen. Sie hätte ihn überzeugen können, dass seine Deutung und Auffassung der tiefsinnigen Lehren Eckhart's irrig ist, womit dann seine Deutung Scheffler's so gut wie von selbst gefallen wäre.

Eckhart lehrt die Persönlichkeit und Dreieinigkeit Gottes. Dies geht aus folgenden Sätzen seiner Predigten hervor:

„Wenn ich spreche: Gott sei nicht ein Wesen, so habe ich ihm Wesen nicht abgesprochen, ich habe es ihm nur emporgehoben und gewürdigt . . . Wenn wir Gott nehmen in Wesen, so nehmen wir ihn in seiner Vorburg; denn Wesen ist in Gott, und er wohnet in seiner Vorburg, und es ist seine Vorburg, in der er wohnt. Sein Heiligthum aber ist seine Weisheit, in der er allein bleibt, und allein sich in sich selber erkennt, und von keinem Dinge erreicht wird ... Gott ist Materie und Form seiner selbst ... Gott ist die Wahrheit ... Die Gottheit ist eine geistliche Substanz, die unergründlich ist ... Die Gottheit ist ein Himmel der drei Personen, und der Vater ist Gott, und ist eine Person von Niemand geboren noch geflossen, und der Sohn ist Gott, und ist eine Person und ist geboren von dem Vater, und der heilige Geist ist Gott und eine Person und fliesset aus von beiden ... Die drei Personen sind eine Allvermögenheit ... Alle Eigenschaften, Liebe, Güte, Weisheit und Gerechtigkeit sind in Gott Eins ...*)

Meister Eckhart lehrt die Ueberweltlichkeit Gottes, die Unterschiedenheit Gottes und der Welt, die Schöpfung aus Nichts.

„Gott ist über allen Dingen ein Wesen in sich selber und dieses erhält alle Creatur ... Gottes Eigenschaft ist Wesen, ursprüngliche Substanz. Niemand kann Wesen geben, denn Gott allein ... Gott ist über der Zeit in ewiger Gegenwart und begreift deshalb die Zeit in sich ... Das ewige Wort ist das Wort des Vaters und ist sein eingeborner Sohn. In dem hat er gesprochen alle Creaturen ohne Anfang und ohne Ende. In diesem Worte hat Gott die Welt ewig geschaffen, in der Zeit aber hat Gott alle Ding' von Nicht gemacht und hat die Gottheit darein geflösst, dass die Ding' der Gottheit voll sind. Liesse Gott sein Wortsprechen ab einen Augenblick, Himmel und Erde müssten vergehen ... So viel Gott in den Creaturen ist, so viel ist er hoch darüber; was da in viel Dingen eins ist, das muss nothwendig über den Dingen sein ... Gott ist in allen Dingen wesentlich, wirkend und mächtig, und doch ist er nirgend ... Gott fliesst in alle Dinge und bleibt doch von allen Dingen unberührt ... In Gott muss die Schöpfung eine ewige sein, denn in ihm ist nicht Zeit noch Mittel, in ihm ist blosse ewige Gegenwart ... In seinem ewigen Worte, dem Sohne, spricht Gott die Welt von Ewigkeit aus, in diesem Worte ist das ewige Bild der Welt." **)

Mit gutem Grunde bemerkt hierzu Josph Bach: „Von Seiten Gottes angesehen, ist die Welt immer eine ewige; denn Gott wird

---

*) Vergl. Meister Eckhard von Joseph Bach, S. 67 ff. und die bezüglichen Stellen in Franz Pfeiffer's Werk: Deutsche Mystiker des vierzehnten Jahrhunderts Bd. II. 1. Abth.

**) Meister Eckhart von J. Bach, S. 65, 73 ff.

von Zeit nie berührt; an sich selber kann sie aber nur eine zeitliche sein; denn der Begriff der Welt schliesst die Momente der
Zeit und des Raumes wesentlich in sich. In Gott ist alles Wirken
ein ewiges, sobald dieses ewige Wirken sich in dem Nichts offenbart, schafft, setzt es die Zeiträumlichkeit; und deshalb ist die Welt
an sich nur eine zeitliche, obwohl sie nicht aufhört in Gott, ihrem
Grunde, eine ewige zu sein. Die Creatur, als ungeschaffene, ist in
Gott, aber nicht an sich selber. Alle Creaturen sind edler in Gott,
denn sie an sich selber sind. Dadurch ist Gott keineswegs mit der
Welt confundirt, wie das Amalrich und der Pantheismus überhaupt
thut; die Welt ist nicht Gott, und Gott ist nicht die Welt. Das
Sein der Welt ist aus Gott, aber es ist von dem Sein Gottes
wesentlich verschieden." *)

Meister Eckhart hat aber auch die persönliche Unsterblichkeit
der geistigen Individuen (der Engel und Menschen) gelehrt.

„Unser Herr Jesus Christus spricht: das ist ewig Leben, dass
man Gott kenne, den allein wahren Gott. Diese Weisheit wird
dem Menschen gegeben durch den Sohn Gottes. . . . Darin beruht
die höchste Seligkeit, dass Gott ist der Seele Form und der Seele
Seel'; wenn sie Gott versteht ohne Materie, ohne Form und ohne
alle Creatur; da verliert sie ihre Grobheit und bleibt ihr allein ihre
Wesenheit. Ihr Versinken in Gott wäre nicht ihre oberste Seligkeit;
denn da verlöre sie Erkennen, Lieben, Geniessen, worin gerade die
Seligkeit des Geistes besteht." **)

Endlich kann noch erinnert werden, dass Meister Eckhart in
der entschiedensten Weise die Ewigkeit der Höllenstrafen der Verdammten behauptet, ***) welches absolut sinnlos wäre, wenn er die
Unsterblichkeit der geistigen Wesen nicht gelehrt hätte. Es wäre
aber der Gipfel des Unsinns, ihm zuzutrauen, dass er zwar die
Vergänglichkeit der Erlösten, aber die Unvergänglichkeit der Verdammten gelehrt habe.

Bei dem tiefgehenden Zusammenhang der Ideen Scheffler's
mit den Lehren Eckhart's und seiner gesammten Schule ist es gar
nicht denkbar, dass er von den Grundlehren des Meisters zum Pantheismus abgefallen sein sollte, so wie es gar nicht denkbar ist,
dass er, wenn er Pantheist gewesen wäre, sich zur katholischen
Kirche zurückgewendet und für sie in einen erbitterten Kampf eingetreten wäre.

---

*) Loco citato S. 77.
**) L. c. S. 80 ff., 88 ff., 93 ff., 98 ff., 103—112.
***) L. c. S. 147—149.

Seine oft genug überkühnen Aeusserungen in seinem Cherubinischen Wandersmann müssen daher aus dem Umstand, dass er
in dichterischer Form sich erlauben zu dürfen glaubte, was er in
Prosa sich versagt haben würde, aus der Vorstellung dass das Epi-
gramm den paradoxen Ausdruck erfordere und um recht geistreich
und eindringlich zu sein, nicht paradox genug sein könne, endlich
aus der feurigen, heftigen und durch den Widerstand der Zeitrich-
tungen bei kräftiger Natur gesteigerten Exaltation seiner Individualität erklärt werden. Keiner seiner Nachfolger möchte an Kühnheit
des Ausdrucks und begeistertem Enthusiasmus Eckhart näher kommen, als Scheffler, aber der Unterschied ist, dass Eckhart überall
den Eindruck der genialen Schöpferkraft des Geistes macht, der die
Gluth des Gemüths durch den ins Innerste dringenden Gedanken
zügelt, während der in gebahntem Geleise sich zwar kräftig bewegende Scheffler in titanischem Ringen nicht selten den Eindruck
der Forcirtheit macht.   Bei beiden Theosophen würde übrigens gar
manches Bedenken hinwegfallen, wenn man ihren speculativen Gedanken richtiger würdigte, dass Gottes Wille zwar schrankenlos frei,
aber dennoch in steter Uebereinstimmung mit seiner unendlichen
Weisheit wirke, wenn man beachten wollte, dass theistische Ideen
in dichterischem Ausdruck zu allen Zeiten eine Art Schein von
Pantheismus annehmen, wie sich dies namentlich bei Friedrich
Rückert kundgibt.   Einen Schimmer solchen Scheines wird man
sogar bei den Aposteln Johannes und Paulus, wie bei Christus dem
Herrn selbst nicht ableugnen können.   Es kann hier natürlich nur
von einem Schein des Persönlichkeits- (Semi-) Pantheismus die
Rede sein.   Denn der gemeine, man möchte sagen, brutale Pantheismus ist zu offenbar dem Geiste des alten und neuen Testamentes und der christlichen Mystiker zuwider, als dass von diesem
auch nur entfernt die Rede sein könnte.   Viele haben den Schein
für Wirklichkeit genommen und daher fälschlich dem Christenthum
pantheistische Tendenz angedichtet.   Die Behauptung des Verfassers,
dass Eckhart und Scheffler Schüler des Dionysius Areopagita seien,
ist in gewissem Grade richtig, wie wohl längst bekannt.   Durch die
unter dem Namen des Dionysius Areopagita bekannten Schriften
hat der umgebildete Neuplatonismus unstreitig Einfluss auf die
Kirchenväter, auf die Scholastik und Mystik des Mittelalters gewonnen.   Dieser Einfluss ist bis auf diese Stunde nicht erloschen
und dürfte sogar in ein neues Stadium seiner Wirksamkeit eintreten,
wozu Arthur Richter in seinen Neuplatonischen Studien einen
neuen Impuls gegeben zu haben scheint.   Allein der Verfasser hätte
nicht vergessen sollen, dass der Ursprung der mittelalterlichen

christlichen Mystik im Christenthum selbst zu suchen ist, dass die neutestamentlichen Schriften sämmtlich mystischen Charakter tragen und dass die Apostel Johannes und Paulus nur die Gipfelpunkte der Mystik des neuen Testamentes sind.

14.

Spinoza's neu entdeckter Tractat von Gott, dem Menschen und dessen Glückseligkeit. Erläutert und in seiner Bedeutung für das Verständniss des Spinozismus untersucht von Dr. Christoph Sigwart, o. ö. Professor in Tübingen. Gotha, Besser, 1866.

Es liess sich erwarten, dass der in Holland neu entdeckte Tractat Spinoza's de Deo et homine bald Gegenstand eingehender Untersuchungen werden werde. Bereits hat Trendelenburg am 15. März 1866 in der Sitzung der Berliner Akademie eine Abhandlung über denselben Gegenstand gelesen, den der Verfasser bedauert nicht haben vergleichen zu können. Er glaubt indess zu der Hoffnung berechtigt zu sein, dass ihm nichts Wesentliches entgangen sei, und dass das Bild, das ihm aus wiederholter Betrachtung entstand, die charakteristischen Züge der damaligen Denkweise Spinoza's wiedergebe. Jedenfalls glaubt er gezeigt zu haben, dass der neue Fund eine wesentliche Bereicherung unserer Mittel sei, die innere Entwickelung und damit den wahren Sinn des Spinozismus zu verstehen, und dass er insbesondere die Einflüsse, welche auf ihren Urheber in seiner Jugend eingewirkt haben, weit sicherer und vollständiger, als bisher möglich war, zu erkennen gestatte. In letzterer Hinsicht ist der Verfasser auf eine directe Abhängigkeit Spinoza's von Giordano Bruno geführt worden und hat dieselbe ausführlich nachzuweisen versucht. Doch will er nicht behaupten, dass damit diese Untersuchung erschöpft sei. Er räumt ein, dass vielleicht nebenher noch andere Zusammenhänge bestehen, welche ihm aufzufinden nicht gelungen sei.

In der Einleitung erzählt der Verfasser die Geschichte der Entdeckung des neu aufgefundenen Tractats und bedauert lebhaft, dass die Herausgabe dieses wichtigen Fundes nicht Dr. Böhmer's sorgfältiger Hand anvertraut worden sei. Der von van Vloten mitgetheilte Text und noch mehr die lateinische Uebersetzung zeigen

der Incorrectheiten und groben Nachlässigkeiten so viele, dass der
Verfasser mit Recht eine zuverlässige und kritische Ausgabe dringend nothwendig findet. *)

Schon der gründlich gelehrte Eduard Böhmer, dem der Anlass zur Entdeckung des Tractats zu danken ist, hatte im Allgemeinen auf die Wichtigkeit desselben hingewiesen. **) Der Verfasser
bestätigt dieselbe und bezeichnet den Tractat als einen früheren, in
loserer Form sich haltenden, in mancher Hinsicht unfertigen Entwurf der Ethik.

„Die Hauptmasse derselben besteht aus einer Abhandlung,
deren erster Theil in 10 Capiteln von Gott, deren zweiter in
26 Capiteln vom Menschen und seiner Glückseligkeit handelt. Im
ersten Theile sind dem zweiten Capitel zwei kurze Dialoge angehängt, die den Zusammenhang unterbrechen, indem sie theils
Früheres wiederholen, theils Späteres anticipiren; die unvermittelte
Einführung der bedeutungsvollen Personen des ersten — Intellectus,
Amor, Ratio, Cupiditas — und die weit über das Zunächstliegende
hinausgreifenden Gedanken des zweiten legen die Vermuthung sehr
nahe, dass wir in diesen Dialogen Fragmente früherer Arbeiten vor
uns haben, welche Spinoza an irgend einer Stelle seiner Abhandlung einverleibte, statt sie neu zu verarbeiten. Noch mehr als in
dieser Einfügung tritt aber der Charakter des unfertigen Entwurfes
in der grossen Zahl erklärender, berichtigender, zuweilen in grösserer
Ausdehnung eine schärfere Fassung suchender Zusätze hervor,
welche besonders in den ersten Capiteln häufig sind, und die fortgesetzte Arbeit des Philosophen zeigen, während der höchst interessante Anhang dem ersten Theile gegenüber den Versuch macht,
die mathematische Methode anzuwenden, freilich um schon nach
4 Sätzen damit abzubrechen, dem zweiten Theile gegenüber einen
engeren Zusammenhang der Lehre vom Menschen mit der Lehre
von Gott herstellen zu wollen scheint. In beiden Hinsichten steht
der Anhang in der Mitte zwischen dem ursprünglichen Entwurf und
der Ethik, wie sie uns längst ausgearbeitet vorliegt.

Uebersehen wir das allgemeine Verhältniss des Entwurfs zum
vollendeten Werke, so ist es derselbe Kreis von Gedanken, den
die frühere Schrift, wie die spätere umschreibt; derselbe Gang im

---

*) Vergleiche Böhmer's versuchte Correcturen in Fichte's Zeitschrift
Bd. 42, 77 ff.

**) Benedicti de Spinoza, Tractatus de Deo et homine ejusque felicitatae
lineamenta atque adnotationes ad tractatum theologico-politicum edidit et illu-
stravit Eduardus Boehmer. Halae ad Salam 1852.

Wesentlichen, den schon der Titel: „Von Gott, dem Menschen und seiner Glückseligkeit" ankündigt; dieselben Grundbegriffe und Hauptsätze; in einzelnen Partieen schon wörtliche Uebereinstimmung; in anderen wenigstens die deutlichen Ansätze zu späteren Lehren. Aber bei alledem doch charakteristische Unterschiede. Zunächst in der äussern Haltung der Darlegung. In einer Reihenfolge von Capiteln, die nicht immer streng zusammenhängen, werden die Gedanken entwickelt; allerdings vielfach in der gedrängten, Satz um Satz in beweisender Folge aneinanderreihenden Art des späteren Werkes, oft aber auch in Form einer Discussion verschiedener Ansichten; ja die dialogische Form, welche an der angeführten Stelle die abhandlungsmässige Darstellung unterbricht, weist darauf hin, dass Spinoza wohl zuerst darin sich versucht und nur allmälig und durch viele Zwischenglieder hindurch zu dem gebundensten Stile übergegangen ist. So findet er weit mehr Raum für Auseinandersetzungen mit der gewöhnlichen Ansicht der Dinge und mit den philosophischen und theologischen Schulbegriffen seiner Zeit, als ihm die straffe Form der Ethik übrig lässt; — die lebendigere Bewegung der Rede bringt manchen Ausdruck und manche Wendung zu Tage, die treffend und leicht seine Meinung ausspricht, in der schweren Rüstung der geometrischen Methode aber erdrückt würde.

Dieses Verhältniss ist es nun, das uns den neuen Fund äusserst werthvoll macht. Indem er uns das System im Werden zeigt, den Zusammenhang unvollendet, eine Reihe von Lücken, die später geschlossen, von Inconsequenzen, die später beseitigt werden mussten, vermögen wir hier bis im Einzelnen die Erwägungen zu verfolgen, durch welche Spinoza gerade zu charakteristischen und auffallenden Sätzen gelangt ist, dort einen mit dem Ganzen schwer vereinbaren Gedanken des späteren Werkes als einen Rest der früheren Betrachtungsweise zu erkennen, der der Umschmelzung widerstanden hat. Und wenn in der Ethik Alles, was an das persönliche individuelle Leben erinnert, völlig unterdrückt ist, jeder Nachklang einer Stimmung verhallt, jeder Funke von Begeisterung erloschen, so dass ihr Verfasser recht hatte, wenn er sie sogar von seinem Namen loslösen und ihr so ein von seiner individuellen Person ganz unabhängiges Dasein verleihen wollte: so ist auch in dieser Hinsicht die neu gefundene Schrift unreif, die Frucht haftet noch an dem Stamme, auf dem sie gewachsen ist, es ist individuelles Leben, persönliches Streben darin, wir sehen, dass der Philosoph für sich philosophirt, und dass seine Philosophie ihm das Mittel ist, sich selbst und seine persönlichen Zwecke zu befriedigen.

Weit stärker und lebendiger tritt die ethisch-religiöse Richtung der spinozischen Philosophie hier heraus. Der Haupttheil des Tractats kann betrachtet werden als Antwort auf die alte Frage: Was soll ich thun, dass ich selig werde? Es ist jene Stimmung einer von der Eitelkeit der Welt unbefriedigten religiösen Sehnsucht über dieses Werk verbreitet, welche Spinoza im Eingang zu seiner anderen Jugendschrift, dem Tractatus de intellectus emendatione, als das Motiv seines ganzen Lebens und Philosophirens in einfacher und ergreifender Weise dargestellt hat."

Diese vortreffliche allgemeine Charakteristik des neu aufgefundenen Tractats entwickelt nun der Verfasser in Rücksicht der wichtigsten Lehren im Einzelnen in allen Hauptsachen in gleich vortrefflicher Weise. Indem der Verfasser übergeht zu einer Untersuchung über die Quellen der Gedanken des Tractats, will er wohl einräumen, dass für Spinoza die Richtung seines Denkens durch Eindrücke aus der cabbalistischen Lehre mitbestimmt gewesen sein mögen (was Baader schon immer behauptet hatte); allein einen viel entschiedeneren Einfluss schreibt er Giordano Bruno zu. Obgleich Bruno's Name nirgends in Spinoza's Schriften oder Briefen erscheint, so geht doch aus den vergleichenden Nachweisungen des Verfassers der Einfluss desselben mit Bestimmtheit hervor. Diese Nachweisungen gehören zu dem Interessantesten der ganzen Schrift.

Erscheint der Einfluss Bruno's auf Spinoza festgestellt, so scheint doch noch Niemand die Frage aufgeworfen zu haben, ob Spinoza gar nichts von J. Böhme gewusst und erfahren hat? Die Frage mag müssig scheinen, da sich Spuren des Einflusses nicht nachweisen lassen. Aber bekannt konnten ihm Schriften J. Böhme's gleichwohl sein. Abraham von Frankenberg hatte die Schriften Böhme's meist im Manuscript zwischen 1642 und 1645 nach Amsterdam gebracht, wo sie einzeln nach und nach von H. Betke (Beets) herausgegeben wurden. Scheffler (Angelus Silesius) lernte die Schriften Böhme's zwischen den Jahren 1644 — 1647 in Holland kennen. Sie waren auch in die holländische Sprache übersetzt worden.

15.

Die Theologie des Leibniz aus sämmtlichen gedruckten und vielen noch ungedruckten Quellen
mit besonderer Rücksicht auf die kirchlichen Zustände der Gegenwart zum ersten Male vollständig
dargestellt von A. Pichler. Erster Theil. München.
Literarisch-artistische Anstalt der J. G. Cotta'schen Buchhandlung. 1869.

Das vorliegende Werk tritt zu einem Zeitpunkte hervor, der
geeignet ist, ihm die grösste Aufmerksamkeit zuzuwenden. Die
durch Kant's grosse Anregungen herbeigeführte Bewegung im Reiche
der Geister hat eine staunenswerthe Fülle von Ideen wachgerufen,
aber auch einen Zersetzungsprocess der Richtungen veranlasst, der
bewirkt hat, dass eine weitreichende, wenn nicht allgemeine Unbe-
friedigung rücksichtlich der philosophischen und theologischen Ergebnisse selbst der genialsten Forscher der letzteren Epoche
eingetreten ist. Wenn man weiss, was man allgemein wohl wissen
könnte, dass Kant, trotz hervorragenden Verdienstes, doch eigentlich es war, der den Samen der Zerwürfnisse der neueren philosophischen Richtungen ausgesäet hat, der wird zwar nichts dagegen
haben, dass man sich zur Schlichtung der Streitigkeiten und zur
Orientirung über ihre Genesis zur Kantischen Quelle zurückwendet,
er wird aber nicht einräumen, dass in Kant die Lösung der Widersprüche zu finden sei oder so leicht aus ihm abgeleitet werden
könne. Er wird es vielmehr äusserst räthlich finden, ohne Kant zu
vernachlässigen, auf seinen eigentlichen Vormann und Vorgänger,
Leibniz, zurückzugehen. Bei ihm wird man vielleicht nicht das
gleich Grosse und Bedeutende für die Begründung und Ausbildung
der Methode der Philosophie antreffen als bei Kant, wahrscheinlich
aber, um hier noch nicht mehr zu sagen, im Grossen und Ganzen
einen noch grösseren Reichthum von Ideen, einen noch weiter
reichenden Tiefsinn und wohl auch eine relativ harmonischere Weltanschauung.

Der Verfasser erklärt sich in seinem Vorwort nicht bloss
gegen den Romanismus und Ultramontanismus, sondern auch gegen
jede Art sogenannter Orthodoxie, also auch der katholischen, und
strebt, indem er seinen Standpunkt über den Parteien zu nehmen
sucht, die Grundlagen zu gewinnen, welche zur Ausgleichung der
Parteien und zur Ueberwindung aller Spaltungen in der christlichen
Kirche führen sollen. Er stellt sich nahezu ganz auf den Stand-

punkt des Leibniz und nimmt die Confessionen-Ausgleichungs-
versuche wieder auf. Wenn der Verfasser darüber klagt, dass bis
jetzt noch kein Theologe es unternommen habe, die so hochwichtige
Theologie des Leibniz darzustellen, so ist wenigstens ein Hauptgrund dieses Unterlassens darin zu suchen, dass die Materialien
einer solchen Arbeit erst in der neuesten Zeit vollständiger zugänglich geworden sind, wiewohl auch jetzt noch Eines und das Andere
fehlen möchte. Doch kann das etwa noch Fehlende nicht leicht
von solcher Bedeutung sein, dass in einer Darstellung der Leibnizischen Theologie wesentliche Lücken unausgefüllt bleiben müssten.

Die erste Abtheilung des Werkes gliedert sich nun in folgende
Unter-Abtheilungen:

1) Ein Charakterbild von Leibniz; 2) Die Theologie des Leibniz im Allgemeinen; 3) Die Lehre von dem Göttlichen und Uebernatürlichen im Verhältniss zu dem Menschlichen und Natürlichen;
4) Die Lehre von der Welt: a. Die Entstehung der Welt und ihre
Natur, b. Die Erhaltung und Regierung der Welt, c. Das physische
und moralische Uebel in der Welt; 5) Die Lehre vom Menschen:
a. Die Natur und Bestimmung des Menschen, b. Die Freiheit des
Menschen, c. Die Sünde: ihre Ursachen und Folgen; 6) Rechtfertigung und Heiligung des Menschen; 7) Ueber Mönchthum und
Cölibat; 8) Anhang: Leibnizens Beurtheilung der Jesuiten.

Das Charakterbild des Leibniz, welches mit besonderer Bezug-
nahme auf seine allseitige patriotische Wirksamkeit in politischer,
socialer, wissenschaftlicher und kirchlicher Hinsicht durchgeführt
ist und die Bedeutung des grossen Mannes für unsere Gegenwart
hervorhebt, übertrifft Alles, was bisher in dieser Rücksicht geleistet
worden ist, wiewohl ohne den Vorgang der ausgezeichneten Biographie Guhrauer's diese Leistung nicht wohl möglich gewesen
sein würde. Die grossen Züge des Charakters dieses seltenen Mannes treten in der Darstellung des Verfassers in allen genannten
Beziehungen in das hellste Licht und gar manche Schatten fallen
hinweg oder mindern sich doch bis zum Verschwinden, die man
ihm auch nach Gubrauer noch immer hat anhängen wollen.

Mit Lebhaftigkeit sagt der Verfasser (S. 211): „Nicht nur
das Mittelalter, sondern auch die Reformationszeit zeigt uns keinen
Mann, der eine so vielseitige und segensreiche patriotische Wirksamkeit entwickelt hätte. Selbst Luther lässt sich mit Leibnizens
Persönlichkeit nicht vergleichen, obwohl beide Charaktere in der
lebendigsten geistigen Wechselbeziehung zu einander stehen und
durch Leibniz das grosse deutsche Nationalwerk der Reformation
mehr als durch irgend einen Andern vor ihm weiter gefördert, be-

festigt und ergänzt worden ist. Auch von den zahlreichen patriotischen Männern Deutschlands im vorigen und in diesem Jahrhundert lässt sich keiner ganz ebenbürtig Leibnizen an die Seite stellen. Denn bei den meisten erstreckte sich ihr Patriotismus doch nur auf das politische, bei anderen auf das wissenschaftliche und bei einigen wenigen, sowohl Katholiken als Protestanten, auf das religiös-kirchliche Gebiet. Bei Leibniz aber war dies Alles zugleich in seinem Streben und in seiner Thätigkeit vereinigt. Deutsche Ehre, deutsche Sitte, deutsche Wissenschaft und deutsche Kirche: das war das Programm, dies die Losung seines ganzen Lebens und Wirkens. Dieses Ziel der deutschen Nation wenigstens vorzuhalten und sie zum Streben nach demselben zu begeistern und anzuleiten, machte er sich zur ersten und heiligsten Pflicht. Leibniz ist einer der ausserordentlichen Männer, wie sie der Welt und den verschiedenen Nationen nicht in jedem Menschenalter, auch nicht einmal in jedem Jahrhundert, sondern nur beim Eintreten ganz besonderer Ereignisse — sie sind ja selbst ein Ereigniss — und beim Beginne neuer Epochen zur Erweckung eines frischen geistigen Lebens von der Vorsehung gesandt werden. Ein solcher Prophet, der Bote einer besseren Zukunft, war Leibniz für Deutschland, nicht nur ein „praeceptor Germaniae“, sondern ein wahrer „pater patriae“ im vollkommensten und erhabensten Sinne. Nicht so fast in seinem philosophischen System, in seinen mathematischen und mechanischen Erfindungen, in seinen historischen Arbeiten und politischen Staatsschriften haben wir die eigentliche und bleibende Bedeutung des Leibniz zu suchen, als vielmehr in seinen Principien und Anschauungen über die Grundbedingungen des socialen, politischen, wissenschaftlichen und kirchlichen Gedeihens und Fortschreitens unserer Nation auf dem von Gott ihr gewiesenen Wege zur Erreichung ihres erhabenen Berufes, wie einer jeden Nation ein solcher gegeben ist.“

Hier ist nun aber denn doch zu erinnern, dass zwar Leibniz vielleicht als die grösste Intelligenz und Wissenschaftskraft und als einer der grössten Patrioten und Staatsphilosophen anzuerkennen ist, dass er aber an markiger Energie und praktisch eingreifender Thatkraft hinter Luther weit zurücksteht. Seine conciliatorische Natur machte ihn ausserordentlich fähig, durch die Macht des Gedankens und des Wortes zu wirken, aber eine Reformation wäre durch ihn nie in Gang gesetzt worden, so sehr er auch geeignet war, die in Gang gesetzte weiter zu führen und voranzubringen. Die Erfolge seines Wirkens waren schon bei seinen Lebzeiten sehr gross und setzten sich nachher fort, ohne bis heute aufgehört zu haben. Es ist aber sehr wohl möglich, dass die Vollwirkung seines Geistes erst noch bevorsteht, wenn der ganze Umfang seiner Leistungen einmal in würdiger Gestaltung vor uns liegen wird. Die Spinozistische Richtung der deutschen Philosophie hat sich erschöpft und geht auf die Neige. Die Leibnizische Richtung wird sie ablösen und sie ist bereits im vollen Anzuge begriffen. Sie wird mindestens um so viel weiter führen, als Leibniz an wahrer Tiefe des Geistes und Wissenschaftlichkeit über Spinoza stand. In Leibniz fasste sich die gesammte Geschichte der deutschen Philosophie von Albert dem Grossen und Meister Eckhart an in der dem deutschen Geiste allein entsprechenden Gestalt des Theismus wie in einem Lichtfokus zusammen, um nach kurzer Verdunkelung als hellleuchtende Sonne wieder aufzugehen. Nur die Entdeckungen Böhme's hat er nur gestreift und ist nicht tief genug in sie eingegangen, aber als Repräsentant der Wissenschaftlichkeit in der Philosophie gebührt ihm so gut der Name des d e u t s c h e n P h i l o s o p h e n als dieser Name J. Böhme, dem Repräsentanten des intuitiven Tiefsinns, beigelegt wurde. Es ist wohlbegründet, von Leibniz gross zu denken. Es streift aber ans Ueberschwengliche, wenn der Verfasser Leibniz im Vergleich mit seiner Zeit als „proles sine matre creata" bezeichnen möchte und versucht ist, das Wort auf ihn anzuwenden: lux in tenebris lucet, et tenebrae eam non comprehenderunt." Das eine würde Leibniz nicht bloss aus Bescheidenheit, sondern auch als seiner Geschichts-Philosophie widersprechend abgelehnt haben. Das Andere ist im besten Falle halbwahr. Die Wirkungen des Leibnizischen Geistes waren zu seinen Lebzeiten kaum viel geringer als sie nach den zugänglich gewordenen Vorlagen, der Art und Weise und der äusseren Form derselben es sein konnten. Hat denn Leibniz die Wirkungen seiner Geistesschöpfungen nicht selber abgeschwächt durch die Wahl fremder Sprachen für den weitaus grössten Theil seiner Arbeiten, durch die Anonymität, unter deren Deckmantel er so manche seiner Schriften erscheinen liess, durch die Zersplitterung und Zerstreuung seiner Leistungen und endlich durch die vielfältigen Mitigirungen, Einschränkungen und Verklausulirungen? Man denke sich den Fall, dass er mit der Energie eines Luther's es durchgesetzt hätte, seine Werke nur oder doch zugleich in deutscher Sprache an das Licht zu stellen, dass er wenigstens seine Philosophie und Theologie in systematischer Gestalt vorgelegt hätte oder, wenn dies ihm zu schwer war, wenn er wenigstens gegen Ende seines Lebens eine Sammlung seiner Hauptwerke veranstaltet oder doch solche Dispositionen getroffen hätte, dass eine solche bald nach seinem Tode hätte bewerkstelligt werden können.

Sein Vermögens-Nachlass hätte schon in dieser Richtung etwas Erkleckliches, wahrscheinlich Vollgenügendes leisten können. Welche grossartigen Wirkungen wären nicht davon zu erwarten gewesen! Sein Nachfolger Wolff hätte entweder dessen Philosophie ungleich tiefer fassen müssen, oder, sollte er dazu wirklich untähig gewesen sein, so würde seine neue Scholastik nicht den Anklang gefunden haben, den sie wirklich fand, wodurch die logische Einschulung der Deutschen zu einer erheblichen Beförderung des Pedantismus ausschlug. Kant würde nicht so relativ leichten Kaufs über Leibniz haben hinweggehen können, welches noch dazu nicht geschah, ohne ihm einen guten Theil seiner besten Gedanken unvermerkt zu entnehmen. Schildert Droysen in seiner Geschichte der preussischen Politik, wie der Verfasser (S. 4) zugibt, die Signatur der Zeit des Leibniz richtig, so hätte dieser sich um so mehr zu einer Massregel der bemerkten Art veranlasst finden sollen. Damit sollen diejenigen nicht entschuldigt werden, welche damals auf den Ruf des 24 jährigen Patrioten Leibniz nicht gehört haben, wenn derselbe ausrief: „Teutschland ist die Mitte von Europa. Teutschland ist vordem allen seinen Nachbarn ein Schrecken gewesen; jetzt sind durch seine Uneinigkeit Frankreich und Spanien formidabel geworden, Holland und Schweden gewachsen. Teutschland ist das pomum Eridos, wie Anfangs Griechenland, hernach Italien. Teutschland ist der Ball, den diejenigen einander zugeworfen, welche um die Monarchie gespielt. Teutschland ist der Kampfplatz, darauf man um die Meisterschaft von Europa gefochten. Kurz, Teutschland wird nicht aufhören, seines und fremden Blutvergiessens Materie zu sein, bis es aufgewacht, sich recolligirt, sich vereinigt und allen Procis die Hoffnung, es zu gewinnen, abgeschnitten." Wenn der Verfasser an diese patriotische Aeusserung des Leibniz die Bemerkung knüpft (S. 8), was L. vor zwei Jahrhunderten als den begeisterten Wunsch seines Herzens ausgesprochen, dessen Realisirung er sein ganzes Leben gewidmet habe, das sähen wir endlich seiner Erfüllung sich nähern. so muss doch bemerkt werden, dass darum Leibniz noch lange kein politischer Luther war, und dass nur ein solcher allenfalls einen mächtigen Ruck der Verwirklichung des Leibnizischen Herzenswunsches zu hätte bewirken können. Möchten doch die patriotischen Worte des Leibniz wenigstens heute eine zündende Kraft offenbaren und alle Parteien zur endlichen Verständigung führen.*) Das kann allerdings nicht be-

---

*) Das Einigungswerk ist von Preussen bereits so weit fortgeführt, dass dessen Vollendung nicht ausbleiben kann. Die Stimmung in Süddeutschland

stritten werden, dass Leibniz die tiefsten Blicke in die Gebrechen und Verbrechen seiner Zeit geworfen hatte und dass er sein ganzes Leben lang für die erhabenen Ideen kämpfte, die ihn für die gesammte Menschheit wie für sein deutsches Vaterland beseelten. Er sah auch klar vorher, dass wenn man die eingeschlagenen Wege nicht zum Besseren verlasse, Europa einer Umwälzung entgegengehe, welch denn auch 60 bis 70 Jahre nach seinem Tode eingetreten ist. Es ist fast nicht zu viel gesagt, wenn der Verfasser (S. 32) erklärt: „Nicht von der orthodoxen Theologie, nicht von der Hierarchie, sondern von der Opposition gegen dieselbe ist die gesammte geistige Entwickelung der neueren Zeit ausgegangen, und Alles, worauf Deutschland heute stolz ist und was seine Ehre vor den Nationen in staatlich-socialer, wie in wissenschaftlicher Hinsicht begründet, ist es nicht durch, sondern trotz der Orthodoxie geworden." Der Verfasser unterscheidet natürlich von der Orthodoxie den Fond der christlichen Offenbarung, die jene nach J. Böhme nur zu versteinern versucht hat und die sie nach Baader nur wie in Apothekerbüchsen aufzubewahren sich bemüht.

Es ist merkwürdig, dass die beziehungsweise geistige Verwandtschaft des Leibniz mit Baader sich auch, wenn auch mit nicht unerheblichen Unterschieden, in der Form ihrer Darstellung herausstellt. Die Vorwürfe, die man gegen den Einen in dieser Beziehung erhoben hat, sind ziemlich ähnlich denen, welche auch gegen den Andern erhoben worden sind. *) Auch ihre Gegnerschaft gegen den Ultramontanismus ist nahezu die gleiche. Von Leibniz wäre es Verrath am Protestantismus gewesen, wenn er den Ultramontanismus nicht entschieden verworfen hätte. Schwerer war es für Baader, den Katholiken, weniger ihn in seiner Falschheit und Verderblichkeit zu erkennen, als sich ihm in einer dick ultramontanen Umgebung und Regierung kritisch und angreifend entgegen zu stellen. Der Geist der Schriften Baader's ist von Anfang und überall antiultramontan, nur dass er nicht überall die vollen Consequenzen zieht. Sobald er aber aus Anlass der kirchlichen Kölner Händel

---

war seit 1866 gegen Preussen vorherrschend stark abgeneigt. Allein der Umschwung zum Besseren ist bereits im Anzug. Schriften von geringem Umfang, aber mit schlagenden Nachweisungen ausgestattet, wie z. B die Broschüre: Wo Süddeutschland Schutz für sein Dasein findet? Ein Wort an die Süddeutschen von einem Süddeutschen Offizier, beginnen bereits die Augen zu öffnen und den schlummernden deutschen Patriotismus wach zu rufen. In ähnlicher Art wirkt die Broschüre: Preussens gerechte Sache, ebenfalls von einem Süddeutschen.

*) Vergl. S. 41 der vorliegenden Schrift, dann 166.

(1837), in welchen er die Anfänge des römischen Versuchs erblickte, das römische Joch wieder in ganzer Last auf den Rücken
der katholischen Kirche in Deutschland zu legen, sich zum directen
Angriff entschloss, erfolgte derselbe nicht zwar in einer Form, die
rasch die Massen ergreifen und durchschlagen konnte, aber in einer
Gründlichkeit, Schärfe und Energie, an welche auch das Stärkste,
was Leibniz sagte, kaum hinanreichen möchte. *)

Wie Leibniz in seinen Unionsbestrebungen, die erst, wie es
scheint, durch den Verf. in ihr volles Licht treten werden, auch
die orientalische Kirche ernstlichst mit in Betracht zog, so wollte
auch Baader den orientalischen Katholicismus gründlich berücksichtigt und in die Unionsbestrebungen mit herein bezogen wissen.
Bei allen, besonders formellen Mängeln, die seiner vorletzten Schrift:
Der morgenländische und adendländische Katholicismus u. s. w.
(1841), anhängen mögen, ist sie doch weitaus das Bedeutendste,
was bis dahin im neuen Deutschland über dieses Thema erschienen
war. Gleichwohl erwähnt der Verf. dieser wichtigen Schrift in
seiner Geschichte der kirchlichen Trennung zwischen dem Orient
und Occident nicht, so wenig wie in dem vorliegenden Werke.

Das Capitel: Die Theologie des Leibniz im Allgemeinen, verbreitet sich über das Verhältniss seiner theologischen Richtung zur
herrschenden Theologie seiner Zeit und zur Orthodoxie, sowohl der
katholischen als der protestantischen, überhaupt, über seine Beurtheilung derselben und seine Grundsätze über die nothwendigen
Eigenschaften eines wahrhaft christlichen Theologen. Dann betrachtet es die Quellen und die bisherigen Auffassungen und Darstellungen seiner Theologie. Hier wird vom Verfasser ungemein viel
Richtiges und Gutes vorgetragen und des Lehrreichen findet sich
so viel, dass man fast Alles kurz berühren möchte. Doch beschränken wir uns auf einige Hauptpunkte.

Der Verf. hat mit entscheidenden Gründen nachgewiesen, dass
Leibniz ein christlicher, aber kein orthodoxer Theologe war. „Seine
ganze Theologie ruht auf der Offenbarung und den christlichen
Grundwahrheiten, nicht aber auf den Canonen der Concilien und den
Bestimmungen der symbolischen Bücher, die ihm vielmehr selbst nur
mehr oder minder gelungene Versuche zur Erfassung und Darstellung
des ächten christlichen Geistes sind. . . . Alles menschliche Satzungs-
wesen, auch in der Dogmenbildung, muss sich nach der von der

---

*) Grundzüge der Societäts-Philosophie Baader's. 2. Auflage, 1865,
S. 106—164.

Vorsehung geleiteten Entwickelung der Welt und der Nationen richten, und nicht umgekehrt diese nach jener. Alle Versuche solcher Art sind gescheitert und haben nur unsägliches Elend über die Völker gebracht. . . . Die Theologie hat die Aufgabe, die Menschen friedfertig, nicht aber grausam zu machen. Ein Punkt, den sie stets im Auge zu behalten hat und welcher sich nicht mit einem Schlage durch die Definition einer Synode bereinigen lässt, sondern über welchen nur die stets fortschreitende Entwickelung der Nationen Klarheit verschaffen kann, ist daher die richtige Unterscheidung zwischen Wesentlichem und Unwesentlichem, und es ist viel schädlicher, den Umfang des Begriffes von ersterem zu sehr zu verengen, als zu weit auszudehnen."

Die Orthodoxie wird damit freilich nicht zufrieden sein und so die Positivität der Offenbarungslehren für gefährdet erklären, dann aber auch mit keiner Philosophie, welche es auch sei, sich vereinbaren können.

Der Verf. verhehlt nicht, dass auch Leibniz durch Schwankungen hindurchgegangen ist, hält aber mit Recht dafür, dass in der Regel die späteren Erklärungen die reiferen sind.

So beurtheilt er auch den Werth des Systema theologicum, und hebt hervor, dass diejenigen Katholiken, welche Leibniz auf Grund dieses Werkes für einen Katholiken haben erklären wollen, die darin enthaltenen Abweichungen vom katholischen Dogma in der Regel verdeckt oder ignorirt haben.

Gegen Ende dieses Capitels betrachtet der Verf. die Quellen der Theologie des Leibniz, zeigt, dass er zu seinen Lebzeiten nicht als Theologe (doch wohl im prägnanteren Sinne) bekannt war, verbreitet sich über die allmälig erfolgten Publicationen Leibnizischer Schriften und geht auf die hauptsächlichsten Beurtheilungen der Leibnizischen Theologie von Seiten der Theologen und Philosophen, der deutschen und der französischen ein. Dass dabei Baader's Urtheile über Leibnizische Lehren als ob sie nicht existirten oder zu geringfügig wären, übergangen worden, war von dem Verfasser nach früherer Benehmungsweise zu erwarten. Hiermit hat er aber sicher seiner Aufgabe nicht genügt.

Das Capitel: Die Lehre von dem Göttlichen und Uebernatürlichen im Verhältniss zu dem Menschlichen und Natürlichen, verbreitet sich über Gottes Dasein und Begriff, die Lehre von dem Verhältniss der Vernunft zur Offenbarung über Wissen und Glauben, und die Lehre von den Wundern. Dass diese Anordnung des Stoffes nicht gerade die beste ist, wollen wir hier nicht weiter urgiren.

Sieht man aber davon ab, so ist die Objectivität der Darstellung sehr anzuerkennen und man wird nicht leicht einen wesentlichen Punkt in derselben vermissen. Auf eine Kritik der hier vorgetragenen Lehren geht der Verf. nicht ein, weder in Rücksicht des Inhalts, noch in Rücksicht der Form und der Methode, welche letztere jedenfalls zu wünschen übrig lässt, wenn auch gegen den Inhalt — was wir nicht vollkommen einräumen — nichts zu erinnern wäre. Gelegentlich vertheidigt der Verfasser die Leibnizische Gotteslehre gegen verschiedene Auffassungen Neuerer, z. B. Huber's, Sengler's und des Referenten. Die gegen Huber und Sengler vorgebrachten Einwendungen machen nicht den Eindruck, dass hiermit die Bedenken der Genannten ganz und gar wegzufallen hätten. Sehen wir nun zu, ob nicht wenigstens der Referent den Einwendungen des Verfassers nachzugeben hätte. Derselbe sagt (S. 207): „Nicht minder ist es eine unrichtige Darstellung der Leibnizischen Lehre, wenn behauptet wird, dass seine Monaden schon für sich fix und fertig, erst hintennach mit der Idee der Urmonas zusammengebracht werden, um sie mit ihr auszugleichen und als abgeleitet erscheinen zu lassen, wogegen sie sich ihm aber unter der Hand sträubten, pochend auf die ihnen im Grunde zugeschriebene Absolutheit." (Hierzu wird citirt: Hoffmann, Einleitung zu Baader's Werken II, p. XXIX.) „Das heisst Leibniz zum Atomisten und Materialisten machen und sein ganzes System genau umkehren; denn in Wahrheit ist die Monadologie ganz aus dem Gottesbegriff des Leibniz geschöpft und nur auf ihm beruhend." Um das Gewicht oder Nichtgewicht dieser Einwendung — je nachdem — richtig beurtheilen zu können, müssen wir auf unsere Einleitung zu dem 2. Bande der Werke Baader's zurückgehen. Dort hatten wir uns (zur Vergleichung mit Baader's Lehren) gedrängt auf drei Blättern über die Grundlagen der Leibnizischen Philosophie ausgesprochen. Auf dieses Ganze geht der Verfasser nicht ein, sondern greift bloss einen Theil einer Anmerkung heraus und richtet gegen diesen seine Einwendung. Wenn nun der Verf. auch mit seiner isolirten Einwendung Recht hätte, so wäre doch gegen das Ganze unserer Kritik des Leibniz blutwenig ausgerichtet. Man gewänne dann nur eine andere Vorstellung von der Genesis des Leibnizischen Systems, das System selbst bliebe inhaltlich ganz und gar dasselbe. Hätten wir damals die Genesis des Leibnizischen Systems dagegen richtig aufgefasst, so würde es dadurch nicht im Mindesten zum Atomismus und Materialismus, sondern es wäre sogar dann Spiritualismus geblieben, wenn es die Monaden gar nicht aus Gott abgeleitet, sondern für absolut erklärt hätte, sei es, dass trotzdem Gott — als

Weltbaumeister — anerkannt worden wäre oder nicht. Unsere Behauptung ging nicht dahin, dass Leibniz die Monaden nicht aus
Gott abgeleitet habe, sondern dahin, dass in der Genesis seines
Systems ihm die Annahme der Monaden früher sich aufgedrängt
habe, als die Nothwendigkeit ihrer Ableitung aus Gott. Darüber
lässt sich nun allerdings streiten. Aber der Grund unserer Annahme
lag in Momenten, die sie sehr nahe zu legen schienen. Leibniz kam
nämlich vom Spinozismus her zu seiner Monadologie. Offenbar
machte ihm Anfangs der Gottesbegriff Spinoza's seltsamer Weise
keine Scrupel. Aber er fing an zu stutzen, als er überlegte, dass
aus ihm unausweislich — gleichviel ob es Spinoza anerkannte oder
nicht — die Vergänglichkeit aller Weltwesen folgen würde. Nun
ist es wohl möglich, dass ihm bei dieser Erwägung mit einem
Schlage sowohl die Nothwendigkeit der Veränderung des Begriffs
des Bedingten wie des Unbedingten, der Weltwesen wie Gottes,
aufging, aber der Anlass der Veränderung lag doch überwiegend
in dem Interesse der Rettung des Individuellen, welchem er nun
eine so gesteigerte Bedeutung gab, dass sie sich nachher nicht so
ganz befriedigend mit dem Geschaffensein der Monaden ausgleichen
lassen wollte, ein Zug seiner Lehre, welcher sich in der Herbart'-
schen Umbildung der Monadologie geradezu bis zur Leugnung des
Geschaffenseins der Realen (Monaden) steigerte. Dass dieser Zug
(zurückgedrängt durch seinen christlichen Glauben an die Schöpfung)
bereits in Leibniz angelegt war, in seinen wissenschaftlichen Begriffen, schlossen wir auch daraus, dass er jedem Geist dieselbe
Absolutheit wie dem Universum der Geschöpfe selbst zuschrieb.
Wie man sich auch hier wende, so ist dem Geist, ja der Allheit
der Monaden, jeder besonders, Absolutheit zugeschrieben, welches
auch dann noch zu tadeln wäre, wenn es auch nur auf einer Un-
genauigkeit des Ausdrucks beruhte, wiewohl etwas mehr darin liegt.
Zu unserer Auffassung der Genesis der Leibnizischen Philosophie
wurden wir auch dadurch hingeleitet, dass Leibniz Entscheidendes
gesagt zu haben glaubte, wenn er erklärte: Wären die Monaden
nicht, so hätte Spinoza Recht. Sieht man denn hier nicht, dass
sich ihm im Momente der Genesis seiner Philosophie das Interesse
der Wissenschaft in den Monaden concentrirte und dass ihn der
Gedanke der Monaden erst zur Erkenntniss Gottes als überweltlicher Geistigkeit und Persönlichkeit leitete, nicht umgekehrt die
Erkenntniss der Persönlichkeit Gottes zu der Annahme der Monaden,
obgleich er nachher freilich Gott als das absolute Princip und die
Monaden als seine Schöpfungen fassen musste? Nimmermehr konnte
doch Leibniz mit dem obigen Ausspruch haben sagen wollen: wenn

die Monaden nicht wären, so wäre der Gottesbegriff Spinoza's gerechtfertigt. Denn er sah doch wohl ein, dass aus der Nichtannahme der Monaden noch nicht der Gottesbegriff Spinoza's folgen würde. Auch wenn Monaden nicht wären, wäre der Gottesbegriff Spinoza's falsch und Gott könnte und müsste als Persönlichkeit gefasst werden, auch wenn sich gar nicht erweisen liesse, dass die von ihm geschaffne Welt als eine Allheit von Monaden gedacht werden müsse, und ganz dasselbe wäre der Fall, wenn sich die Annahme von Monaden als unhaltbar herausstellen sollte, worüber hier nicht entschieden wird. Auf unsere Kritik des Leibnizianismus als eines einseitigen Spiritualismus und die Consequenzen dieser Einseitigkeit geht der Verfasser gar nicht ein. Das waren ihm offenbar zu schwere Dinge.

Den Ideal- oder Spiritual-Realismus Baader's anzugreifen, setzte doch eine genauere Kenntniss desselben voraus, und, da er wichtigere Dinge nach seiner Meinung zu treiben hat, so that er besser, ganz davon zu schweigen. Nur hat er eben darum nichts gegen uns ausgerichtet. An einer späteren Stelle (S. 292) nennt der Verf. unsere Beanstandung der Anwendung des Begriffs der Absolutheit oder Unbedingtheit auf die Allheit der Monaden im Einzelnen und im Ganzen eine kleinliche Bekrittelung, da der Begriff der Absolutheit hier offenbar ganz in demselben beschränkten Sinne genommen werde, wie der der Subsistenz und der Dauer, und hinlänglich durch letzteren erklärt sei. Es werde doch, meint er, gestattet sein, das Wort absolut auch in Bezug auf einen bestimmten Gegensatz anzuwenden und das sei hier der Fall. Leibniz meinte einerseits den Gegensatz zu den beständig wechselnden Modificationen und allem Vergänglichen und andererseits den Gegensatz zu Gott; Schöpfer und Geschöpf seien deutlich auseinandergehalten. Zugegeben, dass Leibniz den Unterschied der Absolutheit Gottes und der Bedingtheit der Monaden in seiner Intention nicht aufheben wollte, so hat er doch nicht wissenschaftlich scharf und streng gezeigt, dass und wie der Begriff der Absolutheit in beschränktem (also nicht absolutem) Sinne genommen werden könne und dürfe. Sein Ausdruck ermangelt unter allen Umständen der wissenschaftlichen Schärfe, ja er enthält genau genommen einen Widerspruch, der sich auch darin verräth, dass L. jeden Geist (jede Monade) als sich selbst genügend, das Unendliche einschliessend u. s. w. bezeichnet, während nur Gott sich selbst genug sein kann. *)

---

*) Was von der Angabe des Verfassers zu halten ist, dass wir fortwährend Leibniz nur nach G. Schilling's Leibniz als Denker citirt hätten, kann Jeder ersehen, der den betreffenden Passus unserer Einleitung zu dem II. B. der Werke Baader's (p. XXXIX und p. XXXII) vergleichen will.

Das Capitel: Die Lehre von der Welt, betrachtet a. die Entstehung der Welt und ihre Natur, b. die Erhaltung und Regierung der Welt, c. das physische und moralische Uebel der Welt. Die Richtigkeit der Darstellung ist in allem Wesentlichen nicht zu beanstanden. Aber der Verf. pflichtet in Allem Leibniz bei und beachtet die Kritik nicht, welche an diesen Lehren von Späteren, besonders von Kant, Baader und Schelling geübt worden ist. Besonders Baader findet sich nicht befriedigt von der rein spiritualistischen Schöpfungslehre des Leibniz und bestreitet seine Behauptung (267): „Die Unvollkommenheiten im Universum gleichen den Dissonanzen in einem herrlichen Musikstücke, welche nach dem Urtheile der Kenner beitragen, es vollkommner zu machen.“ Nach dieser Auffassung würde eine dereinstige Weltvollendung nicht erforderlich und mehr als überflüssig, ja unvollkommener sein, als die Welt in ihrem jetzigen Bestande.

Das Capitel: die Lehre vom Menschen, kann gleichfalls in Rücksicht der Richtigkeit der Darstellung alle Anerkennung erhalten. Aber dass alle Schwierigkeiten, besonders in der Freiheitslehre, gehoben wären, kann nicht eingeräumt werden. Eben so ist nichts Wesentliches zu erinnern gegen die Objectivität der Darstellung in dem Capitel von der Rechtfertigung und Heiligung des Menschen. Die Lehren des Leibniz von der Erlösung durch Christus, von der Person Christi, vom Theilhaftwerden an der Erlösung, von der Prädestination, vom Verhalten des Sünders gegen die Gnade, vom Process der Rechtfertigung, vom Verharren im Gnadenstande, vom Begriff der wahren Tugend und der christlichen Vollkommenheit werden hier unter reicher Benutzung der erschlossenen Quellen getreu und lichtvoll dargestellt. Der Reichthum und die Tiefe der Gedanken des Leibniz kommen dabei zur glänzendsten Erscheinung. Seine Beurtheilung des Mönchthums und des Cölibats zu Ende dieses Capitels ist wohl das Beste, was je darüber gesagt worden ist.

Der Anhang zur ersten Abtheilung dieses Werkes verbreitet sich in lehrreicher Weise über Leibnizens Beurtheilung der Jesuiten. Dieser Anhang ist von ganz vorzüglichem Werthe und eröffnet uns einen tiefen Blick in die hohen und edlen Bestrebungen des Leibniz. Hätte es ihm auch nur gefallen wollen, zu berücksichtigen, dass unter den neueren Katholiken sich Niemand übereinstimmender mit Leibniz über die Jesuiten, Ultramontanen und Papisten ausgesprochen hat, als Baader.

16.

Immanuel Kant's Sämmtliche Werke. In chronologischer Reihenfolge herausgegeben von G. Hartenstein. Erster Band. Mit drei lithographischen Tafeln. Leipzig. L. Voss 1867.

Die erste Gesammt-Ausgabe der Werke Kant's wurde von Prof. Dr. Georg Hartenstein in 10 Bänden 1838—39 (Leipzig bei Modes und Baumann) an das Licht gestellt. Eine andere wurde 1842 (Leipzig, Voss) in 12 Bänden, von Karl Rosenkranz und Friedr. Wilh. Schubert herausgegeben. Ueberweg bezeichnet (Gesch. d. Philos. III., 128) die erste mit Recht als correcter, die zweite als eleganter und reicher an Material und an anregenden Betrachtungen. Die Anordnung ist bei beiden Ausgaben eine im Ganzen systematische. Der Prospectus der neuen Ausgabe macht bemerklich, dass von beiden bis jetzt erschienenen Gesammt-Ausgaben der Werke Kant's die eine längst im Buchhandel vergriffen sei und dass von der anderen keine vollständigen Exemplare mehr vorhanden seien. Der Verleger sieht daher den Zeitpunkt gekommen, eine neue Gesammt-Ausgabe der Werke des grossen Denkers zu veranstalten, die zugleich geeignet wäre, durch verhältnissmässig billigen Preis sie leicht und allgemein zugänglich zu machen.

Die Besorgung dieser neuen Ausgabe konnte nicht leicht in bessere Hände gelegt werden, als in die des Herrn Prof. Dr. G. Hartenstein, der auch die frühere Ausgabe vom Jahre 1838—39 übernommen hatte. In der Vorrede legt der Herausgeber kurze aber genügende Rechenschaft ab über den Umfang und die Anordnung der neuen Ausgabe, so wie über die bei der Revision und Feststellung des Textes befolgten Grundsätze. Man kann diese Grundsätze, nach welchen eine ganze Reihe nicht hinlänglich authentischer Schriften ausgeschlossen bleiben, so wie die Gründe, welche den Herausgeber für alle Hauptwerke die chronologische Anordnung haben wählen lassen, nur billigen. Der vorliegende erste Band dieser Ausgabe zeigt, dass der Herausgeber in der That, wie er versichert, auf die Revision und Feststellung des Textes nochmals die grösste Sorgfalt verwendet hat. Dieser Band erfreut sich einer Correctheit des Textes, wie sie kaum übertroffen werden könnte. Die Ausstattung ist so schön, als nur gewünscht werden kann. Die ganze Ausgabe soll in 8 Bänden erscheinen. Der vorliegende erste Band enthält folgende Schriften:

I. Gedanken von der wahren Schätzung der lebendigen Kräfte u. s. w. 1747.

II. Untersuchung der Frage, ob die Erde in ihrer Umdrehung um die Achse u. s. w. einige Veränderung seit den ersten Zeiten ihres Ursprungs erlitten habe u. s. w. 1754.

III. Die Frage, ob die Erde veralte? Physikalisch erwogen 1754.

IV. Allgemeine Naturgeschichte und Theorie des Himmels oder Versuch von der Verfassung und dem mechanischen Ursprunge des ganzen Weltgebäudes, nach Newton'schen Grundsätzen abgehandelt. 1755.

V. Meditationum quarundam de igne etc. 1755.

VI. Principiorum primorum cognitionis metaphysicae nova dilucidatio etc. 1755.

VII. Von den Ursachen der Erderschütterungen, bei Gelegenheit des Unglücks, welches die westlichen Länder von Europa gegen Ende des vorigen Jahres betroffen hat. 1756.

VIII. Geschichte und Naturbeschreibung der merkwürdigen Vorfälle des Erdbebens, welches an dem Ende des 1755sten Jahres einen grossen Theil der Erde erschüttert hat. 1756.

IX. Fortgesetzte Betrachtung der seit einiger Zeit wahrgenommenen Erderschütterungen. 1756.

X. Metaphysicae cum geometria junctae usus in philosophia naturali etc. 1756.

XI. Neue Anmerkungen zur Erläuterung der Winde. 1756.

Wir sehen, dass der Hauptinhalt der frühesten Schriften Kant's naturwissenschaftlicher Art war. K. Fischer vergleicht den Entwickelungsgang der Kantischen Philosophie mit dem der griechischen. Er sagt (Geschichte der n. Philos. III. 137): „Sie steigt vom Himmel auf die Erde herab, lernt die Menschen, das irdische Geschlecht, kennen und nimmt zuletzt den Menschen selbst, die menschliche Vernunft, zu ihrem beständigen Vorwurf."

So gilt von Kant, was von Sokrates gesagt worden, „dass er die Philosophie vom Himmel auf die Erde herabgeführt habe." Natürlich will K. Fischer dies nicht in dem Sinne genommen wissen, als ob Kant erst durch den Naturalismus und Materialismus hindurch zu seinem Kriticismus gelangt wäre. Vielmehr weiss K. Fischer sehr wohl, dass Kant schon im Anfang seiner Schriftstellerthätigkeit sich auf den Standpunkt des Theismus gestellt hatte, indem er nicht bloss durch Leibniz und Wolff, sondern auch durch Newton befestigt worden war. Auch in seinem späteren Kriticismus verliess Kant den Standpunkt des Theismus nicht, sondern gab nur die

7 *

dogmatische Begründung desselben auf, indem er eine kritisch-moralische an deren Stelle setzte.

Die beiden principiell wichtigsten Schriften des ersten Bandes der neuen Ausgabe der Werke Kant's sind unstreitig die Gedanken von der wahren Schätzung der lebendigen Kräfte und die Allgemeine Naturgeschichte und Theorie des Himmels (I. u. IV.). Schon die erste Schrift Kants zeigte den gründlich unterrichteten und tief denkenden Kopf. Der kritische Geist tritt schon hier hervor in dem für einen Anfänger kühnen Versuch, die Rolle des Schiedsrichters zwischen Cartesius und Leibniz in der Streitfrage über die todte und die lebendige Kraft zu übernehmen und durchzuführen.

In der Art, wie er die Streitfrage zu lösen sucht, liegt schon der Keim seiner späteren Naturbetrachtung in der allgemeinen Naturgeschichte. Auch sieht man schon, dass er die Metaphysik einer Reform bedürftig erachtet und mehr als auf Erweiterung auf Gründlichkeit der Erkenntniss dringt, welcher jene erst folgen kann und soll. Von ungleich grösserem Interesse aber ist die allgemeine Naturgeschichte und Theorie des Himmels. Noch heute wirkt diese Schrift in der Naturwissenschaft fort und es wird daher schon darum passend sein, auf ihren Inhalt einzugehen.

Der Grundgedanke derselben, die Verbindung der atomistisch-mechanischen Naturlehre mit dem Theismus ist nicht neu. Denn schon Newton und vor ihm Gassendi hatten im Wesentlichen denselben Standpunkt eingenommen. Gassendi und Newton leugneten wie Kant die von Demokrit und Epikur behauptete Absolutheit der Atome, und wollten so wenig wie er die Vernunft aus der Unvernunft ableiten. (Werke Kant's I. 217.) Gassendi berührt sogar schon den Gedanken, durch welchen Kant sich von Newton im Besondern zu unterscheiden sucht, wenn er sagt: „Allerdings könnte man fragen, ob nicht die Atome selbst sich durch eigene Bewegung gerade zu dieser Gestaltung der Welt würden geordnet haben, jedoch wäre dies auch nur möglich unter der Voraussetzung, dass Gott sie mit dieser Fähigkeit erschaffen."*) Diesen Gedanken, gleichviel ob durch Gassendi auf ihn geführt oder nicht, ergriff Kant und erklärte, dass die Natur auch selbst im Chaos nicht anders, als regelmässig und ordentlich verfahren könne, weil ihr vom Schöpfer Gesetze und Fähigkeiten eingepflanzt seien, die auf Ordnung abzwecken. Die Materie, die der Urstoff aller Dinge ist, erscheint also nach Kant's damaliger Anschauung an gewisse Gesetze

---

*) Geschichte der Naturphilosophie von Baco bis auf unsere Zeit von J. Schaller. I. 177.

gebunden, nach welchen sie, sich frei überlassen, nothwendig schöne Verbindungen hervorbringen muss. Er spricht ihr die Freiheit ab, von diesem Plane der Vollkommenheit abzuweichen, da sie sich einer höchst weisen Absicht unterworfen befinde. Die Natur, die unmittelbar mit der Schöpfung gesetzte, war nach Kant's Voraussetzung so roh, so ungebildet als möglich. Allein auch in den wesentlichen Eigenschaften der Elemente, die das Chaos ausmachen, sei das Merkmal derjenigen Vollkommenheit zu spüren, die sie von ihrem Ursprung her haben, indem ihr Wesen aus der ewigen Idee des göttlichen Verstandes eine Folge sei. Die einfachsten, die allgemeinsten Eigenschaften, die ohne Absicht scheinen entworfen zu sein, die Materie, die bloss leidend und der Formen und Anstalten bedürftig zu sein scheine, habe in ihrem einfachsten Zustande eine Bestrebung, sich durch eine natürliche Entwickelung zu einer vollkommneren Verfassung zu bilden. Während Newton es der Philosophie für unwürdig erachtet, untersuchen zu wollen, wie aus dem Chaos durch blosse Gesetze der Natur die ganze Welt hätte entstehen können, während er die Atome bei der ersten Bildung der Dinge in mannichfaltiger Weise auf den Wink und Rathschluss des Schöpfers sich miteinander verknüpfen lässt, will Kant die Natur aus den ihr vom Schöpfer bei der Schöpfung eingepflanzten Gesetzen sich selbst entwickeln lassen.

Der Grundgedanke, welcher der besprochenen Schrift eine so grosse Berühmtheit und Fortwirkung bis auf unsere Tage verschafft hat, ist der bekannte Versuch, die Gestaltung unseres Sonnensystems aus der allmälichen Entwickelung, Sonderung und Gruppirung der im Anfang der Dinge in ihren elementarischen Grundstoff aufgelöseten Materie, welche den ganzen Weltraum dieses Weltgebäudes erfüllt hat, abzuleiten. Aber die Kühnheit dieses Versuches wurde noch übertroffen durch den Gedanken Kant's, dasselbe Erklärungsprincip auf das gesammte Universum anzuwenden. Es ist unvermeidlich, Kant hier selbst reden zu lassen, der den siebenten Abschnitt der allgemeinen Naturgeschichte u. s. w. mit folgenden Worten eröffnet:

„Das Weltgebäude setzt durch seine unermessliche Grösse und durch die unendliche Mannichfaltigkeit und Schönheit, welche aus ihm von allen Seiten hervorleuchtet, in ein stilles Erstaunen. Wenn die Vorstellung aller dieser Vollkommenheit nun die Einbildungskraft rührt, so nimmt den Verstand andererseits eine andere Art der Entzückung ein, wenn er betrachtet, wie so viel Pracht, so viele Grösse aus einer einzigen allgemeinen Regel mit einer ewigen und richtigen Ordnung abfliesst. Der planetische Weltbau, in dem die

Sonne aus dem Mittelpunkte aller Kreise, mit ihrer mächtigen Anziehung, die bewohnten Kugeln ihres Systems in ewigen Kreisen
umlaufend macht, ist gänzlich aus dem ursprünglich ausgebreiteten
Grundstoff aller Weltmaterie gebildet worden. Alle Fixsterne, die
das Auge an der hohlen Tiefe des Himmels entdeckt und die eine
Art von Verschwendung anzuzeigen scheinen, sind Sonnen und
Mittelpunkte von ähnlichen Systemen. Die Analogie erlaubt es also
hier nicht, zu zweifeln, dass diese auf die gleiche Art, wie das,
darin wir uns befinden, aus den kleinsten Theilen der elementarischen
Materie, die den leeren Raum, diesen unendlichen Raum der göttlichen Gegenwart erfüllte, gebildet und erzeugt worden."

In der weiteren Ausführung dieses Gedankens zeigt sich Kant
ganz erfüllt von der Vorstellung der Unendlichkeit der Schöpfung
und des Weltalls. Nachdem er zu zeigen versucht hat, dass das
Weltall als System zu fassen sei, fährt er fort:

„Aber welches wird denn endlich das Ende der systematischen
Einrichtungen sein? Wo wird die Schöpfung selber aufhören?
Man merkt wohl, dass, um sie in einem Verhältnisse mit der Macht
des unendlichen Wesens zu gedenken, sie gar keine Grenzen haben
müsse. Man kommt der Unendlichkeit der Schöpfungskraft Gottes
nicht näher, wenn man den Raum ihrer Offenbarung in einer
Sphäre, mit dem Radius der Milchstrasse beschrieben, einschliesst,
als wenn man ihn in eine Kugel beschränken will, die einen Zoll
im Durchmesser hat. Alles, was endlich, was seine Schranken und
ein bestimmtes Verhältniss zur Einheit hat, ist von dem Unendlichen
gleich weit entfernt. Nun wäre es ungereimt, die Gottheit mit einem
unendlich kleinen Theile ihres schöpferischen Vermögens in Wirksamkeit zu setzen und ihre unendliche Kraft, den Schatz einer
wahren Unermesslichkeit von Naturen und Welten unthätig und in
einem ewigen Mangel der Ausübung verschlossen zu gedenken.
Ist es nicht vielmehr anständiger oder, besser zu sagen, ist es nicht
nothwendig, den Inbegriff der Schöpfung also anzustellen, als er
sein muss, um ein Zeugniss von derjenigen Macht zu sein, die
durch keinen Maassstab kann abgemessen werden? Aus diesem
Grunde ist das Feld der Offenbarung göttlicher Eigenschaften eben
so unendlich, als diese selber sind. Die Ewigkeit ist nicht hinlänglich, die Zeugnisse des höchsten Wesens zu fassen, wo sie nicht
mit der Unendlichkeit des Raumes verbunden wird."

Da aber die Unendlichkeit der Welt doch nur eine bedingte,
weil nur Folge der Unendlichkeit der schöpferischen Gottheit ist,
so statuirt Kant gleichwohl einen Anfang der Welt und stellt nur
ein Ende derselben in Abrede. „Es ist wahr, die Ausbildung, die

Form, die Schönheit und Vollkommenheit sind Beziehungen der Grundstücke und der Substanzen, die den Stoff des Weltbaues ausmachen, und man bemerkt es an den Anstalten, die die Weisheit Gottes noch zu aller Zeit trifft; es ist ihr auch am gemässesten, dass sie sich, aus dieser ihren eingepflanzten allgemeinen Gesetzen, durch eine ungezwungene Folge herauswickeln. Und daher kann man mit gutem Grunde setzen, dass die Anordnung und Einrichtung der Weltgebäude, aus dem Vorrathe des erschaffenen Naturstoffes in einer Folge der Zeit, nach und nach geschehe; allein die Grundmaterie selber, deren Eigenschaften und Kräfte allen Veränderungen zum Grunde liegen, ist eine unmittelbare Folge des göttlichen Daseins; selbige muss also auf einmal so reich, so vollständig sein, dass die Entwickelung ihrer Zusammensetzungen in dem Abflusse der Ewigkeit sich über einen Plan ausbreiten könne, der Alles in sich schliesst, was sein kann, der kein Maass annimmt, kurz, der unendlich ist."

Wenn nun also nach Kant's damaliger Ansicht die Schöpfung dem Raume nach unendlich ist, oder es wenigstens der Materie nach wirklich von Anbeginn her schon gewesen ist, der Form oder der Ausbildung nach aber es bereit ist zu werden, so folgt ihm daraus, dass der Weltraum mit Welten ohne Zahl und ohne Ende belebt werden wird. Wie aber steht es dann mit der systematischen Verbindung dieser Unendlichkeit von Welten? Wird sie auf das Ganze gehen und das gesammte Universum, das All der Natur in einem einzigen System, durch die Verbindung der Anziehung und der fliehenden Kraft zusammenfassen? Kant erschrickt nicht vor der Kühnheit, diese Frage bejahend zu beantworten. Er erklärt daher die Schöpfung für ein einziges System. Denn er hält dafür, dass ein zerstreutes Gewimmel von Weltgebäuden, möchten sie auch durch noch so weite Entfernungen von einander getrennt sein, mit einem unverhinderten Hang zum Verderben und zur Zerstörung hineilen würde, wenn nicht eine beziehende Einrichtung gegen einen allgemeinen Mittelpunkt, das Centrum der Attraction des Universums und den Unterstützungspunkt der gesammten Natur durch systematische Bewegungen getroffen wäre. Die Schöpfung hat zwar einmal angefangen, aber sie wird niemals aufhören. Die Schöpfung ist daher auch niemals vollendet, sondern immer geschäftig, mehr Auftritte der Natur, neue Dinge und neue Welten hervorzubringen. Sie braucht nichts weniger als eine Ewigkeit, um die ganze grenzenlose Weite der unendlichen Räume mit Welten ohne Zahl und ohne Ende zu beleben. Nachdem die Schöpfung mit der Hervorbringung einer Unendlichkeit von Substanzen und Materie den Anfang ge-

macht hat, so ist sie mit immer zunehmenden Graden der Fruchtbarkeit die ganze Folge der Ewigkeit hindurch wirksam. Es werden Millionen und ganze Gebirge von Millionen Jahrhunderten ver-
fliessen, binnen welchen immer neue Welten und Weltordnungen
nach einander in den entfernten Weiten von dem Mittelpunkte der
Natur sich bilden und zur Vollkommenheit gelangen werden; ungeachtet der systematischen Verfassung, die unter ihren Theilen ist,
werden sie eine allgemeine Beziehung auf den Mittelpunkt erlangen,
welcher der erste Bildungspunkt und das Centrum der Schöpfung
durch das Anziehungsvermögen seiner vorzüglichen Masse geworden
ist. Die Unendlichkeit der künftigen Zeitfolge, womit die Ewigkeit
unerschöpflich ist, wird alle Räume der Gegenwart Gottes ganz und
gar beleben und in die Regelmässigkeit, die der Trefflichkeit seines
Entwurfs gemäss ist, nach und nach versetzen; und wenn man mit
einer kühnen Vorstellung die ganze Ewigkeit, so zu sagen, in einem
Begriffe zusammenfassen könnte, so würde man auch den ganzen
unendlichen Raum mit Weltordnungen angefüllt und die Schöpfung
vollendet ansehen können. Weil aber in der That von der Zeitfolge
der Ewigkeit der rückständige Theil allemal unendlich und der ab-
geflossene endlich ist, so ist die Sphäre der ausgebildeten Natur
allemal nur ein unendlich kleiner Theil desjenigen Inbegriffs, der
den Samen zukünftiger Welten in sich hat und sich aus dem rohen
Zustande des Chaos in längeren oder kürzeren Perioden auszuwickeln
trachtet. Wenn man in dem unermesslichen Raume, worin alle
Sonnen- und Milchstrassen sich gebildet haben, einen Punkt annimmt, um welchen die erste Bildung der Natur aus dem Chaos
angefangen hat, so wird daselbst die grösste Masse und ein Körper
von der ungemeinsten Attraction entstanden sein, der dadurch fähig
geworden ist, in einer ungeheuren Sphäre um sich alle in der Bildung begriffenen Systeme zu nöthigen, sich gegen ihn, als ihren
Mittelpunkt, zu senken und um ihn ein gleiches System im Ganzen
zu errichten, als derselbe elementarische Grundstoff, der die Planeten
bildete, um die Sonne im Kleinen gemacht hat. Um diesen allgemeinen Mittelpunkt der Senkung der ganzen Natur, sowohl der gebildeten, als der rohen, in welchem sich ohne Zweifel der Klumpen
von der ausnehmendsten Attraction befindet, der in seine Anziehungs-
sphäre alle Welten und Ordnungen, die die Zeit hervorgebracht
hat und die Ewigkeit hervorbringen wird, begreift, kann man mit
Wahrscheinlichkeit annehmen, dass die Natur den Anfang ihrer
Bildung gemacht, und daselbst auch die Systeme am dichtesten ge-
häuft seien; weiter von demselben aber in der Unendlichkeit des
Raumes sich mit immer grösseren Graden der Zerstreuung verlieren.

Es muss also in dem unendlichen Raume des ausgebreiteten elementarischen Grundstoffes, an irgend einem Orte, dieser Grundstoff die dichteste Häufung gehabt haben, um durch die daselbst geschehende vorzügliche Bildung dem gesammten Universum eine Masse verschafft zu haben, die ihm zum Unterstützungspunkte diente. Es kann zwar in einem unendlichen Raume kein Punkt eigentlich das Vorrecht haben, der Mittelpunkt zu heissen; aber vermittelst eines gewissen Verhältnisses, dass sich auf die wesentlichen Grade der Dichtigkeit des Urstoffs gründet, kann ein solcher Punkt das Vorrecht haben, der Mittelpunkt zu heissen, und er wird es auch wirklich durch die Bildung der Centralmasse von der kräftigsten Anziehung in demselben, zu dem sich alle übrige, in Partikularbildungen begriffene elementarische Materie senkt, und dadurch, so weit sich auch die Auswickelung der Natur erstrecken mag, in der unendlichen Sphäre der Schöpfung aus dem ganzen All nur ein einziges System macht. Ein jeder neue Bildungskreis wird immer nur eine endliche Sphäre, von jenem Mittelpunkte an, zur Ausbildung bringen; der übrige unendliche Theil wird indessen noch mit der Verwirrung und dem Chaos streiten, und um so viel weiter von dem Zustande der vollendeten Bildung entfernt sein, je weiter dessen Abstand von der Sphäre der schon ausgebildeten Natur entfernt ist. Wir (unser Sonnensystem und also auch unsere Erde) befinden uns in einer beziehungsweisen Nähe vom Mittelpunkte der ganzen Natur, wo diese sich schon aus dem Chaos ausgewickelt und ihre völlige Vollkommenheit schon erlangt hat. Wenn wir eine gewisse Sphäre überschreiten könnten, würden wir daselbst das Chaos und die Zerstreuung der Elemente erblicken, die nach dem Maasse, als sie sich diesem Mittelpunkte näher befinden, den rohen Zustand zum Theil verlassen, und der Vollkommenheit der Ausbildung näher sind, mit den Graden der Entfernung aber sich nach und nach in einer völligen Zerstreuung verlieren. Wir würden daher, wie der unendliche Raum der göttlichen Gegenwart, worin der Vorrath zu allen möglichen Naturbildungen anzutreffen ist, in einer stillen Nacht begraben, voll von Materie ist, den künftig zu erzeugenden Welten zum Stoffe zu dienen, und von Triebfedern, sie in Bewegung zu bringen, die mit einer schwachen Regung diejenigen Bewegungen anfangen, womit die Unermesslichkeit dieser öden Räume dereinst noch soll belebt werden. Es ist vielleicht eine Reihe von Millionen Jahren und Jahrhunderten verflossen, ehe die Sphäre der gebildeten Natur, worin wir uns befinden, zu der Vollkommenheit gediehen ist, die ihr jetzt beiwohnt; und es wird vielleicht eine eben so lange Periode vergehen, bis die Natur einen

eben so weiten Schritt in dem Chaos thut. Die Sphäre der ausgebildeten Natur ist unaufhörlich beschäftigt, sich auszubreiten. Die
Schöpfung ist nicht das Werk eines Augenblicks, sondern geht ins
Unendliche fort. Die Fruchtbarkeit der Natur ist ohne Schranken,
weil sie nichts Anderes als die Ausübung der göttlichen Allmacht
selber ist. Obgleich alle gebildeten Welten und Weltordnungen,
weil sie endlich sind, einmal untergehen (zerfallen) müssen, so werden doch ihre Trümmer und Elementartheile immer wieder zum
Aufbau neuer Welten verwendet werden.

Kant wagt sogar die Vermuthung, dass dieses den Welten ver-
hängte Ende einem gewissen Gesetze unterworfen sei. „Nach demselben hebt es bei den Weltkörpern an, die sich dem Mittelpunkte
des Weltalls am nächsten befinden, so wie die Erzeugung und Bildung neben diesem Centrum zuerst angefangen; von da breitet sich
das Verderben und die Zerstörung nach und nach in die weiteren
Entfernungen aus, um alle Welt, welche ihre Periode zurückgelegt
hat, durch einen allmälichen Verfall der Bewegungen, zuletzt in
einem einzigen Chaos zu begraben. Andererseits ist die Natur auf
der entgegengesetzten Grenze der ausgebildeten Welt unablässig
beschäftigt, aus dem rohen Zeuge der zerstreuten Elemente Welten
zu bilden." So ist die Natur dem Phönix vergleichbar, der sich
nur darum verbrennt, um aus seiner Asche wieder verjüngt auf-
zuleben.

Indem sich nun Kant zur Theorie und Geschichte der Sonne
wendet, schickt er den aus seinem Erklärungsversuch sich ergebenden Gedanken voraus, dass der Mittelpunkt jedes Weltsystems von
einem flammenden Körper eingenommen sei. „Unser planetische
Weltbau hat die Sonne zum Centralkörper, und die Fixsterne, die
wir sehen, sind allem Ansehen nach Mittelpunkte ähnlicher Systeme."
Die Sonne ist ein wirklich flammender Körper und nicht eine bis
zum höchsten Grade erhitzte Masse geschmolzener und glühender
Materie. Ein flammendes Feuer hat vor jeder andern Art der Hitze
den wesentlichen Vorzug, dass es, so zu sagen, aus sich selbst wirksam, anstatt sich durch die Mittheilung zu verringern oder zu erschöpfen, vielmehr eben dadurch mehr Stärke und Heftigkeit erhält,
und also nur Stoff und Nahrung zum Unterhalte erfordert, um
immerfort zu währen. Wenn aber die Sonne (wie die Sonnen überhaupt sind) eine flammende Kugel ist, so muss auf ihrer Oberfläche
Licht befindlich sein, weil ohne Licht kein Feuer brennt. Die Luft
der Sonne muss aber wegen des Gewichtes der Sonnenmasse in
einem hohen Grade der Zusammendrückung stehen und durch ihre
Federkraft vermögend sein, die heftigsten Grade des Feuers zu

unterhalten. In dieser Atmosphäre erheben sich vermuthlich auch Rauchwolken von den durch die Flamme aufgelösten gröberen und leichteren Materien in eine Höhe, die für sie eine kühlere Luft hegt, und stürzen dann in schweren Pech- und Schwefelregen hinab und führen der Flamme neue Nahrung zu. Die Sonnen-Atmosphäre kann daher auch nicht von Winden befreit sein, welche vielmehr Alles, was die Einbildungskraft nur sich vorzustellen vermag, an Heftigkeit weit übertreffen müssen. So lange nun auch die Verhältnisse des Sonnenkörpers die Erhaltung und Erneuerung des flammenden Sonnenfeuers gestatten mögen, so muss doch endlich der Vorrath der Luft und des Brennstoffs sich allmälich mindern und zuletzt erschöpfen. Es kommt eine Zeit, wo die Sonne erlöschen wird. „Die Entziehung der flüchtigsten und feinsten Materien, die, durch die Heftigkeit der Hitze zerstreut, niemals wieder zurückkehren und den Stoff des Zodiakallichtes vermehren, die Häufung unverbrennlicher und ausgebrannter Materien, z. B. der Asche auf der Oberfläche, endlich auch der Mangel der Luft werden der Sonne ein Ziel setzen, da ihre Flamme dereinst erlöschen und ihren Ort ewige Finsternisse einnehmen werden."

Kant stellt auch Untersuchungen über die Bewohner der Gestirne, zunächst der verschiedenen Planeten an. Er ist der Meinung, dass es eben nicht nöthig sei, zu behaupten, alle Planeten müssten bewohnt sein, ob es gleich eine Ungereimtheit wäre, dieses in Ansehung aller oder auch nur der meisten zu leugnen. Es scheint ihm möglich, dass die Planeten oder nicht alle nicht gleichzeitig von Menschen, Thieren und Gewächsen bewohnt sind, dass aber jeder es doch irgendwann und auf eine gewisse Dauer werde. Er geht noch weiter und sagt ausdrücklich: „Indessen sind doch die meisten unter den Planeten gewiss bewohnt, und die es nicht sind, werden es dereinst werden."

Kant hält es nun für wahrscheinlich, dass der Stoff, woraus die Bewohner verschiedener Planeten gebildet sind, um desto leichterer und feinerer Art, und die Elasticität der Fasern sammt der vortheilhaften Anlage ihres Baues um desto vollkommener sein müsse, je weiter sie von der Sonne abstehen. Wenn nun die geistigen Fähigkeiten der Menschen eine nothwendige Abhängigkeit von dem Stoffe der Maschine haben, welche sie bewohnen, so werden wir mit mehr als wahrscheinlicher Vermuthung schliessen können, dass die Trefflichkeit der denkenden Naturen, die Hurtigkeit in ihren Vorstellungen, die Deutlichkeit und Lebhaftigkeit der Begriffe, die sie durch äusserlichen Eindruck bekommen, sammt dem Vermögen, sie zusammenzusetzen, endlich auch die Behendigkeit in der wirklichen Ausübung, kurz, der ganze Umfang ihrer Vollkommenheit unter einer gewissen Regel stehen, nach welcher dieselben nach dem Verhältniss des Abstandes ihrer Wohnplätze von der Sonne, immer trefflicher und vollkommener werden. Die menschliche (erdmenschliche) Natur, welche in der Leiter der Wesen gleichsam die mittelste Sprosse inne hat, sieht sich zwischen den zwei äussersten Grenzen der Vollkommenheit mitten inne, von deren beiden Enden sie gleichweit entfernt ist. Kant versteigt sich in diesen Vermuthungen mit Beziehung auf eine Dichterstelle aus Pope's Werken bis zu der Aeusserung: „Welch ein verwunderungswürdiger Anblick! Von der einen Seite sehen wir denkende Geschöpfe, bei denen ein Grönländer oder Hottentotte ein Newton sein würde; und auf der anderen Seite andere, die diesen als einen Affen bewundern."

Kant schränkt aber die Annahme der Bewohnbarkeit und Bewohntheit der Weltkörper von geistigen Wesen nicht etwa auf unser Sonnen- oder Planetensystem ein, sondern dehnt sie ohne Weiteres auf das gesammte Weltall aus, soweit es immer bereits aus dem nach ihm nach allen Seiten sich ins Unendliche hin erstreckenden Chaos zu ausgebildeten Weltsystemen herausgetreten ist, und es liegt in der Consequenz seiner Annahme, dass nach allen Seiten ins Unendliche hin mit dem Fortschreiten des Heraustritts gebildeter Weltsysteme aus dem nie zu erschöpfenden Chaos immerfort neue Geisterwelten hervortreten werden. Die Aeusserungen Kant's hierüber sind zu merkwürdig, als dass sie hier übergangen werden könnten.

„Wenn ich," sagt er, „von den verschiedenen Graden der Geisterwelt aus der physischen Beziehung ihrer Wohnplätze gegen den Mittelpunkt der Schöpfung muthmaassen soll, so wollte ich mit mehrerer Wahrscheinlichkeit die vollkommensten Klassen vernünftiger Wesen weiter von dem Mittelpunkte (des Weltalls), als nahe bei demselben suchen. Die Vollkommenheit mit Vernunft begabter Geschöpfe, in soweit sie von der Beschaffenheit der Materie abhängt, in deren Verbindung sie beschränkt sind, kommt gar sehr auf die Feinigkeit des Stoffes an, dessen Einfluss dieselben zur Vorstellung der Welt und zur Gegenwirkung in dieselbe bestimmt. Die Trägheit und der Widerstand der Materie schränkt die Freiheit des geistigen Wesens zum Wirken und die Deutlichkeit ihrer Empfindung von äusseren Dingen gar zu sehr ein, sie macht ihre Fähigkeiten stumpf, indem sie deren Bewegungen nicht mit gehöriger Leichtigkeit gehorcht. Daher, wenn man, wie es wahrscheinlich ist, nahe zum Mittelpunkte der Natur die dichtesten und schwersten Sorten der Materie, und dagegen in der grösseren Entfernung die zunehmenden Grade der Feinigkeit und Leichtigkeit derselben, der Analogie gemäss, die in unserem Weltbau herrscht, annimmt, so ist die Folge begreiflich. Die vernünftigen Wesen, deren Erzeugungsplatz und Aufenthalt näher zu dem Mittelpunkte der Schöpfung sich befindet, sind in eine steife und unbewegliche Materie versenkt, die ihre Kräfte in einer unüberwindlichen Trägheit verschlossen enthält, und auch ebenso unfähig ist, die Eindrücke des Universi mit der nöthigen Deutlichkeit und Leichtigkeit zu übertragen und mitzutheilen. Man wird diese denkenden Wesen also in die niedrige Klasse zu zählen haben; dagegen wird mit den Entfernungen vom allgemeinen Centro diese Vollkommenheit der Geisterwelt, welche auf der gewechselten Abhängigkeit derselben von der Materie beruht, wie eine beständige Leiter wachsen. In der tiefsten Erniedrigung zu diesem Senkungspunkte hat man diesem zufolge die schlechtesten und unvollkommensten Gattungen denkender Naturen zu setzen, und hierwärts hin, wo diese Trefflichkeit der Wesen sich mit allen Schattirungen der Verminderung endlich in den gänzlichen Mangel der Ueberlegung und des Denkens verliert. In der That, wenn man erwägt, dass der Mittelpunkt der Natur zugleich der Anfang ihrer Bildung aus dem rohen Zeuge und ihre Grenze mit dem Chaos ausmacht, wenn man dazusetzt, dass die Vollkommenheit geistiger Wesen, welche wohl eine äusserste Grenze ihres Anfangs hat, wo ihre Fähigkeiten mit der Unvernunft zusammenstossen, aber keine Grenzen der Fortsetzung, über welche sie nicht könnte erhoben werden, sondern nach der Seite hin eine völlige Unendlichkeit vor sich findet, so wird man, wenn ja ein Gesetz stattfinden soll, nach welchem der vernünftigen Creaturen Wohnplätze nach der Ordnung ihrer Beziehung zum gemeinschaftlichen Mittelpunkte vertheilt sind, die niedrigste und unvollkommenste Gattung, die gleichsam den Anfang des Geschlechts der Geisterwelt ausmacht, an demjenigen Orte zu setzen haben, der der Anfang des gesammten Universi zu nennen ist, um zugleich mit diesem in gleicher Fortschreitung alle Unendlichkeit der Zeit und der Räume, mit ins Unendliche wachsenden Graden der Vollkommenheit des Denkungsvermögens, zu erfüllen und sich, gleichsam nach und nach, dem Ziele der höchsten Trefflichkeit, nämlich der Gottheit zu nähern, ohne es doch jemals erreichen zu können."

Wenn man die hiermit vorgetragenen Grundgedanken Kant's in seiner Schrift: Allgemeine Naturgeschichte oder Theorie des Himmels (1755), überschaut, so tritt uns vor Allem der entschiedene Theismus Kant's entgegen, den er hier noch ganz in dogmatischer Weise der Sache nach auf den bekannten kosmologischen und teleologischen Beweis gründet. „Das Dasein Gottes — und wenn Kant von Gott sprach, so wusste er stets, was er damit bezeichnen wollte, das einzig absolute, selbstbewusstwollende, vollkommene, überweltliche Wesen — war ihm nicht bloss etwa im Glauben gewiss, sondern vernunftmässig erweisbar und erwiesen. Die Versuche, die Vernunft aus der Unvernunft abzuleiten, galten ihm als widersinnig, und oft genug kommt er darauf zurück, dass die Existenz der Welt wie die Weltordnung nur aus einem höchsten, absoluten Verstande begreifbar seien. Daher widersetzt er sich nicht bloss der atheistischen absoluten Atomistik des Demokrit und Epikur, sondern auch jedem System, das dafür hielte, dass die Materie, gleichviel offenbar ob monistisch oder pluralistisch vorgestellt, ein sich selbst genügsames Principium sei, dessen Eigenschaften keine Ursache kennen, und welche Gott so gut, als es sich thun lässt, in den Plan seiner Absichten zu zwingen trachtet." (Werke Kant's I. 342.) Ohne Zweifel hatte Kant bei dieser Aeusserung die dualistische Lehre des Anaxagoras im Auge; aber implicite hat Kant damit auch die später hervorgetretene Lehre Herbart's (von der Absolutheit der Realen dem Sein nach) getroffen und abgewiesen, mit Recht ohne Besorgniss, deshalb dem Vorwurfe des Halbpantheismus sich auszusetzen. Auffallend und schwer oder gar nicht erklärlich ist es, dass Kant in der besprochenen Schrift zum Behuf seiner mechanischen Weltgestaltungs-Erklärung ohne Weiteres die bedingte Atomistik Newton's und Gassendi's annimmt und sie wenigstens für das Naturreich an die Stelle der Monadologie setzt, ohne dieser auch nur mit einem Worte zu gedenken. Wusste er denn nicht, dass Leibniz die Atomistik bestritten, widerlegt, und die Monadologie aufgestellt hatte? Durfte er an der Monadologie stillschweigend vorübergehen? Kant setzte sich damit der Gefahr aus, dass, wenn die Monadologie gegen die bedingte Atomistik Recht hatte, sein ganzes System verfehlt war. Und gab er es nicht in der That in seiner späteren kritischen Periode auf, wo er in den Metaph. Anfangsgründen der Naturwissenschaft die Materie als ins Unendliche theilbar erklärte, womit er die Atomistik aufhob und den Dynamismus an deren Stelle setzte? In seiner damaligen Theorie des Himmels aber galt ihm die bedingte Atomistik für wohlbegründet, und auf ihr baute er seine Weltgestaltungslehre auf, die sich aber eigentlich nur auf das Gerüste der unorganischen Natur beschränkte und den Ursprung des Organischen (der Pflanzen und Thiere) und des Geistigen oder der geistigen Wesen unerklärt liess. Denn Kant war weit davon entfernt, einzuräumen, dass das Organische und vollends das Geistige aus mechanischen Gründen oder Ursachen erklärbar sei, wie er in der Vorrede zu der besprochenen Schrift ausdrücklich hervorhebt. Dort (I. 219) erklärt sich Kant in folgender Weise: „Ebenso wie unter allen Aufgaben der Naturforschung keine mit mehr Richtigkeit und Gewissheit aufgelöset worden, als die wahre Verfassung des Weltbaues im Grossen, die Gesetze der Bewegungen und das innere Treibwerk der Umläufe aller Planeten; als worin die Newton'sche Weltweisheit solche Einsichten gewähren kann, dergleichen man sonst in keinem Theile der Weltweisheit antrifft; eben also, behaupte ich, sei unter allen Naturdingen, deren ersten Ursache man nachforscht, der Ursprung des Weltsystems und die Erzeugung der Himmelskörper, sammt den Ursachen ihrer Bewegungen, dasjenige, was man am ersten gründlich und zuverlässig einzusehen hoffen darf. Mich dünkt, man könne hier in gewissem Verstande ohne Vermessenheit sagen: Gebet mir Materie, ich will euch eine Welt daraus bauen! Das ist: Gebet mir Materie, ich will euch zeigen, wie eine Welt daraus entstehen soll. Denn wenn Materie vorhanden ist, welche mit einer wesentlichen Attractionskraft begabt ist, so ist es nicht schwer, diejenigen Ursachen zu bestimmen, die zu der Einrichtung des Weltsystems, im Grossen betrachtet, haben beitragen können. Man weiss, was dazu gehört, dass ein Körper eine kugelrunde Form erlange; man begreift, was erfordert wird, dass freischwebende Kugeln eine kreisförmige Bewegung in den Mittelpunkt anstellen, gegen den sie gezogen werden. Die Stellung der Kreise gegeneinander, die Uebereinstimmung der Richtung, die Excentricität, alles kann auf die einfachsten mechanischen Ursachen gebracht werden, und man darf mit Zuversicht hoffen, sie zu entdecken, weil sie auf die leichtesten und deutlichsten Gründe gesetzt werden können. Kann man aber wohl von den geringsten Pflanzen oder einem Insecte sich solcher Vortheile rühmen? Ist man im Stande, zu sagen: Gebt mir Materie, ich will euch zeigen, wie eine Raupe erzeugt werden könne? Bleibt man hier nicht bei dem ersten Schritte, aus Unwissenheit der wahren inneren Beschaffenheit des Objects und der Verwickelung der in demselben vorhandenen Mannichfaltigkeit stecken? Man darf es sich also nicht befremden lassen, wenn ich mich unterstehe, zu sagen, dass eher die Bildung aller Himmelskörper, die Ursache ihrer Bewegungen, kurz, der Ursprung der ganzen gegenwärtigen Verfassung des Weltbaues werden können eingesehen werden, ehe die Erzeugung eines einzigen Krauts oder einer Raupe, aus mechanischen Gründen, deutlich und vollständig kund werden wird."

Man darf also in der zur Besprechung gezogenen Schrift Auskunft über den Ursprung des Organischen und des Geistigen nicht erwarten. Kann es dann aber wissenschaftlichen Werth haben, wenn Kant von der ins Unendliche gehenden Verbreitung der organischen und geistigen Wesen im Universum zu sprechen weiss? Wenigstens mehr als hypothetischen Werth kann es nicht in Anspruch nehmen. Für den Ursprung des Organischen und des Geistigen lässt uns Kant nach seinen atomistischen Voraussetzungen keinen andern Weg möglicher Erklärung übrig, als den einer auf allen gebildeten Weltkörpern irgendwann eintretenden Nach- oder Hinzuschöpfung Gottes, welche das Weltall mit einer ins Unendliche gehenden Variation vergänglicher organischer und einer ins Unendliche hin wachsenden Zahl unvergänglicher geistiger Wesen bevölkern würde. Nach dieser Auffassung hätte also Gott im Anfang — denn ein Anfang der Schöpfung wird von Kant angenommen — auf einmal und in einem Acte eine unendliche Zahl von Atomen und einen unendlichen Raum geschaffen, denen nichts Materielles und Räumliches mehr hinzugefügt und von denen nichts mehr hinweggenommen werden könnte; die Schöpfung der organischen und geistigen Wesen aber wäre erst später hinzugetreten und ginge ohne Aufhören ins Unendliche fort. Wenn Gott die Atome, die Elemente der unorganischen Natur, auf einmal schafft, warum nicht auch die Seelen oder Entelechien der organischen und der geistigen Wesen? Wie kann der Raum unendlich sein, wenn die Welt einen zeitlichen Anfang hat? Wie kann, wenn Atome sein können und sind, eine Zahl von Atomen sein, die, so wenig sie von uns zählbar oder bestimmbar sein mag, nicht an sich eine bestimmte wäre? Man könnte hier noch eine ganze Reihe von Fragen aufwerfen, die Kant nicht beantwortet hat und aus seinen Voraussetzungen nicht beantworten konnte. Wie hätte er z. B. begreiflich machen können, dass der von ihm vorausgesetzte Centralkörper des Weltalls der Gravitationspunkt einer nach allen Richtungen hin ins Unendliche wachsenden Zahl von sich bildenden Weltkörper-Systemen sein könnte? Trotzdem und vielem Andern ist diese Schrift ein genialer Versuch, dessen Kühnheit der Wissenschaft grosse Anregungen gegeben hat, die noch heute fortwirken.

17.

Friedrich Heinrich Jacobi's Leben, Dichten und
Denken. Ein Beitrag zur Geschichte der deutschen Literatur
und Philosophie von Dr. Eberhard Zirngiebl. Mit dem
lithographirten Bildnisse Jacobi's. Wien, Braumüller 1867.

Das vorliegende Werk ist in drei Abschnitte gegliedert:
A. Das Leben Jacobi's und die Entwickelungsgeschichte seiner
philosophischen Anschauungen, B. die Philosophie Jacobi's, C. geschichtlicher Werth der Philosophie Jacobi's. Jeder Abschnitt ist
zweckmässig in eine Reihe von Capiteln eingetheilt, deren näherer
Angabe wir uns hier überheben können. Aus dem ersten Abschnitte
sind besonders hervorzuheben die Charakteristik der Briefsammlung
Allwills und des Romans Woldemar, welche dichterischen Werke
der Verfasser nicht mit Unrecht als den Schlüssel zum Verständniss der folgenden philosophischen Erörterungen und Kämpfe betrachtet, der Streit Jacobi's mit Mendelsohn, David Hume und die
Briefe über die Lehre Spinoza's und endlich das Verhältniss
Jacobi's zu Kant, J. G. Fichte und Schelling. Diese Betrachtungen
sind reich an wichtigen Belehrungen. Der Verfasser lässt nicht unbemerkt, welchen wichtigen Einfluss die Briefe Jacobi's über die
Lehre Spinoza's auf die deutsche Philosophie geübt haben und hebt
trefflich die wenigstens guten Theils einschneidende Kritik hervor,
die Jacobi bei aller Einseitigkeit an der Kantischen Philosophie
geübt hat und die natürlich sich noch viel schärfer gegen Fichte's
Idealismus wendete. Eine sehr eingehende Betrachtung widmet der
Verfasser dem Verhältniss Jacobi's zu Schelling (S. 118—160),
wobei er nach beiden Seiten hin Gerechtigkeit zu üben sucht.

Der zweite, dem ersten an Umfang fast gleiche Abschnitt
stellt die philosophische Lehre Jacobi's aus den Quellen in sieben
Capiteln vollständig und trefflich dar.

Da Jacobi nicht systematisch schrieb, so war die Aufgabe
nicht leicht, eine zusammenhängende Uebersicht seiner Lehre zu
geben und Missverständnisse zu vermeiden. Der Verfasser, der sich
mit wahrer Liebe in seinen Gegenstand versenkt hat, zeigt überall
richtiges Verständniss.

Der dritte kürzere Abschnitt des Werkes würdigt in vier
Capiteln den geschichtlichen Werth der Philosophie Jacobi's. Das
erste Capitel führt uns die Schüler und Geistesverwandten Jacobi's
vor, wo dann Wizenmann, Neeb, Köppen, Weiller, Salat, Ancillon,
Claudius, Bouterweck, Fries u. s. w. charakterisirt werden und be-

sonders die Verbreitung der Jacobi'schen Philosophie in Oesterreich geschildert wird. Hierauf folgt im 2., 3. und 4. Capitel die Kritik der Jacobi'schen Philosophie von Seite derjenigen drei Philosophen, die der Verfasser unter den Kritikern Jacobi's am höchsten stellt: Hegel's, Schelling's und Baader's, deren Jeder von einer andern Seite her Hochbeachtenswerthes gegen Jacobi zur Sprache bringt. Das 5. Capitel enthält Bemerkungen über die Jacobi'sche Lehre des Schönen, der Sitte und des Rechts und schliesst mit einer geistreichen Betrachtung über Berechtigung und Werth der Jacobi'schen Philosophie.

18.

Friedrich Thiersch's Leben. Herausgegeben von Heinrich W. J. Thiersch. Erster Band. 1784—1830. Leipzig und Heidelberg. Winter, 1866.

Nicht zum ersten Male sehen wir hier in Deutschland das Leben des Vaters vom Sohne beschrieben. Wir dürfen uns nur der bekannten Werke von Ernst Reinhold und J. H. Fichte erinnern, um uns zu vergegenwärtigen, dass ein solches Unternehmen mit bestem Erfolge ausgeführt werden kann. Heinrich Thiersch bleibt hinter seinen Vorgängern nicht zurück. Der erste Band der Biographie seines berühmten Vaters ist eine vortreffliche Arbeit und zeichnet sich, wie alle Schriften des Verfassers, zugleich durch Meisterhaftigkeit der Form aus. Er zerfällt in zehn Abschnitte, die durchaus sachentsprechend sind. Vom dritten Abschnitte an folgen vor jedem folgenden Briefe von und an Friedrich Thiersch, welche den jedesmaligen Text des Verfassers ergänzen und beleuchten und so eine Art Selbstbiographie mitten in der Biographie des Verfassers darstellen. Ueberall zeigt sich der Verfasser mit den Culturverhältnissen der verschiedenen Zeiten, durch die er das Leben seines Vaters verfolgt, ungemein vertraut, und in der Beurtheilung derselben bewährt er überall tiefe Auffassung, treffendes Urtheil und eine Mässigung des Ausdrucks, die eine wohlthuende Weihe über das Ganze verbreitet. Die zahlreichen Briefe von Friedrich Thiersch an Verwandte, Freunde, Bekannte u. s. w. sind überall gehaltvoll und nicht weniger der Form nach vortrefflich. Unter den nicht wenigen Briefen an ihn zeichnen sich besonders die von dem

trefflichen Humanisten Jakobs aus. Alles vereinigt sich, uns den
edlen, bei aller Mannhaftigkeit und Willensstärke gemüthreichen
Charakter des grossen Philologen in das schönste Licht zu stellen.
Wir lernen die Gründlichkeit und Vielseitigkeit der Bildung dieses
seltenen Mannes bewundern und erheben uns an der edlen Charakterstärke dieses für die höchsten Güter der Menschheit begeisterten
Helden.

Blicken wir auf seine Kämpfe zu München vom Jahre 1809
für den Fortschritt der Bildung in Bayern, auf die Beweise seines
Patriotismus vor, während und nach der Befreiung Deutschlands
von der napoleonischen Zwingherrschaft, auf seine Thätigkeit für
die Befreiung Griechenlands vom türkischen Joche, auf seine erfolg-
reiche Lehrwirksamkeit und tiefeingreifende, umfassende Schriftstellerthätigkeit, überall tritt uns der geniale Mann gleich bedeutend
und bewunderungswürdig entgegen. Seine vielen Reisen hängen
innig mit seiner rastlosen Energie und nie zu ermüdenden Thatkraft zusammen. Beschauliche theoretische Naturen, so kraftvoll
sie sein mögen, reisen nicht, höchstens nehmen sie Ortsverände-
rungen vor. Praktischen, energischen Naturen, wie Fr. Thiersch,
ist das Reisen ein Lebens-Element, ohne welches sie verkümmern
würden.

Für die innere Geschichte Bayerns ist das vorliegende Werk
von erheblicher Wichtigkeit. König Maximilian Joseph I. und
König Ludwig I. treten in helle Beleuchtung. Der zehnte (und
letzte) Abschnitt des ersten Bandes unseres Werkes nimmt unser
Interesse in besonderem Grade in Anspruch. Er handelt von
Fr. Thiersch's Wirksamkeit für die gelehrten Schulen zwischen den
Jahren 1826 bis 1830. Die Schilderung dieser Epoche in dem Leben
des grossen Vaters steigert sich zur wahren Meisterschaft. Gleich
ausgezeichnet tritt uns diese Schilderung entgegen, man mag sie
von Seiten der Gründlichkeit ihres Inhaltes, des Maassvollen in den
ausgesprochenen Urtheilen, oder von Seiten der Schönheit der Form
in das Auge fassen. Die von Fr. Thiersch in seinem Hauptwerke:
Ueber gelehrte Schulen, verfochtenen Ideen waren in allen Hauptsachen die allein richtigen, und wenn man in Bayern, anstatt ihnen
Widerstand entgegenzusetzen, voll und ganz auf sie dauernd eingegangen wäre, so würde sich Bayern heute des grössten Flors
seiner öffentlichen gelehrten Schulen zu erfreuen haben. Die classischen Studien würden den idealen Sinn der studirenden Jugend erhalten und gestärkt haben, das Christenthum stände in seinen
Grundlagen überall in Achtung und die philosophischen Lehrvorträge
an den Universitäten würden die lebendigste Theilnahme finden.

Der Ultramontanismus, der Thiersch Widerstand leistete, hat nur
dem Materialismus und der ordinären Nützlichkeitsgesinnung in die
Hände gearbeitet.

Die immer weiter um sich fressende Abneigung gegen alles
Ideale und Hinneigung zum Materiellen und zur platten Nützlichkeitsgesinnung und in Folge dessen zur Bereitheit, gelegentlich mit
der Revolution gemeinsame Sache zu machen, sind die Früchte des
Widerstandes gegen die tiefen Ideen des genialen Thiersch, welcher
nicht weniger vom Ultramontanismus, als von dem falschen Libe-
ralismus der Zeit ausgegangen ist. Doch was hilft es, über die
Vergangenheit zu klagen. Alles käme darauf an, dass es für die
Zukunft besser würde. Man muss dem Verfasser beistimmen, wenn
er (S. 287) sagt: „Diese Arbeit (Ueber die gelehrten Schulen) hat
einen bleibenden Werth, und es liegt in ihr, wenn uns die Hoffnung
nicht täuscht, ein noch in Zukunft zu hebender Schatz.“ Möchte
dieser Schatz gehoben werden! Mit Recht äussert der Verfasser in
demselben Zusammenhang: „Thiersch strebte nicht nach unerreich-
baren Zielen. Er sah seine Ideale gediegener Bildungs-Anstalten
in anderen Theilen Deutschlands verwirklicht und sein Verlangen
war, dass Bayern dem Besten, was in dem grossen Vaterlande sich
findet, nacheifere. Der gelehrte Unterricht entwickelt sich naturgemäss in drei Stufen: der Lateinschule, dem Gymnasium und der
Universität. Es finden sich nicht alle drei Anstalten in irgend einem
deutschen Lande in gleicher Vollkommenheit, aber für die unterste
Stufe konnten die Präceptorschulen Württembergs, ein köstliches
Erbtheil des Reformationszeitalters, als Muster aufgestellt werden;
für das Gymnasium die sächsische Fürstenschule Pforte: für die
Universität die Alma Mater in Göttingen. Dies waren die Vorbilder, auf welche Thiersch hinwies, und man durfte hoffen, dass
unter den Auspicien des neuen Königs Alles geschehe, um die
lange verwahrlosten oder falsch behandelten und verworrenen Lehr-
anstalten Bayerns zu einer ähnlichen Stufe zu erheben. Einst im
Mittelalter ging Süddeutschland an geistiger Regsamkeit den nördlichen Stämmen voran, warum sollte nicht Bayern nach Beseitigung
langer Hemmnisse und Missgeschicke sich wenigstens zu gleichem
Geistesleben, wie es der Norden seit der Reformation erreicht hat,
erheben?“

Mit treffender Wahrheit bemerkt der Verfasser ferner (S. 290):
„Ein altes Uebel hatte Thiersch in den Lyceen zu bekämpfen, Anstalten, die mit einem zweijährigen Cursus (jetzt einjährigen)
zwischen Gymnasium und Universität stehen. Die Gymnasialzucht
hört in ihnen auf, die Ungebundenheit des Studentenlebens tritt

ein und doch können sie nicht das gewähren, was eine philo-
sophische Facultät vermag; ihren Lehrvorträgen und ihrem ganzen
Geistesleben mangelt der Aufschwung, welche die im rechten Sinne
geleitete Hochschule gewährt. Mit Recht sah Thiersch in den
Lyceen Schmarotzerpflanzen, welche den regelmässigen Instituten,
Gymnasium und Universität, die besten Kräfte entziehen und nichts
Entsprechendes leisten können."

Die ganze Wucht seines Geistes richtete Thiersch gegen
die Einführung des Collegienzwangs, das philosophische Biennium,
die Semestral-Prüfungen und die Frequentations-Zeugnisse. Seine
Gründe sind nie widerlegt worden. Mit Recht sah Thiersch die
allgemeine Bildung, jene Weihe, welche die philosophische Facultät
geben soll, nicht für die Vorstufen des Fachstudiums, sondern die
Vollendung alles akademischen Studiums an.

Vortrefflich zeichnet er die Bedingungen des Gedeihens der
Universität, und nach dem Erscheinen seines bezüglichen Werkes
kann Niemand entschuldigt werden, der jene Bedingungen nicht
kennen sollte.

Schelling vertrat dieselben Grundsätze, und es bleibt nur
räthselhaft, wie es kommen konnte, dass er den König Maximilian II.
von der Gültigkeit derselben nicht hinlänglich überzeugen konnte.
Baader trat diesen Grundsätzen so wenig entgegen, dass er sie
eher noch schärfte. In seinen Vorlesungen über speculative Dogmatik (Religions-Philosophie) bezeichnet es Baader (VIII, 215) als
ein verkehrtes Thun, „dass noch immer die Studirenden aus den
Hörsälen der Philosophie in jene der sogenannten positiven Wissenschaften, der Geschichte, der Theologie, der Medicin, der Juris-
prudenz u. s. w. treten, anstatt dass sie umgekehrt und nachdem
sie die Hörsäle der letztgenannten Wissenschaften verlassen und
diese Wissenschaften vom empirischen Standpunkte aus sich eigen
gemacht haben, in die Hörsäle der Philosophie treten sollten, damit
Jeder, insofern ihm Gott hiezu die Gabe verliehen, von einem höheren
Standpunkte, dem wahrhaft genialen, aus seiner Wissenschaft wahrhaft mächtig werde." Welche Aufgabe er der bayerischen Akademie
der Wissenschaften zuweist, darüber sind zu vergleichen: S. Werke
Baader's V, 331 ff, XV, 510 ff. Es folgt von selbst, dass Baader
hiermit das Vorgehen des philosophischen Studiums vor den Fach-
studien, gleichviel, ob auf zwei Jahre oder nur ein Jahr ausgedehnt,
verwarf. Der Selbstständigkeit der Corporationen, also auch der
Universitäten, hatte er schon immer das Wort geredet. Aber nicht
die Ideen so erleuchteter Männer drangen durch, sondern die bornirten Ansichten eines Schrenk, Meilinger, Freudensprung u. s. w.

Thiersch erklärte damals (1830) seinen Austritt aus der Prüfungs-Commission. Mit treffender Wahrheit bemerkt der Verfasser (S. 312): „Er (Thiersch) sah mit klarem Blicke, wohin die Ordnung von 1830 und der Geist, dem sie entsprungen war, führen würde. Wenn man das Ziel so niedrig steckt, so wird bald nicht einmal mehr das Mittelmässige erreicht. Schon wurden unfähig befundene Schüler durch Ministerial-Rescript in die Universität eingelassen. Thiersch sah, dass man auf dem Wege war, die Gymnasien nach Confessionen zu trennen, auf beiden Seiten nur noch Geistliche anzustellen, und zwar ohne philologische Prüfung anzustellen, so das philologische Studium zu ruiniren und den Stand der weltlichen Gymnasiallehrer aussterben zu lassen. Er sagte voraus, dass man bald die Benediktiner zurückrufen werde, um ihnen die Gymnasien zu übergeben. Die Universität werde man versuchen, auf die Stufe des Lyceums herabzudrücken, und die Lyceen und Seminarien unter bischöflicher Leitung würden endlich als Mittel dienen, um auch die theologischen Facultäten zu untergraben — Befürchtungen, die zum Theil in Bälde unter dem Ministerium Abel, zum Theil erst in der neuesten Zeit in Erfüllung gegangen sind.“

Wir nehmen Abschied von dem vortrefflichen ersten Bande dieser Biographie des grossen Altmeisters der Philologie in der Erwartung, dass der zweite Band unser Interesse noch erhöhen werde. Möge der ausgezeichnete Verfasser nicht versäumen, uns am Schlusse seines Werkes ein vollständiges Verzeichniss der Schriften seines verewigten Vaters mitzutheilen.

19.

Friedrich Thiersch's Leben. Herausgegeben von Heinr. W. J. Thiersch. Zweiter Band. 1830—1860. Leipzig und Heidelberg, Winter 1866.

Auch in diesem zweiten Bande der Biographie des grossen Philologen ist die geistvolle Behandlung und die Mässigung des Urtheils anzuerkennen, welche den ersten Band auszeichnet. Die Schilderungen und Beleuchtungen des Verfassers sind von Abschnitt zu Abschnitt ergänzt und erläutert durch eine grosse Anzahl von Briefen von und an Friedrich Thiersch, welche vielfältig helles, mitunter überraschendes Licht auf die charaktervolle Haltung des

Mannes und die Begebenheiten, in die er selbst verflochten war,
werfen. Der Geschichtsforscher wird hier eine reiche Quelle er-
wünschter Belehrungen finden.

Die Darstellung dieser wichtigsten Lebensepoche des berühmten Mannes verläuft in sechs Abschnitten:

1) Wirkung der Juli-Revolution auf Bayern. 1830. 1831.
Thiersch's Reise nach Griechenland, erste Hälfte. August
1831 bis März 1832.

2) Thiersch's Reise nach Griechenland, zweite Hälfte. März
bis October 1832.

3) Thiersch's Beziehungen zu der griechischen Regentschaft.
Seine Wirksamkeit für das Unterrichtswesen unter dem
Ministerium Wallerstein. 1832—37.

4) Die Zeiten des Ministeriums Abel. Ende 1837 bis Anfang
1847. Thiersch in der Opposition. Philologen-Versamm-
lungen. Verkehr mit dem Kronprinzen Maximilian.

5) Die stürmischen Jahre 1847 und 1848. Thiersch als Rector
der Universität München.

6) Die Zeiten des Königs Maximilian II. Thiersch als Präsident
der Akademie der Wissenschaften. Letzte Reisen. Lebens-
abend und Ende. Herbst 1848, 25. Febr. 1860.

Unter dem grossen Reichthum von mitgetheilten Briefen finden
sich welche von Königen, Fürsten, Staatsmännern und Gelehrten;
der weit überwiegend grössere Theil aber besteht aus solchen von
der Hand Thiersch's selber, gleichwie auch diese dem Inhalte nach
die wichtigsten und gehaltvollsten sind. Seine Beziehungen zu den
Dingen in Griechenland (nebst den bezüglichen reichhaltigen Briefen)
nehmen mehr als die Hälfte des ganzen Bandes ein, weshalb denn
auch die folgenden Abschnitte kürzer und gedrängter gehalten werden mussten. In diesen erwecken am meisten Interesse Thiersch's
Opposition in den Zeiten des Ministeriums Abel einerseits, und
andererseits sein Verkehr mit dem Kronprinzen Maximilian. Die
Schilderung des letzteren, der schon im Jahre 1838 begann, ist voll
Interesse, Reiz und Leben. . Wir ersehen aus diesen Mittheilungen
zugleich, mit welchem Ernste sich der Kronprinz Maximilian auf
seinen Regentenberuf vorbereitete. Er hatte die Ueberzeugung gewonnen, dass ein Regent durch Pflege der Wissenschaft wohlthätiger
wirke und dauernderen Ruhm sich erwerbe, als durch die Pflege
der Kunst. Besonders Schelling und Thiersch bestärkten ihn in
dieser Gesinnung und später hat er bekanntlich nach diesem Grundsatz gehandelt.

Aus Thiersch's zweiter Reise nach Italien 1845 theilt der Verfasser Bruchstücke aus den sicilianischen Sonetten mit, welche der lebhaft erregte und bewegte Mann auf der Reise gedichtet hatte und die eben so gedankenreich als tiefgefühlt und auch in der Form wohlgelungen sind.

Mit kräftigen Zügen ist die Periode der stürmischen Jahre 1847 und 1848 geschildert. Auch hier bewährte sich die feste, maassvolle Haltung, welche Thiersch als Rector der Universität in schwieriger Stellung behauptete. Was er nicht erwartet hatte, erlebte er noch, die Thronbesteigung des Kronprinzen Maximilian, und er durfte, wie der Verfasser sagt, auf der Stufe des Greisenalters noch Zeuge davon sein, wie ein grosser Theil der schönen Hoffnungen, die er auf den neuen Herrscher gesetzt hatte, in Erfüllung ging.

Mit unvermindertem Interesse folgt man der Schilderung der letzten Lebensepoche des thatkräftigen Mannes, der nun als Präsident der Akademie der Wissenschaften Gelegenheit fand, eine vielseitige Wirksamkeit im Interesse der Wissenschaft zu entfalten. Jeder, der den seltenen Mann näher kannte, wird die Charakteristik des Verfassers der Biographie vollkommen zutreffend finden, die gegen Ende des Werkes (S. 609) in den Worten hervortritt: „Friedrich Thiersch war ein in seltenem Maass harmonisch ausgerüsteter Mann. Drei Eigenschaften, die sonst gewöhnlich nur getrennt erscheinen, fand man in ihm vereinigt: griechische Idealität, römische Charakterstärke und christliche Milde. Sein ganzes Leben war getragen von Begeisterung für das Ideale; für das Niedrige hatte er keinen Sinn. Für die Güter der wahren Bildung, sie zu gewinnen, sie zu verbreiten, war ihm keine Anstrengung zu gross. Es fehlte ihm nicht an poetischem Sinn, nicht an Verständniss für die Philosophie der Alten, doch überwiegend war seine Begabung für die Beredtsamkeit. . . . In öffentlichen Angelegenheiten zeigte er eine Willenskraft und eine Entschlossenheit in der Durchführung dessen, was er für recht und heilsam erkannte, wie ein altrömischer Staatsmann. . . . Ruhm und Anerkennung suchte er nie auf anderm Wege, als auf dem der Pflichterfüllung und des wahren Verdienstes; so erworbenen Ruhm schätzte er hoch, und dass er hierauf Werth legte, leugnete er nicht." Der geistvolle Sohn hat dem grossen Vater in dieser Biographie ein durchaus edles und würdiges Denkmal gestiftet.

20.

Aus Arthur Schopenhauer's handschriftlichem Nachlass, Abhandlungen, Anmerkungen, Aphorismen und Fragmente. Herausgegeben v. Julius Frauenstädt. Leipzig, Brockhaus 1864.

Der uns hier dargebotene literarische Nachlass Schopenhauer's enthält: 1) Abhandlungen, 2) Anmerkungen zu einer Reihe von Schriften hervorragender Philosophen neuerer Zeit und 3) Aphorismen und Fragmente.

Trotz des Aphoristischen und Unausgeführten der meisten dieser Mittheilungen trägt doch Alles das entschiedene Gepräge des Schopenhauer'schen Geistes. Wir mögen uns von der Weltanschauung Schopenhauer's noch so wenig befriedigt finden, eine hervorragende Begabung werden wir doch immer in ihm anzuerkennen haben.

Die erste Abhandlung: Eristik, ist den Logikern zur genaueren Sichtung zu empfehlen. Es fehlt darin nicht an scharfsinnigen, weiterführenden Gesichtspunkten. Aber der Geist des Ganzen ist doch nur sophistisch, unlauter und unwürdig. Beherrscht von einem leidenschaftlichen, ingrimmigen Pessimismus, verirrt er sich zu der unbewiesenen und unbeweisbaren Behauptung, der Mensch sei von Natur rechthaberisch. Es steht ihm fest, dass das menschliche Geschlecht an einer natürlichen Schlechtigkeit laborire und dass ihm Eitelkeit und Unredlichkeit angeboren seien. Man sieht nicht, woher man unter dieser Voraussetzung das Vertrauen hernehmen soll, dass uns Schopenhauer in seiner ganzen Philosophie aufrichtige Ueberzeugungen vorgetragen habe, da man vielmehr unter jener Voraussetzung in allen seinen Schriften nichts anders suchen und finden könnte, als den Ausdruck seiner angeborenen Eitelkeit, Unredlichkeit und Schlechtigkeit. Oder hat vielleicht Schopenhauer jene nach seiner eigenen Aussage auch ihm angeborene Schlechtigkeit später abgelegt, indess alle oder die meisten anderen Menschen in ihr beharrlich stehen geblieben sind? Aber wie will er uns auch nur die Möglichkeit beweisen, dass eine angeborene Schlechtigkeit je abgelegt werden könne?*) Welche Forderung! Ein Genie wie

---

*) Kein Kundiger wird diese Lehre von angeborener Schlechtigkeit, welche Schopenhauer aus einer der verfehltesten Lehren Kant's (vom radikalen Bösen) geschöpft und weit über den Sinn desselben hinaus übertrieben hat, mit der Lehre der christlichen Dogmatik von der Erbsünde verwechseln.

Schopenhauer ist erhaben über jeden Beweis. Sein Ingrimm ist
ja nichts anderes, als der Ausdruck der edelsten, tiefsittlichen Entrüstung über die Schlechtigkeit der Welt, folglich berechtigt, folglich die lautere Wahrheit, folglich der sonnenklarste Beweis der
Wahrheit und unwiderleglich. Und weil nun einmal die Schlechtigkeit der Rechthaberei dem Menschen angeboren ist, so ist es ganz
in der Ordnung und verdienstlich, „die Lehre von der dem Menschen natürlichen Rechthaberei" aufzustellen, eine „eristische Dialektik" zu begründen und auszubilden.

Wäre die natürliche Schlechtigkeit des menschlichen Geschlechtes
nicht, sagt Schopenhauer ausdrücklich, wären wir von Grund aus
ehrlich, so würden wir bei jeder Debatte bloss darauf ausgehen,
die Wahrheit zu Tage zu fördern, ganz unbekümmert, ob solche
unserer zuerst aufgestellten Meinung oder des Andern gemäss aus-
fiele: dies würde gleichgültig, oder wenigstens ganz und gar Neben-
sache sein. Aber jetzt ist es die Hauptsache. Die angeborene
Eitelkeit, die besonders hinsichtlich der Verstandeskräfte reizbar ist,
will nicht haben, dass, was wir zuerst aufgestellt, sich als falsch
und das des Gegners als Recht ergebe . . . . Zur angeborenen
Eitelkeit gesellt sich bei den Meisten Geschwätzigkeit und angeborene Unredlichkeit.

Nicht genug, dass Schopenhauer diesen Zustand der Gemüther
als den ganz allgemein vorhandenen und ausnahmslosen (in den er
also selbst mit eingeschlossen wäre) schildert, er hat auch noch
Entschuldigung für die als ganz allgemein geschilderte Unredlichkeit der Streitenden bei der Hand.

Oft sind wir nämlich, sagt Schopenhauer, Anfangs von der
Wahrheit unserer Behauptung fest überzeugt, aber das Argument
des Gegners scheint sie jetzt umzustossen; geben wir jetzt ihre
Sache gleich auf, so finden wir oft hinterher, dass wir doch Recht
hatten; unser Beweis war falsch, aber es konnte für die Behauptung
einen richtigeren geben; das rettende Argument war uns nicht
gleich beigefallen. Daher entsteht nun in uns die Maxime, selbst
wenn das Gegen-Argument richtig und schlagend scheint, doch noch
dagegen anzukämpfen, im Glauben, dass dessen Richtigkeit selbst
nur scheinbar sei, und uns während des Disputirens noch ein Argument, jenes umzustossen, oder eines, unsere Wahrheit anderweitig
zu bestätigen, einfallen werde: hierdurch werden wir zur Unredlichkeit im Disputiren beinahe genöthigt, wenigstens leicht verführt. —
Wir wollen hier nicht untersuchen, ob noch Wahrheitssinn und
Wahrheitsliebe im Menschen vorhanden sein könnte, wenn ihm
Schlechtigkeit der Gesinnung, Eitelkeit und Rechthaberei angeboren

wäre. Unsere Verwunderung aber können wir nicht zurückhalten, dass ein Philosoph, der eine tiefsinnige Ethik begründet zu haben vorgibt, sich wörtlich in folgender Weise äussern konnte:

„Jeder wird also in der Regel wollen seine Behauptung durchsetzen, selbst wenn sie ihm für den Augenblick falsch oder zweifelhaft scheint. — Macchiavelli schreibt dem Fürsten vor, jeden Augenblick die Schwäche seines Nachbarn zu benutzen, um ihn anzugreifen, weil sonst dieser einmal den Augenblick benutzen kann, wo jener schwach ist. Herrschte Treue und Redlichkeit, so wäre es ein Anderes; weil man sich aber deren nicht zu versehen hat, so darf man sie nicht üben, weil sie schlecht bezahlt wird; eben so ist es beim Disputiren: gebe ich dem Gegner Recht, sobald er es zu haben scheint, so wird er schwerlich dasselbe thun, wenn der Fall sich umkehrt, er wird vielmehr per nefas verfahren: also muss ich's auch. Es ist leicht gesagt, man soll nur der Wahrheit nachgehen, ohne Vorliebe für seinen Satz; aber man darf nicht voraussetzen, dass der Andere es thun werde: also darf man's auch nicht. Zudem wollte ich, sobald es mir scheint, er habe Recht, meinen Satz aufgeben, den ich doch vorher durchdacht habe, so kann es leicht kommen, dass ich, durch einen augenblicklichen Eindruck verleitet, die Wahrheit aufgebe, um den Irrthum anzunehmen."

Hätte sich Schopenhauer begnügt, zu behaupten, dass nur allzu häufig unter streitenden Menschen faktisch das von ihm geschilderte Verhalten vorkomme und dass es auch bei den besten Menschen selten bis auf die Wurzel überwunden werde, so wäre wohl nichts dagegen zu sagen gewesen. Aber Schopenhauer geht weiter und entschuldigt nicht bloss die Sophistik aus Rechthaberei, sondern er gestattet sie auch, ja er räth sie sogar an. Eine solche Verleugnung der ethischen Anforderungen und der Würde der Wissenschaft wird man vergeblich in irgend einer der von Schopenhauer vielgeschmähten Schriften Fichte's, Schelling's und Hegel's suchen. Noch weniger, wenn möglich, wird man bei Kant und Baader auch nur im Entferntesten eine Billigung von Grundsätzen antreffen, nach welchen Treue und Redlichkeit nur so lange zu üben wären, als sie auch von Anderen geübt würden. Da der Geist, in welchem diese Abhandlung über Eristik geschrieben ist, als ein verderbter erscheint, so widert es uns an, auf seine einige und dreissig beigebrachten Kunstgriffe zum Rechtbehalten im Streit, gleichviel ob man im Grunde Recht habe oder nicht, näher einzugehen. Was Schopenhauer im Anhang zur Eristik über den Werth der Logik und über die Seltenheit der Urtheilskraft sagt, besteht grösstentheils aus halbwahren und darum eben nicht wahren Behauptungen, die sich mit dem Schimmer der Geistreichigkeit umkleiden, ohne wahrhaft geistreich und tiefgedacht zu sein.

Die zweite Abhandlung: Ueber das Interessante, darf dagegen als in der Hauptsache vortrefflich bezeichnet werden. Der Aesthetiker kann aus diesen Betrachtungen Gewinn ziehen.

Die dritte Abhandlung: Materialien zu einer Abhandlung über den argen Unfug, der in jetziger Zeit mit der deutschen Sprache getrieben wird, müssen wir für sehr verdienstlich erklären. Hier befindet sich Schopenhauer auf einem Gebiete, welches er, man darf wohl sagen, mit Meisterschaft beherrscht. Die Kunstausdrücke, welche nicht selten ans Burleske streifen, muss man ihm freilich auch hier, wie anderwärts, nachsehen. Der Eifer, ja die Leidenschaftlichkeit, mit welcher er Gegnern gegenüber seine Gedanken vertheidigt, verleitete ihn oft genug zu unberechtigten Verallgemeinerungen seiner Anklagen. Aber in allen Hauptsachen ist Schopenhauer im Rechte gegen die neueren angeblichen Verbesserer, in Wahrheit aber Verderber der deutschen Sprache, deren grossen Werth Schopenhauer hoch zu schätzen wusste. Er erklärt sie für den einzigen entschiedenen Vorzug der Deutschen vor anderen Nationen, worüber wir hier mit ihm nicht rechten wollen.*)

Die mitgetheilten Anmerkungen beziehen sich auf einzelne Schriften von Kant, Fichte, Schelling, Jacobi und Fries. Der Herausgeber hilft dem Verständniss dieser Anmerkungen zweckmässig nach, indem er die bezüglichen Stellen aus den Werken der genannten Philosophen in unter den Text gesetzten Anmerkungen beifügt. Es wäre eine harte Arbeit, das Wahre von dem Falschen in diesen aphoristischen Beurtheilungen und Anklagen scheiden und sichten zu wollen. Der grösste Theil derselben besteht in apodiktischen Behauptungen, zu denen der Beweis fehlt. Absprecherei und burleske Grobheit bis zur Schmähung wechseln mit geistreichen Gedankenblicken.**) Als bemerkenswerth ist hervorzuheben, dass Schelling hier für die Art, wie er in seinen Vorlesungen über Geschichte der neueren Philosophie***) den französischen Philosophen Saint-Martin im Verhältniss zu Jakob Böhme herabgesetzt und herabgewürdigt hat, dadurch gestraft wird, dass Schopenhauer, offenbar ohne jene Vorlesungen Schelling's gekannt zu haben,

---

*) Doch verfällt Schopenhauer selbst nach unserem Gefühl in Geschmacklosigkeit, wenn er z. B. armsälig schreibt und auf diese und einige andere grammatische Marotten sich etwas zu Gute thut.

**) Oefter verurtheilt er unbewusster Weise sich selbst in seinen Urtheilen über Fichte, noch mehr in jenen über Schelling.

***) Schelling's Werke X., 190. Aus Schopenhauer's Nachlass S. 261.

Schelling selbst im Verhältniss zu demselben Jakob Böhme in zum
Theil ähnlicher Weise herabsetzt. Man kann wohl sagen, dass
Schelling noch ungerechter über Saint-Martin als Schopenhauer
über Schelling geurtheilt hat.*)

Wir wenden uns nun zu den Aphorismen und Fragmenten
des Schopenhauer'schen Nachlasses, die für uns das meiste Interesse
darbieten. Unter 19 Rubriken finden wir hier eine reiche Fülle von
Gedanken vertheilt, die fast alle Theile der Philosophie berühren
und wovon nicht wenige der Ethik, Rechtslehre, Politik, Geschichte,
Völker-Charakteristik, Lebensweisheitslehre u. s. w. gewidmet sind.
Die hervorragende Begabung Schopenhauer's ist in diesen Aphorismen nicht zu verkennen. Fragt man aber nach dem bleibenden
Wahrheitsgehalte derselben, so dürfte er sich nicht als besonders
gross herausstellen. Alle oder doch die meisten dieser Aphorismen
erscheinen im Glanze einer prägnanten Diktion und sind daher sehr
geeignet, den Dilettanten und Halbgebildeten zu bestechen. Für
manche mag der aufgeblasene und gespreizte Hochmuth, „die
wüthige Schmähsucht und die Sackträgergrobheit Schopenhauer's"
noch einen ganz besonderen Reiz haben; da aber doch diese Gift-
blüthen der Schopenhauer'schen Muse allzu üppig wuchern, so dürfte
selbst der Blasirte zuletzt mit Widerwillen sich davon abwenden.
Was sollte aus der philosophischen Literatur der Deutschen werden,
wenn der Ton, den Schopenhauer in der Polemik angeschlagen
hat, herrschend werden würde! Zum Glück ist das nicht zu besorgen.**)

Wir wollen uns hier nicht weiter auf die Schmähungen
Schopenhauer's einlassen, aber eine Probe glauben wir doch geben
zu sollen und wählen dazu eine besonders charakteristische Stelle
aus, welche sich gleich zu Anfang der Aphorismen (S. 295) findet.
Sie lautet wörtlich:

---

*) Von der Bedeutung des Umschwungs, der sich in der Schrift Schel-
ling's über die Freiheit ankündigte, begriff Schopenhauer übrigens nichts und
in Rücksicht des Einflusses, welchen Baader auf diesen Umschwung geübt hatte,
zeigt er sich vollkommen unwissend.

**) Als ob er sich selbst verurtheilen wollte, schreibt er S. 463 dieser
Schrift: „Kleine Leute in ihrer Kleinheit zu zeigen, ist Grosssein das einzige
wahre Mittel. Wer zu anderen greift, zeigt, dass dieses ihm nicht zu Gebote
steht. Kleine Leute haben in der Literatur zu allen Zeiten gehadert und ge-
schimpft; denn um sich zu heben, sahen sie nur ein Mittel Andere herabzusetzen. — Grosse Geister thaten es nie" u. s. w. Nun, wer hat Andere, und
Grössere als er, denen er noch dazu reichlich Gedanken entnahm, mehr herabgesetzt als Schopenhauer?

„Die Narren, welche heut zu Tage philosophische Schriften abfassen, haben zur innersten festen Ueberzeugung, die sie gar nicht einmal in Frage ziehn, dass der letzte Zweck und das Ziel aller Speculation sei — Erkenntniss Gottes; während er nichts anderes ist, als Erkenntniss seines eignen Selbst; wie sie schon hätten am Tempel zu Delphi lesen, oder wenigstens von Kant lernen können: aber der hat eigentlich so wenig Einfluss auf sie, als ob er 100 Jahre nach ihnen lebte."

Eine solche Diatribe, und ein guter Theil der Schriften Schopenhauer's besteht aus solchen und noch viel ärgeren Unsinnigkeiten, verdient im Grunde gar keine Entgegnung. Nur um an einem Beispiel zu zeigen, wie unlogisch, sich selbst widersprechend und verworren das „geniale" Denken Schopenhauer's ist, wollen wir den angeführten Aphorismus etwas näher beleuchten.

Wäre die Behauptung irrig, dass der letzte Zweck und das Ziel aller Speculation die Erkenntniss Gottes sei, so könnte doch nur ein unedler, ein gemeiner Mensch den Trumpf der Narrheit auf diesen Irrthum setzen. Schopenhauer hat aber mit nichts bewiesen, dass jene Behauptung ein Irrthum sei. Er hat diejenigen Philosophen, welche jene Behauptung aufgestellt haben, gar nicht verstanden oder vielleicht nicht verstehen wollen. Keiner jener Philosophen hat die Behauptung, dass die Erkenntniss Gottes der letzte Zweck und das Ziel der Speculation sei, so genommen und verstanden wissen wollen, als ob ihnen die Erkenntniss Gottes das einzige Ziel und der einzige Zweck der Speculation sei. Nicht ein einziger unter ihnen wollte die Speculation auf die Erkenntniss Gottes beschränkt wissen. Ihre Ansicht ist nur die, dass ohne die Erkenntniss Gottes die theoretische Selbsterkenntniss wie die Naturerkenntniss mangelhaft bleibe und so im Grunde über die Oberfläche nicht wahrhaft hinwegkomme. Womit hat Schopenhauer diese Ansicht widerlegt? Mit gar nichts, an diesem Orte nicht einmal mit untriftigen, geschweige mit triftigen Gründen. Er schiesst bloss aus der Pistole die Gegen-Behauptung, die Erkenntniss des eigenen Selbst sei der letzte Zweck und das Ziel der Speculation. Schopenhauer hat es gesagt, also ist es unbestreitbar und unwiderlegbar wahr. Das ist die Prätension, die uns Schopenhauer entgegenbringt.

Dabei übersieht er völlig, dass der Spruch am Tempel zu Delphi nicht sagt, dass die Selbsterkenntniss der letzte Zweck und das Ziel der Speculation sei. Von Speculation ist dabei gar nicht die Rede, wiewohl sie nicht gerade ausgeschlossen ist und jedenfalls bleibt bei ihm die Frage offen, ob die Selbsterkenntniss nicht durch die Gotteserkenntniss gründlich zu erreichen sei, ja vom Orakel von Delphi kann man gar nicht erwarten, dass es die Selbsterkenntniss ohne Gotteserkenntniss für möglich erachtet habe, wenn es auch unter Gotteserkenntniss nicht die speculative im Auge hatte, sondern wohl nur die unmittelbare im religiösen Glauben. Auch Kant erklärt nicht die Selbsterkenntniss als den letzten Zweck und das Ziel der Speculation. Er verwirft vielmehr jede transscendente Speculation und will durch Nachweisung der Grenzen des menschlichen Erkenntnissvermögens dem Vernunftglauben an Gott, Freiheit und Unsterblichkeit Raum schaffen. Die angebliche Fortbildung seiner Lehre durch Schopenhauer würde der ehrwürdige Kant mit Entrüstung zurückgewiesen haben,*) nicht bloss weil sie seinem tiefsittlichen Sinne empörend gewesen wäre, sondern auch weil er in ihr die ernste Wissenschaft in einen speculativen Roman und wohl den abenteuerlichsten aller speculativen Romane verwandelt gefunden haben würde. Seit dem Hervortreten Kant's mit seinen Epoche machenden Werken, ist nicht ein einziger nennenswerther Philosoph in Deutschland aufzuzeigen, auf welchen Kant nicht mehr oder minder von Einfluss gewesen wäre. Nachdem die Weiterbildungs- und Umgestaltungsversuche der Kantischen Lehre durch Fichte, Schelling, Hegel, Herbart u. s. w. als gescheitert erkannt worden sind, ist der Einfluss Kant's wieder viel bedeutender geworden und noch jetzt in stetigem Fortschritt begriffen. Aber ist es denn Schopenhauer auch nur ein rechter Ernst mit seiner den Gegnern hingeworfenen Behauptung, dass die Erkenntniss des eignen Selbst der letzte Zweck und das Ziel der Speculation sei? Lehrt er ja doch selbst anderwärts in seinen Schriften, dass die Erkenntniss des eigenen Selbsts, des Wesens desselben nur möglich sei, inwiefern es in seiner Individualität erkannt werde, als eine der unendlich vielen Erscheinungsweisen des einen untheilbaren, über alle Zeit und allen Raum, über alle Einzelheit und alle Vielheit erhabenen, grundlosen und ziellosen (an sich bewusstlosen) Willens. Wenn es sich also verhielte, wenn das eigene Selbst nichts wäre, als eine verschwindende Erscheinungsweise eines an sich unterschiedslosen blinden Allwillens, müsste da nicht der letzte Zweck der Speculation, wenn dann noch von Zweck die Rede sein könnte, die Erkenntniss dieses blinden Allwillens und seiner sich in verschwindenden, darum nichtigen Erscheinungsformen

---

*) Aehnlich wie Fichte (Werke VIII, 406) Schelling zurückwies, als ihm dessen Lehre in Naturalismus und Materialismus zu verlaufen schien, wie sie denn in der That dahin zu verlaufen in Gefahr war.

offenbarenden Wesenheit sein? Wodurch anders unterscheidet sich also Schopenhauer zuletzt von den von ihm mit Uebereifer, wenn nicht mit hochmüthiger Leidenschaftlichkeit bestrittenen Philosophen in Rücksicht des Zieles der Speculation, als dadurch, dass er als Grund und Ursache der geistigen Individuen einen einigen absoluten blinden Willen statuirt, während seine Gegner einen einigen absoluten bewussten Willen als Grund und Ursache der geistigen (wie aller) Wesen lehren? Ueber das eigene Selbst geht also Schopenhauer so gut hinaus, als seine Gegner, nur dass er ein sinnloses Wesen an die Spitze stellt, während seine Gegner den Verstand des Universums in dem Urverstand des absoluten Geistes gegründet erachten. Die letzteren denken Gott wie er gedacht werden muss nach Schopenhauer selbst, wenn er wirklich Gott sein soll. Schopenhauer denkt Gott auch, aber er denkt ihn, wie er nicht vernunftmässig gedacht werden kann, und insofern denkt er ihn freilich nicht, sondern er imaginirt nur ein ungeheuerliches Wesen, welchem er als der Urfinsterniss doch alles Licht, als der Urunvernunft doch alle Vernunft ablocken zu können wähnt. Es ist bejammernswerth, zu sehen, wie Schopenhauer gleichwie gegen den Theismus auch gegen den Pantheismus streiten zu sollen meint, während jedem Primaner mit wenig Worten klar zu machen ist, dass ein Panthelematismus, welcher Schopenhauer's Lehre sein will (aber im Grunde nicht ist), unter allen Umständen nur eine besondere Form des Pantheismus sein kann, wenn es gerechtfertigt ist, jeden speculativen Monismus Pantheismus zu nennen.

Diese Auffassung bestätigt Schopenhauer selbst z. B. in dem Aphorismus S. 298, wenn er sagt:

„Wenn ich mich besinne; — so ist es der Weltgeist, der zur Besinnung kommen will, die Natur, die sich selbst erkennen und ergründen will."

Nebenbei erkennt man hieraus, dass dieser Pantheismus nicht in Wahrheit Panthelematismus ist, sondern im Grunde Naturalismus. Die Natur wird nur metaphorisch Wille genannt, ist es aber nicht.*) Wie könnte sie es auch sein, da sie blind und bewusstlos ist. Wie aber aus der blinden bewusstlosen Natur, dem ziellosen Trieb Bewusstsein und Wille soll hervorgehen können, diess nachzuweisen, ist Schopenhauer schuldig geblieben, wie es alle Naturalisten vor und nach ihm schuldig geblieben sind und immer schuldig

---

*) Die Unterscheidung Schopenhauer's (S. 338) zwischen θελημα und βουλησις hilft hier gar nicht. Denn beide Wörter werden in der griechischen Sprache nur von bewussten Wesen gebraucht.

bleiben werden. Die blinde Voraussetzung der Möglichkeit des Ursprungs des Bewusstseins aus dem Bewusstlosen, der Vernunft aus
dem Vernunftlosen, des Verstandes aus dem Verstandlosen ist die
geheime Quelle des alle Schriften Schopenhauer's durchziehenden
Skepticismus. Denn wie sollte der Philosoph nicht im Grunde an
der Lösbarkeit seiner Aufgabe verzweifeln, wenn Bewusstsein, Vernunft und Verstand im Wesen der Dinge nicht gegründet wären,
dieses gar nichts anginge und nur verschwindende Erscheinungen
eines blinden Willens, Triebs oder Seins wären. Wer diesen Ur-
Unsinn für Wahrheit hält, bei dem dürfen wir uns auf eine Fülle
daraus folgender Unsinnigkeiten gefasst halten. Die Aphorismen
des Nachlasses, so wenig sie des eigenthümlichen Reizes Schopenhauer'scher Darstellung entbehren, sind nicht arm an solchen Unsinnigkeiten, die jedoch häufig in brillanten Farben glänzen.

Nach diesen Aphorismen (S. 297) ist der Anfang der Philosophie ein reines zweckloses Besinnen. — Wir sehen aber nicht,
wodurch dieses zwecklose Besinnen von wachen Träumen zu unterscheiden wäre. Die Philosophie oder vielmehr das Philosophiren ist
nach Schopenhauer (S. 297) gar nichts dem Intellekt Natürliches,
sondern etwas, dazu es nur durch ein monstrum per excessum, genannt Genie, kommt. Beim Philosophiren wird der Intellekt ange-
wandt auf etwas dazu es gar nicht gemacht und berechnet ist, nämlich das Dasein überhaupt und an sich die Philosophie ist nicht
das Werk eines vernünftigen Kopfes, sondern das Werk eines hochbegabten Intellekts, dem sein Wille (sein Herr) frei lässt, nach
eigenem Gutdünken zu wandeln. Alle Wissenschaft ist daher nicht
zufällig (ihrem dermaligen Stande nach), sondern wesentlich (immer
und ewig) ungenügend. Denn wenn ich auch jedes Phänomen
aus einem andern zu erklären wüsste, so bliebe damit doch die
ganze Reihe der Phänomene unerklärt, d. h. das Phänomen überhaupt bliebe unerklärt. Eine letzte Ursache gibt es bloss für die
Vernunft, nicht aber für den Verstand, d. h. eine letzte Ursache
ist die Vorstellung einer selbst unmöglichen Vorstellung. Ich kann
den abstrakten Begriff einer letzten Ursache haben, nicht aber kann
ich mir anschaulich vorstellen ein Objekt, bei dem es mir gar nicht
einfiele, seine Ableitung von einem andern zu suchen. So arm und
dürftig, ruft daher Schopenhauer (S. 299) aus, ist alle Wissenschaft,
und ihr Weg ohne Ziel. Aber Schopenhauer weiss Rath in dieser
Noth, in welcher kein Anderer mehr Rath wüsste, der die Voraussetzungen Schopenhauer's theilte. Wie genial weiss nun Schopenhauer der armen Philosophie zu helfen aus der Noth, in welche er
selbst sie versetzt hat. Die Philosophie, ist sein genialer Rath, ver-

lässt den Weg der Wissenschaft, der ja ohne Ziel ist, und tritt zu den Künsten über. „Da wird sie sein, wie die Künste alle, reich und allgenugsam." Da haben wir also die Vollendung der Philosophie ohne Wissenschaft und — ohne Philosophie. Plaudite amici! Das unvergleichlichste Genie hat endlich den Stein der Weisen entdeckt.

Da es aber doch ernstlich genommen zu arg wäre, der Welt eine Philosophie ohne Wissenschaft anzusinnen, so lenkt Schopenhauer alsbald klüglich wieder ein, und in einem späteren Aphorismus (S. 303) erfahren wir, die Philosophie, sofern sie nicht Erkenntniss nach dem Satze vom Grunde sei, müsse zwar allerdings der Kunst beigezählt werden, allein da sie die Idee, nicht, wie die andern Künste, als Idee, d. h. intuitiv, sondern in abstracto darstelle und da alles Niederlegen in Begriffen ein Wissen sei, so sei sie insofern doch eine Wissenschaft: eigentlich sei sie ein Mittleres von Kunst und Wissenschaft, oder vielmehr Etwas, das beide vereinige. Auf diese Weise verlässt also die Philosophie den Weg der Wissenschaft und verlässt ihn auch nicht, tritt zu den Künsten über und tritt auch nicht zu ihnen über, ist also weder Wissenschaft, noch Kunst und doch Etwas, was beide miteinander vereinigt. — So ist es mit der Logik, der Consequenz und der gerühmten Klarheit der Schopenhauer'schen Philosophie bestellt und wie hier, so in anderer Weise an hundert Stellen seiner Schriften.

Die Aphorismen geben uns aber noch einige Gesichtspunkte für das, was für Schopenhauer Philosophie ist, an die Hand, die wir in diesem Zusammenhang nicht übergehen zu dürfen glauben. Wir wollen uns hier nicht dabei aufhalten, dass Schopenhauer einer flachen sensualistischen Erkenntniss-Theorie huldigt, wenn er (S. 303) sagt: „Werden aus der menschlichen Anschauung überhaupt, wie sie auch sei, Resultate und allgemeine Wahrheiten in abstracte Begriffe abgezogen, so gibt dies eine Philosophie." Aber er folgert jedenfalls sonderbare Dinge aus dieser flachen Voraussetzung.

„Da die Begründung der Philosophie," sagt er, „allein in der Anschauung liegt, aus der sie sich gleichsam abgesetzt hat, so muss sie verschieden ausfallen, je nachdem die Anschauung ist, auf die sie sich bezieht. Hieraus folgt, dass es gar keine für alle Menschen vorhandene und allgemeingültige Philosophie geben kann. Denn der Unterschied im Grade der Intelligenz ist viel zu gross. Die wahre Philosophie, wenn sie erscheint, wird nur für Wenige, für Köpfe erster Gattung wirklich gültig sein. Neben ihr wird es immer noch andere Philosophien für die zweite, dritte, vierte Klasse geben müssen, wovon die für die unteren Klassen meistens im

Gewande absoluter Autorität, d. h. als Religionen, erscheinen. . . .
Die Philosophie nimmt alle Kräfte des Geistes und den höchsten
Schwung derselben in Anspruch und da thut sich denn die diver-
sitas captus hominum zu sehr hervor. Es ist das Resultat der
sämmtlichen Geisteskräfte, welches die Philosophie zu Tage fördert,
und das fällt zu verschieden aus. . . . Für die verschiedenen
Klassen von Menschen ist eine von Grund aus verschiedene Philosophie nöthig, und die höchste ist natürlich für die Wenigsten. . . .
Daraus folgt ferner, dass die ächte Philosophie nicht geeignet ist,
vom Katheder als für Alle gemacht gelehrt zu werden; sondern
von ausserordentlichen Geistern für ausserordentliche Geister gemacht, muss sie, in Schriften aufbewahrt, Jedem, der sie sucht und
bedarf, zugänglich sein; den Uebrigen bleibt sie ein verschlosse-
nes Buch."

Man sieht aus diesen 'Aphorismen deutlich, dass Schopenhauer
im Grunde von der wissenschaftlichen Forschung für die Lösung
der Probleme der Philosophie nichts Befriedigendes erwartet und
deshalb den salto mortale in die Kunst hinüber macht und nun dem
Genie überträgt, seine originellen und geistreichen Anschauungen
so gut es geht in Begriffe oder auch nur in den Schein von Begriffen zu übertragen, um etwas herzustellen, was wenigstens den
Schein von Philosophie an sich trage. In der That ist Schopenhauer's sogenannte Philosophie ein philosophischer Roman und entbehrt mehr als jedes andere philosophische System der neueren
Zeit wissenschaftlicher Methode und Begründung.

Die Willkür des Schopenhauer'schen Denkens geht ins Unglaubliche. Kaum hat er uns seine Verzweiflung an der Erreichbar-
keit eigentlichen und strengen Wissens in den Gegenständen der
Metaphysik vorgetragen, so ist doch wieder nach ihm eigentlich
nur soviel wahr, dass eine erschöpfende und jeder Frage genügende
Kenntniss wahrscheinlich nicht erreicht werden werde. Und
warum? Weil es den Hochmuth Schopenhauer's verdriesst und
ärgert, dass man aus der zugegebenen Unmöglichkeit strengen
Wissens in metaphysischen Dingen folgern könnte, „dass jede Meinung darüber so fern von der Wahrheit wäre, als die andern, und
dass Plato, Kant und Spinoza (sich behält er im Sinne) nicht mehr
davon gewusst hätten, als jeder Karrenschieber." Meinen und Wissen
fliesst hier unterschiedslos ineinander. Kaum aber hat er die Erlangung erschöpfender metaphysischer Kenntniss nur als nicht wahrscheinlich hingestellt, so behauptet er (S. 335) mit Nachdruck, die
Dunkelheit, welche über unser Dasein verbreitet sei, sei keineswegs
nur relativ, sondern absolut und ursprünglich. Es genirt ihn nicht im

Geringsten, dass in diesem Falle die Erlangung metaphysischer Einsicht nicht bloss nicht wahrscheinlich, sondern ganz und gar unmöglich wäre. Als ob er übermenschlichen Tiefsinn ausspreche, findet er diese hier behauptete Unmöglichkeit metaphysischer Erkenntniss daraus erklärlich, „dass das innere und ursprüngliche Wesen der Welt nicht Erkenntniss ist, sondern allein Wille, ein Erkenntnissloses." Muss man hier nicht sagen: darin liegt kein Verstand, sondern purer Unverstand, metaphysisches Wissen für unmöglich zu erklären und doch w i s s e n zu wollen, dass das Wesen der Welt nicht Erkenntniss sei, gleichwohl aber Wille? Ist metaphysisches Wissen unmöglich, so ist es auch unmöglich zu wissen, dass das Wesen der Welt nicht Erkenntniss, gleichwohl aber Wille sei. Unter der von Schopenhauer gemachten Voraussetzung kann man darüber ganz und gar nichts wissen, wie Kant hinlänglich, ja schlagend gezeigt hat, und jede Behauptung darüber sinkt zur bedeutungslosen Meinung herab. Ueber den Charakter subjectiver Meinung geht die gesammte Philosophie Schopenhauer's nicht hinaus und er ist sich dessen sogar bewusst, ohne dass er darum den Anspruch aufgäbe, das Grösste und Tiefste geleistet zu haben. Diese Meinung wird von ihm weder logisch, noch bescheiden, sondern verworren, sich selbst widersprechend, anmaassend und hochmüthig vorgetragen. Für diese grellen Fehler und gehäuften Mängel können die zahlreich mitunterlaufenden geistreichen Einfälle nicht entschädigen.

Gerade sein Skepticismus ist es, der seinem Hochmuth die stärkste Nahrung gibt. Ueberzeugt, dass wir nichts Rechtes wissen könnten, glaubt er durch Genie, d. h. im Grunde durch die Einbildungskraft, ersetzen zu sollen und bis auf einen gewissen Grad zu können, was ihm die Wissenschaft versagt. In der Ueberschätzung seiner genialen Begabung geht er so weit, dass er sich nicht scheut, obgleich er den Menschen vom Affen ableitet und einen vernünftigen Affen nennt, zu erklären (S. 352): „Dass der so unermessliche Unterschied zwischen Menschen h ö h e r e r u n d n i e d e r e r A r t nicht hingereicht hat, zwei Species zu constituiren, könnte Einen wundern, wohl gar betrüben." Es versteht sich von selbst, dass Schopenhauer auf der Spitze der Pyramide der höheren Species gestanden haben würde. Allein auch so glaubt er auf der Spitze der Pyramide der Genies des Menschengeschlechts zu stehen. Möchte er doch so hohem Anspruche genügt haben! Wir würden ja Alle dabei gewonnen haben, ein so unvergleichliches Wunder des Geistes in unserer Mitte zu sehen. Wenn wir aber seine Schriften aufmerksam prüfend durchwandern, entdecken wir zu unserm Erstaunen, dass er mindestens in zahlreichen Stellen nicht den einfachsten Regeln der Logik genügt, dass jedem fähigen Kopfe zahllose Fehler gegen die Logik aus seinen Schriften entgegenspringen und dass auch in den fehlerfreieren und selbst in den geistreichsten Partien absolut nichts auftritt, was nicht von jedem nicht mittelmässigen Kopfe ganz wohl verstanden werden könnte. Hinzu kommt, dass wenigstens der weitaus grösste Theil seiner Gedanken nicht neu ist und dass er gerade den beachtenswerthesten Theil derselben Anderen, wenn auch nicht ohne eigenthümliche Umformung, entnommen hat, bald mit Zugeständniss, bald ohne Erwähnung, bald unter Ableugnung. Eine höhere Schöpferkraft des Geistes können wir daher Schopenhauer gar nicht zuschreiben, sondern kaum erheblich mehr als eine seltene Energie der Aneignungskraft, der Ausprägung der Gedanken und eine bewundernswerthe Virtuosität der Darstellungskunst, die es mit der Logik nichts weniger als genau nimmt und mehr auf Ueberredung als auf Ueberzeugung ausgeht. Daher er sich fast beständig in Bildern und allerdings nicht selten in geistreichen ergeht und sich in brillanten Vergleichen gefällt.

Taugt seine Metaphysik nichts, so ist es auch unmöglich, dass seine Ethik etwas tauge. Der Naturalismus kann keine Ethik begründen und desshalb auch keine Rechts- und Staatslehre. In den Aphorismen zur Geschichte der Philosophie (S. 317) behauptet Schopenhauer: Spinoza gebe eine zwar gut gemeinte, aber sehr schlechte Ethik, da durch die gröbsten, plumpsten Sophismen aus egoistischen Principien reine Moral abgeleitet werde. Aber Schopenhauer zieht mit Spinoza an einem Strange, insofern sie beide einen (pantheistischen) Monismus und Determinismus lehren, womit keine wahrhafte Ethik vereinbar ist. Doch steht Spinoza schon durch seine wissenschaftlichere Behandlung der Probleme höher und wo Schopenhauer tiefer zu graben sucht, da fällt er in einen Abgrund von Unsinn und Widerspruch.

Die Aphorismen des vorliegenden Buches zur Rechtslehre, Politik, Geschichte, Völkercharakteristik, Ethik u. s. w. sind ein kunterbuntes Gemisch von geistreichen und nichtgeistreichen Einfällen über alles Mögliche, was irgend wie auf das Practische bezogen werden kann, ohne Princip, ohne Zusammenhang und öfter auch ohne Consequenz. Ein näheres Eingehen darauf würde in eine endlose Polemik verwickeln, wozu jedenfalls der Ort hier nicht ist. Nur einige hervorspringende Punkte sollen noch kurz berührt werden.

Nicht weit von einander stehen die beiden Aphorismen:
„Die anderen Welttheile haben Affen; Europa hat·F r a n z o s e n.
Das gleicht sich aus.“

„Den Deutschen hat man vorgeworfen, dass sie bald den
Franzosen, bald den Engländern nachahmen: das ist aber gerade
das Klügste, was sie thun können, denn aus eigenen Mitteln bringen sie doch nichts Gescheidtes zu Markte.“

Der eine Aphorismus ist so trivial und unverschämt als der
andere. Mehr ist nicht nöthig darüber zu sagen und nur das allenfalls kann noch bemerkt werden, dass die Franzosen zu hellen
Geistes sind, um sich vom Schopenhauerianismus betrügen zu lassen,
und die Deutschen zu reich an bewunderungswürdigen Geistesgrössen, um nicht einen Vorwurf vollkommen werthlos und nichtig
zu finden, der von einem zwar begabten aber stark verschrobenen
Manne ausging, welcher trotz reichlicher Benutzung von Gedanken
französischer und englischer Schriftsteller doch nichts Gescheidtes,
d. h. Stichhaltiges, Dauerndes und Gründliches zu Markte gebracht hat.

Die gründliche Verworrenheit Schopenhauer's in Rücksicht
der Probleme der Ethik springt uns aus allen Blättern dieser Aphorismen entgegen. Wer so etwas schreiben kann, wie das in dem
folgenden Aphorismus (S. 391) Ausgedrückte, ist von vorn herein
unfähig, eine Ethik zu begründen. Schopenhauer sagt:

„Das Sollen hat Bedeutung überall, wo Gesetz ist; also auch
in der Natur. Es kommt nur zur Sprache, wo dem Gesetz nicht
Genüge geschieht; denn ausserdem tritt das I s t ein. Das Schaf
soll vier Beine haben, ist aber mit Dreien geboren. Die Bombe soll
eine Parabel beschreiben, der Widerstand der Luft verhindert es.“

Mit diesem Gerede meint Schopenhauer Kant widerlegt zu
haben, wenn der Letztere in der Kritik der reinen Vernunft sagt:
„Das Sollen drückt eine Art von Nothwendigkeit und Verknüpfung
mit Gründen aus, die in der ganzen Natur sonst nicht vorkommt.
Der Verstand kann von dieser nur erkennen, was da i s t, oder gewesen i s t, oder sein wird. Es ist unmöglich, dass darin etwas
anders s e i n s o l l, als es in allen diesen Zeitverhältnissen in der
That ist, ja das Sollen, wenn man bloss den Lauf der Natur vor
Augen hat, hat ganz und gar keine Bedeutung. Wir können gar
nicht fragen: was in der Natur geschehen soll; ebensowenig, als:
was für Eigenschaften ein Cirkel haben soll, sondern was darin geschieht, oder welche Eigenschaften der letztere hat.“

Es ist als ein grosses Verdienst Kant's zu erachten, dass er
das Sollen als ethische Kategorie von der gesammten Natur aus-

schloss und auf den endlichen Geist, inwiefern er Willenswesen ist, einschränkte.

Darin mit liegt der tiefsittliche Charakter seiner Lehre, welcher in so hohem Grade dazu betrug, der Kantischen Philosophie eine so gewaltige Wirkung und eine wahrhaft weltgeschichtliche Bedeutung zu sichern. Könnte man die Kantische Philosophie ihrer ethischen Grundlage berauben, so würde ihr theoretischer Theil noch immer um Sonnenweiten erhaben über den Schopenhauerianismus bleiben, aber es wäre um den eingreifendsten Theil ihres Bestandes geschehen. Die Lehre Schopenhauers hat als die Caricatur einer Fortbildung der Kantischen Philosophie unter dem Vorwande einer tieferen Begründung des Kriticismus diesen der ethischen Grundlage wirklich beraubt, ist aber eben darum, anstatt über Kant emporzusteigen, tief unter ihn hinabgesunken. So wenig man von den Disteln und Dornsträuchen Trauben pflücken kann, so wenig lässt sich dem Naturalismus eine Ethik entlocken. Es entspricht ganz dem Geist oder Ungeist, dem Wesen oder Unwesen des Naturalismus, den Begriff des Sollens (im ethischen Sinne) auch auf die Natur zu übertragen. Durch welchen Kniff, wenn er gelingen könnte, liesse sich die Bedeutung des Sollens für den Geist besser verwischen und aufheben, als durch den Schopenhauers, das Sollen auch auf die Natur zu erstrecken, d. h. den Unterschied von Geist und Natur aufzuheben und also im Geiste kein anderes Sollen anzuerkennen, als wir es auch, wie Schopenhauer gefunden haben will, in der Natur zu gewahren vermögen.

Es bedarf hier keiner Untersuchung, ob es noch andere Arten des Sollens geben mag, als das ethische Sollen. Es genügt, einzusehen, dass das Sollen, welches sich als ethischer Imperativ an den Willen des endlichen Geistes wendet, in keiner Weise directe Anwendung auf irgend ein Naturwesen finden kann. Es ist auch ganz unrichtig, dass, wie Schopenhauer meint, das Sollen nur zur Sprache komme, wo dem Gesetz nicht Genüge geschehe. Vielmehr geht das ethische Sollen als Erkenntniss der Pflicht der Wahl des Willens voraus, begleitet sie und folgt ihr nach, nur immer anders sich im Bewusstsein offenbarend vor, während und nach der Wahl des Willens, um je nach dem Ausfall der letzteren positiv oder negativ, begründend und beseligend oder entgründend und strafend sich zu offenbaren.

Schopenhauer nennt das Wesen der Dinge Wille. Aber im Grunde ist dies nur eine Metapher, in Wahrheit ist dies Wille genannte Wesen nichts Anderes als blinder Trieb. Trotz aller Umhüllungen ist seine Lehre, im Grunde und sofern sie nicht idealistische Phantastik ist, Naturalismus, den man auch monistisch-dynamischen Materialismus nennen könnte. Begreiflicherweise behauptet er daher auch, dass man auf den einmal erkannten Willen und dessen Wirken so fest bauen könne wie auf eine Naturkraft. Natürlich, da ihm ja der Wille nichts Anderes als Naturkraft ist. So gewiss das Feuer zündet, sagt er, und das Wasser nässt, so gewiss handelt der Wille nach dem Motive, das sich als das stärkere für ihn erwiesen. Einsicht, Erkenntniss, fährt er fort, kann man erlangen und wieder verlieren, kann sie ändern, bessern, verderben; aber den Willen kann man nicht ändern: darum „ich begreife," „ich erkenne," „ich sehe ein," — ist wandelbar und unsicher; „ich will," nach recht erkannten Motiven gesagt, ist fest wie die Natur selbst. Aber in den „recht erkannten Motiven" liegt die Schwierigkeit: theils kann die Erkenntniss der Motive sich ändern, berichtigen oder verfälschen; theils kann die Lage des Menschen eine andere werden. — Indem der Mensch, ruft Schopenhauer aus, sagt: „Dies will ich!" — hat er gesagt: „Dies muss ich."

Nach diesen Erklärungen hat es den Anschein, als ob Schopenhauer einen Determinismus des Willens, aber einen Indeterminismus des Intellekts lehre. Das wäre denn freilich sehr inconsequent. Da er jedoch anderwärts lehrt, dass doch aller Zufall im Grunde Nothwendigkeit sei (S. 395), so kann es mit diesem Unterschied nicht ernst gemeint sein. Gehen wir also darüber hinweg und untersuchen wir bloss die Begründung seines Determinismus des Willens. Wäre es erweisbar, dass das Wesen oder der Grund der Welt blindwirkender Trieb oder Naturkraft, von Schopenhauer ohne Berechtigung Wille genannt, sei, und dass der Intellekt, überhaupt alles Bewusstsein als eine sekundäre Hervorbringung des blinden Triebs gefasst werden könne und müsse, so unterläge es nicht dem mindesten Zweifel, dass nur ein ganz universeller Determinismus die consequente Folgerung wäre. Allein Schopenhauer hat nicht im Mindesten erwiesen, dass das Wesen oder der Grund der Welt, was Andere das Absolute nennen und welches von Schopenhauer bloss dem Namen, nicht der Sache nach verleugnet wird, nichts weiter als blindwirkender Trieb, blosse Naturkraft sei und sein könne oder bewusstloser Wille, wenn dieser Begriff einen vernünftigen Sinn hätte. Er hat dies nicht erwiesen und ist sich bewusst gewesen, dass es sich nicht beweisen lasse, wie Kant unwiderleglich gezeigt hat. Es war daher nichts als eine Unredlichkeit von ihm, jene seine Behauptung als ein sicheres Fundament der Wissenschaft geltend gemacht zu haben. Er hat ferner nicht erwiesen, dass es auch nur denkbar sei, dass der vorausgesetzte blinde absolute Wille, wenn er wäre, jemals aus seiner

Blindheit heraustreten, d. h. aus seinen puren blinden Kräften das
Bewusstsein, den Intellekt, wenn auch nur als verschwindendes
Phänomen, als eine Art Phosphorenz des blinden Triebs, hervorbringen könne. Den Unsinn der Behauptung des Hervorganges des
Bewusstseins aus dem Bewusstlosen hat Schopenhauer so wenig als
irgend ein anderer Naturalist oder Materialist in Sinn zu verwandeln
vermocht, und obgleich er den Intellekt und ganz besonders seinen
eigenen für einen Zauberer sonder Gleichen hielt (S. 312), so hat er
doch diese Zauberei in keiner Weise zu Stande zu bringen vermocht.
Alle Anstrengungen, die er zur Bewirkung dieses Zauberwerkes
macht, sind klarer und barer Unsinn. Das wäre genug, um seine
Anmassungen zurückzuweisen. Aber wir müssen doch noch einen
Blick darauf werfen, wie er sich die Erscheinung des ewigen, einigen,
untheilbaren Willens in den empirischen menschlichen Individuen
vorspiegelt. Das ist haarsträubender Unsinn, mehr als Alles, was
der Manichäismus oder irgend eine gnostische Sekte in falschem
Mysticismus vorgetragen haben.

Nach Schopenhauer ergiesst sich der ewige, unendliche, zeit-
und raumlose, vielheitlose, untheilbare blinde Wille in unersättlicher
Gier, von unendlicher Zeit her und in unendliche Zeit hin in absolut
zahllose Erscheinungsformen, die eine Zeit lang dauern und wieder
untergehen, um andern Platz zu machen, in denen sie ihrem Wesen
nach doch wiedererscheinen. Der Widerstreit, der in allen waltet,
steigert sich im Menschen auf den höchsten Gipfel und erscheint
hier als angeborener Egoismus und radicale Sündhaftigkeit, die über
alle durch ihr blosses Dasein verhängt ist. Ausdrücklich wird von
Schopenhauer (S. 398) behauptet, der Wille sei ausserzeitlich, ewig,
und der Charakter angeboren, also der Ewigkeit entsprossen. Da
der Charakter angeboren sei, so liesse sich denken, dass Einer gewissermassen ein angebornes schlechtes Gewissen habe, ohne grosse
Bosheiten verübt zu haben. Nimmt man hinzu, dass der Mensch
dennoch nicht unsterblich sein soll, weder a parte ante, noch a parte
post, d. h. dass er vor seinem Geborenwerden als bewusstes Wesen
nicht war und nach seinem Tode oder doch nach dem Ablauf irgend
einer bestimmten Zeit als bewusstes Wesen nicht sein wird, so kann
die behauptete Ewigkeit des im Menschen erscheinenden Willens
und, da dieser von Hause aus böse ist, der in ihm unvermeidlich
erscheinenden Bosheit unmöglich seine Schuld sein, sondern muss
die Schuld des ewigen, einigen, untheilbaren Willens (Allwillens)
sein, dieser muss seinem Wesen nach böse sein oder was dasselbe
ist, seinem Wesen nach und mit Nothwendigkeit sich in lauter bösen
Erscheinungsformen offenbaren. Gott oder das, was Schopenhauer

an die Stelle Gottes setzt, der ewige, untheilbare, blinde Wille ist zum Teufel gemacht, oder Gott und Teufel sind ein und dasselbe Wesen, die zwei Urprincipien des Manichäismus sind ein und dasselbe Wesen geworden, und die Teufelsanbetung könnte an die Stelle der Gottesanbetung treten, wenn in diesem Systeme überhaupt von Beten die Rede sein könnte. Indem aber alle Schuld des Bösen und der Leiden der Welt auf den ewigen, einigen, untheilbaren Willen, der Alles in Allem ist, zurückgeworfen wird, wird derselbe zugleich aller Schuld entlastet. Denn da er blind und bewusstlos ist, was kann er dafür, dass er ist, wie er ist und dass er sein ewiges untheilbares Wesen in lauter nichtigen Erscheinungen, in lauter vom Bösen angefressenen Gestaltungen, und also auch in physischen und ethischen Missgeburten, Scheusalen und Ungeheuern offenbaren muss? Diess ist der geniale Tiefsinn Schopenhauers. Einen solchen blasphemischen Unsinn kramt man in Deutschland als tiefe Weisheit aus! Ein solches corruptes Denken findet in Deutschland bewundernde Verehrer! Wenn sich die Bewunderung bloss auf den Aufwand von geistreichen Einfällen bezöge, womit Schopenhauer seine widerspruchvollen Gedanken ausstattet und haltungslos genug zu stützen sucht, so wäre wenig zu erinnern. Aber sie geht weiter und gibt sich einer beklagenswerthen Verblendung über den wissenschaftlichen Werth und Ideengehalt der Schriften Schopenhauers hin. Lange wird diese Verblendung, welche wohl keinen einzigen nennenswerthen Philosophen, sondern nur ein Häuflein ungründlicher Dilettanten beherrscht, freilich nicht dauern.

Nach dem dargelegten Charakter der Philosophie Schopenhauers kann man sich leicht vorstellen, welchen Galimathias von Behauptungen man in den Aphorismen dieses Buchs über Religion und Theologie, Theismus, Pantheismus und Atheismus zu verdauen haben wird. Nicht als ob wir leugnen wollten, dass nicht auch in diesen Aphorismen die seltene Begabung Schopenhauers sich offenbarte. Keineswegs, aber wir können nicht einräumen, dass diese Expektorationen, welche an Verständlichkeit der Gesinnung allerdings wenig zu wünschen übrig lassen, irgend von wissenschaftlichem Werthe und tiefem Gehalte seien. Zur Probe wollen wir einige seiner prägnantesten Behauptungen in diesem Theile der Aphorismen einer Prüfung unterwerfen. Gleich zu Anfang derselben tritt der völlige Nihilismus des Systemes ungescheut hervor.

Ungescheut eingestandenermassen nur darum, weil er damit nichts für sein liebes Ich aufs Spiel zu setzen überzeugt ist. „Seitdem," sagt er (S. 440), „die ultima ratio theologorum, der Scheiterhaufen, nicht mehr ins Spiel kommt, wäre eine Memme, wer noch

viel Umstände mit Lug und Trug machte." Wer die Feigheit kennt,
die Schopenhauer Zeit Lebens eigen war, wird sich überzeugt halten,
dass er schon viel geringeren Gefahren gegenüber als der des
Scheiterhaufens, welche von den Hierarchen, nicht von den Theologen
errichtet wurden, verstummt wäre oder doch zahm und versteckt sich
geäussert haben würde. Es lässt sich wohl mit Schopenhauer sagen
(S. 384): „Der Tod des Sokrates und die Kreuzigung Christi gehören zu den grossen Charakterzügen der Menschheit." Schopenhauers
Leben aber gehört zu den kleinen Charakterzügen der Menschheit.

Kann man blasphemischer über Religion urtheilen, als Schopenhauer gethan hat gleich zu Anfang der Aphorismen über Religion
und Theologie (S. 426), wenn er sagt:

„Die solideste Wohlthat, welche eine aufrichtig geglaubte Religion gewährt, ist die, dass sie die Leere und Schaalheit des Lebens
auf eine vortreffliche Weise ausfüllt, indem sie eine ganze zweite
unsichtbare Welt neben der wirklichen schenkt und einen beständigen interessanten, hoffnungsvollen Umgang mit den Wesen jener
zweiten Welt gewährt. So beschäftigten den frommen Hindu, den
Griechen, den Katholiken früherer Zeiten immerfort seine Götter
und Heilige, denen Opfer, Gebete, Tempelverzierungen, Gelübde
und deren Lösung, Messen, Sakramente, Begrüssung und Schmückung
der Bilder, Wallfahrten u. s. w. zu leisten waren: jedes Ereigniss
des Lebens wurde nun als Gegenwirkung jener Wesen angesehen,
und so nahm der Umgang mit ihnen fast die halbe Zeit des Lebens
ein, war viel interessanter, als der mit Menschen, und verzierte so
das Leben durch eine poetische Täuschung, die ihm fortdauernden
Reiz gab und stets die Hoffnung unterhielt. Und Täuschung ist
zuletzt alles Glück. Das Alles kann freilich nur eine Religion
leisten, die ernstlich geglaubt wird und reich an geträumten Göttern
und Heiligen ist und viele Ceremonien fordert: nicht kann es ein
platter, abstracter, streng monotheistischer und vernünftiger Protestantismus; daher Goethe vollkommen Recht hat in dem, was er
in seinem Leben über die Sacramente der Katholiken und Protestanten sagt. Unsere Zeit, wo die Religion fast ganz erstorben ist,
entbehrt jener zauberischen Unterhaltung. Doch ist die Befreiung
von Irrthümern, selbst wenn sie beglückten, immer Gewinn. Auch
hat jener Götter- und Heiligendienst überall den Nachtheil, dass
man bei vorkommenden Unfällen, statt thätig ihnen entgegenzu-
arbeiten, Kräfte und Zeit auf Gebete und Opfer verwendet."

Wir zeichnen diese Stelle aus, weil sich in ihr die ganze Ge-
haltlosigkeit und Trivialität Schopenhauers aus dem geistreich
scheinenden Geflitter der Worte und Sätze heraus leicht erkennen

lässt. Nicht wird hier etwa angeblich oder wirklich falschen Religionen die wahre Religion oder Religionsphilosophie gegenüberge-
stellt, sondern es werden alle Religionen, es wird alle Religion für
Illusion erklärt und gesagt: die einzige Rettung aus dem Zauber
der Illusionen ist die Einsicht, dass Alles Illusion ist. Die Befreiung
von Irrthümern ist Gewinn, aber der Gewinn besteht in der Erkenntniss, dass nichts zu gewinnen ist, dass wir den Irrungen und
Täuschungen nicht entrinnen können, so lange unser Bewusstsein
dauert, dass wir nichts waren, nichts sind — denn Erscheinungen
sind kein Sein — und nichts sein werden. Es hat zwar den Anschein, als wenn wenigstens der ewige unendliche untheilbare blinde
Wille und seine ewige Offenbarung in nichtigen Erscheinungen
ewig bliebe. Aber auch das ist nur Illusion. Denn „so oft ein
Mensch stirbt, geht eine Welt unter, nämlich die er in seinem Kopfe
trägt: je intelligenter der Kopf, desto deutlicher, klarer, bedeutender,
umfassender diese Welt: desto schrecklicher ihr Untergang. Mit
dem Thiere geht nur eine ärmliche Rhapsodie oder Skizze einer
Welt unter." (S. 413.) Kein Objekt ohne Subjekt, und wenn auch
kein Subjekt ohne Objekt, so hindert dies nicht, dass, wenn alle
Subjekte verschwunden wären, auch kein Objekt mehr vorhanden
wäre. Das Universum gleicht daher nicht sowohl einem Fangball,
welcher von Bewusstsein zu Bewusstsein zugeworfen und je nach
der Fassungskraft der bewussten Wesen klarer oder unklarer, bedeutender oder unbedeutender wird, sondern vielmehr der Sonne
einiger Philosophen des Alterthums, welche Abends unterging und
Morgens immer wieder neu entstund. Aber auch das ist nicht ganz
zutreffend, sondern es existiren eigentlich so viele Universa in allen
Graden der Bedeutsamkeit und Unbedeutsamkeit, als bewusste Wesen
existiren, und in jedem Augenblicke gehen unzählige Welten unter
und entstehen unzählige neue. Alles in der Vorstellung der bewussten Wesen, ausser welchen es keine Objekte geben kann.

Zwar versichert uns Schopenhauer (S. 414), die Wurzel unseres
Bewusstseins liege ausser dem Bewusstsein, woraus sich nur der
Unsinn ergäbe, dass das Bewusstsein aus dem Bewusstlosen entsprungen wäre, aber er versichert uns mit derselben Zuversicht das
dem schnurstracks Widersprechende, dass alles Objekt durch das
Subjekt bedingt und dass ein Objekt, eine Welt ausser dem Subjekt,
ausser dem Bewusstsein undenkbar sei. Er meint also den einen
Widersinn durch den entgegengesetzten Widersinn corrigiren zu
können und diesen durch jenen. Er erreicht keine Beseitigung,
Ausgleichung oder Versöhnung des Widerspruchs, sondern er koppelt
zwei Unsinnigkeiten wie zwei gegen einander wüthige Bestien

aneinander und nennt diese Koppelung harmonische Vereinigung und
gegenseitige Ergänzung. Idealismus und Realismus des Schopenhauerschen Systems fressen sich gegenseitig auf und lassen nichts
als den Nihilismus zurück. Nicht blos sein Idealismus, sondern auch
sein Realismus ist phantastisch, wie sollten sie nicht zusammen in
hohlen, leeren Schatten zerfliessen? Dass Schopenhauer so viel von
der Leerheit, Schaalheit und Langeweile des Lebens zu erzählen
weiss, und sie so tief zu empfinden scheint, das mag wohl mit
Ahnungen tieferer Bedürfnisse zusammengehangen haben. Aber weit
mehr war es doch seine Genusssucht, die ihn so viel von Leerheit
und Schaalheit des Lebens sprechen lässt. Hätte er sich die Pflichten
eines ernsten Amtes zur Förderung des wahren Wohles der Bürger
des Staates auferlegt, oder doch seine freie Musse zur Schriftstellerthätigkeit in einem Grade und Umfang verwendet, wie es seinen
Anlagen angemessen war und wie es in gleicher Lage sicher von
einem Kant, Fichte, Schelling, Hegel, Herbart etc. geschehen sein
würde, so würde er das eigene Leben und das Leben Anderer nicht
so leer und schaal gefunden haben. Dass die sinnlichen Genüsse,
die er mit Heftigkeit suchte, in ihm das Gefühl der Leerheit und
Schaalheit zurücklassen würden, dass die Art des Glückes, welcher
er nachlief, sich als Täuschung erweisen würde, nicht ohne in ihm
den Stachel des Gewissens zurückzulassen, die Selbstachtung zu
mindern und den Schwung seines Geistes zu lähmen oder in krankhafte Bewegungen zu versetzen, das hätte ihm jeder Moralprediger
voraussagen können. Aber er achtete nicht einmal auf die ethischen
Lehren seines grossen Lehrers Kant, sondern lauschte früh auf die
Sirenenstimme des Epikuräismus (S. 131), den er mit einem phantastischen Mysticismus verband. Ein guter Theil seiner Klagen über
die Leiden des Lebens ging aus seiner Verweichlichung und Genusssucht hervor und er hatte kein Verständniss für den Heroismus
der Tugend, der vor Allem sich strenge Pflichterfüllung auferlegt,
die Leiden standhaft erträgt und weiss, dass man nur durch Ertra-
gung der Leiden über sie sich erheben, schon dadurch sie mindern
und zuletzt überwinden kann. Er aber kennt keine andere Ueberwindung der Leiden, als den Untergang, die Auslöschung des Bewusstseins. Dieser Untergang soll nur dann möglich werden, wenn
der Wille nichts mehr will. Dass aber der Wille jemals gar nichts
wollen könne, ist ganz undenkbar. Er kann nur von einem bestimmten
Willen sich zum andern wenden, er kann nur aufhören, dieses zu
wollen, um jenes zu wollen, und wenn das Bewusstsein nur erlöschen
kann, wenn zuvor der Wille erloschen ist, so wird das Bewusstsein
niemals erlöschen. Wenn es im Begriff des endlichen Wesens liegt,

wie Schopenhauer will, unterzugehen, so wird es untergehen, es mag etwas wollen, oder es mag nichts wollen, wenn dies möglich wäre. Kann es aber durch Böses-Wollen sich in seiner Individualität erhalten,*) so wird es ins Endlose fort Böses wollen können und sich also ins Endlose hin in seiner Individualität erhalten können und dann kann es nicht in seinem Begriff liegen, unterzugehen. Schopenhauers Gedanken widerstreiten sich selbst an unzähligen Punkten.

Kein Leiden kann der Intensivität nach unendlich sein. Jedes endliche Leiden aber kann der individuelle Wille ertragen, wenn er will. Die Grade der Willenskraft sind nicht zu ermessen und dem intensivsten Leiden kann die Willenskraft noch immer überlegen sein. Auf diesem Wege lässt sich kein Beweis für die Nothwendigkeit endlichen Untergangs des individuellen Willens führen.

Schopenhauer versichert uns (S. 432), Meister Eckhart (er schreibt Eckhard) habe wundervoll tiefe und richtige Erkenntniss; allein die Mittheilung derselben sei bei ihm dadurch verdorben, dass die christliche Mythologie völlig zur fixen Idee bei ihm geworden sei. Er fährt fort: „Buddha, Eckhard und ich lehren im Wesentlichen dasselbe, Eckhard in den Fesseln seiner christlichen Mythologie. Im Buddhaismus liegen dieselben Gedanken, unverkümmert durch solche Mythologie, daher einfach und klar, soweit eine Religion klar sein kann. Bei mir ist die volle Klarheit."

Diese Behauptung ist in Betreff Eckharts jedenfalls grundfalsch. Wenn man bei ihm auch von den specifischen katholischen Dogmen absieht, so bleibt die Grundlage seiner Lehre die Persönlichkeit Gottes, die Freiheit und die Unsterblichkeit und steht daher im schärfsten Gegensatze zur Lehre Schopenhauers. Ob Buddha unter dem Nirvana wirklich eine Erlöschung der Persönlichkeit sich vorstellte, ist zwar die gemeine Meinung, aber beachtenswerthe und gewichtige Stimmen räumen es nicht ein, und die Entscheidung darüber ist immer noch abzuwarten. Die volle Klarheit Schopenhauers aber ist nichts als eine ganz exorbitante Einbildung von ihm. Wohl weiss er fast immer seinen Gedanken einen prägnanten und stilistisch ansprechenden Ausdruck zu geben, aber fast überall waltet eine blosse Scheinklarheit, und es gibt kaum einen widerspruchsvolleren Denker als Schopenhauer. In Rücksicht der Logik und Consequenz hält er nicht einmal die Vergleichung mit den Philo-

---

*) Wie Schopenhauer zwar behauptet, aber in demselben Athem doch damit wieder verneint, dass ihm Tod mit der Auflösung des Bewusstseins zusammenfällt, wobei doch seltsamer Weise der Wille, wenn er böse blieb, als individueller fortdauern soll.

sophen mittleren Ranges aus, geschweige mit den Philosophen ersten
Ranges. Idealismus, Naturalismus, Mysticismus, Phantastik mischen
sich in ihm bunt unter einander und die verhältnissmässig geringe
Summe haltbarer guter Gedanken in seinen Schriften stammt grösstentheils von Anderen und selbst der Hauptstamm seiner theoretischen
Verkehrtheiten ist nicht auf eigenem Boden gewachsen. Nur die
Uebertreibungen und phantastischen Verzerrungen derselben und
die Ausstattung mit brillanten Lichtern und Irrlichtern gehören
ihm eigen.

Kann man z. B. etwas gründlicher Verworrenes lesen, als den
folgenden Aphorismus Schopenhauers (S. 435).

„Man hat Gott nach und nach, besonders in der scholastischen
Periode und später, angekleidet mit allerhand Qualitäten: die Aufklärung aber hat genöthigt, ihn wieder auszukleiden, ein Stück nach
dem andern, und man zöge ihn gern ganz aus, wenn nicht der
Skrupel wäre, es möchte sich dann ergeben, dass blos Kleider wären
und nichts drin. Nun sind zwei unablegbare Gewänder, d. h. unzer-
trennliche Qualitäten Gottes, Personalität und Causalität. Diese
müssen immer im Begriff Gottes vorkommen, sind die nothwendigsten
Merkmale; sobald man sie wegnimmt, kann man wohl noch von
Gott reden, ihn aber nicht mehr denken. Ich aber sage: in dieser
zeitlichen, sinnlichen, verständlichen Welt gibt es wohl Persönlichkeit
und Kausalität, ja sie sind sogar nothwendig. Aber das bessere
Bewusstsein in mir erhebt mich in eine Welt, wo es weder Persönlichkeit und Kausalität, noch Subjekt und Objekt mehr gibt. Meine
Hoffnung und mein Glaube ist, dass dieses bessere, übersinnliche,
ausserzeitliche Bewusstsein mein einziges werden wird: Darum hoffe
ich, es ist kein Gott. — Will man aber den Ausdruck Gott sym-
bolisch gebrauchen für jenes bessere Bewusstsein selbst, oder für
Manches, das man nicht zu sondern und zu benennen weiss; so
mag's sein, doch dächte ich, nicht unter Philosophen."

Es dürfte kaum möglich sein, einen Passus in den Schriften
der Philosophen aller Zeiten aufzufinden, welcher eine solche Unsumme
von Unwissenschaftlichkeit, Verworrenheit und Unsinn enthielte, als
diese Aphorismen, aus den Erstlingsmanuscripten Schopenhauers.

Wir werden uns nicht darauf einlassen, die ganze Unsumme
des hier vorgetragenen Unsinns auseinandersetzen und widerlegen
zu wollen. Nur auf einige Punkte wollen wir aufmerksam machen.
Es ist unwissenschaftlich, von Ankleiden und Auskleiden Gottes und
von Qualitäten als Kleidern und Gewändern zu sprechen. Es ist
sinnlos, sich vorzustellen, Qualitäten könnten getrennt von dem,
dessen Qualitäten sie sein sollen, noch als seiend gedacht werden.

Müssen Personalität und Kausalität immer im Begriff Gottes vorkommen, so beweist sich der gemeine Pantheismus, der sie leugnet,
als falsch und hiermit erweist sich auch Schopenhauers Lehre als
falsch, da auch sie gemeiner Pantheismus ist, wenn man auf die
Sache und nicht auf den Namen sieht, den er seinem Systeme gibt.
Da er eingesteht, das ἓν καὶ πᾶν im Sinne eines blindwirkenden
Seins oder Wesens mit dem gemeinen Pantheismus gemein zu haben,
so ist seine Lehre gemeiner Pantheismus, gleichviel ob er für seinen
blinden Willen den Namen Gottes gebrauchen will oder nicht. Der
Sache nach ist der blinde Wille sein Gott, soweit er diess nicht
wieder sinnloser Weise alterirt durch die Behauptung, alles Objekt
sei bedingt durch das Subjekt, nach welcher widersinnig idealistischen
Behauptung eigentlich sein Bewusstsein sein Gott sein müsste.
Welches nun auch sein Gott sei, ob der blinde Wille oder sein
Bewusstsein oder eine verworrene Zusammenkoppelung beider,
worüber er selber nie ins Klare kam, in allen Fällen ist sein System
der Sache nach pantheistischer Monismus.

Unter der Voraussetzung, dass Gott nicht absolute Persönlichkeit sei, kann von einer bedingten oder endlichen Persönlichkeit
gar nicht gesprochen werden. Ein blind wirkendes Absolutes kann
gar keine Persönlichkeit hervorbringen. Könnte das blindwirkende
Absolute — per impossibile — Bewusstsein hervorbringen, so wäre
dies nichts weiter als durchgängig determinirte Modification seiner
Substanz, auf keine Weise aber Persönlichkeit. Die Undenkbarkeit,
dass absolut Bewusstloses Bewusstes hervorbringen könne, hat
Schopenhauer in keiner Weise erschüttert oder entfernt. Das bessere
Bewusstsein, welches uns Schopenhauer gar nicht näher bestimmt,
soll ihn nun in eine Welt erheben, wo es weder Persönlichkeit noch
Kausalität mehr gibt, und doch erwartet (hofft und glaubt) er dort
ein übersinnliches Bewusstsein, während ihm sonst überall
das Bewusstsein im ausserzeitlichen Sein, welches ihm ein Nichtsein,
ein Nichts ist, verschwindet. War nun Schopenhauer hier so gedankenlos, das Gegentheil von dem zu sagen, was er sagen wollte,
oder hat er bald das Eine, bald sein Gegentheil gedacht und gesagt?
Natürlich müssen wir die erste Alternative für das Richtige halten;
in welchem Lichte aber erscheint dann seine Consequenz, seine
Klarheit, abgesehen davon, dass der Gedanke selbst einem seichten
Naturalismus entsprang. Damit er ja seines Bewusstseins los werde
— es muss ihn erschrecklich gequält haben — hofft er, dass kein
Gott sei. Nun ja, ist es zum Verwundern, wenn der Gewissens-
gequälte, der gleichwohl aus seiner Verstockung nicht heraus will,
er müsste denn gar nichts wollen dürfen, die Vernichtung seines

Bewusstseins wünscht und diesen Wunsch erfüllt zu sehen hofft und dessen Erfüllung zu glauben sich anstrengt?

Schopenhauer meint den Theisten in Verlegenheit zu setzen mit der Frage: „Ist dein Gott ein Individuum, oder nicht?" (S 437). Er müsste wohl nicht einen einzigen Theisten unter den Philosophen ernstlich studirt haben, wenn er nicht wüsste, dass der Theist darauf antworten wird: Freilich ist Gott Individuum, aber kein endliches, sondern das unendliche Individuum, und für das unendliche Individuum in seiner Einzigkeit ist es, um solches zu sein, sogar ganz unmöglich, gleichartigen Individuen coordinirt zu sein. Gott ist einzig und darum kann seine Individualität als unendlicher Art nicht mit den endlichen Individualitäten in eine Linie gestellt werden. Monströs und absurd ist nicht, wie Schopenhauer im Widerspruch mit andern Erklärungen von ihm sagt, der Theismus, sondern der Atheismus und Naturalismus, der thörichterweise die Gesetzmässigkeit des Alls aus dem Zufall, die Zweckmässigkeit aus dem Absichtslosen, das Bewusstsein aus dem Bewusstlosen, den Verstand und die Vernunft aus dem Verstandlosen und Vernunftlosen, den Willen aus dem blinden Triebe und also Willenlosen erklären will.

Ebensowenig setzt Schopenhauer den Theisten in Verlegenheit, wenn er sagt:

„Der Theismus muss sich zu einer von drei Annahmen bekennen:

1) Gott hat die Welt aus Nichts geschaffen: — dies streitet mit der ganz sichern Wahrheit, dass aus Nichts nichts wird.

2) Er hat sie aus sich selbst geschaffen: dann ist entweder er selbst auch darin geblieben — Pantheismus; oder, der Theil seiner selbst, der Welt wurde, trennte sich von ihm, — Emanation.

3) Er hat die vorgefundene Materie geformt: dann ist diese ihm gleich ewig und er ist blosser Demiurgos."

Der Theismus ist in jeder dieser Formen der Schöpfungslehre noch immer ehrwürdig gegenüber dem gemeinen Pantheismus, der in seinem blindwirkenden Absoluten die Vernunftlosigkeit anbetet. In der neueren Zeit wird die erste Form der theistischen Schöpfungslehre unter Anderen von H. Ritter und Ulrici, die zweite von Weisse, Fechner und wohl den meisten Theisten, die dritte von Herbart vertreten. *) Allein die letzte widerlegt sich durch die Vernunfteinsicht der Einheit des obersten Realprincips und steht in unserer

---

*) Man vergleiche H. Ritters Logik und Metaphysik II., 484 ff., Ulrici's Gott und Natur 513 ff., Weisse's Philosophie des Christenthums II. B., Fechners Zend-Avesta und Herbart's Metaphysik.

Zeit so isolirt und fremd, dass sie ausser der Herbart'schen Schule noch kaum einen nennenswerthen Vertreter finden dürfte. Die erste und die zweite Form stehen sich zwar in gewissen Fassungen unvereinbar gegenüber, wie z. B. Ulrici und Fechner nicht miteinander zu vereinigen sind, sie lassen aber sehr wohl eine Fassung zu, in welcher sie sich nicht widersprechen, sondern dieselbe Lehre sind. Dass Gott die Welt aus Nichts geschaffen habe, bleibt nach dieser Ansicht in dem Sinne immer bestehen, dass er die Welt nicht aus einem vorgefundenen Weltbildungsstoffe gemacht habe. Die Behauptung, dass Gott die Welt aus sich geschaffen habe, wird nach dieser Ansicht verworfen, wenn damit gesagt sein soll, Gott habe aus seiner Substanz die Welt gemacht, also seine Substanz getheilt und einen Theil derselben als Gott zurückbehalten und den andern zur Welt gestaltet, so jedoch, dass er in Allen die eine und gleiche Substanz geblieben sei. Sie wird aber angenommen, wenn damit ausgedrückt werden soll, dass der ewige untheilbare Gott die Welt aus dem Nichts durch seine göttliche Kraft und Kraftwirkung hervorgebracht habe. Denn auch das ist ein Aussich - Hervorbringen ohne dass darum das Hervorgebrachte, das Universum, eine Selbstmodification des Hervorbringenden, Gottes, wäre, und das Hervorgebrachte, das Universum, nur die Selbsausgestaltung Gottes. Die Vollendetheit Gottes ist die Voraussetzung der Schöpfung, die Schöpfung nicht die Fortsetzung und nicht die Ergänzung oder Vervollständigung Gottes, sondern die freie Hervorbringung von ihm verschiedener und darum bedingter Wesen.

Freiheit des Willens und Unsterblichkeit des Geistes sind nicht bloss nicht, wie Schopenhauer S. 439 meint, im Widerspruch mit der Annahme der Existenz Gottes, sondern die letztere ist sogar deren einzige Stütze. Denn nur das Bewusste kann Bewusstes hervorbringen, nur der Freie kann Freiheit begründen und zur Freiheit entlassen. Wird dagegen Gott geleugnet, so wird unausweichlich ein blindwirkendes Princip, Wesen oder Gesetz den Dingen zu Grunde gelegt, woraus sich in keiner Weise Freiheit und Unvergänglichkeit des individuellen Bewusstseins erklären lässt, und vielmehr Alles unverbrüchlicher Nothwendigkeit und Vergänglichkeit unterworfen wird.

Die verderblichste Art des Obscurantismus ist jene, welche uns das Absolute selbst verdunkelt und womit natürlich alles Andere mit verdunkelt werden muss; wie könnte uns aber das Absolute mehr verdunkelt werden, als wenn es uns als das Dunkel selbst, als die Blindheit und Lichtlosigkeit, die Urnacht, in welcher nichts sieht und nichts gesehen wird, nichts erkennt und nichts erkannt wird, vorgestellt werden will. Das blindwirkende Absolute, der blinde Wille, der einen viel zu vornehmen Namen trägt und nichts weiter ist als der blinde Naturtrieb, tappt ewig im Finstern. Was er auch vollbrächte, ergriffe, bewirkte, er sähe und wüsste nichts davon und auch das Undenkbare angenommen, er könnte eine Art Phosphoresenz durch Verdichtung oder Verdünnung, Reibung etc. erzeugen, so würde er auch darum nichts wissen und eben so blind, als er sie hervorgebracht, wieder in seine Nacht auflösen. Es gehört die Affectation von Gemüth, dessen er fast vollkommen baar ist, und die Unverschämtheit, deren er voll ist, dazu, wie Schopenhauer auszurufen: „Wenn ein Gott diese Welt gemacht hat, so möchte ich nicht der Gott sein: ihr Jammer würde mir das Herz zerreissen." (S. 441.) Wo hat je ein Jammer eines Menschen dieses Mannes Herz zerrissen? Und der Jammer der Welt sollte jemals dieses Herz zerrissen haben? Es gehört aber die Gedankenlosigkeit Schopenhauers dazu, in dem faktisch nachweisbaren Unterschiede der Charaktere vom Heiligen bis herab zum scheusslichsten Verbrecher in der inneren Beseligung des Guten und der innern Qual des Bösen, in der Wirksamkeit der physischen Leiden als Straf- und als Erziehungs-, Bildungs- und Kräftigungsmittel nicht den Beweis finden zu können, dass nur ein Gott diese Welt geschaffen haben könne, der selber frei und als Gründer der Freiheit seine geistigen Geschöpfe zur Freiheit berief und zur Freiheit entliess.

21.

Arthur Schopenhauer von R. Haym. Besonders abgedruckt aus dem vierzehnten Bande der preussischen Jahrbücher. Berlin, G. Reimer, 1864.

Nicht leicht ist der besondere Abdruck einer Abhandlung aus einer Zeitschrift gerechtfertigter gewesen, als in dem vorliegenden Falle. Die Schrift verdient die grösste Anerkennung und die weiteste Verbreitung. Seinen Ausgang nimmt der Verf. von den bekannten Schriften W. Gwinner's und O. Lindner's und J. Frauenstädt's über Schopenhauer, um sich nach treffenden Bemerkungen über diese frappanten Schriften zunächst einer objectiven Darlegung der Schopenhauerschen Philosophie zuzuwenden. Auf wenigen Blättern entwirft uns der Verfasser eine Zeichnung dieser Lehre, die an Gründlichkeit,

Objectivität und Klarheit fast nichts zu wünschen übrig lässt. Dann folgt eine eingehende Kritik, die in zureichender Ausbreitung die innern Widersprüche des Systems mit ebenso viel Schärfe als Klarheit blosslegt und die Unhaltbarkeit desselben zur Evidenz bringt. In einem weitern Abschnitt (dem vierten) zeigt der Verfasser, dass Schopenhauer nur durch ein unkritisches Hinausgehen über Kant zu den ihm eigenen widerspruchvollen Lehren gelangt. Er kommt zu dem wohlbegründeten Ergebniss, dass die Schopenhauersche Auslegung und Fortbildung der „tiefsinnigsten aller Kant'schen Lehren" [von der intelligiblen Freiheit *)] eine Vernichtung ihrer kritischen Grundlage, eine Entwerthung ihrer ethischen Bedeutung, eine Depotenzirung von Freiheit und Vernunft in sich schliesse. Treffend weist er nach, dass im engsten Zusammenhange damit stehe der wunderliche Versuch Schopenhauer's, den transscendentalen Idealismus der deutschen Philosophie **) mit dem englisch-französischen Empirismus, Kant mit Locke und Cabanis in ein Verhältniss ergänzender Gegenseitigkeit zu bringen. „Die ganze Welt ist etwas lediglich Ideelles, sie existirt bloss als Vorstellung — so lehrt die Transscendental-Philosophie. Die Vorstellung — so hinwieder lehrt die naturalistische, die physiologische Theorie der Franzosen — ist nichts weiter als die Function eines Eingeweides, jener Breimasse, die man das Gehirn nennt. Beide Ansichten, sagt Schopenhauer, haben Recht; es handelt sich nur darum, jede in die andere hinein fortzusetzen. Stellen wir uns auf den Standpunkt, welcher die Welt als eine objective gegebene nimmt, so sehen wir, wie die Natur, in ihren Bildungen sich höher und höher steigernd, am Ende den thierischen, den menschlichen Organismus, und, als eine „Effervescenz" desselben, das Gehirn erzeugt. Durch die Functionen des Gehirns sofort ist die objective Welt, ist sowohl das Bewusstsein anderer Dinge wie das Selbstbewusstsein bedingt; nur durch das Gehirn selbst mithin — ist der Leib des Individuums als reales Object und mit diesem das Gehirn gesetzt!" Welcher besonnene Denker wird mit dem Verfasser nicht übereinstimmen, wenn derselbe ausruft: „Naiver sind wohl niemals zwei sich gegenseitig aufhebende Ansichten „versöhnt", das will sagen, aneinandergeschweisst worden." Naiver, fügen wir hinzu, allerdings nicht, gleich naiv aber leider öfter, als für gar manche, selbst der berühmtesten Philosophen, rühmlich

---

*) Befriedigend ist freilich auch diese Lehre Kant's nicht, aber die angebliche Verbesserung Schopenhauer's sinkt doch tief unter ihren Gehalt herab.

**) Man darf dabei doch nicht vergessen, dass Kant's kritischer Idealismus doch nicht so weit geht, kein anderes Object anzuerkennen, als ein durch das Subject gesetztes.

genannt werden kann. Hatte nicht Schelling in einem gewissen Stadium seiner Entwickelung so ziemlich dasselbe gelehrt und läuft Hegel's Lehre nicht im Wesentlichen auf dasselbe hinaus, wenn sie das Logische zur Natur, die Natur zum Geist werden lässt (Werke VII. 2, 468), der sich zuletzt als Vernunft von allem Sein begreifen soll? Freilich müssen wir mit dem Verfasser diesen zwiefachen Standpunkt für ein classisches Muster eines circulus vitiosus erklären, aber nicht bloss Schopenhauer unterliegt dem Vorwurf, sich desselben schuldig gemacht zu haben, sondern er trifft auch Schelling und Hegel, wenn auch in etwas veränderter Weise. *) Wenn sich in diesem Zusammenhange dem Verfasser der eigentliche Kern der Schopenhauerschen Willensmetaphysik als Naturalismus enthüllt, so ist es unmöglich, Schelling und Hegel trotz allem Urgiren des Idealismus bis auf die Wurzel von allem Naturalismus freizusprechen. Nur freilich ist diese Lehre einerseits kein reiner und consequenter Naturalismus, wie er andererseits kein reiner und consequenter Idealismus ist. Er verdirbt beständig den einen durch den anderen. Daher gelangt der Verfasser durch seine geistreichen kritischen Erläuterungen zu der treffenden Bezeichung: „In der Metaphysik und Naturphilosophie Phantast mit naturalistischem Hintergrund, in der Erkenntnisslehre Idealist mit sensualistischem Zuschlag, ist unser Philosoph in der Ethik Empiriker mit mystischem Ausgang.“ Der Intellekt ist nach Schopenhauer ein Zauberer ohne Gleichen und der Wille ist ein Wunderthäter und das Ganze ist doch nur die Komödie des blinden Triebs, mit dem vornehmen Namen Weltwille getauft. Mit Fug und Grund ruft der Verfasser aus: „Wie weit sind wir durch das Alles von dem Geiste Kant's verschlagen! Statt des nüchternen Interesses Kant's an der Frage: Wie sind synthetische Urtheile a priori möglich, drängt sich das phantastische Interesse in den Vordergrund, die Welt als eine geträumte, ja als eine verzauberte vorzustellen .... An die Stelle des Kant'schen Rationalismus tritt ein quietistischer Mysticismus, der strenge Pflichtbegriff Kant's

---

*) Das Logische Hegel's, die absolute Idee, ist so blind und bewusstlos, als der grundlose Wille (geistlose Naturtrieb) Schopenhauer's. Bei Hegel wird die absolute Idee erst durch ihre Entäusserung in Natur und Zurückkehr aus der Natur in sich im Menschen Geist. Bei Schopenhauer wird der blinde Wille in Erhebung über seine niederen Objectivationsstufen im Menschen (und allenfalls in analogen Wesen anderer Weltkörper) bewusster Wille. Nach beiden Philosophen ist der Mensch nur eine vergängliche Erscheinung, nach Jenem der absoluten Idee, nach diesem des blinden Willens. Hegel will Idealist sein und merkt nicht, dass er dem Realismus verfallen ist. Schopenhauer ist Realist und merkt nicht, dass sein Idealismus dazu passt wie die Faust auf das Auge.

verwandelt sich in die Lehre von der Kasteiung und Ertödtung des Leibes, die sittliche Arbeit in dumpfe Willenlosigkeit, der Fortschritt der Geschichte in eine Kreisbewegung, deren Centrum das Nichts ist. In diese phantastisch-mystische Umdeutung des Kriticismus aber mischt sich immerfort die gewöhnlichste, ja gemeinste Ansicht von Welt und Leben, und gerade aus dieser Mischung erwächst die romanhafte Abenteuerlichkeit, die blendende Paradoxie des in allen Farben spielenden Systems."

Vortrefflich schildert der Verfasser im Weiteren die zauberhaften Effecte, die Schopenhauer zu erzielen weiss, wenn er das geheimnissvolle Licht seines Dinges an sich in der Laterna magica aufsteckt, mittels deren er uns die Welt zeigt, und endigt diese geistreiche Betrachtung mit der Bemerkung, dass, wenn Kant in seinen Prolegomenen seinen „kritischen" Idealismus von dem „schwärmenden" und dem „träumenden" unterscheide, er für den Schopenhauer'schen keinen passenderen Namen als den des spielenden Idealismus würde haben wählen können.

Folgt man dem Verfasser durch die vier ersten Abschnitte dieser Schrift mit ununterbrochener Befriedigung, so bieten die drei letzten (5, 6 und 7) wo möglich ein noch erhöhteres Interesse dar. Zunächst gibt uns der Verfasser im 5. Abschnitt die Geschichte des Bildungsganges Schopenhauer's und die Genesis seines philosophischen Systems. Wer diese reichen, gründlichen und geistreichen Nachweisungen aufmerksam liest, wird, wenn er ihn je getheilt hat, von dem Irrthum sich befreien können, als ob man es in Schopenhauer mit einem Denker zu thun habe, der an Bedeutung einem Kant, Fichte, Schelling und Hegel mindestens gleich zu stellen sei. Wir heben aus diesem Abschnitt nur einige Punkte hervor. Mit unverwerflichen Gründen zeigt der Verfasser, dass Schopenhauer, wie unfehlbar er jede Erwähnung des Namens Fichte zur Verhöhnung, Herabsetzung und Verunglimpfung des Lehrers, des Denkers und des Menschen Fichte benutzt, nichts desto weniger ausser von Plato und Kant von Niemand mehr gelernt hat, als von ihm.

Treffend schildert der Verfasser den Einfluss der genialen Persönlichkeit Goethe's, und insbesondere von Goethe's Farbenlehre, auf Schopenhauer und seine erste Bekanntschaft mit den Veden der Inder, auf welche ihn die Schriften des dem Goethe'schen Kreise angehörigen Friedrich Majer, der durch Herder's Ideen zur Philosophie der Geschichte der Menschheit angeregt war, hingewiesen hatten. Das Studium der Veden hatte natürlich das des Buddhismus im Gefolge. Zugleich aber stand Schopenhauer, nach der wohlbegründeten Nachweisung des Verfassers, unter dem Einfluss einer zugleich philosophisch erregten und zugleich von Kunstbegeisterung ergriffenen Epoche.

Der Geist der erwachten Romantik hatte den grössten Einfluss auf Schopenhauer. Ganz und gar verläugnet sich dieser Einfluss weder bei Fichte und Schelling, noch bei Schleiermacher, Hegel, Krause und Baader. *) Aber die Romantik wirkte auf jeden von ihnen nach seiner Eigenthümlichkeit in verschiedenem Maasse und in verschiedener Weise. Schopenhauer wird am meisten über die Schranken der Besonnenheit hinausgerissen und seine Schwärmerei und Phantastik schwankt zwischen den Extremen eines vernichtungs-süchtigen Mysticismus und der gemeinsten sinnlichen Lebensanschauung haltungslos hin und her. Durch Genie will er ersetzen, was ihm die Wissenschaft versagt. In einem Athem erklärt er uns die Philosophie für Kunst und für strengen reinen Kriticismus. Ganz mit Recht sagt der Verfasser, nicht an den Elementen zu einem System (freilich nicht zum wahren), wohl aber an den verbindenden Mittel-gliedern wird es da fehlen; denn nicht an Energie der Anschauung, auch nicht an scharfem kritischen Verstande (hie und da auftauchend), wohl aber an der geduldig vermittelnden, an jener im besten Sinne künstlerischen, die Gegensätze in eins bildenden Kraft fehlt es ihm selber. Kein Wunder daher, dass der Verfasser zu dem Ergebniss kommt, „nicht aus sich selbst, um es kurz zu sagen, sondern aus den Vorrathskammern anderer Philosophen entnahm er das weitere Bauzeug, die gedankenmässige Füllung, die begrifflichen Bindeglieder der vereinzelten im eigenen Geist entsprungenen Aperçus." So hatte er sich ja bereits für den ersten Theil seiner Philosophie aus der Kantischen Kritik der Vernunft versorgt, und sofort müssen die Engländer weiteres Material dafür liefern. So wird er nun auch für den zweiten Theil zum Freibeuter an den Lehren Kant's, Fichte's, Schelling's und der französischen Materialisten. Die entlehnten Vor-stellungen werden sämmtlich den tiefen, aber in sich selbst keiner begrifflichen Entfaltung fähigen Grundanschauungen dienstbar ge-macht. Dieser Stempel, den sie empfangen, verbunden mit dem maasslosen Selbstgefühl des Mannes, verdeckt ihm selbst die be-gangene Entlehnung. Er dünkt sich ein ganz originelles, neues, erstaunliches Werk zu Stande gebracht zu haben, und es ist schon viel, wenn er sich zu dem Eingeständniss herbeilässt, dass seine

---

*) Die fanatischen Ausfälle Schopenhauer's auf Baader, dessen Schriften er zu seinem grossen Schaden so gut wie gar nicht kannte, sind nichtsbedeutend. Dagegen wird nicht umgestossen werden, was Baader in seiner kurzen Weise über Schopenhauer sagte. Vergl. Baader's s. Werke II. 3, 366, 428, IX. 82.

Lehre nie hätte entstehen können, „ehe die Upanischaden, Plato
und Kant, ihre Strahlen zugleich in eines Menschen Geist werfen
konnten."

Der Verfasser trifft den Nagel auf den Kopf, wenn er in dem
Weiteren äussert: „Sich selbst — noch einmal — wie er persönlich
war, deutete er in die Welt hinüber; s e i n Individuum ist ihm der
eigentliche Schlüssel zum Verständniss der ganzen Natur: was
Wunder, dass auch der Beweis für die Willensgrundlage in allem
Sein an das Individuum anknüpft? Sich fühlt er, in erster Linie,
im innersten Wesen als Willen. So wird Jeder sich fühlen. So
würde die ganze Welt, wenn sie Selbstbewusstsein hätte, sich als
Erscheinung eines Willens fühlen. Durch Empfindung, durch Selbst-
anschauung, durch Phantasieschlüsse stehen ihm die Sätze fest.
Aber woher nun Kalk und Mörtel nehmen, um diese Sätze zu verbinden, um sie haltbar zu befestigen?" Nun, die Verlegenheit ist
für einen lebhaften, phantasiereichen und assimilationsfähigen Kopf
wie Schopenhauer nicht allzu gross. Er plündert keck die Gedanken
Fichte's, während er ihn wüthig schmäht, verdirbt sie in für seine
phantastischen Zwecke passender Veränderung, geht dann bei Cabanis
und Helvetius in die Schule, schweisst den Idealismus und Materialismus in ein Gedankenmonstrum zusammen und bringt nun ein
System heraus, das die Familienähnlichkeit mit der Schelling'schen
Naturphilosophie nicht verläugnen kann, nur dass es von ungleich
geringerem wissenschaftlichen Werthe, aber von viel grösserer Phan-
tasiezuthat ist. Ganz mit Recht bemerkt der Verfasser, dass die
Schelling'sche Naturphilosophie Schopenhauer für seine Combination
von Physik und Metaphysik das Schema herlieh. „Zu oft", fährt
er fort, „in der That verräth er, zwischen allen Ausfällen auf
Schelling, seine geheime Zuneigung zu dem Geist der phantasiereichen
Manier dieses Philosophen, als dass man die Aehnlichkeit der beider-
seitigen Systeme für zufällig halten dürfte. Ganz wie Schelling in
der Naturphilosophie eine „physikalische Erklärung des Idealismus"
gegeben haben wollte, ganz so gibt das zweite Buch der „Welt"
als Wille und Vorstellung eine, nur handgreiflichere, durch die
Hereinnahme der materialistischen Ansichten concreter vermittelte
Erklärung,` eine Entstehungsgeschichte des Bewusstseins. Der „erlo-
schene" Geist ist nach Schelling „die Kraft, wodurch Metalle sprossen,
Bäume im Frühling aufgeschossen", und dieser „Riesengeist" lernt
zuletzt „im kleinen Raum gewinnen, darin er zuerst kommt zum
Besinnen." *) Nun wohl, jene selbe Kraft ist bei Schopenhauer der

---

*) Schelling's s. Werke IV, 546 ff.

Wille, und im Menschen allererst hat der Wille „sich ein Licht angezündet." Der Unterschied der Anschauungen ist ja wohl klar, aber eben so klar, dass das systematische Gerüst hier wie dort das gleiche ist. Die Objectivationsstufen des Willens, von denen jede höhere die niedere voraussetzt, sind in den Potenzen der Schelling'-schen Naturphilosophie vorgebildet, und ganz wie nach den Erklärungen der Identitätslehre, so wird auch in der „Welt als Wille und Vorstellung" wechselsweise das Objective aus dem Subjectiven, das Subjective aus dem Objectiven abgeleitet, so sind auch hier Natur- und Transscendentalphilosophie die beiden gleichberechtigten, im Kreise in einander zurücklaufenden Richtungen der Philosophie."

Wir haben schon anderwärts nachgewiesen, dass Schopenhauer jener pantheistischen Gruppe deutscher Philosophen einzureihen ist, als deren Koryphäen Fichte, Schelling und Hegel gefeiert werden. Wenn Frauenstädt in der Vorrede zu seinen Veröffentlichungen „Aus A. Schopenhauer's handschriftlichem Nachlass" (S. XVII.) diese Behauptung mit Berufung auf die Anmerkungen dieses Nachlasses zu Schriften jener Philosophen bestreitet, so ist dies mehr als sonderbar, da gerade diese Anmerkungen trotz heftiger Ausfälle gegen die genannten Philosophen unsere Behauptung unzweideutig bestätigen, wie auch vom Verfasser der vorliegenden Schrift und Anderen anerkannt wird. Auch haben wir schon anderwärts gezeigt, dass Schopenhauer's Verwandtschaft mit Schelling, dem Schelling der Naturphilosophie, am auffallendsten ist. Auch dies wird von dem Verfasser bestätigt. Die Geistesanlage Schopenhauer's hat mit jener Schelling's am meisten Aehnlichkeit, wiewohl sie an Kraft und Intensität hinter der Schelling's zurückbleibt. Gleichwohl würde Schopenhauer den Rang eines Schelling des deutschen Nordens nahezu erreicht haben, wenn die gleiche sittliche Kraft, die gleiche Charakterstärke ihm zur Seite gestanden hätte. Die Richtung aber, welche seine Geistesanlage unter dem Einfluss seines unlauteren und verdorbenen Willens und bizarren Charakters genommen hat, liess nur eine Caricatur Schelling's aus ihm werden. Ohnehin nur Schelling's, als des „Gründers der Naturphilosophie", während auch nicht einmal ein Vergleich möglich ist mit demjenigen Schelling, für den die Naturphilosophie nur eine Stufe seiner Entwickelung war und der, diese Stufe überschreitend, mit genialem Geiste die Philosophie höheren Zielen entgegenführte (wenn er auch diese höheren Ziele nicht ganz erreichte), deren Verständniss hoch über dem Horizont des Schopenhauer'schen Geistes lag. Noch ist wenig Verständniss für die spätere Philosophie Schelling's vorhanden; aber die Zeit wird kommen, wo dieses Verständniss erschlossen werden

wird, und wenn jetzt vor Geringschätzung derselben zu warnen
ist, so dürfte dann leicht vor Ueberschätzung zu warnen sein. *)

Im sechsten Abschnitte lässt der Verfasser der Entstehungs-
geschichte die Krankheitsgeschichte des Schopenhauer'schen Systems
folgen. Jede Zeile dieses Abschnittes ist ein Gericht für den Charakter dieses Philosophen. Der Schlechteste von allen, die je gelebt
haben, reicht nicht hinan an den schnöden „Willen" dieses kolossalen
Egoisten. Die Feder sträubt sich, näher darauf einzugehen. Man
muss diesen ganzen Abschnitt selber lesen, um sich zu überzeugen,
dass der Verfasser keineswegs übertreibt. sondern nur ruhig und
objectiv berichtet, was urkundlich über das Leben Schopenhauer's
feststeht.

Im siebenten (und letzten) Abschnitt der bewunderungswürdig
mit erhabener Ruhe und Objectivität zermalmenden Schrift hebt der
Verfasser das Schlimmste für Schopenhauer, gerade die Uebereinstimmung zwischen dem Philosophen und dem Menschen hervor.
„Beide," sagt der Verfasser mit in das Innerste treffender Schärfe
und Klarheit, „stehen und fallen mit einander, wie sie wechselweise
einander erläutern. Verdeutlichen mochte diesen Zusammenhang die
Memorabilien-Literatur (Gwinner's, Frauenstädt's und Lindner's bekannte Schriften), aber auch ohne diese kann es doch nur der oberflächlichen Betrachtung entgehen, dass z. B. die Theorie von der
absoluten Entsagung gerade so das punctum caesum der Philosophie
Schopenhauer's ist, wie sie das punctum caesum seines Charakters
ist. Die besseren Memoiren hat er selbst in seinen Werken geschrieben, und selten hat ein Mensch, am seltensten ein Philosoph,
mit all' seinen Schwächen und Fehlern, wir wollen sagen, mit seinem
Guten und seinem Schlimmen, sich so blossgegeben, wie dieser in
den Geschichten, die er von dem Wesen und Zusammenhang der
Welt erzählt. Diese Weltanschauung steht statt einer Lebens- und
Seelengeschichte da: sie leistet nahezu dasselbe, was etwa die Selbstbiographie des Cardanus oder die Confessionen Rousseau's."

Wir stimmen dem Verfasser nicht bei, wenn er äussert: „Vielleicht am ehesten im Anfang der siebziger Jahre des vorigen Jahrhunderts hätte eine Lehre, wie die seinige, Anerkennung finden, sie
hätte zum philosophischen Glaubensbekenntniss der damaligen genie-
süchtigen Jugend werden können; ist doch offenbar etwas von jener
Stimmung in ihr, die sich in den Faustdichtungen jener Literatur-

*) Ohne gründliche Kenntniss der Leistungen Baader's wird die richtige
Beurtheilung und Würdigung der späteren Philosophie Schelling's niemals zu
leisten sein.

Periode, in dem Naturcultus, in dem starkgeistigen und doch vor der Pflicht des Lebens nicht Stand haltenden Selbstgefühl in dem „Sturm und Drang" der Epigonen der Romantik regte." Wohl ist das letztere nicht ohne einige Wahrheit; aber jene Zeit war eine vorwärts drängende, die sich niemals zu einer pessimistisch - quietistischen Weltanschauung verstanden hätte. Um so mehr stimmen wir dem Verfasser zu, wenn er erklärt, dass das Streben dieser Philosophie (ihrer Jünger), sich heutigen Tages gewaltsam in den Besitz der Herrschaft zu setzen, unausbleiblich scheitern müsse. Im grossen Gange der Geschichte der Philosophie will es so viel wie nichts bedeuten, wenn diese Philosophie unter einer geringen Zahl von Dilettanten der Philosophie, blasirten Weltschmerzlern und genialitätssüchtigen Sonderlingen noch eine Weile fortfahren sollte, Mode zu sein. Alle Philosophen Deutschlands werden dem Verfasser beistimmen, wenn er ausruft: „Diese Doctrin können wir nicht brauchen; wir protestiren gegen sie im Namen der Humanität, im Namen all' der Bildung, die eine tausendjährige Entwickelung zum Erbtheil unseres Geschlechtes gemacht hat." Wir sind befriedigt, schliesslich das Urtheil des Verfassers in die Worte zusammengefasst zu sehen: „Welchen Maassstab wir· immer anlegen mögen, den logischen, den ethischen, den des wissenschaftlichen oder den des praktischen Bedürfnisses, — die Ergebnisse aller dieser Messungen stimmen in derselben Summe zusammen. Wir können die Sätze dieser Philosophie nicht unter sich zusammenreimen; unser sittliches Gefühl sträubt sich mit allen Fasern gegen sie; für den Fortschritt der Wissenschaften erwarten wir kein Heil, für unser nationales Leben könnten wir nur Hemmung und Gefährdung von ihr erwarten. Mit dem Philosophen Schopenhauer geben wir den Menschen, mit dem Menschen den Philosophen preis." Dabei kann man mit dem Verfasser immerhin einverstanden sein, dass Schopenhauer gleichwohl ein eminenter Schriftsteller ist, nur darum noch nicht ein wirklich classischer. Mit gleicher Meisterschaft, wie seine Philosophie zu beurtheilen, weiss der Verfasser auch die Vorzüge und Mängel wie Eigenheiten seiner Schreibart in's Licht zu setzen, und wir scheiden von seiner Schrift mit einer Befriedigung, wie sie uns noch niemals bei der Lectüre einer philosophischen Schrift zu Theil geworden ist, zugleich mit der Gewissheit, dass sie dieselbe Befriedigung Hunderten, ja Tausenden von Lesern gewähren wird.

22

Der Pessimismus und die Ethik Schopenhauer's. Von Viktor Kiy. Berlin, Hayn, 1866.

Diese Schrift zeigt, dass die Reform der Hegel'schen Philosophie von Carl Rosenkranz jüngere Kräfte zum Fortschreiten anregt. Der Verfasser bekennt, die Anregung zur genaueren Beschäftigung mit den Werken Schopenhauer's von seinem Lehrer C. Rosenkranz empfangen zu haben. Nicht ohne Grund meint er, dass, eben weil das gegenwärtige Zeitalter ein praktisches sei, von vorwiegend politischen und socialen Interessen beherrscht, unter allen philosophischen Disciplinen die Ethik im weiteren Sinne besondere Beachtung verdiene. Er will daher für diessmal den ethischen Ansichten Schopenhauer's eine Untersuchung widmen. Die Schrift zerfällt in zwei Theile, deren erster „Pessimismus", deren zweiter „Der Pessimismus und die Wissenschaft" überschrieben ist. Die Untersuchungen über den Pessimismus gehen nicht sehr tief. Der Verfasser meint schon viel zugegeben zu haben, wenn er praktischen Egoismus, das Böse, den Hauptausgangspunkt des Pessimismus nennt. Allein das Böse ist mehr als der Ausgangspunkt des Pessimismus, es ist geradezu die Ursache desselben. Nur der gottwidrige Wille ist pessimistisch und wird es um so mehr, je gottwidriger, böser, er wird. Desshalb ist aller Pessimismus nur subjectiv und würde in seiner Vollendung nur in der Hölle anzutreffen sein. Er kann daher in keinem Sinne reine Theorie, unbefangene, objective Vernunfteinsicht sein. Er ist der Affekt des gottwidrigen Willens, der der Vernunft Gewalt anthut, ihr eine standhaltende Theorie abzugewinnen, die doch nicht zu Stande kommen kann und auf jedem Punkt ihres Entfaltungsversuchs in sich zusammenbricht. Seit ein Baader in der deutschen Philosophie aufgetreten ist, sollte man über Freiheit, Ursprung des Bösen und des Uebels weit tiefer denken gelernt haben.

Der zweite Theil der Schrift, der zugleich das System Schopenhauer's im Umriss enthält, ist interessanter. Vorerst versucht der Verfasser eine kurze Darstellung der Vorgänger Schopenhauer's. Die Charakteristik der Lehre des Herakleitos und des Platon lässt Vieles zu wünschen übrig. J. Böhme wird von ihm falsch verstanden, wenn er ihn lehren lässt, Gott sei der Urheber sowohl des Guten als des Bösen, jenes in seiner Liebe, dieses in seinem Zorn. Wäre dies die Ansicht Böhme's gewesen, so hätte er nicht mit höchstem Ernst gegen die (Calvinistische) Prädestinationslehre gekämpft. Hamberger in seiner Einleitung zum XIII. Bande der

Werke Baader's hätte ihn eines Besseren belehren können. J. G. Fichte's Entrüstung über sein Zeitalter war eine affektvolle und leidenschaftliche Uebertreibung, aber sie ruhte nicht auf der Grundlage eines theoretischen Pessimismus. Von Schelling sagt der Verfasser, er habe unter den verschiedenen Phasen seiner Entwickelung sich zu einer pessimistischen Lebens- und Weltansicht bekannt und diese in Erinnerung an Origenes und Böhme zuerst in der Abhandlung „Philosophie und Religion" ausgesprochen. In dieser Schrift sagte Schelling, vom Absoluten zum Wirklichen gebe es keinen stetigen Uebergang, der Ursprung der Sinnenwelt sei nur ein vollkommenes Abbrechen von der Absolutheit, durch einen Sprung, denkbar. Das Absolute sei das Einzige Reale, die endlichen Dinge dagegen seien nicht real; ihr Grund könne nur in einer Entfernung, in einem Abfall von dem Absoluten liegen. Allein diese Lehre Schelling's, die für ihn nur eine Durchgangsphase war, kann nicht als Erinnerung an Origenes und Böhme gelten; denn die Lehren beider waren andere. Origenes erklärt die Sinnenwelt nicht als Abbrechen vom Absoluten durch einen Sprung, sondern als ewige Schöpfung. Das Böse ist ihm nicht nothwendig, sondern Verschuldung aus Missbrauch der Freiheit: die Strafe für die Verschuldung ist ihm unerlässlich, aber nicht ewig. Das Ende der Dinge ist ihm Wiederherstellung aller Menschen zur ursprünglichen Güte und Seligkeit. Diese Lehre ist durchaus optimistisch und zugleich von Schellings bemerkter Ansicht ganz und gar verschieden. Böhme's Lehre ist ebenfalls Schöpfungslehre, nicht Abfallslehre, sie hält ebenso die Freiheit des Willens fest, sie vermischt nicht Gott und Welt und wenn sie die Endlosigkeit der Höllenstrafen behauptet, so kann darin doch nicht Pessimismus gesucht werden, wenigstens gewiss nicht im Sinne Schopenhauer's. Kann man nun Schelling's (später verlassene) Abfallstheorie insoferne von einem Zuge zum Pessimismus nicht freisprechen, insoferne sie der behaupteten Nichtrealität der Sinnenwelt Nothwendigkeit zuschreibt, so kann man auch Hegel, der die Abfallstheorie Schelling's adoptirt hatte, von einem Zuge zum Pessimismus nicht freisprechen. Der Tendenz nach gingen freilich beide Denker auf den Optimismus aus, aber ihre pantheistische Nothwendigkeitslehre verwickelte sie mit dem Pessimismus. Der wahre Optimismus kann sich nur auf Freiheitslehre gründen, Freiheitslehre lässt sich nur auf den Theismus gründen und darum kann nur der Theismus wahrhaft optimistisch sein. Der ächte Optimismus setzt vor Allem die Erkenntniss der unendlichen Vollkommenheit, Heiligkeit und Unvermischbarkeit Gottes mit allem Endlichen, Geschaffenen und Gewordenen voraus.

Die Darstellung der Lehre Schopenhauer's, welche der Verfasser folgen lässt, ist wohlgelungen. In der Kritik derselben geht
er aber offenbar wenigstens nicht überall tief genug. Er findet die
Idee des Pessimismus nur dadurch möglich, dass rein empirisch dem
Einzelnen, Individuellen, Unwesentlichen die Geltung des Allgemeinen,
Universellen, Wesentlichen beigelegt werde. Diese Auffassung beruht auf einer aus dem Pantheismus stammenden irrigen Vereinerleiung des Einzelnen mit dem Unwesentlichen, des Allgemeinen mit
dem Wesentlichen, und es liegt ihr im Hintergrunde die Verwechselung des Einzelnen mit dem Unvollkommenen, Fehlerhaften, Nicht-
seinsollenden, dem Untergang Bestimmten und des Allgemeinen
mit dem Vollkommenen, Fehlerlosen, Guten und Unvergänglichen.
Hienach glaubt der Verfasser den Pessimismus überwunden zu haben,
wenn nur das Allgemeine als die siegreiche Macht über das Einzelne
erkannt wird. Das Einzelne mag unvollkommen, fehlerhaft, selbst
böse sein, wenn nur das Allgemeine es aufhebt, so ist nach ihm
Alles in Ordnung. Daher ist ihm Zerstören, Verwelken, Sterben,
Tod nur Moment des Daseinsprocesses und als solches nothwendig
und gut, da der Untergang immer wieder zum Gegentheil sich aufhebt. Allein hat denn Schopenhauer das Allgemeine im Individuellen
untergehen lassen und nicht vielmehr wie der Verfasser das Individuelle im Allgemeinen, aus welchem er auch immer wieder
Individuelles hat hervorgehen lassen? Hat er angenommen, dass
jemals Individuelles nicht sein werde, oder dass jemals das Allgemeine verschwinden, untergehen und aufhören könne, die Macht des
Individuellen zu sein? So sehr hat der Pantheismus die Geister
verwirrt, dass sie die tiefe Lehre Baader's unverständlich, ja utopisch
finden, dass auch das Geschaffene vollkommen sein könne und solle,
jedes in seiner Art und mit dem All zugleich, dass Absolutheit
und Vollkommenheit, Bedingtheit und Unvollkommenheit nicht zu
vereinerleien seien. Der Verfasser verwirft die Annahme Schopenhauer's, dass das Dasein des Universums auf einem Widerspruche
beruhe, merkt aber nicht, dass Hegel's Lehre im Wesentlichen
die gleiche Voraussetzung macht. Er erkennt, dass Schopenhauer
folgerichtig die Freiheit des Willens leugnen müsste, dies jedoch
nur in bedingter Weise thue, sieht aber nicht, dass Hegel im
gleichen Falle ist.

Ueber Schopenhauer's Lehre vom Bösen bringt der Verfasser
mehrere gute Gesichtspunkte bei, aber die Wurzel des Irrthums in
Betreff des Ursprungs des Bösen deckt er nicht auf. Viel Treffendes
sagt er über die politisch-sociale Seite der Lehre Schopenhauer's,
die ebenso verkehrt als trivial und schlimmer noch ist. Wie erhaben

und tief sind dagegen Baader's gesellschaftswissenschaftliche Lehren! Wenn der Verfasser zuletzt sich zu dem Begriff der persönlichen Gottheit erhebt, so überschreitet er das Princip und den Umkreis der Hegel'schen Philosophie, ohne doch überall die Consequenzen dieses Princips zu ziehen.

23.

Vermischte Schriften zur Philosophie, Theologie und Ethik. Von Immanuel Hermann Fichte. Zwei Bände. Leipzig, Brockhaus 1869.

Diese Sammlung zerstreuter Schriften ist nur eine Auswahl aus den zahlreichen kleineren Arbeiten des Nestors der jetzt lebenden namhaften deutschen Philosophen. Sie bleibt aber an innerem Gehalte und geistigem Interesse kaum hinter den grösseren systematischen Werken desselben zurück. Der erste Band enthält ausser der Vorrede acht Stücke:

1) Bericht über eine philosophische Selbstbildung, als Einleitung zu den „Vermischten Schriften" und als Beitrag zur Geschichte nachhegel'scher Philosophie.
2) Ueber den gegenwärtigen Standpunkt der Philosophie. Akademische Antrittsrede. 1842.
3) Der Begriff des negativ Absoluten und der negativen Philosophie. Antwortschreiben an Herrn Dr. theol. Ch. H. Weisse auf dessen Sendschreiben an Fichte: „Das philosophische Problem der Gegenwart." 1843.
4) Vorschläge zu einer Philosophen-Versammlung. Offenes Sendschreiben an die Philosophen Deutschlands. 1846.
5) Grundsätze für die Philosophie der Zukunft. Ein Vortrag zur Eröffnung der ersten Philosophen-Versammlung in Gotha am 23. September 1847 gehalten. Im Anhange die Statuten der Philosophen-Versammlung.
6) Ueber den Unterschied zwischen ethischem und naturalistischem Theismus, mit Bezug auf Fr. W. J. v. Schelling's sämmtliche Werke. Zweite Abtheilung. Erster Band. 1866.
7) J. G. Fichte und Schleiermacher. Eine vergleichende Skizze. 1846.

8) Ueber Herbart's Stellung zur Philosophie - der Gegenwart, mit Bezug auf Erdmann's „Geschichte der neuern Philosophie." 1854.

Der zweite Band enthält fünf Stücke:

1) „Auferstehung", Geisterreich, allgemeine und individuelle Vorsehung in ihrem wechselseitigen Zusammenhange. Ein kritisch psychologischer Versuch, als Anhang zu des Verfassers Schrift: „Die Seelenfortdauer und die Weltstellung des Menschen."

2) M. Carriere, Strauss, Weisse über das „Charakterbild" Jesu. — Mohammed und die Weltstellung des Islam nach den Ergebnissen neuerer Forschung. Mit Bezug auf M. Carriere: die Kunst im Zusammenhange der Culturentwickelung und die Ideale der Menschheit. Dritter Band: das Mittelalter. Erste Abtheilung: das christliche Alterthum und der Islam 1868.

3) Die Unsterblichkeitsfrage im Geiste gegenwärtiger Wissenschaft. 1864--1867.

4) Ueber die religiöse und antireligiöse Speculation der Gegenwart. Ein philosophisches Gutachten. 1842.

5) Die Religion und die Kirche als wiederherstellende Macht der Gegenwart. 1852.

Dieser Ueberblick der verhandelten Materien zeigt die Reichhaltigkeit der Sammlung und lässt zugleich eine planmässige Anordnung der einzelnen Arbeiten erkennen. Die Aufschrift: „Vermischte Schriften" soll nach der Erklärung der Vorrede nicht den Sinn haben, als wenn hier dem Inhalte und Geiste nach „Vermischtes" vorgetragen würde, ein Allerlei von Betrachtungen über verschiedene Dinge, welche aus wechselnden Gesichtspunkten und in schwankendem Hin- und Hererwägen beurtheilt werden. Vielmehr erkennt der Verf., wie er sagt, nur in einem Grundgedanken Wahrheit, und die gegenwärtige Absicht ist ihm gerade, diese Grundwahrheit von den verschiedensten Seiten her als die centrale, abschliessende zu zeigen, gleichwie von der Peripherie des Kreises alle Radien gleichmässig dem einen Mittelpunkte zuführen.

Diesen einen Grundgedanken bezeichnet Fichte als den Gedanken des ethischen Theismus, den er später auch als Pan-en-theismus bezeichnet und mit der ächten, wahren und wissenschaftlichen Theosophie für Eins erklärt. Er legt aber sehr grosses Gewicht darauf, seinen Ausgangspunkt von Kant genommen zu haben, der ihm wegen seiner ganzen Untersuchungsweise als der grösste, weil besonnenste Denker erscheint. Die Nachfolger Kant's erscheinen

ihm wegen (grösseren oder geringeren) Mangels gleicher Besonnenheit in der Forschungsmethode als Grössen von sehr „zweiter Ordnung". Er erklärt zu wissen und mit Entschiedenheit erprobt zu
haben, dass nur auf Kant's Wege sicher fortzuschreiten sei, dass
aber auch dieser Weg reichergiebig sei an noch ungehobenen
Schätzen, welche an's Licht zu bringen er nach Kräften versucht
habe. Er traut sogar dem von ihm bereits gefundenen genugsam
innere Kraft zu, eine neue Bildungsepoche der Religion und der
Wissenschaft hervorzurufen, — langsam, aber sicher. Unter den
verwandten, (theistischen) Ansichten bezeichnet er zwei: die Lehre
von Weisse und die spätere Lehre Schelling's, welche er in vielerlei
Betracht als die Höhenpunkte der speculativen Richtung in der
neueren Philosophie ansieht. Bei aller ihrer Bedeutung fehle aber
beiden und beide hätten rückwärts liegen gelassen dasjenige, was er
den Kantischen, den anthropologischen Ausgangspunkt nenne. Um
deswillen gehören auch J. G. Fichte, Weisse und Schelling wie Hegel
der Vergangenheit an, obgleich sie deren reichsten und ausgebil-
detsten Gedankenabschluss allerdings bieten. Die neue Culturepoche,
die Fichte im Auge hat und verkündigt, nennt er die humanistische,
deren philosophische Vorbedingungen nach ihm in jenen noch unentwickelten Keimen der kantischen Lehre, im „Anthropologismus" derselben enthalten sind. Die in der vorliegenden Sammlung zerstreuter
Abhandlungen gegebenen Arbeiten will Fichte als den e i n f ü h -
r e n d e n V o r h o f z u s e i n e n H a u p t w e r k e n angesehen wissen,
welche zwar kein „System der Philosophie" in streng logischer
Reihenfolge, aber eine sicher begründete und allseitig durchgeführte
Grundansicht vom Wesen des Menschen, nach seiner allgemeinen
Weltstellung, wie nach seinem Verhältniss zum absoluten Wesen
darböten. Fichte glaubt damit die eigentliche und einzig mögliche
Aufgabe der Philosophie bezeichnet zu haben, indem auch vom
philosophischen Denken des Menschen der „anthropocentrische"
Standpunkt niemals überschritten werden könne. Nicht in dem
Sinne, als ob der Mensch in seinem Denken in sich gebannt bleiben
müsse, sondern in dem, dass die Philosophie, als systematische
Wissenschaft, nur von einer erkenntnisstheoretischen Selbstorien-
tirung beginnen könne, um so auf regressivem Wege, in der Tiefe
der Selbsterkenntniss, die Gewissheit des höchsten Princips, des
Absoluten, Gottes als des absoluten Geistes, erst zu finden.

Der anthropocentrische Standpunkt führt nach Fichte in seinem
regressiven Gang mit innerer Nothwendigkeit zum theosophischen
und die progressive Philosophie ist durchaus Theosophie, nicht in
dem Sinne, als ob die Theosophie Alles in Gott aufzehrte, sondern

in dem, dass alles von Gott Zuunterscheidende und Unterschiedene als durch Gott begründet erkannt werde. *)

Von diesem Standpunkte aus glaubt Fichte sagen zu dürfen: „Das innere Wesen Gottes ist und bleibt für unser Bewusstsein und Denken ein unerkennbares, „transscendentes", weil alles directe Erkennen in der Form des Subject-Objectiven verläuft und weil Gott nach seinem „Ansich" in keinem denkbaren Falle als Object unserem Bewusstsein gegeben sein kann. Wohl aber ist Gott erforschbar und erkennbar in seinen Wirkungen auf das Bewusstsein und in die Welt, so gewiss diese Wirkungen allerdings in den Bereich des Gegebenen fallen. An welchen Kriterien jedoch sie sich erkennen lassen, dies wird der besonderen Untersuchung zu überlassen sein, welche damit recht eigentlich die Aufgabe und der Inhalt der Philosophie werden müsste —: der Philosophie, als Welterforschung oder Weltweisheit („Kosmosophie"), um sich damit zur Gotterforschung, „Theosophie", zu erheben."

Nach dieser Orientirung über den Standpunkt Fichte's wollen wir nun zu dem Inhalt der vorliegenden Sammelschrift näher herantreten:

Nr. I. „Der Bericht über seine philosophische Selbstbildung" erweitert und vervollständigt die Orientirung über Fichte's philosophischen Standpunkt in allen Hauptpunkten desselben. Er zerfällt in zwei Abschnitte, deren erster „Allgemeines und Einleitendes, Leibniz und Kant", überschrieben ist. In würdiger, klarer, schöner und anziehender Sprache schildert Fichte seinen Entwickelungsgang, indem er nach lehrreich einleitenden Gedanken seiner frühesten Lehrer, hauptsächlich in den philologischen Studien, gedenkt, den Einfluss des willenskräftigen, ethisch gehobenen Vaters, der religiösgestimmten Mutter schildert und darlegt, wie eigentlich erst der erkannte Gegensatz zwischen der Freiheitslehre seines Vaters und der Nothwendigkeitslehre Schelling's ihn zum Selbstdenken erweckten, indem es ihm die Forderung auferlegte, nach Ausgleichung dieses Grundgegensatzes aller Bildung zu streben. Er war erfüllt von dem Gefühl des tiefen Werthes beider Weltanschauungen, die unversöhnbar schienen und zwischen denen doch eine Ausgleichung zu finden sein müsste. Thatsache ist, sagt Fichte, dass der Ausgleich, den ich tastend, aber unablässig suchte, der erste Antrieb zu selbstständiger philosophischer Forschung geworden ist, und dies

---

*) Hierin stimmt nun Fichte mit Baader auf höchst bemerkenswerthe Weise überein. Man vergleiche den Artikel des Verfassers in Dr. Bergmann's Philosophischen Monatsheften. Februarheft 1869.

zugleich die Richtung derselben bestimmte, welche eben deshalb
vorzugsweise dem Menschen und seiner Bestimmung, wie seinem
Verhältnisse zur Wahrheit, d. h. erkenntniss-theoretischen und psy-
chologisch-ethischen Untersuchungen sich zuwenden musste, und
vor allen Dingen einer kritischen Erforschung der Geschichte der
Philosophie. Diesem Studium bekennt Fichte seine ganze wissenschaftliche Denkweise, die volle Selbstständigkeit seines Geistes und
Urtheils, die Emancipation von der herrschenden Zeitphilosophie
schuldig geworden zu sein. Das Studium des Cartesius führte ihn
zu dem des Spinoza, der ihn eine Zeit lang in düstere Zweifel und
Kämpfe stürzte, von denen ihn das Studium des Leibniz, den er
bald grösser und tiefer als Spinoza fand, befreite. Dem genialen
Leibniz bekennt Fichte das Entscheidende für seine weitere Entwickelung schuldig geworden zu sein. Nächst dem Einfluss des
Leibniz wurde ihm Kant wissenschaftliches Vorbild im allgemeinen
Sinne. Das Epochemachende der Kantischen Forschungsweise setzt
Fichte darein, dass Kant ihr die Richtung auf das Subjective, auf den
anthropologischen Standpunkt der Selbsterkenntniss gegeben habe, dass
er dazu aufgefordert habe, die tiefen Schätze, die potentialer Weise im
menschlichen Geiste niedergelegt seien, im Bewusstsein zu erheben und
als sichere Ausgangspunkte aller weiteren Forschung zu Grunde zu legen. Er habe den „anthropocentrischen“ Standpunkt als den einzig fest-
begründeten, allein sichere Ergebnisse versprechenden, stetigen Fortschritt zulassenden für die Speculation bezeichnet. *) Im Rückblick auf
seine Studien habe er nun, erklärt Fichte weiter, im ganzen Verlaufe
der Geschichte der Philosophie nur vier Genien erster Ordnung
entdecken können, productive Geister im höchsten Sinne: Platon
und Aristoteles, Leibniz und Kant. Der Umstand, dass keiner
dieser grossen Denker ersten Ranges ein völlig durchgeführtes System der Philosophie hinterliess, dergleichen von Geistern zweiten
und dritten, wenn nicht auch noch vierten Ranges vorhanden sind, gab
Fichte Anlass, das vollkommen Richtige zu äussern, dass consequente Denksysteme zu entwerfen, irgend einen Gedanken, ein
Princip darin bis zur Erschöpfung seines Wahrheitsgehaltes auszu-

---

*) Mit anderen Worten hat schon Baader, der Kant in so Vielem zu
nutzen wusste, im Jahre 1816 diesen Standpunkt in einem Briefe an Passavant
bezeichnet: „Auf Ihre Frage: von wo man im Philosophiren beginnen soll, kann
ich Ihnen keine andere Antwort geben: als von unten auf, nicht von oben herab.
Jenes ist der Weg für die Creatur, dieses der für den Schöpfer oder für den
sich als Gott träumenden Hoffartsgeist ... Des Lebens Gestaltungen und
Offenbarungen im äussern wie im innern Sinne, aber in der generellsten Bedeutung, seien der Vorwurf Ihres Studiums.“

spinnen, nur für eine philosophische Thätigkeit zweiter Ordnung zu halten sei. Als er sich nun durch diese Vorstudien ausgerüstet, der Hegel'schen Lehre, diesem streng geschlossenen System zuwandte, empfing er von ihr einen minder imponirenden Eindruck, als manche jüngere Mitstrebende, erkannte aber doch, dass die durchgeführte Systematik Hegel's eine Macht der Propaganda in sich trage, deren Geringschätzung unrecht und ungerecht sein würde, auch nothwendig sich selber strafen müsse. Gerade das Studium Hegel's machte ihm klar, dass nur ein ganzes System das andere widerlegen könne. Daher wurde der zum Vorsatz gesteigerte Wunsch, den durch Hegel's Systematik entstandenen neuen Anforderungen auf speculativem Wege genug zu thun, seit der Bekanntschaft mit Hegel's Werken der antreibende Sporn seines Philosophirens. Die ersten Früchte seiner philosophischen Forschungen und seines selbstständigen Nachdenkens legte Fichte nieder in der im Jahre 1823 entworfenen, aber erst 1826 erschienenen Schrift: Sätze zur Vorschule der Theologie. Diese Schrift, von vielen Seiten beifällig aufgenommen, wird von Fichte nicht mit Unrecht als das Programm seiner philosophischen Zukunft bezeichnet und verdient daher keineswegs vergessen zu werden. Die weitere Aufgabe, den begonnenen Kampf mit dem herrschenden Pantheismus nun auch kritisch zu rechtfertigen, veranlasste Fichte's zweite Schrift: Beiträge zur Charakteristik der neueren Philosophie, welche im Jahre 1826–27 geschrieben wurde, aber erst 1829 erschien. Die zweite, gänzlich umgearbeitete und erweiterte Ausgabe erschien im Jahre 1841. Die erste Auflage bereitete ihm den Weg zur Gründung der Zeitschrift für Philosophie und speculative Theologie, welche im Jahre 1837 ihren Anfang nahm und mit später theilweise verändertem Titel (Zeitschrift für Philosophie und philosophische Kritik) heute noch besteht.

Auf die in diesem Abschnitt mitgetheilten Andeutungen Fichte's über seinen Versuch einer Weiterführung gewisser Hauptgedanken des Leibniz und Kant kann hier nur aufmerksam gemacht werden. Das auf Leibniz Bezügliche ist hier von besonderem und tief greifendem Interesse.

Im zweiten Abschnitt des Berichts setzt Fichte das Verhältniss seiner Philosophie zu H. Weisse auseinander. Die Untersuchung wird sehr eingehend behandelt. Der Streit gipfelt in der Frage nach der Bedeutung der Hegel'schen Philosophie und wie von ihr aus in der Philosophie fortzuschreiten sei. Fichte verhielt sich zu Hegel so anerkennend, als es sein anthropocentrischer und individualistischer Standpunkt nur immer zuliess. Aber während Weisse in Hegel's System das vollständige und vollgültige Gesammtergebniss der Speculation seit Kant erblickte, räumte Fichte dies nicht ein, sondern hielt sich davon überzeugt, dass man noch einmal auf Kant zurückgehen müsse, um die in ihm noch nicht zu ihrem Rechte gekommenen Elemente zur Kritik der neueren Systeme und zur Weiterbildung der Philosophie zu verwenden. Weisse glaubte einen epochemachenden Fund gethan zu haben in dem Hegel überflügeln sollenden Gedanken, dass das Vernünftige nicht, wie Hegel will, das Wirkliche, sondern die absolute Formbestimmung, die unbedingte Grundlage und Conditio sine qua non des Wirklichen, primär selbst Gottes, secundär der Welt sei. Das in sich geschlossene System der ewigen Formenwelt, die an sich leere Totalität der Kategorien, das negativ Absolute war ihm der Inbegriff aller Gesetze des Seins und des Denkens, welche die Daseinsmöglichkeit jedes Wirklichen, auch die der Gottheit bedingen. Von diesem Gesichtspunkte aus sagt Weisse ausdrücklich: „Auch das Sein der Gottheit ist nicht als unbedingte Nothwendigkeit, sondern als That ihrer selbst zu fassen. Es stände bei ihr, nicht sie selbst zu sein, wenn sie gar nicht sein wollte; aber es stände nicht bei ihr, die logischen Gesetze und Begriffsformen des Seins zu verändern oder zu vernichten." Allerdings kann Geist nur als That seiner selbst gedacht werden. Sonst würde er ohne seinen Willen, willenlos existiren und er wäre also gar nicht Wille, also auch nicht Geist, da es einen willenlos wissenden Geist gar nicht geben kann. Aber daraus folgt eben, dass Gott ewig der Wille und die That seiner selbst ist und nicht im Geringsten, dass er irgend wann erst angefangen habe, Wille und That seiner selbst zu sein, dass das negativ, das Form-Absolute seinem Willen reell oder zeitlich vorausgehe und vorauszusetzen sei und vollends, dass Gott vor seiner Existenz und also vor seinem Willen doch soll wollen können nicht (er selbst) zu sein (oder zu sein). Solche philosophische Unzulänglichkeiten hat auch Seydel, der Jünger Weise's, Baader und dem Referenten in der Fichte'schen Zeitschrift entgegengesetzt, worauf Referent in Glasers Jahrbüchern kurz aber genügend geantwortet hat. Eben so unzulänglich, ja verkehrt ist es, Gottes Freiheit in den Schranken einer seinem Willen auferlegten Formnothwendigkeit sich bewegen zu lassen, woraus das Widersinnige folgen würde, dass selbst Gott eine Gottheit über sich hätte, also zu einem Bedingten gemacht würde, das dann doch wieder zugleich unbedingt sein soll.

Vollkommen zutreffend erklärt sich Fichte gegen Weisse (S. 90, 91) in den Worten: „Die ganze Unterscheidung zwischen Form und Gehalt, zwischen blosser Daseinsmöglichkeit und concreter Wirklichkeit ist offenbar das Product einer sehr vermittelten und

keineswegs jener „apriorischen" Evidenz sich erfreuenden philosophischen Reflexion, welche anwendbar sein mag auf den Begriff
endlicher und bedingter Wesen, bei welchen, scholastisch gesprochen,
ihre essentia und existentia genau zu unterscheiden wohlgethan
sein mag. Im Urwesen, welches zugleich der Urgrund ebenso alles
Möglichen wie alles Wirklichen ist, verschwindet die Berechtigung
zu solcher Unterscheidung durchaus; für dasselbe gibt es kein „bloss
Mögliches", was nicht zugleich wirklich wäre; seine essentia involvirt ganz und vollständig seine existentia; und die einzig richtige
Bestimmung des Absoluten von hier aus wäre nur die: dass bei
ihm jener ganze Reflectionsunterschied als durchaus ungültig zu
verneinen sei."

Es würde zu weit führen, näher in das Einzelne dieser Untersuchungen einzugehen und es genüge zu bemerken, dass Fichte in
andern Fragen Weissen eher zu viel als zu wenig einzuräumen geneigt ist, nur nicht in seiner Auffassung des Verhältnisses der christlichen Dogmatik zur Philosophie und dieser zu jener, so wie dass
Fichte schon hier einige Vorblicke auf die spätere Lehre Schelling's
wirft, die ihm wohl nach ihrem theistischen Moment einen Fortschritt
gegen seine frühere Lehre bezeichnet, aber mit Recht in ihrer besonderen Ausgestaltung schwere Bedenken erweckt.

Nr. II. Ueber den gegenwärtigen Standpunkt der Philosophie,
enthält eine beredte Erweiterung der schon in der Vorrede eingelei-
teten Orientirung über die Grundgedanken des Fichte'schen System's,
besonders im Verhältniss zu Hegel und Schelling.

Nr. III. Der Begriff des negativ Absoluten und der negativen
Philosophie. Antwortschreiben an Weisse auf dessen Sendschreiben:
„Das ph. Problem der Gegenwart," führt die in Nr. 1, 2 angedeuteten kritischen Gedanken gegen Weisse's Unterscheidung des negativ und des positiv Absoluten mit Rücksicht auf Schelling und Hegel
sehr eingehend weiter aus. Aber sie wiederholt nicht bloss das
schon früher in andern Worten Gesagte, sondern tritt auf eine
ganze Reihe neuer weiterführender Gedanken ein, unter denen eine
der wichtigsten Fichte's Begriff der Urpositionen. Die Universalität
des Zeit- und Raumbegriffes fordert nach Fichte mit Nothwendigkeit
ein ebenso universell und ursprünglich sie Erfüllendes und zwar
auf specifische Weise, in qualitativen Unterschieden, sie Erfüllendes.
Die Entwickelung dieses Begriffes führt ihn weiter auf den Begriff
eines geschlossenen Systems unterschiedener, damit aber auf einander bezogener und sich gegenseitig ergänzender, darum zugleich
schlechthin dauernder Urqualitäten, welche mithin den ewigen und

unvertilglichen Grund alles Wechsels und Werdens bilden, oder
eigentlicher des Schauspiels eines Entstehens und Vergehens, während
in Wahrheit nichts qualitativ Specifisches entsteht oder vergeht,
noch auch dazu übergeht, ein anderes Specifisches zu sein. Das
letzte Ergebniss von hieraus ist ihm der Begriff eines Universums
von urbeharrlichen Realunterschieden (Urpositionen), als das eigentlich Reale, dem Sinnenscheine des vergänglich Endlichen Immanenten, in welches jener Sinnenschein als in seine Realität und
sein Beharrliches sich aufhebt. So gewiss aber jene Urpositionen
als in ihren specifischen Unterschieden sich ergänzende, hiemit nicht
in unbezogener Vereinzelung, sondern nur zum geschlossenen System, Universum, befasst, gedacht werden können, sind sie selbst
nicht als letzte, absolute zu denken: sie sind es, die sich in die Einheit des Absoluten aufheben, welches in jenem Setzen, Erhalten
und einigenden Urbeziehen derselben auf einander seine ewige
Schöpferthätigkeit erweist. Mit der Nachweisung des endlich Sub-
stantiellen hält Fichte den Pantheismus für aus dem Fundamente
widerlegt und erinnert ausdrücklich an den Ausspruch des Leibniz:
Wären die Monaden nicht, so hätte Spinoza recht. Damit wollte
gesagt sein: dann wären alle endlichen Wesen oder Dinge nur verschwindende Erscheinungen des Absoluten. Bewiesen waren nun
freilich mit diesem Satze die Monaden nicht, denn das versteht sich
doch wohl von selbst, dass wenn es im Bedingten nichts Beharrliches
gäbe, alle Formen nur nicht beharrlich, verschwindend, vergänglich sein
könnten. Der Beweis der Monaden muss in einer andern Gedanken-
reihe gesucht werden. Der erste Theist unter den Philosophen
Griechenlands, Anaxagoras, erklärte, obgleich von einem ungenügenden (dualistischen) Standpunkt aus, das Entstehen und Vergehen
als Verbindung und Trennung beharrlicher Wesenheiten, die Aristoteles Homöomerien nannte, ohne dass man gewiss weiss, ob Anaxagoras selbst sie so genannt habe *). In Betreff des Verhältnisses
der Philosophie zur Offenbarung äussert hier Fichte: „Haben die
Mysterien der christlichen Offenbarung nicht ewige, d. h. universelle
und reale Bedeutung, hören sie deshalb nicht auf, Mysterien im gewöhnlichen Sinne zu sein, werden sie nicht geistig objective, stets zu er-
probende Erfahrungen: so haben sie überhaupt keinen Sinn und keine
Wirksamkeit mehr für uns. In diesem Sinne scheint es mir daher auch
ein grosses, in seiner weltgeschichtlichen Bedeutung nicht genug er-
kanntes Unternehmen der ganzen neuern Speculation seit Leibniz
und Kant, jenen ewigen und allgemeinen Gehalt des Christenthums

---

*) Philosophische Schriften von Franz Hoffmann. I. 375.

von seinen historischen Beziehungen abscheiden zu wollen, um es dadurch als die absolute Religion zu erweisen, die sich aus dem Untergange und dem Abstreifen ihrer jeweiligen Formen immer reicher und tiefer wiederherstellt, und darin sich gerade als die unsterbliche, unbesiegbare alle Gegensätze in ihr und ausser ihr versöhnende beweist."

Nr. IV. „Vorschläge zu einer Philosophen-Versammlung" bezeugt die energische Thätigkeit Fichte's, die Philosophie in Deutschland zu ausgebreiteter Wirksamkeit zu bringen, eine Thätigkeit, die, durch hemmende Zeitverhältnisse unterbrochen, im Jahre 1868 von Prof. v. Leonhardi, dem Jünger Krause's, mit Erfolg wieder aufgenommen wurde und alle Aussicht hatte fortgesetzt zu werden. Die zweite Versammlung der Philosophen ist auf den September 1869 (Frankfurt a. M.) ausgeschrieben. Ueber die erste zu Prag (1868) haben die Philosophischen Monatshefte von Dr. I. Bergmann umfassende Nachrichten gegeben.

Nr. V. Grundsätze für die Philosophie der Zukunft. Fichte mahnt hier vor Allem, sich im Philosophiren der höchsten Besonnenheit zu befleissigen und da er in Kant den besonnensten der Denker gefunden zu haben glaubt, so weist er mit Nachdruck auf das Beispiel dieses grossen Philosophen zurück. „Kant's methodische Gründlichkeit," sagt Fichte, „knüpfte mit dem eigenen Systeme genau an seine Vorgänger an und befolgte so das (im Vorhergehenden von Fichte verlangte) Gesetz der stetigen Entwickelung. Zugleich aber riss sein genialer Geist ihn in eine völlig neue, epochemachende Bahn hinein: ohne es direct und ausdrücklich auszusprechen, bereitete er eine grundverändernde Ansicht über das Verhältniss der Philosophie zu ihrer Geschichte und über die Gemeinschaft unter den Philosophirenden. Wenn er behauptete, dass durch den transscendentalen Idealismus der philosophische Geist der Menschheit aus den Knaben- und Jünglingsjahren in die Epoche der männlichen Reife getreten sei, so hat er damit nur das Princip der Besonnenheit gemeint, welches in der Philosophie nicht anders fortschreitet, als mit bewusster Umschau über die Gesammtheit ihrer Leistungen. Was uns hier zusammenführt, der Vorsatz grösserer Gemeinsamkeit und regeren Zusammenwirkens, er ist aus dem echtesten Geiste jenes grossen Denkers hervorgegangen, der mit unbestechlichem Blicke das Wahre vom Falschen und Scheinsamen abzuscheiden wusste. Dies allein schon, die Uebereinstimmung mit Kant's Geiste, kann uns die Zuversicht geben, hier auf rechten Wegen zu wandeln." Dass Kant einer der besonnensten Denker war, kann nicht bestritten werden. Indessen muss dieser Besonnenheit doch etwas gefehlt haben, sonst wäre nicht zu begreifen, weshalb auch sein System nicht Stand hielt und sogar keiner von den sich mehrenden Neokantianern sich so verwegen zeigt, Kant mit Haut und Haaren wieder in die Philosophie zurückrufen zu wollen*).

Wenn ihn sein genialer Geist in eine völlig neue Bahn hineinriss, so sieht das nicht wie die That einer sehr grossen Besonnenheit aus, und in der That gibt es nicht wenige Lehren in den Werken Kant's, welche zum Mindesten als schon in den Anfängen ihres Wachsthums begriffene Keime der Ausschreitungen eines Theils seiner Nachfolger angesehen werden können. Die vielfältige Ungenüge Hegel's trotz hervorragenden Geistes hält Fichte nicht ab, seinen Gedanken in Erinnerung zu bringen, dass die ganze**) Geschichte der Philosophie, als das in seine einzelnen Momente zerlegte System der philosophischen Wahrheit selbst sei, der im theistischen Sinne Fichte's so zu fassen ist, dass die objective Wahrheit, in der wir leben und sind, die allgegenwärtig und alldurchdringend uns umgibt, immer tiefer und umfangreicher in unsern erkennenden Geist eintritt, aber nach verschiedenen Seiten und Richtungen, der eigenthümlichen Begabung jeder Individualität gemäss, welche eben dadurch mit den andern zu einer erkennenden Gemeinschaft zusammenwächst. Mit gutem Grunde erwartet Fichte von Philosophen-Versammlungen unter Anderem die Ermöglichung eines gemeinsamen Zusammenwirkens, welches besonders dem grossen Gebiete der Geschichte der Philosophie zu Statten kommen würde.

Sicher würden viele Einzelne den Antrieb zu quellenmässigen Monographien hervorragender und belangreicher Philosophen empfangen. Durch gemeinschaftliche Thätigkeit würde eine Sammlung der Werke der zehn bis zwölf grössten Philosophen der Weltgeschichte entstehen können. Eine Uebersetzung der sämmtlichen Schriften des Aristoteles, des Cartesius, des G. Bruno, der philosophischen Schriften des Leibniz***) könnten daraus hervorgehen

---

*) Es wäre einmal an der Zeit, zu beachten, was Baader anerkennend und was er kritisch, freilich in seinen Schriften sehr zerstreut, über Kant geäussert hat.

**) Welche nun freilich nicht abgelaufen ist, wie Hegel fast anzunehmen schien.

***) Am wichtigsten wäre eine Gesammtübersetzung des Aristoteles und des philosophischen und theologischen Theils der nicht deutsch geschriebenen Schriften des Leibniz. Es war ohnehin ein Unglück, dass die philosophischen Schriften des Leibniz nicht in deutscher Sprache an das Licht getreten sind. Referent hält für wahrscheinlich, dass die Geschichte deutscher Philosophie einen andern und im Ganzen weniger stürmischen Verlauf genommen haben würde, weil die Leibniz'schen Grundideen tiefer und umfassender in die gebildeten

und selbst eine Geschichte der Philosophie, an zehn und mehr tüchtige Mitarbeiter vertheilt, könnte zu Stande kommen. Bildete sich vollends eine Gesellschaft für Philosophie durch ganz Deutschland, so liessen sich noch grössere Unternehmungen erwarten, welche fördernd und belebend auf die philosophische, die wissenschaftliche Welt überhaupt und selbst auf die gesammte gebildete Gesellschaft wirken würde.

Weiterhin berührt Fichte noch einige wichtige Gedanken über philosophische Methode und Systematik und betont mit Recht die durch Leibniz und Kant vorbereitete und durch den neueren Theismus principiell begründete Versöhnung und Vermittlung zwischen Erfahrung und Speculation. In Betreff der Systematik bemerkt er tiefsinnig, dass nur darum die Dinge einem systematischen Gedankensysteme sich einfügen lassen, weil in ihnen ursprünglich schon der Begriff das Gestaltende ist, welchen der schöpferische Geist in sie gelegt hat. „All' unser denkendes Erkennen, in Speculation wie in Empirie, ist durchaus nur ein nachdenkendes Wiederbewusstwerden jenes ursprünglichen, den Dingen eingepflanzten Begriffes, und nur dadurch werden sie für uns erkennbar, durchdringlich unserem Denken, weil sie urgedachte sind vom göttlichen Geiste. Unsere Speculation daher, wie die Erfahrungswissenschaft, will sich nur hineindenken in dies objective System der Dinge, wie es das göttliche Urdenken entworfen, der göttliche Wille es verwirklicht hat, und wie es sichtbar und als einziger Inhalt alles objectiven Erkennens vor uns liegt." Dieser tiefe Gedanke schwebte schon Platon vor, blieb allen echt theistischen Philosophen vertraut und war der begeisternde Antrieb der Forschungen der grössten Entdecker im Gebiete der Erfahrungswissenschaften, insbesondere des Kopernikus, Kepler und Newton.

Am erhabensten hat diesen Gedanken wohl Kepler ausgesprochen und nach ihm wohl Niemand grossartiger als Baader.*) Selbst die Pantheisten mussten diesem Gedanken in ihrer Weise in sofern Rechnung tragen, als sie sich genöthigt sahen, wenigstens eine angeblich bewusstlose Weisheit im Absoluten vorauszusetzen, um die Möglichkeit einer Wahrheitserkenntniss der geistigen Wesen begreiflich zu machen.

. Nr. VI. Ueber den Unterschied zwischen ethischem und naturalistischem Theismus mit Bezug auf Schelling.

Diese umfänglichere Abhandlung ist eine der wichtigsten der ganzen Sammlung kleinerer Arbeiten Fichte's. Sie erschien zuerst

---

Kreise der Nation gedrungen wären und dies nicht ohne erhebliche Rückwirkung auf die nachfolgenden Philosophen hätte bleiben können.
*) Baader's Werke XII., 84, 425, I. 96, V. 259 u. sonst.

zwei Jahre nach dem Tode Schelling's und nachdem erst von der
II. Abtheilung seiner s. Werke der 1. Band (Einleitung in die Philosophie der Mythologie) 1855 erschienen war. Daher konnte Fichte
nur diesen I. Band der II. Abth. zum Gegenstand seiner Beurtheilung machen, die noch nicht erschienenen drei weiteren Bände
der II. Abth. konnten noch nicht Gegenstand der Beurtheilung
werden und wir finden daher in der jetzt zu besprechenden Abhandlung Fichte's keine vollständige Beurtheilung der späteren Philosophie
Schelling's. Hätte Fichte erst das Erscheinen des gesammten Nachlasses Schelling's (Philosophie der Mythologie und Philologie der
Offenbarung) abgewartet, ehe er zur Beurtheilung schritt, so wäre
seine Kritik zwar kaum in ihren Hauptzügen, aber doch in gewissen
Punkten wahrscheinlich eine etwas andere geworden. Vielleicht
hätte er vor Allem zur Bezeichnung der späteren Philosophie Schelling's nicht den Namen: Naturalistischer Theismus, gewählt. Diese
Bezeichnung erscheint dem Referenten nicht ganz angemessen, weil
Schelling zwar Gott nicht als naturlos auffasst, wie Fichte auch,
aber den göttlichen Geist nicht als bloss höchste Form oder Blüthe
seines Naturlebens denkt, auch nicht den endlichen Geist in letzter
Instanz aus der blinden Natur hervorgehen lässt und weil er, wenn
auch nicht in den Stadien der Weltentwickelung, doch am Ziele
derselben eine völlige Unterordnung des realen Princips unter das
ideale lehrt. Die Bezeichnung der Neu-Schelling'schen Lehre als
naturalistischer Theismus hat nur daran einen Anhaltspunkt, dass
Schelling's Theismus nur ein Halbtheismus ist und mit einem Halbpantheismus verwickelt bleibt, der ihm die ewige Allvollkommenheit
Gottes verhüllt. Kosmologischer Theismus, wie Fichte nachher ihn
nennt, ist daher eine zwar nicht ganz passende, aber weniger un-
passende Bezeichnung *) als naturalistischer Theismus, wiewohl Referent die Bezeichnung: Halbtheismus, Halbpantheismus allen anderen
vorziehen würde. Wenn Hamberger gegen Schelling sagt: „Die
göttliche Allvollkommenheit duldet nicht eine solche Gewalt des
realen Princips, dass sich dieses dem idealen nicht schlechthin zu
fügen hätte und erst ein ganzer Aeon erforderlich wäre, es zur
Ueberwindung zu bringen; der göttliche Wille ist stark genug, das
reale dem idealen Princip von vorn herein unterzuordnen, oder vielmehr es in ewiger Unterordnung zu halten,**) so rügt er hier den
Halbpantheismus Schelling's und überlässt es einer anderen Unter-

---

*) Wenigstens wenn Kosmos nicht im engeren Sinne als Naturall, sondern
im weiteren als Inbegriff des Naturalls und des Geisteralls genommen wird.

**) Christenthum und moderne Cultur, Studien, Kritiken und Charakter-
bilder von Julius Hamberger. S. 197.

suchung, zu bestimmen, in welcher Weise die Welt Gott untergeordnet ist und bleibt." *) „Schelling verkannte dies", fährt Hamberger fort, „und hierin liegt der letzte Grund, dass seine Gotteslehre nicht zu jener Hoheit gedieh, über welche hinaus in der That nichts Höheres zu denken ist, dass sie also dem Geist und Gemüth doch nicht volle Befriedigung gewährt. Es ist aber leicht einzusehen, dass von eben diesem Punkte aus noch gar manche dunkle Wolken auch über andere Partieen seiner Philosophie der Offenbarung sich herziehen werden, folglich in ihr das wirklich ausreichende Mittel zur Erklärung des Christenthums doch nicht dargeboten sei. Aber auch so ist sie eine bewundernswürdige Leistung, einfach und gross in ihrer Anlage, consequent in der Durchführung, klar und edel in der Darstellung und eine reiche Fülle der bedeutendsten Gedanken in sich begreifend, die entweder nur einiger Umgestaltung bedürfen, um zur Wahrheit selbst sich zu verklären, oder die man als reinen Gewinn geradezu sich aneignen kann. Jene Umgestaltung wird man von Baader herzuholen haben, welchem in der Philosophie des Christenthums, wo es doch zunächst gerade auf Anerkennung des unbedingten Uebergewichts des idealen gegen das reale Princip ankommt, der Vorrang vor Schelling wird eingeräumt werden müssen." **)

Auch Fichte äussert sich dahin, dass — die Wahrheit der Resultate ganz unentschieden gelassen — was ihm von den nachgelassenen Schriften Schelling's bekannt war, an Originalität, Tiefe und Gedankenreichthum den früheren Schriften Schelling's würdig zur Seite stehe, ja sie an innerer Reife und sorgfältiger Durchbildung des Einzelnen überrage. Ja, was noch wichtiger ist, Fichte erklärt ausdrücklich, dass die letzte Gestalt der Schelling'schen Lehre ohne Zweifel die alten, durch sein eigenes früheres System in den Gang gebrachten pantheistischen Vorstellungen durchaus überflügele. ***) Seine Behauptung aber, dass in der höchsten Gestalt des Schelling'schen Systems Gott, ja die Gottheit, welche sich in Christus offenbare, immer nur kosmisches, nicht ethisches Princip sei, eine in theogonische Processe verwickelte Naturmacht, kann schon darum nicht eingeräumt

---

*) Baader hat gezeigt, dass die Welt Gott stets untergeordnet ist, dass aber die Weisen ihres Untergeordnetseins (Inwohnung, Beiwohnung, Durchwohnung) verschieden sind.

**) Man vergleiche K. Ph. Fischer's Charakteristik der Theosophie Baader's.

***) Hegelianer des rechten Flügels urtheilen nicht wesentlich verschieden davon, während die des linken Flügels in ihrer Befangenheit vom Pantheismus (der nach Schelling kein Pantheismus ist) hartnäckig widersprechen.

werden, weil Schelling Gott durchaus nicht für eine blosse Naturmacht hält, auch in dem Sinne nicht, dass Gott zwar Geist sei,
aber in der Welt doch nur als oder wie eine Naturmacht wirke.
Wenn man den Gott der Neu-Schelling'schen Philosophie für ein
nicht ethisches Princip hält, so verkennt man das Wesen und die
Tendenz derselben. Als Geist, Bewusstsein und Weisheit, Wille
und Liebe ist Gott nach Schelling nothwendig ethisches Princip und
zwar in so universellem Sinne, dass es auf den ganzen Kosmos
Bezug hat. Der Halbpantheismus Schellings hat nicht darin seinen
Grund, dass er die Welt als mit Naturnothwendigkeit aus Gott hervorgehend und als zur Erlangung seines Selbstbewusstseins erforderlich ansähe. Vielmehr bedarf Gott nach Schelling der Welt nicht
für sich selber. Er war frei zu schaffen oder nicht zu schaffen.
Schuf er nicht, so war er freilich nicht wirkend und handelnd,
sondern nur wollend, denkend und erkennend, nicht bloss sich,
sondern auch die Möglichkeiten des Erschaffbaren. Aber er war
gleichwohl die vollkommen denkende Erkenntniss und in sich wesentlich
guter und beseligter Wille. Schuf er, so liess er die Welturschen
aus ihrer Potentialität in den Zustand der Actualität übergehen,
blieb aber selbst nach wie vor die Einheit der Potenzen und so
ungeachtet seiner freien Wirksamkeit nach aussen der vollkommene,
in vollkommener Erkenntniss sich selbst besitzende Geist. Dass er
aber schuf, zeigt das Vorhandensein der Welt, die aus sich nicht
erklärbar ist.

Folglich w o l l t e er schaffen und der Beweggrund zur Schöpfung
kann nur in der Aeusserungsfrohheit seines Geistes, in der Güte
seines Willens, also in seiner Liebe gesucht werden.*) Die Schöpfung
ist nach Schelling nicht als Hervorbringung aus Nichts zu begreifen,
sondern sie ist Actualisirung der aus ihrer Einheit und Verschlungen-
heit in Gott auseinandertretenden Potenzen. Die erste Potenz, das
Seinkönnende (der Vater) ist die materiale Ursache der Welt, die
das Wesen oder den Stoff der Welt gibt, die zweite Potenz, das
Rein-Seiende (der Sohn) ist die formale Welturschache, die dritte
Potenz, das Seinsollende (der Geist) ist die finale Welturschache. Ohne
Auseinandertreten und folglich ohne Spannung der in Gott einigen
drei Weltpotenzen ist Weltschöpfung unmöglich, aber der Weltprocess zielt auf Ueberwindung dieser Spannung, welche ihm keines-

---

*) Dass ihm trotz des oben Gesagten der göttliche Wille doch nicht als
grundlose Willkür gilt, zeigt seine Aeusserung, dass, recht verstanden, in Gott
Freiheit und Nothwendigkeit eins seien, womit er im Wesentlichen dasselbe
sagen wollte, was Leibniz als moralische Nothwendigkeit bezeichnete. Schelling's
W. II, 2, 90.

wegs das Werk Gottes allein ist, sondern das gemeinschaftliche Werk Gottes und der Menschen, am erreichten Ziele derselben wird sie vollkommen überwunden und, indem Gott Alles in Allem wird, ist Gott in der Welt und die Welt in Gott erhöht. *) Hamberger drückt sich darüber in folgender Weise aus: „Am Ende wird der Sohn, nachdem er mit dem Geiste Alles sich unterworfen, d. i. allenthalben das blinde Sein überwunden und dasselbe in Licht und Klarheit umgewandelt hat, nun auch sich selbst dem Vater unterwerfen. Der Sohn hört jedoch hiemit nicht in seiner Besonderheit auf, sondern er besteht dann nur nicht mehr in der Absonderung. Er lebt nun mit dem Vater und mit dem Geiste, unter gemeinsamer Beherrschung der jetzt vergöttlichten Welt, in vollkommener Einheit, welche die Dreiheit nicht ausschliesst, in vollkommener Homousie. Nachdem im Momente der göttlichen Tautousie alle drei nur von der alleinigen Gottheit getragen, d. i. in ihr beschlossen waren, nachdem jede der drei göttlichen Personen durch ihren Antheil an der Schöpfung und Entwickelung der Welt zu eigenthümlichem Dasein gediehen sind, so ist nunmehr keine von der andern ausgeschlossen, sondern vielmehr jede der Herrlichkeit der andern theilhaftig geworden." **)

Wie man nun auch über diese in äusserster Gedrängtheit vorgetragenen Lehren Schelling's denken möge, so sieht man doch jedenfalls, dass man sie in ihrem genialen Tiefsinn nicht wohl naturalistisch nennen darf. Auch wenn man mit Fichte Schelling's Philosophie als alttestamentliche bezeichnen wollte, wozu doch die

---

*) Alle diese Vorgänge sind in Schelling's Sinne zugleich ethischer Natur. Dass dies nicht stärker betont wird und nicht prägnanter und reiner ausgeführt wird, hat seinen tiefsten Grund in Schelling's Halbpantheismus, was Fichte gefühlt, aber mit dem Vorwurf des Naturalistischen in seinem Theismus nicht ganz zutreffend bezeichnet hat. Es ist einleuchtend, dass der mythologische Process, als theogonischer gefasst, das Ethische beeinträchtigen musste. Gleichwohl ist anzunehmen, dass Schelling, wenn er die Ethik als besonderen Wissenschaftszweig behandelt hätte, die ethische Seite in der Weltentwickelung deutlicher hätte hervortreten lassen.

**) Christenthum und moderne Cultur von Hamberger I. S. 146. Die Ausführungen über Schelling's Philosophie in dieser Schrift verdienen ernstlichst beachtet zu werden. Sie gibt unter Anderem eine tabellarische Uebersicht der Neu-Schelling'schen Lehre, welche unvergleichliche Klarheit über den Grundbau des Systems gewährt und eine Darstellung der Philosophie, der Mythologie und der Offenbarung in 96 Hauptsätzen, welche das ganze Gefüge und Gewebe der Lehre in voller Durchsichtigkeit unserem geistigen Auge vorführt. Schelling selbst, dem die Arbeit vorgelegt war, hat ihre volle Richtigkeit anerkannt. Dies gibt dieser nicht leicht gewesenen Arbeit einen Werth, der nicht unterschätzt werden sollte.

Gründe nicht ausreichen, so würde man sie offenbar nicht, naturalistisch zu sein, beschuldigen können. Wie nun Schelling's Lehre nicht zu den „innerlichst naturalistischen" Gottesauffassungen gehört, denen sie Fichte einreiht, ohne zu erwähnen, dass er es denn doch aus den später erschienenen folgenden Bänden des Schelling'schen Nachlasses anders gefunden haben muss, so ist auch Fichte's Behauptung nicht einzuräumen, dass vom theocentrischen Standpunkt es nicht zu umgehen sei, den Weltprocess in Gottes eigenes Wesen zurückzuschieben. Mag Schelling den anthropocentrischen Standpunkt der Philosophie nicht durch alle seine Momente stetig durchgeführt haben. Unbekannt ist er ihm nicht geblieben. Er verlangt für die Ausbildung der Erkenntnisswissenschaft den regressiven und inductiven Weg. Aber bei dem höchsten Princip angelangt, betritt er mit Recht den theocentrischen Standpunkt, der nun eine andere Bedeutung gewinnt, als er da haben kann, wo von vorn herein Alles a priori abgeleitet werden will.

Wollte Fichte auch den durch den regressiven Weg der Wissenschaft vermittelten theocentrischen Standpunkt für den progressiven Theil der Wissenschaft verwerfen, so wäre nicht abzusehen, wie er, was er doch ausdrücklich anstrebt, zu einer Theosophie gelangen wollte. Aber auch der von vorn herein, a priori theocentrische Philosoph müsste nicht nothwendig den Weltprocess in Gottes eigenes Wesen zurückschieben, sondern er könnte sehr wohl aus der Allvollkommenheit Gottes den richtigen Schluss ziehen, dass die Welt nicht die Selbsterscheinung, Selbstverwirklichung oder Selbstausgestaltung Gottes sein könne, da die Schöpfung vielmehr diese als ewige und untheilbare voraussetze. Wenn man sich so ausdrücken will, kann von Schelling nun wohl gesagt werden, er schiebe den Weltprozess in Gottes eigenes Wesen zurück, denn er lässt den Weltprocess aus den Potenzen des wenngleich ewig als Persönlichkeit und Weisheit in sich vollendeten und in sich bleibenden Gottes wesenhaft entspringen. Die Gott vor oder abgesehen von der Schöpfung zugeschriebene Vollkommenheit und Integrität ist so doch nur eine wenigstens relativ ideelle, die erst durch den Schöpfungs- und Weltprocess — am Ziele derselben — zur auch ausgeprägt reellen wird. Hiernach setzt sich im Sinne Schelling's Gott in der Weltschöpfung und im Weltprocess fort, bis er seine ideelle Vollkommenheit zur reellen gebracht hat und in seine absolute Vollendung eintritt. Aus diesem Grunde ist ihm die Weltschöpfung und der Weltprocess theogonischer Process, nicht als ob der Weltprocess Gott schlechthin erst erzeugte, erzeugen könnte oder sollte, *) sondern

---

*) Schelling's W. II., 2, 92.

weil der ewig sich ideell erzeugende Gott sich im Weltprocess auch reell erzeugen will und damit alle Wesen zur Vollendung führt. *)

Diese Weise der Ableitung der Welt aus Gottes Wesen ist nun allerdings als halbpantheistisch zu bezeichnen, wenn man nicht lieber sagen will, Schelling's Philosophie sei diejenige Form des Pantheismus, welche mit dem Theismus im Pantheismus Ernst mache, wie denn Schelling gar nicht in Abrede stellt, dass seine Lehre nicht sowohl den Pantheismus verlasse, als vielmehr ihn nur zum ein- und untergeordneten Moment mache, wesshalb er vom gewöhnlichen (Gottes Selbstbewusstsein leugnenden) Pantheismus sagt, dass er eigentlich gar nicht Pantheismus sei. **) Baader's Lehre ist mit dieser Lehre Schelling's nicht identisch, da sie Gott, von der Schöpfung abgesehen, nicht bloss ideelle, sondern zugleich reelle Vollendung zuschreibt und die Welt nicht aus dem Wesen, sondern aus den Kräften Gottes ohne Wesensentäusserung geschaffen werden lässt, wonach die Welt nicht Ergänzung, sondern Nachbild Gottes ist, bestimmt seiner Vollkommenheit theilhaft, nicht Theil derselben zu werden. Diese Lehre wird richtiger als Pan-en-theismus, denn als der wahre Pan-Theismus bezeichnet. Aber Schelling's Lehre lässt sich nicht von dem Standpunkt der nachhegel'schen „Theisten", wenigstens des grösseren Theils derselben, bestreiten oder widerlegen, da sie über den Halbpantheismus (wie z. B. Weisse, Lotze, Fechner) nicht hinausgekommen sind. Vom Standpunkte des Halbpantheismus aus ist die Deutung des Weltprocesses als eines (secundär) theogonischen Processes in dem Sinne Schelling's nur consequent und seine Leugnung inconsequent, was auch auf diesem Standpunkt gegen die eigenthümliche Ausführung dieses Gedankens bei Schelling zu erinnern sein würde.

Die Kritik, welche Fichte dieser Ausführung angedeihen lässt, enthält nun allerdings bei aller Anerkennung tiefsinniger Momente viele richtige und zutreffende Gesichtspunkte, Erinnerungen und fruchtbar weiterführende Blicke und Referent bestreitet nicht die Berechtigung Fichte's am Schluss seiner Abhandlung zu sagen: „Sicherlich wird der Theismus als das allein gründliche Vernunftsystem aus allen wissenschaftlichen Kämpfen siegreich hervorgehen; aber wir konnten nicht zugeben, dass die vorliegende, halb gnostische Ausgestaltung desselben, von der grossen Autorität Schelling'schen Namens getragen, allein oder vorzugsweise als der wissenschaftliche

---

*) Schelling's W. II., 2, 91.

**) In diesem Sinne sagt Schelling zu den Pantheisten: Das Pan sehe ich wohl in Euerem Pantheismus, aber nicht den Theismus. Schelling's s. Werke II.; Abth. 2 B. S. 68 u. II., 1, 372.

Ausdruck dieses Princips zur Geltung komme. Bei den Bedenken, welche es in dieser Gestalt unfehlbar erregen wird, mussten wir fürchten, dass die schwächeren Geister an der wahren Bedeutung des ganzen Prinzips irre werden könnten, während die Feinde desselben in ein voreiliges Siegesgeschrei ausbrechen!"

Nr. VII. J. G. Fichte und Schleiermacher, erörtert unter Anknüpfung an eine briefliche Aeusserung von Chalybäus das Verhältniss beider Forscher und das Bleibende in J. G. Fichte's Lehren. Den Zweck dieser Erörterungen bezeichnet Fichte als den doppelten: theils den Einfluss nachzuweisen, den J. G. Fichte's Princip auf Schleiermacher gehabt, theils damit das Verhältniss der späteren Gestalt des Fichte'schen Systems zu der ersten von einer neuen Seite zu zeigen. Beides ist dem Verfasser sehr wohl gelungen, die ganze Abhandlung bringt reiche Belehrung und verdient die vollste Anerkennung.

Nr. VIII. „Ueber Herbart's Stellung zur Philosophie der Gegenwart, mit Bezug auf Erdmann's Geschichte der neuern Philosophie." Ohne sich zu den Anhängern Herbart's zu zählen, glaubt Fichte doch die relative Berechtigung und Bedeutung der Philosophie Herbart's gegen die Verwerfung der Monisten, insbesondere des Hegel'schen Monismus, in Schutz nehmen zu sollen. Zu diesem Standpunkt musste Fichte geführt werden, sobald er sich zu der Monadologie des Leibniz zurückwandte, nicht um sie unverändert aufzunehmen, sondern, indem er sie in wesentlichen Punkten um- und fortbildete, worüber auch der „Bericht über meine philosophische Fortbildung" (Nr. I.) Auskunft ertheilt. Denn ähnlich wie früher Leibniz Spinoza gegenüberstund, stund in der neueren Zeit Herbart Hegel gegenüber und wer für Leibniz so grosses Interesse gewann, musste auch für Herbart nicht geringes Interesse gewinnen. Individualisten waren beide, Herbart wie Leibniz, der letztere in spiritualistischer, der erstere in realistischer Form. Da nun Fichte einen Individualismus aufstellt, der im Princip den Gegensatz des Spiritualistischen und Realistischen ausgleicht und in eine höhere Einheit aufhebt, so musste er, wie für Leibniz, so auch für Herbart die relative Berechtigung geltend machen. Doch berührt er in diesem Artikel nur die ganz allgemeinen Fragen, welche den Gegensatz des Hegel'schen Monismus und des Herbart'schen Individualismus betreffen und verweist für die weitere Ausführung auf das erste Buch seiner Anthropologie. Aus dieser führt er als Gesammtresultat der Kritik die Nachweisung an, dass der pantheistische Monismus aus der Thatsache des Selbstbewusstseins widerlegt werde, der abstract realistische Individualismus Herbart's aber, zwar nicht falsch, doch ungenügend sei wegen seines streng festgehaltenen Begriffes von der Einfachheit des Seelenwesens. Dieselbe Einwendung hat schon Baader gegen die Monaden des Leibniz erhoben, ohne darum die Monaden (Henaden) überhaupt zu leugnen. *) Den andern Mangel Herbart's, die Bedingtheit der Realen (Monaden) verkannt und sie dem Sein nach geradezu für absolut erklärt, also ihre Abkunft aus dem Schöpfungsact Gottes verneint zu haben, berührt Fichte hier nicht. Ausser in seiner Anthropologie findet man lehrreiche Darlegungen und Erörterungen über Herbart's Philosophie in seinen Grundzügen zum Systeme der Philosophie I., 236 ff., wo er S. 292 den gerügten Mangel kurz berührt, und in seinen Beiträgen zur Charakteristik der neueren Philosophie etc., 2. Auflage, S. 1042 ff.

Die fünf Stücke des zweiten Bandes der „Vermischten Schriften" des Verfassers können hier aus Mangel an Raum nicht eingehender besprochen werden. Sie sind mit gleichem Geiste in gleich reinen, schönen und ansprechenden Formen geschrieben wie die Abhandlungen des ersten Bandes. Sie bieten einen grossen Reichthum von Untersuchungen der wichtigsten Art auf der Grundlage einer theistischen Monadologie, welcher unbestreitbare Vorzüge vor der Leibnizischen und Herbart'schen Monadologie einzuräumen sind: Gerade in diesen Vorzügen berühren sie sich nicht selten mit Ideen Baader's, so sehr sie sich in Anderem von ihm entfernen. Wer besonders den IV. Band der Baader'schen Werke vergleichen will, wird leicht die Berührungspunkte wie die Unterschiede zwischen beiden Forschern herausfinden. In den Ideen über das Geisterreich, die innere Seelenleiblichkeit, die vergeistigte Leiblichkeit, die Auferstehung etc. findet sich viel Verwandtes. Ein Hauptunterschied ihrer Lehren waltet in der Ansicht über den Urzustand des Menschen. Wenn nach Fichte (S. 11) der Mensch neben und mitten aus der Thierwelt hervorgewachsen sein soll als der Höchste ihres Gleichen, wenn der höchste Mensch, die „vollkommenste Rasse", nicht zuerst, nicht allerorten aufgetreten sein soll, sondern erst spät, wenn sie sich aus einem Culturmittelpunkt verbreitet haben soll zu Volksstämmen, welche tief unter ihr standen, jederlei Bildung von ihr empfingen oder durch die Cultur gerade verdrängt, an ihren Darbietungen den eigenen Untergang fanden, so greift hier ein das Ethische verletzendes Moment kaum weniger stark ein, als Fichte dasselbe dem theogonischen und mythologischen Process Schelling's vorgeworfen hat. Von besonderem Interesse sind die geistvollen Ausführungen Fichte's über die Auferstehungsgeschichte Christi und

---

*) Baader's s. W. II., 161, vergl. 160 und III., 234, Anm.

die Christophanien, in welchen er sich vielfach mit Baader's Ideen berührt. Sehr lehrreich, wenn auch nicht erschöpfend, sind die Betrachtungen über das Charakterbild Jesu und Mohammed's und die Schilderung der Weltstellung des Islam.

Der gedankenreiche Artikel: „Die Unsterblichkeitsfrage im Geiste gegenwärtiger Wissenschaft" verbreitet sich über Schelling's Gespräch: Clara oder Zusammenhang der Natur mit der Geisterwelt, J. Huber's die Idee der Unsterblichkeit und H. Ritter's „Unsterblichkeit" zweite Auflage, wozu noch eine Selbstanzeige der Schrift Fichte's über die Seelenfortdauer kommt. Dass Baader mit dem Grundstamm der hier erläuterten Ideen den genannten Forschern vorausgegangen ist, kommt nirgends zur Sprache. Wie Baader verwirft auch Fichte jenen halbirten, aristokratischen Unsterblichkeitsglauben, welcher nur die hervorragenden Genien oder die Gläubigen, die Wiedergeborenen der Fortdauer werth hält, die übrigen aber der Vernichtung verfallen sein lässt, eine Lehre, die in verschiedenen Gestaltungen bei J. G. Fichte, Weisse, Lotze und Andern anzutreffen ist. Gänzlich verkennt aber Fichte die Lehre des Buddhismus in seiner ursprünglichen Gestalt, wenn er den Nirvana auf eine Vernichtung des Seelenwesens n i c h t hinauslaufend annimmt, während nur die spätere Entwickelung des Buddhismus diese Umbildung des Nirvana vornahm, wie gerade die neuesten Forschungen ans Licht gestellt haben. *) Die Lehre von dem Nirvana war eine

---

*) Essays von Max Müller I., 202: „In der Erkenntniss von der Nichtigkeit aller Dinge und in der Sehnsucht, nichts zu werden, zu verlöschen, in Nirvana einzugehen, besteht (nach Buddha) die wahre Weisheit. Nicht durch das Aufgehen in Brahman, nicht durch die Rückkehr der Seele zu ihrem ursprünglichen Zustand, sondern nur durch gänzliche Vernichtung erlangen wir Befreiung. Ist es ein Unglück zu existiren, so muss das Nichtexistiren Glückseligkeit sein und d i e s e Glückseligkeit ist der höchste Lohn, den Buddha seinen Anhängern verheisst." Allerdings will dann M. Müller doch nicht glauben, dass Buddha auf die mächtige Waffe eines Religionsstifters, den Glauben an ein künftiges Leben, Verzicht geleistet hätte. Aber die Quellen müssen darüber entscheiden, nicht die Glaubens- oder Nichtglaubensgeneigtheit eines modernen Forschers. In gleicher Art könnte man nicht glauben wollen, dass Philosophen, die eine reformatorische Rolle spielen und die Menschen zu den höchsten Anstrengungen für den Fortschritt der Cultur anspornen wollen, wie Michelet, A. Ruge, v. Hartmann, um von dem quietistischen Schopenhauer nicht zu sprechen, die individuelle Unsterblichkeit geleugnet hätten. Dennoch kehrt M. Müller in dem Weiteren wieder zu der aus den Quellen sich ergebenden Auffassung des Nirvana zurück, S. 216, 218, 244, 249. Dasselbe Ergebniss erhielt schon Carl Friedrich Köppen in seinem umfassenden Werke: Die Religion des Buddha und ihre Entstehung S. 298, 300, 304: „Nirvana ist die Freistätte, welche dich aufnimmt, wenn du dem Kerker d e r E x i s t e n z entsprungen bist,

Reaction gegen die indische Seelenwanderungslehre und ausgedacht,
um von ihren Schrecken zu befreien, ähnlich wie in der neueren
Zeit die dogmatische Lehre von der Ewigkeit der Höllenstrafen
öfter die Leugnung der Unsterblichkeit hervorgerufen hat.

In dem Artikel über die religiöse und antireligiöse Speculation
der Gegenwart werden besprochen: 1) Schelling's erste Vorlesung
in Berlin, 2) Feuerbach's Wesen des Christenthums, 3) die Restauration des Christenthums und Christenthum und Antichristenthum
aus den deutschen Jahrbüchern für Wissenschaft und Kunst, 4) die
Posaune des jüngsten Gerichts über Hegel den Atheisten und Anti-
christen. Die Ausführungen gehen theils auf Einschränkung der
Erwartungen bezüglich der ausserordentlich weit gehenden Ver-
sprechungen Schelling's, die sich allerdings später nicht in dem
Maasse erfüllt haben, als doch Manche gehofft hatten, die sich von
seiner Autorität so stark imponiren liessen, um ihm die Erfüllung
des grossen Wortes zuzutrauen, Alles geben oder gar Nichts geleistet
haben zu wollen. Das Uebrige ist mit meist treffenden Gründen
gegen die linke Seite der Hegel'schen Schule und ihrer negativen
Weiterführungen gerichtet. Den Schluss des zweiten Bandes bildet
die Abhandlung: die Religion und Kirche als wiederherstellende
Macht der Gegenwart. Sie knüpft ihre Betrachtungen an religions-
philosophische von Carrière, Weisse, Daumer und L. Feuerbach an
und sucht die Grundlagen zu gewinnen für eine lebendige, den
Bedürfnissen unserer Zeit entsprechende Erneuerung des religiösen
und kirchlichen Lebens. Fichte stellt sich hiebei im Grundgedanken
auf den christlichen Standpunkt, der sich ihm nur aus seinen eigenen
Tiefen weiter erschliessen und entwickeln soll. Er stösst dabei im
Einzelnen auf theologische und kirchliche Fragen, die in so verhältnissmässig kurzen Andeutungen, wie sie hier allein möglich
waren, nicht vollkommen und entscheidend erledigt werden können.
Doch ist zu rühmen, dass geistvolle und hochwichtige Gesichtspunkte
zur Sprache kommen. Fichte nimmt die Nachweisung Carrière's
auf, dass ohne Christus als Gottmenschen es gar keinen innerlichen
geschichtlichen Zusammenhang gebe, er erklärt den Beweis für
geführt, dass Christus wirklich der war und ist, als welchen Er sich

---

und die Fesseln des Kreislaufs gesprengt hast." Dann S. 306: „Eine Lehre,
die vom Nichts ausging, kann auch nur im Nichts auslaufen." Köppen macht
dann (S. 307) bemerklich, dass der Nirvana, nach Zeit und Ort und Schule,
auch einen positiveren Charakter annahm, namentlich für solche, die sich nicht
zur Höhe des ascetischen Princips erheben konnten und die „beseligende Lehre
des Nichtigen" nicht zu begreifen vermochten, für die simplen Gläubigen,
die Laien.

selbst bezeichnete, der vollständige Glaube an Christus ist ihm zugleich der gefühlte und innerlich erlebte Heilsglaube. Das Christenthum hat übrigens nach ihm bisher nur nach Einer Seite hin gewirkt, indem es an den Einzelnen sich richtete und an die Gesinnung, die vom Einzelnen auf die Gemeinschaft überfliesst. Die
zweite, die bei weitem grössere und gewaltigere Aufgabe steht ihm
noch bevor, die allgemeinen Grundsätze umzuschaffen, auf denen
der Staat und die Gesellschaft bisher ruhten, kurz als neues staats-
bildendes Princip aufzutreten. Durch dieses Auftreten in friedlichen
Reformbestrebungen, die wir, wenn es das ächte ist, doch nur als
weitere Evolution des staatsbildenden Princips des Christenthums
ansehen können, soll der Staat erst recht christlicher Staat werden.
Der Gegensatz des christlichen Princips (sollte wohl heissen des
bissherigen Verständnisses desselben) und des Humanismus soll aus-
geglichen werden. Christenthum ist Menschthum, sagt Baader, und
die wahre Humanität liegt also nicht ausser ihm, sondern in ihm
und evolvirt sich in gleichem Maasse, als seine Tiefen dem Geist
und Gemüth erschlossen werden, nicht blos im Privat- und Familien-,
sondern auch im Staatsleben, in den Staats-Institutionen und im
Völkerrechte.

24.

**Meditationen über das erste Gebot für Leute des Ge-
dankenernstes und des Gewissens. Von Victor
v. Strauss. Leipzig, Fleischer, 1866.**

Der Verfasser stellt sich in dieser Schrift von vornherein auf
den Standpunkt des christlichen Offenbarungsglaubens, den er zwar
durch innere Gründe zu stützen sucht, ohne sich aber auf die theologischen Fragen über die Aechtheit der Offenbarungsurkunden, die
Gesetze ihrer Auslegung, die Inspirationsfrage etc. ernstlich einzulassen. Sie trägt daher mehr den Charakter einer geistreichen Er-
bauungsschrift für Gläubige, als dass sie von eigentlich wissenschaftlicher Bedeutung wäre, und auch das nur für Gläubige, welche von
vorn herein die Prädestinationslehre als Offenbarungslehre ansehen.
Denn wenn der Verfasser den Willen des Menschen auch nicht einmal als mitwirkende Ursache bei der Bekehrung gelten lassen will,
und wenn ihm bei jeder Entscheidung des Menschen für Gott und

seinen Willen die wirkende Ursache dieser Entscheidung lediglich Gott und dessen Wille, nicht des Menschen Wille ist (S. 43, 45), so ist doch offenbar bei dieser Auffassung die Prädestinationslehre zu Grunde gelegt. Nur wer diese Lehre zu theilen geneigt wäre, wird die weiteren Entwickelungen des Verfassers mit Interesse verfolgen. Jeder Andere wird darin zwar manchen sinnvollen und anregenden Gedanken antreffen, aber er wird keine Befriedigung in ihnen finden.

Die letzten Erörterungen der Schrift wenden sich zu einer Betrachtung moderner Abgötterei. Was der Verfasser hier über Materialismus und Naturalismus vorträgt, ist gut und treffend. Weniger genügend sind seine Betrachtungen über den Pantheismus.

In dem Bestreben, auch hier Wahrheitsmomente von dem Irrthum zu unterscheiden, lässt er sich verleiten, es für sehr geistreich zu halten, wenn er sagt, der Pantheismus sei gleichsam die Weissagung des dereinstigen Vollendungszustandes der Schöpfung. Der Verfasser übersieht hier, dass, wenn Gott und Welt nach dem Theismus wesentlich verschieden sind, auch die Vollendung der Schöpfung diesen Unterschied nicht aufzuheben vermag. Wer es annimmt, leugnet, wenn auch unbewusst, schon den ursprünglichen Unterschied von Gott und Welt. Man sieht, wie nahe der Verfasser dem Pantheismus steht, den er doch so sehr perhorrescirt. Es dürfte auch schwer zu verkennen sein, dass alle Prädestinationslehre zuletzt in Pantheismus auslaufen muss, da sie das Geschöpf zu einem völlig Leidenden macht, wovon nicht weit mehr die Lehre entfernt ist, dass alles Endliche nur Accidenz, Modus oder Modification des Unendlichen ist.

So sehr nun der Verfasser hervorzuheben sucht, dass des Pantheisten Gott nicht Gott sei, dass ihm gerade das unermessliche Ich Gottes entgehe, und das Böse ihm in Nichts zerrinnen müsse, so würde er doch mit allem dem über den Persönlichkeitspantheismus nicht hinauskommen, so sehr er diesen selbst ausdrücklich verwirft. In den letzten Betrachtungen seiner Schrift: über Anthropotheismus, Rationalismus, den philosophischen Supranaturalismus, die Formen moderner Nebengötterei, weltliche Nebengötterei, superstitiöse Nebengötterei, religiöse und kirchliche Nebengötterei, begegnet man vielen geistreichen, treffenden und geistweckenden Gedanken. Die Intentionen des Herrn Victor v. Strauss sind viel tiefere, als die seines Namensverwandten David Strauss. Um aber den Pantheismus des Letzteren siegreich aus dem Felde zu schlagen, dazu werden doch andere Waffen erfordert, als womit der Verfasser zu Felde zieht.

25

Ueber die Freiheit des Menschen. Ein Beitrag zur Moralphilosophie von Dr. Wilhelm Kaulich. Prag. Lehmann 1866.

Der Verfasser hat sich schon 1861 durch eine Monographie über Scotus Erigena und 1863 durch den ersten Band einer Geschichte der scholastischen Philosophie nicht unrühmlich in die philosophische Literatur eingeführt. Die vorliegende Schrift reiht sich würdig an diese Leistungen an. Sie zeigt mit Klarheit, dass der Determinismus in der Lehre vom menschlichen Willen, welcher Art er auch sei, wissenschaftlich unbefriedigend erscheine. Der Verfasser unterscheidet den Determinismus des Materialismus, des Pantheismus und Semipantheismus, den mechanisch-psychologischen Determinismus und den Determinismus einer falsch gefassten Creationstheorie. Der Determinismus des Materialismus unterscheidet sich ihm wieder in den des gröberen und den des feineren Materialismus, ein Unterschied, welchen Referent in seinen Schriften als pluralistischen (atomistischen) und monistischen (dynamischen) Materialismus bezeichnete. Mit Recht behauptet der Verfasser, dass beide Formen des Materialismus consequent deterministisch sein müssten. Seine Widerlegung beider Formen ist scharfsinnig und kann als befriedigend erachtet werden, wenn wir auch gewünscht hätten, dass der Verfasser sich auf die absolute Atomistik eingelassen und sie widerlegt hätte.

Auch darin ist dem Verfasser beizustimmen, dass der Pantheismus consequent nur einen metaphysischen Determinismus lehren könne, womit derselbe nur ausspricht, was Referent längst in Uebereinstimmung mit Baader behauptet hat. Wenn der Verfasser dieses Urtheil auch auf den Semipantheismus erstreckt, so ist ihm auch darin nicht zu widersprechen, und es ist dabei beiläufig zu erinnern, dass Baader's Lehre nicht unter den Semipantheismus zu subsumiren ist, wie A. Günther mit Unrecht gethan hat. Der Verfasser bemerkt richtig, der Semipantheismus lasse die absolute Substanz als bewusste in den Weltwerdungsprocess eingehen, so dass sie in Transscendenz, als Sein ausser und über der Welt, ein Wissen um sich als vorweltlicher Gott und um die zu setzende Welt und ihre Gestaltungen besitze, während die Welt, das Hylische an der Substanz, successive von den dem Absoluten eigenen Ideen durchdrungen und so successive Gott verähnlicht werde. Da nun aber die Substanz unendlich sei, so sei auch dieser Process selbst ein unendlicher, und in der unendlichen Steigerung und Vervollkommnung der immer reineren Darstellung der göttlichen Ideen erlange die Unendlichkeit des Absoluten ihren entsprechenden Ausdruck. Referent bemerkt hier, dass in verschiedenen Formen ein solcher Semipantheismus von einem Theile der Hegelianer, von Schelling in seiner späteren Zeit, von Fechner und vielen Neuern gelehrt wird, nicht aber von Baader, der den Unterschied von Gott und Welt scharf und bestimmt festhält und allem Semipantheismus den Satz entgegenstellt: indem Gott schaffend von sich ausgeht, geht nichts von Gott ab, und indem das Geschöpf in der Erhebung zu ihm ihm zugeht, geht nichts in die Wesenheit Gottes ein. Auch kennt Baader keine Schöpfung oder Weltwerdung von absolut unendlicher Zeit und in absolut unendliche Zeit fort. Wenn der Verfasser in der Charakteristik des mechanisch-psychologischen Determinismus die Lehren des Leibniz und des Herbart deterministisch nennt und behauptet, beide Denker vermöchten nicht den Gegensatz des Guten und des Bösen festzuhalten, so kann wieder bemerkt werden, dass Baader dies längst behauptet und Referent es nachgewiesen hat. Auch helfen hier alle Einwendungen der Herbartianer nichts, weder derjenigen, welche die Behauptung selbst, noch derjenigen, welche die Consequenzen nicht zugeben wollen. Ihre Lehren werden an diesem Punkte so verderblich gefunden, als die der perhorrescirten Pantheisten nur immer gefunden werden können. Auch das, was der Verfasser gegen den Determinismus einer falsch gefassten Creationstheorie sagt, ist als begründet einzuräumen.

Der Verfasser verwirft mit Recht einen Creatianismus, der die Selbstständigkeit creatürlicher Substanzen verkürzt, um die absolute Macht des Schöpfers überall zur Geltung bringen zu können. Er zeigt, dass die Ueberspannung des Creationsbegriffs zum Pantheismus zurückführe. Klar und scharf hebt er hervor, dass aller Determinismus daran scheitere, dass es ihm unmöglich ist, den Unterschied zwischen Gut und Böse festzuhalten. Denn da Freiheit als eine selbstständige Kraft eines Wesens negirt wird, fällt damit nothwendig auch die Imputation und somit der Unterschied der guten und der bösen That. Nachdem der Verfasser diese Behauptung näher begründet hat, wendet er sich zum Gegensatz des Determinismus. Hier genügt ihm mit Recht nun auch der Aequilibrismus nicht, nach welchem eine freie Entscheidung nur dann soll eintreten können, wenn ein absolutes Gleichgewicht zwischen zwei entgegengesetzten Möglichkeiten gegeben sei. Mit Recht verwirft der Verfasser diese Auffassung der menschlichen Freiheit als vernunftlos und verderblich.

„Denn einerseits hebt sie den inneren Zusammenhang zwischen Denken und Wollen, Erkenntnis und Freiheit auf, andererseits wird durch sie die Möglichkeit der sittlichen Vollkommenheit und die damit verbundene Erreichung des letzten Zweckes oder höchsten Gutes geradezu verneint. Dies führt der Verfasser trefflich aus und zeigt sich auch hier, vielleicht ohne es zu wissen, in wesentlicher Uebereinstimmung mit Baader. Noch überraschender ist die Uebereinstimmung des Verfassers mit Baader in der Auffassung der absoluten Freiheit des göttlichen Geistes, die ihm mit der schöpferischen Allmacht in Eins zusammengeht, wie sie zugleich sich als Einheit von Denken und Sein (Wahrheit) und von Denken und Willen (Heiligkeit) darstellt. Die weiteren Entwickelungen des Verfassers über die creatürliche Freiheit, insbesondere die Freiheit des Menschen, die Räthsel der Wahlfreiheit des Menschen, über Kant's Erklärungsversuch, über die Abstammung und den Ursprung des Menschengeschlechts, die Entwickelung der Freiheit im empirischen Menschen, enthalten eine Fülle tiefer und durchaus klar entwickelter Betrachtungen und Nachweisungen.

Von besonderem Interesse ist die Art, wie der Verfasser das oberste Sittengesetz festzustellen sucht. Ungleich den meisten Philosophen der neuern Zeit, welche das Sittengesetz in allem Möglichen, nur nicht da, wo es zu finden ist, suchen, leitet es der Verfasser, auch hier im Einklang mit Baader, in entschiedenster Weise aus dem Wesen und Willen Gottes ab. Man sollte glauben, dass jeder philosophische Theist die Ableitung des Sittengesetzes von Gott und dem göttlichen Willen selbstverständlich finden müsse. Gleichwohl haben z. B. Kant und Herbart eine solche Begründung für unzulässig und unzulänglich erklärt und dadurch viel Verwirrung veranlasst. Ihre Opposition war freilich herbeigeführt durch eine unrichtige Auffassung vom Wesen des göttlichen Willens, welche sie besonders bei Theologen antrafen, welche die göttliche Freiheit mit grundloser Willkür verwechselten. Allein nur diese Irrung war zu beseitigen, nicht aber die Begründung des Sittengesetzes auf den heiligen Willen Gottes. Des Verfassers Erörterungen über den Ursprung des Sittengesetzes sind durchaus tief eindringend, scharfsinnig, klar und lehrreich. Seine Aufstellungen über die Imputation am Schlusse der Schrift tragen denselben Charakter. Am wenigsten befriedigend ist, dass der Verfasser sich nicht näher auf Untersuchungen über den Schöpfungsbegriff eingelassen hat, wodurch, wenn es zu befriegenden Ergebnissen geführt hätte, seine Freiheitslehre erst rechte Festigkeit und Begründung gefunden haben würde. Die Berücksichtigung einer Reihe von Schriften über dasselbe Thema

aus neuerer Zeit scheint der Verfasser absichtlich vermieden zu
haben. Indessen ist doch nicht zu verkennen, dass durch solche
Berücksichtigung seine Schrift an Interesse und Lebendigkeit gewonnen haben würde.

26.

Ueber den individuellen Beweis für die Freiheit des
Willens. Ein kritischer Beitrag zur Selbsterkenntniss von
Dr. Otto Liebmann. Stuttgart, Schober, 1866.

Der talentvolle Verfasser der angezeigten Schrift: Kant und
die Epigonen (1865), unternimmt es, in der vorliegenden den Beweis für die Freiheit des Willens zu liefern. Seine Zurückwendung
zu Kant liess schon erwarten, dass ihm die ethischen Probleme am
Herzen liegen. Die Schrift ist in vier Abschnitte getheilt: 1) Ueber
die Thatsachen des sittlichen Bewusstseins, 2) Ueber den Erklärungs-
grund der Thatsachen des sittlichen Bewusstseins, 3) Kritik der
Schopenhauer'schen Freiheitslehre, 4) Ueber den individuellen Beweis für die Freiheit des Willens.

Im ersten Abschnitt herrscht durchgängig eine musterhafte
Klarheit der Darlegungen. Mit Schärfe gibt der Verfasser eine Reihe
von Definitionen von: Handlung, That, Motiv, Zweck, Mittel, Entschluss, Wille, Wunsch, Velleität, Vorsatz, Charakter, Gut und Böse,
sittliches Bewusstsein, Gewissen, Pflicht, Reue, Verantwortlichkeit,
Zurechnungsfähigkeit. Nach diesen guten Vorbereitungen rückt der
Verfasser im zweiten Abschnitt der Hauptfrage näher und erörtert
zunächst das Problem der Willensfreiheit. Er zeigt gut, wie die
hier sich aufdrängenden Erwägungen die Einen zum Determinismus,
die Andern zum Indeterminismus geführt haben, und hält dafür,
dass durch alle seine Nüancen hindurch das „Hie Welf!" „Hie
Waiblingen!" des Determinismus und Indeterminismus bis zur Stunde
geblieben sei.

Hier wirft nun der Verfasser einen Rückblick auf die Entwickelung des Kampfes zwischen Determinismus und Indeterminismus. Er zeigt, dass weder Platon noch Aristoteles, noch die Stoiker
aus dem Widerspruch beider Anschauungen herausgekommen seien.
Augustinus erscheint ihm als Determinist, Albertus Magnus als In-
determinist. Der Streit erneuerte sich in verstärktem Grade in der

neuern Philosophie von Cartesius bis zu den französischen Materialisten. Kant suchte tiefer zu dringen, gelangte aber doch nur zu
einem Compromiss zwischen Freiheit und Nothwendigkeit, bei dem
sich auch der Verfasser nicht beruhigen zu können glaubt. Nach
Kant kann der Mensch, welcher seinem empirischen Charakter nach,
d. h. als in Raum und Zeit erscheinendes Wesen, schlechthin unfrei
und determinirt handelt, seinem intelligiblen Charakter nach, d. h.
als unräumliches und ausserzeitliches Wesen, frei sein und muss es
sein. Wie sich diese Lehre Kant's bei Fichte, Schelling, Hegel,
Baader, Schleiermacher, Krause etc. umgestaltete, übergeht der Verf.
und wendet sich der Umbildung zu, welche jene Lehre Kant's durch
Schopenhauer erfahren hat. Schopenhauer, bemerkt er, habe, die
Lehre von der Unterscheidung zwischen „Ding an sich" und „Erscheinung", und specieller zwischen „intelligiblem" und „empirischem
Charakter" beibehaltend, den kategorischen Imperativ dagegen und
das damit Zusammenhängende eliminirend, mit Benutzung der Ansichten von Hartley und Pristley, einen Determinismus aufgestellt,
dessen Härte durch die musterhafte Klarheit und Schärfe seiner
Darstellung nur um so drückender werde. Nachdem nun der Verf.
die Freiheitslehre Schopenhauer's klar und lichtvoll dargelegt hat,
geht er im dritten Abschnitt zu einer Kritik derselben über. Diese
Kritik ist durchaus vortrefflich und verdienstlich und vollkommen
geeignet, so manchen Eingenommenen von der Ueberschätzung
Schopenhauer's zurückzubringen.

Im vierten Abschnitt versucht der Verf. nun selber die Lösung
des schwierigen Problems der Willensfreiheit.

Zuvörderst erklärt der Verf., dass er bei seiner Betrachtung
keinerlei metaphysische Speculation vorausgesetzt, sondern sich einfach auf empirischen Boden gestellt habe. „Es handelt sich in ihr
nicht sowohl darum, ob und wie a priori aus allgemeinsten Voraussetzungen die Freiheit des Willens zu deduciren sei, als vielmehr
darum, ob es möglich ist, von den gegebenen Thatsachen der Erfahrung aufsteigend, zu einem Punkte zu gelangen, wo Etwas, das
jener Idee entspricht, durch sein Eingreifen in die Wirklichkeit sich
als nothwendig manifestirt und wie wir es demgemäss uns zu denken
haben würden. Aus den Thatsachen zu den Gedanken. Wo diese
scheitern, bleiben jene unerschütterlich stehen."

Dann erörtert der Verf. den Begriff eines individuellen Beweises und spricht erstlich von der Möglichkeit und hernach von der
Wirklichkeit des freien Willens. Der Lösungsversuch des Verfassers
läuft zuletzt auf einen innern Determinismus hinaus, der nahe Ver-

wandtschaft mit jenem Herbart's verräth. Es schien eine Vermittelung zwischen Indeterminismus und Determinismus in Aussicht gestellt, was aber geboten wird, kann doch nur für eine besondere Form des Determinismus gelten.

27.

Die moralische Statistik und die menschliche Willensfreiheit. Eine Untersuchung von Moritz Wilhelm Drobisch. Leipzig, Voss, 1867.

Der Verfasser erklärt im Vorwort dieser Schrift, dass er schon vor siebzehn Jahren in einer Anzeige von Quetelet's Abhandlung: Sur la statistique morale et les principes qui doivent en former la base, das Verhältniss zwischen den Ergebnissen der moralischen Statistik und der menschlichen Willensfreiheit besprochen habe. *) Jetzt hat ihn vorzüglich die Bevölkerungs-Statistik von Wappäus (1859 bis 1861) und die Schrift: Die Gesetzmässigkeit in den scheinbar willkürlichen menschlichen Handlungen vom Standpunkte der Statistik (1864), von Adolph Wagner, angeregt, die hochwichtige Frage, ob die Willensfreiheit der moralischen Statistik gegenüber noch haltbar sei, aufs Neue und zwar ausführlicher und eingehender, als es in jener Recension geschehen konnte, in Untersuchung zu ziehen. Er räumt gleich hier ein, dass die moralische Statistik zwar auf einen Determinismus führe, aber nicht auf jenen äusseren, der den Menschen zu einem blossen Maschinentheil des Naturmechanismus mache, sondern auf einen inneren psychologischen, der, ohne die Einwirkung der Aussenwelt auf unsern Geist gering anzuschlagen, doch diesem eine genügende und stetig zunehmende Unabhängigkeit von der Natur sichere, und der mit dem sittlichen Interesse nicht nur in keinem Widerstreit stehe, vielmehr von diesem geradezu gefordert werde.

Die Schrift selbst zerfällt in drei, beziehungsweise vier Abtheilungen: 1) Einleitendes, 2) die wichtigsten Ergebnisse der moralischen Statistik, 3) über die menschliche Willensfreiheit, 4) Beilage.

Das Einleitende des Verfassers ist unstreitig mit musterhafter Klarheit geschrieben. Er beginnt mit der wichtigen Behauptung: „dass in der Natur nichts zufällig geschieht, sondern alles Entstehen

------

*) In Gersdorf's Repertorium, Jahrgang 1849, Bd. I., S. 128 ff.

und Vergehen, alle Veränderungen nothwendige Folgen von wirksamen Ursachen sind, ist heutzutage ein allgemein anerkannter Grundsatz, der durch die exacte Erklärung einer grossen Menge von Naturerscheinungen sich längst als eine berechtigte Voraussetzung erwiesen hat und an den stetigen Fortschritten der Natur-Erkenntniss sich immer wieder aufs Neue bewährt."

Das behauptet der Verfasser mit Recht, dass die Naturwissenschaft keine absolut und an sich nothwendigen Gesetze kennt, sondern nur theils empirische, die das Gegebene unter eine allgemeine Regel bringen, theils solche, die, um diese empirischen Gesetze aus höheren Gründen ableiten zu können, hypothetisch vorausgesetzt werden. Auch zeigt der Verfasser sehr gut, dass in einem gewissen Sinne von dem relativ nothwendigen Zusammenhang im Naturlauf auch die Zufälligkeit nicht unbedingt auszuschliessen sei, nämlich diejenige Zufälligkeit, die sich häufig im Zusammentreffen von Ereignissen kund gibt. Daher gibt es auch empirische Gesetze, die gar nicht für den einzelnen Fall, sondern nur für das Mittel aus einer grossen Anzahl von Fällen Geltung haben.

Aus einer Reihe interessanter Untersuchungen gewinnt nun der Verf. das allgemeine Ergebniss: „Ueberall, wo constante Ursachen mit regellos variirenden accidentiellen Ursachen wiederholt zusammentreffen, hierdurch aber nur alternativ zweierlei einander ausschliessende (entgegengesetzte) Arten von Ereignissen bewirkt werden können, müssen bei einer hinlänglich grossen Zahl der Wiederholung dieses Zusammentreffens die Zahlen, in welchen die Ereignisse beider Arten eintreten, sich allmälich einem constanten Verhältniss nähern. Diesen Satz wird man aber auch umkehren und schliessen dürfen, dass überall, wo in einer langen Reihe regellos wechselnder Ereignisse von zweierlei Art allmälich zwischen den Zahlen der Ereignisse jeder von beiden Arten ein constantes Verhältniss hervortritt, mit regellos variirenden accidentiellen Ursachen constante Ursachen zusammenwirken müssen; denn ohne die Voraussetzung von constanten Ursachen würde die constante Folge ganz unerklärlich sein. Derselbe Schluss wird aber auch noch geltend, wenn solche Ereignisse nicht successiv eintreten, sondern unter einer Menge gleichzeitiger Ereignisse entgegengesetzter Art, je grösser ihre Anzahl, um so mehr ein constantes Verhältniss zwischen den Zahlen, in welchen beide Arten vorkommen, sich bemerklich macht. Es wird endlich dieser Schluss verdoppelt zur Anwendung kommen, wenn das constante Verhältniss, das bei einer grossen Anzahl gleichzeitiger Ereignisse hervortritt, sich successiv innerhalb gleicher Zeiträume wiederholt."

Dieser Fall liegt nun nach dem Verfasser in der moralischen Statistik thatsächlich vor.

Namentlich an den Heirathen, den Verbrechen und den Selbstmorden hat die moralische Statistik der Neuzeit eine gewisse Gesetzmässigkeit nachgewiesen. Sie hat die überraschende Entdeckung gemacht, „dass in den willkürlichen Handlungen der Menschen, von denen man denken sollte, dass sie sich jeder Regel entziehen, und die in der That auch im Einzelnen einer solchen nicht unterworfen sind und niemals werden vorausbestimmt werden können, doch, wenn man sie im Grossen und Ganzen betrachtet, eine Gesetzmässigkeit waltet, die sich immer erst an einer zahlreichen und hinsichtlich gewisser natürlicher und socialer Bedingungen gleichartigen Bevölkerung offenbart und sich durch ihre Beständigkeit in aufeinanderfolgenden gleichen Zeiträumen (Jahren) zu erkennen gibt.

Das von der moralischen Statistik ermittelte Gesetz spricht der Verfasser in folgenden Worten aus: „Unter einer hinlänglich grossen Anzahl von Personen, die zu einer gewissen Gattung von willkürlichen Handlungen befähigt sind, steht die Zahl derjenigen, welche diese Handlungen innerhalb eines bestimmten Zeitraumes (z. B. eines Jahres) vollziehen, zu der Gesammtzahl der dazu Befähigten in einem constanten Verhältniss, so dass sich diese Verhältnisszahl in den nächstfolgenden gleichen Zeiträumen (mit geringen Abweichungen) gleich bleibt. Es folgt hieraus von selbst, dass auch die Zahl derer, welche solche Handlungen vollziehen, zu der Zahl derer, welche sie unterlassen, in einem constanten Verhältniss steht."

Allein mit besonnener Umsicht bemerkt der Verfasser, dass diese constanten Verhältnisszahlen eben so wenig wie die Sterblichkeits-Verhältnisse weder in allen Ländern, Völkern und Staaten dieselben seien, noch auch innerhalb einer und derselben Bevölkerungsgruppe für immer von gleichem Werthe. „Denn abgesehen von den in manchen Jahren auffallend grossen Abweichungen, die als Anomalieen erscheinen, ändern sich in längeren Perioden allmälich diese Werthe, so dass in späteren Jahrzehenten die Quote der Bevölkerung, die gewisse willkürliche Handlungen begeht, bald grösser, bald kleiner ist, als in einem früheren Jahrzehent. Dies beweist, dass die thatsächlich vorhandene Gesetzmässigkeit nicht bloss von den constanten allgemein menschlichen, sondern auch von besonderen, theils physischen, theils moralischen Ursachen, vorzüglich von sozialen Verhältnissen und Zuständen der Bevölkerungsgruppen abhängt, die denselben wiederum theils bleibend eigenthümlich sind, theils mit der Zeit sich ändern." Daher ist der Verfasser entfernt davon, aus jenen Thatsachen einen Fatalismus der Handlungen folgern zu wollen, und übersieht nicht, dass die Organisation der menschlichen Gesellschaft nicht das reine Product eines Naturmechanismus, sondern ein sehr wesentlicher Factor derselben ein überlegtes Wollen ist, das sich in Sitten, Gewohnheiten, Gesetzgebung, in den Einrichtungen und der Verwaltung des Staates bei verschiedenen Bevölkerungsgruppen in sehr verschiedener Weise kund gibt. Jedenfalls beruht also, folgert der Verfasser, die constante Regelmässigkeit in gewissen willkürlichen Handlungen nicht auf einem Gesetze, das den Handlungen vorausgeht und gebieterisch Vollzug verlangt, sondern umgekehrt ist alle Gesetzlichkeit, welche die moralische Statistik nachweist, das Product von relativ constanten, daher auch nicht schlechthin unveränderlichen Verhältnissen und zusammenwirkenden Ursachen, neben welchen aber noch unzählig andere Ursachen bestehen, die sich jeder Subsumtion unter eine Regel entziehen.

Nach diesen einleitenden Betrachtungen wendet sich die vorliegende Schrift einer Uebersicht der wichtigsten Ergebnisse der moralischen Statistik zu. Diese sehr lehrreiche Uebersicht ist mit der grössten Sorgfalt aus den besten Quellen geschöpft. Zuerst wird die Statistik der Sterblichkeit vorgeführt. Es ergibt sich, dass die constanten Verhältnisszahlen der Statistik des Todes nicht schlechthin unabänderlich sind, sondern nur theilweise von den feststehenden natürlichen Bedingungen, anderntheils aber von socialen Zuständen abhängen, für deren Verbesserung der Einzelne wie der Gesammtwille der Gesellschaft Vieles thun kann, und endlich, dass das Gesetz der Sterblichkeit nicht für das Individuum, sondern nur für den mittleren durchschnittlichen Menschen gilt, von dem die Natur und Eigenthümlichkeit des Individuums in einer, der Verlängerung der Lebensdauer bald günstigen, bald ungünstigen Richtung abweicht, aber auch die Wirksamkeit der ungünstigen da, wo Einsicht und Wille vorhanden ist und dem Wollen das materielle Können nicht fehlt, noch abgeschwächt werden kann.

Unter den freiwilligen Handlungen, die der Gegenstand der moralischen Statistik sind, nehmen die Heirathen die erste Stelle ein. Die Mittheilungen des Verfassers fliessen hier reichlicher und bieten manches überraschende Ergebniss. Auch findet der Verfasser hier Anlass, gegründete Einwendungen gegen die Berechnungen Quetelet's zur Ermittelung der Stärke des Heirathstriebs in verschiedenen Lebensaltern zu erheben. Er spricht mit Recht von Graden der freiwerdenden Wirksamkeit des Heirathstriebs. Dann folgt die Statistik der Verbrechen, worin auf verhältnissmässig

wenige Blätter eine Fülle von Thatsachen zusammengedrängt ist.
Auch hier bestreitet der Verfasser die fatalistischen Ansichten und
äussert sich über das Böse auf bemerkenswerthe Weise in folgender
Art: „Das Böse in der strengen und eigentlichen Bedeutung des
Wortes besteht in der Widersetzlichkeit gegen das klar erkannte
Gute, gegen die warnende und abmahnende Stimme des Gewissens.
Der wahrhaft Böse ist sich der Verworfenheit seines Wollens und
Thuns wohl bewusst; sein sittliches Urtheil ist also nicht verfälscht.
Aber er bietet seiner eignen besseren Ueberzeugung Trotz und
rühmt sich seines Sieges über sie. Diese Lust am Bösen ist die an
der Stärke der eignen, jedem Widerstand überlegenen Willenskraft,
mit gänzlicher Beiseitesetzung des erkannten qualitativen Unwerths
des Wollens; es ist die Lust des gesteigertsten Egoismus, des Erb-
feindes aller Sittlichkeit." Der Verfasser leugnet nicht, dass eine
Anlage des Menschen zum Bösen vorhanden sei, wenn sie auch nur
in seltenen Fällen zu jener schauderhaften Ausbildung gelange, die
in Verbrechen aus tückischer Bosheit und mit teuflischem Behagen
ausgeführten grausamen Gewaltthaten zu Tage komme. Aber das
Gepräge eines allgemeinen Naturgesetzes, eines blossen Haushaltes
der Natur ist nach dem Verfasser in der Statistik der Verbrechen nicht zu entdecken. Die Statistik der Selbstmorde, die
nun folgt, führt zwar zu demselben Ergebniss, veranlasst aber den
Verfasser mehr noch als die Verbrecherstatistik zu der Behauptung,
dass in den europäischen Staaten eine Zunahme der Demoralisation
zu gewahren sei. Die Statistik weist nach, dass ein immer grösserer
Theil der Bevölkerung sich zum Selbstmord verleiten lässt.

Die Hauptresultate seiner Durchmusterung der moralischen
Statistik fasst nun der Verfasser in neun Sätze zusammen, wovon
der achte und neunte Satz die wichtigsten sind. Der achte räumt
der moralischen Statistik das Recht ein, zu behaupten, dass die
Willkür blosser Schein sei und dass, wenn nur ein motivloser Wille
als freier Wille gelten soll, es in diesem Sinne einen freien Willen
nicht gebe. Der neunte Satz macht bemerklich, dass die moralische
Statistik dagegen die Frage ganz offen lasse, ob der menschliche
Wille jederzeit durch vernünftige Gründe bestimmt werden könne,
auch den stärksten Verlockungen zu unbesonnenen oder unerlaubten
Handlungen zu widerstehen, ob die eigene vernünftige Einsicht des
Menschen jederzeit die Macht besitze, seinem Wollen und Handeln
die Richtung vorzuzeichnen.

Diese Frage zu beantworten, wendet sich der Verfasser zu
einer Untersuchung über die menschliche Willensfreiheit. Er führt
diese Untersuchung mit gewohntem Scharfsinn ganz im Geiste der

der Herbart'schen Philosophie. Das Hauptgewicht wird dabei auf den Unterschied äusserer und innerer Ursachen gelegt. Die Mechanik lässt in der Körperwelt nur äussere Ursachen zu. Würde auch das Wollen der menschlichen Seele nur von äusseren Ursachen bestimmt, so würde alle Freiheit des Willens in das Reich der Illusionen zu verweisen sein. „Kann nun aber das Wollen mit Hinsicht auf seine Veränderlichkeit nicht als ein ursachloses inneres Geschehen betrachtet, und soll gleichwohl die Freiheit des Willens gerettet werden, so bleibt nichts übrig, als die Annahme, dass alle Veränderungen in der Richtung und Stärke des Wollens, so wie aller Wechsel zwischen Wollen und Nichtwollen innere Ursachen haben." Allein wenn die inneren Ursachen doch auch nur nothwendige Ursachen sind, wie der Verfasser mit Herbart statuirt, auch angenommen, dass nach Herbart'scher Metaphysik und metaphysischer Psychologie rein innere Ursachen möglich sind, wird damit die Freiheit des Willens gerettet werden können? Jedenfalls kennt der Verfasser nur eine Freiheit des Willens, welche der Nothwendigkeit nicht entgegengesetzt ist; denn er bekennt offen, dass sein Freiheitsbegriff auch als Determinismus bezeichnet werden könne. Nur der äussere Determinismus schliesst ihm die Freiheit aus, nicht der innere. Aber auch der innere Determinismus bleibt eben Determinismus, d. h. die Behauptung der Nothwendigkeit aller Handlungen. Mag nun auch die angenommene Nothwendigkeit der Handlungen eine andere (unfrei genannte) sein, so lange der Mensch die sittliche Einsicht nicht erlangt hat, so wird doch das Räthsel nicht gelöst, warum der Eine die sittliche Einsicht erlangt, der Andere nicht, und wie doch in beiden Zuständen die Zurechnungsfähigkeit, wenn auch in verschiedenen Graden, stattfinden soll, während doch die Nothwendigkeit der Handlungen in allen Fällen statuirt wird. Der deterministische Freiheitsbegriff setzt immer schon das Bestimmtsein voraus und erklärt daher weder die Selbstthätigkeit des Willens, noch die sittlichen Thatsachen des Bewusstseins. Der indeterministische Freiheitsbegriff führt allerdings auf Zufälligkeit, aber auf eine in bestimmte Grenzen eingeschlossene Zufälligkeit, wie auch die Zufälligkeiten im Naturleben in gewisse Grenzen eingeschlossen sind. Der indeterministische Freiheitsbegriff verlangt nicht, dass der menschliche Wille nicht durch Motive bestimmt werde; er verlangt nur, dass er innerhalb der Grenzen der Natur des Geistes frei in der Wahl der Motive sei. Der Wille ist nicht Wille, sondern nur ein Getriebenwerden, wenn er nicht frei wählen kann. Wille setzt aber immer schon Bewusstsein voraus, sonst wäre er nicht Wille, sondern blosser Trieb. Uebrigens ist der Determinismus des Verfassers nicht bloss ein feiner, sondern man möchte sagen auch ein so edler, als es ein Determinismus überhaupt sein kann, und nur der Determinismus des älteren Sigwart möchte noch einige Vorzüge vor ihm voraus haben, weil derselbe theistisch inniger mit der Religionsphilosophie verknüpft erscheint.

Der Verfasser stellt die Ergebnisse seiner scharfsinnigen Untersuchungen in zehn Sätzen zusammen, die den Standpunkt des inneren Determinismus mit meisterhafter Klarheit entwickeln. Die Schlussworte, die derselbe daran anknüpft, zeigen recht, wie dieser Standpunkt sich vom Naturalismus und Materialismus unterscheidet. Denn ihm ist es nicht zweifelhaft, dass der Mensch sich ohne Selbstüberschätzung gestatten darf, sich als ein nicht bloss dem Grade, sondern der Art seiner geistigen Begabung nach von dem Thiere verschiedenes Wesen zu betrachten, welches vermag, seiner eigenen sinnlichen und dämonischen Natur Herr zu werden, wenn er sein Wollen und sein Thun der sicheren Leitung der hell leuchtenden sittlichen Ideen überlässt. Sehr schön weist dann der Verfasser darauf hin, wie uns die ethischen Ideen auf den Gedanken einer noch anderen und höheren Ordnung der Dinge, einer auf die Verwirklichung des Guten abzielenden moralischen Weltordnung hinführen. Eben so schön schliesst der Verfasser seine Betrachtung mit den goldenen Worten: „Der religiöse Glaube, der in der Persönlichkeit Gottes mit der Fülle höchster Weisheit und Macht die vollkommenste Heiligkeit, Güte und Gerechtigkeit vereinigt, nennt jenes Ideal das Reich Gottes. Aber auch die Religion behauptet nicht, dass das Reich Gottes auf Erden schon vorhanden sei, sondern heisst uns beten, dass es komme, und das Unserige thun, es herbeizuführen, und verheisst uns dabei nur die Hülfe von oben. Aus dem religiösen Standpunkte betrachtet, vollstrecken wir den Willen Gottes, wenn wir stets nur das Gute und Beste wollen und thun; aber der göttliche Wille nöthigt uns nicht dazu und kann uns nicht dazu nöthigen wollen, weil dann vom guten Wollen und Thun nur der äussere Schein übrig bleiben würde. Darum hat die göttliche Weisheit dem Menschen die Fähigkeit verliehen, zu einer selbstständigen sittlichen Einsicht und einem durch sie bestimmten Willen zu gelangen, aber auch diesen edelsten Eigenschaften seines Geistes eine sinnliche, der leidenschaftlichen Ausartung fähige und der höchsten Selbstsucht zugängliche Natur beigesellt, mit welcher im Kampfe sich seine sittliche Anlage entfalten, seine sittliche Kraft sich messen, erstarken und zum befreienden Sieg gelangen soll."

Sollte es dem Freunde der Herbart'schen Philosophie so schwer sein, von diesem Standpunkte aus zu einem Verständniss Baader's und zu einer Verständigung mit ihm zu gelangen? Ist es so schwer, einzusehen, dass Baader die ethischen Ideen Kant's, auf die auch Herbart, wenn auch in seiner Weise, sich gründet, nicht im Geringsten aufgegeben, sondern nur sicherer zu stellen und zu läutern gesucht hat? Würden Herbart und mehrere seiner Jünger so schroff gegen Baader aufgetreten sein, wenn sie gründlicher davon unterrichtet gewesen wären, dass Baaader's Lehre keineswegs eine Art Spinozismus oder Schellingianismus gewesen ist und ist? Warum ignoriren auch die Freunde der Herbart'schen Philosophie meine urkundlichen Nachweisungen über das wahre Verhältniss Baader's zu Schelling und ergehen sich in den ungründlichsten (wahrlich nicht übergründlichen) Behauptungen von dem angeblichen Schellingianismus oder Hegelianismus Baader's? Freilich, so lange sie jeden Schöpfungsbegriff, auch den Paulinischen im Grunde, den Baader theilt, für pantheistisch halten und den Pantheismus nur für überwunden erklären, wenn man ihnen neben Gott eine Welt absoluter also ewiger Realen (realer Wesenheiten) einräumt, welche Gott nur in Ordnung bringt, so lange können sie auch Baader nur für einen Pantheisten halten. Dabei begegnet ihnen nun freilich das kleine Missgeschick, dass sie nach dieser Lehre selbst Christus den Herrn und seine Apostel Johannes und Paulus und die anderen dazu für Pantheisten halten müssten. Oder können sie wirklich zeigen, dass diese Behauptung nur ein Missverständniss der Herbartschen Lehre sei? Wohlan, so mögen sie es zeigen! Ich verspreche ihnen die menschlich möglichste unbefangene und aufmerksamste Prüfung. Bei der nicht geringen Ausbreitung, welche die Herbart'sche Schule in der neuesten Zeit gewonnen hat, nimmt es mich Wunder, dass man das Bedürfniss nicht erkannt hat, vor Allem eine nicht zu eng angelegte Encyclopädie der philosophischen Wissenschaften im Sinn und Geiste Herbart's herzustellen und gleicher Weise eine Gesammtgeschichte der Philosophie in seinem Sinne an das Licht zu stellen. Die Wissenschaft könnte dadurch unter allen Umständen nur gewinnen. Von Drobisch aber, diesem feinsten Kopf und edelsten wie selbstständigsten Forscher der Herbart'schen Schule dürfte man erwarten, dass er seiner im Geiste Herbart's gedachten ausgezeichneten Logik s e i n e Metaphysik und s e i n e Encyclopädie der philosophischen Wissenschaften folgen lasse.

28.

Alt-asiatische Gottes- und Weltideen in ihren Wirkungen auf das Gemeinleben der Menschen, dargestellt von J. C. Bluntschli. Fünf öffentliche Vorträge.
Nördlingen, Beck, 1866.

Der Verfasser veröffentlicht in dieser Schrift fünf Vorträge,
welche während des Winters 1864/65 in dem Museum zu Carlsruhe
in freier Rede gehalten und nachher für den Druck ausgearbeitet
worden sind. Als Quellen haben dem Verfasser gedient die Sammlung von Pauthier: Les livres sacrés de l'Orient, die Werke von
Lassen, Colebrooke, Benfey, Burnouf, Westergaard, Weber, Was-
siljew, Köppen, Ewald, Schott, Duncker, Laurent und Andern.
Der erste Vortrag ist überschrieben: Die fortwirkenden Gründe
des Gemeinlebens. Hier wird vor Allem der Unterschied der Naturwissenschaft und Geisteswissenschaft hervorgehoben und die Anerkennung der menschlichen Freiheit als die Bedingung eines richtigen
Verständnisses der Geschichte nachgewiesen. Aber die menschliche
Freiheit erscheint dem Verfasser mit Recht nur verständlich unter
der Voraussetzung der Anerkennung Gottes. Vortrefflich äussert
der Verfasser in Betreff des Gottesglaubens: „Mögen Andere diesen
Glauben als kindisch belächeln und sich für klüger halten, indem
sie durch die unbewusste und blinde Kraft der Materie die göttliche
Weisheit verdrängen und ersetzen, oder mögen wieder Andere denselben hochmüthig verachten, weil ihnen der eitle Wahn zu Kopfe
gestiegen ist, dass Gott erst in dem Menschen und durch den
Menschen zu seinem Selbstbewusstsein gelange und zu seiner Freiheit komme. Die gründliche unbefangene Naturbetrachtung weiss,
dass die Naturgesetze, welche in der Materie wirken, nicht geistlos
sind und dass die Ordnung der Natur voll unendlicher Weisheit ist;
und der gesunde Menschenverstand wird sich niemals bereden lassen,
dass der selbstbewusste Menschengeist und die begrenzte menschliche Freiheit denkbar seien ohne die Voraussetzung des selbstbewussten Gottesgeistes und der göttlichen Freiheit, von der allein
der Mensch seine reiche Begabung ableiten und empfangen konnte."
Mit Recht hebt der Verfasser die Thatsache hervor, dass Asien
höchst fruchtbar erscheint an grossen Religionen, während in Europa keine einzige entstanden ist, sondern immer nur die in Asien
entstandenen Religionen weiter ausgebildet worden sind. Eben so
richtig deutet er darauf hin, dass alle Volksstaaten erst in Europa,
nicht schon in Asien entstanden sind.

„In Asien offenbart sich die religiöse Zeugungskraft, in Europa die politische; in der Religion folgen die europäischen Völker der Autorität asiatischer Religionsstifter, in der Politik zeigt sich die augenscheinliche Ueberlegenheit des europäischen Staats über das asiatische Reich."

Ein Hauptgesichtspunkt des Verfassers ist der Unterschied der arischen und der semitischen Völkerfamilie, wie zunächst die neuere Sprachwissenschaft diesen Unterschied entdeckt und nachgewiesen, dann die Geschichts- und Rechtswissenschaft weitere Züge beider Völkerfamilien erkannt und dargestellt hat. Es lässt sich nicht läugnen, dass nach seiner Auffassung die eigentliche Stärke der Semiten vorzugsweise in der Religion, nicht in der Wissenschaft liegt, während der arische Geist und Charakter in der Bildung von Staat und Recht ein entschiedenes Uebergewicht bewährt.

Von diesem Gesichtspunkte aus entrollt der Verfasser in dem zweiten Vortrage in geistreicher und ansprechender Weise vor unseren Augen ein gelungenes Bild der Brahma-Idee und der Entstehung der indischen Kastenordnung, im dritten des Brahmanismus und Buddhismus, im vierten des mosaischen Gottes und des jüdischen Staates, im fünften Vortrage ein Bild der Lehre des Kong-fu-tsü und des chinesischen Staates und endigt mit einer kurzen Ueberschau des Grundcharakters der betrachteten Hauptgestaltungen des altasiatischen Lebens.

In dem zweiten Vortrag ist der Zusammenhang der indischen Staatsordnung mit der Brahma-Idee, dem mächtigen (aus der Nacht der Naturreligion hervorgegangenen) Lichtgedanken des Einen göttlichen Urwesens trefflich nachgewiesen und dabei nicht übersehen, dass der im Verhältniss zu der älteren Naturreligion neue geistigere Gottesglaube gleichwohl doch nur pantheistischer Natur war und darum der vollen und freien Entwickelung nicht allzu günstig sein konnte. Im dritten Vortrag enthüllen sich die nachtheiligen Consequenzen des pantheistischen Brahmanismus und wird Entstehung und Werden des Buddhismus treffend charakterisirt. Bei allem äusseren Zwiespalt und Antagonismus zwischen Brahmanismus und Buddhismus ist der letztere doch innerlich die Consequenz des ersteren, wie in gewissem Sinne Schopenhauer die Consequenz Fichte's und Hegel's ist; denn aller Pantheismus muss zuletzt im Nihilismus endigen.

Aus dem vierten Vortrage ist besonders die Bestimmtheit hervorzuheben, womit der Verfasser den Monotheismus des Moses erkannt hat, gegenüber Spinoza, Radenhausen u. A., welche daran irre geworden sind.

„Der Gott, an den Mose glaubte, der seine ganze Seele erfüllte und dem er sein Volk weihte, war für ihn nicht ein speculativer Begriff, sondern ein lebendiger Geist; Jahve war ihm der
Schöpfer und Herr der Welt, der Erlöser seines Volkes aus der
Knechtschaft, der Einzigmächtige, neben dem kein anderer Gott
bestehen konnte, der hochheilige Geist, der nicht im Bilde dargestellt werden und nicht im Bilde verehrt werden durfte, dessen Dienst
die Seele reinigt und heiligt. Mose hat zuerst den Glauben an den
Einen Gott mit einem Nachdruck in die ganze Vorstellungs- und
Denkweise seines Volkes eingepfählt und in allen Einrichtungen des
öffentlichen und Privatlebens mit einer Kraft und Entschiedenheit
befestigt, wie sie nirgends sonst in der Weltgeschichte eben so ener-
gisch erscheinen." Die Grösse des Moses leuchtet dem Verfasser
gerade aus den halben und ganzen Rückfällen der Juden in die Vielgötterei hervor, da wir gerade deshalb „die ungeheure Energie des
Mose nur um so höher achten müssen, die schliesslich doch in ihren
Nachwirkungen über alle innern und äussern Schwierigkeiten siegte."

Da der Verfasser den Offenbarungscharakter des Mosaismus
nicht näher in das Auge fasst, so können seine geistreichen Erörterungen doch nicht in alle Wege befriedigen.

Der fünfte Vortrag: über den chinesischen Staat, stellt uns
die Licht- und Schattenseiten des chinesischen Wesens lebhaft vor
das geistige Auge. Der Unterschied der chinesischen Weltanschauung von jener der Arier und Semiten tritt in helle Beleuchtung und
doch wird die Einwirkung beider nicht übersehen. Aus den heiligen Schriften der Chinesen werden weniger allgemein bekannte
Stellen mitgetheilt, welche nicht geringes Interesse erregen und
manchmal grosse Wahrheiten einfach aussprechen, öfter aber auch
an Lehren unserer tiefsinnigsten Philosophen anklingen. Die Ursachen der breiten Cultur der Chinesen, so wie des frühen Stillstands
und des Stationären desselben sind gut entwickelt.

29.

Semiten und Indogermanen in ihrer Beziehung zu
Religion und Wissenschaft. Eine Apologie des Christen-
thums vom Standpunkte der Völkerpsychologie. Von R. Fr.
Grau. Stuttgart, Liesching. 1864.

Die Angriffe von Strauss und Renan auf das Christenthum
gehen von einer pantheistischen Philosophie aus. Die erste Aufgabe

einer Apologie des Christenthums müsste daher eine philosophische
Prüfung und Widerlegung des Pantheismus dieser Forscher sein.
Gelänge es, den Pantheismus mit philosophischen Waffen gründlich
zu widerlegen und den Theismus in einem ausgeführten Systeme
siegreich zu begründen, so würde sich der Theologe wieder Gehör
verschaffen können für seine geschichtliche Begründung des Christenthums, und der Ausspruch Baader's würde zur Anerkennung und
Geltung kommen können, dass mit der gültigen Ueberzeugung von
der Existenz eines persönlichen Gottes der Mangel einer Offenbarung desselben an die Menschheit im Widerspruch stehen würde.
Anstatt eine solche philosophische Vorarbeit zu unternehmen, geht
der Verfasser gleich an eine Untersuchung über Semiten und Indogermanen in ihrer Beziehung zu Religion und Wissenschaft. Wenn
nun die Untersuchungen des Verfassers zum Theil zugleich als ein
Capitel aus der jedenfalls noch ganz jungen Völkerpsychologie gelten
sollen, so hat sich derselbe auf ein sehr unsicheres Gebiet begeben,
aus welchem wissenschaftliche Entscheidungen über theologische
Fragen gewinnen zu wollen, kaum anders als voreilig genannt
werden kann. Die Völkerpsychologie tritt nach ihm auf als eine
Fortsetzung und Erweiterung der bisherigen Psychologie. Wie diese
die Seele des Einzelnen betrachte, so wolle jene die Volksgeister
nach ihrem Wesen, nach ihren wesentlichen Erscheinungen in Sprache,
Religion, Kunst, Wissenschaft u. s. w., nach ihren Eigenthümlichkeiten untersuchen. Wie viele Fragen tauchen hier auf, welche
vorerst nur unvollkommen, schwankend und unsicher beantwortet
werden können! Wenn wir auch die Existenz von Volksgeistern
in gewissem Sinne zugeben mögen, so haben sie doch nicht von
Anfang an existirt, sie haben sich erst mit der Entwickelung des
Urstands der Menschheit entfaltet, worüber grosse Dunkelheit schwebt,
und sind auch nicht so abgeschlossen, dass man mit Sicherheit von
einem W e s e n dieses oder jenes Volksgeistes sprechen könnte. Je
weiter wir in der Geschichte zurückgehen, um so mehr finden wir
Alles im Flusse der Bildung und Umbildung begriffen, und wo sich
später bestimmtere bleibende Unterschiede und Gegensätze zeigen,
stösst ihre Erklärung auf erhebliche Schwierigkeiten. Muss man
auch dem Verfasser zugeben, dass gewiss kein Volk oder Völker-
complex an Bedeutung mit den beiden Völkergruppen der Semiten
und Indogermanen verglichen werden können, muss man ihm auch
einräumen, dass die bedeutendsten Völker indogermanischer Race bezüglich des wichtigsten aller Culturmomente — der Religion —
wenigstens in ihren höchsten Culturphasen in Abhängigkeit von den
Semiten stehen, so ist hiermit wohl ein wichtiges Factum ausge-

sprochen, aber es wäre darum doch immer noch möglich, dass der Ver-
schmelzungsprocess des Semitischen (Hebräisch-Jüdischen) und des
Indogermanischen im Christenthum zwar die Grundlage aller weiteren Entwickelung bliebe, aber doch das wahre und ewige Wesen
des Christenthums sich aus der Ausgleichung der christlichen Con-
fessionslehren erst noch heraus zu läutern hätte. Ja, nicht einmal
gegen den Pantheismus ist aus dem angegebenen geschichtlichen
Factum auf philosophischem Standpunkte ein entscheidendes Moment
zu entnehmen, und wenn dem Verfasser die Opposition des neueren
Pantheismus gegen das positive Christenthum als eine Auflehnung
des indogermanischen Geistes gegen den semitischen erscheint, so
ist das doch nur eine spielende unstichhaltige Ansicht, die wissenschaftlich nichts über Wahrheit oder Unwahrheit des Pantheismus
entscheidet. Die semitische Abstammung wenigstens schützt nicht
gegen den Pantheismus und die indogermanische involvirt nicht
den Pantheismus. Auch unter Semiten ist der Pantheismus eingedrungen und er haftet nicht ausschliessend an den Zweigen des indogermanischen Stammes.

Der Verfasser erklärt, mit den Waffen der Wissenschaft gegen
den Unglauben der Zeit auftreten zu wollen. Die erste Hälfte seiner
Schrift ist gegen Renan, die zweite gegen Strauss gerichtet. Jene
zerfällt in vier, diese in drei Stücke. Das erste Stück ist überschrieben: Verhältniss der Semiten zu Kunst, Wissenschaft und
Staatsleben; das zweite: Die Semiten und die Religion; das dritte:
Die Semiten und das Ewigweibliche; das vierte: Egoismus und In-
toleranz; das fünfte: Die Offenbarung; das sechste: Die Wunder,
und das siebente: das Christenthum der Indogermanen in seinem
Verhältniss zu Wissenschaft, Kunst und Staatsleben. Wiewohl wir
dem Verfasser nicht überall beipflichten können, wiewohl seine Argumente nicht überall entscheidend sind, so können wir doch nicht
in Abrede stellen, dass die Ausführungen seiner Schrift, auf umfassenden Studien beruhend, sehr lehrreich, geistvoll und in einigen
Partieen wahrhaft tiefsinnig sind.

Er schreibt Renan das Verdienst zu, zuerst deutlich erkannt
zu haben, was die Semiten nicht sind, spricht ihm aber mit Recht
ab, erkannt zu haben, was sie sind. Wissenschaft in dem eigentlichen
Sinne, Kunst und Staatsleben nach der Mannichfaltigkeit seiner Gestaltung und Entwickelung kommt den Hebräern nach den richtigen
Nachweisungen des Verfassers nicht zu. Während den Indogermanen
das Alles in reichlichem Masse zuzuschreiben ist, kommt den
Semiten nur Eins, die Religion, zu, welche sich durch die Hebräer
zu dem Höchsten entfaltet, was durch den semitischen Geist in's

Dasein treten konnte und im Christenthum sich vollendet. Der
Grundglaube oder Grundgedanke der Religion der Hebräer wird
mit Recht als der Glaube an den einen überweltlichen Gott als
Geist und als Schöpfer der Welt, dem der Mensch Liebe und Gehorsam widmen soll, dargestellt, und in der reichen Ausführung
dieses Themas eine Reihe von Behauptungen Renan's widerlegt, von
denen sich viele blenden liessen, die aber in der That aller Tiefe
entbehren. Ueber den Islam (Muhamedanismus) als Caricatur des
Hebraismus ist nicht leicht etwas Treffenderes gesagt worden, als
was der Verfasser darüber im vierten Stücke seiner Schrift vorgetragen hat, und eben so schlagend erscheint, was er im zweiten
Stücke vom theologischen Standpunkt aus über den Pantheismus
ausgeführt hat. Von mindestens gleicher Bedeutung, zum Theil
noch von grösserer sind die hauptsächlich gegen Strauss gerichteten
Ausführungen der drei letzten Stücke der vorliegenden Schrift.
Hatte schon früher der Verfasser treffend gesagt: der Mensch
wäre kein Mensch, sondern ein Thier, wenn nicht Gott wäre (S. 64),
so zeigt er nun gegen Strauss, dass eine Weltanschauung, die sich
nur an das Sichtbare und Handgreifliche hält, indem sie den Unsterblichkeitsglauben aufgibt (und somit unter idealistischer Färbung
mit dem Materialismus Hand in Hand geht), in das reine Heidenthum zurückfällt. Tiefgehend ist nun die Nachweisung, dass dem
ewig weiblichen Charakter der Semiten die Offenbarung Gottes ent-
spreche, dass das Verhältniss des Menschen zu Gott in dem Gebiete
der Freiheit liege, dass Gott sich nur frei aus Liebe und Gnade
offenbare, dass das Wesentliche der Offenbarung der persönliche
Verkehr, die Liebesgemeinschaft zwischen Gott und dem Menschen
sei, das Wesentliche also der Bund, in welchen Gott mit dem
Menschen tritt, die Bibel aber nur die Urkunde über diesen Bund.
Von diesen Grundsätzen aus erscheinen dem Verfasser mit Recht
die rationalistischen Einwendungen von Strauss unzutreffend, wie er
eingehend darzuthun versucht. Ueber die Wunder des alten und
neuen Testaments äussert sich das sechste Stück der Schrift auf
tiefgedachte Weise, ohne jedoch den Gegenstand zu erschöpfen.
Gegen die Einwendungen von Strauss bringt er treffende Bemerkungen vor. Sein Hauptgrund für die Möglichkeit der Wunder
ist ihm die durch die Sünde herbeigeführte Abnormität der gegenwärtigen Weltordnung. Diese nicht ewige und nicht normale Weltordnung kann durchbrochen werden, weil sie nur eine provisorische
ist und somit eine vorübergehende. Es kommt die Zeit, dass der
von Sünden erlöste Geist die Natur vollkommen beherrschen wird.
Danach erscheinen die Wunder als Vorwegnahme der verklärten

Welt. In dem letzten Stücke zieht der Verfasser tiefgehende Folgerungen aus dem Glauben an die überweltliche Persönlichkeit Gottes. Dieser Glaube ging von den Semiten aus; von den Semiten, die ohne Philosophie und Wissenschaft waren, kommt dennoch die Erkenntniss der höchsten aller Wahrheiten. Die Semiten sind eben so wenig kunstbegabt und dennoch haben sie den tiefsten Grund, das wahre Wesen und den letzten Zweck aller Kunst der Menschheit offenbart. Denn das Wesen der Kunst liegt in den Wahrheiten der semitischen Religion von der Weltschöpfung Gottes, der Gottesebenbildlichkeit des Menschen und der Verklärung der Welt. In die geistvolle Ausführung dieser Gedanken können wir hier nicht eingehen. Doch darf nicht übergangen werden, dass der Verfasser das Analoge auch für das Staatsleben und die Staatswissenschaft nachweist. Er zeigt, wie auch die Hebräer die Unfähigkeit aller Semiten theilten, einen grösseren Staat von dauernder Bedeutung zu schaffen. Aber der Hebräer, sich im Reiche Gottes wissend, besass eine eigenthümliche Erkenntniss von höherem Werth, als alle weltliche Staatskunst. Er war der Vertreter des ewigen Gottesstaates, des Himmelreiches und wusste, dass alle Staats- und Volksentwickelung selbst nur dem Höchsten, was es für den Menschen gibt, dienen muss, der Gemeinschaft Gottes in seinem Reiche. Nur von Israel, dem Volke Gottes, konnte das Gottesreich ausgehen und in der Welt sich verbreiten. Aus allem dem zieht der Verfasser die Folgerung, dass die Ehe zwischen semitischem Geiste und indogermanischer Natur eine im Himmel beschlossene sei. Die Aufgabe der indogermanischen Völker, ihre natürlichen Anlagen und Leistungen in Kunst und Wissenschaft, Staatsleben und Gewerbe mit dem Geiste des Christenthums zu heiligen und so aus dem rein natürlichen Gebiet in das Reich Gottes zu erheben.

30.

Der sittliche Charakter des Heidenthums. Von Dr. A. Tholuck. Dritte verbesserte Auflage. Gotha, Perthes 1867.

Diese lehrreiche Schrift des berühmten Verfassers enthält vier Abschnitte: 1) die Enstehung des Naturcultus des Heidenthums, 2) Beurtheilung der heidnischen Religion von den Heiden, 3) Charakter der Vielgötterei und Naturvergötterung im Allgemeinen, wie der griechischen und römischen Religion insbesondere, 4) über den Einfluss des Heidenthums auf's Leben, insbesondere bei den Griechen und Römern.

Der erste Abschnitt ist kurz, aber inhaltvoll genug. Der Verfasser legt seinen Entwickelungen die Behauptung zum Grunde, dass der Mensch sich nicht aus einem thierischen Zustande heraus entwickelt habe, eine Behauptung, die zwar auch Fichte und Schelling in ihrer Weise aufgestellt haben, die aber mit ganz anderer Grundlage und Consequenz von Baader vertreten worden ist. In Betreff des Ursprungs des Heidenthums erinnert der Verfasser an die Vorstellung der Rabbinen und der Kirchenväter, dass dabei der Vater der Lüge thätig gewesen sein müsse. Wenn nach ihm der Apostel Paulus den Ursprung des Heidenthums auf die Sündhaftigkeit der Menschen zurückführt, so schliesst doch Paulus nirgends die Mitwirkung des Vaters der Lüge aus. Die heidnische Religion ist dem Verfasser in allen ihren Formen Naturcultus, und mit Recht bemerkt er, dass eine solche Vergötterung der Natur und ihrer Kräfte nur da entstehen konnte, wo der Lebenszusammenhang mit dem über der Natur stehenden Gotte sich für den Menschen verdunkelt hatte, wo der Geist im Naturleben untergeordnet war, durch die Sündhaftigkeit der Menschen. „Wer jene Naturreligion bloss aus Schwäche der Einsicht, aus Mangel an Verstandescultur erklären wollte, der würde zu erkennen geben, dass er das Wesen des religiösen Glaubens nicht erkannt hat, dessen Grund eine gefühlte Lebensbeziehung auf Gott ist. Wohl ist das Wort des Dichters wahr: „In seinen Göttern malet der Mensch sich", aber auch der Spruch hat seine Wahrheit und ein noch älteres Recht: „So wie dein Gott, so wirst Du auch, das ist der Völker alter Brauch." Was der Mensch lebt, das glaubt er, während er andererseits glaubt, was er lebt Daher auch jene entsittlichende Rückwirkung des Naturcultus der Heidenwelt auf ihr Leben, wie Paulus in der angeführten Stelle (1, 26—31 an die Römer) dieselbe schildert, indem er die Laster, denen sie fröhnen, womit sie sich bis zum Thier, ja unter das Thier herabwürdigen, als die natürliche Vergeltung dafür bezeichnet, dass sie es nicht werth geachtet haben, eine ursprüngliche Erkenntniss von Gott zu besitzen."

Man kann hier daran erinnern, dass diese Behauptungen Tholuck's sich aus Baader's Principien vollkommen rechtfertigen, dass aber selbst des späteren Schelling's Lehren weit dahinter zurückbleiben, indem bei ihm in der Erklärung des Ursprungs des Heidenthums das Ethische unverantwortlich zurückgedrängt erscheint.

Umfänglicher ist der zweite Abschnitt, der die Reaktion edlerer Heiden selbst gegen das Heidenthum darstellt. Es treten hier die

Aussprüche auf des Xenophanes, Heraklitus, Sokrates, Platon, Xe-
nophon, Isokrates etc., Seneka und besonders des Plutarch, die freilich
wenig oder nicht bis zu dem armen, sich selbst überlassenen Volke
durchdrangen.

In trefflichen Zügen schildert der Verfasser im dritten Abschnitt
den Charakter der Vielgötterei und Naturvergötterung des Heidenthums, insbesondere der griechischen und römischen Religion. Die
wenigen Blätter dieses Abschnittes sind inhaltvoller und lehrreicher
als ganze Bücher, die über denselben Gegenstand geschrieben sind.

Der vierte Abschnitt ist der umfassendste. Er handelt über:
a. Aberglauben und Unglauben, besonders um die Zeit der Erscheinung Christi, b. die Sinnlichkeit, c. die Humanität in der alten Welt.

Ueber den Aberglauben des Alterthums bringt der Verfasser
besonders lehrreiche Belege aus Plutarch's Schriften bei. Plutarch
erscheint dem Verfasser als ein hoher Geist, der zwar dem bemerkten
Gegenstande nicht auf den Grund gekommen sei, aber doch tiefe
religiöse Wahrheiten ausgesprochen habe. Nicht minder lehrreich
ist, was der Verfasser von dem eingerissenen Unglauben in der
späteren Zeit des Alterthums vorführt. Aberglauben und Unglauben
vergifteten in furchtbarem Grade die Lebensverhältnisse der Menschen.
Die gräuelvolle Herrschaft der Sinnlichkeit im Alterthum ging nach
der richtigen Nachweisung des Verfassers aus dem Wesen des
Heidenthums selber hervor, welches wesentlich Adoration des Naturlebens war. Tod und Erzeugung war daher ein Hauptgegenstand
der alten Religionen. Wiewohl der Verfasser lange nicht Alles erschöpft, so gibt er uns doch einen Ueberblick über die Gräuel der
Sinnlichkeit, welche sich aus den heidnischen Religionen entwickeln
mussten.

Zuletzt betrachtet der Verfasser die Humanität in der alten
Welt. Er zeigt schlagend, dass nicht nur den Religionen der alten
Welt, sondern auch ihren philosophischen Systemen zu der höchsten
Idee der Humanität die Bedingungen fehlten. Zu diesen Bedingungen
rechnet er mit Recht, dass die Menschheit ihrem wahren Wesen
und ihrem Umfange nach hätte erkannt sein müssen. Allein beides
habe der griechischen Philosophie wie der griechischen Religion
gefehlt. „Ihrem Wesen nach wurde diese Idee nicht erkannt, da
die Idee eines Gottes der Heiligkeit und der Liebe fehlte, welcher
den Menschen zu seinem Ebenbilde geschaffen hat, da auch nicht
sowohl die religiöse und sittliche Cultur des Herzens, als die Cultur
der Intelligenz das Ziel jener humanistischen Bildung war — ihrem
Umfange nach, da die Annahme eines autochthonischen Ursprungs
der verschiedenen Völker eine naturnothwendige und unübersteigliche

Schranke zwischen den Edelgebornen und den unedlen Racen setzte.
So blieb eine aristokratische Scheidewand aufgerichtet zwischen
Hellenen und Barbaren, und nur, wer mit der griechischen Religion
auch griechische Cultur und Weisheit annahm, konnte sich zum
griechischen Menschenadel erheben. Es blieb eine aristokratische
Scheidewand zwischen dem activen Staatsbürger und dem fremd-
ländischen Sklaven, eine Scheidewand zwischen den zu philosophischer
Weisheit befähigten Klassen und dem unphilosophischen Volke —
zwischen dem männlichen Geschlecht und dem weiblichen.«

Der Verfasser zieht nun die Sklaverei, die Ehe (Stellung des
Weibes) und die Erziehung bei den Griechen und Römern in Betracht und berührt am Schlusse noch die Gräuel der Menschenopfer.
Mit den Sklaven in Sparta wurde scheusslich umgegangen; aber
ihre Lage hatte auch in den übrigen Staaten Griechenlands viel
Entwürdigendes, z. B. dass die Benutzung derselben zur Wollust
als etwas sehr Erlaubtes galt und gar nicht selten war. Nach den
unwiderleglichen Nachweisungen des Verfassers war auch der Zustand
der Sklaverei bei den Römern nichts weniger als erträglich und zum
Theil gräulich. Ebenso zeigt der Verfasser, dass die Polygamie
zur Folge hatte, dass die Stellung des Weibes bei den Griechen
nur wenig über die des Sklaven erhaben war. Selbst Platon konnte
die Weibergemeinschaft in seinem Staate vorschlagen, womit doch
die Kindererziehung in den grössten Verfall hätte gerathen müssen.
Zwar gibt Plutarch in seiner Schrift: Rathschläge an Ehegatten,
ein in manchen Zügen an das Christliche heranreichendes Ideal der
Ehe; aber im wirklichen Leben des Alterthums findet sich fast
nichts diesem Ideal Entsprechendes. Die Wichtigkeit der Kindererziehung erkannten die Alten wohl an; aber sie hatten dabei keinen
höheren Gesichtspunkt im Auge, als den der Uebereinstimmung mit
den Staatsgesetzen. Der Verfasser erkennt an, dass der Römer in
Bezug auf Ehe und Kindererziehung sittlich höher als der Grieche
gestanden habe. Es unterliegt keinem Zweifel, dass dies in dem
strengeren Ernste der römischen Religion gegründet war. Die
Menschenopfer des Alterthums berührt der Verfasser nur kurz; aber
doch nicht ohne sie bei den verschiedensten Völkern nachzuweisen.
Die besprochene Schrift ist ein lehrreiches Programm über den
sittlichen Charakter; aber das Thema bedürfte einer umfassenderen
und vollständigeren Ausführung.

31.

Grundriss der Geschichte der Philosophie von Thales bis auf die Gegenwart. Erster Theil: Das Alterthum. Von Dr. Friedrich Ueberweg, Prof. der Philos. an der Univ. zu Königsberg. Dritte berichtigte und ergänzte und mit einem Philosophen- und Literatoren-Register versehene Auflage. Berlin, 1867, Mittler und Sohn.

Die rasche Erscheinung der dritten Auflage des ersten Theils der Ueberweg'schen Geschichte der Philosophie darf zum Theil dem fortdauernden lebhaften Interesse für die Geschichte der Philosophie und für die Fortschritte ihrer Behandlung, zum Theil der Trefflichkeit des vorliegenden Bandes zugeschrieben werden. Die Anlage dieses ersten Theils des Grundrisses ist dieselbe wie in den früheren Auflagen geblieben. Aber im Einzelnen ist Vieles in der That, wie der Verfasser im Vorwort sagt, berichtigt und vervollständigt worden, die meisten literarischen Erscheinungen sind mitberücksichtigt und in den einzelnen Partieen ist der didaktischen Aufgabe noch mehr, als früher, genügt worden. In Rücksicht der Literatur-Angaben hat das vorliegende Werk alle früheren Schriften über Geschichte der Philosophie weit überflügelt. Der gelehrte Apparat lässt hier kaum etwas zu wünschen übrig. Zu diesen äusseren Vorzügen gesellt sich der wichtigere innere eines tiefgehenden Verständnisses der dargestellten Lehren und des gesammten Entwickelungsganges der Philosophie des Alterthums. Nur tritt allerdings Frische und Lebendigkeit der Darstellung zurück, woran wohl hauptsächlich die ganze Anlage des Werkes die Schuld trägt. Die Gründlichkeit der Darstellung tritt durchaus in den Vordergrund.

32.

Lichtstrahlen aus den Werken J. G. Fichte's, G. Forster's, Goethe's, Herder's, W. v. Humboldt's, Friedr. Schleiermacher's, A. Schopenhauer's, W. Shakespeare's. Brockhaus, Leipzig, 1852—1867.

Der Gedanke der Brockhaus'schen Buchhandlung, die Geistesschätze grosser Denker und Dichter durch biographische Skizzen und kernhafte Auszüge aus ihren Werken dem grösseren gebildeten Publikum näher zu bringen, kann als ein überaus glücklicher bezeichnet werden. Schriften dieser Art kommen dem Bedürfniss der Gebildeten entgegen und geben nach den verschiedensten Seiten hin Anregungen, welche in mannichfacher Weise fortwirken. Die Herstellung der einzelnen Schriften wurde von Brockhaus in fähige Hände gelegt. Drei dieser Schriften, die Lichtstrahlen aus W. v. Humboldt's, G. Forster's und Schleiermacher's Werken sind von einer gebildeten Dame, Elise Maier in Winterthur, besorgt worden und ihre Arbeit verdient alle Anerkennung. Die Lichtstrahlen aus W. v. Humboldt's Werken haben bereits im Jahre 1865 die fünfte Auflage erlebt. Die den Auszügen selbst vorausgeschickten biographischen Skizzen dienen ihrem Zwecke vollständig und die Auswahl der Stellen aus den bezüglichen Werken ist mit Verständniss getroffen.

Die Auszüge sind unter passende Rubriken gebracht und nur in der Reihenfolge derselben herrscht nicht gerade ein leicht erkennbarer Plan, sowie auch die bei jedem der genannten drei Forscher gewählten Rubriken andere sind. Auf die Totalweltanschauung der genannten Forscher ist es dabei nicht abgesehen gewesen, aber es ist einzuräumen, dass die sorgfältig ausgewählten Originalstellen geeignet sind, das Nachdenken über die höchsten Gegenstände stark und erhebend anzuregen.

Die Biographie Forster's ist interessant und theilnahmerweckend geschrieben. Die Auswahl der geistvollen Originalstellen verdient alle Anerkennung.

Am ausführlichsten, aber auch am ergreifendsten ist die Biographie Schleiermacher's. Die Auswahl von Originalstellen ist wegen grösseren Umfangs der Biographie etwas verkürzt, aber durch den Gehalt der Gedanken bedeutend. Reichere Mittheilungen, aber mehr für gelehrte Kreise berechnet, hatte schon L. von Lancizolle gegeben in seinen: Ideen, Reflexionen und Betrachtungen aus Schleiermacher's Werken (1854).

Die Lichtstrahlen aus J. G. Fichte's Werken sind mit einer Beigabe des Sohnes von dem Enkel Fichte's zweckentsprechend besorgt worden.

Die Lichtstrahlen aus Goethe's Werken sind von Philipp Merz mit besonderer Rücksicht auf den Erzieher Goethe ausgewählt worden und sollen ein Handbuch für Haus und Familie sein. Der Herausgeber schickt den Auszügen drei Abschnitte voraus: 1. Werth und Aufgabe der Familienerziehung. 2. Goethe's Beruf zum Erzieher. 3. Selbstcharakteristik Goethe's. Die Lichtstrahlen selbst sind geordnet unter die Aufschriften: 1. Der Mensch und die Gesellschaft. 2. Kindheit und Jugend. 3. Religion und Sitten. 4. Geistescultur. 5. Selbsterkenntniss und Charakterbildung. Sie enthalten einen überaus reichen Schatz tiefer Gedanken und jeder Abschnitt ist mit dankenswerthen Zusätzen des Herausgebers versehen.

Die Lichtstrahlen aus Herder's Werken, mit biographischer Einleitung, sind von H. Keferstein besorgt worden. Die biographische Einleitung ist vorzüglich, dabei aber in engen Grenzen gehalten, so dass um so mehr Raum für Mittheilungen aus den Werken Herder's gewonnen werden konnte. Die Ueberschriften der ausgewählten Stellen sind hier: 1. Religion, 2. Ethisches, 3. Seele und Leib, 4. Wissenschaft, 5. Kunst, 6. Staat und Gesellschaft. Dass diese Anordnung gerade eine innere Nothwendigkeit hätte, kann man nicht sagen. Aber auf die Auswahl selbst ist grosse Sorgfalt verwendet. Der reiche und tiefe Geist Herder's tritt uns aus ihnen ergreifend entgegen.

Die Lichtstrahlen aus Schopenhauer's Werken mit einer Biographie und Charakteristik desselben ist von Julius Frauenstädt an das Licht gestellt worden. Neuestens ist bereits die zweite Auflage der Lichtstrahlen aus Schopenhauer's Werken (1868) erschienen. Dass Frauenstädt einer der genauesten Kenner der Schriften Schopenhauer's ist, kann nicht bestritten werden. Ob er den Mann nicht überschätzt, ist eine andere Frage. Die Genialität Schopenhauer's ist anzuerkennen; dass aber die Ergebnisse seiner Forschungen, besonders in den Grundfragen aller Philosophie, besonders befriedigend und erfreulich seien, kann sicherlich mit Recht nicht behauptet werden. Allerdings sagt der Herausgeber im Vorwort mit Recht: „Wo Schopenhauer als Denker abstösst, da ist er immer noch als Schriftsteller anziehend", und von dieser Seite eignen sich seine Schriften sehr zur Mittheilung von ausgewählten Originalstellen. Solche theilt denn auch der Herausgeber in reichem Maasse mit und es ist anzuerkennen, dass die Auswahl mit Einsicht und Takt getroffen worden ist. Ueber die Reihenfolge der Ueberschriften und der Stellen kann man streiten, aber sie ist so gut als irgend eine der andern Schriften dieser Kategorie.

Vorzüglich bemerkenswerth ist die von Hermann Margraff besorgte noch zu erwähnende Schrift: W. Shakespeare als Lehrer der Menschheit. Der dargebotene Schatz ist ein sehr reicher.

33.

Lehrbuch der empirischen Psychologie als inductive Wissenschaft. Von Gustav Adolf Lindner. Zweite, vollständig umgearbeitete und erweiterte Auflage. Wien, C. Gerold's Sohn. 1868.

Referent kann es sich nicht zur Aufgabe hier machen, die vorliegende empirische Psychologie mit andern aus derselben (Herbart'schen Schule) zu vergleichen. Auch das Verhältniss dieser zweiten Auflage zur ersten kann hier nicht erörtert werden. Dass der Verfasser hier ein gereifteres Werk vorlegt, ist nach seinen Angaben nicht wohl zu bezweifeln.

Die Schrift zerfällt in eine Einleitung und in die eigentliche Psychologie. Die Einleitung handelt: 1) Von der Psychologie überhaupt; 2) von der Wechselwirkung zwischen Leib und Seele. Die Psychologie selbst enthält drei Abschnitte: 1) Das Vorstellen: a. Von der Production der Vorstellungen; b. von der Reproduction der Vorstellungen und den Schicksalen derselben; c. von der Intelligenz; d. von dem Selbstbewusstsein. 2) Das Fühlen. 3) Das Streben: a. Das Begehren; b. die besonderen Formen des Begehrens; c. das Wollen. Ein Anhang handelt von den Seelenkrankheiten.

Die Seele ist dem Verfasser nach Herbart's Bestimmungen ein einfaches Wesen, womit man jedenfalls in dem Sinne einverstanden sein muss, in welchem die Einfachheit den Gegensatz zur Zusammengesetztheit bildet. Zusammengesetzt kann die Seele jedenfalls nicht sein. Aber sie kann eben darum auch nicht materiell sein. Mit Recht weist der Verfasser den Versuch des Materialismus zurück, die Einfachheit und Immaterialität des Seelenwesens zu eliminiren und dieselbe entweder durch ein materielles Substrat, oder durch eine materielle Kraft (Lebenskraft), oder durch einen Process von Kräften (Lebensprocess) zu ersetzen. Hiermit ist sowohl die Annahme C. Vogt's als die Schultz-Schultzenstein's zurückgewiesen. Hieraus folgt, dass an dem Menschen Seele und Leib zu unterscheiden ist.

Wenn der Verfasser diesen Dualismus in der neueren Philosophie durch Cartesius eingeführt sein lässt, so will er damit doch nicht sagen, dass er nicht schon in der älteren Philosophie aufgestellt gewesen sei, sowie er auch die bestimmtere Fassung des Cartesianischen Dualismus, wie sich später zeigt, nicht zu theilen vermag.

Indem der Verfasser nun die rationelle oder speculative Psychologie von der empirischen unterscheidet, vindicirt er selbstverständlich für die letztere die inductive Methode, die er auch, weil sie in den Naturwissenschaften vorzüglich angewendet wird, die naturwissenschaftliche nennt. Referent kann es nicht einfallen, bestreiten zu wollen, dass die Anwendung der inductiven Methode auf die Sphäre der inneren Erfahrung sich als sehr fruchtbar erwiesen habe. Dass damit die rationelle Psychologie nicht überflüssig werde, indem sie Fragen zu beantworten habe, welche die empirische nicht zu beantworten habe und nicht beantworten könne, räumt der Verfasser mit Recht willig ein. Er rühmt an diesem Orte die bahnbrechenden Untersuchungen Herbart's und schreibt ihnen das Verdienst zu, nicht bloss der rationellen, sondern auch der empirischen Psychologie zu Statten gekommen zu sein. Im Allgemeinen kann diese Hervorhebung Herbart's als berechtigt anerkannt werden, wenn man auch damit seiner Metaphysik nicht beipflichten will und wenn man auch seine empirisch-psychologischen Untersuchungen nicht von vielen Fehlern freisprechen kann.

Wenn die vorherbart'sche empirische Psychologie Seelenvermögen annahm, so ist doch noch die Frage, ob die Hauptvertreter derselben diese Vermögen so hypostasirten, wie Herbart behauptet, da ihnen doch jedenfalls die unterschiedenen Vermögen nur verschiedene Aeusserungsweisen der Einheit der Seele waren. Indem Herbart alle Thätigkeitsweisen der Seele für Modificationen des Vorstellens erklärt, gewinnt seine Theorie ein kaltes, frostiges Ansehen, ähnlich wie ein Rechenexempel. Der Verfasser sagt (S. 8): „Als Anatomie des Bewusstseins zergliedert sie (die empirische Psychologie) die höchst complicirten Phänomene derselben in einzelne nicht zerlegbare Elemente, die Vorstellungen — und als Physiologie der Seele sucht sie mittels der genetischen Methode nachzuweisen, wie sich durch Wechselwirkung der Vorstellungen im Verlaufe der psychischen Entwickelung der Individuen und Völker die verschiedenen bleibenden und veränderlichen Zustände des Bewusstseins bilden. Dieser Nachweis wird ihr nur dann gelingen, wenn sie als Physik der Seele diejenigen Gesetze darzulegen sucht, nach denen sich die Wechselwirkung der Vorstellungen richtet. Hiebei kann dort, wo Grössenbegriffe sich einstellen, selbst die mathematische Hülfe, welche in der Physik so Grosses leistet, als zulässig erscheinen."

Man sieht hier nicht recht, ob Physik und Physiologie der Seele Eines und dasselbe sein, oder, wenn nicht, in welchem Verhältniss sie zu einander stehen sollen. Auch ist nicht zu ersehen, wie sich zu einer Anatomie des Bewusstseins eine Physik und Physiologie der Seele gesellen kann, die nicht ein durchgängiger Mechanismus wäre. Der Geist würde dann ganz nach der Analogie der mechanisch vorgestellten Natur aufgefasst werden und es würde zweifelhaft, welchen Werth noch der Unterschied des Geistes und Natur haben könnte. *)

Sieht man von diesen Gesichtspunkten ab, so kann man dem Abschnitt: Von der Wechselwirkung zwischen Leib und Seele, recht viel Anerkennung zollen, wenn man auch der Ansicht ist, dass diese Untersuchungen nicht schon in die Einleitung gehören.

In der „eigentlichen“ Psychologie behält der Verfasser die Dreitheilung: Vorstellungen, Gefühle und Strebungen bei, verwirft aber mit Herbart ihre Auffassung als Aeusserungen realer Seelenvermögen und gibt ihnen lediglich die Bedeutung von obersten Klassenbegriffen. Man könnte hier fragen, ob die bemerkte Dreitheilung noch logisch möglich ist, wenn doch die Gefühle und Strebungen nur Modificationen von Vorstellungen sein sollen, wonach alle Seelenäusserungen doch nur einfache oder complicirte Vorstellungen wären. J. H. Fichte führte in seiner Psychologie den übertreibenden Monismus Herbart's in seiner Kritik der Seelenvermögenlehre auf sein rechtes sachliches Maass zurück, indem er einräumt, dass eine Mehrheit fertiger Vermögen im Geiste nicht anzunehmen sei, dass aber dennoch die ontologische Kategorie des Vermögens (potentia) Wahrheit und Universalität in allem Realen habe und vor Allem im Geiste, als der reichsten Potentialität. Alle Actualität setzt Potentialität voraus und geht aus ihr hervor. Gerade hier liegt eines der Hauptmomente der Ungenüge der Metaphysik und der rationalen Psychologie Herbart's, wie auch H. Ritter erkannt hat. Auf die Ausführungen des Verfassers in Betreff der Vorstellungen, der Gefühle und der Strebungen hat die Metaphysik Herbart's doch nur einen indirecten Einfluss und sofern seine Darlegungen wirklich aus der Erfahrung geschöpft sind, kann man ihren wissenschaftlichen Werth im Allgemeinen nicht bestreiten und findet man in vielen einzelnen Partieen recht viel Beachtenswerthes, Lehrreiches und Förderliches.

---

*) Ulrici hat die Metaphysik Herbart's in seinem Werke: Das Grundprincip der Philosophie I, 448 ff. einer Kritik unterworfen, die von den Herbartianern nie widerlegt worden ist. Vergl. bes. S. 528—538.

34

Empirische Psychologie. Ein Lehrbuch zum Unterrichte für Gymnasien und Pädagogien, sowie zur Selbstbelehrung leicht fasslich dargestellt von Dr. Mathias Amos Drbal, Professor am k. k. Staats-Gymnasium zu Linz. Wien, Braumüller, 1868.

Das vorliegende Werk erschien fast gleichzeitig mit dem Lehrbuch der empirischen Psychologie von Lindner. Beide Schriften gehören der Literatur der Herbart'schen Schule an. Sie stehen sich daher sehr nahe in Denkweise, Methode und Anordnung des gesammten Stoffes. Die Schrift von Drbal ist aber umfangreicher und die einzelnen Lehren konnten daher mehr ausgeführt werden, weshalb sie nicht sowohl klarer, als zugänglicher, anziehender und lehrreicher erscheint. Während Lindner's gedrängtere Darstellung der Berücksichtigung der psychologischen Literatur engere Grenzen ziehen musste, tritt uns bei Drbal eine viel reichere Berücksichtigung der psychologischen Literatur entgegen und auch die Dichter weiss derselbe ziemlich reichlich für die Erläuterung psychologischer Lehren sehr gut zu benutzen. Die Schrift nimmt unstreitig einen ehrenvollen Rang im Kreise der Literatur der Herbart'schen Schule ein und sie bleibt in Rücksicht der Klarheit der Darlegungen, der Genauigkeit der Begriffe und der Feinheit der Untersuchungen nicht hinter dem geachtetsten Werke dieser Schule zurück. Wer gewisse Grundannahmen mit Herbart und dem Verfasser vollkommen theilt, der wird mit den Entwickelungen der vorliegenden Schrift nur in wenigen Punkten in Widerspruch treten können. Ausserdem muss anerkannt werden, dass der Verfasser ausser der Berücksichtigung der psychologischen Werke und Schriften der Herbart'schen Schule auch andere psychologische und physiologische Untersuchungen und Leistungen neuerer Forscher kenntnissreich zu verwerthen gewusst hat. Auch wer mit Herbart's Metaphysik und Erkenntnisslehre nicht einverstanden ist und gegen Manches in seiner praktischen Philosophie, sowie seiner Deutung gewisser Erfahrungsthatsachen schwere Bedenken hegt, wird die vorliegende sorgfältig behandelte und klar geschriebene empirische Psychologie nicht ohne reiche Belehrung und lebhafte Anregung zu weiteren Forschungen aus der Hand legen. Aber unmöglich kann man in der Gestaltung der Psychologie, wie sie bei Herbart und seinen Anhängern auftritt, volle Befriedigung finden und die Wissenschaft kann bei derselben nicht stehen bleiben. Dies ist von einer ganzen Reihe von Forschern erkannt worden, deren Arbeiten von den Herbartianern wenig oder

nicht berücksichtigt worden sind. Ausser Lotze, Fechner, Fortlage etc.
hat besonders J. H. Fichte in seiner Anthropologie, wie in seiner
Psychologie bei aller Anerkennung der grossen Verdienste Herbart's
eine Kritik seiner Psychologie durchgeführt, welche, so hochbeach-
tenswerth sie erscheint, von dem Verfasser ganz bei Seite gelassen
worden ist. J. H. Fichte's Nachweisungen und sein Versuch einer
neuen Grundlegung der Psychologie dürften allerdings dieser Wissenschaft neue Aussicht zu glücklicherem Gedeihen eröffnen.

35.

Cäcilie, oder von der Wahrheit des Uebersinnlichen.
Ein Gespräch nebst einem Nachwort von H. K. Hugo Delff.
Husum, C. F. Delff, 1867.

Der talentvolle Verfasser hat in der vorliegenden Schrift nach
dem Vorgange Schelling's im Bruno und in Clara die Begründung
philosophischer Wahrheiten in der Form des Dialoges versucht. In
sofern der Verfasser von der Absicht ausgegangen ist, tiefere Anregungen in die Kreise der Gebildeten zu tragen, mag diese Form
zweckdienlich erachtet werden; für die strenge Wissenschaft dagegen
ist sie nicht geeignet. Es fehlt dem Verfasser nicht an Form-
gewandtheit und Beweglichkeit des Geistes; auch soll nicht geleugnet
werden, dass er eine gewisse dramatische Lebendigkeit zu erreichen
gewusst hat. Aber er erreicht doch in dieser Form Schelling's
Clara nicht, sowie Schelling noch lange nicht die Meisterschaft
Platon's erreicht hat. Die Naturalisten und Materialisten werden
behaupten, dass der Verfasser ihren Standpunkt durch eine zu unbedeutende Persönlichkeit habe vertreten lassen, und im Grunde wird
man ihnen darin nicht gut widersprechen können. Die Theologen
werden nicht ohne Grund darüber ungehalten sein, dass der Verfasser sich nicht damit begnügt, Uebelstände in den verschiedenen
Kirchengemeinschaften zu rügen, sondern so weit geht, dem Kirchlichen den Rücken zu wenden und die Kirche so gut wie aufzulösen.
Dieses Extrem hat weder die Zustimmung Baader's, noch die
Schelling's, denen der Verfasser doch in den tiefsten Fragen am
nächsten steht, obgleich er in keinem von beiden aufgeht. Das
Grundprincip des Verfassers ist der zuerst von Baader in der neueren
Zeit geltend gemachte ideal-reale oder spiritual-naturale Theismus,

von welchem es nur eine Consequenz ist, wie der Verfasser auf die innigste Verbindung des Theoretischen und des Praktischen zu dringen. Nur darf dies nicht dazu führen, dass das Theoretische unvermerkt gegen das Praktische in Hintergrund geschoben werde, da es vielmehr entschieden die Herrschaft führen muss. Wenn der Verfasser im Nachwort (S. 119) sagt, dass er zwar die Baader'sche Philosophie nicht für die Philosophie der Zukunft halte, von ihr aber die Ueberzeugung hege, dass sie diejenigen Fermente enthalte, mit denen sich die bisherige rein nationale Philosophie durchdringen müsse, um Gültigkeit und Dauer zu gewinnen, so ist diese Ansicht im Grunde wenig oder nicht von der Ueberzeugung des Referenten verschieden. Denn derselbe hat immer eingeräumt, dass Baader's Lehren theilweiser Fortbildung und theilweiser Umbildung unterliegen werden. Die geistreichen Ideen dieser Schrift und die tiefen Erläuterungen des Nachwortes bewegen sich im Umkreise der tiefsinnigen Ideen Baader's, nur in gewandteren, ansprechenderen Formen. Wenn es dem Verfasser vergönnt wäre, seine Ideen in einem methodisch entwickelten systematischen Ganzen darzulegen, würde er der Philosophie einen wesentlichen Dienst leisten.

36.

Philosophische Paradoxa. Von Heinrich Ritter. Leipzig, Brockhaus 1867.

Die vorliegende Schrift des berühmten Verfassers ergeht sich in Erläuterungen einiger philosophischer Probleme, welche in Uebereinstimmung mit den Ausführungen stehen, welche sie bereits in seiner Logik und Metaphysik (1856) und in seiner Encyclopädie der philosophischen Wissenschaften (1862 — 64) gefunden haben. Die Schrift zerfällt in eine Einleitung und in fünf Abschnitte, welche als ebenso viele Paradoxa bezeichnet werden.

Der Verfasser findet in der Einleitung begreiflich, dass die Philosophie einen Hang zur Paradoxie habe, da sie von der Oberfläche der Dinge in die Tiefe ihres Wesens vorzudringen unternehme. Die Lösungsversuche der philosophischen Probleme können dem gewöhnlichen, an der Oberfläche haften bleibenden Denken immer nur paradox erscheinen. Und doch muss eine Versöhnung der Schule und des Lebens angestrebt werden. Die gewöhnliche Denk-

weise darf uns nicht festhalten in ihren Schranken, aber die
Wissenschaft darf auch die Belehrungen des gewöhnlichen Lebens
nicht verschmähen.

Sehr einleuchtend zeigt der Verfasser, dass die Verbindung
zwischen beiden darauf beruhe, dass in ihnen dieselbe Vernunft
lebt. Ihr müssen wir vertrauen, wenn wir Erkenntniss und Einsicht
gewinnen wollen. Wenn man die Irrthümer und die Schwächen
anklagt, welchen die Vernunft unterliegt, so klagt man nicht die
Vernunft an, sondern nur das, was ihr anhaftet, und was nur durch
erneute Prüfung und richtigeres Durchdenken beseitigt werden kann.
Bei allen Anklagen gegen verfehlte Ergebnisse der Vernunftforschung
ist es doch immer nur unsere eigene Vernunft, welche diese Anklagen erhebt und in letzter Entscheidung das Urtheil abgibt. Sehr
gut hebt der Verfasser hervor, dass selbst die Kritik der menschlichen Vernunft nur ein Werk der menschlichen Vernunft sein könnte.
Mit Recht setzt sich der Verfasser der Spaltung der Vernunft in
theoretische und praktische entgegen und zeigt ihre wesentliche
Einheit und Uebereinstimmung auf. Indem er nachweist, dass die
Philosophie die Gemeinschaft aller Wissenschaften vertritt, wird er
auf die Ideale der Vernunft geführt, welche die Philosophie aufrecht
erhalten muss, aber eingedenk dessen, dass sie dieselben nur nach
und nach verwirklichen kann. Der Philosophie ziemt es, nicht zu
verzweifeln, sondern der Vernunft zu vertrauen. Vertrauen zur
Vernunft, hebt der Verfasser nachdrücklich hervor, ist das bewegende
Princip der wahren Philosophie und jeder wahren Wissenschaft.
„Wie könnte eine Wissenschaft sein ohne Vertrauen zu ihrem eigenen
Urtheil? Den Vorurtheilen der gewöhnlichen Meinung misstraut die
Philosophie, um sie zu bessern, will sie nicht einreissen, sondern
aufbauen. Indem sie die Wissenschaft zu bessern strebt, strebt sie
die Welt zu bessern. Denn die Wissenschaft ist auch eine Macht
in ihr. Das Wissen will sie schaffen, und weil die Vernunft nichts
Unmögliches will, muss auch das Wissen möglich sein in seiner
ganzen Vollkommenheit und in seiner ganzen Macht. Die Vernunft
will den Zweck, nicht allein das Bessere, sondern auch das Beste;
es muss möglich sein, weil die Vernunft es will; sie verspricht es
uns; die Philosophie, welche der Vernunft vertraut, hofft von der
Welt das Beste. Die Vernunft in ihr ist nicht ohnmächtig, sondern
sie hat alle Macht, welche sie begehren kann, die Macht zu allem
Vernünftigen, d. h. zu allem Zweckmässigen. So setzt die Philosophie dem Pessimismus den Optimismus entgegen, der Verzweiflung am Guten das Vertrauen zu der unüberwindlichen Macht des
Guten."

Diese tief gedachten edlen Aeusserungen des Verfassers sind
sichtlich im Hinblick auf die Verzweiflungslehren Schopenhauer's
der Feder entflossen und zeigen zugleich, wie bei aller Milde und
Mässigung unseres Philosophen doch Festigkeit und Entschiedenheit
der Grundsätze nicht fehlen.

Fünf Paradoxa sind es nun, die der Verfasser in der vorliegenden Schrift behandelt: 1) die schlechthin gute Welt; 2) das
Uebernatürliche und das Uebersinnliche in der Welt; 3) die Erkenntniss
des Uebersinnlichen in intellectueller Anschauung; 4) Zweifel und Gewissheit, Autorität und Vernunft; 5) die allgemeine Vernunft und
der anthropologische Standpunkt in der Wissenschaft.

Das erstgenannte ist dem Verf. das oberste Paradoxon der
Philosophie. Viele andere sind in ihm verschlossen. Die Reihe
reicht in das Unbestimmte. Doch ist des Verf. Absicht gegenwärtig
nur auf einen kleinen Kreis fraglicher Untersuchungen gerichtet,
wie sie ihm soeben dringlich erscheinen. Dringlich erscheinen ihm
aber gerade diese Untersuchungen denn doch wohl darum, weil er
Richtigeres den herrschenden philosophischen Ansichten entgegen-
setzen zu können glaubt. Er findet sich nicht bloss mit dem Materialismus und dem Naturalismus, sondern auch mit dem Pantheismus
in Gegensatz und Widerspruch. Die Schwächen dieser Richtungen
des Denkens hat er schon in früheren Schriften aufgedeckt und berührt sie auch vielfach in der vorliegenden Schrift. Die Verwerfung des Pantheismus und die Behauptung der Wahrheit des Theismus bei H. Ritter verdient schon darum die grösste Beachtung, weil
dieser Denker einer der grössten Kenner der Geschichte der Philosophie ist. Alle Gründe, welche seit Jahrtausenden für die Wahrheit des Pantheismus geltend gemacht worden sind, haben diesen
umsichtigen Denker nicht zu befriedigen vermocht. Mit aller Entschiedenheit vertheidigt er die wesentliche Wahrheit des Theismus
und auch die vorliegende Schrift ist auf der Grundlage des Theismus aufgebaut. Diese Grundlage gewinnt er jedoch auf wissenschaftlichem Wege, indem er von den Erscheinungen auf die ihnen
unterliegenden Weltwesenheiten und ihre Vermögen und von diesen
auf ihren letzten Grund zurückgeht. Scharfsinnig bemerkt der
Verf. im Zusammenhang dieser Nachweisungen (S. 29), dass wir
an mehrere Gründe der verschiedenen Vermögen der weltlichen
Dinge würden denken können, wenn nicht auch der Zusammenhang
aller Dinge seinen Grund forderte; weil aber alles Weltliche zusammenhänge und eine Einheit bilde, müsse auch Alles zusammen-
gepasst sein in den verschiedenen Vermögen der besonderen Dinge
und könnten sie alle nur einen Grund haben. Der Gedanke eines

unvollkommenen Grundes kann der Vernunft, welche nach Vollkommenheit strebt, nicht genügen. Ihre Beruhigung findet sie nur,
wie der Verf. bemerkt, wenn sie zur Erkenntniss eines unbedingten
und unbeschränkten Grundes aller weltlichen Erscheinungen gekommen ist. Diesen einzigen und vollkommenen Grund aller
weltlichen Dinge nennen wir Gott, den Schöpfer. Er hat den Dingen
der Welt ihr Dasein, ihr Vermögen, die Erscheinungen zu begründen,
verliehen. Erst, fährt der Verf. fort, wenn unsere Gedanken zu
diesem obersten Grunde gelangt sind, werden wir über die Welt
ein gründliches Urtheil sprechen können. Aus der Vollkommenheit
ihres Grundes werden wir nicht anders schliessen können, als dass
sie in ihrem Grunde vollkommen ist. In ihrem Grunde, d. h. in ihrem
Vermögen, denn aus ihrem verborgenen Vermögen stammen alle
ihre Thätigkeiten, durch welche sie in die Erscheinung tritt und
ihre Kräfte zur Wirksamkeit und Wirklichkeit gelangen. Der vollkommene Gott kann ihr nur ein vollkommenes Vermögen verleihen.
Jedes andere Werk würde mit seiner Vollkommenheit in Widerspruch stehen. Gott schuf die Welt und siehe, Alles war gut.

Diesen Standpunkt sucht der Verf. nun gegen mögliche Einwendungen in reicher Gedankenentwickelung sicher su stellen. Er
gibt nicht zu, dass die Welt unvollkommen sei, weil sie im Anfang
unfertig gesetzt sein müsse. Denn die anfänglich unfertige Welt
schliesse die Aussicht auf ihre Vollendung in sich. Weil die
Schöpfung Gottes die ganze Zeit vom Anfang bis zu Ende umfasse,
darum müssten die Geschöpfe Gottes durch das zeitliche Werden
hindurchgehen und Anfangs unvollkommen (unfertig) sein, um zuletzt vollkommen zu werden. Darin unterscheiden sich die Geschöpfe vom Schöpfer, dass dieser Kampf mit dem Werden ihnen
nicht erspart werden könne. Ohne ihr Werden würden sie zu gar
keiner, auch nicht der geringsten Vollkommenheit gelangen können.
Die Schöpfung, wie sie beginnt, trägt daher trotz ihrer inneren
Vollkommenheit die äusserste Unvollkommenheit an sich. Alle ihre
Vollkommenheiten soll die Welt erst in ihrem Leben gewinnen.
Bei ihrem Beginn ist sie ohne Entwickelung, in ihrem Vermögen
liegt noch Alles eingewickelt ohne Form und ohne Macht. Aber
eben darin besteht ihr bester und ihr ganzer Werth, dass sie nicht
zu einem fertigen, todten und blinden Producte ihres Schöpfers bestimmt ist, sondern in Selbstständigkeit, Leben und Vernunft ihre
eigenen Güter sich schaffen soll. Damit ist unausbleiblich verbunden,
dass sie von einem unentwickelten Vermögen aus, durch die niedrigsten Grade des Daseins hindurchgehend nur allmälich und in beständiger Arbeit zu ihrer höchsten Vollkommenheit gelangen kann.

Gott hat aber doch die Welt darum nicht sich selbst überlassen, sondern er erhält und regiert die Welt. In weiteren Entwickelungen dieser Gedanken hebt der Verf. hervor, dass die Schätze der ewigen Wahrheit, welche in der Welt sich offenbaren, zu reichhaltig seien, als dass wir in kurzer Erfahrung sie uns aneignen könnten. Je länger die Geschichte der Welt dauere, um so grösser sei das Gut, welches ihr bestimmt sei. Die einstmalige Vollendung der Welt folgt ihm aber aus der Vollkommenheit Gottes.

Die Consequenzen dieser Grundgedanken des Verfassers ziehen sich nun durch die vier folgenden Abschnitte hindurch. Man begegnet in der Betrachtung über das Uebernatürliche und das Uebersinnliche einer Fülle sinnvoller, fruchtbarer Gedanken. In einem Zusatz über das Uebernatürliche wird der Verf. auch auf die Wunder geführt und auf den Offenbarungsglauben, worüber er mit gewohnter Mässigung sehr beachtenswerthe Gedanken entwickelt.

Nicht minder reich an sinnvollen Betrachtungen sind die zwei folgenden Abschnitte über die Erkenntniss des Uebersinnlichen in intellectueller Anschauung und über Zweifel und Gewissheit, Autorität und Vernunft, worin der Verfasser überall mit Erfolg einseitigen und extremen Auffassungen entgegenwirkt. Nur auf den letzten Abschnitt gedenkt Referent etwas näher einzugehen.

Die Philosophie, behauptet der Verfasser mit Recht, sucht allgemeine Lehren über die Welt und ihren Grund. Ewige Wahrheit will sie entdecken, welche den zeitlichen Erscheinungen zu Grunde liegen. Zu diesem Zwecke entwickelt sie allgemeine Gesetze für das Sein und das Denken, welche ihre Anwendung auf alle Gegenstände unseres Denkens finden sollen. Auf die besonderen Erfahrungen unseres persönlichen Lebens nimmt sie dabei keine Rücksicht, ausser so weit sie den allgemeinen Gesetzen des Seins und des Denkens unterworfen sind. Die Philosophie gründet ihre Lehren auf die Vernunft nicht des Einzelnen, sondern die allgemein menschliche Vernunft. Man hat nun bemerkt, dass das Gebot der Vernunft nur an die allgemein menschliche Vernunft gerichtet sein und ein Gesetz geben möchte, welches nur für die menschliche Vernunft gelten möchte. Dadurch ist die Allgemeingültigkeit der philosophischen Lehren in Zweifel gerathen, weil es schien, dass alle diese Gesetze doch nur für den Standpunkt des Menschen berechnet wären, und eine Gültigkeit über den Kreis der Menschen hinaus für andere Wesen ausser dem Menschen nicht in Anspruch zu nehmen hätten. Diese Zweifel der alten Skeptiker hat Kant nur erneuert und ihnen neues Ansehen verliehen. Der Verfasser widerlegt die Gültigkeit dieser Zweifel mit grossem Scharfsinn, indem er das Ergebniss seiner Einwendungen in die Worte zusammenfasst: „Wenn man damit anfängt, zu zweifeln, ob wir Menschen mehr als menschliche Wahrheit erkennen können, so muss man damit enden, zu zweifeln, ob es mehr als menschliche Wahrheit sei, dass wir Menschen sind und nach den Gesetzen des menschlichen Denkens denken müssen. Der kritische Zweifel schlägt sich, bemerkt der Verfasser ferner, mit seinen eigenen Gründen. Er wurzelt wohl in der Unterscheidung der menschlichen von der allgemeinen Vernunft, vergisst aber, dass auch die menschliche Vernunft an der allgemeinen Vernunft Theil hat. Vortrefflich und mit Recht beruft sich der Verfasser auf den unangreifbaren Zusammenhang zwischen dem ewigen Sein und seinen Geschöpfen. Dieser verbürge uns auch die Uebereinstimmung der (wahren) Gedanken unserer forschenden Vernunft mit der ewigen Wahrheit." Auf dem Sein Gottes beruht das Sein der Geschöpfe; dasselbe Sein hat er ihnen gegeben, welches er hat. Auf dem Sein der Geschöpfe beruht ihr Denken; nicht anders können sie denken, als sie sind; die Gesetze ihres Denkens müssen der Weise ihres Seins entsprechen. In einer ganz verkehrten Weise hat man die Unterscheidung zwischen Sein und Denken, zwischen Schöpfer und Geschöpf zu einer Scheidung zwischen ihnen ausdehnen wollen. Die Geschöpfe sind die Offenbarung Gottes, das Denken ist die Offenbarung der Geschöpfe; zwischen dem Sich-offenbarenden und seiner Offenbarung und der Offenbarung dieser Offenbarung muss Uebereinstimmung sein. Daher kann auch das Denken der Geschöpfe die absolute Wahrheit erkennen in den Schranken, welche es erfüllt. Wenn der kritische Zweifel anders meint, so muss man die Frage ihm vorlegen, ob Gott nicht erkenne, dass wir Menschen sind, wie wir es erkennen, und dass wir den Gesetzen unseres Denkens unterworfen sind, wie wir es erkennen. Keine Frage, dass wir in solchen Erkenntnissen absolute Wahrheit erkannt haben, welche Gott ebenso wie wir erkennen muss. Die kritischen Zweifel, die gegen diese gültige Nachweisung erhoben worden sind, sollten damit endlich einmal zur Beruhigung gebracht sein.

Nicht ganz ebenso kann Referent mit dem Herrn Verfasser einverstanden sein, wenn er, weil jedem Dinge seine Thaten zuzurechnen seien, ihm auch freie Thaten zugerechnet oder zugeschrieben wissen will. Einem jeden Dinge kommt nach dem Verfasser Freiheit zu, soweit es einen Antheil hat an der Begründung der Erscheinungen. Mag man die Thätigkeitserweisungen der Dinge frei nennen, in sofern sie ungezwungen aus der Natur der Wesen hervorgehen. Aber diese Ungezwungenheit fällt doch mit ihrer Ge-

setzlichkeit in Eins zusammen und begründet nicht diejenige Art
der Freiheit, die wir mit Recht den geistigen Wesen zuschreiben
und die wir die moralische nennen oder der wir moralische Bedeutung zuschreiben. Allen Wesen die gleiche Freiheit zuschreiben,
heisst sie alle in ihrem Wesen gleich setzen, sei es nun, dass man
sie alle den Naturgesetzen unterwirft und somit die moralische
Freiheit aufhebt, oder dass man sie alle von den Naturgesetzen frei-
spricht, also zu geistigen Wesen macht, womit man sie auch alle
den moralischen Gesetzen unterwerfen müsste und in allen sittliche
und unsittliche Thätigkeitsweisen unterscheiden müsste. Keines von
beiden erscheint dem Referenten durchführbar, und dies möchte
beweisen, dass die Metaphysik des Verfassers doch noch einer Revision bedürftig ist.

37.

S t u d i e n. Philosophische Schriften von J o h a n n e s H u b e r.
München, Lentner (Stahl) 1867.

Diese Schrift enthält drei Abhandlungen: 1) Die religiöse
Aufklärung im achtzehnten Jahrhundert; 2) Zur Christologie; 3)
Die Statistik der Verbrechen und die Freiheit des Willens.

In der ersten Abhandlung sucht der Verfasser zunächst zu
zeigen, dass, nachdem der Geist unter der Erziehung der mittelalterlichen Kirche mündig geworden sei, er nun mit geschichtlicher
Nothwendigkeit im Gefühle der erstarkten Kraft selbstständig den
grossen Impulsen folgte, die mit seinem Wesen gegeben seien.
„Nach allen Seiten des Culturlebens hin trat das neue Geschichts-
princip des sich mit seinen eingeborenen Gesetzen unendlich berechtigt erfassenden Geistes umgestaltend auf; am folgenreichsten
aber wirkte es für die Wissenschaft, die es mit der Befreiung des
Gedankens eigentlich erschuf, und in der es, als der inneren Triebkraft aller menschlichen Entwickelung, den Grund zu einem un-
übersehbaren Fortschritt legte." Nachdem der Verfasser nun von
diesem Gesichtspunkte aus Cartesius, Spinoza, Edelmann, Leibniz,
Wolff, Baumgarten und Semler in Betracht gezogen hat, stellt er
die Lehren der englischen Freidenker dar und geht von ihnen auf
die französischen Deisten und Materialisten über, um dann die
deutschen Forscher des vorigen Jahrhunderts folgen zu lassen

Hier geht der Verfasser auf Friedrich den Grossen, Mendelsohn, Lessing, Reimarus, Kant, Fichte, Hamann, Herder näher ein und charakterisirt ihre Lehren in geistreicher Weise. Am interessantesten sind Lessing, Kant und Herder behandelt, und während er Kant für die Religionsphilosophie bedeutender als Lessing findet, hebt er lichtvoll die ahnungsreichen Ideen Herder's hervor, dessen volle Würdigung immer noch zu erwarten steht. Wesshalb Jakobi nur vorübergehend genannt wird, ist nicht klar. Mit Recht bemerkt der Verfasser, dass Hamann seiner Grundanschauung nach über den geistigen Gesichtskreis seiner Zeit hinausgeragt habe, während Herder das Zeitalter der Verstandesaufklärung abschliesse und das neue der congenialen Vernunftanschauung eröffne.

Die Abhandlung: Zur Christologie, legt eine Reihe geistreicher Erwägungen vor, um eine tiefere wissenschaftlich haltbare Christologie zu gewinnen. Wenn der Verfasser im Fortgang seiner Untersuchung darauf geführt wird, dass nur unter der Voraussetzung der Anerkennung eines überweltlichen persönlichen Absoluten eine befriedigende Christologie gewonnen werden könne, so ist ihm hierin vollkommen beizupflichten. Auch ist er im Rechte, wenn er darauf verweist, dass Schelling in der letzten Entwickelung seiner Philosophie zu dem Begriff der Persönlichkeit Gottes vorgedrungen sei. Aber er verschweigt, dass Baader schon lange vor Schelling zu diesem Standpunkt gelangt war, dass Schelling nicht ohne Baader's Einfluss dazu vorgeschritten war und dass Schelling's Gotteslehre auch zuletzt nicht über den Semipantheismus hinausgekommen ist. Wenn Thilo den Versuch Schelling's, den Theismus mit dem Pantheismus zu vereinigen, als widerspruchvoll verwirft*), so wird damit Baader's Lehre gar nicht berührt, welche die Einwesigkeit Gottes und der Welt nicht einräumt und darum dem Semipantheismus nicht anheimfällt, ohne doch dem Dualismus zu verfallen, in welchen Herbart und Thilo gerathen müssen, wenn sie den von ihnen statuirten Realen Absolutheit des Seins zuschreiben. Erst wenn Thilo evident zeigen könnte (was er nicht kann), dass diese Behauptung, nach welcher Herbart einem dem des Anaxagoras nicht ganz unähnlichen Dualismus huldigt, nicht zutreffend sei, müsste man sich auf weitere Erörterungen mit ihm einlassen. Bis dahin bleiben die Einwendungen des Referenten gegen Herbart und Thilo in ihrem Rechte**). Der Verfasser aber kommt mit seinem Schelling'schen

---

*) Zeitschrift für exacte Philosophie Band VII. Heft II. S. 164.

**) Beleuchtung des Angriffs auf Franz Baader in Thilo's Schrift: Die theologische Rechts- und Staatslehre etc. (1861), dann: Athenäum von Frohschammer II. Bd. 44—65, und Philos. Schriften I, 414—439.

Semipantheismus zu einer Christologie, welche weder der Schriftlehre, noch der Kirchenlehre, noch der Philosophie genügt.

Der geistreiche Verfasser würde in den Schriften Baader's
eine viel tiefsinnigere Christologie antreffen als die, welche er an
Schelling anknüpft. Wenn sich die Münchener Philosophen darin
gefallen, Baader zu ignoriren und meist an den minder tiefen
Schelling anzuknüpfen, so dürfen sie sich darauf verlassen, dass die
Zeit über sie hinwegschreiten wird. Dem ächten Philosophen ge-
ziemt es nicht, dem vor der Welt Glänzenden nachzulaufen, sondern
dem Tieferen nachzutrachten, nicht sich von dem Glanze eines
Namens tragen zu lassen, sondern dem ungerecht Unterdrückten gerecht zu werden und Gerechtigkeit zu verschaffen.

Die Abhandlung: Die Statistik der Verbrechen und die Freiheit des Willens verdient besondere Beachtung. Der Verfasser vertheidigt die Freiheit des Willens, aber er zeigt nicht, wie sie auf
dem Standpunkt des Semipantheismus consequent behauptet werden
kann. Wenn er den naturalistischen und materialistischen Determinismus abweist (eine streng wissenschaftliche Widerlegung gibt er
eigentlich nicht), so glaubt er schon allen Determinismus widerlegt
zu haben. Aber es gibt ausser diesem nicht bloss einen pantheistischen Determinismus in mancherlei Variationen, sondern auch einen
semipantheistischen und sogar einen streng theistischen, wie ihn
z. B. der ältere Sigwart in scharfsinniger Weise vertreten hat. Wir
erfahren von dem Verf. nichts von dem Determinismus des Leibniz
des Herbart, des Schopenhauer, des Sigwart, des Romang etc. Er
stemmt sich gegen Spinoza und die Materialisten und behauptet die
Freiheit des Willens, ohne uns sein Verhältniss zum Indeterminismus
näher zu bezeichnen. In der Behauptung der Freiheit des Willens
stimmen wir ihm wohl bei, aber die philosophische Begründung
derselben finden wir nicht zureichend, können auch nicht einräumen,
dass sie vom Standpunkt des Semipantheismus aus consequent abgeleitet werden könne. Dennoch geben wir zu, dass seine kritischen Beleuchtungen der Behauptungen von Buckle, Quetelet, Guerry,
Adolph Wagner, Wappäus, Moleschott, C. Vogt werthvoll sind.
Mit Recht nennt der Verf. die Geschichte der englischen Civilisation
von Thomas Buckle „ein viel zu überschätztes Werk".

38

Schlaf und Tod nebst den damit zusammenhängenden Erscheinungen des Seelenlebens. Eine psycho-
logisch-apologetische Erörterung des Schlaf- und Traumlebens,
des Ahnungsvermögens und des höheren Aufleuchtens der
Seele im Sterben, von Franz Splittgerber, Königl. Garni-
sonsprediger der Festung Kolberg. Halle, Fricke, 1866.

Obgleich sich in der Behandlung der Psychologie heutigen
Tages pantheistische, naturalistische und materialistische Voraussetzungen vielfach breit machen, erscheinen doch noch immer von
Zeit zu Zeit psychologische Schriften, die, den theistischen und
christlichen Ideen zugewendet, tiefer in das Wesen der Seele einzudringen suchen. Zu diesen Schriften muss auch die oben ange-
zeigte gezählt werden, welche zwei der schwierigsten und wichtigsten Erscheinungen des Seelenlebens, Schlaf und Tod, gründlich zu
erforschen sucht. Mit Recht bedient sich dabei der Verfasser der
inductiven Methode, deren besondere Schwierigkeiten in einem so
eigenthümlichen, complicirten und vieldeutigen Gebiete er sich nicht
verhehlt, die er aber mit nicht gewöhnlicher Umsicht zu überwinden
sucht. Damit im Einklang steht die Einfachheit, ungekünstelte
Natürlichkeit und Klarheit der Sprache des Verfassers.

Die Schrift zerfällt nächst einer Einleitung in zwei Theile.
Der erste Theil handelt vom Schlaf und Traum nebst den damit
zusammenhängenden Erscheinungen des Seelenlebens und zerfällt in
zwei Capitel, deren erstes der Betrachtung des Schlafens und Träu-
mens in kritischer Ausführung der bemerkenswerthesten Thatsachen
und Erörterungen der daraus sich ergebenden Folgerungen für das
Wesen der Seele gewidmet ist, und deren zweites Capitel sich über
die gemischten Zustände (Schlaf- und Nachtwandeln, Ahnungsvermögen in seinen verschiedenen Stadien, zweites Gesicht) verbreitet.
Der zweite Theil: Das höhere Aufleuchten des Seelenlebens im
Sterben, zieht den Scheintod und den wirklichen Tod eingehend in
Betracht und zieht in einer Schlussbetrachtung die psychologisch-
apologetischen Ergebnisse der ganzen Untersuchung an das Licht.

Die sehr umsichtig geschriebene Einleitung bespricht 1) die
hohe Bedeutung der behandelten Seelenzustände sowohl im Allgemeinen, wie insbesondere für die Psychologie und Apologetik; 2) die
nähere Abgrenzung und Zergliederung des behandelten Stoffes;
3) die wissenschaftliche Methode in der nachfolgenden Abhandlung;

4) die Objectivität der Thatsachen und die Nothwendigkeit der Kritik auf dem behandelten psychologischen Gebiete.

Referent kann dem Verfasser nur beipflichten, wenn derselbe im Schlaf eine relative Zurückziehung der Seele in ihr inneres Wesen erblickt und von der Seele sagt, dass sie während des Schlafs noch im Leibe sei, wenn auch loser von demselben als im Wachen, und sich im Zustande innerer Sammlung und Concentration befinde, um nachher desto kräftiger wieder einzugreifen in den Gang der Dinge, welcher sie in ihrem besonderen Lebenskreise umgebe. Er lässt daher auch nicht die Wiederbelebung und Erneuerung der Kräfte, welche der normale Schlaf gewährt, unberührt. Gleichwie sich bei jedem gesunden Erwachen in gewissem Maasse die Begebenheit der anfänglichen Geburt aus dem Schoosse der Mutter wiederholt, so führt der Schlaf dicht an die ersten Grenzen des Todes. Wenn aber der Leib im Schlafe trotz seines fortdauernden vegetativen Lebens in einen vorwiegend depotenzirten Zustand verfällt, so lässt sich nach dem Verf. durch thatsächliche Erfahrungen der Nachweis führen, dass das Selbstbewusstsein der Seele im Schlafe keineswegs aufhört, sondern nur eine andere Gestalt annimmt, welche Nachtbewusstsein genannt werden kann, dass ferner auch die Selbstthätigkeit der Seele während dessen sich in eigenthümlicher Weise nach innen hin fortsetzt, und überhaupt das ganze Seelenleben, sich innerlich concentrirend, gerade dann nicht selten die zusammengesetztesten und schwierigsten Geschäfte vollzieht, die ohne eine intensive Steigerung unseres geistigen Vermögens gar nicht zu verstehen sind. Eine eingehende Forschung, glaubt der Verf., werde nicht ein Aufhören oder auch nur eine Minderung, sondern vielmehr eine eigenthümliche Verinnerlichung und Vertiefung des Seelenlebens während des Schlafes immer mehr anerkennen müssen. Entbehre das Schlafleben einerseits gewisser Vorzüge des wachen Lebens (der Herrschaft des Verstandes etc.), so berge das Schlafleben doch andererseits in seinem Schoosse besondere Vorzüge, deren der wache Geist sich nicht erfreue. Hierher rechnet der Verf. die innere Concentration der Kräfte des Geistes bei intensiver Steigerung derselben, eine gewisse Erhabenheit über die Modalitäten des Raumes und der Zeit, an welche der Seele waches Dasein völlig gebunden ist und das tiefere Heimathsgefühl, das die schlafende Seele oft wunderbar mächtig zu den Kreisen eines jenseitigen reineren Lebens hinziehe und sie zum empfänglichen Organ für die Einsprache einer höheren Welt mache.

Der Verfasser sucht nun aus einer Reihe wohlausgewählter thatsächlicher Belege seine Behauptung von der Fortdauer und intensiven Steigerung des Seelenlebens im Schlaf zu bekräftigen. Nachdem er den eigentlichen oder tiefen Schlaf untersucht hat, wendet er sich zur Betrachtung des Traumes und widmet diesem eine eingehende und vielseitige Untersuchung, wobei eine Fülle von Thatsachen aus dem Traumleben vorgeführt und im Sinne einer ethisch-religiösen Auffassung erläutert wird. Neben den relativen Lichtseiten des Traumlebens in seinen mannichfaltigen Gestaltungen übersieht der Verfasser doch nicht die Schattenseite desselben, die er unter dem Namen der Turba des Seelenlebens im Traume vorführt, woran er dann wichtige Folgerungen sowohl für den höheren Ursprung und das tiefere Wesen der Seele, als für ihre irdisch mehr oder minder zerrütteten Zustände anknüpft.

Im zweiten Capitel wendet sich der Verfasser den gemischten Seelenzuständen zu, in welchen er ein Hineinragen der Nachtseite des Seelenlebens in das wache Dasein erblickt. Er beschäftigt sich hier eingehend und lehrreich mit dem Schlaf- oder Nachtwandeln nach der leiblichen und der seelischen Seite und mit dem Ahnungsvermögen in seinen verschiedenen Stufen: den Ahnungen im engeren Sinne, dem prophetischen Hinblick, dem zweiten Gesicht. Die Belesenheit des Verfassers, die Umsicht in der Auswahl der am meisten beglaubigten Thatsachen und nicht selten die Schärfe des Urtheils treten hier in sehr vortheilhaftes Licht, wenn auch bezüglich mancher Auffassungen, die sich hier finden, allgemeine Zustimmung nicht erwartet werden kann. Sehr interessant ist die Zusammenstellung von Hauptbelegen für das Vorkommen eines prophetischen Hellblicks, welche der Verfasser in Erweiterung der bekannten Monographie Lasaulx's über die prophetische Kraft der menschlichen Seele etc. ausgeführt hat. Ueber das Vorkommen der Gabe des zweiten Gesichts finden sich hier treffliche Belehrungen.

Der zweite Theil der vorliegenden Schrift: Das höhere Aufleuchten des Seelenlebens im Sterben, beginnt mit einer sinnvollen Nachweisung der inneren Verwandtschaft zwischen Schlaf und Tod und verbreitet sich dann im dritten Capitel über den unabgeschlossenen Process des Sterbens oder den Scheintod, im vierten Capitel über den sich vollendenden Process des Sterbens oder den wirklichen Tod, indess das fünfte Capitel einer Schlussbetrachtung gewidmet ist. Ist schon das dritte Kapitel nicht arm an wichtigen Thatsachen und Nachweisungen psychologischer Art, so wird es doch von dem vierten Capitel weit übertroffen. Diese sehr ernsten und belangreichen Nachweisungen und Betrachtungen sind der Beachtung aller Gebildeten, wie insbesondere der Psychologen dringend zu empfehlen. Die Schlussbetrachtung fasst die Ergebnisse der

ganzen vorhergehenden Untersuchung zusammen und sucht mit eindringenden Gründen zu zeigen, dass sie die wesentliche Wahrheit
der christlichen Lehren stützen und bestätigen.

Doch ist der Verfasser in einigen Punkten in eine Rigorosität
der Auffassung eingetreten, welche vor der Wissenschaft eine Er-
mässigung zu erfahren haben wird.

39.

Das Wort „a priori“. Eine neue Kritik der Kantischen Philosophie von Eduard Roeder. Frankfurt, Hermann (Suchs-
land), 1866.

Eine neue Kritik der Kantischen Philosophie wäre ganz wohl
an der Zeit. Aber sie würde einen bedeutenden Kopf erfordern,
der die Geschichte der Philosophie aus den Quellen umfassend und
gründlich studirt hätte. Der Titel des vorliegenden Schriftchens
ist in jeder Beziehung unpassend gewählt. Eine Untersuchung über
das Wort „a priori“ wäre eine philologische, nicht eine philosophische Untersuchung. Eine Kritik der Kantischen Philosophie
müsste etwas mehr sein oder geben, als eine Kritik der Kantischen
Raum- und Zeit-Theorie mit einem dürftigen Anhang über Kant's
Lehre von den Kategorieen und vom kategorischen Imperativ. Nur
die erste Hälfte des Schriftchens ist der Kritik Kant's gewidmet;
die zweite enthält in Briefen eine schöngeistige Diatribe eigener
Art, wovon nachher.

Der Verfasser legt die Lehre Kant's vom Raume und von
der Zeit nicht ungeschickt dar und bestreitet sie zum Theil mit
triftigen Gründen. Aber er schiesst weit über sein Ziel hinaus,
wenn er Kant durch Spinoza widerlegen will. Er findet gegen
Kant die Behauptung Spinoza's: Quicquid est, in Deo est, et nihil
sine Deo esse neque concipi potest“, gross und wahr. Anstatt aber
diesen Satz im Sinn und Geist Baader's zu nehmen und zu verstehen, in welchem allein er gross und wahr ist, hat er ihm keine
andere Bedeutung, als welche Holbach, Diderot und L. Feuerbach
in ihn legten. Gott ist dem Verfasser nichts Anderes als die Natur
und der Naturalismus sein Evangelium. Die idealistische Halbheit
Schopenhauer's, die ihn mit Kant lose verbindet, wirft der Verfasser
weg, um sich der realistischen zuzuwenden und noch tiefer als
Schopenhauer in den Realismus zu versinken.

Von diesem Realismus oder richtiger Naturalismus gibt nun der Verfasser in der zweiten Hälfte seines Schriftchens die erbaulichsten Proben. Diese zweite Hälfte bildet ein Fragment: Hermann, Briefe philosophischen Inhalts. Es sind naturalistische Herzensergiessungen im Feuilletonstyl, ohne alle tiefere Bedeutung. Die Quintessenz dieser Herzensergiessungen, die ein wenig von Schopenhauer angeweht sind, liegt in der Stelle: „Wir kennen zwei Eigenschaften der Natur: Ausdehnung und Denken. Gewiss schreibst Du der ausgedehnten Natur keine Gestalt zu, also dass sie etwa aussähe wie eine Kugel, ein Würfel u. s. w. Eben so wenig aber gewiss, wenn Du Dich besinnst, der denkenden Natur einen Einzelgedanken, also dass sie etwa dächte: dies ist Hans, dies Paul, dies Peter u. s. w. Da sie also keinen Einzelnen unter uns kennt, da wir Alle gleich sind vor ihr, wie könnte sie Einen unter uns lieben? Und bedenke: wie könnte Einer unter uns verlangen, von dem Unendlichen geliebt zu werden? Spinoza sagt: „Wer die Natur liebt, darf nicht verlangen, dass ihn die Natur wieder liebe." In der Stunde, da ich plötzlich dieses Wort Spinoza's verstand und mit einem Schlage mir dieses Ungeheure offenbar wurde, entquollen mir folgende Verse:

Zertritt mich! wirf mich unter Deiner Rosse Hufe,
Urew'ge göttliche Natur!
In Schmerzen sterb' ich, doch ich rufe,
Wenn meine Brust Dein goldnes Rad durchfuhr:
Wie blickst Du stumm und kalt auf mich hernieder
In Deiner Schönheit namenlos!
Ich liebe Dich! Du aber, liebtest Du mich wieder,
Wär'st Du noch gross?

Wenn der Verfasser sich auf das Feld der Philosophie wagen will, so sollte er die Gründe kennen, aus welchen Leibniz, Kant, Fichte, Baader, Schelling, Herbart, Ritter, Trendelenburg und viele andere namhafte Denker diesem seelen- und gedankenlosen Spinozismus den Rücken gewendet haben. Wenn ihm auch nur K. Fischer's Kritik Spinoza's bekannt wäre, geschweige Baader's, Schelling's, Lotze's Entgegnungen, so würde er das hohle aufgespreizte Pathos Spinoza's nicht für Tiefsinn und Grossartigkeit gehalten haben. Ein bloss allgemeines Denken ist ein Widersinn und ein blosses Schönpflästerchen für den Naturalismus, der sich doch im Grunde seiner Idee- und Gedankenlosigkeit schämt. Uebrigens ist es nicht der Gedanke, der liebt, sondern der Wille, der nur nicht Wille sein könnte, wenn er gedankenlos wäre. Wille kann nur Willen wieder lieben und was direct oder indirect Offenbarung des

Willens ist. Wer die Natur wirklich liebt, muss ihr wenigstens einen Willen andichten, wenn er nicht an einen Willen in oder inner und über ihr glaubt. Wer die Grösse der Natur oder ihres Princips, Gottes, in der Lieblosigkeit sucht, der müsste dazu geführt werden, auch die Grösse des Menschen in der Lieblosigkeit zu suchen. Wird der Verfasser sich dazu verstehen? Anstatt wegen der Leiden und Qualen des Lebens zu verzweifeln und sich einem dummen, weil gedankenlosen Naturalismus in die Arme zu werfen, sollte der Denkende an jenen Leiden und Qualen erkennen, dass wir in einer zerrütteten Welt leben, die der Wiederherstellung bedarf. Er sollte erkennen, dass die göttliche Liebe verletzt worden sein muss, weil das Leben in so heftige Entzündung gerathen ist, und dass nur auf dem Wege der Erweckung der Liebe die Leiden des Lebens geheilt werden können. Der Naturalismus entspringt nicht selten aus einer Art von unmächtigem Zorn, dass die ewige Liebe nicht auch dann uns wohlthut, wenn wir nichts oder wenig taugen, und dass sie in ihrer Weisheit die wohlverdiente, aber heilsame Zuchtruthe über uns schwingt. Die materialisirte Naturordnung ist ein tiefes Geheimniss. Man versteht wenig von Zeit- und Raum-Theorie, wenn man Baader's Zeit- und Raum-Theorie nicht kennt, von welcher Kant nur eine schwache Ahnung hatte. Der Streit über Pessimismus und Optimismus erledigt sich durch die Unterscheidung eines flachen und eines tiefsinnigen Optimismus. Flach ist jeder deterministische Optimismus, selbst der des Leibniz. Tiefsinnig ist der Optimismus der Freiheitslehre Baader's, dem selbst die Uebel Ausflüsse der göttlichen Weisheit und Liebe sind. Nur Wenige haben bis jetzt in die Tiefen Baader's geblickt.

Dass sich mit dem Naturalismus des Verfassers der Glaube an die Unsterblichkeit, an eine zweite Welt, nicht vertrage, bedurfte gar keiner ausdrücklichen Versicherung. Nur sind seine Gründe gegen die Unsterblichkeit, die zweite Welt, so armselig wie möglich. Wenn er fragt: „Eure zweite Welt, wo ist sie? Ist sie rechts, links, oben oder unten?" so hätte er wissen sollen, dass schon J. Böhme die Antwort darauf gegeben hat, indem er mit genialem Blick sagte: Himmel und Hölle sind nicht räumlich getrennt, sondern durch die innere Geburt unterschieden, Himmel und Hölle sind überall und in demselben Raume, in welchem die gesammte Welt ist, sie sind ineinander, ohne dass eine die andere gewahren kann, weil man in jeder nur durch die entsprechende Eingeburt sein kann. Wenn der Verfasser sagt: „Ist die zweite Welt in der Zeit?" so ist zu antworten: Allerdings, aber nicht in der irdischen, sondern in der ewigen Zeit, die man auch die Ewigkeit im Unterschiede der irdischen Zeit nennt. Wenn der Verfasser fragt: „Hat die zweite Welt Farben, hat sie Form und Gestalt? Schmeckt man darin, sieht man, hört man, riecht man, denkt man darin?" so ist zu antworten: Gewiss, aber nicht auf irdische, sondern auf himmlische Weise. „O, die unsterbliche Chimäre!" ruft da der Verfasser in seiner Unwissenheit aus, und merkt nicht, dass nur sein platter Empirismus ihm sein gedankenloses Erstaunen eingibt. Sein Leugnen der Möglichkeit einer verklärten, immateriellen Natur ist nicht besser begründet, als der Wahn des unwissenden Bauern, der den Aufgang der Morgensonne für den Beweis ihrer Bewegung um die Erde oder das Nichtsichbewegensehen der Erde für den Beweis ihrer Ruhe ansieht. Wer immer in einem dunklen Kellerloch des Hauses gesessen hätte, könnte sich berechtigt wähnen, die wundervolle Aussicht vom Giebel des Daches herab für eine Chimäre zu halten. Der Bewohner der Wüste Sahara, der nur unterirdische Wasser kennt, schüttelt ungläubig den Kopf, wenn er von fliessenden Strömen auf der Oberfläche der Erde sprechen hört; der Bewohner der Polarländer hält die Erzählungen von den Wundern der Tropenländer für Märchen, der Bewohner der Aequatorial-Gegenden hält vor Verständigung Eis und Schnee für Dinge der Unmöglichkeit. Der Naturalist urtheilt nicht vernünftiger, wenn er die Möglichkeit einer verklärten Natur leugnet, weil seine materiellen Sinne ihm eine immaterielle Natur nicht zeigen können. Er kann sich sogar einbilden, die Möglichkeit einer vergeistigten Natur a priori widerlegt zu haben, indess sein Urtheil doch nur aus seinem bornirten Empirismus stammt. Von der Scholle der Erde aus will er alle Räume des Universums beurtheilen und das Unsichtbare nach dem Sichtbaren messen, nicht einmal beachtend, dass ihn überall Unsichtbares umgibt.

Wer erfahren will, welche Gründe mit Nothwendigkeit dazu führen, dem hier als möglich Behaupteten Wirklichkeit zuzuschreiben, der greife nach den Werken Baader's und vertiefe sich in sie.

Der Verfasser des besprochenen Schriftchens ist Dichter. Er hat ein dramatisches Fragment: Kaiser Otto der Dritte, erscheinen lassen. Wir trauen ihm dichterische Gaben zu, halten uns aber überzeugt, dass entweder der Dichter den Philosophen widerlegen wird, wenn der Dichter etwas Grosses leistet, oder der Dichter zur Caricatur wird, wenn der naturalistische Philosoph die Dichtung beherrschen wird.

40.

Die Forderungen der Gegenwart an die Bildung der Frauen. Festrede, am 12. Januar 1866 im Auftrage des Leipziger Lehrervereins gehalten von Dr. Paul Möbius, Direktor der ersten Bürgerschule. Leipzig bei Weber, 1866.

Man kann von einer Festrede nicht erwarten, dass sie das gewählte Thema erschöpfend behandeln werde. Aber es ist einzuräumen, dass der Verfasser in seinem Vortrage gesunde Principien aufstellt und treffliche Gesichtspunkte zur Sprache bringt. Dass gerade in unserer Zeit die Besprechung der Frauenbildung eine so grosse Bedeutung erlangt hat, scheint ihm tief mit den Mängeln unserer Zeit zusammen zu hängen. Er findet, dass unsere Zeit nur ausgezeichnet ist durch ihr Können, nicht aber durch ihre Kunst; durch ihr Wissen, nicht aber durch ihre Weisheit; durch ihre Wohlthätigkeit, nicht aber durch die von oben stammende und sich selbst verleugnende Liebe, durch ihr Frei- und Ungebundenseinsollen von jeglicher Autorität mehr noch, als durch die wahre Freiheit, die in selbstaufgelegter Beschränkung sich gern und willig dem Gesetz unterwirft. Er glaubt, dass alle diese Mängel zurückzuführen seien auf den Materialismus. Darin übersieht er nun freilich, dass der falsche Idealismus nicht weniger, nur anders, die Mitschuld an jenen Uebelständen der Zeit trägt. Wenn er nun das Gemüth wieder in seine ewig unveräusserlichen Rechte eingesetzt wissen will, so ist er darin gewiss in seinem Rechte, da er darunter das ächte und gesunde Gemüth versteht, welches nur in harmonischem Verein mit der ernsten Ausbildung aller übrigen Geisteskräfte bestehen kann.

Ebenso wird man ihm zustimmen müssen, wenn er das Weib zur Förderung dieser Wiedereinsetzung besonders berufen erklärt und seine Erziehung und Bildung im Einklang mit diesem Berufe gestaltet wissen will. Hienach versteht es sich von selbst, dass der Verfasser die Idee der Emancipation der Frauen wenigstens in dem Sinne zurückweist, in welchem sie als die Aufhebung derjenigen Schranken, die dem Weibe durch seine natürlichen, es von dem Manne unterscheidenden körperlichen wie geistig-gemüthlichen Eigenthümlichkeiten gesteckt sind, genommen werden würde. Der Verfasser will daher die Frau überhaupt nicht in der Oeffentlichkeit erblicken, „nicht bloss, weil die Oeffentlichkeit nur allzu leicht gefährdet, was die Natur selbst dem Weibe als die stärkste, aber auch zarteste und lieblichste Wehr mitgegeben hat — weibliche Schamhaftigkeit, nein, weil auch Erfahrung und selbstständiges Nachdenken uns bald davon überzeugen, dass die süssduftendsten und farbenreichsten Blüthen dessen, was wir zuerst von der Frau verlangen müssen, die Blüthen des Gemüthes, nicht in dem Lärmen des Marktes, sondern in zurückgezogener Stille am besten gedeihen!"

Daher dringt der Verfasser mit Recht darauf, dass die Bildung der Frauen in erster Linie die Hausfrau, die Gattin, die Mutter im Auge haben soll. Von diesem Gesichtspunkte gehen die Vorschläge aus, die der Verfasser für die Organisation der Erziehungsanstalten für das weibliche Geschlecht entwirft. Diejenigen Mädchen aus vermögenslosen Familien, welche sich nicht verheirathen, werden, aus Erziehungsanstalten der bezeichneten Art hervorgegangen, nur einer kurzen Zeit bedürfen, um sich mit dem glücklichsten Erfolge auf dem Gebiete der Künste und Gewerbe, des Handels, des Post- und Telegraphen-Dienstes und verschiedener anderer Erwerbszweige selbst in solche Stellungen einzuarbeiten, die wir früher nur von Männern ausgefüllt sahen und die bei uns erst in neuester Zeit auch weiblichen Händen anvertraut wurden.

41.

Handbuch der Geschichte der griechisch-römischen Philosophie von Christian Aug. Brandis. Dritten Theils zweite Abtheilung. Berlin, Reimer, 1866.

Der berühmte Verfasser hatte den ersten Theil seines umfassenden Werkes über die griechisch-römische Philosophie im Jahre 1835 erscheinen lassen und noch ist das Werk im Jahre 1866 nicht ganz vollendet, da noch ein letzter Band in Aussicht gestellt ist. Der grosse Werth der früheren Theile dieses Werkes ist allgemein anerkannt und bedarf keiner Erläuterung. Nur möge erlaubt werden, zu bemerken, dass die Darstellung der Lehre des Aristoteles und seiner Schule den relativ grössten Raum des Werkes einnimmt. In einem Nachwort zu dem vorliegenden Bande erklärt der Verfasser, dass er, nachdem das bekannte Werk von E. Zeller bereits in zweiter Bearbeitung vorliege, eine gleichmässig durchgeführte Geschichte der dritten Periode der älteren Philosophie nicht unternommen habe. Die Darlegungen des vorliegenden Bandes und des noch fehlenden Nachtrags dazu sollen nur beabsichtigen, zur

Ergänzung der zweiten Hälfte seiner „Geschichte der Entwickelungen der griechischen Philosophie und ihrer Nachwirkungen im
römischen Reiche (1864)" einige überhaupt und ihm besonders an-
ziehende Partieen weiter auszuführen.

Aber auch so ist der vorliegende Band noch immer umfangreich genug ausgefallen. Er umfasst in fünf Abschnitten die Lehren
der Epikuräer, der Stoiker, der Eklektiker und Synkretistiker und
der Neuplatoniker. Dann folgen noch Ausführungen zum ersten,
zum zweiten und zum vierten Abschnitt.

Ist auch die letzte Periode der alten Philosophie nicht in der
Ausführlichkeit, die ursprünglich beabsichtigt war, entwickelt worden, so vermisst man doch kein wesentliches Stadium der Entwickelung derselben. Die Gründlichkeit der Quellenkunde, der Scharfsinn der Auffassung und Beurtheilung, die einfache, schlichte und
klare Darstellung ist dieselbe wie in den früheren Theilen des ausgezeichneten Werkes. Die Darstellung insbesondere hat eher gewonnen als verloren. Die tiefe philosophische Bildung des Verfassers
bewährt sich überall, und an Objectivität der Auffassung ist er im
Ganzen von keinem Geschichtschreiber der Philosophie übertroffen
worden. Möchte dem ausgezeichneten Verfasser, der sich so grosse
Verdienste um die Geschichte der alten Philosophie erworben hat,
vergönnt sein, den Schluss des hervorragenden Werkes bald an das
Licht stellen zu können.

42.

Reden, gehalten in wissenschaftlichen Versamm-
lungen, und kleinere Aufsätze vermischten Inhalts, von Dr. K. E. v. Baer, Ehrenmitglied der Kaiserlichen Akademie der Wissenschaften zu St. Petersburg. Erster
Theil. Reden. Mit dem Bildniss des Verfassers in Stahlstich.
St. Petersburg, 1864. Schmitzdorff (Röttger).

Der erste Theil dieser Reden und Aufsätze des berühmten
Verfassers enthält nebst einem Vorwort sieben zu verschiedenen
Zeiten und an verschiedenen Orten gehaltene Reden von reichem
Inhalt in ansprechender Darstellung.

Der erste Vortrag, gehalten zu Königsberg im Jahre 1817,
verbreitet sich über das Leben und die Verdienste Johann Swammer-

dam's um die Wissenschaft. Die Hauptquelle seiner Mittheilungen
ist dem Verfasser die Biographie Swammerdam's von Boerhave, der
sich auch des Verdienstes der Veröffentlichung des grössten Theils
der für jene Zeit merkwürdigen Entdeckungen Swammerdam's erworben hatte. Der Vortrag war seinem Zwecke entsprechend
und liest sich heute so frisch, als ob er erst in unseren Tagen gehalten wäre.

Der zweite Vortrag, gehalten zu Königsberg im Jahre 1833
oder 1834, betrachtet: Das allgemeinste Gesetz der Natur in aller
Entwickelung.

Dieser Vortrag zeichnet sich durch Reichthum der Gedanken
und anschauliche Lebendigkeit aus. Der Kern desselben liegt in
der Nachweisung der Identität der Zeugung mit dem Wachsthum,
so dass jene nur eine gesteigerte und complicirtere Form dieses ist,
und in dem Versuch, die Frage nach der Entwickelung der Arten
dahin zu entscheiden, dass die Umbildung der Arten innerhalb gewisser Grenzen stattfinde, aber auch nur innerhalb gewisser Grenzen
und nicht so allgemein, dass alle Arten des Organischen aus einer
Urart abgeleitet werden können. Der Verfasser stellte eine eigene
Abhandlung über die Entstehung und Umbildung der Arten mit
Rücksicht auf Darwin's Hypothese für den zweiten Theil dieser
Sammelschrift in Aussicht, auf welche man wohl gespannt sein darf.
Schon im gegenwärtigen Vortrag zeigt der Verfasser, wie die Naturwissenschaft bei wissenschaftlicher Behandlung zu nichts weniger
als zum Materialismus führe, wie dieselbe vielmehr überall zu dem
nothwendigen Gedanken leite, dass ein Schöpfungsgedanke die Dinge
beherrsche.

Der dritte Vortrag, gehalten zu St. Petersburg im J. 1835,
eröffnet uns: Blicke auf die Entwickelung der Wissenschaft. Erwählt, die Festrede zur Stiftungsfeier der Akademie der Wissenschaften zu St. Petersburg zu halten, entledigte sich der Verf. dieses
ehrenvollen Auftrags durch eine eben so inhaltreiche als glänzende
Rede, in welcher er die Bedeutsamkeit der Akademieen für die Entwickelung der Wissenschaften in geistvollen Andeutungen vorführt
und den Werth und Einfluss derselben auf die Cultur der Völker
in ergreifenden Zügen beleuchtet. Die Wiege der Akademieen
schildert er im weltberühmten Museum von Alexandrien in Aegypten, welches, vor mehr als einundzwanzig Jahrhunderten gestiftet,
die Geburtsstätte der Kritik wie der Methode der Wissenschaften
gewesen ist. Man kann hier bemerken, dass uns leider noch immer
eine universelle Geschichte der Akademieen der Wissenschaften so
sehr wie eine universelle Geschichte der Universitäten fehlt, was

als einer der fühlbarsten Mängel bezeichnet werden muss. Die Erhabenheit der Wissenschaft über die Rücksicht auf den blossen Nutzen steht dem Verf. überall fest, aber ebenso auch, dass gleichwohl alle Wissenschaft irgendwann und irgendwie — oft auf überraschende Weise — Früchte für die Zwecke des Lebens zu bringen pflegt. Bemerkenswerth ist in diesem Zusammenhang, welchen tiefeingreifenden Einfluss der Verf. der Kantischen Philosophie auf die Geschicke des preussischen Staates zuschreiben zu dürfen glaubt. Der Anhang zu dieser an hellen Schlaglichtern reichen Rede enthält eine Fülle werthvoller gelehrter Nachweisungen.

Der vierte Vortrag, gehalten in der öffentlichen Sitzung der Akademie der Wissenschaften zu St. Petersburg im Jahre 1838, trägt die Ueberschrift: Ueber die Verbreitung des organischen Lebens. Mit gleicher Lebendigkeit, wie die früheren, geschrieben, steht er auch an Reichthum der Belehrung nicht hinter ihnen zurück, wenn er sie nicht noch übertrifft. Nur über zwei Punkte erlauben wir uns einige Bemerkungen. Den Haushalt der Natur, zu welchem auch die Ernährung der meisten höheren Thiere durch lebende Organismen und die Nichtentwickelung sehr vieler Keime gehört, hat uns der Verf. zwar sehr interessant auseinandergesetzt, aber sicherlich diejenigen nicht befriedigt, die in diesem dermaligen Haushalt der Natur weder die ursprüngliche Naturordnung, noch die ewig bleibende ausgedrückt finden können. In diesem Punkte hat der Verf. auch die spätere Lehre Schelling's gegen sich, von dem man nicht wohl wird sagen können, dass er mehr dem Gefühle als dem Gedanken zu folgen gewohnt gewesen sei.

Die Urzeugung (generatio aequivoca) hielt der Verf. in diesem Vortrag zwar nicht für streng erwiesen, aber doch für wahrscheinlich stattfindend. Für die Anfänge alles Organischen hielt er sie für ohnehin unumgänglich. Er sagte darüber (S. 228): „Wir dürfen allerdings glauben, dass durch die Einwirkung der allgemeinen Lebensbedingungen ursprünglich auch der organische Stoff aus dem unorganischen wurde, weil auf diese Weise sein erstes Erscheinen auf dem Erdkörper am meisten übereinstimmend mit den übrigen Vorgängen der Natur uns erscheint." In der diesem Vortrage vorgedruckten Nachrede vom Jahre 1864 wird bemerkt, dass die Ueberzeugung von einer Urzeugung, die noch jetzt häufig vorkäme, bei den Naturforschern wohl ziemlich allgemein geschwunden sein müsse. Eine vollgültige und umsichtige Nachweisung von einer erfolgten Urzeugung fehle. Dennoch sei nicht zu leugnen, dass noch manches zu fehlen scheine, um die Möglichkeit mit Entschiedenheit abzuleugnen. Wir constatiren nur das Zugeständniss, dass ein vollgültiger Nachweis einer erfolgten Urzeugung fehlt.

Der fünfte Vortrag, zur Eröffnung der russischen entomologischen Gesellschaft im October 1860 gesprochen, sucht die Frage zu beantworten: Welche Auffassung der lebenden Natur ist die richtige? und wie ist diese Auffassung auf die Entomologie anzuwenden? Sie geht von Betrachtungen über den Haushalt der Natur aus, folgert aus dem ununterbrochenen Stoffwechsel auf der Erde, dass die rohen unorganischen Stoffe, in organische Verbindungen gebracht und durch mehrfache Metamorphose veredelt, zur Verfügung und unmittelbaren Benutzung der Menchen gestellt würden. Der Verf. sieht in dem fortgehenden Werden und Vergehen der lebenden Naturindividuen, das aber dennoch zu höheren Zielen führe, eine stete Entwickelung, eine Evolution. Die Natur arbeite mit unbegrenzter Zeit im unbegrenzten Raum. Daher könne der Maassstab für ihre Wirksamkeit nie zu gross sein, sondern er sei immer zu klein. Nach diesem grossen Maassstabe aber müssten wir erkennen, dass alles Beharren (in der Natur) nur Schein, das Werden aber und zwar in der Form der Entwickelung, das Wesen und Bleibende sei, wodurch alles Einzelne „vorübergehend" erzeugt werde. In dieser Veränderlichkeit seien aber doch bleibend und unveränderlich die Naturgesetze, nach denen die Umänderungen geschehen. Die Unsterblichkeit der geistigen Individuen ist dem Verfasser nicht zweifelhaft. Die Sehnsucht im Menschen nach Unsterblichkeit ist ihm eine Garantie der Unsterblichkeit. Seine geistige Anlage und die Fähigkeit, geistige Eigenschaft zu empfangen, stellt den Menschen hoch über das Thier, welches sich eine geistige Erbschaft nicht erwerben kann. So zeigt sich der Mensch seinem innersten Wesen nach von den Thieren verschieden. Das Gefühl von einem höheren Wesen und das Bedürfniss der Gottes-Anbetung enthält die Verheissung, dass er in näherer Beziehung zum Ewigen steht. Mit diesen Gedanken, die freilich theils einer schärferen Begründung bedürfen, theils Fragen wach rufen, die der Verfasser nicht beantwortet, wendet sich derselbe gegen den Materialismus, mehr indess mit sinnvollen Gleichnissen als mit eingehenden Gründen, da er nicht mit Recht meint, „es verlohne sich nicht, demjenigen, der das Bewusstsein der eigenen Selbstständigkeit nicht in sich trage oder sich durch sophistischen Zweifel abdisputiren lasse, dasselbe wieder geben zu wollen."

Zuletzt folgen noch zwei kurze Vorträge, der sechste über Sömmering, der siebente über A. v. Humboldt, in welchen die grossen Verdienste dieser berühmten Forscher hervorgehoben werden.

43.

Die Wissenschaft des Wissens und Begründung der besonderen Wissenschaften durch die allgemeine Wissenschaft, eine Fortbildung der deutschen Philosophie mit besonderer Rücksicht auf Plato, Aristoteles und die Scholastik des Mittelalters von Dr. Wilhelm Rosenkrantz, Assessor im königl. baierischen Staatsministerium der Justiz. 1. Band. München, Weiss 1866.

Wenn ein Assessor des k. baier. Staatsministeriums der Justiz mit dem Versuche einer Fortbildung der deutschen Philosophie hervortritt, so ist das jedenfalls eine ungewöhnliche Erscheinung. Dass sie auch eine beachtenswerthe sei, zeigt der vorliegende erste Band des angekündigten Werkes, welchem wir baldige Vollendung wünschen. Der Verfasser erklärt in die Fussstapfen des letzten grossen Lehrers der Philosophie in Deutschland, Schelling's, eintreten zu wollen und er kündigt ein System an, welches er als Fortbildung der deutschen Philosophie überhaupt und insbesondere der letzten Gestalt der Philosophie Schelling's angesehen wissen will. Sein Werk zerfällt seinem Hauptinhalte nach in zwei Theile: 1) in die Analytik des Wissens oder die Lehre vom menschlichen Wissen im Allgemeinen und 2) in die Synthetik des Wissens oder die Lehre von den besonderen Gegenständen des menschlichen Wissens. Der vorliegende Theil enthält noch nicht die ganze Analytik des Wissens, sondern nebst einer vorbereitenden Einleitung nur die Lehre von den Elementen des Wissens. Der zweite Theil der Analytik wird die Lehre von der Entstehung des Wissens und vom letzten Grunde des Wissens enthalten. Dann wird die Synthetik sich anreihen. Ein Gesammturtheil über die Leistung des Verfassers wird natürlich erst nach Vollendung des Ganzen möglich werden.

In der Einleitung zum ersten Theile der Analytik verbreitet sich der Verfasser über die Vorbegriffe der Philosophie, über den Begriff der Philosophie und die Methode und die Hülfsmittel der philosophischen Forschung, weist dann die Philosophie als unbedingte Wissenschaft und Grundlage aller übrigen Wissenschaften nach, untersucht das Verhältniss von Glauben und Wissen, prüft die gewöhnlichsten Einwendungen gegen die Begriffsbestimmung der Philosophie als unbedingter Wissenschaft und beleuchtet die eigenthümliche Natur und Schwierigkeit der philosophischen Forschung. Schon hier bewährt sich der Verfasser als wirklicher und klar und tief denkender Philosoph. Nur Weniges von dem in dieser Einleitung ansprechend Vorgetragenen dürfte zu bestreiten sein. Einer der wichtigsten Punkte ist hier die Bezeichnung der Philosophie als absoluter Wissenschaft. In dem Sinne, in welchem der Verfasser diese Bestimmung geltend macht, ist nichts dagegen zu erinnern. „Wenn die Philosophie," sagt der Verfasser, „sich eine absolute Wissenschaft nennt, so will sie damit nicht sagen, dass sie Alles wisse. Es soll nicht einmal damit gesagt sein, dass jedes einzelne Wissen in ihr für sich unbedingt sei; sondern sie will damit nur anzeigen, dass ein Punkt in ihrem Wissen unbedingt ist, von welchem alles übrige Wissen abhängt, der seine Gewissheit in sich selbst trägt und zugleich die Gewissheit allem Uebrigen vermittelt. Dadurch, dass die Philosophie diesen Punkt in der menschlichen Vernunft aufzeigt und von ihm aus ihr System des Wissens entwickelt, liefert sie einen thatsächlichen Beweis, womit sich alle Einwendungen gegen die Möglichkeit einer unbedingten Wissenschaft von selbst erledigen . . . . Jener eine Punkt, der das Unbedingte in ihrem Wissen enthält, ist noch nicht die Wissenschaft selbst, sondern nur der Anfang hiezu, das Princip, aus welchem sie ihr Wissen erst wie aus einem Keime zu entwickeln hat." Mit Recht findet der Verfasser die Idee eines voraussetzungslosen Princips und einer hierauf gebauten absoluten Wissenschaft schon von Platon gefordert, dann in der neueren Zeit von Descartes geahnet und von Spinoza, Leibniz, Kant und Fichte vorbereitet, bis es Schelling gelang, das Unbedingte wirklich zu finden. Nur ist es nicht vollkommen richtig, wenn der Verfasser Schelling das Unbedingte in seiner vollen und höchsten Bedeutung schon in dessen Schrift: Vom Ich als Princip der Philosophie etc. (1795) gefunden haben lässt, was er indess dann selber modificirt, wenn er sagt, dass Schelling noch gegen das Ende seines Lebens (richtiger noch vor der Mitte seines Lebens, seit 1809) sich genöthigt gesehen habe, einen von der Speculation seiner Jugendjahre wesentlich verschiedenen Weg einzuschlagen. Das Wahre ist, dass Schelling in der genialen Schrift: Vom Ich als Princip der Philosophie, bereits das Unbedingte als Princip der Philosophie aufgestellt hatte, nachdem es von ihm schon früher (1794) in der Schrift: Ueber die Möglichkeit einer Form der Philosophie überhaupt, angedeutet war, dass er es aber noch als indifferente, bewusstlose und unpersönliche Unendlichkeit fasste *) und erst in den berühmten philosophischen Untersuchungen

*) „Das letzte Ziel des endlichen Ich's ist . . . Erweiterung bis zur Identität mit dem Unendlichen. Im endlichen Ich ist Einheit des Bewusstseins, d. h. Persönlichkeit. Das unendliche Ich aber kennt gar kein Object, also auch kein Bewusstsein, und keine Einheit des Bewusstseins, Persönlichkeit. Mithin kann

über das Wesen der menschlichen Freiheit etc. (1809) das Unendliche, das Unbedingte als absolute Persönlichkeit oder absoluten
Geist erkannte und aussprach. *) Diese Fassung ist niemals von
Schelling wieder verlassen worden und liegt seiner ganzen späteren
Philosophie zu Grunde. Alles zusammengenommen verkennt auch
der Verfasser diesen wahren Sachverhalt im Grunde nicht. Aber er
scheint ohne alle Kenntniss davon zu sein, dass B a a d e r schon um
Jahre vor Schelling das Unbedingte als Princip der Philosophie
erkannt und aufgestellt hatte und zwar dem Gehalte nach in voll-
kommnerer Weise als selbst der spätere Schelling, auf den der
Vorgang Baader's nicht ohne Einfluss war. **)

In der von dem Verfasser entworfenen Analytik des Wissens
oder der Lehre von dem menschlichen Wissen im Allgemeinen verfolgt er naturgemäss regressiv den Gang von der Anschauung zur
Vorstellung, von dieser zum Begriff und von dieser zur Idee. In
wohldurchdachter Methode entwickelt der Verfasser in diesen Untersuchungen einen Reichthum von Erkenntnissen, welcher die Wissen-

das letzte Ziel alles Strebens auch als Erweiterung der Persönlichkeit zur Unendlichkeit, d. h. als Vernichtung vorgestellt werden." Vom Ich in den Werken
Schelling's I, 200.

*) „Gott schaut die Dinge an sich an. An sich ist nun das Ewige, auf
sich selbst Beruhende, Wille, Freiheit .... Es gibt in der letzten und höchsten
Instanz gar kein anderes Sein als Wollen. Wollen ist Ursein, und auf dieses
allein passen alle Prädicate desselben: Grundlosigkeit, Ewigkeit, Unabhängigkeit
von der Zeit, Selbstbejahung .... Wäre uns Gott ein bloss logisches Abstractum,
so müsste dann auch alles aus ihm mit logischer Nothwendigkeit folgen; er
selbst wäre gleichsam nur das höchste Gesetz, von dem alles ausfliesst, aber ohne
Personalität und Bewusstsein davon. Allein wir haben Gott erklärt als lebendige
Einheit von Kräften; und wenn Persönlichkeit ... auf der Verbindung eines
Selbstständigen mit einer von ihm unabhängigen Basis beruht, so nämlich, dass
diese beiden sich ganz durchdringen und Ein Wesen sind, so ist Gott durch
die Verbindung des idealen Princips in ihm mit dem (relativ auf dieses) unabhängigen Grunde, da Basis und Existirendes in ihm sich nothwendig zu Einer
absoluten Existenz vereinigen, die höchste Persönlichkeit .... Geist im eminenten
oder absoluten Verstande." Schelling's Werke VII, 347, 350, 394.

**) Vergl. Beiträge zur dynamischen Philosophie von Fr. Baader (1809)
und S. Werke Baader's I und II, dann XI, wo sich die Idee des Unbedingten
als Princip der Philosophie der Sache nach schon im J. 1786 ausgesprochen
findet. Vergl. ebend. S. 3, 21, 29, 41, 63 ff. Den Vorgang Baader's hat namentlich Weisse (Athenäum von Frohschammer Jahrgang III, p. 303 ff.) ausdrücklich
anerkannt und die tiefere Fassung der Gotteslehre Baader's hat C. Ph. Fischer
in seiner Denkschrift auf Baader (Zur hundertjährigen Geburtsfeier Fr. v. Baader's, Erlangen, Besold, 1865) bestimmt ausgesprochen. Vergl. auch die Anzeige
dieser Schrift von Dr. Rabus in den Heidelberger Jahrbüchern Jahrgang 1866
und von einem Ungenannten in der A. Allgemeinen Zeitung.

schaft wesentlich zu fördern geeignet ist. Besonders lehrreich ist, was er über die Sinnesprocesse vorträgt, wo er sich mit den physiologischen Untersuchungen wohl vertraut zeigt. Vortrefflich ist, was er in diesem Zusammenhang zur Kritik des Materialismus, des Spiritualismus und des Dualismus darlegt. Wenn er bei dieser Gelegenheit die Unzulänglichkeit des Günther'schen Dualismus hervorhebt, so finden wir ihn durchaus in seinem Rechte. Ebenso ist ihm beizustimmen, wenn er mit der Transpositionsmethode Deutinger's der Philosophie nicht genug gedient glaubt, weil sie uns der Erkenntniss vom Wesen der Dinge auch nicht um einen Schritt näher bringt und wenn er Schopenhauer's Philosophie ein Machwerk nennt, welches in Carikirung der Ideenlehre das Unglaubliche geleistet habe. Das Werthvollste der vorliegenden Schrift ist gerade das Wichtigste, die Begründung und Entwickelung der Ideenlehre. Diese Lehre leitet der Verfasser durch die Betrachtung ein, dass wir Vorstellungen in uns haben, für welche sich in der äussern Anschauung weder unmittelbar noch mittelbar ein entsprechendes Object findet, und bei welchen wir uns dennoch durch eine gewisse Nothwendigkeit in der Art gebunden fühlen, dass wir nicht umhin können, einen von unserem Denken unabhängigen Grund hiefür anzunehmen oder solchen Vorstellungen geradezu selbst eine objective Wirklichkeit beizulegen und nach den ihnen entsprechenden Objecten zu suchen. Man nennt solche Vorstellungen, fährt er fort, Ideen, und rechnet zu jenen, welche wir zwar als blosse Erzeugnisse unseres Denkens erkennen, aber wegen der in ihrer Erzeugung herrschenden Nothwendigkeit auf einen über unserem Denken gelegenen Grund beziehen, — die Vorstellungen des Wahren, des Schönen und des Guten, zu jenen dagegen, welchen wir geradezu eine Wirklichkeit ausser unserem Denken beizulegen uns gedrungen fühlen, die Vorstellungen von Gott, von der Welt und von unserer Seele. Die Aufgabe, die Ursache der Nöthigung unserer Vernunft zur Anerkennung der objectiven Wirklichkeit der Ideen zu erforschen, erklärt der Verfasser mit Recht für die grösste und schwierigste im analytischen Theile der Philosophie. „Wir betreten damit ein Gebiet, wo der Faden, durch welchen das Denken in den Begriffen noch mit der äusseren Anschauung zusammenhängt, gänzlich abreisst, und die menschliche Vernunft nichts mehr hat, als das reine Denken, mit welchem sie sich allein noch fortbewegen kann. Wenn nach dem Ausspruche eines erfahrenen Meisters (Schelling's) der Weg der Philosophie überhaupt von allen Seiten von Abgründen umgeben und jeder falsche Schritt in ihr von unendlichen Folgen ist, so gilt dieses ganz besonders in diesem Theile."

Um diese Untersuchung mit gehöriger Vorbereitung beginnen und den zu erwartenden Gefahren mit Vorsicht begegnen zu können, wirft der Verfasser einen Rückblick auf die bisherigen Versuche zu einer wissenschaftlichen Begründung der Ideenlehre. Er verfolgt die Geschichte der Ideenlehre in gedrängten Zügen von Platon bis Schelling und zeigt, dass Schelling zwar in seiner späteren Philosophie einen Fortschritt über seine frühere hinaus gemacht habe, dass aber auch hier noch Mängel zurückgeblieben sind, welche einen weiteren Fortschritt erheischen. Sein Versuch zur Fortbildung der Ideenlehre enthält wesentlich weiterführende Momente. Der Verfasser nähert sich in diesen Entwickelungen den Lehren Baader's, ohne dass er es zu wissen scheint, wenn er auch auf eigenen und methodischen Wegen dazu gelangt. Seine Rücksichtnahme auf Platon, Aristoteles, Augustinus, Scotus Erigena, Albert, Thomas, Descartes, Spinoza, Leibniz, Kant, Fichte und Hegel zeigt ihn in der Art mit der Geschichte der Philosophie vertraut, dass er die Kerngedanken dieser Forscher in trefflicher Weise kritisch zu verwerthen wusste. Man darf mit Spannung der Fortsetzung und Vollendung des Werkes entgegensehen.

44.

Die Wissenschaft des Wissens und Begründung der besonderen Wissenschaften durch die allgemeine Wissenschaft, eine Fortbildung der deutschen Philosophie mit besonderer Rücksicht auf Plato, Aristoteles und die Scholastik des Mittelalters von Dr. Wilhelm Rosenkrantz, k. baier. Ober-Appellations-Gerichts-Rath. Zweiter Band. Mainz, Kirchheim 1868.

Der 1. Band der vorliegenden Schrift, welcher in diesen Blättern angezeigt wurde, hat den Verfasser als einen beachtenswerthen Denker erkennen lassen. Der zweite Band bleibt an Bedeutung hinter dem ersten nicht zurück. Der Verfasser unterscheidet die Wissenschaft des Wissens in einen analytischen und einen synthetischen Theil. Die zwei ersten Bände enthalten den analytischen Theil oder die Lehren vom menschlichen Wissen im Allgemeinen. Der vorliegende zweite Band beginnt mit einem Anhang der Ideenlehre, der eigentlich an den Schluss des ersten Bandes gehört hätte. Dieser Anhang betrachtet nach einer kurzen Einleitung: 1) Die Ideen nach den Platonischen Dialogen, 2) die Ideen nach den mündlichen Vorträgen

Plato's oder die Platonische Zahlenlehre im Allgemeinen und insbesondere, wo dann der Unterschied der Idealzahlen von den
mathematischen Zahlen zur Sprache kommt, 3) die Aristotelische
Kritik und Umgestaltung der Platonischen Ideenlehre.

Referent hebt aus diesen Untersuchungen hervor, dass der
Verfasser mit Trendelenburg, dem Referenten und Anderen mit Recht
die Platonischen Ideen als den Inhalt der göttlichen Wissenschaft
auffasst. „Die Ideen sind also zugleich göttliche Gedanken und
als solche schaffende Mächte, welche die Dinge hervorbringen, mithin
die Gründe des Entstehens der Dinge (causae essendi) und eben
darum auch die Gründe ihrer Erkenntniss (rationes cognoscendi)."
Sehr interessant und lehrreich sind die Untersuchungen über die
Idealzahlen im Unterschiede der mathematischen. Trefflich beleuchtet
der Verfasser die Aristotelische Kritik und Umgestaltung der Platonischen Ideenlehre und zeigt die relative Berechtigung des einen
(des synthetischen) und des anderen (des analytischen) Standpunktes.
Plato und Aristoteles haben, sagt der Verfasser mit Recht, unstreitig
das Höchste geleistet, was das Alterthum in der Wissenschaft überhaupt zu erringen vermochte. Soll aber, meint er, die Philosophie
über beide Systeme hinaus einen Fortschritt gewinnen, so bedarf es
hierzu einer höheren Erkenntniss, welche im Stande ist, ihren Gegensatz zu vermitteln. Den hierzu erforderlichen Standpunkt glaubt der
Verfasser bereits durch seine bisherige Forschung erreicht zu haben.

Die zwei Hauptstücke des zweiten Bandes sind von sehr un-
gleichem Umfang. Das eine grössere handelt von der Entstehung
des Wissens, das andere vom letzten Grunde des Wissens. Jenes
verläuft in einem schwer zu überschauenden Netz oder Gewebe von
Unterabtheilungen, dessen nähere Prüfung füglich einer philosophischen Fachzeitschrift zu überlassen ist. Im Allgemeinen zeigen diese
gründlichen Untersuchungen von grossem Scharfsinn und in der
Berücksichtigung der früheren Lehren umfassende Kenntniss der
Geschichte der Philosophie. Hauptsächlich werden hier die Er-
kenntnissquellen (Erfahrung und Vernunft) untersucht und in Berücksichtigung der Kategorieenlehre von Aristoteles bis Ulrici eine neue
umfassende Kategorieenlehre entworfen. Die Untersuchungen über
die Vernunft als Erkenntnissquelle führen zur Nachweisung dreier
Arten des Seienden: 1) des aus sich Seienden, 2) des durch Anderes
und für Anderes Seienden, 3) des durch Anderes für sich Seienden.
Von hier aus zeigt sich dem Verfasser die Unwahrheit alles Naturalismus und Materialismus, wie die Unzulänglichkeit des Pantheismus.
Es ergibt sich ihm die Möglichkeit einer reinen Vernunftwissenschaft,
deren Methode die philosophische Construction ist.

Das letzte Hauptstück des vorliegenden Bandes führt den analytischen Theil des Werkes zu seinem höchsten Zielpunkte, der Entwickelung der Lehre vom letzten Grunde des Wissens. Was der Verfasser hier tiefsinnig begründet und entwickelt, kann Referent im Wesentlichen nicht über den von Baader erreichten Standpunkt hinausgehend erachten und auch andere Kenner dürften darüber nicht anders urtheilen. Wenn der Verfasser (S. 337) sagt, aus J. G. Fichte habe sich ein anderes System (eben das Schelling'sche) entwickelt, welches, einem tief wurzelnden Baume gleich, nicht bloss unter der Pflege seines Urhebers eine reiche Triebkraft entfaltete, sondern durch die Fülle der in ihm gelegenen, noch unentwickelten Keime auch in späteren Jahrhunderten noch Früchte tragen werde, so möchte Referent den Herrn Verfasser auffordern, zu prüfen, ob das von ihm für Schelling Gesagte nicht in noch höherem Maasse von Baader zu sagen wäre. Des Referenten bekannte Nachweisungen, die Aeusserungen I. H. Fichte's, H. Weisse's, C. Ph. Fischer's und Anderer über Baader dürften doch berechtigten Anspruch auf Beachtung haben. Man darf mit Spannung der Vollendung des vorliegenden Werkes entgegensehen. Erst nach Vorlage des Ganzen wird sich beurtheilen lassen, ob das Werk die grosse Bedeutung in Anspruch nehmen darf, welche es mit unleugbar tiefem Ernste anstrebt.

45.

Ueber Erkenntniss. Von Maximilian Drossbach. Halle, Pfeffer, 1869.

Der Verfasser hat in einer Reihe von Schriften: 1) Wiedergeburt, 2) die individuelle Unsterblichkeit, 3) das Wesen der Naturdinge, 4) die Harmonie der Ergebnisse der Naturforschung, 5) die Genesis des Bewusstseins, 6) die Objecte der sinnlichen Wahrnehmung, endlich 7) in der vorliegenden Schrift ein System auszubilden versucht, welches als ein spiritualistisches Gegenstück der materialistischen Atomistik gelten kann. Herbart's Lehre von der Absolutheit der Realen hat hier ihre Früchte getragen. Drossbach lässt den Glauben Herbart's an Gott fallen und construirt eine atheistisch-spiritualistische Monadologie, in welcher den Monaden, woraus die Welt bestehen soll, Absolutheit, Unbedingtheit und Unendlichkeit zugeschrieben wird. Die Existenz der Monaden vorausgesetzt, so ist doch in keiner Weise deren Absolutheit in ihren Wirkungen nachzuweisen, sowie an sich eine Mehrheit von Absoluten auch durch die künstlichsten Beweisversuche sich nicht als widerspruchslos darthun lässt. Als Zeugnisse wider den allverschlingenden Spinozismus wie gegen die materialistische Atomistik sind viele Gesichtspunkte des Verfassers von Werth; wer aber die Gottesidee verkennt, wird keine befriedigende Lösung der Erkenntnissprobleme zu Stande bringen.

— — ———

46.

Die Kunst im Zusammenhange der Culturentwickelung und die Ideale der Menschheit. Von Moriz Carrière. Dritter Band, erste und zweite Abtheilung: Das christliche Alterthum und der Islam; das europäische Mittelalter. Leipzig, Brockhaus, 1868.

Das vorliegende Werk gewinnt in seinem Fortschritt immer mehr an Bedeutung. Der dritte Band beginnt mit der Darstellung des christlichen Alterthums, welches vom Standpunkt der Vereinigung der Transscendenz und der Immanenz Gottes bezüglich der Welt aufgefasst und geschildert wird, worüber sich Referent früher schon erklärt hat. Von da geht der Verfasser zur Darstellung des Islams über und entrollt ein Bild von ihm, welches zu den interessantesten Partieen des Werkes gehört. Mit besonderer Liebe wird die Poesie der Sufis dargestellt und nicht ohne Grund mit den Ideen der mittelalterlichen deutschen Mystik verglichen. Die fortlaufende Mittheilung geschmackvoller Uebersetzungen von Originalstellen aus den alt- und neu-arabischen, den jüdischen und den neupersischen Dichtern veranschaulicht und belebt die geistreichen Schilderungen des Verfassers.

Die zweite grössere Abtheilung dieses Bandes ist der Darstellung des europäischen Mittelalters gewidmet. Hier eröffnet sich uns eine immens reiche Welt von Schilderungen, Betrachtungen und Erläuterungen, auf der Grundlage eines erstaunlichen Umfangs gründlicher und eindringender vielseitigster Studien und in der Gliederung des Ganzen eine seltene Kraft der Beherrschung eines fast überschwellenden Stoffs.

Zuerst begegnen wir einer wohlgelungenen Schilderung der neueren Völker. Das Slawenthum, der finnische Stamm, das Keltenthum, das Germanenthum treten lebendig vor unsere Augen. Nicht minder vortrefflich führt uns der geistreiche Verfasser aus dem Schatze seines umfassenden Wissens die Völkerwanderung, Karl den Grossen und die Zeit der Karolinger vor, entwirft die Grundzüge der mittelalterlichen Weltanschauung und verbreitet sich über „die Gründung des deutschen Kaiserthums und der römischen Hierarchie". In der Schilderung des romanischen Stils in bauender und bildender Kunst treffen wir auf lehrreiche Ausführungen über Architektur, Plastik und Malerei. Nach Charakterisirung der Wissenschaft und Dichtung in der Periode des romanischen Stils werden die Kreuzzüge und ihre Folgen für Staat und Kirche, Ritterthum und Frauendienst, Troubadours und Minnesänger und die weltliche und religiöse Lyrik der Geistlichen in reicher Ausführung vorgeführt. Besonders eingehend und in glücklicher Ausführung wird die epische Dichtung behandelt, wo die bedeutendsten epischen Werke der Franzosen, Spanier und Deutschen in ausgezeichneter Charakteristik zur Sprache kommen. Die Nachweisungen über die Anfänge des Dramas, die mittelalterliche Plastik, die gothische Architektur und die Plastik und Malerei des 12. und 13. Jahrhunderts sind treffliche Zeugnisse der staunenswerthen Vielseitigkeit der kunstgeschichtlichen Studien des berühmten Verfassers. Weiterhin folgen Schilderungen der Scholastik und ihrer Hauptvertreter, Dante's mit einer meisterhaften Charakteristik und Analyse von Hölle, Fegefeuer und Paradies der göttlichen Komödie, des Verfalls der kirchlichen und ritterlichen, des Aufschwungs der bürgerlichen Cultur, der Nachblüthe des gothischen Stils, der Plastik und Malerei jener Zeit, des deutschen Meistergesangs und der Musikschule der Niederlande, der Lyrik (Petrarca), der Allegorieen des religiösen Dramas, der Maskenspiele und des Fastnachtsschwankes. Mit der Geschichtschreibung und der mystischen Philosophie (M. Eckhart, Thomas von Kempen, Suso, Tauler, deutsche Theologie) schliesst der dritte Band des bedeutsamen Werkes. Der Verfasser hält sich durchgängig auf gleicher Höhe philosophischer Betrachtung, welche sich mit umfassender Detailkenntniss durchdringt. Ueberall verbindet sich mit philosophischer Tiefe echt historischer Sinn. Die geschmackvolle Darstellungsart des genialen Verfassers bedarf keines Lobes. Wenn dieses Werk in gleicher Gediegenheit sich in den folgenden Bänden durchführt, so wird es als eine der ersten Zierden unserer Literatur erscheinen. Keine andere Nation hat meines Wissens ein Werk dieser Art von gleicher Bedeutung aufzuweisen.

47

Die Sinneswahrnehmung in ihren physiologischen
und psychologischen Gesetzen. Eine physiologische
Grundlage der Anthropologie von Heinrich Böhmer, Dr.
Med. Erlangen, Verlag von Ferdinand Enke. 1868. 753 S.

Es gereicht dem vorliegenden Werke nicht zum Vortheil,
dass es aus einem didaktisch angefangenen unter der Hand zu
einem kritischen geworden ist. Da ihm in Folge dessen künstlerische
Form mangelt, so ist der Verf. über die günstige Aufnahme desselben in der Gelehrtenwelt zweifelhaft, so sehr er sich überzeugt
hält, dass es dem Kulturhistoriker erhebliches Interesse abgewinnen
werde. Denn, herausgewachsen aus dem grossen zeitgenössischen
Kampfe der Naturwissenschaft gegen die Philosophie, stellt sein
Werk diesen Kampf in seinen hervorragendsten Momenten, in allen
Phasen seiner Entwickelung und in der schliesslichen Evolution
seines inneren treibenden Gedankens an einem concreten Gegenstande, der Entwickelung der physiologischen Sinnenlehre und ihrer
Theorien dar. Der Vorrede folgt eine Ansprache an Hrn. Prof.
Helmholtz in Heidelberg. Das Werk selbst zerfällt ausser der Einleitung (1—124) in drei Abtheilungen, obgleich der Verf. sie nicht
als solche bezeichnet: I. die physiologische Theorie der Sinneswahrnehmung vom Standpunkte des Kriticismus und Idealismus; II. die
physiologische Theorie der Sinneswahrnehmung vom Standpunkte
der Psychophysik; III. die physiologischen und psychologischen
Principien der Sinnenlehre (Kritischer Streifzug gegen die Heidelberger Physiologen).

Die Bedeutung des vorliegenden Werkes liegt hauptsächlich
darin, dass der Verf. als Naturforscher die Nothwendigkeit und
den Werth der Philosophie für die Naturforschung nachdrücklich
hervorhebt und dass er bestrebt ist, durch Kritik der idealistischen
und halbidealistischen wie der materialistischen Sinnentheorie der
Begründung einer realistischen (eigentlich ideal-realistischen) Theorie
den Weg zu bahnen. Er zeigt sich vertraut mit der Geschichte
der Philosophie und von Hochachtung erfüllt für die Leistungen
der anerkannt grossen Philosophen, ohne sich zu einer bestimmten
Schule zu bekennen. Das ganze Werk ist von einer Reihe von
Gedanken durchzogen, welche nachzuweisen versuchen, dass die
Philosophie im Grossen und Ganzen förderlich auf die Entwickelung
der Naturwissenschaften gewirkt habe und dass sie für dieselben

gar nicht entbehrt werden könne, ohne der Ungründlichkeit zu verfallen. Wohl könne vom Naturforscher ein Protest gegen diese oder jene Philosophie oder gegen diese oder jene Partie eines philosophischen Systems erhoben werden, niemals aber gegen die Philosophie selber, indem jede mangelhafte nur durch eine bessere zu ersetzen sei. Auf der andern Seite verlangt er mit Recht von den Philosophen, dass sie sich mit den Erfahrungswissenschaften vertraut machen, indem er die höhere Vollkommenheit der Wissenschaft nur von der Vereinigung, Durchdringung und Ausgleichung der Philosophie und der Erfahrungswissenschaften erwartet. In diesem Sinne bringt schon die Einleitung eine Reihe fruchtbarer Gedanken vor, welche aller Beachtung werth sind. Er will mit Recht die Psychologie nicht in die Physiologie aufgehen lassen, wohl aber ist es seine Absicht, von den Sinnen (von der Theorie der Sinne) aus in die Philosophie einzudringen.

Der I. Abschnitt gibt eine Kritik der physiologischen Theorie der Sinneswahrnehmung vom Standpunkte des Kriticismus und Idealismus. Nach einigen vorbereitenden Entwickelungen über den menschlichen und thierischen Organismus wendet sich der Verf. zunächst der Widerlegung des Materialismus zu, um sich dann über Johannes Müller's und Lotze's Sinnestheorien zu verbreiten, die er als idealistische bestreitet. Der Reform der Psychologie durch Herbart schreibt er nicht geringe Bedeutung zu, entfernt sich aber so weit von Herbart's Einfachheit des Seelenwesens, dass er sich zu dem nicht weiter erklärten mehr als sonderbaren Gedanken versteigt, dass der Geist gleich dem Körper sich aus Elementen zusammensetze. Wenn der Verf. die Frage, ob die Menschen- und Thierseelen qualitativ oder quantitativ von einander unterschieden seien, für eine müssige erklärt, indem er sich auf die (Hegel'sche) Lehre beruft, dass es Punkte gebe, wo die Veränderungen der quantitativen Momente in Veränderungen der Qualitäten selbst umschlügen, wenn er also offenbar den Menschen aus dem Thier aufsteigen lässt, wie er auch das Leben aus der anorganischen Natur geworden annimmt, so wird es ganz unverständlich, wie er (S. 223) behaupten kann: „die Annahme, dass Leib und Seele zwei Substanzen seien, die, indem sie sich aufeinander beziehen, sich gegenseitig abändern*), hat nicht die mindeste Schwierigkeit; sie ist sogar dem vollständig analog, was wir durch das ganze Reich der Natur hindurch

---

*) Leib und Seele sollen sich auf einander beziehen und gegenseitig abändern und doch sollen sie — nach späterer Erklärung — nicht aufeinander wirken können.

allenthalben beobachten." Hier mengen sich bei dem Verfasser Hegel'sche und Spinozistische Gedanken unausgeglichen ineinander, versetzt noch dazu mit fremder Beimischung. Der Verf. glaubt von dem Hegel'schen Gedanken des Hervorgangs des Geistes aus der Natur, welche Entäusserung der absoluten Idee ist, Gebrauch machen zu können, ohne sich consequent zu den Folgerungen dieses Monismus zu bekennen. Es ist ihm nicht unbekannt, dass auch Spinoza's Lehre Monismus ist, aber er glaubt dennoch von Spinoza sich auf den Dualismus von Leib und Seele hingewiesen zu finden. Er macht dann gegen Kant und Herbart den Raum als eine reale Substanz geltend, worin er sich mit Baader berührt, aber er hält damit die Atomistik vereinbar. Nachdem der Verf. wie er gesteht, früher dem Spinozismus gehuldigt hatte, waren später vorzüglich Hegel und Herbart von Einfluss auf ihn und zuletzt hat die Naturforschung ihn die Herbart'sche Monadologie in Atomistik verwandeln lassen. Doch nimmt er diese wieder nicht rein und bestimmt wie die Naturforschung, sondern in einem Sinne, der sich der Baader'schen Deutung der Atome als Differenzialien annähert, wenn nicht darin aufgeht. Die Theorie der Atomistik ist nach ihm, wenn man sie richtig versteht, gleich sehr ein Resultat der Erfahrung, wie eine Forderung der Vernunft. Das Atom ist nicht das Eigenschaftslose, absolut Untheilbare, sondern der wesentliche Träger der Grundeigenschaften der Materie, und die letzte nicht denkbare, sondern realiter gegebene Form, worin die Natur die Grenze ihrer Bildung selbst zieht." Ist das Atom nicht absolut untheilbar, so ist es nicht Atom und die Atomistik eigentlich aufgegeben. Das Widersinnige der Atomistik besteht nicht darin, dass die Natur in ihrer Besonderung vom Grösseren zum Kleineren, schliesslich zum Kleinsten herabsteigt (S. 232), sondern darin, dass das Universum, wenigstens das Naturuniversum, als eine Summe absolut kleinster Materien vorgestellt wird, aus welchem als innerlich unveränderlichen und unvergänglichen alle Gebilde des Naturalls zusammengesetzt sein sollen.

In gleichem Gegensatze gegen den Spiritualismus wie gegen den Materialismus erklärt der Verf., es gebe nur eine einzige Richtung in der Wissenschaft, welche zu gleicher Zeit den philosophischen Geist zu befriedigen und zugleich den physiologischen Anforderungen zu genügen vermöge; es sei dies die von Fechner neuerdings angeregte und von diesem Forscher sogenannte psychophysische Richtung. (Elemente der Psycho-Physik von Fechner, Leipzig 1860.) Fechner habe diese Richtung neuerdings wieder angeregt, nachdem schon Spinoza im Besitze dieser Erkenntniss ge-

wesen sei. Doch sei der Standpunkt des Verfassers nicht ganz genau derselbe Fechner's, indem er dessen Identitätsstandpunkt verwerfe, obschon es ganz genau der Spinozistische Standpunkt sei.
Für den Verf. sei Geist und Körper nicht identisch, sondern eine
faktisch gegebene Verbindung zweier wirklicher Substanzen. An
sich sei der Standpunkt der Identität ein unfruchtbarer und werde
durch den Fortschritt der Wissenschaft selbst aufgehoben. Der Versuch des Verfassers aus dem Pantheismus Spinoza's und dem Halbpantheismus Fechner's *) Anregungen zum Gewinn tieferer Erkenntnisse zu schöpfen, ist jedenfalls ganz lobenswerth. Nur ist nicht
geringe Gefahr dabei zu straucheln und Unvereinbares mit einander
verbinden zu wollen. Was der Verfasser indess zunächst ableitet, kann
wohl zugegeben werden. Er sagt: „Wer nun einmal den psychophysischen Standpunkt acceptirt, und sich in das Grundwesen desselben von allen Seiten hineingedacht hat; wer also zugibt, dass
bestimmte psychische Formen mit bestimmten Bewegungsformen
einhergehen und mit letzteren so innig verbunden sind, dass man
die Begriffe beider kaum auseinanderhalten zu müssen glaubte; dem
muss sich nun auch eine andere Annahme, ich möchte fast sagen, als
selbstverständliche empfehlen, eine Annahme, die für die Erweiterung der Physiologie der Sinne von unermesslicher Tragweite sein
wird. Es hat nämlich jetzt in keiner Weise mehr etwas Ungewöhnliches oder Begriffswidriges zuzulassen, dass nur durch Vermittelung
unserer organischen Bewegungen unsere Empfindungen gleichsam
auf die Aussenwelt fortgeleitet werden, oder zu äusseren Bewegungsformen secundär in analoge Beziehungen treten, wie sie ursprünglich
zu den organischen Bewegungen standen, alles dies natürlich unter
der wesentlichen Bedingung der Vermittelung durch die organischen
Bewegungen." Diesen Standpunkt erläutert der Verfasser in dem
Folgenden nach den verschiedenen Richtungen hin. Dem gleichen
Zweck ist der Anhang zum I. Abschnitt gewidmet.

Der II. Abschnitt beschäftigt sich mit der kritischen Entwickelung der Fundamentalsätze und den Grundlinien der Psycho-
Physik. In der kritischen Entwickelung geht der Verf. in ein Detail ein mit Beziehung auf die Arbeiten von Göthe, Purkinje, Johannes Müller, Weber, Lotze, Magendi, Schiff, Herbart, Cornelius,
Steinbuch, Harless, Funke, Volkmann, Classen, Wundt, Hering u.
s. w., welches nur in einer physiologischen Special-Zeitschrift näher
verfolgt werden könnte. Das Gleiche ist von den Grundlinien der
Psycho-Physiologie zu sagen, welche eine mit reichlicher Kritik

---

*) Ueber den Halbpantheismus Fechner's vergleiche man Philosophische
Schriften von Hoffmann (Erlangen, Deichert 1868) I, 455 ff.

ausgestattete Ausführung des Grundgedankens sind, dass der Geist, bewiesen durch die Thatsache des Bewusstseins, wirklich sei, und dass der Körper, so wie wir ihn wahrnehmen, da sei, und dass diese Wahrnehmung des Körpers eben die Verbindung des Geistes mit dem Körper ihrem Begriffe nach ausdrücke.

Der III. Abschnitt enthält folgende Ueberschriften: 1) Sinneswahrnehmung und Vorstellung; 2) der unbewusste Schluss; 3) Psychophysik; 4) das Gesetz der natürlichen Metamorphose der Sinne; 5) die Erkenntnisstheorie. In No. 1 vertheidigt der Verf. mit Recht den wesentlichen Unterschied von Sinneswahrnehmung und Vorstellung gegen den Idealismus. In No. 2 wendet er sich gegen die Annahme Wundt's, welcher auch Helmholtz folgt, dass den Acten des Wahrnehmens unbewusste Schlüsse zu Grunde liegen müssten. Der Verf. zeigt, dass logische Processe nur im Bewusstsein möglich und unbewusste Schlüsse daher Undinge sind. Referent lässt es dahin gestellt, ob Herr Wundt, wie der Verf. sich ironisch äussert, die Frage, wie Gott die Welt erschaffen habe, ohne Bedenken dahin beantworten würde: Je nun, auf die einfachste Weise, durch ein unbewusstes Schlussverfahren. Aber wenn Diejenigen Hegel richtig verstehen, welche seine Lehre so auffassen, dass die Natur (das Naturall) die Entäusserung der Idee sei, die in der Rückkehr und Erhebung aus der Natur zu sich (im Menschen) zum Bewusstsein komme, so würde man Hegel die Lehre der Erschaffung der Welt durch unbewusstes Schlussverfahren zuschreiben müssen. Wie dem auch sei, so lässt sich wenigstens gewiss die ungeheure, grauenhafte Absurdität der Annahme des dereinstigen Untergangs des gesammten Universums in endloser Erstarrung, welche Helmholtz, Wundt*) u. A. ausgeklügelt haben wollen, nicht auf Hegel zurückführen. In No. 3 kommt der Verf. wiederholt auf Fechner's Psychophysik und auf Spinoza's Lehre von Seele und Leib zurück und rühmt von der ersteren, dass sie das erste Wetterleuchten des Realismus (Ideal-Realismus) sei, dem der herrliche Sonnenaufgang der realistischen Philosophie folgen müsse. Aber er bringt die Begründung seines Standpunktes doch hier nicht viel weiter und ergeht sich dafür in verschiedentliche Klagen, dass seine früheren Schriften nicht Beachtung gefunden hätten.**) No. 4

---

*) Vorlesungen über Menschen- und Thierseele von W. Wundt II, 441—42. Rosenkranz hat in einer kl. Schrift gegen Helmholtz den Ungrund solcher Annahme nachgewiesen.

**) Erst nach dem Niederschreiben dieser Anzeige machte Referent die überraschende Entdeckung, dass die im Jahre 1863 in dem gleichen Verlag erschienene Schrift mit dem gleichlautenden Titel mit der vorliegenden bis zur

entwickelt nach allerlei kritischen Streifzügen die dem Verfasser eigenthümliche Theorie der Sinne, die er die realistische nennt und der idealistischen und quasiidealistischen entgegensetzt. Wenn, sagt der Verf. (S. 652 ff.), die Entdeckung von Naturgesetzen an und für sich ein bewunderungswürdiger Triumph des menschlichen Geistes ist, so ist für den speculativen Geist doch die darin ausgesprochene philosophische Aufgabe das Wichtigste, die in dem Gedanken gipfelt, dass auf diese Weise die Denkgesetze als der Natur immanente Gesetze demonstrirt werden. In diesem Sinne ist es bis jetzt Seitens der Logik noch zu wenig beachtet worden, dass der tiefsinnigste Naturforscher der Deutschen die Formen der Einbildungskraft ebenfalls als übereinstimmend erkannt hat mit den Formen der Natur. „Die Phantasie, sagt Johannes Müller, bringt nach denselben Gesetzen, wie die Natur wirkend, das Gleiche in anderen geselligen Verhältnissen ausbildend, die lebendige Metamorphose der Organismen zur sinnlichen Anschauung. Der speculative Geist erkennt das Gesetz des Bildens und Verwandelns der Formen, die Phantasie durch die Idee bestimmt, ist nach denselben Gesetzen wie die Natur thätig, ihr Lebensgesetz ist das der Metamorphose selbst."

Schon Göthe schritt nach dem Verf. auf diesem Pfade der Wissenschaft siegesbewusst einher. Er sah den Schädel sich zum Wirbel ausbilden, das Blatt zum Blumenblatte entwickeln. Und er durchwanderte das Gebiet des zartesten Naturstoffes, das Reich der Farben, immer suchend nach der Urfarbe, forschend immer nach den Gesetzen ihrer Metamorphose. Aber in der Farbenlehre fand er einen Stoff, der seinen grössten Anstrengungen einen unüberwindlichen Widerstand entgegensetzte. Er stieg in der Farbenlehre nicht bis zur Erkenntniss der Kräfte auf, aber das Gebiet der sinnlichen Anschauung verliess er unbedingt, er verliess es, um das Gebiet der durch die Idee bestimmten gestaltenden Phantasie zu betreten. *) Die Anlage zu der Gottheit, hatte Schiller gesagt, trägt der Mensch unwidersprechlich in seiner Persönlichkeit in sich, der Weg zu der Gottheit, wenn man einen Weg nennen kann, was niemals zum Ziele führt (?), ist ihm aufgethan in den Sinnen. Mit

---

Seite 547 identisch ist, so dass in der neuen (vermehrten) Ausgabe nur die Vorrede, die Ansprache an Hrn. Helmholtz und die Fortsetzung von S. 549—753 neu hinzugekommen ist. Dieses Verfahren ist doch wohl nicht zu billigen.

*) Der Verfasser würde sich, wie es scheint, höchlich verwundern, wenn er wüsste, dass Jakob Böhme diese tiefsinnige Idee in seiner Weise längst angedeutet hatte.

ihnen berührt er die Welt und diese Berührung ist nicht etwa nur eine innerliche Rührung des Subjects, ein intensiver Eindruck auf sein Inneres, ein Accord seiner Seele, den die Denkbestimmungen zu Melodien verweben, sondern diese Berührung gehört in Wirklichkeit der Welt und in ihr die Welt in Wirklichkeit dem Subjecte, und derjenige Naturprocess, von dem man sagen kann, dass in ihm in Wahrheit diese beiden Seiten verwirklicht sind, ist das Tasten. Das Tasten ist sonach ein höherer philosophischer Ausdruck für die sinnliche Thätigkeit; es ist aber auch der eigentliche physiologische Ausdruck für das Wahrnehmen überhaupt. Denn es zeigt sich bei der physiologischen Analyse in allen Sinnen dieser allgemeine Schematismus, der Schematismus der Sinnlichkeit; ein idealer Ursinn, der durch alle Sinne hindurchstrebt, im Tastsinn der Haut sich in seiner einfachsten Form verwirklicht, im Auge sich zu seiner höchsten Vollendung erhebt, im Gehörorgane gleichsam rudimentär verkümmert hinter jene bewunderungswürdige Entfaltung des sensitiven Elementes zurücktritt, aber im Geruch- und Geschmacks-Organe wieder deutlich sichtbar an die Functionen des Hautorgans anlehnt. Und so findet sich in den Sinnen wieder das wunderbare Gesetz der Metamorphose und der erste Anfang seiner Entwickelung, der erste noch unklare Gedanke dieser Idee, in seiner Unklarheit sich selbst noch und andere verwirrend, das ist die Göthe'sche Farbenlehre. Denn hätte Göthe die Frage erhoben statt nach der Urfarbe nach dem Ursinne, wie er doch meinte und beabsichtigte, so würde ihm im Anschauen nach diesem allgemeinen Sinn das allgemeine Schema des Tastsinnes entgegengetreten sein, das durch die Erscheinungen aller anderen Sinne, wenn auch auf mannigfaltige Weise wiederholt, variirt, erhöht, verringert, verwickelt, verbunden, verwirrt (?), zuletzt aber immer wieder in seiner ursprünglichen Einfalt hindurchscheint.

Diese geistreiche Sinnentheorie des Verfassers bahnt nun allerdings den Weg zu einer tieferen Psychophysik auf bedeutsame Weise an, und das Geringste, was der Verf. verlangen kann, ist, dass seinen Darlegungen Beachtung, Prüfung und Würdigung von den Forschern in den Gebieten der Psychologie und der Physiologie zugewendet werde.

Zuletzt (No. 5) kommt der Verf. auf die Erkenntnisstheorie, die doch, was er auch sagen möge, an den Anfang gehört. Nach seiner in der Einleitung geäusserten Ansicht (S. 41), wäre es nicht logisch, nach der richtigen Methode der Erkenntniss vor den positiven Resultaten derselben zu suchen, da eine solche Methode nur aus der Einsicht in das richtige Verfahren geschöpft werden könne, durch welches jene Resultate gesichert werden konnten. Allein der Verfasser verwechselt hier den geschichtlichen Gang der Entwickelung der Wissenschaft mit der Gestaltung derselben nach der bis zu einem gewissen Höhepunkt vorgeschrittenen Ausbildung derselben, und übersieht zugleich, dass die Erkenntnisstheorie den positiven (gesicherten) Resultaten der Wissenschaft nicht nachgefolgt ist, sondern sich mit den übrigen Richtungen der Wissenschaft zugleich, Hand in Hand möchte man sagen, entwickelt hat. Es kann daher nichts Gewisseres geben, als dass im systematischen Aufbau der Wissenschaft die Erkenntnisslehre nicht an das Ende, sondern an den Anfang gehört. Seiner etwas desultorischen Art gemäss gibt der Verf. nun auch keine systematische und vollständige Erkenntnisstheorie, sondern ergeht sich in Kritik hauptsächlich Helmholtz'scher Ansichten, an welche er erkenntnisstheoretische Behauptungen anknüpft. Seine Tendenz, die beiden grossen Weltanschauungen des Idealismus und Realismus als einseitige nachzuweisen, und ihre innige Verbindung (innere Ausgleichung) anzustreben, ist anzuerkennen. Aber die Gedankenmittel, die er zu diesem Zwecke aufbietet, sind zum Theil verfehlt, zum Theil unzulänglich. Niemand wird zu verstehen vermögen, wie unter der vom Verf. statuirten Voraussetzung, dass der Körper gar nicht auf den Geist, dieser nicht auf den Körper wirken könne (S. 671), gleichwohl die innigste Verbindung zwischen Geist und Körper stattzufinden vermöge. Wie soll sich über Identität oder Nichtidentität des Geistes und des Körpers entscheiden lassen, wenn weder auf den Ursprung des Geistes noch des Körpers, noch der Natur überhaupt zurückgegangen wird?

Nach in seiner Schrift zerstreuten Andeutungen hat der Verf. den Spinozismus, dem er früher huldigte, fallen lassen, wiewohl er abgeleitete Lehren Spinoza's fest hält; auch pflichtet er nicht dem Hegelianismus bei, so hoch er auch Hegel stellt. Der Pantheismus scheint ihn überhaupt nicht mehr zu befriedigen. Es sieht fast wie ein Ausweichen aus, dass er sich auf eine Untersuchung über das Absolute, über Gott, Schöpfung und das Verhältniss Gottes zur Welt wie der Welt zu Gott gar nicht einlässt. Wem dies unnöthig scheinen sollte in einer Untersuchung über die Sinnenwahrnehmung, der würde nur verrathen, dass er den Sinnenprocess enorm unterschätze und überhaupt keinen Begriff von in die Tiefe gehender philosophischer Erkenntniss habe. Hoffentlich wird die Einsicht des Verfassers in die Untrennbarkeit der Erfahrungswissenschaften von der Philosophie nicht ohne Eindruck und Frucht bleiben. Sie würde aber von tiefer greifender Bedeutung haben werden können, wenn er sein Werk besser organisirt hätte, wenn er als Freund der Philosophie sich zugleich als Meister der Methode gezeigt und wenn er die tiefer und höher liegenden Fragen der Speculation, ohne deren Beantwortung auch in abgeleiteten Fragen nichts gründlich erledigt werden kann, in seine Untersuchungen hereingezogen hätte.

48.

Das Erkenntnissprincip des modernen Materialismus. Versuch einer wissenschaftlichen Widerlegung desselben von Hermann Ilgen. Zum Besten des Rettungshauses zum Fischhause im Herzogthum Meiningen. Salzungen, Scheermesser, 1868.

Dieses einfach und gut geschriebene Schriftchen verdient die allgemeinste Verbreitung, weil es ganz wohl geeignet ist, Viele von dem Wahn des Materialismus zurückzubringen. Doch dürften einige Erinnerungen gemacht werden können. Wenn der Verfasser seine Schrift mit dem Satze beginnt: „Das Wesen des Materialismus besteht darin, dass er Sensualismus ist, d. h. dass er sich über die Stufe der Sinnlichkeit, auf der das Thier steht, nicht erhebt", so ist dies nicht genau zutreffend. Der Sensualismus ist das Erkenntnissprincip des Materialismus, und daher kommt er objectiv allerdings nicht über dass Sinnliche hinaus, aber subjectiv überschreitet er es auf allen Punkten, schon indem er denkt, da Denken nichts Sinnliches ist und mit Sinnen nicht wahrgenommen werden kann. Er unterscheidet Wahres und Falsches im Denken (gleichviel ob richtig oder nicht), während das Sinnliche über Wahrheit und Irrthum gar keine Auskunft geben kann, er nimmt Kräfte in der Materie an, während Kräfte gar nicht mit Sinnen wahrgenommen werden können, er behauptet die Existenz von Atomen, während Atome, wenn sie existirten, niemals mit Sinnen wahrgenommen werden könnten, er spricht von Ewigkeit, Unendlichkeit, Unvergänglichkeit der Atome, während weder Ewigkeit, noch Unendlichkeit, noch Unvergänglichkeit Gegenstand der Sinne sein können. Es begegnet also dem Materialismus wider seine Voraussetzung und wider seinen Willen noch etwas Anderes als Sinnliches anerkennen zu müssen, wenigstens die Fähigkeit zu Vor- und Nachschlüssen aus dem Sinnlichen auf Nichtsinnliches und zu für wahr gehaltenen Vorstellungen von solchen Wesenheiten, die zwar als materiell vorgestellt, mit Sinnen aber niemals wahrgenommen werden können. Es wäre daher richtiger, anstatt zu sagen, dass der Materialist sich über die Stufe der Sinnlichkeit, auf der das Thier steht, nicht erhebe, vielmehr zu sagen, dass der Materialist sich vergeblich zum Thier herabzusetzen sucht, dies aber darum nicht vollbringen kann, weil er durch seine falschen Vorstellungen von sich seine geistige Natur nicht zur bloss sinnlichen verwandeln kann und wider Willen seiner Geistigkeit Zeugniss geben muss, wäre es auch in lauter Irrthümern oder doch mit einem von Irrthümern völlig überwucherten Rest von Wahrheit, die man nicht so leicht völlig aus dem Geiste austilgen kann. Die Behauptung des Verfassers, dass der moderne Materialismus seinen Ausgangspunkt in der linken Seite der Hegelschen Philosophie habe, dass L. Feuerbach das Verdienst habe, die strenge Consequenz der Hegel'schen Philosophie in ihrer Anwendung auf das Leben vollzogen zu haben und dass er der Begründer des neuesten Materialismus sei, bedarf doch einer Berichtigung. Erstlich haben sich manche Forscher schon von der ersten Schelling'schen und der mit ihr verwandten Oken'schen Philosophie dem Naturalismus und Materialismus zugewendet; zweitens ist der Uebergang von Hegel zu Feuerbach vielweniger eine Consequenz, als ein Umschlag von dem Extrem des Idealismus in das Extrem des Materialismus und drittens hat das Auftreten Feuerbachs den Materialismus wohl recht stark hervorgetrieben, aber zum geringsten Theil hervorgebracht, da er von den Franzosen, Engländern und den gesunkenen Griechen her immer schon, besonders unter Naturforschern und Aerzten vorhanden war. Nur einen neuen Impuls hat ihm L. Feuerbach gegeben, wiewohl ohne neue Gedanken und mit viel grösserer Verschwommenheit, Unklarheit und Verworrenheit als seine französischen und englischen Vorgänger. Die reiche Begabung dieses gefallenen Geistes erstickt im Fett des Materialismus und sein Licht leuchtet höchstens noch wie eine umgekehrte Fackel, die mit prasselndem Flackern rasch ihrem Erlöschen entgegen geht. Der Hochmuth kommt vor dem Fall und die verbissene Negativität nähert sich in ihrer Steigerung immer mehr dem Nullwerth. Ausserdem ist es fraglich, ob der Verfasser den Traducianismus so bestimmt als kirchliche Lehre bezeichnen durfte und ob das Verhältniss, welches er zwischen Seele und Leib annimmt, nicht zu äusserlich gefasst ist. Sonst begegnen wir nur Trefflichem in diesem Schriftchen, welches die Lehre des Materialismus kurz und bündig charakterisirt, freilich ohne sich auf den

Hintergrund seiner absoluten Atomistik, die eigentlich seine Pseudometaphysik ist, einzulassen, und trägt die näher gelegenen gültigen
Einwendungen gegen dieselben klar und genügend vor.

49.

Kritische Darlegung der Urgeschichte des Menschen
nach Carl Vogt. Oeffentlicher Vortrag, gehalten in der
Sitzung der Freunde der Zoologie und Botanik in Dresden
von Dr. med. P. Gleisberg. Dresden, Weiske, 1868.

Aus dem Vorwort des Verfassers erfahren wir, dass der Inhalt der vorliegenden nach einem stenographisch niedergeschriebenen,
freien Vortrage bearbeitet wurde, den derselbe in der ersten öffentlichen Sitzung der Freunde der Botanik und Zoologie zu Dresden
zu halten die Ehre hatte. Danach zu schliessen, möchte der Verf.
gar manchen wohlbestallten Professor deutscher Hochschulen in der
Kunst eines wohlgeordneten und lebendigen Vortrags beschämen.
Desshalb aber können wir uns mit demselben noch keineswegs
in allen Punkten einverstanden erklären. So müssen wir z. B.
sogleich Protest einlegen gegen die Zustimmung des Verfassers zu
der Aeusserung Carl Vogt's, „dass die Klerikalen (in ihrem Streit
gegen seinen Materialismus) ihm vorkämen, wie jener Schmied, der
durchaus nicht dulden wollte, dass man eine neue Strasse baue,
aus Furcht, die Achsenbrüche möchten sich vermindern." Den
Klerikalen im Allgemeinen solche Beweggründe unterschieben, ist
eine Ungerechtigkeit und eine totale Verkennung der Natur dieser
Gegensätze. Obgleich aber Vogt mit jener Behauptung Recht haben
soll, ist nach dem Verf. nicht ausser Acht zu lassen, dass wenn die
Urgeschichte des Menschen im Vogt'schen Sinne bis in die letzten
Consequenzen erwiesen wäre, dann allerdings die Grundvesten der
christlichen Kirche erschüttert seien. Die neuen „herrlichen" Thatsachen, durch welche diese Erschütterung bewirkt worden sein soll,
will der Verf. „vielleicht" zum allerkleinsten Theile C. Vogt zugeschrieben wissen, was zu versichern ziemlich überflüssig war, vielmehr sei deren Auffindung das Verdienst der Herren Agassiz, Li-
vingstone, Huxley, Owen, Lyell, Mertillet, Tournal, Marcel de
Serres, Lortet, Boucher de Perthes, Rütimeyer, Messikomer, Lisch,
Forchhammer, Thomsen, Nilssohn. Von der Bibel freut sich der

Verf., hier vollkommen Umgang nehmen zu können. „Denn die Bibel reicht nur 6000 Jahre hinauf in das Alter der Menschheit, und sie ist nicht nur durch die Sprachforschung, sondern durch die ethnographische Forschung überflügelt .... Die Sprachforschung, versichert mich Dr. Hölbe, versetzt uns wohl 150,000 Jahre zurück." Nun lässt sich aber erweisen, dass die Bibel gar nirgend sagt, dass die Welt erst seit 6000 Jahren geschaffen sei und bestehe, und dass sie nirgends das Alter der Welt bestimmt, sondern nur überhaupt einen Anfang der Welt statuirt. Das Alter der Menschheit setzt sie allerdings nicht über 6000 Jahre hinauf. Aber die angeblichen Beweise eines ungemein viel höheren Alters haben sich bis jetzt nirgends als überzeugend bewährt. Dem Verf. genügt die Versicherung eines Herrn Dr. Hölbe, um als erwiesen zu erachten, dass die Erde wenigstens seit 150,000 Jahren von Menschen bewohnt werde.

Damit stimmt nach dem Verf. die geologische Forschung überein. Die Beweise, die er dafür anführt, sind nichts als Vermuthungen, Hypothesen, unsichere Berechnungen einiger Forscher. Dargethan ist damit gar nichts. Ebensowenig ist etwas damit ausgerichtet, wenn der Verf. nach Thomsen und Nilssohn eine Steinzeit, eine Bronzezeit und eine Eisenzeit unterscheidet, schon weil, wenn auch diese Unterscheidung für ein und das andere Land Europa's oder auch, was nicht streng erwiesen ist, für ganz Europa richtig wäre, daraus noch kein gültiger Schluss auf die ganze Erde, soweit sie von Menschen bewohnt gewesen sein mag, gebildet werden darf. Der in der Höhle des Neanderthales bei Düsseldorf 1857 gefundene Schädel ist nicht einmal mit Sicherheit als ein Menschenschädel erkannt worden, und wenn er einer wäre, so würde nichts zwingen, ihn für älter zu halten, als 3—4000 Jahre. Der von Schmerling 1833 in der Nähe von Engis in Belgien aufgefundene Menschenschädel kann sehr wohl nicht älter als 3000 Jahre sein. Alle Funde in der zweiten Steinzeit und den folgenden Zeiten sind jünger, und beweisen also für ein höheres Alter der Menschheit, als die Bibel angibt, nichts. Wie nun aus den zusammengerafften Angaben des Verfassers folgen soll, dass ein Paradies für die ersten Menschen nicht wohl anzunehmen sei, ist ganz und gar nicht abzusehen. Gerade so gut oder schlecht könnte man folgern: weil es arktische Regionen auf der Erde gibt, darum kann es keine tropischen Landschaften geben, oder weil in der Jetztzeit die Erdzonen sehr ungleiche Temperatur haben, darum kann die Erde niemals eine in allen Zonen gleichmässigere Temperatur gehabt haben. Der weiteren Forschung soll aber hiemit nicht vorgegriffen werden. Nachdem der Verf. sich noch über die Pfahlbauten, die Bronzezeit und die Eisenzeit verbreitet hat, wendet sich derselbe zu den Vogt'schen Schlussfolgerungen und diese Partie des Vortrags ist die interessanteste. Der Verfasser deckt hier die Schwindeleien und Seiltänzereien, wie er sie nennt, Carl Vogt's auf treffende und ergötzliche Weise auf, woraus man ersehen kann, wie weit es mit der Wissenschaftlichkeit dieses Mannes her ist. Ein zweiter Agrippa würde heute ein ergiebiges Feld für eine neue Schrift: De vanitate scientiarum vorfinden, und wenn ihm die Schriften der Materialisten hiezu eine reiche Ausbeute gewährten, so würde C. Vogt unter ihnen vielleicht die reichste gewähren, dem man nicht bestreiten kann, dass er aus der nach seinen falschen Voraussetzungen consequenten Erklärung der Unzurechnungsfähigkeit des Menschen für sich einen staunenswerthen Gebrauch gemacht hat.

50.

Wie viele Jahre besteht unser Erdball? Eine Lösung des Problems, das Alter der Erde zu bestimmen, von H. J. Klein. Köln und Leipzig, Mayer (Lengfeld), 1868. (Separat-Abdruck aus der „Gäa" pro 1868.)

Wir haben hier nicht eine jener windigen Schriften vor uns, welche auf den trügerischen Schein und ganz unsichere Vermuthungen hin für das Alter der Erde und der Menschheit ungeheure Zahlen vorbringen und sich mit jeder Million Jahre mehr allermindestens um ein Jahrhundert über die Zurückgebliebenen an Einsicht, Fortschritt und Aufklärung erhoben zu haben meinen. Gleich von vornherein erklärt der Verf. ganz richtig, dass mit dem Beweise für ein hohes Alter der Erde nichts für das Alter der Menschheit bewiesen sei.

Er will untersuchen, ob sich annäherungsweise wissenschaftlich bestimmen lasse, wie viel Jahre verflossen sind, seit der feste, um seine Axe rotirende Erdball besteht? Die Frage, wie lange die Welt besteht, liegt ihm vorerst zu hoch; es ist aber zu vermuthen, dass er ihr eher einen ewigen Bestand zuschreiben würde, als einen nichtewigen, zeitlichen, in irgend eine wenn auch noch so hohe Zahl von Millionen von Millionen Jahren eingeschlossenen. Es steht ihm mit Herschel und Humboldt fest, dass es eine erstaunliche Zahl von selbstleuchtenden Weltkörpern (Fixsternen, Sonnen genannt) gibt, deren Lichtstrahlen unzählige Jahrtausende bedürfen, um unseren Planeten zu erreichen, der aber darum nicht seit so langer Zeit existiren musste, während, wenn wir heute Nacht einen jener fernen Fixsterne erblicken, mit bewaffnetem Auge oder mit unbewaffnetem, damit nicht bewiesen ist, dass derselbe als leuchtender oder überhaupt noch existirt, da er schon viele hunderttausend Jahre zerstört und vernichtet sein kann, indess wir hiervon keine Ahnung haben und ihn ruhig am Himmel glänzen sehen. „Als am 13. Mai 1866 plötzlich im Sternbilde der nördlichen Krone ein glänzender Fixstern auftauchte und weitaus in die fernsten Fernen des Weltenraumes leuchtende Kunde brachte von dem furchtbaren Tage, der ihn ereilt, der in unermesslichem Weltbrande einen ganzen Weltkörper emporlodern sah, hatte dieses grossartige Ereigniss in Wirklichkeit gewiss viele Jahre stattgefunden, bevor es von der Erde aus wahrgenommen wurde, ehe die ersten Strahlen desselben hier angelangt waren. Welches aber die Zahl dieser Jahre ist, das wissen wir nicht, werden es auch sobald nicht erfahren." Nachdem der Verf. gut gezeigt hat, dass die Berechnungen des Alters der Erde durch mehrere Geologen, unter andern durch Biddel, Lyell etc., auf unsicheren Grundlagen ruhen und den Vorschlag Tasche's, den Weg des Experiments zu betreten, und die darauf bezüglichen vorläufigen Versuche Behms berührt hat, weist er das Ungenügende der astronomischen Berechnungen Adhemar's und Fourier's nach und findet auch die Aufstellungen Bischof's nicht befriedigend. Dagegen glaubt er beweisen zu können, dass sich ein Zeugniss erhalten habe, aus welchem in der That, bezüglich des Alters des erstarrten Umdrehungspäroids unserer Erde, Zahlenwerthe sich ableiten lassen, die vielleicht hinsichtlich ihrer Genauigkeit mit denjenigen concurriren könnten, welche von den Astronomen für die Entfernungen der Fixsterne erhalten worden seien.

Der Verf. legt seinem Beweisversuch die Laplace'sche Hypothese zu Grunde, nach welcher in der Urzeit die Sonne einen centralen Kern eines unermesslichen Nebelflecks bildete, der eine ungemein hohe Temperatur besass und einer Umdrehungsbewegung von Westen nach Osten unterworfen war. Während er sich abkühlte, musste (unter der angenommenen Voraussetzung) eine allmälige Condensirung stattfinden und in Folge dessen, nach mechanischen Gesetzen, die Umdrehungsgeschwindigkeit ununterbrochen zunehmen. Hierdurch bildeten sich innerhalb eines äquatorialen Gürtels Ringe, die sich gleichfalls von West nach Ost bewegten. Die Unwahrscheinlichkeit einer genau regelmässigen Zusammensetzung und Erkaltung gibt die Nothwendigkeit des Zerreissens, wodurch in Folge der noch statthabenden Flüssigkeit das Ballen von einzelnen Kugeln mit Rotation von West nach Ost eintrat. Das Entstehen von Satelliten und der Saturnusringe ist nichts als eine Wiederholung des eben geschilderten Vorganges unter den geeigneten Umständen. Unsere Erde war eine von den sich ballenden liquiden Massen.

Nimmt man diese Hypothese an, die uns freilich die ursprüngliche Entstehung des unermesslichen Nebelflecks, aus welchem unser Sonnensystem entsprungen sein soll, und seine Rotation von West nach Ost nicht erklärt, so haben wir uns allerdings nach dem Verfasser unsere Erde zwar als eine gegen den Urzustand schon beträchtlich erkaltete, aber noch immer liquide Masse mit einem centralen Kerne und Rotation von West nach Ost vorzustellen.

Der Verf. verfährt mit Laplace nur consequent, wenn er daraus den Schluss zieht, dass eine regelmässige Lagerung der einzelnen Schichtungen der Erde um ihren gemeinschaftlichen Schwerpunkt nicht bezweifelt werden könne. Wenn sich nun hiernach in der erkaltenden Masse der Erde die einzelnen Elemente in mehr concentrischen Schichten um den Schwerpunkt, nach Maassgabe ihrer specifischen Schwere, ablagerten, so konnte die Gestaltung der Erde nur wenig von der Kugelgestalt abweichen, also nur eine geringe Abplattung haben. Die Grösse der Abplattung muss bedingt gewesen sein von der Umdrehungsdauer unseres Erdballs zur Zeit als seine Oberfläche erhärtete.

Der Verf. folgert nun aus dem von Bessel gefundenen Werthe der Abplattung der Erde an den Polen zu ¹/₂₉₉, dass die wirkliche Umdrehungsdauer unseres Erdballs zur Zeit als seine Oberfläche erhärtete, zwischen 17 Stunden 26 Min. und 23 Stunden 56 Min. (der gegenwärtigen Dauer) betragen haben müsse. Bis über die anfängliche Rotationsdauer der Erde, die jedenfalls schneller gewesen sein müsse als die jetzige, weniger hypothetische und bestimmtere Anhaltspunkte gewonnen sein werden, hält es der Verf. daher für am sichersten, den mittleren Werth zwischen den angegebenen Grenzen als den richtigsten für die ursprüngliche Rotationsdauer anzusehen, nämlich 20⁹/₁₀ Stunden. Er hält sich versichert, dass der Fehler, den man dabei begehe, gewiss kleiner als die Hälfte sei, da es unzweifelhaft erscheine, dass die ursprüngliche Rotationsdauer in der That weit schneller als die gegenwärtige und weit langsamer als (nach Huygens' Voraussetzung) 17 Stunden 26 Minuten gewesen sein müsse. Wenn nun gefunden wurde, dass die ursprüngliche Rotationszeit der Erde nie kürzer als 17²⁶/₁₀₀ Stunden war und im Mittel zu 20⁹/₁₀ Stunden anzunehmen ist, während sie gegenwärtig sich auf 23''/₁₀₀ Stunden verlangsamt hat, wenn die genäherte mittlere Retardation (nach Adam's Berechnnng) in 2000 Jahren 0,01197 Secunden beträgt, so müssten im Mittel etwa 2000 Millionen Jahre verflossen sein seit der Zeit als sich die teste Erdrinde bildete. Natürlich soll nach dem Verfasser diese Zahl nur als ein Annäherungswerth an die Wahrheit gelten. Wir müssen uns in solchen Untersuchungen immer mit runden Zahlen begnügen. Es genügt nach dem Verf., dass wir uns versichert halten dürfen, das angegebene Resultat werde nicht um den gleichen Betrag zu klein oder zu gross sein. Wäre dies so ganz sicher, so würde immerhin damit schon Wichtiges ermittelt sein. Allein das Ergebniss beruht auf unsicheren Hypothesen und auf einer Berechnung (Adam's), welche noch so wenig Gewissheit beanspruchen darf, dass es sehr fraglich ist, ob nicht z. B. zwanzig verschiedene Forscher zwanzig verschiedene Resultate erhielten und unter ihnen so weit auseinandergehende sich vorfänden, dass der Unterschied Millionen von Jahren betragen würde. Der Grundfehler aber ist, dass der Verf. keine andere als eine mechanische Naturanschauung kennt. Damit findet er zwar bei einer grossen Anzahl heutiger Naturforscher grossen Anklang, ob aber auch bei der Wahrheit, das ist eine andere Frage. Das Weltall ist dem Verfasser ein Mechanismus, ein todtes Räderwerk, welches sich ewig selbst gemacht haben soll, von welchem man aber nicht begreift, wie es sich gemacht haben kann, wie es sich macht und wie es sich machen wird.

51.

Spir, A. Kleine Schriften. Leipzig, Findel, 1870.

Diese Schrift enthält ausser dem Vorwort sechs Abhandlungen: 1) Betrachtungen über die Einheit in der Natur. 2) Von den apriorischen Elementen des Erkennens. 3) Von dem Empirismus in der Philosophie. 4) Versuch einer Erklärung der Hauptthatsachen der Wirklichkeit. 5) Kritische Rundschau und Vergleichung. 6) Die Religion und die Religionen.

Grössere Schriften des Verfassers waren den vorliegenden kleinen nicht vorausgegangen, sondern nur einige kleine vereinzelte, wie: die Wahrheit (1867), Andeutungen zu einem widerspruchslosen

Denken (1868), Kurze Darstellung der Grundzüge einer philosophischen Anschauungsweise (1869), Erörterung einer philosophischen Grundansicht (1869), Vorschlag an die Freunde einer vernünftigen Lebensführung (1869). Seit den kleinen Schriften ist aber von dem Verfasser eine grössere in zwei Bänden erschienen (1873): Denken und Wirklichkeit, Versuch einer Erneuerung der kritischen Philosophie. Weniger lässt sich von diesen philos. Schriften jedenfalls nicht sagen, als dass sie eine nicht unbedeutende philosophische Begabung bekunden. Wir können uns hier aber nur auf die „Kleinen Schriften" einlassen und behalten uns vor, die Schrift: Denken und Wirklichkeit, später gesondert zur Sprache zu bringen. Im Vorwort erhebt der Verf. etwas in Bausch und Bogen scharfe Vorwürfe gegen die vielen (angeblichen oder wirklichen, bleibe hier noch dahin gestellt) Verkehrtheiten der Philosophen und es kommt fast so heraus, als ob er die Anerkennung beanspruche, dass mit ihm erst die rechte Philosophie beginne. Ein Anspruch, der von Philosophen schon oft erhoben worden ist, während die Leistung im besten Falle ein Moment im Entwickelungsgange der Philosophie war. Später zeigt sich wohl, dass es mit seinen Expectorationen doch nicht so ganz arg gemeint ist, indem er wenigstens eine kleine Anzahl namhafter Philosophen einer Kritik würdigt.

Aus der ersten Abhandlung wollen wir nur hervorheben, dass der Verf. die Einheit in der Natur weder pantheistisch noch theistisch für erklärbar hält, aber auch anderswie nicht eigentlich erklärbar. Er verneint schon hier alle Metaphysik. Wie er dies meint, ohne damit die Philosophie aufzugeben, wird erst in den folgenden Abhandlungen recht ersichtlich. In der zweiten Abhandlung nimmt der Verfasser gegen die Empiristen die apriorischen Elemente des Erkennens in Schutz, trägt nicht wenig Scharfsinniges gegen J. St. Mill vor, versucht die apriorischen Grundlagen der Induktion nachzuweisen und führt eine Berichtigung der Lehre Kant's von der Apriorität aus. In weiterer Verfolgung dieses das Apriorische im Erkennen aufrecht erhaltenden Stanpunkts widerlegt der Verfasser in der nächstfolgenden Abhandlung: Von dem Empirismus in der Philosophie, die Behauptung so Mancher, die Philosophie müsse lediglich auf Erfahrung und Induktion gegründet werden. Nach dieser falschen Ansicht, behauptet er, werde die Welt als eine blosse Summe von Dingen aufgefasst, während sie vielmehr einem tieferen Denken ein innerlich verbundenes Ganze sein müsse, obgleich in der Vorstellung verbundener Dinge ein flagranter und absoluter Widerspruch liege. Dies hängt mit seiner Grundauffassung zusammen, worauf wir erst später eingehen können.

Wenn ihm mit Recht der idealistische Empirismus J. St. Mill's an grosser Inconsequenz leidet, so ist ihm mit gleichem Rechte der materialistische Büchner's (und Genossen) alles philosophischen Geistes baar und bietet gleichsam das Bild einer verkörperten Inconsequenz dar. Im Wesentlichen treffend sagt der Verfasser: „Die Materialisten verwahren sich auf das Entschiedenste gegen alle Annahme eines apriorischen Elements im Erkennen, sie anerkennen keine andere Quelle der Erkenntniss, als die Erfahrung allein. *) Und dennoch ist der Materialismus, in direktem Widerspruch zu dieser seiner fundamentalen Annahme, durch und durch eine Metaphysik, d. h. er besteht aus Sätzen und Behauptungen, welche notorisch über alle mögliche Erfahrung hinaus gehen. Was in dem Materialismus nicht metaphysisch ist, das gehört auch gar nicht in das Gebiet der Philosophie, sondern in dasjenige der empirischen Wissenschaft. Auf eine solche Weise verfahren heisst aber, sich selber ad absurdum führen. In philosophischen Fragen kann der Empirie nur eine negative Stimme zukommen. Die Empirie hat das Recht, jede philosophische Lehre als unwahr zurückzuweisen, welche sich mit den Thatsachen — deren Erforschung das einzige legitime Objekt der Empirie bildet — nicht vereinigen lässt; nimmermehr darf sie aber selbst Behauptungen aufstellen, welche über alle Thatsachen und alle erlaubten Grenzen der Induktion hinausgehen. Denn dann ist ihre Versündigung noch grösser, als die der übrigen Metaphysiker." Wenn der Materialismus von dem Verfasser Metaphysik genannt wird — es wäre lächerlich ihn als Erfahrungsthatsache behaupten zu wollen — so ist es ganz richtig, wenn man eine Pseudometaphysik Metaphysik nennen darf. In der nun folgenden Abhandlung: Versuch einer kurzen und nicht metaphysischen Erklärung der Hauptthatsachen der Wirklichkeit, stossen wir erst auf den eigentlichen Kern der neuen philosophischen Lehre des Verfassers. Philosophisch soll diese Erklärung sein, da ja der Verfasser der Empirie höchste uud letzte Erklärungen geben zu können mit Recht nicht

---

*) Nicht so sehr alle Naturalisten und sogar Einige, die sich selbst Materialisten nennen, während sie Naturalisten sind. Der Ungedanke, dass sich Alles aus dem Blinden heraus entwickele, ist beiden gemeinschaftlich, daher sie es mit der Benennung nicht genau nehmen. Sie unterscheiden sich aber als Monisten und Pluralisten, als Dynamiker und Atomistiker. Die Unklarheit ist aber so gross unter ihnen, dass sich auch die Materialisten, die Pluralisten, gelegentlich Monisten nennen, aus dem Grunde, weil alle Atome, deren jedes absolut sein soll, doch darin gleich sind, dass sie alle materiell sind. Das ist wie wenn sich die Polytheisten für Monisten ausgeben wollten, weil alle Götter doch darin übereinkämen, eben Götter zu sein.

einräumt. Seine Erklärungen sollen also philosophisch, obgleich nicht metaphysisch sein. Wie aber dies möglich sein soll, hat er keineswegs nachgewiesen. Schon Kant wollte die Metaphysik beseitigen, ohne die Philosophie aufzugeben. Allein er hat diess nicht rein durchzuführen vermocht. Das von ihm statuirte Ding an sich ist ein metaphysischer Gedanke, mag er es auch seinem Wesen nach für unerkennbar erklären. Seine Annahme der intelligibelen Freiheit ist ein metaphysischer Gedanke, seine Principien der dynamischen Naturerklärung sind metaphysischer Natur, und so könnte man eine ganze Reihe von Lehren Kant's anführen, die metaphysisch sind, mag er sie dafür gelten lassen wollen oder nicht.

Wo möglich noch mehr ist die Lehre des Verfassers metaphysisch, und philosophisch nur dadurch, dass sie metaphysisch ist. Ob sein philosophischer Gedanke wahr ist, muss erst noch untersucht werden. Suchen wir diesen philosophischen Gedanken auf, so stellt er sich S. 128 in folgenden Worten dar:

„Die gegebene Wirklichkeit bietet Millionen von Unterschieden, eine millionenfache Mannigfaltigkeit dar. Sie ist aber die Erscheinung eines einzigen Dinges."

Gesetzt, diese Behauptung wäre wahr, so könnte sie doch nicht aus der Erfahrung geschöpft sein. Stammte sie aber nicht aus der Erfahrung, obgleich sie Erfahrung voraussetzt, so entspränge sie einem Denken, welches über die Erfahrung hinausginge, welches folglich apriorisch und wenn apriorisch metaphysisch wäre. Dass der Verf. von diesem einigen Ding, dessen Erscheinung die Mannigfaltigkeit der Welt sein soll, nichts weiter für erkennbar hält, als dass es absolut, einfach und doch das dem Erscheinenden zu Grunde Liegende sei, macht es nicht zu einem nichtmetaphysischen, sondern nur zu einem unzulänglichen metaphysischen Gedanken, weil er nichts erklärt, weil er keinerlei Einsicht in seine positive Natur und in die Möglichkeit das den Erscheinungen zu Grunde liegende Wesen zu sein gewährt. Der Grundirrthum des Verfassers ist der falsche Begriff der Einfachheit als des absolut in sich unterschiedslosen Seins. Wird vom Absoluten die innere Unterschiedslosigkeit des Seins ausgesprochen, so wird ihm die Unlebendigkeit, die Leblosigkeit, die Geistlosigkeit, das Todtsein zugeschrieben. Aus dem Todten kann aber das Leben nicht hervorgezaubert werden und was selber nicht Leben ist, kann auch Leben nicht geben und nicht schaffen. Ja es kann überhaupt nichts schaffen, nicht einmal Todtes. Könnte — per impossibile gesagt — ausser dem Einen absoluten Todten noch etwas existiren, so müsste es — widersinnig genug — ein Zweites, Drittes, Viertes etc. Ab-

solute sein und jedes derselben könnte auch nur, weil alles Einfache in sich unterschiedslos sein soll, ein Todtes, ein absolut Todtes,
in Ewigkeit nicht zum Leben Erweckbares sein. So lang also der
falsche Begriff des Einfachen als des in sich Unterschiedslosen nicht
aufgegeben, nicht in seiner Alles tödtenden Verkehrtheit erkannt
wird, kann auch nur todte Philosophie producirt werden, welcher
alles Leben als unheimliches Gespenst erscheinen muss. Da der
Verf. in jenem Grundirrthum festgerannt ist, so kann er nur Hirn-
gespinnste aushecken, die ihrer eigenen Widersprüche bewusst sind.
— In der folgenden Abhandlung: Kritische Rundschau und
Vergleichung, will der Verf. die Hauptsätze der von ihm vertretenen
Anschauungsweise mit den entsprechenden Lehren verschiedener
früherer Philosophen zusammenstellen. Ausgangspunkt ist ihm das
Cartesianische Cogito ergo sum, welches er so ausdrückt: „Dem
Denken, dem Bewusstsein ist das Denken, das Bewusstsein allein
unmittelbar gegeben und gewiss." Allerdings als Thatsache, welche
die Bedingung ist, unter welcher es von Anderem wissen kann;
denn nur ein Selbstbewusstes kann von Anderem, sei es absolut
oder bedingt, bewusst oder unbewusst, wissen,*) aber nicht als Princip, welches die Welt und es selbst begründete und erklärte. Indem es sich eo ipso als bedingt, begrenzt, endlich weiss und wissen
muss, die Welt aber nicht aus einem Theil der Welt, die gesammte
Endlichkeit weder aus einem Theil derselben, noch auch die Ge-
sammtendlichkeit aus sich selbst begründen und erklären kann, so
ist der Gedanke des Endlichen und anderer Endlichen untrennbar
verknüpft mit dem Gedanken des Unendlichen, des Absoluten, des
Allbegründenden, dunkler oder klarer vorgestellt, und das Cogito ergo
sum (Cartesius, vor ihm Augustinus) als Bedingung alles Wissens
von Anderem zeigt sich innigst verknüpft mit dem Cogitor ab Ab-
soluto (Spiritu infinito Deo) ergo sum als objektivem Princip der
Welterklärung (Baader).**) Hier ist das Cogito ergo sum nur verworfen, wenn es sich zum objektiven Princip der Welterklärung
aufwerfen und aufspreizen will, aber anerkannt und beibehalten in

---

*) So wie es sinnlos wäre, anzunehmen, dass das Bewusstlose von Ande-
rem wissen könne.

**) Nicht, natürlich, als ob nur der Mensch von Gott gedacht sei, sondern
dass der Mensch von seinem erkannten Gedachtsein von Gott zu der Erkenntniss zu kommen habe, dass überhaupt nichts existiren könne, was nicht von
Gott gedacht sei. Nur der Unverstand konnte diesen Gedanken Baader's halbpantheistisch finden. Ebenso wird Baader von denjenigen missverstanden, welche
ignoriren, dass er ausdrücklich hervorhob, dass nur der Selbstbewusste von Anderem, also auch von Gott, wissen könne.

seiner Wahrheit als Bedingung der Möglichkeit objektiven Wissens. Nicht das Cogito ergo sum, sondern das Cogitor a Deo, ergo sum ist das Princip alles objektiven Wissens, aller Welterklärung und damit auch der Erklärung des Selbstbewusstseins. Die Behauptung ist nicht, dass die Philosophie mit diesen Gedanken beginne, sondern dass die p r o g r e s s i v e P h i l o s o p h i e mit ihnen beginnen müsse und dass so lange die Philosophen sich weigern, Gott und zwar den lebendigen Gott, die ewige Selbstverjüngung des absoluten Geistes, als objektives Princip aller Welterklärung anzuerkennen, sie in der Irre herumschweifen. In dieser Irre schweift auch der Verfasser herum, der zwar den apriorischen Begriff der Realität statuirt, ihn aber als blossen Begriff ohne allen Inhalt auffasst, also keinerlei (also auch keine begrenzte) Erkenntniss derselben zulässt und alle Metaphysik — während er selber doch tapfer metaphysicirt, indem er z. B. die erkennbare Wirklichkeit als die Erscheinung (und doch nicht Offenbarung!) e i n e s Realen (eines wahrhaft Seienden oder „Dinges an sich") in der Form der Vielheit und Mannigfaltigkeit bezeichnet — für unmöglich erklärt.

An Descartes lobt er das Cogito ergo sum und die Aufstellung des Gegensatzes des Subjektiven und des Objektiven, das Uebrige, wovon er aber wenig berührt, beurtheilt er nach seinen zum Ueberfluss immer wieder vorgebrachten Voraussetzungen. Spinoza wirft er nicht ohne Grund vor, er habe den Gordischen Knoten des Subjektiven und Objektiven, da er ihn nicht zu lösen vermocht habe, einfach zerhauen, indem er Alles auf eine einzige Substanz zurückgeführt habe. Die Widersprüche seines Pantheismus deckt er zum Theil recht gut auf und behauptet mit Recht, dass nur eine quietistische Natur sich in Anschauungen beruhigen konnte, wie diese: dass der Unterschied von Gut und Böse nicht existire, dass Alles in der Welt, auch das Schlechteste vollkommen sei, dass das Recht eines Individuums gerade so weit gehe, als dessen Macht, und ähnliche, w e n n a u c h d i e s e l b e n a u s d e r A n n a h m e d e r I d e n - t i t ä t v o n G o t t u n d W e l t u n v e r m e i d l i c h f o l g t e n. Spinoza, sagt der Verf. sehr gut, wusste selbst nicht, was er dachte, als er die eine Substanz mit der Welt identificirte und die Dinge dieser Welt für modi der einen Substanz erklärte. Diess zeigt er nun in einer scharfen Kritik des Verhältnisses der modi zu der Substanz nach Spinoza's Annahme. Es wäre so manchem neuern Philosophen sehr zu empfehlen, die Kritik des Verfassers gründlich zu durchdenken und wenn unsere spinozistisirenden Dichter, wie z. B. der poetisch reich begabte Felix Dahn, wirklich auch d e n k e n wollten, so sollten sie die Kritik des Verfassers, wenn sie auch nur den Kernpunkt berührt, wohl beherzigen. Leibniz wird von dem Verf. auffälligerweise sehr kurz abgefertigt. Erschaffene Substanzen sind ihm ein hölzernes Eisen. — Das wäre richtig, wenn Leibniz den Monaden in demselben Sinne Substantialität zuschriebe wie Gott. Dann aber würde er sie, wie Herbart, nicht als geschaffen gefasst haben. Sind sie geschaffen, so sind sie schon damit nicht absolute Substanzen und es fragt sich dann nur, ob sie darum blosse Erscheinungen einer einzigen Substanz sein können und müssen und ob der Begriff bedingter und begrenzter beharrender (bedingt-substantieller) Wesen auch nur wie ein hölzernes Eisen wäre. Sind aber die Dinge der Welt, da sie unbedingte Substanzen nicht sein können — unbedingt kann nur eine Substanz sein — auch nicht bedingte Substanzen, sondern Erscheinungen der einigen Substanz, des Dings an sich, so sind sie für sich genommen wesenlos und können ihr Wesen nur am oder im Ding an sich haben. Man sieht aber nicht, wie diess nicht ein Rückfall in den Pantheismus sein soll, den der Verfasser doch ganz bestimmt verwirft und perhorrescirt. Da der Verf. so bestimmt den Pantheismus verwirft, so müsste man also nach einer anderen Deutung seiner Behauptung suchen, dass die millionenfache Mannigfaltigkeit des gegebenen Wirklichen die Erscheinung eines einzigen Dings sei. Eine solche andere Deutung ist aber ganz unerfindlich. Denn Erscheinung ist nicht zu denken ohne Wesen, das ihr zu Grunde liegt und das sie bewirkt. Ist die Welt die Erscheinung eines einigen Dings, vom Verf. nach Kant Ding an sich genannt, so ist dieses einige Ding oder Ding an sich das Wesen der Welt und Erscheinung und Wesen sind nicht zu trennen, sie sind eins im Unterschiede. Der verworfene Pantheismus kehrt zurück, denn nicht darin besteht der Pantheismus, dass er Wesen und Erscheinung nicht unterschiede, sondern darin, dass er die Welt nichts Anderes als Erscheinung Gottes, des Absoluten, des Dings an sich, sein lässt. Gegründet in Gott ist die Welt dem Pantheismus wie dem Theismus, jenem aber nur als seine eigene Selbstentfaltung und Selbsterscheinung, diesem als Schöpfung ohne vorgefundenes Material und ohne Selbstzertheilung in die Welt wie ohne Minderung seiner Substanz. Dem Theismus ist also die Welt nicht Selbsterscheinung der Wesenheit Gottes, überhaupt nicht blosse Erscheinung, sondern secundäre bedingte Substantialität. Dass eine solche Schöpfung nicht denkbar, dass Gott solcher Schöpfung nicht fähig sei, ist gar nicht erweisbar. Wenn das Wesen Gottes nicht erkennbar wäre, könnte der Verf. auch nicht wissen, was Gott vermag und er müsste wenigstens die Möglichkeit stehen lassen, dass Gott Schöpfer sein kann. Diese Möglichkeit, die er offen lassen muss, erweist sich aber als Wirklichkeit, da das Weltall weder die Selbsterscheinung Gottes — weil sie sonst seiner Vollkommenheit theilhaftig sein müsste — noch unabhängig und nichtbedingt von Gott sein kann. Leibniz ist also im Rechte, die Ueberweltlichkeit Gottes und die Geschaffenheit der Welt zu behaupten, nur hätte er das Schaffen Gottes nicht als Effulguration bezeichnen sollen, weil dies an Emanationsvorstellungen streift. Ob darum auch seine Monadenlehre gegründet ist, folgt daraus noch nicht, und mag diese Frage einer andern Untersuchung vorbehalten bleiben. Die Einwendungen des Verf. gegen sie sind schon darum nicht entscheidend, weil er die Träger des Geschehens und das Geschehen selbst auseinanderreisst und unfähig, das Geschehen zu erklären, in eine todte Seinslehre verfällt. Kommt nun der Verf. zu Kant, so bricht er gleich in die üblichen Ausdrücke der Bewunderung dieses ausserordentlichen Geistes aus, die aber nicht jenen genialen Gedanken gelten, mit welchen Kant die Schranken seines eigentlichen Systems durchbrach, sondern dem angeblichen Verdienst, welches er sich dadurch erworben haben soll, dass er die Philosophie nicht identisch mit Metaphysik genommen, die letzte fahren gelassen und doch eine genügende Berechtigung und ein Objekt in der Wirklichkeit für jene gefunden habe. Angenommen dieser Standpunkt sei ein möglicher und berechtigter gewesen, so hat ihn Kant doch keinesfalls rein durchzuführen vermocht, ist oft genug in die verpönte Metaphysik hinübergerathen und hat es schon desshalb an der nöthigen Klarheit vielfach fehlen lassen. Wenn man alle Widersprüche und alle Unklarheiten, deren sich Kant schuldig gemacht hat, gedrängt zusammenstellen wollte, so würde man erstaunen, wie ein so grosser Geist sich vielfach in solchen Wirrwarr verirren konnte. Allein diese Erscheinung könnte man aus den Schwierigkeiten eines ersten Versuchs einer Philosophie ohne Metaphysik zu erklären versuchen wollen und ihn desshalb der Indemnität für würdig erachten. Die Hauptfrage wird daher sein, was von einer Philosophie, welche Metaphysik nicht sein will und diese für unmöglich erklärt, zu halten sei. Kann sich diese Philosophie ohne Metaphysik gegen den Vorwurf rechtfertigen, dass sie im Grunde doch nur eine gelehrte Unwissenheitslehre sei? Jedenfalls wirkte zu dem grossen Beifall, den die Kantische Philosophie auf eine Zeit lang fand, der Umstand nicht wenig mit, dass der Alpdruck, der auf Vielen, wegen der ernsthaften und schwierigen Fragen der Metaphysik, mit denen sie, zu grosser Anstrengung des Denkens nicht geneigt, sich belastet fanden, mit einem Male gehoben schien. Welche herrliche Aussicht schien sich vor dem durch verworrene metaphysische Systeme um-

dunkelten Blicken der Gelehrten und der Halbbildungslustigen zu eröffnen, eine Philosophie zu empfangen, die sich ihres Namens nicht
zu schämen brauche, ohne sich an den schweren Fragen der Metaphysik den Kopf zerbrechen zu müssen! Wie bequem, leichtfasslich
und anmuthig musste da, war die Erwartung Vieler, die Philosophie
sich gestalten! Aber so war es von Kant nicht gemeint. Die Anstrengung des Denkens sollte in seinem Sinne nicht im Mindesten
erspart bleiben, und die Gründlichkeit nur um so höher gesteigert
werden, je mehr die Forschung die Ergründung des, wie er glaubte,
Unergründbaren aufgeben sollte. Es musste nun aber unermesslich
schwierig sein, mit wissenschaftlicher Strenge, deren sich Kant nach
Möglichkeit befliss, die Grenzen des Erkenntnissvermögens — bis
hierher und nicht um ein Kleinstes weiter — haarscharf für immer
abstecken zu wollen. Das Maass konnte er nur seinem eigenen
Denken entnehmen mit dem Anspruch, dass es für die gesammte
Menschheit Allgemeingültigkeit habe, wofür der Beweis nicht er-
bracht werden konnte. Die scheinbare Bescheidenheit schlug in die
grösste Anmaassung um. Zudem konnte Kant nicht umhin, um
seiner Ansicht Bahn zu brechen, mit allen metaphysischen Fragen
sich einzulassen, um die bisherigen Beantwortungen derselben als
ungültig zu erweisen, wobei es nicht leicht ohne ein Zuviel oder
Zuwenig ablaufen konnte und abgelaufen ist. Ueberdiess hätte Kant
weniger genial sein müssen, als er war, um nicht öfter der Gefahr
zu unterliegen, im Hinüberschielen auf die Metaphysik die selbst-
gesteckten Grenzen zu überschreiten. Durch dieses und anderes ist
sein System bei aller imponirenden Bedeutung in eine Künstlichkeit
gerathen, welche die vielen Verlegenheiten verräth, in die ihn sein
erkenntnisstheoretischer Standpunkt und sein Osciliren zwischen
Idealismus und Realismus verwickelte, und für die er meist nur
Beschwichtigungen aber keine endgültigen Lösungen zu ersinnen
wusste. Daher, noch begünstigt durch Kant's scholastisirende philosophische Kunstsprache, die endlosen Streitigkeiten über den
eigentlichen Sinn kantischer Lehren und der so oft wiederholte
Versuch der Neo-Kantianer erster, zweiter, dritter etc. Generation
bis auf Herrn Spir herab, die kritische Philosophie, die Philosophie
ohne Metaphysik, endlich endgültig festzustellen. Wie wenig es
auch Herrn Spir gelungen ist, durch solche Feststellung den Athem
der Geschichte der Philosophie zum Stillstand zu bringen, haben
wir bereits gesehen und seine Kritik Kant's beweist wenigstens nicht,
dass er die Philosophie ohne Metaphysik befriedigend gestaltet habe.
Der Verf. stimmt mit Kant überein in der Annahme, dass die erkennbare Wirklichkeit die Erscheinung eines Anderen sei, welches

aus derselben nicht erkannt werden könne. Dieses Andere habe Kant ganz richtig „Ding an sich" genannt und darunter offenbar das wahre Wesen der Wirklichkeit, die Realität in ihrer wahren, eigenen Beschaffenheit verstanden. Der vollkommen richtige Sinn der Kantischen Auffassung lasse sich in den Worten ausdrücken: „Wenn man aus der Erscheinung das Ding, wie es an sich ist, nicht erkennt, so stellt also offenbar die gegebene erscheinende Wirklichkeit das „Ding an sich" in einer diesem fremden Beschaffenheit dar, so enthält dieselbe Elemente, welche dem wahren Wesen des Dinges an sich fremd sind." Wenn nun Kant meint, wir erkennten die Wirklichkeit nicht, wie sie an sich, in Wahrheit, ist, weil unsere Erkenntniss derselben durch unsere eigene Natur bedingt und affizirt sei, so genügt dies dem Verfasser darum nicht, weil das erkennende Subjekt selbst mit zur blossen Erscheinung gehöre und er sucht den Grund der von ihm angenommenen Unmöglichkeit der Metaphysik vielmehr darin, dass unser apriorischer Begriff von dem wahren Wesen der Realität gar keinen entsprechenden Inhalt in dem Gegebenen finde und daher ein lediglich formales Bewusstsein von dem metaphisischen wahren Wesen bedingen könne. Um sich so deutlich wie möglich zu machen, fährt der Verfasser fort: „Der Stoff der Wahrnehmung und Erfahrung stimmt mit diesem unserm Begriffe nicht überein und darin eben liegt der Grund, welcher der Philosophie ihre Berechtigung verleiht, der Metaphysik dagegen alle Berechtigung nimmt. Denn der apriorische Begriff der Realität berechtigt und befähigt uns zwar, über das Gegebene im Bewusstsein hinauszugehen, das Vorhandensein eines Metaphysischen, jenseits der Erfahrung Liegenden zu constatiren und daraus einige Folgerungen auch in Bezug auf das Erfahrungsmässige zu ziehen; allein die Erkenntniss dieses Metaphysischen bleibt nicht nur ohne Inhalt, sondern kann auch mit dem Inhalte der gegebenen Wirklichkeit in keinen Zusammenhang gebracht werden, weil aller derartige Zusammenhang dem Begriffe des metaphysischen, wahren Wesens der Realität schlechthin widerspricht." Weil also der Verf. die Wahrnehmung und Erfahrung mit dem von ihm aufgestellten Begriffe vom Wesen der Realität nicht reimen kann, hält er sich für berechtigt, der Metaphysik ein für alle Mal den Abschied zu geben, ohne zu bedenken, dass was seiner Einsicht entgeht, darum noch nicht der Forschung Anderer entgehen muss. Wäre sein Begriff vom wahren Wesen des Realen, vom Ding an sich, vom Absoluten richtig, nach welchem es das in sich absolut Unterschiedslose, und nur so das Nichtzusammengesetzte, Einfache ist, so könnte er gar nicht von einer Erscheinung desselben reden.

Denn ein absolut Unterschiedsloses, Todtes könnte, da es sich selber nicht erscheinen könnte, auch Anderem oder in Anderem nicht erscheinen, abgesehen davon, dass dieses Andere ein von ihm ganz Unabhängiges, ein zweites Absolutes, welches nicht denkbar ist, sein müsste. Wäre die Welt die Erscheinung des Dings an sich, vorausgesetzt, dass so ein todtes Ding an sich erscheinen könnte, so wüssten wir wieder nicht, wie es in einer diesem fremden Beschaffenheit zu erscheinen vermöchte. Wo sollte diese fremde Beschaffenheit herkommen, da zwischen dem Ding an sich und seiner Erscheinung nichts in der Mitte liegen könnte. Denn was nicht Erscheinung wäre, würde Ding an sich sein und was nicht Ding an sich wäre, könnte nichts anderes als Erscheinung sein, wie man sagen kann, dass was nicht Welt ist und nicht zur Welt gehört, Gott ist und was nicht Gott ist, zur Welt gehört, zwischen denen ein Drittes nicht existirt. Die Einfachheit Gottes als Nichtzusammengesetztheit wird darum von uns nicht im Mindesten bestritten, nur kann sie nicht absolute innere Unterschiedslosigkeit sein, sondern ist vielmehr unendliche Fülle und ewige Selbstverjüngung. Das Weltall ist nicht die Erscheinung des Dings an sich, des Absoluten, Gottes, sonst wäre es mit Gott eines Wesens. Des Verfassers Berichtigung der Lehre Kants vom Ding an sich und der erscheinenden Wirklichkeit gewährt nicht Befriedigung. Einige andere Berichtigungen Kantischer Lehren sind anerkennenswerth, wie z. B. die über Verstand und über Vernunft, wenigstens zum Theil, die über den Unterschied von Irrthum und Schein, von Erscheinung und Schein, über das Verhältniss der praktischen zu der theoretischen Philosophie.

Weniger in diesen und andern Mängeln der Kantischen Philosophie, wie der Verfasser meint, als vielmehr in der versuchten, viel zu weit gehenden Einengung des Erkenntnissvermögens können wir unsererseits die Ursache der überfluthenden Ausschreitungen der nachfolgenden spekulativen Philosophen, Fichte, Schelling und Hegel suchen. Ein Extrem ruft das Andere hervor, ehe die richtige Mitte gefunden wird. Nur kann man Kant nicht einräumen, dass er sich überall in den Schranken seiner Einengung gehalten hätte, und zwar deshalb nicht, weil es seinem Genie selber zu eng darin wurde.

Was der Verfasser über J. G. Fichte und Schelling sagt, ist zu unbedeutend, als dass wir uns dabei aufzuhalten Grund hätten.

Fichte's Philosophie gilt dem Verfasser als der Anfang des Rückschritts der deutschen Philosophie. Er vergisst hier nur, dass, wenn Fichte ein Rückschritt war, Kant selbst diesen stark vorbereitet hatte. Als Rückschritt erscheint ihm Fichte aber nur, weil er gegen den engherzigen und retrograden Kriticismus wieder die Möglichkeit und Berechtigung der Metaphysik proklamirte. Dass Fichte den Idealismus Kant's übertreibend nun nicht gleich den richtigen Weg zur Begründung der Metaphysik traf, ist einzuräumen, aber auf das Niveau des Verfassers ist Fichte doch nicht herabzusetzen. An Schelling weiss der Verfasser nichts zu loben, als was für ihn später ein als Irrthum erkannter Durchgangspunkt war, die Behauptung, dass das Absolute als Indifferenz des Subjectiven und des Objectiven zu fassen sei. Natürlich, wäre das Absolute so zu fassen, so wäre es ja genau das absolut in sich Unterschiedslose des Verfassers und dann gewiss nicht absoluter Geist, überweltliche Persönlichkeit und der Atheismus wäre fertig. Sonst weiss der Verfasser Schelling nichts zuzuschreiben als Dichtungen und wache Träume. Von den verschiedenen Phasen seiner Philosophie ist gar nicht die Rede, also auch nicht von ihrer letzten und, Alles überschlagen, doch bei Weitem bedeutsamsten.

Dass der Verfasser Hegel's Philosophie als die Summation der Fehler Fichte's und des früheren Schelling darstellt, kann nicht verwundern. Wenn sie ihm als ein Meer des Unsinns erscheint, so sollte er, der selber angeblich den Pantheismus verwirft, hervorgehoben haben, dass die vollendetste Gestaltung des Pantheismus in die äussersten Widersprüche auslaufen muss, darin aber ein grossartiges negatives Verdienst Hegel's liegt, dieses tragische Schicksal des Pantheismus evidenter als jeder Andere vor Aller Augen geführt zu haben. Die von dem Verfasser vorgeschlagene Rettung aus dem Pantheismus durch den monistischen Atheismus ist aber noch kläglicher als der Pantheismus. Die Rettung aus dem absoluten Werden in das absolute Sein, welches der absolute Tod ist, ist auch nur ein widersinniger Verzweiflungsstreich. Aber der Verfasser begnügt sich nicht, den Ausbund von Widersprüchen Hegel's hervorzuheben, sondern er würdigt auch Hegel moralisch herab, indem er es für lächerlich erklärt, etwas im Ernst zu bekämpfen (er hat es aber doch selbst gethan), was im Grunde blosser Spass gewesen sei. Er geht so weit, Hegel einen schlauen alten Fuchs zu nennen, der über eine ernstliche Bekämpfung seiner Lehren selbst innerlich gelächelt haben würde! Das ist die Vertiefung in den Geist einer genialen Philosophie, welcher tausende der geistreichsten Köpfe gehuldigt haben und welche fast in alle Wissenschaften tief eingegriffen hat! Das ist nicht der Weg, über die Philosophie Hegel's zu einer besseren und vollkommneren Gestaltung der Philosophie hinaus zu gelangen.

Am Gespanntesten konnte man auf des Verfassers Kritik der Philosophie Herbart's sein. Diesem Philosophen wird sofort der richtige Begriff des Objects, der Substanz oder des Realen, auch das redliche Streben nach wirklicher Erkenntniss eingeräumt, nur habe die metaphysische Fluth, welche zu seiner Zeit in Deuschland hoch gegangen sei, leider auch ihn mit fortgerissen.

In der Zergliederung der Wirklichkeit habe Herbart einen ungemeinen Scharfsinn gezeigt, in der Erklärung derselben sei er von einer unbegreiflichen Blindheit gewesen. Der Begriff des einfachen Realen, welcher mit Recht der Lehre Herbart's zu Grunde liege, sei ein Begriff a priori (während Herbart ihn nur induktiv aus Rückschlüssen aus dem Gegebenen gewinnen will, also aus apriorischen nicht kennt) und involvire daher eine angeborne Beziehung auf Gegenstände, womit die ganze Herbart'sche Metaphysik und Psychologie zu Grunde falle. Der Schluss, mittelst dessen Herbart eine Vielheit von Realen oder Substanzen folgere, sei ein Trugschluss. Denn sobald man einsehe, dass das Ausgedehnte nicht wirklich existire, dürfe man eine Vielheit wirklicher Dinge oder Substanzen gar nicht annehmen. Wenn die Materie, das Ausgedehnte in Wahrheit nicht existire, dann gebe es überhaupt keine Vielheit von Substanzen in der Wirklichkeit. Die gegebene Succession der inneren Zustände für ein blosses „scheinbares Geschehen" zu erklären, sei ein ungeheuerer Fehler Herbart's. Gerade was Herbart „scheinbares Geschehen" nenne, sei in Wahrheit das einzige wirkliche Geschehen; das Herbart'sche „wirkliche Geschehen", die Selbsterhaltungen der einfachen Realen, sei eine widersprechende, leere und müssige Einbildung. „Wenn wir einmal einsehen, dass die gegebene Wirklichkeit nicht das wahre Wesen der Realität, also die Darstellung oder die Funktion eines Anderen (des eigentlichen Realen) ist, dessen wahre Qualität in der gegebenen Wirklichkeit nicht mitgegeben ist und aus dieser nicht erkannt werden kann, — so ist auf der Stelle klar, dass die gegebenen Qualitäten und Wirklichkeiten weder Zustände, noch Relationen, noch irgend welche Bestimmungen an dem Realen selbst sind. Denn sonst würden sie ja ohne das Reale selbst nicht gegeben sein und ausser demselben nicht bestehen. Eine Darstellung des Realen, in welcher dieses letztere selbst nicht gegeben und nicht erkannt wird, ist die Erscheinung des Realen in einer ihm an sich fremden Beschaffenheit und kann mithin selbstverständlich aus der wahren oder eigenen Natur desselben nie abgeleitet, mit dieser in keinen Zusammenhang gebracht werden. Das ist einfach und einleuchtend genug … Wenn aber der apriorische Begriff der Realität mit der gegebenen Wirklichkeit nicht übereinstimmt, was nachweisbar der Fall ist, welche Mittel hat dann das Denken, eine Uebereinstimmung oder einen Zusammenhang zwischen den beiden zu entdecken? Offenbar keine anderen, als eben die beiden, unter einander nicht übereinstimmenden, zu einander im Gegensatze stehenden data selbst, nämlich einerseits den bloss formalen apriorischen Begriff der Realität und andrerseits die gegebene Wirklichkeit, in welcher derselbe keinen entsprechenden Inhalt findet. Aus der Nichtübereinstimmung selber aber eine Uebereinstimmung hervorzaubern wollen, heisst offenbar, sich durch Kälte erwärmen und durch Hitze abkühlen wollen. Die Metaphysiker unternehmen nun dieses unmögliche Geschäft und ihr Verfahren besteht einfach darin, dass sie in den Begriff des wahren, ursprünglichen, unbedingten Wesens der Realität Elemente und Bestimmungen einführen, welche aus der mit jenem Begriffe eben nicht übereinstimmenden gegebenen Wirklichkeit entlehnt sind. . . . Das Verhältniss zwischen dem wahren und dem erscheinenden Wesen der Wirklichkeit, zwischen dem Sein und dem Geschehen ist unbegreiflich aus dem einfachen Grunde, weil uns der Begriff desselben fehlt. Diesen nicht vorhandenen Begriff ersetzen die Metaphysiker durch Phantasien."

Dagegen ist nun zu sagen, dass gerade der Begriff des einfachen Realen ein grundirriger Begriff ist, mag er nun als induktiv erschlossen oder als angeblich apriorisch gedacht eingeführt werden. Denn er ist der Begriff des sich in sich nicht Unterscheidenden, des in sich absolut Ununterschiedenen, also eines Todten. Aus dem vorausgesetzten Todten kann Bewegung, Werden, Geschehen, Leben niemals erklärt werden, auch nicht der Schein davon und ebensowenig kann Anderes, von ihm irgendwie Verschiedenes, auch nicht einmal Todtes abgeleitet werden. Folgt aus dem einfachen Realen, Unterschiedslosen, Todten, nicht eine Vielheit von Realen oder Monaden, so folgt aus ihm auch nicht die Vielheit von Atomen. Die Selbsterhaltungen der Realen Herbart's sind allerdings widersprechend, leer und müssig, aber auch der Verfasser kann wirkliches Geschehen nicht begreiflich machen. Findet er es empirisch in der gegebenen Succession der innern Zustände seines Subjekts vor, so muss es ihm gespenstisch erscheinen, da er es ohne wie mit Widerspruch nicht aus seinem einfachen Realen ableiten kann. Ganz gewiss können die (dem Subjekt) gegebenen Qualitäten und Wirklichkeiten weder Zustände, noch Relationen, noch irgend welche Bestimmungen an dem (absoluten) Realen selbst sein. Allein was könnte denn an dem einfachen Realen des Verfassers überhaupt sein? Es ist nach ihm ja das Unterschiedslose, also auch Bestimmungslose und folglich durch gar nichts Bestimmbare, weder durch unendliche noch durch endliche Prädicate. Dann ist es aber das Nichts der Bestimmtheit und ob ein Nichts der Bestimmtheit ein wirklich Sciendes sein kann, das ist die Frage. Es entzieht sich wie aller Bestimmtheit so auch sogar aller Bestimmbarkeit und ist darum nichts als ein Hirngespinnst, eine todte Abstraktion, und kann darum auch kein apriorischer Gedanke sein. Aus einer todten Abstraktion kann nun freilich die Welt nicht abgeleitet werden. Darum kann aber die Welt nun auch nicht die Erscheinung des einfachen Realen sein, welches nur den Namen des Realen trägt, in Wahrheit aber nur eine Abstraktion, ein leeres Hirngespinnst ist.

Eine gesuchte Uebereinstimmung der gegebenen Wirklichkeit, der thatsächlich vorhandenen Welt, mit einer hirngespinnstigen Abstraktion hat gar keinen vernünftigen Sinn. Der Verfasser erhebe sich erst zu einem Begriff des Absoluten, der auch wirklich der Begriff eines wirklichen Wesens ist, dann wird sich ihm der Weg darbieten, die Abkunft und den Zusammenhang des Nichtabsoluten, des Bedingten, mit dem Absoluten verstehen zu lernen. Die feste Burg des philosophischen Theismus steht auch gegen die Angriffe eines Philosophen unerschüttert fest, der sich verzweifelnd aus der absurden Philosophie des absoluten Werdens in die ebenso absurde Philosophie des todten Seins geworfen hat und der, da er empirisch „das Geschehen" nicht leugnen kann, in einer Gespensterwelt sich zu bewegen glauben muss.

Die sechste (und letzte) Abhandlung: Die Religion und die Religionen, beginnt mit dem Satze: „Den Gegenstand der Religion nennt man Gott." Da der Verfasser den Theismus verneint hat, so setzt er an die Stelle Gottes das unbedingt oder rein Gute, also eine Idee an die Stelle einer Realität, des lebendigen Gottes. Indem er selber erklärt, dass das rein Gute kein wirkendes Princip sei, benimmt er ihm selbst alle Realität und macht es zu einer Idee. Denkt man die Menschheit und welche andere Geisterwelt existiren mag, hinweg, wo bleibt da das rein Gute? Existirt es bloss in den Gedanken und Gefühlen bedingter geistiger Wesen, so ist es nicht einmal die moralische Weltordnung J. G. Fichte's. Soll es nicht bloss in den Gedanken der geistigen Wesen, sondern in deren Wesen selbst begründet sein, so müsste uns doch der Verfasser zeigen können, worin das Wesen des Geistes, des Menschen, begründet ist und worin soll es begründet sein, wenn es nach ihm weder in dem sei es pantheistisch, sei es theistisch gefassten Gott, noch auch in der Materie (der Verfasser ist nicht Materialist), noch in der Natura naturans (der Verfasser will auch nicht dem Naturalismus huldigen) gegründet sein soll? Die Behauptung, dass die Menschheit oder vollends jeder einzelne Mensch in sich selbst gegründet sei, wäre ja eine Vergötterung des Menschen, wie sie unsinniger und hochmüthiger weder ein Hegel, noch ein Schopenhauer aufstellen könnte. Wer das absolut oder rein Gute für eine unerschütterliche, ewige Wahrheit erklärt und es dennoch nicht in dem persönlichen Gott, dem überweltlichen absoluten Geist begründet finden kann, der hat, indem er sich in todten Abstraktionen bewegt, die philosophischen Knabenschuhe noch nicht ausgetreten. Bei der über das Mittelmaass hinausgehenden Begabung des Verfassers könnte er, zum philosophischen Manne gereift, für die Philosophie Fruchtbringendes leisten, wenn er den Gedanken finden könnte, von dessen Tiefe aus die Extreme des absoluten Werdens wie des absoluten todten Seins zu überwinden sind.

52.

Daumer, H. Fr. Prof., Charakteristiken und Kritiken, betreffend die wissenschaftlichen, religiösen und socialen Denkarten, Systeme, Projekte und Zustände der neuesten Zeit. Nebst positiven Erörterungen und Nachweisen. Hannover, 1870. C. Rümpler.

Die vorliegende gutausgestattete Schrift vereinigt acht Stücke, die gegen den Materialismus, die bloss mechanistische Naturauffassung und die verbreitete Glaubenslosigkeit und ihre Folgen gerichtet sind. Die Grundgedanken des geistvollen Verfassers sind achtungswerth und lehrreich, die herangezogenen Thatsachen theils schlagend, theils das Nachdenken stark anregend. Tiefere Gedanken wurden gelegentlich eingestreut, aber nicht hinlänglich näher begründet. Eine principielle Untersuchung über die absolute Atomistik, auf welche der Materialismus sich zu stützen sucht, war freilich von einer Sammelschrift kleiner zerstreuter Arbeiten nicht zu erwarten, noch weniger wohl eine Kritik der materialistischen (sensualistischen) Erkenntnisstheorie. Desshalb kann die Schrift nur wenig Einfluss auf die Gegner üben, wenn sie auch für Solche, die bereits einer tieferen Weltanschauung huldigen, eine Fülle geistvoller Gesichtspunkte an die Hand gibt. Das Zeugniss kann man dem Verfasser nicht versagen, dass er wirklich, wie er S. 7 sagt, niemals Materialist, Geist- und Seelenleugner gewesen ist. Die Standpunkte, die er durchlaufen hat, könnten auf fruchtbare Weise doch nur in einer

Entwicklungsgeschichte seines der Wissenschaft gewidmeten Lebens zur Sprache gebracht werden. Zu bedauern ist nur, dass der Verfasser nicht in der Lage zu sein scheint, die Ergebnisse seiner ausgedehnten und vielseitigen Forschungen zum Schlusse seiner Schriftstellerthätigkeit in einem umfassenden Werke niederzulegen, welches eine seiner geistigen Bedeutung entsprechende Wirkung haben könnte.

53.

Die Weltalter. Lichtstrahlen aus Franz von Baaders Werken von Prof. Dr. Franz Hoffmann. Erlangen, Besold 1868.

Der Herausgeber hat das vorliegende Buch den Philosophen der Culturvölker des Erdkreises gewidmet. Dies hat ihm der einfachste Weg geschienen, nach allen Richtungen weit hin die Aufmerksamkeit der Philosophen auf die sämmtlichen Werke Baaders hinzulenken. Dazu aber hält er sich berechtigt durch die aus triftigen Gründen gewonnene Ueberzeugung, dass die deutsche Philosophie, ganz im Einklang mit dem universellen, kosmopolitischen Nationalgeist der Deutschen, einen Weltberuf zu erfüllen hat und dass unter den philosophischen Weltanschauungen der Deutschen (um nicht zu sagen, philosophischen Systemen, da Baader's Lehren nur durch ihren inneren Zusammenhang, nicht durch methodisch-systematische Ausführung ein System genannt werden können) Baaders Lehre allein tief genug ist, um in ihren Hauptgrundlagen dereinst allgemeine Weltphilosophie zu werden. Ein ungeheuer grosser Anspruch, wird man sagen, von dem, selbst wenn man diesen Denker hochstellt, doch sehr fraglich ist, ob er sich bewahrheiten werde. Hat doch dieser Denker in Deutschland, in dem Volke der Denker, keinerlei epochemachende Bedeutung gewonnen, ist doch das Häuflein seiner Anhänger so gering, dass Einige sogar die Existenz einer Baader'schen philosophischen Schule in Abrede gestellt haben. Die Anhänger eines Leibniz, eines Wolff, Kant, Schelling, Hegel, Herbart zählten und zählen zum Theil noch nach Hunderten, und ihre Werke könnten ganze Bibliotheken füllen, durch sie verbreiteten sich die Ideen ihrer Meister zu Tausenden und Hunderttausenden. Baader dagegen wird von vielen deutschen Philosophen wenig oder nicht beachtet. Wenn auch die meisten von denen, welche ihn beachten, ihm eine entschieden geniale Begabung zuschreiben, so finden sie seine Schriften doch viel zu unsystematisch, um ihn den genannten Philosophen auch nur gleich zu stellen, geschweige ihn über sie zu erheben. Die Schriften seiner Jünger haben sich keine durchschlagende Aufmerksamkeit zu gewinnen gewusst. Wie sollten daher Baader's Lehren, wenn auch nur in ihren Hauptgrundlagen, je allgemeine Weltphilosophie werden können, gäbe man auch zu, dass eine solche irgendwann zu erwarten wäre. Dem gegenüber behauptet der Herausgeber, dass die Frage der den Hauptlehren Baader's zugeschriebenen Fähigkeit, Weltphilosophie zu werden, für die Bezweifler zur Entscheidung so lange nicht spruchreif sein könne, als sie seine Werke nicht umfassend studirt und durchdrungen haben werden. Wie sehr die Kenntniss der Leistungen Baader's auch bei denen, welche sich einigermassen mit ihm beschäftigt haben, noch im Argen liegt, davon hat der Herausgeber in einer ganzen Reihe von Schriften die eingehendsten Nachweisungen geliefert. Sie sind nicht ganz unbeachtet geblieben, werden aber erst dann in ihrer vollen Bedeutung zur Wirksamkeit kommen, wenn die Sammlung seiner Schriften zum Abschluss gelangt sein wird. Schon der erste Band dieser Sammlung, der unter dem Titel: Philosophische Schriften, erschienen ist, enthält die wichtigsten Nachweisungen, welche grosse und schwere Irrthümer über das Verhältniss Baader's zu Schelling und Hegel aufdecken. Diese Nachweisungen haben bereits auf die neueren Geschichtschreiber der Philosophie gewirkt, wie am meisten aus Erdmann's Geschichte der neueren Philosophie und Geschichte der gesammten Philosophie zu ersehen ist und werden noch mehr auf die kommenden Darstellungen der Geschichte der neueren Philosophie wirken.

In Betreff der Erwartungen des Herausgebers bezüglich der Verbreitung der Ideen Baader's im Ausland kann zunächst auf die Schriften: Essai sur Fr. de Baader par Goepp und: Blikken in de Openbaring door J. Gunning hingewiesen werden. Von grösserer Bedeutung aber ist, dass die noch nicht lange gegründete Gesellschaft für Philosophie in St. Louis in Nordamerika, welche den Herausgeber zum korrespondirenden Mitglied erwählt hat, bereits mit einer philosophischen Zeitschrift hervorgetreten ist, in welcher Baader's Werke zur Sprache kommen werden. In welchem Sinne diese Besprechung in dem Journal of Speculative Philosophy (London et St. Louis, Trübner) ausfallen wird, lässt sich allerdings noch nicht hinlänglich ermessen, aber sie wird jedenfalls dazu beitragen, die Baader'schen Werke in Amerika und England bekannter zu machen und eine Bewegung in den Geistern hervorzurufen. Die bemerkte Zeitschrift dürfte eine lebhaftere Wechselwirkung zwischen den philosophischen Bestrebungen in Deutschland und jenen in

Amerika und England überhaupt herbeiführen. Das Bedürfniss der Erlangung tieferer Erkenntniss fängt an, sich in mehreren Culturländern lebhafter zu regen als Gegengewicht gegen die durch die Fortschritte der äusseren Culturmittel herbeigeführten Gefahren der Veräusserlichung des Lebens. Voraussichtlich werden in fast allen Culturländern philosophische Gesellschaften entstehen und philosophische Zeitschriften gegründet werden und diese werden mit den in Deutschland erscheinenden in Wechselwirkung treten. Die fortschreitenden Kommunikationsmittel der Völker werden in grossem Maassstab auch den Wissenschaften zu gut kommen und insbesondere der Philosophie, welche mehr und mehr von den Nationen nach Platons Ausspruch als die Königin und Führerin der Wissenschaften erkannt werden wird.

Das Vorwort zu den Weltaltern wird den Lesern zur Beachtung empfohlen, hier aber nicht weiter berührt. Die Schrift selbst leitet sich ein durch eine Gruppirung von Stellen aus den Tagebüchern Baader's, welche als die Genesis seines philosophischen Standpunkts betrachtet werden können. Diese genialen Ergüsse sind besonders dadurch interessant, dass sie niedergeschrieben wurden ohne die Absicht der Veröffentlichung, ja ohne die entfernteste Ahnung, dass sie je das Licht der Welt erblicken könnten. Und gerade diese Ergüsse sind auch in der Darstellung so vortrefflich, dass sie zu dem Schönsten gehören, was die deutsche Literatur jener Zeit hervorgebracht hat. Wenn Baader später meistens weniger schön schrieb, so kann man die Ursachen davon wenigstens nicht in einem Mangel an Anlage oder Vermögen dazu suchen. Wichtiger aber ist, dass sich in diesen Ergüssen bereits die Grundgedanken vorfinden, welche er bis zum Ende festgehalten und in reiferen Jahren nur weiter ausgebildet hat. Sie liefern den unumstösslichen Beweis, dass ihm der ideal-realistische Theismus schon vor dem Auftreten des Schelling'schen Pantheismus, geschweige vor dem späteren Halbpantheismus oder Persönlichkeitspantheismus Schelling's feststund und dass sein philosophischer Grundgedanke nicht erst aus der Bekanntschaft mit J. Böhme, Saint-Martin, Oetinger etc. hervorging, sondern dass dieser selbsterrungene Standpunkt ihn erst zu den genannten Forschern hinzog, welche er ihrem Gehalte nach von Anfang seiner Beschäftigung mit ihnen weit über J. G. Fichte, Schelling und Hegel und selbst über Kant stellte, ohne zu verkennen, dass den Ersteren die Form befriedigender Wissenschaftlichkeit mehr oder minder abgehe und ohne das Streben der Letzteren nach Form, Methode, System gering zu schätzen. In anderer Lebenslage würde er nicht unwahrscheinlich in diesem Streben mit den neueren Philo-

sophen gewetteifert haben. Allein, da er im praktischen Lebens-
berufe des Bergmanns stund, in welchem er nicht minder Ausge-
zeichnetes leistete als in der Philosophie — Zeugniss dessen ist der
ihm verliehene Kronenorden, der seinen praktischen Verdiensten
galt —, so entschlug er sich der Aufgabe systematischer Darstellung
und strebte nur nach immer reicherer Entfaltung seines Grund-
standpunktes.

Daher tragen seine Schriften den Charakter einer Ursprünglichkeit, einer lebenswarmen Frische und markigen Energie, die
gewöhnlich den systematischen, mühsam ausgebildeten Schriften der
grossen Methodiker unter den Philosophen abgeht. Der geniale
methodisch-systematische Philosoph erobert nicht selten rasch eine
weit reichende Anerkennung und Wirksamkeit, kann sie aber nicht
auf die Dauer behaupten, wenn sein Streben nach Systematisirung ihn
verhinderte, so tief einzudringen, dass er dauernd befriedigen kann.
Baader — vermöge seines Mangels äusserer Systematisirung —
erobert langsam, aber vermöge der Tiefe seiner Ideen und der in
allen Hauptsachen bewunderungswürdigen inneren Zusammenstimmung
derselben — einer Art innerer Systematik — dauernd und im Grossen
und Ganzen unerschütterlich. Von einigen sehr tief gehenden und
weniger leicht erfassbaren Ideen abgesehen, die sich indess dem
beharrlich Forschenden zuletzt überraschend erschliessen können,
spricht Baader gleichsam aus dem Gemüthe der Menschheit heraus
und hat daher Millionen unbewusster Anhänger oder Gesinnungsgenossen. Durch den Mangel der Systematik ist aber dafür gesorgt,
dass sich keine Schaar unberufener Leute an ihn herandrängt, wie
dies anderen Systemschöpfern begegnet ist, deren Lehren nicht selten
vorübergehend zur Modesache geworden sind.

Es kann daher scheinen, als ob Baader in erhabener Einsamkeit dastehe, während dem doch insofern nicht also ist, als Hunderte
aus seinen Schriften schöpfen, ohne es ihm zu danken, indess es
doch an ehrenwerthen Ausnahmen nicht fehlt. Aus verschiedenen
Ursachen ist das Todtschweigen nicht leicht in grandioserem Maassstab gegen einen hervorragenden Forscher in Anwendung gebracht
worden als gegen Baader, wiewohl es auf die Länge doch nicht wird
vorhalten können. So erstaunt man z. B., in dem Handbuch der
neueren Kirchengeschichte von Nippold von dem geradezu bedeutendsten Mann der katholischen Kirche in Deutschland, von
Baader, nicht ein Sterbenswörtchen zu vernehmen, sogar während
der Lehrer Nippold's, der bedeutende Theologe R. Rothe, in seiner
Ethik, Baader's Bedeutung in seiner Weise Rechnung trug. Aehnliches
liesse sich hundertfach anführen. Wo aber doch einmal von Baader

gesprochen wird, stösst man mit seltenen Ausnahmen auf unrichtige Auffassungen und häufig sogar auf unrichtige faktische Angaben.

Der Abschnitt: Glaube und Wissenschaft, hebt den Kern der Erkenntnisslehre Baader's heraus und bereitet den metaphysischen Grundstandpunkt desselben vor. Den gedrängten Andeutungen des analytischen, regressiven Lehrgangs folgt der synthetische, progressive, welcher mit Gott beginnt, zur Weltschöpfung und zur Welterlösung fortschreitet und mit der Weltvollendung schliesst.

Die Lehre von Gott wird hier nicht in erschöpfender Ausführung, wohl aber in solchen Grundzügen gegeben, welche vollkommen ausreichend sind, die Idee der drei Weltalter zu begründen und zu erhellen. Der Grundcharakter dieser Gotteslehre ist die Ueberwindung sowohl des extremen Idealismus und Spiritualismus, als des extremen Realismus und Naturalismus in der Erfassung Gottes als des absoluten, seiner ewigen Natur ewig mächtigen und gewaltigen Urgeistes, der nicht erst in der Welthervorbringung sich seine Selbstverwirklichung gibt, sondern in ihr als in dem freien, weder erzwungenen, noch zufälligen Akte seiner geistdurchdrungenen Liebe das totale Ab- und Nachbild seiner Unermesslichkeit schafft, nach dem Urbild seiner ewigen Dreipersönlichkeit, die sich in seiner ewigen Weltidee spiegelt, zur Dreigestaltigkeit der Weltkreatur, des geschöpflichen Daseins, als Geisterwelt (Engelwelt), als Menschenwelt (die in der Mitte zwischen Geist und Natur steht) und als Naturwelt auswirkt, jede derselben nach ihrer Wesenheit mit sich und unter sich der Vermittelung und Vereinigung zuführt und das vermittelte und vereinigte Weltall in die ewige Vollendung erhebt. Gleichwie der ewige Gott ewiger Anfang, ewige Mitte, ewiges Ende ist, gleichwie er ewiger Vater, ewiger Sohn, ewiger Geist ist, gleichwie Geist, Gemüth (Seele) und Natur in ihm Eins sind, so spiegelt sich in der Weltkreatur die göttliche Dreifaltigkeit und Dreieinigkeit in der Dreifaltigkeit der Geisterwelt, der Menschenwelt und der Naturwelt und gleichwie das ewige Leben Gottes in dem ewigen Anfang, der ewigen Mitte und dem ewigen Ende ewig kreiset, so legt sich im geschöpflichen Nachbild diese ewige Dreiheit in die drei Weltalter der Weltschöpfung, der Weltvermittlung (Erlösung) und der Weltvollendung auseinander, um am Ziele in ewige, den Unterschied nicht aufhebende, sondern bewahrende Inwohnung Gottes in der Welt einzugehen. Was sich von der Vermittelung (Erlösung) ausschliesst, erlangt weder die beseligende Inwohnung Gottes, noch verfällt es der Vernichtung, noch unterliegt es, wenn auch mehr oder minder langdauernder, endloser Strafqual, sondern sein Gott widerstrebender Wille wird durch intensivsten Schmerz gebrochen

und damit befähigt, nicht zwar aktiv, aber doch passiv, in einer
Art Geisteslebens, die sich mit dem Leben des Pflanzlichen vergleichen
liesse, als unterste Glieder an dem Gottesreiche Theil zu nehmen.

Die Gottes- und Weltlehre Baader's, wie sie einerseits tiefsinniger als die aller von ihr abweichenden Philosophen ist und in
keinem Widerspruch mit der Vernunft steht, erweist sich andererseits
als die allein den Lehren der h. Schrift entsprechende. Welche
Philosophie wird die bessere sein: die, welche, was schon der grosse
Leibniz verlangte, aber nicht leistete, den Einklang der Vernunft
und der Offenbarung nachzuweisen vermag, oder die, welche, indem
sie beide in Widerspruch setzt, nachweisbar zugleich die Vernunft
und die h. Schrift entstellt? Der Deismus und der Pantheismus
entstellen beide — nur jeder anders — die Vernunft, worüber man
sich aus den Schriften des Herausgebers ausreichend belehren kann.
Sie entstellen beide die h. Schrift, worüber katholische und prote-
stantische Apologeten und Exegeten reichliche Nachweisungen geben.
Die Vernunft verträgt sich nicht mit dem Gott des Deismus, weil
er in seiner inneren Unterschiedslosigkeit und Einerleiheit ein Geistleben ohne Leben wäre, eine Geistwesenheit ohne innere Kräfte,
ein natur- und machtloser Geist, der gleichwohl die Welt soll geschaffen haben, die er dann sich selbst und den ihr eingeschaffenen
Gesetzen gleichgültig überlassen haben und überlassen soll, erhaben
zwar über die Welt, aber in alle Ewigkeit durch eine unaus-
füllbare Kluft getrennt. Der Pantheismus widerspricht der Vernunft,
weil er im einheitlichen Absoluten und im vielheitlichen Bedingten,
in Gott und Welt, eine und dieselbe Wesenheit zu erblicken wähnt,
eine Annahme, die gleich unmöglich und widersinnig ist, er mag
Gott als absolute, an sich bewusstlose Idee, oder als blinde Naturkraft oder als Indifferenz beider auffassen, oder als absolute Persönlichkeit, deren Selbstverwirklichung und Selbstausgestaltung das
Weltall sein soll, so dass die Gesammtheit der geistigen und natürlichen Wesen, jede der beiden Wesenarten anders, Bestimmungen,
Momente, Theilglieder der einen, sich in Gott und Welt unterscheidenden, Wesenheit des absoluten Seins wären. Der Theismus
dagegen unterscheidet vernunftgemäss Gott und das Weltall, ohne
sie zu trennen. Gott ist ihm in seiner tiefsinnigsten Lehrgestalt der
in seiner immanenten Lebendigkeit seiner selbst in unendlichen
Kräften mächtige, weil das absolute Geistleben nur im Trialismus
kreisen kann, dreipersönliche Urgeist, der, weil untheilbar, in der
Schöpfung nichts von seiner Wesenheit abgibt oder verliert, sondern
von ihm und unter sich unterschiedene Wesenheiten schöpferisch
hervorbringt.

Die h. Schrift erklärt sich — im gesammten neuen Testamente — gegen den Deismus wie gegen den Pantheismus. Sie ist durchaus theistisch und nicht etwa eine Verschmelzung des Deismus und des Pantheismus, sondern eine über beiden hinausliegende Lehre, welche, recht verstanden, auch als Pan-en-theismus bezeichnet werden kann. Diese Bezeichnung wird aber missdeutet, wenn sie nicht virtuell, sondern wesenhaft, nicht im Sinne des h. Paulus, sondern im Sinne Spinoza's oder der Persönlichkeitspantheisten genommen wird. Ob und inwiefern man mit C. Wittichen (die Idee des Menschen) sagen kann, dass der Hebraismus in einigen Stadien seiner Entwicklung mehr deistisch als theistisch sei und dass erst das neue Testament im vollen Sinne theistisch sei, mag näheren Untersuchungen überlassen bleiben. Wer die Weltalter unter den angedeuteten Gesichtspunkten lesen wird, der wird sich überall zurecht finden und Wahrheits-Gehaltvolleres finden, als in den Werken unserer grössten Philosophen.

54.
Franz v. Baader und Docent Dr. G. Hagemann.

Herr Dr. Hagemann hat Elemente der Philosophie angekündigt, offenbar nur ein anderes Wort für Encyclopädie der philosophischen Wissenschaften. Der erste Theil ist erschienen unter der Aufschrift: Logik und Noëtik (Münster, Russell, 1868). Als Leitfaden für Vorlesungen kann diese Schrift, wie man sich auch zu seinem orthodox katholischen Standpunkt stelle, zu den besten Leistungen dieser Art gezählt werden. Besonders lehrreich ist die zweite Abtheilung dieser Schrift: die Noëtik oder Erkenntnisslehre. In ihr berührt der Verfasser auch Baader's Erkenntnisslehre. Sehen wir zu, in welcher Weise. Nachdem sich der Verfasser gegen Hegel's Panlogismus erklärt hat, lässt er sich in folgender Art vernehmen:

„Wenn durch Identificirung des menschlichen mit dem absoluten Erkennen die Eine Wahrheitsquelle nicht gefunden wird, so besteht sie vielleicht darin, dass die menschliche Vernunft mit der absoluten, göttlichen, unmittelbar verbunden ist. Dies ist der Standpunkt des O n t o l o g i s m u s, welcher behauptet, dass wir Gott, das absolute Sein, unmittelbar schauen, und dadurch alles andere Sein erkennen. Vorläufer desselben war Plato, sofern er lehrte,

nicht zwar, dass wir im gegenwärtigen Leben Gott und die Ideen
in ihm schauen, sondern dass wir sie einst als reine Geister geschaut
haben, und uns im jetzigen Dasein dieses Schauens erinnern. In
neuerer Zeit suchte Malebranche indirect darzuthun, dass das Schauen
in Gott der einzig mögliche Weg zur Erkenntniss der Wahrheit sei.
Unser Geist steht nach ihm in Wesensberührung mit dem göttlichen
Geiste, dem Ort der Geister, nicht mit den von uns völlig verschiedenen materiellen Dingen; durch das unmittelbare Schauen Gottes
wird unser Geist mit Erkenntnissen befruchtet; nur durch die un-
erschaffenen Ideen Gottes erfassen wir die Gegenstände. So auch
Gerdilius — wenigstens in seinen früheren Schriften —, welcher
besonders hervorhebt, dass das Anschauen Gottes hienieden nur ein
Schauen der göttlichen Vollkommenheiten, nicht aber der göttlichen
Wesenheit selbst sei. Milder noch ist der Ontologismus der römischen Barnabiten- und der Löwener Schule, sowie des P. Gratry.
Den ausgeprägtesten Ontologismus vertritt Gioberti, welcher
demselben auch zuerst den Namen „Ontologismus" gegeben
hat im Gegensatze zum „Psychologismus" (der alten und neuen
Scholastik). Wir schauen nach ihm das absolute Sein unmittelbar,
und zwar als nothwendiges Sein, sowie als schöpferische Ursache
der endlichen Existenzen. Somit erkennen wir im absoluten schöpferischen Sein alles Wirkliche, weil nichts wirklich ist, ohne von Gott
geschaffen zu sein. — Auch die Theosophie Baader's gehört hierher.
Sie behauptet, dass wir die Welt wenigstens nicht vollständig und
als das, was sie wahrhaft ist, ohne das Gottesbewusstsein zu begreifen
vermögen. Nur dadurch, dass wir uns von Gott unmittelbar gewusst
wissen, sind wir der Existenz unserer selbst und anderer Dinge
gewiss. Zur Beurtheilung des Ontologismus im Allgemeinen ist in
Betreff seines Grundgedankens zu bemerken, dass unser Bewusstsein
uns keine Kunde von dem unmittelbaren Schauen Gottes gibt. Und
doch müsste dieses, als Princip aller Wahrheit, eine erste, unmittelbar gewisse Wahrheit für uns sein. Die Ontologisten können
ihren Grundsatz, weil das Bewusstsein ihn nicht direct bestätigt, nur
indirect erweisen. Malebranche versucht dieses durch den Nachweis,
dass wir auf keine andere Weise, als durch unmittelbares Schauen
Gottes die Wahrheit erreichen können; aber sein Nachweis ist unhaltbar. Gioberti stützt sich auf den Satz, dass die Ordnung des
Erkennens der Ordnung des Seins entsprechen, und daher Gott, die
Quelle aller Wirklichkeit, auch zuerst erkannt werden müsse. Nun
entspricht freilich bei Gott die Ordnung des Erkennens der des
Seins, denn er erkennt Alles aus sich als der Ursache von Allem.
Und wenn ein endliches Wesen Gott unmittelbar schaut, und dadurch

seiner vollkommenen Erkenntnissweise in etwa theilhaftig wird, dann mag auch bei ihm die Ordnung des Erkennens keine andere sein, als die des Seins. Aber es fragt sich eben, ob wir Gott unmittelbar schauen. Ebenso wenig ist der Baader'sche Satz begründet, dass wir nur des göttlichen Sich-wissens theilhaftig, also nur im göttlichen Logos erkennen können. Seinen Grundgedanken hat somit der Ontologismus nicht sicher gestellt. Wenn ferner der Ontologismus ein doppeltes Schauen Gottes unterscheidet und behauptet, dass wir hienieden nicht Gottes Wesenheit, sondern seine Vollkommenheiten, die ewigen Ideen in ihm schauen; so ist diese Unterscheidung gut gemeint, aber schwerlich haltbar. Denn diese Ideen sind doch vom Wesen Gottes nicht getrennt zu denken, sind vielmehr die Wesenheit Gottes selbst, sofern diese in einer aussergöttlichen Welt auf verschiedene Weise nachgeahmt werden kann. Zuletzt muss der Ontologismus, um vor dem Schauen des göttlichen Wesens bewahrt zu bleiben, ein so dunkles und verschwommenes Schauen Gottes annehmen, dass dieses zur Erkenntniss der Wahrheit nur eine trübe Quelle abgibt. Wenn insbesondere Gioberti Recht hätte, dass wir Gott als schöpferische Ursache unmittelbar schauen, so müsste die Geschöpflichkeit der Welt eine unmittelbar evidente Wahrheit sein. In der That aber bedarf diese Wahrheit gar sehr des Beweises, da sie von allen Pantheisten geleugnet wird.“

Es kann nicht in Abrede gestellt werden, dass Baader gewisse Berührungspunkte mit Platon, Malebranche, Gerdilius, Gratry, Gioberti hat. Allein jedenfalls ist seine Erkenntnisslehre nicht identisch mit den bezüglichen Lehren der Genannten. Als Ontologismus würde er sie sicher nicht haben bezeichnen lassen, schon weil keinerlei Erkenntnisslehre bloss ontologisch sein kann. Eine ontologische Erkenntnisslehre hat doch nur einen Sinn, wenn sie eine solche bezeichnen soll, die vom Erkennen die Gegenstände desselben unterscheidet und diese als ein irgendwie Seiendes, nicht durch das Erkennen erst Gesetztes oder Hervorgebrachtes anerkennt. In diesem Sinne muss aber jede wahre Erkenntnisslehre ontologisch sein, wenn auch zugleich psychologisch und der angenommene Gegensatz von Ontologismus und Psychologismus in der Erkenntnisslehre ist nicht aufrecht zu erhalten. Eine Lehre, welche die unmittelbare (intellectuelle) Anschauung Gottes als erste Erkenntniss jedem in das Leben tretenden Menschen zuschriebe oder doch als ihm zu erfüllen mögliche Bedingung aller anderen Wahrheitserkenntniss würde nicht sowohl als Ontologismus denn als Intuitivismus, als Lehre der intellectuellen Anschauung zu bezeichnen sein. Gehört nun Baader's Lehre in diese Kategorie? Das wird Manchem, wenn nicht den

Meisten, die etwas von ihr gehört haben, nicht anders zu sein scheinen. Und doch könnten sie sich irren. Räumen wir ein, dass die wenigen Sätze, die der Verfasser aus Baader's Erkenntnisslehre anführt, sich wirklich in seinen Werken finden. Aber ist man sicher, den Geist und den Sinn einer Lehre aus wenigen aus dem Zusammenhang des Ganzen gelösten Sätzen richtig zu erkennen und wieder zu geben? Könnte der Sinn der aus Baader's Werken angeführten Sätze nicht vielleicht ein anderer sein, als der von dem Verfasser ihnen zugeschriebene, wenn sich herausstellen sollte, dass Baader alle Erkenntniss mit der Erfahrung beginnen und nur nicht in sie gebannt sein lässt? Er lässt das inductive Verfahren dem deductiven, das regressive dem progressiven vorausgehen. „Auf Ihre Frage, schreibt er (Werke XV. 283) an Passavant, von wo man im Philosophieren beginnen soll? kann ich Ihnen keine andere Antwort geben: als von Unten auf, nicht von Oben herab. Jenes ist der Weg für die Creatur, dieses der für den Schöpfer, oder für den sich als Gott träumenden Hoffahrtsgeist. . . . Des Lebens Gestaltungen und Offenbarungen im äussern wie im innern Sinne, aber in der generellsten Bedeutung, seien der Vorwurf Ihres Studiums." Anderwärts (Werke I, 67) empfiehlt er im Einklang damit die (Baconische) Inductionsmethode, deren Vernachlässigung Schriften liefere, mit meist recht hübschen Wohngebäuden und Zimmern zu vergleichen, an denen nur die Treppe vergessen oder weggelassen worden sei. In seiner frühesten philosophischen Schrift schon äussert Baader (I. 6): „Ein Wesen, das zwar in einer niedrigen Region geboren wird und zum Leben kommt, zugleich aber den Keim zur Geburt in eine andere höher reichende und tiefer gründende Region mit sich bringt, welchen Keim es eben inner jenem äusseren Leben sich entwickeln lassen soll, kann bei der nur stufenweise vor sich gehenden Evolution dieses höheren Lebenskeimes natürlich seine Gegenwart in dieser höheren Region und seinen Lebensverkehr mit ihr nur erst dunkel fühlen, bis es endlich nach und nach dieses Verkehrs gewiss wird, und diese Region, und sich in ihr, schaut oder klar anerkennt." Baader lässt also den Erkenntnissprocess nicht mit der intellectuellen Anschauung Gottes beginnen, sondern lehrt eine stufenweise Entwickelung des Geistes, sowohl des gemeinen wie des philosophischen Bewusstseins, und behauptet nur, dass erst mit der Erkenntniss Gottes die Erkenntniss des Wesens (nicht ebenso der empirischen Erscheinungen) der Welt ermöglicht werde. Wenn also Baader alle menschliche Erkenntniss als Theilnahme an der göttlichen Vernunft bezeichnet, so muss in seinem Sinne zwischen unbewusster und bewusster Theilnahme unterschieden werden. Auch

die unbewusste Theilnahme an der göttlichen Vernunft ist nicht bloss
ein Einklang mit ihr, sondern der wahrhaft Erkennende, bewusst
an ihr Theilnehmende, weiss auch, dass auch seine frühere unbewusste Theilnahme oder die noch vorhandene Anderer und die zu-
künftige Ungeborener ganz undenkbar und unmöglich wäre, wenn
die ewige Vernunft nicht existirte und das Vermögen des Erkennens
nicht verliehen hätte. Baader lehrt also vor dem Verfasser hierin
ganz wie der Verfasser, wenn der letztere (Logik und Noëtik S. 110)
sagt: „Ferner ist Gott, wie die erste und höchste Wahrheit, so die
letzte Ursache aller Wahrheit für den Menschen. Der tiefste Grund
für die Möglichkeit unseres Erkennens liegt allerdings darin,
dass Gott die Dinge nach ewigen Ideen und den ihm abbildlichen
Menschen so geschaffen hat, dass er diese Ideen, wenn auch unvollkommen, in den Geschöpfen nachlesen kann, und insofern erkennen
wir nur durch Theilnahme an dem ewigen Lichte der Wahrheit.
Aber mit dieser Erkenntniss des tiefsten Grundes der Wahrheit kann
und muss unsere Erkenntniss nicht nothwendig beginnen." . Schon
hieraus ist es klar, dass der Verfasser Baader mit Unrecht diejenige
Bedeutung nicht eingeräumt hat, die ihm, dem tiefsinnigsten Forscher
der Neuzeit, mit vollem Rechte gebührt.

Wenn man sich einmal den Unterschied zwischen Ontologismus
und Psychologismus nach Gioberti gefallen lassen will, so ist Baader
ganz entschieden auf der Seite des Psychologismus, weil er mit
allen vorgeschrittenen Philosophen die Einsicht geltend macht, dass
nur ein sich selbst wissendes Wesen von Anderem, sei es unendlich, sei es endlich, sei es geistig oder physisch, wissen kann
oder dass das Selbstbewusstsein die Bedingung des Welt- und des
Gottesbewusstseins ist. Wenn ein Wesen, das nicht von oder in
sich selbst weiss, auch nicht von der Welt und von Gott wissen
kann, wenn also nur ein seelisch-geistiges Wesen Wissenschaft haben
kann, so ist in diesem Sinne alle Erkenntnisswissenschaft psycho-
logistisch und ontologistisch nur insofern, als ihr das Erkennende
wie das Erkannte ein Seiendes ist. Schon dass Baader sich den
berühmten Ausspruch St. Martin's aneignet: „Lerne nicht den Menschen durch die Dinge, sondern die Dinge durch den Menschen
kennen", hätte den Verfasser aufmerksam machen sollen, dass Baader
nicht einem einseitigen Ontologismus huldigen konnte. Wer das
Selbsbewusstsein als Bedingung aller Wissenschaft leugnen oder
wenigstens bei Seite setzen wollte, der würde nicht bloss hinter
Kant, sondern auch hinter Augustinus, ja hinter Sokrates und noch
weiter zurückfallen. Wenn Baader in seiner Weise sagt, dass wir
alle als blinde Heiden geboren werden, so schrieb er offenbar dem

neugeborenen Kinde keine intellectuelle Anschauung Gottes zu, wohl aber eine Vernunftanlage, die bei normalen Entwickelungsverhältnissen zum Vernunft-, Welt- und Gottesbewusstsein führt, welches letztere von dem Augenblicke an, dass es gewonnen wird, das Gewisswissen des Gewusstseins von Gott zur Folge hat und ohne geistige Verirrung nicht mehr verleugnet werden kann. Das gewonnene Wissen des Gewusstseins von Gott, dem Allwissenden, ist so wenig ein pantheistischer oder zum Pantheismus führender Gedanke, wie total irrig behauptet worden ist, dass vielmehr gerade dieser Gedanke den Pantheismus ausschliesst und nur einem System eigen sein kann, welches theistisch Gott Selbstbewusstsein und Persönlichkeit zuschreibt. Ob Platon, Malebranche, Gerdilius, Gratry, Gioberti in dieser Frage das Richtige gelehrt haben oder nicht, ist für die Beurtheilung der Lehren Baader's nicht im Geringsten entscheidend, ja völlig gleichgültig. Doch darf wohl gesagt werden, dass Baader das, was jenen Forschern in ihren Gedanken vorschwebte, zur völligen Klarheit zu bringen gewusst hat, welches Jedem erkennbar ist, der Baader's Werke gründlich studirt und die zerstreuten Momente seiner Erkenntnisslehre zusammenzufassen und zusammenzuschauen weiss.

55.
Baader und Schelling.

Die Redaktion dieser Zeitschrift *) hat mich mit der Aufforderung beehrt, den Mitarbeitern an derselben mich beizugesellen, und sie hat mir hiemit die Freiheit eingeräumt, meine philosophischen Ueberzeugungen in ihr unumwunden auszusprechen. Von dieser Freiheit will ich in dem Nachfolgenden Gebrauch machen. Man kennt im Allgemeinen meine Stellung zu Baader, soweit ich sie bis dahin habe darlegen können; denn ganz und durchaus hätte ich sie nur zu entwickeln vermocht, wenn es mir gestattet gewesen wäre, nach Vollendung der Gesammtausgabe der Werke Baader's (1860) zuvor eine systematische Gesammtdarstellung seiner Lehre an das Licht treten zu lassen. Es war mir nicht vergönnt, in die Fusstapfen eines Meisters in der Philosophie zu treten, der ein ausgebildetes

----

*) Philosophische Monatshefte. Herausgegeben von J. Bergmann. Erster Jahrgang 1868. Berlin, Nicolaische Verlagsbuchhandlung.

System dargelegt gehabt hätte, dessen Lehren von weithin eingrei-
fenden Wirkungen gewesen wären, so entschieden auch Baader's
geniale Begabung von den ersten Geistesgrössen seiner Zeit anerkannt
worden war. Als ich ihn zuerst persönlich kennen lernte, seine
Vorlesungen besuchte und einige seiner bis dahin erschienenen
Schriften las (1826), war seine Schriftstellerthätigkeit noch nicht bis
zur Hälfte ihres Umfanges gediehen und es konnte damals noch die
Hoffnung gehegt werden, dass sich entweder seine Lehre noch zu
systematischer Gestaltung zusammenfassen, oder dass doch die einzelnen Partieen derselben zu gleichmässigerer Ausbildung gelangen
würden. Die erste Hoffnung ging gar nicht, die zweite nur sehr
theilweise in Erfüllung. Zwar arbeitete und entwarf Baader bis zu
seinen letzten Lebenstagen hin mit rastloser Ausdauer, aber in seiner
gewohnten Weise, wie ihn der innere Antrieb und äussere Anlässe
bewegten. Wenn man nach seinem im Jahre 1841 erfolgten Tode
seine gesammte Schriftstellerthätigkeit überblickte, so erwies sie sich
trotz ihrer Zersplitterung doch so umfangreich, hochbedeutsam und
hervorragend und mein gesammtes Geistes- und Gemüthsleben war
so tief ergriffen und begeistert von den grossartigen, erhabenen und
doch wieder so milden und innigen, wie ich zu erkennen glaubte,
in das Innerste der Dinge dringenden Ideen des Mannes, dass ich,
da man mir den Beruf dazu zuerkannte, trotz der zahlreichsten
Gegengründe den festen Entschluss fassen zu sollen glaubte, auch
den grössten Schwierigkeiten der Ausführung einer Gesammtausgabe
seiner Werke die Stirne zu bieten, überzeugt, dass es sich um ein
Werk von bleibender, folgenreichster Bedeutung handle. Und die
durch Hilfe treuer, einsichtvoller, uneigennütziger und opferwilliger
Freunde, mit Unterstützung von Hohen und Niederen, von Männern
und Frauen durchgeführte Herstellung des Werkes hat bereits eine
weithin reichende Wirksamkeit gewonnen, die in entschiedenem
Fortschreiten begriffen ist. Dazu haben die Mitherausgeber theils
durch ihre Einleitungen zu den ihnen übertragenen Bänden, theils
durch eine ganze Reihe eigener Schriften, unter welchen jene von
Hamberger und Lutterbeck den ersten Rang einnehmen, wesentlich,
ja bedeutend beigetragen. Eine reinere Hingabe an ein gemeinschaftliches Unternehmen, dessen materielle Ermöglichung weit über
seine Anfänge hinaus das Verdienst des in der Hegel'schen Schule
gebildeten, geistbegabten Barons Friedrich von Osten-Sacken
ist, ist schwerlich jemals dagewesen. Soll nun die Bedeutung Baader's erkannt und seine Stellung in der Geschichte der deutschen
Philosophie ermittelt werden, so ist zunächst wenigstens sein Verhältniss zu Kant, zu Schelling und zu Hegel kennen zu lernen, von

grosser Wichtigkeit. Für jetzt soll hauptsächlich sein Verhältniss
zu Schelling zur Sprache kommen, während vorerst genügen kann,
jenes zu Kant und zu Hegel mit einigen Zügen anzudeuten, um die
nähere Betrachtung vielleicht späteren Artikeln vorzubehalten.

Den Kriticismus Kant's erklärt Baader an sich für berechtigt,
insofern alles wissenschaftliche Denken nicht ohne kritisches Verfahren gedacht werden kann, für unberechtigt aber in der Art seiner
Ausführung, welche die Vitalfunktionen des Erkenntnissvermögens
im Grunde leugnet, indem sie Gewissheit über diese Fähigkeit oder
Nichtfähigkeit der Vernunft zum Erkennen erst aus der kritischen
Untersuchung des Vermögens der Vernunft und der Möglichkeit der
Erkenntniss gewinnen will und sich also in den Widerspruch verwickelt, die Möglichkeit der Erkenntniss in Frage zu stellen und
doch zugleich vorauszusetzen, dass die Vernunft über ihre Fähigkeit
oder Nichtfähigkeit zum Erkennen gültig zu entscheiden vermöge.
In ihrer höchsten Funktion ist zwar die (theoretische) Vernunft nach
Kant Vermögen der Ideen, aber die Ideen sind ihm nur subjectiv
nothwendige Vernunftschlüsse, denen wir durch einen unvermeidlichen
Schein objective Realität geben. Dergleichen Schlüsse sind in Ansehung ihres Resultats nach Kant's wörtlicher Erklärung eher ver-
nünftelnde, als Vernunftschlüsse zu nennen, wiewohl sie ihrer
Veranlassung wegen wohl den letzteren amen führen können, weil
sie doch nicht erdichtet oder zufällig entstanden, sondern aus der
Natur der Vernunft entsprungen sind. Es sind Sophistikationen,
nicht der Menschen, sondern der reinen Vernunft selbst, von denen
selbst der weiseste unter allen Menschen sich nicht losmachen und
vielleicht zwar nach vieler Bemühung den Irrthum verhüten, den
Schein aber, der ihn unaufhörlich zwackt und äfft, niemals los werden
kann. Mit diesen Worten erklärte Kant die reine Vernunft selbst
für sophistisch. Baader beschuldigte ihn daher, einen constitutiven
Widerspruch in die Vernunft selbst verlegt und Verstand und Vernunft miteinander entzweit und gegeinander gehetzt zu haben. *)
Die Kritik der reinen Vernunft erschien ihm daher als ein verfehltes
Unternehmen. Indem Baader an der Möglichkeit der Erkenntniss
des Uebersinnlichen festhielt und ihm die Anerkennung einer göttlichen Offenbarung Folge der Erkenntniss Gottes war, bestritt er
den Kantischen Rationalismus in der Theologie. Hochverdienstlich
dagegen erschienen ihm die Kantischen Anfänge einer dynamischen
Naturphilosophie, und die Kritik der Urtheilskraft galt ihm für
Kant's genialstes Werk. War Baader in jüngeren Jahren auf kurze

---

*) Werke XV, 203.

Zeit von Kant mächtig, fast übermächtig ergriffen geworden, *) so
hatte er doch schon mit der Schrift: Ueber Kant's Deduktion der
praktischen Vernunft (1796), **) sich seinen selbstständigen Standpunkt bleibend errungen. Nie aber hat Baader bis zu seinem Lebens-
ende aufgehört, sich mit Kant's Werken zu beschäftigen, und die
Rücksicht auf Kant zieht sich fast durch alle seine Schriften hindurch.

Gleichwie Baader die Berechtigung des Kriticismus an sich,
befreit von seinen Uebertreibungen, anerkennt, so auch die Berechtigung des Dialekticismus als Consequenz des geläuterten Kriticismus,
wenn er sich in den Formen bewegt, welche die apriorischen Gesetze
des Denkens vorschreiben. Der Hegel'sche Dialekticismus überschreitet aber die Schranken der Denkgesetze, indem er den Widerspruch sogar zur bewegenden Seele des Denkens macht. ***) Er
bedarf nach Baader daher der Berichtigung und Läuterung. Schreibt
Kant dem menschlichen Erkenntnissvermögen nach Baader zu enge
Grenzen zu, so hebt Hegel in der Behauptung eines absoluten
Wissens geradezu alle Grenzen des Erkenntnissvermögens auf.
Indem Kant auf seinem Wege zu einem unbefriedigenden Glaubens-
theismus geführt wird, stürzt sich Hegel in einen unhaltbaren Geistes-
pantheismus. Nach Baader sind diese Denkweisen Extreme, die in
der höheren, die berechtigten Momente beider aufnehmenden, die
unberechtigten überwindenden und ausscheidenden Einheit des ideal-
realen Theismus ihre Versöhnung finden. Eben weil Kant und
Hegel die zu vermittelnden Gegensätze mit grösster Energie, mit
hervorragender Geisteskraft und mit grossartigem Gedankenreichthum
darstellen, werden sie unter allen neueren Philosophen von Baader
am höchsten gestellt, mehr noch als durch ausdrückliche Worte
durch die fast alle seine philosophischen Schriften durchziehende
vorzugsweise Berücksichtigung dieser beiden grossen Philosophen.
Es ist auch ganz begreiflich, dass er diejenigen seiner Gegner am
meisten bekämpfte, die er am höchsten stellte.

Da Baader um zehn Jahre älter als Schelling war, so hätte
man erwarten sollen, dass schon bei Zeiten wenigstens einer oder

---

*) Baader's Werke XI. a. v. O., bes. aber S. 405 ff.

**) Werke I, 1 ff.

***) Wenn H. P. Michelet sehr gut sagt (Der Gedanke: Fliegende Blätter
in zwanglosen Heften VIII. Bd. 1. Heft S. 32): „Nicht der widerspricht sich,
welcher die Existenz des Widerspruchs annimmt, sondern der, welcher Wider-
sprechendes behauptet", so möge er uns nur auch zeigen, wie wenn nach Hegel's
Annahme die Dinge sich nothwendig widersprechen, der Denker oder das
Denken, der oder das dem Gang der Dinge folgen soll, dem Schicksale entgehen kann, sich zu widersprechen.

der andere der sonst so kritischen Geister die Angaben mehrerer
Geschichtschreiber der Philosophie und anderer Schriftsteller über
den angeblichen Schellingianismus Baader's einer Prüfung unterstellt
hätten. Statt dessen schrieb Einer dem Andern diese Angabe nach,
ohne in den Schriften Baader's selber Bestätigung oder Nicht-
bestätigung derselben aufzusuchen. So blieb es denn mir vorbehalten,
im Jahre 1850 in einer längeren Vorrede, die auch in besonderem
Abdrucke erschien, den evidenten Beweis zu führen, dass Baader
vor und während der Vorherrschaft des Schellingianismus seine
eigenen Wege gegangen war und bei einiger Berührung und Sym-
pathie mit secundären Lehren Schelling's doch nichts mit dem
Schellingianismus zu thun hatte. *) Die Richtigkeit und Gültigkeit
meiner aus den Quellen geschöpften Nachweisungen ist seitdem von
bedeutenden Forschern ausdrücklich anerkannt worden, während Niemand einen Einspruch dagegen erhoben hat. Aus jenen Nachweisungen sind hier besonders drei Punkte hervorzuheben:

1. dass Baader schon vor dem Auftreten Schelling's als philosophischer Schriftsteller die Grundgedanken des ideal-realistischen
Theismus errungen hatte, wie seine Tagebücher beweisen; **)

2. dass Baader nicht bloss niemals dem Schellingianismus
gehuldigt habe, sondern vielmehr einen nicht unbedeutenden Einfluss
auf den Umschwung Schelling's vom Pantheismus zu dem von
diesem für den wahren Theismus gehaltenen Halbpantheismus
geübt hat; ***)

3. dass Schelling auch in der letzteren Gestalt seiner Philosophie (welche in Rücksicht der Methode noch unbefriedigender ist
als es seine früheren Haupt-Werke sind) den wahren (ideal-realistischen) Theismus nicht erreicht hat. †)

Von dem Gesichtspunkte der Forderungen der Methode und
der Systematik aus betrachtet steht die spätere Philosophie Schelling's weit hinter jener Hegel's zurück. Dagegen inhaltlich, nach
ihrem Princip und Ziel, nach ihrem Lebensgeiste betrachtet, erhebt
sie sich weit über den Hegelianismus und nähert sich, wenn auch
nicht ohne befremdende, zum Theil titanische Wendungen, der
Baader'schen Philosophie. Gerade desshalb wird sie von Vielen in

---

*) Kleine Schriften Baader's. Zweite erweiterte Ausgabe. 1850. Dann:
Baader im Verhältniss zu Hegel und Schelling. Zuletzt aufgenommen in den
I. Band der Philos. Schriften von Fr. Hoffmann.
**) Baader's Werke XI. Band.
***) Vergl. Erdmann's Versuch einer Gesch. der neuern Philosophie und
Grundriss der Geschichte der Philosophie.
†) Christenthum und moderne Cultur von J. Hamberger.

der Gegenwart unter ihren wirklichen Werth tief herabgesetzt, während eine unbefangenere Zukunft sie gerade wegen dessen, was sie mit Baader verwandt macht, höher als den Hegelianismus stellen wird, so wenig sich die titanischen Wendungen Schelling's haltbar erweisen werden.

Wenn Schelling bei der Frage nach der Existenz Gottes die Wendung nimmt, nicht die Existenz Gottes könne bewiesen werden, sondern die Gottheit des Existirenden, so ist hiermit, da er das Existirende schlechtweg mit der Gottheit (mit Gott) vereinerleit, sein Pantheismus schon ausgesprochen, der sich nur später durch die Bestimmung Gottes als Persönlichkeit, als Halbtheismus und Halbpantheismus offenbart. Wenn er dann die ewige Natur in Gott nicht zwar zeitlich, aber begrifflich dem Geist Gottes voraussetzt, so zeigt sich sein Halbtheismus mit einem naturalistischen Moment behaftet. Wenn ihm der Inbegriff der ewigen Natur der Stoff ist, woraus Gott die Welt gestaltet, so ist sein Halbpantheismus offenbar. Wenn er die Satanologie in einem Sinne einführt, in welchem trotz allen Sträubens das Böse zur Nothwendigkeit wird, so beleidigt er die unantastbare Heiligkeit Gottes. Wenn er die Mythologie als theogonischen Process fasst, so unterwirft er Gott einer geschichtlichen Entwickelung, die im Widerspruch mit seiner Absolutheit steht. Wenn er die Dreigestaltigkeit Gottes durch den Weltprocess sich zur Dreipersönlichkeit gestalten lässt, so ist dies ganz consequent vom Standpunkte seines die Weltentwickelung als Selbstausgestaltung Gottes fassenden Halbpantheismus aus, aber es ist an sich unbefriedigend, weil er sich nicht zur Einsicht in die Idee des wahrhaft ewigen, überzeitlichen Lebens Gottes, des Unterschiedes Gottes von der Welt und der Bestimmung der Weltentwickelung zum totalen Nachbild der ewigen Vollkommenheit Gottes erhebt. *)

Riesenhaft erhaben steht Baader über diesen Lehren Schelling's, der zwar den Hegelianismus weit hinter sich zurücklässt, Baader aber nur nachringt, ohne entfernt seine Tiefe zu erreichen. Wenn Schelling nach einem geistreichen Ohrenzeugen (Herrn von Seyfried) in seinen Würzburger Vorlesungen in den ersten Jahren des laufenden Jahrhunderts, zu einer Zeit, wo er Baader noch ferner stand, von diesem Heros als von einem wie aus überirdischen Regionen Gekommenen sprach, so hätte er später, nach dem Jahre 1809, diesem genialen Forscher noch weit mehr die Ehre gönnen

---

*) Vergleiche über die spätere Philosophie Schelling's die fundamentalen, alle andern hinter sich lassenden Darstellungen Hamberger's in seiner angeführten Schrift: Christenthum und moderne Cultur S. 127, 146, 148—164 u. s. w.

sollen, die ihm gebührte, und seine spätere Philosophie würde sich
bedeutender und befriedigender ausgestaltet haben, wenn er tiefer
auf Baader eingegangen wäre, anstatt mit titanischer Gewaltsamkeit
dessen Ideen überbieten zu wollen, wodurch sie eines guten Theils
beziehungsweise zur Carikatur derselben geworden sind.

Wenn man diese Sprache in manchen Kreisen unerhört finden
wird, so finde ich die crasse Vernachlässigung des Studiums der
Werke des tiefsinnigsten Forschers der Neuzeit unerhört, eines
Denkers, der an Begabung weder einem Platon und Aristoteles,
einem Plotin und Proklus, einem Augustinus und Thomas, einem
Leibniz, Kant, Schelling und Hegel weicht, an Tiefe der Einsicht
aber im Grossen und Ganzen sie alle überragt, wenn es sich um
die Grundfragen aller Philosophie handelt. Ich finde unerhört, dass
Männer über seine Lehren zu Gericht sitzen, die, abgesehen davon,
dass sie ihm nicht bis an die Kniekehlen reichen, blutwenig Kenntniss seiner Schriften verrathen und schon bezüglich des Thatsächlichen seiner Lehren die ärgsten, unglaublichsten Verstösse sich zu
Schulden kommen lassen. Ich finde es unerhört, dass doch nicht
Wenige, die Eins oder das Andere von ihm gelesen haben, ohne
zu einem umfassenden Studium vorgedrungen zu sein, seine Gedanken
ausbeuten, aber den Namen verschweigen und ihm die empfangene
Anregung nicht im Mindesten danken. Ich finde es von der grösseren
Zahl der Philosophen unerhört, dass sie in Weichlichkeit die rauhe
Schale und die unbequeme Form vorschützen, in welchen nun einmal
die Schriften Baader's vorhanden sind, und lieber mit wohlsystema-
tisirter und formgewandter Mittelmässigkeit sich beschäftigen, als
sich durch den an Ausbeute überreichen Urwald der Baader'schen
Werke mit kräftigem Arm Bahn zu brechen. Von einem guten
Theil der Theologen finde ich es unerhört, dass aus seiner Mitte,
obgleich er in Baader sehr wohl den tiefsinnigsten Forscher der
Neuzeit erblickt, doch kein Werk an das Licht tritt, welches in
umfassender Weise die Tiefen seiner Lehre der Welt klar machte.
Von den Staatsrechtslehrern und Politikern, vollends von den Naturforschern ist kein Wort von eingreifender Bedeutung zu vernehmen
gewesen. Die grosse Mehrheit der katholischen Forscher ignorirt,
schmäht oder unterdrückt den grössten Denker der katholischen
Welt, weil er denselben bezüglich des Ultramontanismus wie kein
Anderer den Staar zu stechen unternommen hat. Die Protestanten
gehen achtlos an den kühnen kirchlichen Ideen Baader's vorüber,
obgleich sie die grösste Aufforderung hätten, sich bis auf den Grund
mit ihnen bekannt zu machen. Das verbreitete Geschlecht der
geistreich feuilletonisirenden Literaten ist zu seicht, um sich ernsthaft

mit Baader zu beschäftigen. Dieser Geistesart vorzüglich hat Baader durch seine Darstellungsart, die jedenfalls, man tadle sie, wie man wolle, einzig in ihrer Art ist, einen Riegel vor seine Werke geschoben, in deren Heiligthum nach seiner Absicht nur der geweihte nachhaltige Ernst der Vertiefung eindringen sollte. Dadurch hat Baader wenigstens dafür gesorgt, dass seine Lehre niemals Modephilosophie werden kann. Aber er hat zugleich durch die Frische, Orginalität und die Kraft seiner Gedanken dafür gesorgt, dass die edelsten, genialsten und die am meisten in die Tiefe strebenden Geister Deutschlands und allmälig der Welt um so nachhaltiger sich dem Studium seiner Werke zuwenden werden.

56.

Hegel, K. Rosenkranz und Baader.

Im October- und Novemberheft 1868 der Philosophischen Monatshefte ist ein Brief von K. Rosenkranz an den Präsidenten der philosophischen Gesellschaft zu St. Louis aus dem Organe derselben, dem Journal of Speculative Philosophy (Editor W. M. T. Harris. St. Louis, E. P. Gray.) aufgenommen worden, an den ich im Nachfolgenden eine Reihe von Erörterungen anzuknüpfen gedenke. Der Brief von Rosenkranz war veranlasst durch einen vorausgegangenen Brief von mir an denselben Herrn Präsidenten der philosophischen Gesellschaft in St. Louis in Nordamerika, den die geehrte Redaktion dieser Blätter gleichfalls aufgenommen hat. In meinem Briefe kommt nun die Stelle vor: „Die wichtigste Erscheinung in der Hegel'schen Schule ist die Wissenschaft der Idee von Rosenkranz (Logik und Metaphysik), welche Hegel in einem Sinne darstellt, der nicht weit von dem Standpunkte Baader's abweicht." Ich weiss nicht, ob ich in meinem Briefe genau diese Worte gebraucht habe. Aber wäre es auch der Fall, so ist darin doch wohl noch nicht behauptet, was R. mich sagen lässt, dass er sich in einem ungewöhnlichen Einklang mit Baader's Philosophie befände. Dass ich von einer Annäherung von Rosenkranz an Baader sprechen durfte, räumt er selbst in einigen Punkten ein. Die Hauptannäherung fand ich aber in meinem Sinne darin, dass Rosenkranz dem Pantheismus den Abschied zu geben und den

Theismus zu behaupten die Kühnheit zu haben schien. Diese Annäherung an den Standpunkt Baader's schien mir sogar damals,
was ich in meinem Briefe nicht Raum hatte auszudrücken, ganz
ausserordentlich und ganz erheblich folgenreich, während Rosenkranz darin gar keine Annäherung erblicken konnte, weil er Hegel
von Haus aus den Theismus behaupten liess, was ich niemals als
begründet einräumen konnte. Zwar hatte Hegel selber erklärt,*)
dass er sich mit Baader verständigen zu können glaube, und dies
konnte so genommen werden, als wisse er sich in der theistischen
Grundlage mit Baader einig. Allein bei näherer Prüfung erwies
sich diese Identität des theistischen Standpunkts nirgends stichhaltig
und gerade je weniger ich die Behauptung von Rosenkranz, dass
Hegel den Theismus gelehrt habe, begründet finden konnte, um
so mehr musste mir seine eigene Erhebung zum Theismus als eine
bedeutende und bedeutsame Annäherung an Baader erscheinen.
Mochte Rosenkranz in seiner Auffassung und Auslegung (auf nicht
leicht begreifliche Weise) irren, immerhin hatte er durch seine Anerkenntniss der Persönlichkeit Gottes einen so grossen Schritt gethan, dass ich von meinem Standpunkte aus vollberechtigt war,
seine Idee der Wissenschaft als die wichtigste Erscheinung in der
Hegel'schen Schule zu bezeichnen und zu begrüssen.

Beruft sich nun R. in seinem Briefe darauf, dass er in seiner
Schrift (Wissenschaft der Idee I. Th. S. 330 ff) vollkommen genau
und bestimmt bezeichnet habe, was ihn von Baader unterscheide,
so muss ich erklären, dass mir jene Stelle nicht unbekannt gewesen
ist, dass ich aber darin noch lange nicht alle Differenzen zwischen
Rosenkranz und Baader, die zur Sprache gebracht werden konnten,
ausgedrückt gefunden habe. Bleiben wir zunächst bei dem stehen,
was R. in seinem Briefe als die Grundzüge seines Unterschiedes
von Baader bezeichnet, so bestreite ich seine Behauptung nicht,
dass er in seiner Logik die Verwechslung bekämpft habe bezüglich
der Begriffe Gegensatz und Widerspruch. Aber ich bestreite, dass
sich diese Verwechslung erst in der Hegel'schen Schule erhoben
habe und behaupte, dass Hegel selber sich dieser Verwechslung
schuldig gemacht und dieselbe von ihm aus in seiner Schule sich
fortgepflanzt hat. Mit der Behauptung: „jeder Gegensatz kann
zum Widerspruch werden, aber er braucht dies nicht schon an und

---

*) „Ueber das Meiste dessen, oder leicht Alles, was er (Baader) bestreitet,
würde es nicht schwer sein, mich ihm zu verständigen, nämlich zu zeigen, dass
es in der That nicht von seinen Ansichten abweicht." Hegel's Werke VI. S.
XXVI.

für sich zu sein," kann ich nichts aufgehellt finden. In dieser Allgemeinheit ist der Satz nicht zuzugeben. Ueberdies wird man denn
doch Gegensätze und mögliche Widersprüche im Denken von Ge-
gensätzen und möglichen Widerstreiten in den realen Wesen, seien
sie geistig oder natürlich, unterscheiden müssen. Das Denken
widerspricht sich nicht, wenn es reale Widerstreite in den Wesen
denkt. Wenn Gegensätze in den realen Wesen zu Widerstreiten
werden, so erwächst daraus für das Denken kein Widerspruch.
Wer den Ausbruch eines Vulkans, ein Erdbeben, einen Orkan, eine
Springfluth, worin Widerstreite der Naturkräfte wirken, denkt, wie
sie sind oder erscheinen, der widerspricht sich nicht in seinem
Denken, der denkt darum doch nicht in Widersprüchen. Wer die
Widersprüche im Denken, die er etwa früher selber beging, aber
als Widersprüche erkannte, oder die Widersprüche Anderer, z. B.
jene der Hegel'schen oder der Herbart'schen, der Spinozistischen
oder der Leibnizischen Philosophie erkennend denkt, der widerspricht
sich darum nicht selber in seinem Denken. Wenn nach R. die
Möglichkeit, dass aus Gegensatz Widerstreit (er sagt Widerspruch)
werde, nothwendig ist, ihre Verwirklichung aber zufällig, so ist damit noch nicht aufgehellt, was denn die Ursache der Verwirklichung
dieser Möglichkeit ist. Woher der Zufall? Wenn die Verwirklichung der Möglichkeit des Widerspruchs (Widerstreits) stattfindet,
so wird nach R. das Sein a) entweder durch die Trennung vernichtet, oder b) es obsiegt über die Trennung und setzt sich selber
wieder in harmonischer Einheit der Gegensätze. Abgesehen davon,
ob ein Sein wirklich vernichtet oder nur umgestaltet werden kann,
muss man hier doch fragen, von welcher Ursache es abhängt, dass
das Eine oder Andere eintritt? Soll dies wieder der Zufall sein?
Und was ist Zufall und wie erklärt sich Zufall? Was soll es
helfen, mit R. bei dem Begriff des Negativen die destructiven und
die productiven Richtungen zu unterscheiden, wenn man nicht erklären kann, woraus, vollends aus dem Negativen, destructive und
productive Richtungen entspringen können, und was denn productive Richtungen bedeuten sollen, wenn zuletzt Alles dem Untergang geweiht ist? Ich werde sicher nichts dagegen einwenden,
dass die positiven Begriffe des Wahren, des Lebens, des Schönen
und des Guten das Prius der (möglichen) negativen Formen ihres
Seins, des Unwahren, der Krankheit, des Hässlichen und des Bösen
sind, aber wenn diese negativen Formen, als Seinsbegriffe zufällig
sind, so sind sie auch nicht, wie R. will, als Moment der Entwickelung der Idee abzuleiten und zu erklären, sondern müssen
aus einer der Idee widersprechen könnenden Macht entsprungen

sein, mag diese jedenfalls endliche Macht eine oder mögen es deren viele sein. Hat nun R. bei den Begriffen der Usurpation, Degradation, Monstrosität nach seiner Erklärung sich Baader genähert, jedoch hinsichtlich der Art und Weise, wie B. solche Formen ursprünglich von einem „Fall" ableitet, entschieden eine entgegengesetzte Stellung eingenommen, so hätte man doch billig erwarten dürfen, dass uns diese entgegengesetzte Stellung näher und bestimmt bezeichnet worden wäre. Man sollte doch wohl annehmen dürfen, dass R. allmälig das Greuliche der Hypothese Schelling's und Hegel's von einem Abfall der Idee oder Gottes von sich selber einleuchtend genug geworden sei. Die Hypothese Schopenhauer's ist wo möglich noch schauderhafter, die Hypothese Kant's, wiewohl als tiefsinnig gepriesen, ist, milde gesprochen, doch ganz unzulänglich, näher und strenger besehen aber widersinnig. Dagegen enthält Baader's Hypothese wenigstens nichts Unmögliches. Denn es kann nimmermehr als unmöglich erachtet werden, dass vor der Schöpfung des Menschen geistige Wesen geschaffen wurden von anderer Art und anderer Beziehung zur Natur und Leiblichkeit.*) Solche Geschöpfe konnten als geistige nur mit Intelligenz und Willen begabt sein und ihre intelligente Anlage musste sich bethätigen, ihr Wille sich bestimmen und sie mussten sich folglich entweder mit dem Willen Gottes einigen und in ihm befestigen oder dem Willen Gottes widersprechen und von ihm abfallen, ihre Entscheidung für das Eine oder das Andere musste segenvolle oder verderbliche Folgen für sie haben und diese Folgen konnten sich auch auf die ihnen eigene Leiblichkeit und ihnen zugewiesene innig verbundene Naturregion erstrecken. Dass die Möglichkeit des Abfalls von Gott in der Geisterwelt zur Wirklichkeit geworden sei, lässt sich nach Baader nicht a priori erweisen, weil die Entscheidung vom freien Willen der Geister abhing. Nur die Geschichte kann hierüber Auskunft geben und Baader hält sich überzeugt, dass die Geschichte, im weitesten Sinne genommen, entscheidende Andeu-

---

*) Ob die Engel rein geistige Wesen sein können und sind, jedoch mit dem Vermögen, irgendwie sinnliche oder leibliche Formen vorübergehend annehmen zu können, oder ob sie bleibend mit einer freien sinnlichen Form und Leiblichkeit vereinigt sind, in keinem Falle sollte man die letztere Ansicht widerlegt zu haben glauben mit der Beschuldigung, dass sie eine Grille der modernen Wissenschaft sei. Damit ist so wenig ausgerichtet, wie wenn Kahnis (die Lutherische Dogmatik I, 239) die Auffassung des Tohu va Bohu der Genesis im Sinne von Böhme, Kurtz, Delitzsch etc. für eine theosophische Grille erklärt. Mit solchen Vorwürfen sollten sich doch in so ernsten schwierigen Fragen namhafte Theologen gegenseitig nicht behelligen.

tungen enthalte, dass ein solches Ereigniss des Abfalls eines Theils der Geisterwelt stattgefunden habe.*) Ueber die Weltentstehung hinaus verlegt Baader das angenommene Ereigniss schon darum nicht, weil ihm vor der Weltentstehung begreiflicherweise keine Geschöpfe existiren konnten. Nimmt Baader die jetzige Weltordnung durch jenen Fall afficirt oder herbeigeführt an, so ist ihm die jetzige Weltordnung nicht die Weltentstehung überhaupt.

Dass es in keinem Sinne ein Uebel in der Welt gebe, behauptet kein System. Viele suchen es nur als nothwendig zu erklären, nicht bloss Pantheisten, sondern auch Theisten, so dass es jenen von der Welt unabtrennlich erscheint, während ein Theil dieser (z. B. d. ält. Sigwart) es als nothwendigen Durchgangsmoment zur Vollendung der Welt ansieht. Wer aber, wie Baader, den Determinismus überhaupt verwirft, weil er im Grunde den Geist zum gänzlich leidenden Wesen macht und somit streng genommen die Zurechnungsfähigkeit aufheben müsste, der lehrt auch consequent die Nichtnothwendigkeit (wiewohl die Möglichkeit) des Bösen und folglich die Nichtnothwendigkeit aller derjenigen Uebel, die aus dem Bösen entspringen. Ob es noch andere Uebel (malum metaphysicum) geben könne und gebe, die aus dem Bösen unmittelbar oder mittelbar nicht entspringen, bedarf allerdings noch einer besonderen Untersuchung. Das Böse kann aber nach dieser Lehre nur aus geschaffenen geistigen Wesen entspringen, und wenn die Menschheit auf Erden, wie Hegel will, die einzige existirende Art geistiger Wesen wäre, so würde auch im gesammten Weltall das Böse nur von Menschen in die Welt haben gebracht werden können. Dies nun räumt Baader nicht ein**), und wiewohl er den modernen Anschauungen eines Krause, Weisse, Flammarion etc., welche unzählige Theilmenschheiten im Universum verbreitet sein lassen, nicht zugethan ist, so steht er ihnen doch nicht so ferne als Hegel, oder bildet vielmehr ein Mittelglied zwischen ihnen, indem er aus philosophischen Gründen für erweisbar erachtet, dass die Menschheit auf Erden nicht die einzige Art geistiger Wesen sein könne, sondern ausser ihr eine Welt geistiger Wesen existiren müsse, deren Verhältniss zur Natur und Leiblichkeit schon ursprünglich ein anderes

---

*) Vergleiche die Angelologie und Dämonologie in dem Werke: Das Judenthum in Palästina zur Zeit Christi von Prof. Dr. J. Langen S. 297—331. — Bibel und Astronomie von Kurtz. 2. Aufl S. 78 ff. — Philosophie der Geschichte von Molitor, II., 115. — Die Lehre vom Menschen nach Geist, Seele und Leib etc. von Rudloff S. 175.

**) Vergl. Physica sacra oder der Begriff der himmlischen Leiblichkeit von Hamberger, S. 233.

als das des Menschen sei. Die Dreieinigkeit Gottes, welche er für streng erweisbar hält und erwiesen zu haben überzeugt ist, spiegelt sich nach ihm in einer Dreiheit geschaffener (unter einander verwandter) Wesensarten: einer Geisterwelt, einer Naturwelt und einer Menschenwelt. In der Geisterwelt waltete die Möglichkeit des Bösen so gut als in der Menschenwelt und konnte so gut wie in der Menschenwelt in Wirklichkeit übergehen. Die Naturwelt ist als unfrei des Bösen nicht fähig, aber wohl des Verderbnisses wenigstens mit durch Einwirkung des Bösen der geistigen Welt. Die Menschenwelt war ursprünglich zur Bewohnung des ganzen Weltalls bestimmt und wird auch dereinst nach vollbrachter Erlösung, Heiligung und Vollendung das gesammte Weltall bewohnen. *) Auch die Urschöpfung ist nach Baader eine Progression durch lauter Stufen der noch nicht vermittelten Volikommenheit der Dinge gewesen. Der Mensch war zum Schlussgeschöpf bestimmt. Der zufällige Fall des Geisterfürsten und eines Theils seiner Schaaren veranlasste, dass der zum Schlussgeschöpf bestimmte Mensch nun zugleich eine noch andere Bestimmung als die ihm ursprünglich von Gott zugedachte erhielt. Die geschaffene Naturwelt ist Baader ursprünglich immateriell, nicht im Sinne der Stofflosigkeit überhaupt, sondern im Sinne der Erhabenheit über die groben Formen der irdischen Natur, welche zwar der Möglichkeit nach in ihr lagen und also wirklich werden konnten, aber nicht wirklich werden mussten, und nachdem sie faktisch im Irdischen wirklich geworden sind, die Möglichkeit nicht verloren haben, wieder von ihnen befreit und in dieser Befreiung fixirt zu werden. **) Der Uebergang der geschaffenen immateriellen Natur zu ihrer materiellen Form, der nach Baader nicht im ganzen Universum eintrat, war kein mit innerer Nothwendigkeit sich vollziehender, sondern ein bedingter und insofern zufälliger, und zwar bedingt durch Wirkung und Einfluss der zerstörenden Bosheit des übergeordneten Fürsten der Geisterwelt und seiner verführten Schaaren. Baader schreibt auch der Geisterwelt einen wohlthätigen oder übelthätigen, harmonisirenden oder disharmonisirenden Einfluss auf die ihr untergebene Naturregion zu. Der disharmonisirende Einfluss des bösen Willens der gefallenen Geister macht die Naturprocesse und Naturgestalten chaotisch. Aber in gleichem Maasse, in welchem der böse Geist zerstörend auf die Natur wirkt, wirkt diese bindend auf ihn zurück und wird ihm

---

*) Baader's Werke XVI., 311 ff. Lutterbeck: Baader's Lehre vom Weltgebäude etc. S. 16—18.

**) Physica sacra von Hamberger S. 129.

zum Gefängniss. Der Geisterfall hatte daher nach Baader den Zerfall der der Geisterwelt zugewiesenen Naturregion in das Chaos zur Folge. Gott, alles zufällige Böse zum Mittel der Förderung des Guten verwendend, wollte diese zerrüttete Naturwelt wiederherstellen, entzog sie Schritt vor Schritt dem verderbenden Einfluss des Bösen und schuf den Menschen zum Oberhaupte der in Restauration begriffenen Naturregion mit der Macht, diese Naturregion vollends wieder herzustellen oder die Restauration auch seinerseits durch Abfall von Gott wieder zu hemmen. Die dem Chaos durch Gott entzogene Naturregion konnte nur die Form der irdischen Materialität annehmen, die dadurch zugleich Schutz und Schirm gegen den Einfluss der bösen Dämonen geworden ist, und muss diese Form behalten bis die vollbrachte Erlösung des Menschengeschlechts durch den Erlöser mit der Herstellung des neuen Himmels und der neuen Erde die irdische Natur wieder in ihre (dann fixirte) immaterielle Form und in die Verklärung und Vergeistigung erhoben haben wird.

Diese Lehre Baader's, welche ungleich reicher entwickelt werden könnte, ist meines Wissens die einzige im Bereiche der Philosophie, welche von der Idee der Heiligkeit Gottes aus den Grundsatz der Nichtnothwendigkeit des Bösen und des daraus entspringenden Uebels, also der Freiheit des Willens der geistigen Wesen consequent durchführt. Es ist zum Erstaunen, mit welcher Ungunst von den Meisten diese Lehre behandelt wird, obgleich sie von den reinsten und erhabensten Grundideen ausgeht, während man die blasphemischen Lehren der Pantheisten, der Deterministen, Naturalisten und Materialisten wie süsses Wasser oder auch wie köstlichen Wein hinunterschluckt und solche von Widersinnigkeiten strotzenden Lehren für philosophischer hält und ausgibt als die Lehre Baader's, die von durchaus gesunden Grundsätzen ausgeht. Daher auch eine Anzahl tiefer forschender Theologen sich ihr ganz oder theilweise zugewendet haben, wie Kurtz*), Delitzsch**), Mehring***) und besonders Rocholl†), vieler Anderer nicht zu gedenken. Man hat gesehen, dass Rosenkranz die Lehre Baaders nicht genau kennt und entstellt. Denn Entstellung ist es schon, wenn R. Baader die Lehre von einem Geisterfall vor der Weltentstehung zuschreibt. Es ist schon gezeigt, dass Baader nach seiner ganzen strengtheistischen Lehre absolut nicht einen Fall über die Welt-

*) Bibel und Astronomie von Kurtz. 2. Aufl. S. 94 ff.
**) Commentar über die Genesis von Fr. Delitzsch. 3. Aufl. S. 103 ff.
***) Religionsphilosophie von Mehring.
†) Der biblische Kosmos von Rocholl in der Zeitschrift für lutherische Theologie. 1867. III. Vergl. Physica sacra von Hamberger S. 216.

entstehung hinausverlegen kann, da gerade er es für blasphemisch erklärt, von einem vorweltlichen Bösen zu sprechen, Gott selbst im Abfall von sich selbst mit Schelling und Hegel zum Urheber des Bösen zu machen oder auch nur mit Kant den Fall in eine angeblich intelligible Welt zu verlegen. Wenn Rosenkranz die immaterielle ewige (Kraft-) Natur in Gott leugnet, obgleich auch die h. Schrift von einer ϑεία φύσις spricht und von einem ungeschaffenen Licht und Himmel, in welchem Gott wohne, so muss er sich ausdrücklich zum abstracten Spiritualismus in der Gotteslehre bekennen und er mag dann zusehen, wie er die Welt anders als abstract spiritualistisch zu erklären vermag und wo dann seine so zäh festgehaltene materielle Natur hinkommt. Die materielle Natur, d. h. die Materialität der geschaffenen Natur — denn die Materialität der irdischen Natur ist nicht eine besondere Substanz, sondern nur ein Zustand der geschaffenen Natur — wird nach Baader keineswegs durch den Fall hervorgebracht, wie überhaupt durch kein Geschöpf, am allerwenigsten durch Sünde und Bosheit eines Geschöpfs etwas geschaffen wird, sondern der materielle Zustand der von Gott immateriell (als Uräther) geschaffenen Natur wird durch das Böse nach Baader nur veranlasst, und eine diabolische Hervorbringung, die R. Baader seltsamer Weise zuschreibt, gibt es überhaupt nicht, sondern nur eine disharmonisirende Wirkung des bösen Willens auf die Processe und Gestaltungen der Natur, so wie eine harmonisirende Wirkung des guten Willens auf dieselben. Wer solche nicht wenigstens in der Menschheit, in jedem Menschen im Verhältniss des Geistigen zum Leiblichen, der Menschen als geist-leiblicher Wesen unter einander und der Menschen in ihren Wirkungen auf die ihren Eingriffen offenen Naturgebilde nicht gewahren kann, der muss mit Blindheit geschlagen sein. Sind solche aber unleugbar, so können sie auch in der Urzeit von grösserem Umfang und von grösserer Intensivität gewesen sein und jetzt nur in vermindertem Maasse noch vorhanden. Aller Aberglaube, der sich an diese Lehre gehängt und sie entstellt hat, aller Missbrauch, der daraus erfolgt ist, und die Annalen der Geschichte sind voll davon, können nichts gegen die Wahrheit dieser Lehre selber beweisen.*) Noch Luther ist von den Einflüssen der mittelalterlichen Vorstellungen her voll von Ueberglauben bezüglich dämonischer reeller Einflüsse auf die Naturprocesse und Naturge-

---

*) Evangelische Glaubenslehre nach Schrift und Erfahrung von Hermann Plitt I, 253. Vergl. überhaupt die Darlegungen des Verfassers über die Engel- und die Dämonenlehre der h. Schrift S. 235—256.

stalten. Auch der bloss mentale Einfluss der Dämonen wird allen
in der materialisirten Natur Befangenen, das Geistige in seinem
raumzeitlich freien oder doch freieren Wirken Verkennenden,
kaum glaublich oder unglaublich sein, aber die Möglichkeit solcher
Wirkungen enthält zum Allermindesten keinen Widerspruch, und es
gibt eine Fülle von Thatsachen, die auf die Wirklichkeit solcher
Wirkungen hinführen.

Ich hatte erwartet, dass Rosenkranz, da er Hegel die Lehre
von der Persönlichkeit Gottes zu vindiciren unternahm, ihm auch
die Lehre von der Unsterblichkeit der geschaffenen Geister zuschreiben werde, dass er selbst wenigstens sie als die Consequenz
jener von ihm behaupteten Lehre erkannt haben werde, obgleich ich
mich keiner Aeusserung von ihm erinnerte, in welcher sie positiv
ausgesprochen worden wäre. In seinem Brief erklärt er sich nun zu
einiger Ueberraschung gegen die Annahme der Unsterblichkeit,
womit er sich nun freilich sehr weit von Baader entfernt. Nach
Rosenkranz soll, sein Brief sagt dies wörtlich, Leben nicht Widerspruch gegen den Begriff Tod sein. Tod soll nach ihm der immanente nothwendige Gegensatz zum Leben sein. Alles, was lebt,
muss nach ihm sterben. Dagegen ist zu erinnern, dass es schon
darum nicht im Begriffe des Lebens liegen kann, dass ihm der Tod
immanent sei oder dass er ihm nothwendig folge, weil der Urbegriff
des Lebens Gott ist, Gott aber ewiges Leben ist, welches nicht
stirbt. Hätte Rosenkranz sagen wollen, dass das Leben ununterbrochen aufgehobenes, überwundenes Sterben sei, so hätte er einen
tiefen Blick gethan; aber davon ist er weit entfernt und man muss
schon jetzt vermuthen, dass es ihm mit dem ewigen L e b e n Gottes
nicht voller Ernst ist. Wenn nun aber wenigstens alles geschaffene
Leben nothwendig dem Tode, dem Untergang nach R. geweiht sein
soll, so darf man doch fragen: von wem ist denn das geschaffene
Leben geschaffen? Doch von Gott, dem Urlebendigen! Und das
Urlebendige sollte Gefallen an dem Tode, dem Untergang des von
ihm Geschaffenen haben, oder die Macht nicht besitzen, das Geschaffene im Leben zu erhalten, die Kraft ihm nicht verleihen
können, das Sterben ununterbrochen zu überwinden und in der
Ueberwindung des Sterbens ewig zu leben, auch wenn es aus
welchen Ursachen immer die zeitliche Hülle wechseln müsste, bis
es die ewige, bleibende angezogen hätte? Hätte Gott Gefallen
am Untergang des geschaffenen geistigen Lebens, so wäre er nicht
die Liebe, nicht der Liebhaber des Lebens, wie die heilige Schrift
sagt, hätte er nicht die Macht der Lebenserhaltung, so wäre er
nicht die Allmacht, und er würde nur Nichtiges schaffen, denn

was ein Wesen ist, das zeigt sich in seinem Ergebniss und ist es im Ergebniss nichts, so ist es in seinem Wesen nichts und eine blosse Scheingestalt. Würden auch diese Scheingestalten immer wieder ins Endlose durch andere ersetzt, so würde das Weltall doch immer aus lauter Scheingestalten bestehen; es wäre dem Regenbogen zu vergleichen, der als blosses Phänomen aus stets anderen und wechselnden Regentropfen hervorgebracht wird. Und vollends soll nach Hegel die Totalität dieses Phänomens die Selbstverwirklichung des absoluten Geistes sein! Im Nichtigen erscheinend wäre er nur im Unterschiede seiner Erscheinungen das bewusstlose Allgemeine oder allenfalls die Potenz des Nichtigen!

Wie könnte Baader nach R. tiefe Einblicke in das Diabolische (warum nicht das Teuflische) gethan haben, wenn es keine Dämonen gäbe! Oder sollen die Menschen die Dämonen und Teufel sein, an denen sich die tiefen Blicke Baader's bewähren, so gibt es also doch Teuflisches, und warum sollte dies bloss in der Menschenwelt gesucht werden, was doch nur dann zu geschehen hätte, wenn es nach Hegel beweisbar wäre, dass es andere geistige Wesen als Menschen auf Erden nicht gebe. Eine Irrlehre, die nur aus der Selbstüberhebung des Idealisten erklärbar ist, der, da er sein Ich nicht zum ganzen Universum aufblasen kann, die Geisterwelt wenigstens auf seine Gattung einzuschränken sucht.

Wenn Baader die Materialisirung, Vergröberung, Compaktirung der Naturgestaltungen für eine wohlgeordnete Schutzwehr des Menschen gegen die Einwirkungen der Dämonen erklärt, so kann er sie auch nicht als Teufelswerk aufgefasst haben, wenngleich die Natur nach ihm ohne den Geisterfall nicht materialisirt worden wäre und die Naturgestalten aus dem zur äusseren Ordnung gebrachten Chaos nicht unverwundet hervorgegangen sind. Die Widerstreite der irdischen Naturkräfte, z. B. der Extreme der Hitze und der Kälte, die Wuth der Elemente etc. sind nach Baader nicht Teufelswerk (dergleichen es als Schöpfung des Teufels gar nicht gibt), sondern sie sind durch das im Geistersturz und Menschenfall eingetretene Böse veranlasste und zur äusseren Ordnung nöthig gewordene Werke und Veranstaltungen der waltenden und erlösenden Liebe und Vernunft Gottes, welche in einer gesunkenen aber erlösungsfähigen Weltregion weder den Himmel (die volle Harmonie und Verklärung der Natur), noch die Hölle (die volle chaotische Zerrüttung) aufgehen lassen kann, sondern dem Streit der Naturkräfte einen begrenzten Spielraum anweist, der den Zwecken der göttlichen Erziehungs- und Erlösungs-Anstalt dienen soll. Da das Böse nichts Substantielles ist, sondern nur eine willkürliche falsche

Correlation und Wirkensweise der Vermögen des Geistes, da das Naturübel nur in nicht normalen Correlationen besteht, so ist die Welt und sind sämmtliche Weltwesen in ihrem Grunde, ihrem Wesen unzerstörlich und unverwüstlich, und die Welt, wie sie Schöpfung der ewigen Vernunft ist, ist und bleibt daher in ihrem Wesen vernünftig. Selbst die Essenz der Dämonen ist und bleibt unergriffen von den falschen, verkehrten und bösen Gedanken, Willensbestimmungen und Wirkungen, welche nur in den Aeusserungen der Vermögen ihres Wesens haften.

Der freie Wille des Menschen ist und bleibt für seine Entschliessungen verantwortlich, er mag Naturreizungen unerlaubten Einfluss gestatten oder von anderen Menschen sich verleiten oder verführen lassen. Ob er sich von Menschen verleiten lässt oder dämonischen Einflüsterungen Gehör gibt, macht keinen wesentlichen Unterschied, wenn dämonische Einflüsterungen überhaupt möglich sind, und wenn sie möglich sind, so können sie ebensogut durch den freien Willen abgewiesen werden als verführerische Einflüsse von Menschen.

Baader verknüpft nun diese Dämonenlehre mit der Heilsgeschichte und Erlösungslehre des Christenthums und lässt Christus als den Ueberwinder der Dämonen und ihres Hauptes, des gefallenen Engels Lucifer, erscheinen. Die Erlösung ist ihm nicht bloss Heiligung des Willens der Menschen, sondern von da aus zugleich in den Wiedergeborenen Verklärung und Vergeistigung der Leiblichkeit und der gesammten Natur. Das dereinstige Weltgericht führt zwar die Scheidung der Guten und der Bösen herbei, für die Einen geht der Himmel, für die Anderen die Hölle auf, aber während der Himmel mit seinen Seligen ewig ist, dauert doch die Hölle den Verdammten nicht endlos, sondern wenn sie in den höchsten Graden der Höllenpein ihre Sünden gebüsst haben, erlischt ihre Widerstandskraft gegen Gott und sie treten zwar nicht als Erlöste in die gleiche Seligkeit der Geheiligten, aber doch als solche, in denen jeder Rest des bösen Willens gebrochen und erloschen ist, als die untersten und äussersten Glieder des Himmelreichs in die vollendete Ewigkeit. *)

Die Grundzüge dieser Lehre wird man als den Lehren der h. Schrift entsprechend anerkennen müssen und es kann nur die Frage aufgeworfen werden, ob die Nichtendlosigkeit der Höllenstrafen der Verdammten eine haltbare Auslegung der Schriftlehre enthält? Der Scharfsinn, womit Baader diese Lehre von der End-

_____

*) S. Werke Baader's IV., 408—422.

lichkeit oder Nichtendlosigkeit der Höllenstrafen aus der h. Schrift
selbst zu erweisen sucht, ohne wie Weisse und Andere vor ihm die
Individualität der Verdammten untergehen zu lassen, ist mir stets
ganz eminent erschienen. Eine eingehende Berücksichtigung dieser
Auslegung Baader's ist mir nirgends begegnet, weder eine zu-
stimmende noch eine verwerfende, was ich natürlich im höchsten
Grade missbilligen muss.*) Nur wenn man, wie es nicht der Fall
ist, berechtigt wäre, die Autorität der h. Schrift, weil der Begriff
einer wörtlichen und völlig mechanischen Inspiration nicht aufrecht
erhalten werden kann, völlig zu verwerfen, könnten die Grundzüge
der Dämonenlehre Baader's in Frage gestellt werden. Aber auch
dann wäre noch immer möglich, dass sie aus Gründen des grossen
Weltzusammenhangs, von welchem Baader eine grossartige, die pantheistische Ansicht weit überflügelnde Anschauung hat, gerechtfertigt
werden könnte.

Wenn Rosenkranz auf seine Abhandlung: Transfiguration der
Natur in seinen „Studien" und auf seine Schrift: „Die Aesthetik des
Hässlichen" hinweist, so fordert er zur Erklärung heraus, dass diese
Arbeiten sehr gewandt, sehr kenntnissreich, sehr espritreich, aber
in der Hauptsache verfehlt sind. Sie setzen die Anerkennung des
durch Hegel modificirten Spinozismus und durch Rosenkranz modificirten Hegelianismus voraus.

Wenn Rosenkranz mit so leichten Mitteln mit Baader's Lehre
oder doch gewissen Partien derselben ins Gericht gehen zu können
meint, so will ich ihm zeigen, mit welchen gewichtigeren Gründen
man mit Hegel ins Gericht gehen kann und muss. Hegel's Lehre,
wiewohl mit hervorragendem Geist, mit einer Art imponirender
Genialität durchgeführt, ist reich an Widersinnigkeiten. Sie ist bei
allem Reichthum von Gedanken ein Sammelpunkt von Unmöglichkeiten des Denkens. Zahlreich lassen sich ihm Widersprüche nachweisen, wie es gar nicht anders sein kann, wenn man den Widerspruch als nothwendiges Moment in den Erkenntnissprocess einführen will. Schon Schelling hat dieses Verfahren mit anderen
Worten als einen sich selbst ausgestellten Freibrief von den For-

---

*) Schenkel erklärt sich in seiner Christlichen Dogmatik II, 2. 1223 ohne
sehr tiefgehende Untersuchung über das Böse für die endliche Erlösung aller
sündigen Wesen und für die Wiederbringung aller Dinge. Weisse in seiner
Philosophischen Dogmatik (III, 726) lässt die Verdammten der Vernichtung an-
heimfallen, „dem Tode, der wirklich Tod ist". Plitt in seiner Evangelischen
Glaubenslehre (II, 416) zeigt sich der letzteren Auskunft noch am geneigtesten,
will aber doch bei dem Begriff der ewigen Verdammniss stehen bleiben.

derungen des Verstandes bezeichnet.*) Nach Hegel denkt sich die absolute Idee selbst, ohne Gedanke eines persönlichen Wesens zu sein, die absolute Idee kann sich zu ihrem Andern, d. h. zu ihrem Gegentheil entäussern und entäussert sich, in ihrer Entäusserung wird sie die materielle Natur, die absolute Idee kommt in ihrer Entäusserung durch eine Reihe von Stufen der Verinnerlichung der Materie im menschlichen Geiste zu sich und der menschliche Geist begreift sich nach Jahrtausenden des Strebens, Ringens, Kämpfens, Irrens, Bauens und Zerstörens zuletzt im philosophischen Begriff als Vernunft von allem Sein, als die Verwirklichung des absoluten Geistes: die Welt ist der Abfall der absoluten Idee (Gottes) von sich selbst, Gott ist in allen menschlichen Personen die Allpersönlichkeit, die menschlichen Personen sind oder werden frei oder können doch frei werden, obgleich sie aus der absoluten Idee gefallene, durch die Materie hindurchgegangene, aus ihr hervorgetriebene, wie Eintagsfliegen dem Untergang geweihte blosse Erscheinungen des Absoluten sind. Alle diese Lehren sind ebenso viele Unmöglichkeiten. In den zahlreichen Werken von Philosophen und Theologen ist das System Hegel's längst zu Grabe getragen. Die Hegelianer haben den grössten und bedeutendsten Theil dieser Werke ignorirt, und wenn sie doch hin und wieder einmal auf einen Widerlegungsversuch sich eingelassen haben, so sind sie darin nichts weniger als glücklich gewesen und haben die Verwirrung nur noch vermehrt.

Auch Rosenkranz, vielleicht der geistreichste Hegelianer, kann nicht von dieser Anklage durchaus freigesprochen werden. Von seinen zahlreichen früheren Schriften, die zum Theil zur Vertheidigung Hegel's geschrieben sind, soll hier nicht die Rede sein, theils weil es zu weit führen würde, theils weil nicht genau genug bekannt ist, was er davon noch festhält und was nicht. Seine „Wissenschaft der logischen Idee" aber kann hier nicht übergangen werden. Sie will als eine Reform der Hegel'schen Logik angesehen werden. Sie ist also keine blosse Fortbildung, Erweiterung, sondern will zugleich eine Verbesserung sein, setzt also Mängel bei Hegel voraus. Es kann nicht geleugnet werden, dass Rosenkranz in dieser Reform in Manchem sich Baader näherte, wenigstens in Einigem sicher mit Bewusstsein, wie er denn selbst bezüglich einiger Punkte die Annäherung zugibt. Dass er sich darum in einem

---

*) Ueber die dialektische Methode von E. v. Hartmann vergl. die Anzeige dieser Schrift in Glaser's Jahrbüchern für G.- u. St.-W. X. B IV. Heft S. 247 ff. (1868). Philosophische Schriften von Fr. Hoffmann III, 126—144.

„ungewöhnlichen" Einklang mit Baader befände, sollte und soll darum nicht behauptet werden. Sein abstrakter Spiritualismus trennt ihn weiter von Baader als aus den kurzen Worten meines Briefes zu erkennen war, wo mir vornehmlich vorschwebte, dass Rosenkranz in der Anerkennung der Persönlichkeit Gottes mit Baader sich erfreulich berühre. Am stärksten tritt aber die Entfernung von Baader in der nun wenigstens, ich erinnere mich nicht, ob auch schon früher, bestimmt ausgesprochenen Leugnung der persönlichen Unsterblichkeit des menschlichen Geistes hervor. Wie diese Preisgebung der Unsterblichkeit des Menschen mit der Behauptung der Persönlichkeit Gottes zusammenstimmen kann, soll hier vorerst nicht untersucht werden.

Differenzen, auf welche R. als I, 330 ff. seiner Wissenschaft der Idee ausgesprochen hinweist, waren mir auch früherhin nicht entgangen. Ich finde aber, indem ich sie auf's Neue vergleiche, dass R. wie anderwärts so auch hier Baader's Lehre weniger genau und gut kennt, als er sollte. Er schreibt dort Böhme, Baader und Schelling genau dieselbe Lehre zu von Gott als Ungrund, der sich selbst durch seinen Gegenwurf erst zum Grunde mache. Allein Böhme wird von Schelling nicht richtig verstanden, wenn derselbe jenem die Annahme eines dunkeln Grundes in Gott zuschreibt, der erst nachher ins Licht erhoben und aufgehoben werde, während Böhme nur sagen will, dass der Grund in Gott dunkel, finster sein würde, wenn er nicht ewig schon in das Licht verklärt wäre und würde. Daher erklärt sich Baader ausdrücklich gegen die Schellingsche Lehre vom dunklen Grunde in Gott, der erst zeitlich in Licht zu verklären wäre. Uebrigens will sich R. dort offenbar überhaupt gegen die Annahme einer Natur in Gott erklären, sie mag nun im Sinne Schelling's oder Baader's genommen werden. Baader würde ihm hierauf entgegnen, dass er einen kraftlosen Gott lehre, aus dessen abstrakter Spiritualität die Realität der endlichen Natur nicht erklärbar sei. Denn dass die absolute Idee oder nach R. der absolute Geist sich zur Natur oder Materie entlasse, entäussere, das seien leere Worte, die nichts erklärten.

Rosenkranz stellt in verschiedenen Schriften die Behauptung auf, dass Hegel in vollem Ernste Gott als absolute Persönlichkeit gedacht habe. Allein diese Behauptung hält nicht Stich, wenn man die Werke Hegel's sorgfältig prüft. Wenn Hegel in der Phänomenologie des Geistes einen grossen, entscheidenden Schritt über Spinoza hinaus gethan zu haben meint, mit der Erklärung, dass das a. Wesen nicht als Substanz, sondern ebensosehr als Subjekt aufzufassen sei, so legt er doch dem Subjekt einen Sinn bei, der über den Panlogismus nicht hinausgeht.*) Die Logik Hegel's ist auf keinem Punkte mit der Persönlichkeit Gottes in Einklang zu bringen. Sieht man sich in der Hegel'schen Religionsphilosophie um, so ist hier zwar viel von dem Selbstbewusstsein Gottes, von Gott als dem absoluten Geiste die Rede, aber nicht eine einzige Stelle nöthigt, diese Bezeichnung im Sinne der Persönlichkeit Gottes zu verstehen, da sie ganz wohl im Sinne J. G. Fichte's genommen sein kann, der nicht ansteht, Gott der Materie nach als lauter Geist zu benennen, Selbstbewusstsein aber nur in endlichen begrenzten Wesen denkbar finden will. Zahlreiche andere Stellen aber so wie der gesammte Geist dieser Religionsphilosophie stehen im entschiedensten Widerspruch mit der Lehre von der Persönlichkeit Gottes, sofern diese nicht in der Totalität der endlichen Geister oder gar nur in der geistigen Aristokratie der Menschheit gesucht werden soll. Niemand wird, denke ich, wenn er Gott als Persönlichkeit aussprechen wollte, mit Hegel (Werke XI, 18) sagen: „Die Philosophie also ist erstlich die logische Idee, Idee wie sie im Gedanken ist, wie ihr Inhalt selbst die Gedankenbestimmungen sind, ferner zeigt sie das Absolute in seiner Thätigkeit, in seinen Hervorbringungen, und dies ist der Weg des Absoluten für sich selbst zu werden, zum Geist, und Gott ist so das Resultat der Philosophie, von welchem erkannt wird, dass es nicht bloss das Resultat ist, sondern ewig sich hervorbringt. . . . Die Natur, der endliche Geist, der Wille sind Verleiblichungen der Idee, bestimmte Gestaltungen, besondere Weisen der Erscheinung der Idee, Gestaltungen, in denen die Idee noch nicht durch-

---

*) Ja man könnte fragen, ob Hegel mit seinem absoluten Subjekt wirklich und in Wahrheit wesentlich über Spinoza hinausgeht. Denn nach Hegel hat Spinoza ganz Recht, Gott als absolute Substanz zu fassen, nur sei er nicht bloss Substanz, sondern auch Subjekt. Aber auch Spinoza schreibt der absoluten Substanz unter den unendlich vielen Attributen unendliches Denken zu. Hätte nun Spinoza, wie Manche behaupten, z. B. Löwe, dieses unendliche Denken als göttliches Selbstbewusstsein gefasst, so hätte ihn Hegel nicht einmal erreicht. Ist aber das unendliche Denken der Substanz Spinoza's als an sich unbewusste Vernunft, Idee, Geist zu verstehen, so ist es dasselbe mit der Hegel'schen absoluten Idee, dem allgemeinen Geist, der reinen Persönlichkeit, und Hegel unterschiede sich von Spinoza nur dadurch, dass er alle an sich seienden Bestimmungen der absoluten Substanz in die absolute Idee zusammenfasst, während Spinoza ausser dem unendlichen Denken noch die unendliche Ausdehnung und andere unerfassbare unzählige Attribute der Substanz statuirt. So mangelhaft und nebelhaft dies sein mag, so steht Spinoza — nur in erstarrter Form — der Erkenntniss der Einheit des Geistes und der Natur in Gott näher als Hegel, Spinoza ist der Steinabdruck Böhme's, wie Baader sagte.

gedrungen ist zu sich selbst, um als absoluter Geist
zu sein." Diese schlagende Stelle kann auch nicht so verstanden
werden, als lehre Hegel ein ewiges Zumalsein der Persönlichkeit
Gottes in sich und in den endlichen Geistern, sondern nach ihm
ist Gott in seiner an sich seienden Idee nicht zu sich gekommen,
kommt vielmehr überhaupt erst in seinen Erscheinungen als endlichen Geistern zu sich, wenn auch in einem ewigen Process, der
also im Widerspruch mit Hegel's Annahme eines zeitlichen Hervorgangs des endlichen Geistes aus der Natur von Ewigkeit her das
Existiren endlicher Geister voraussetzen würde. Die Widersprüche,
die sich an diese Annahme knüpfen, will ich hier nicht weiter
verfolgen; aber darauf muss ich Gewicht legen, dass Hegel, wenn
es ihm um die Persönlichkeit Gottes im theistischen oder auch nur
halbtheistischen Sinn zu thun gewesen wäre, nicht hätte unterlassen
dürfen, J. G. Fichte's so nachdrücklich hervorgehobene Behauptung,
dass Bewusstsein endliche Schranken voraussetze, ebenso nachdrücklich zu widerlegen und dass schon die blosse Unterlassung
solcher Widerlegung sein Einverständniss mit J. G. Fichte in diesem
Punkte verräth. In seiner Geschichte der Philosophie (Werke XV,
635), wo er Fichte's Lehre behandelt, tadelt er nur, dass Fichte
nur den endlichen Geist, nicht den unendlichen erkenne, den er
aber ausdrücklich nur als das allgemeine Denken bezeichnet, somit
weit davon entfernt ist, ihn als göttliche Persönlichkeit zu erkennen. Zwar beruft sich Rosenkranz *) unter Anderm einmal auf
eine Stelle in Hegel's Logik (W. III, 42), worin gesagt ist, dass
das (absolut) Allgemeine als wahrhaft absoluter Begriff, als Idee
des unendlichen Geistes zu fassen sei, dessen Gesetztsein die unendliche durchsichtige Realität sei, worin er seine Schöpfung und
in ihr sich selbst anschaue, dann auf eine andere in Hegel's Abhandlung über das Naturrecht (W. I, 395), worin das Absolute als
das Sichselbstanschauende und zwar als sich selbst bezeichnet wird,
aber in Verbindung mit einem verworrenen Satze, der den Sinn
der Behauptung in Frage stellt. Das stärkste Argument für seine
Auffassung scheint Rosenkranz in der Berufung auf eine Aeusserung
Hegel's ins Feld zu führen, die sich im XVII. Bande der Werke
Hegel's S. 167 ff. findet. Hier sagt Hegel, dass das Herausbewegen
seiner Philosophie aus der Substanz Spinoza's zum Ziel habe, den
Geist zum Centrum zu gewinnen, der die Wahrheit der Substanz
sei. Die Aeusserung in der 2. Ausgabe der Encyclopädie der ph.

---

*) Meine Reform der Hegel'schen Philosophie von K. Rosenkranz. Königs-
berg 1852, S. 18, 19, 20.

Wissenschaften S. 499 (W. VI, 409), worin die eine und allgemeine Substanz als geistige bestimmt werde, fährt Hegel fort, zeige, dass nicht die spinozistische Substanz, als welcher die Bestimmung von Persönlichkeit, von Geistigkeit mangele, das Centrum seiner Lehre sei; sie spreche vielmehr aus, was alle christliche Theologie ausspreche, dass Gott das absolut selbständige Wesen, der Geist sei, der Geist, der absolut selbständig sei. „Der Geist ist als solcher schlechthin das Subjekt, und es ist durchgängige Behauptung der Lehre, eben in den unzähligen Stellen wie in der angeführten, dass die absolute Bestimmung Gottes nicht die der Substanz, sondern des Subjekts, des Geistes ist." Hegel bestreitet hier weiter mit Nachdruck die Anklage, dass nach seiner Lehre die absolute Substanz nicht selbst frei werde, sondern ihre Manifestationen, dass sie starr bleibe und nicht belebt sei, sondern die reine und blinde Substanz. Er bestreitet eben so bestimmt, dass nach ihm die Einzelnen die active Causalität seien, das Allgemeine die passive Causalität der absoluten Substanz sei, wonach die einzelnen Individuen die Persönlichkeit Gottes wären.

Man sollte nun glauben, dass man einem Manne, wie Hegel, unbedingt vertrauen könne, die volle und reine Wahrheit gesagt zu haben, dass seine Lehre überall Gott als den absoluten Geist ausspreche. Dem Wortlaute nach ist es auch ganz richtig, dass dies in seinen Werken da und dort geschehen ist. Hegel hat den Begriff Spinoza's von Gott als der absoluten Substanz formell überschritten. Schon in seiner Schrift: Differenz des Fichte'schen und Schelling'schen Systems der Philosophie (1801) fängt ihm die Philosophie mit der Identität der Idee und des Seins an (W. I., 198), durch die absolute Vernunft ist ihm Alles gesetzt (I., 255), die ächte Speculation geht ihm von der absoluten Identität (des Subjekts und Objekts) aus (ib. S. 201). Dabei wird jedoch nicht verhehlt, dass das Endliche nicht dem Unendlichen entgegengesetzt werden könne (ib. S. 173), dass die Endlichkeiten vielmehr Radien des unendlichen Focus seien, der sie ausstrahle und zugleich von ihnen gebildet sei (ib. S. 196), dass das Absolute in der Erscheinung sich selbst setzen müsse und dass zwischen dem Absoluten und seiner Erscheinung kein Causalitätsverhältniss statt finde (ib. S. 201). In Hegel's Schrift: Glauben und Wissen (1802), erscheint das Absolute als geistiger Focus des Universums (I., 15), Gott ist nicht bloss Sein, sondern auch Denken, d. h. Ich, die absolute Identität beider (I., 134). In seiner Abhandlung: Ueber die wissenschaftlichen Behandlungsarten des Naturrechts (1802—3) wird das Absolute als absolute Identität des Ideellen und Reellen bezeichnet (I., 346) und gesagt, dass das Absolute das sei, dass es sich selbst anschaue, und zwar als sich selbst, der Geist, der das absolute Erkennen sei, die übergreifende absolute Identität der Totalität, der Vielheit (der Erscheinungen des Universums) (I., 395). In der Phänomenologie des Geistes kommt, nach Hegel's „Einsicht", Alles darauf an, dass das Wahre nicht (nur) als Substanz, sondern ebenso sehr als Subjekt aufgefasst und ausgedrückt werde (II, 14).

Versucht man nun sich in die Auffassung des Hegel'schen Gottes nach Rosenkranz und nach Hegel's späterer Erklärung selbst hineinzudenken, so wird man unsanft und unlieb in der frohen Hoffnung, einen so grossen, reichen Geist, wie Hegel, auf dem rechten Wege und nicht im Dickicht pantheistischen Irrthums zu finden, gestört, wenn man in derselben Schrift (Phänomenologie W. II., S. 24) lesen muss: „Weil die Substanz des Individuums, weil sogar der Weltgeist die Geduld gehabt, diese Formen in der langen Ausdehnung der Zeit zu durchgehen und die ungeheuere Arbeit der Weltgeschichte, in welcher er in jeder den ganzen Gehalt seiner, dessen sie fähig ist, herausgestaltete, zu übernehmen, und weil er durch keine geringere das Bewusstsein über sich erreichen konnte, so kann zwar der Sache nach das Individuum nicht mit weniger seine Substanz begreifen; inzwischen hat es zugleich geringere Mühe, weil an sich dies vollbracht, — der Inhalt schon die zur Möglichkeit getilgte Wirklichkeit die bezwungene Unmittelbarkeit, die Gestaltung bereits auf ihre Abbreviatur, auf die einfache Gedankenbestimmung, herabgebracht ist. Schon ein Gedachtes ist der Inhalt Eigenthum der Substanz; es ist nicht mehr das Dasein in der Form des Ansichseins, sondern nur das weder mehr bloss ursprüngliche, noch in das Dasein versenkte, vielmehr bereits erinnerte An sich in die Form des Fürsichseins umzukehren."

Wollte man nach allen diesen Erklärungen Hegel's noch so kühn sein, den Versuch zu machen, die Auffassung von Rosenkranz festzuhalten, so müsste man sich das vorausgesetzte Selbstbewusstsein Gottes als über die endlichen Geister übergreifend und in ihnen sich in einem beständigen Wachsthum begriffen vorstellen und zwar in einem sonderbaren Wachsthum, welches bei der angenommenen Ewigkeit der Schöpfung nie angefangen haben könnte und von dem auch ein Ende oder Ziel nicht abzusehen wäre, so dass Gott nicht zwar in seinem Insichreflectirtsein (II., S. 18), wohl aber in seinem Sichbestimmen zum Weltgeist als Begriff einer Menge (Totalität oder unendliche Reihe?) von Subjecten (I., 360) immer wissender und also wohl auch weiser würde ins Unendliche oder

Endlose hin. Dass man damit nicht zurecht käme, einen in der Zeit an Wissen und Weisheit wachsenden Gott zu statuiren, soll hier nicht weiter verfolgt werden. Was aber soll man sagen, wenn man weiter liest (H. W. II., S. 327): „die Vernunft ist Geist, indem die Gewissheit, alle Realität zu sein, zur Wahrheit erhoben, und sie sich ihrer selbst als ihrer Welt, und der Welt als ihrer selbst bewusst ist. . . . Von Seite der Substanz betrachtet, so ist diese das an- und für-sichseiende geistige Wesen, welches noch nicht Bewusstsein seiner selbst ist. Das an- und für-sichseiende Wesen aber, welches sich zugleich als Bewusstsein wirklich und sich sich selbst vorstellt, ist der Geist" (II., 328). . . . „Die Substanz und das allgemeine sich selbstgleiche, bleibende Wesen, — ist er der unverrückte und unaufgelöste Grund und Ausgangspunkt des Thuns Aller, — und ihr Zweck und Ziel, als das gedachte Ansich aller Selbstbewusstsein." (Das hier Folgende ist bemerkenswerth, ändert aber nichts an dem Gesagten.) Endlich lesen wir (II., S. 509): „Schon das Bewusstsein wird, insofern es Verstand ist, Bewusstsein des Uebersinnlichen oder Innern des gegenständlichen Daseins. Aber das Uebersinnliche, Ewige, oder, wie man es sonst nennen mag, ist selbstlos; es ist nur erst das Allgemeine, das noch weit entfernt ist, der sich als Geist wissende Geist zu sein."

Wird uns Rosenkranz diese Aussagen Hegel's in einem Lichte zeigen können, in welchem sie nicht in schneidendem Widerspruch mit seiner, Hegeln die Lehre von der Persönlichkeit Gottes vindicirenden Auffassung stände?

Wird Gott als an sich selbstlos und als verwirklichter Geist nur in den endlichen Geistern aufgefasst, so ist das eine andere Lehre als diejenige, welche Rosenkranz Hegel zuschreibt, wenn er sagt:*) „Die Rückkehr des Geistes aus der Natur in sich ist . . . nicht nur ein Act des endlichen, des erscheinenden Geistes, sondern sie ist auch ein ewiger Act des göttlichen Geistes, der die Natur erschafft, denn nur insofern er im Schaffen auch der mit sich identische bleibt, nur sofern er, wie Hegel sich ausdrückt, als der ewig in sich zurückkehrende auch der ewig in sich zurückgekehrte ist, nur insofern ist er frei, unterscheidet er sich von der erschaffenen Natur und geht er nicht in ihr auf. Nach Hegel bringt der göttliche Geist die Natur hervor und durch ihre Vermittelung den erscheinenden Geist. Ohne die Natur, also auch ohne die Geschichte, würde Gott nur der einsame Logos sein, der nur in seinem ideellen

---

*) Meine Reform der Hegel'schen Philosophie von K. Rosenkranz, S. 18.

Reflexe sich reell wäre, indessen er gerade durch die Entäusserung zur Natur sich seine reelle Anschauung gibt und als sie setzend schon von vorn herein über sie erhaben ist." Der einsame Logos, der ohne die Schöpfung nur in seinem ideellen Reflexe sich reell wäre, könnte nicht (wie Hegel sagt), selbstlos sein, oder er wäre nicht persönliches Wesen.

In seinen Epilegomenen zur Wissenschaft der logischen Idee (1862) sagt Rosenkranz S. 58, 59: „Diese (vorher entwickelte) Weltharmonie würde aber nicht existiren können, wenn sie nicht als Begriff gedacht, als Realität würde. Denken und Wollen kann aber nur ein Subjekt. Der Geist ist als absoluter Geist die subjektive Einheit des Universums, die, als freie Ursache, dasselbe denkt und will. Sie ist das Urdenken und Urwollen, das nicht erst, wie das menschliche, durch einen Bildungsprocess seiner selbst mächtig wird, sondern, frei von der Geschichte, ewig sich selbst in seiner absoluten Thätigkeit gleich ist. Der absolute Geit ist Gott, der dem Universum ebensowohl immanent als transscendent ist und mit welchem wir Menschen, weil wir Geist von seinem Geist sind, uns entzweien, aber auch versöhnen können. So verstehe ich Hegel. Wäre dies ein Missverstand, so würde ich es nicht um meinet-, sondern um Hegel's willen bedauern, denn der höchste Triumph der Philosophie, die Freiheit auch in ihrer Wahrheit erkannt zu haben, würde ihm entgehen. Ich selber, wie gesagt, sehe keinen Grund, Hegel diesen Triumph zu verweigern. Ich kann seine Religionsphilosophie nicht anders verstehen. Ich kann ihm nicht die Halbdenkerei zutrauen, von einer Immanenz ohne Transscendenz zu handeln. Ich gebe daher meinen Gegnern die Anklage, Hegel nicht verstanden zu haben, zurück." Wäre die Auslegung von Rosenkranz richtig, so würde Hegel noch immer nicht über den Pantheismus sich erhoben haben, sondern in jenem Halbpantheismus, den man allenfalls Persönlichkeitspantheismus nennen könnte, stehen geblieben sein. Allein seine Erklärungen von der Selbstlosigkeit des Absoluten an sich, von seinem Nochweitvonsichselbst Entferntsein als blosse allgemeine Geistigkeit etc. verbieten, Hegel's Lehren genau so zu verstehen, wie Rosenkranz sie deutet. In der zuletzt erwähnten Schrift macht Rosenkranz S. 80, 81 ein auffälliges Geständniss. Er sagt: „Was . . . die absolute Idee bei Hegel betrifft, so ist klar, dass darin zwei Begriffe in einem dialektischen Helldunkel vermischt sind, der Begriff der absoluten Methode und der Begriff des absoluten Geistes. Einmal soll der Rhythmus der absoluten Methode die Macht sein, die Alles erschafft und beherrscht und dann wird wieder von der „sich wissenden" Idee gesprochen, die, ihrer selbst sicher, sich frei von ihrem Anderssein, zur Natur entlasse. Aus dieser Amphibolie ist der Dualismus innerhalb der Hegel'schen Schule entsprungen. Die eine Richtung derselben behauptet, dass der absolute Geist als absolutes Subjekt die allbefassende Persönlichkeit sei, von der Hegel spreche, die er als den subjektiven Grund der Vernunft und als den Schöpfer der Natur anerkenne. Die andere Richtung dagegen setzt die Methode selber zum absoluten Princip, das im Menschen sich ewig zum wirklichen Subjekt macht und durch die Philosophie sich zur Absolutheit des Geistes erhebe. Michelet sagt im „Gedanken" geradezu, dass die Methode als absolute die absolute Persönlichkeit sei, was mir so vorkommt, als wenn Jemand sagte, dass das Bauen der Baumeister oder der Process der Richter sei." Also Hegel bewegt sich doch nach diesem Zugeständniss wenigstens mitunter und in Capitalfragen in einem dialektischen Helldunkel. In einer den Grundcharakter des Systems entscheidenden Frage, deren Beantwortung über den eigentlichen Sinn des Systems entscheidet, entfällt ihm eine Amphibolie, welche unvorausgesehener und höchst unglücklicher Weise den heillosen Dualismus innerhalb der Hegelschen Schule veranlasst. In der That, für jeden schärfer Zusehenden ein höchst nachdenklicher Punkt, der über die Hegel'sche Methodik sehr stutzig machen könnte. Methode soll doch zu sicherer Einsicht verhelfen, Wissenschaftlichkeit kann doch nicht im Helldunkel und in zweideutigen Redensarten gesucht werden. Was soll man zu der Consequenz und Klarheit eines Philosophen sagen, der zwei Schulen veranlasst, die sich wie Feuer und Wasser bekämpfen und den Meister in entgegengesetzter Weise auslegen können? Kann dies anders erklärt werden, als damit, dass der Meister entweder mit sich selber in heillosem Zwiespalt lag, oder sich nicht klar, scharf und bündig auszudrücken verstund? Was dem Baumeister zukäme, schreibt Hegel wirklich dem Bauen zu, und indem er diesem eine seltsame Bewegung, Spontaneität zuschreibt, glaubt er wirklich am Bauen den Baumeister zu haben. Dies ist im Wesentlichen, nur mit andern Worten, auch die Auffassung Schelling's von der Hegel'schen Lehre.*)

„Sollte ich nun, sagt weiterhin Rosenkranz in seinen Epilegomenen (S. 107), Hegel in der That, was ich natürlich nicht glaube, wirklich missverstanden haben, so würde das zuletzt an meiner Ueberzeugung auch nichts ändern. Amicus Hegelius, sed magis amica veritas. Allein zunächst muss ich wirklich Hegel gegen

---

*) S. Werke Schelling's I, 10.

Michelet's Missinterpretation schützen. Hegel hat eine Religionsphilosophie gegeben, in welcher von Gott beständig als dem absoluten Geiste die Rede ist, mit welchem der Mensch sich durch
das Böse entzweie, und mit welchem er sich durch die Heiligung
seines Gemüthes versöhne. Nicht allein der Mensch entäussert sich
im religiösen Process seiner Selbstheit, sondern Gott entäussert sich
nicht weniger seines Solipsismus. In dieser ganzen Philosophie der
Religion ist Hegel soweit davon entfernt, in der Religion theoretisch
nur eine Unvollkommenheit der Erkenntniss, praktisch eine Schwäche
des Willens, dort ein Product aus der sich selbst täuschenden Phantasie, hier ein Product der Furchtsamkeit und Begierde, zu erblicken,
dass er vielmehr den absoluten Inhalt der Religion noch in den
niedrigsten Formen derselben aufzusuchen und nachzuweisen bemüht ist. Man kann sagen, dass er den hohen Gegenstand, der
ihn beschäftigt, mit wahrhafter Ehrfurcht behandelt und als ein
priesterlicher Philosoph mit gottgeweihtem Munde spricht." Rosenkranz beruft sich hierauf auch auf Hegel's Beweise für das Dasein
Gottes, die sich zugleich sehr innig an die Logik anschlössen. „Ich
kann, fährt er fort, in diesen gediegenen Expositionen nicht finden,
dass Hegel nur eine unbestimmte Substanz oder die Vernunft überhaupt als Gott setze, sondern ich finde, dass er Gott wirklich als
den absoluten Geist annimmt, der inner- und ausserweltlich, immanent und transscendent zugleich ist und sich von uns und von
der Natur selbstbewusst unterscheidet. Ich finde nicht, dass Hegel
einen Cultus nur der Idee des Wahren, Schönen und Guten gelehrt
habe, sondern ich finde vielmehr, dass er ausdrücklich für die Religion das Anerkenntniss Gottes als des absoluten Subjektes verlangt,
das uns gegenüber schlechthin selbständig ist. Hegel's ganze Polemik gegen den Pantheismus beruht auf dieser Voraussetzung.
Diese Polemik so wie seine Beweise für das Dasein Gottes wären
etwas nicht nur Ueberflüssiges, sondern Heuchlerisches gewesen,
wenn er Gott nicht als den an und für sich seienden Geist anerkannt
hätte. Dass der Mensch sich zu dem Gedanken Gottes erhebt, ist
doch etwas Anderes, als dass das Absolute nur in ihm als sich
denkendes existiren solle. Wenn Hegel sich auch des Ausdrucks
bedient, dass Gott sich im Menschen denke, sich in ihm wisse, so
hat er damit die Einheit beschreiben wollen, wie sie zwischen Gott
und dem Menschen auch von Seiten Gottes existirt. Es ist die absolute Innigkeit der gegenseitigen Vereinigung Gottes und des
Menschen, die er damit hat ausdrücken wollen." Eine solche Auslegung gleicher oder ähnlicher Aeusserungen bei M. Eckhart, Tauler, J. Böhme, Angelus Silesius lässt sich geltend machen und

durchführen, aber nicht bei Hegel, dem das Absolute das schlechthin Allgemeine der Geistigkeit, das Selblose, Einsame, welches erst
in der Rückkehr aus seiner angeblichen Entäusserung in die Natur
im Menschen zum Selbstbewusstsein kommen soll. Es ergeben sich
daher verhängnissvolle Folgerungen, wenn Rosenkranz Recht haben
sollte, zu sagen: „Existirt . . . kein Gott als Grund der Vernunft
(sollte heissen als persönlicher, selbstbewusst-wollender Grund der
Vernunft), als Schöpfer der Natur, als Halt der Geschichte, so ist
die Natur das Absolute. Man drehe sich mit dialektischen Phrasen,
wie man will, den Vorwurf des Atheismus und Materialismus von
sich abzuwenden, so bleibt sie das offenbar Erste, aus welchem der
menschliche Geist auf eine unbegreifliche Weise erst als eine Se-
cundogenitur hervorgegangen ist. Durch eine Revolution der
Erde oder auch nur durch eine starke Aenderung ihrer Temperatur könnte der Mensch wieder von ihr verschwinden. Dann
wäre es aus mit dem Geist! Michelet versichert daher, um den
dritten Theil der Philosophie, die Lehre vom Geiste zu retten,
dass die Menschheit unentstanden, dass sie ewig sei, dass sie nie
vergehen werde."

Wenn der Mensch nach R. nicht aus der bewusstlosen Natur
als höchster Ursache erklärt werden kann, wie soll er nach Hegel
aus der bewusstlosen Idee erklärt werden können? Die Unmöglichkeit, dass der Mensch aus der bewusstlosen Idee hervorgegangen
sei, ist um nichts weniger Unmöglichkeit, als die, dass er aus der
bewusstlosen Natur hervorgegangen sei. Die Blindheit und hiermit
die Unerklärlichkeit, ja die Unmöglichkeit des Hervorgangs des
Menschen ist im einen wie im andern Fall dieselbe, worüber sich
Hegel nur darum täuscht, weil er der bewusstlosen Idee Prädicate
des bewussten Geistes andichtet. Ist das Absolute an sich selbstlos,
so ist es nicht bewusst und ist es bewusst, so ist es nicht selbstlos.
In der Annahme der Hegel'schen selbstlosen absoluten Idee liegt keine
Gewähr, dass die Menschheit auf Erden ewig sei. Michelet's Annahme der Ewigkeit der Menschheit (auf Erden) ist bei seinen Voraussetzungen ganz consequent, nur ist es mit diesen Voraussetzungen
nicht richtig bestellt. Sie fallen mit der Nachweisung, dass Hegel's
Absolutes als an sich bewusstlose Idee, als allgemeines Wesen der
Geistigkeit eine Abstraktion ist und dass der Gedanke der Allpersönlichkeit als Einheit der Totalität der endlichen persönlichen Wesen
nicht minder eine Abstraktion ist.

Die Apologie Hegel's von Rosenkranz muss schon desshalb zur
Vorsicht mahnen, weil es auffallend genug ist, dass eine solche in
dieser Richtung auch nur nöthig gefunden werden konnte. Denn

man sollte glauben, dass, wenn Hegel den Theismus, wie ihn Rosenkranz auffasst, bei dem er doch nur ein Halbtheismus und Halbpantheismus ist, hätte lehren wollen, so würde es ihm nicht allzu-
schwer gewesen sein, diesen so bestimmt und unzweideutig auszusprechen, dass gar kein Zweifel darüber hätte aufkommen können.
So kann z. B. Niemand, der die Quellen kennt, darüber zweifelhaft
sein, dass die spätere Lehre Schelling's Persönlichkeitspantheismus
ist, so wie in anderer Weise Fechner's Lehren in seinem Zend
Avesta. Dass Hegel formell den Pantheismus bestreitet und von
seiner Lehre den Namen des Pantheismus ablehnt, entscheidet nicht.
Dass er ihm dennoch huldigt, geht daraus hervor, dass er Gott und
Welt in das Verhältniss von Wesen und Erscheinung, von Idee und
Verwirklichung der Idee, vom Allgemeinen zur Totalität seiner Be-
sonderungen setzt. Das Charakteristische des Pantheismus liegt
nicht darin, dass er Gott und Welt in keiner Weise unterschiede,
sondern darin, dass er sie in ihrem Unterschiede als Einen Wesens
setzt, Gott als das in der Welt Erscheinende, die Welt als die Selbsterscheinung Gottes.

Da sich Rosenkranz für seine Behauptungen in Betreff des
eigentlichen Sinnes der Hegel'schen Philosophie in der letzterwähn-
ten Schrift noch besonders auf die Religionsphilosophie, die Vorlesungen über das Dasein Gottes und auf die Logik beruft, so wird
es gut sein, die Gotteslehre dieser Schriften noch einer eingehenderen
Prüfung zu unterstellen.

In der Religionsphilosophie (B. XI, 13) erklärt Hegel: „Dem
philosophischen Begriff nach ist Gott Geist, concret, und wenn wir
näher fragen, was Geist ist, so ist der Grundbegriff vom Geiste
der, dessen Entwickelung die ganze Religionslehre ist. Sehen wir
vorläufig nach, was Geist ist, so ist er diess: sich zu manifestiren,
für den Geist zu sein. Der Geist ist für den Geist, und zwar nicht
nur auf äusserliche, zufällige Weise, sondern er ist nur insofern
Geist, als er für den Geist ist; diess macht den Begriff des Geistes
selbst aus. Der Geist Gottes ist in seiner Gemeinde, um es mehr
theologisch auszudrücken, Gott ist Geist wesentlich, insofern er in
seiner Gemeinde ist." Diese Stelle spricht eher gegen als für
Rosenkranz. Denn klar und deutlich ist darin nicht gesagt, dass
Gott die übergreifende absolute Persönlichkeit sei, es ist nicht gesagt, dass Gott ein transscendentes Selbstbewusstsein zugleich mit
seinem Selbstbewusstsein in den endlichen Geistern zukomme. Der
Geist Gottes kann hier sehr wohl in dem Sinne der allgemeinen Idee
des Geistes genommen sein, die sich in den endlichen Geistern zur
concreten Wirklichkeit durchbildet. Nebenbei kann bemerkt werden,

dass es irrig und unwissenschaftlich ist, die Lehre von Gott völlig mit der Religionslehre zu vereinerleien oder diese mit jener. Aus dem schon oben Angeführten, was Hegel in der Religionsphilosophie (W. XI, 18) sagt, springt von selbst in die Augen, dass die Rosenkranzische Auffassung unhaltbar ist. Mit aller Bestimmtheit ist hier Gott als die Allgemeinheit des Geistigen bezeichnet, die sich nicht bloss nicht ohne die endlichen Geister, sondern geradezu nur durch die endlichen Geister zum absoluten Geiste gestaltet. Michelet wusste sehr wohl, warum er die Menschheit unentstanden, ewig und unvergänglich behauptete.

Nach einigen für sich genommen zweideutigen Stellen (XI, S. 24, 29, 34, 35) spricht Hegel S. 36 wieder deutlich genug: „Die Idee ist das Wesen, die Realität des Begriffs, so, dass diese Realität identisch ist mit dem Begriff, nur durchaus durch ihn bestimmt ist. Nennt man den Begriff Geist, so ist die Realität des Begriffs das Bewusstsein; der Geist als Begriff, der allgemeine Geist realisirt sich im Bewusstsein, in einem Bewusstsein, das selbst geistig ist, in einem solchen, für welchen es nur der Geist sein kann."

Hegel hält es also für erlaubt, den Begriff Geist zu nennen, der dann ihm natürlich nur allgemeiner Geist sein kann und sich im Bewusstsein realisirt, ein Bewusstsein, welches von ihm nirgends als ein unendliches, überweltliches, sondern immer nur als endliches bezeichnet wird, wenn er auch Unendliches in dieses endliche Bewusstsein hineinlegen will. Der höchste Begriff (XI, 38) ist das Wissen des Geistes. „Der absolute Geist weiss sich; dieses Wissen ist unterschieden von ihm, damit das verschiedene Wissen, welches der endliche Geist ist. Der absolute Geist weiss sich im endlichen Wissen und umgekehrt, der endliche Geist weiss sein Wesen als absoluter Geist."

Dass „der absolute Geist" sich in sich wisse, wird auch hier nicht gesagt, sondern er weiss sich nur im endlichen Geist, d. h. sofern der endliche Geist Gott weiss, weiss sich Gott im endlichen Geist; anders nicht.

Weiterhin stossen wir auf die bemerkenswerthe Aeusserung (XI, S. 54): „Gott ist da (im Pantheismus) nur als Substanz bestimmt; das absolute Subjekt, der Geist bleibt auch Substanz, aber er ist nicht nur Substanz, sondern in sich auch als Subjekt bestimmt. Von diesem Unterschiede wissen die gewöhnlich Nichts, die sagen, spooulative Philosophie sei Pantheismus, sie übersehen die Hauptsache, wie immer." Es ist durchaus nicht übersehen worden, dass Hegel Gott als Subjekt bestimmt hat. Man hat nur gefragt, in welchem Sinne hier „Subjekt" genommen werde, und

als man fand, dass es nach Hegel der allgemeine Begriff, der in
seiner Unendlichkeit noch unbestimmte Geist oder allgemeine Geistigkeit, reines Denken etc. bedeute, konnte man darin nicht die
Persönlichkeit Gottes, auch nicht in dem halb pantheistischen,
halb theistischen Sinne von Rosenkranz, ausgedrückt finden und
erblickte mit Grund in Hegel's Lehre einen Panlogismus oder logischen Pantheismus. Denn mit Recht nannte und nennt man jedes
System pantheistisch, welches Gott und Welt nur so unterscheidet,
dass es sie zugleich identisch setzt, dass es in Gott das Allgemeine
und in der Welt die Besonderung und Individualisirung des Allgemeinen erblickt und die Lebendigkeit Gottes nicht anders und nicht
tiefer zu fassen weiss, denn als ewigen Uebergang des Allgemeinen in
das Besondere, des Unendlichen ins Endliche und den sich auflösenden
Rückgang des Gewordenen in das Unentstandene, den anfangsend-
losen Wechsel des Schaffens und des Zerstörens, des Hervorbringens
und des Vernichtens, des Entstehens und des Vergehens, des Werdens und des Entwerdens oder Untergehens. Man durchgehe die
gesammte Religionsphilosophie Hegel's und man wird keine anderen
Lehren als die eben bezeichneten darin zu finden vermögen, nur
mit dem vergeblichen Bestreben versetzt, diesen flachen Gedanken
eine Scheintiefe zu geben durch Hervorziehung und gewaltsame
Umdeutung der Lehren des Christenthums. Wenn ich den Muth
habe, die Grundgedanken Hegel's flach zu nennen, so ist diess natürlich relativ, denn andere sind noch flacher. Gedankenreichthum
kann man doch auch hier Hegel nicht absprechen und jenen falschen
Schein von Tiefe, der dem Pantheismus reichbegabter Köpfe überall
eigen ist.

Indess sehen wir zu, ob sich diese Auffassung im dritten Theil
der Religionsphilosophie: die absolute Religion, bestätigt. „Wir
haben, sagt Hegel zu Anfang dieses dritten Theils (XII, 191), die
Religion näher bestimmt als Selbstbewusstsein Gottes, das Selbstbewusstsein hat als Bewusstsein einen Gegenstand und ist sich seiner
in diesem bewusst: dieser Gegenstand ist auch Bewusstsein, aber
Bewusstsein als Gegenstand, damit endliches Bewusstsein, ein von
Gott, vom Absoluten verschiedenes Bewusstsein: es fällt darein die
Bestimmtheit und damit die Endlichkeit: Gott ist Selbstbewusstsein,
er weiss sich in einem von ihm verschiedenen Bewusstsein, das an
sich das Bewusstsein Gottes ist, aber auch für sich, indem es seine
Identität mit Gott weiss, eine Identität, die aber vermittelt ist durch
die Negation der Endlichkeit. . . . Gott ist diess: sich von sich
selbst zu unterscheiden, sich Gegenstand zu sein, aber in diesem
Unterschiede mit sich identisch zu sein — der Geist. Dieser Be-

griff ist nun realisirt, das Bewusstsein weiss diesen Inhalt und in diesem Inhalt weiss es sich schlechthin verflochten: in dem Begriff, der der Process Gottes ist, ist es selbst Moment. Das endliche Bewusstsein weiss Gott nur insofern, als Gott sich in ihm weiss; so ist Gott Geist und zwar der Geist der Gemeinde, d. i. derer, die ihn verehren. Das ist die vollendete Religion, der sich objektiv gewordene Begriff. Hier ist offenbar, was Gott ist; er ist nicht mehr ein Jenseits, ein Unbekanntes, denn er hat den Menschen kund gethan, was er ist und nicht bloss in einer äusserlichen Geschichte, sondern im Bewusstsein." Wäre die Religion Selbstbewusstsein Gottes, so wäre sie Bewusstsein des Menschen von Gott und jedes Bewusstsein von Gott müsste schon Religion sein. Ist Gott Selbstbewusstsein, so weiss er sich in sich selbst, nach Hegel aber weiss er sich in einem von ihm verschiedenen Bewusstsein und von einem concreten Selbst-Bewusstsein Gottes in sich ist nicht die Rede. Gott ist hiernach der Geist seiner Gemeinde und was Hegel davon sagt, dass Gott sich im endlichen Bewusstsein wisse, kann nur bedeuten, dass eben nur das Bewusstsein des Menschen von Gott das Sichwissen Gottes im Menschen sei. Hierin ist nichts von dem transscendenten Selbstbewusstsein (das zugleich mit dem immanenten oder Weltbewusstsein Gottes zugleich bestehe), nichts von dem theistischen oder halbtheistischen Begriff zu finden, den Rosenkranz Hegel zuschreibt. Wenn, wie Hegel (XII, S. 152) sagt, das Unglück, der Schmerz der Welt die Bedingung war, die Vorbereitung der subjektiven Seite auf das Bewusstsein des freien Geistes, als des absolut freien und damit unendlichen Geistes, so müsste sich der unendliche Geist selbst Unglück, Schmerz, Qual zudictirt und verursacht haben, um sich zu sich selbst zu bringen und Gott müsste ein armer, unfreier Gott sein, um diess nöthig zu haben. Wollte man auch nicht fragen, wann er dann angefangen habe, diess Unglück über sich zu verhängen (ein anfangloses Anfangen würde doch eine „schlechte" Unendlichkeit sein), so könnte man sich doch nicht entbrechen zu fragen, warum er denn nicht wenigstens damit aufgehört habe, nachdem er sich doch endlich durch seine selbstverhängten Leiden glücklich zur absolut freien und unendlichen Geistigkeit durchgerungen haben soll. Hegel hat auch hier die Glocke Böhme's läuten gehört, ohne das Geläute verstanden zu haben, worüber man sich nur bei Baader (in seinen Erläuterungen Böhme's) Auskunft erholen kann. Nach Obigem können wir auch den Satz (XII, S. 152): „Gott ist selbst Selbstbewusstsein, Unterscheiden seiner in sich", nur so verstehen, dass Gott Selbstbewusstsein in endlichen Geistern sei. Auch die Aeusserung XII, S. 153—54 kann nicht anders verstanden werden: „die absolute Religion ist die offenbare, die Religion, die sich selbst zu ihrem Inhalt, Erfüllung hat. Es ist das die vollendete Religion, die Religion, in welcher sie selbst sich objektiv geworden ist, die christliche. In ihr ist unzertrennlich der allgemeine und der einzelne Geist, der unendliche und der endliche, ihre absolute Identität ist diese Religion und diess zu ihrem Inhalt zu haben." Der allgemeine Geist ist eben nicht persönlich und der unendliche Geist ist hier nur ein anderer Ausdruck für den unpersönlichen allgemeinen Geist. Hegel geht nun soweit, die christliche Lehre von der Dreipersönlichkeit Gottes dahin zu escamotiren, dass er den allgemeinen unpersönlichen Geist, das reine Denken, „Gott an und für sich in seiner Ewigkeit, vor Erschaffung der Welt, ausserhalb der Welt" für das Reich des Vaters, die Natur (Naturwelt), „worin Gott für die Vorstellung im Elemente des Vorstellens überhaupt ist, das Moment der Besonderung überhaupt, für das Reich des Sohnes und die Idee im Elemente der Gemeinde, „den empirischen Subjekten, die im Geiste Gottes sind", mit dem Bewusstsein, dass der Mensch an sich mit Gott versöhnt ist und dass die Versöhnung für den Menschen ist, für das Reich des Geistes erklärt. Sapienti sat!

Hegel's Vorlesungen über die Beweise vom Dasein Gottes könnten die Auffassung von Rosenkranz zu bestätigen scheinen. Dass der Mensch, sagt hier Hegel (W. XII, 428) von Gott weiss, ist nach der wesentlichen Gemeinschaft ein gemeinschaftliches Wissen, — d. h. der Mensch weiss nur von Gott, insofern Gott im Menschen von sich selbst weiss. Diess Wissen ist Selbstbewusstsein Gottes, aber ebenso ein Wissen desselben vom Menschen, und diess Wissen Gottes vom Menschen ist Wissen des Menschen von Gott. Der Geist des Menschen, von Gott zu wissen, ist nur der Geist Gottes selbst." Ein gemeinschaftliches Wissen Gottes und des Menschen würde, wenn es ernst damit wäre, allerdings ein Wissen Gottes, welches nicht das Wissen des Menschen von Gott wäre, voraussetzen. Aber es ist damit nicht ernst gemeint und nur ein ungenauer Ausdruck für das reine Denken der absoluten Idee, das zwar Subjekt genannt wird, aber wegen seiner Allgemeinheit keines ist und sein kann. Gottes Bewusstsein ist auch hier nichts Anderes als das Bewusstsein des Menschen von Gott. Vollends ist mit der Auslegung von Rosenkranz nicht vereinbar, wenn Hegel XII, S. 473 sagt: „Der Begriff und vollends der absolute Begriff, der Begriff an und für sich selbst, der Begriff Gottes ist für sich zu nehmen, und dieser Begriff enthält das Sein als eine Bestimmtheit, Sein ist eine Bestimmtheit des Begriffs. . . . Erstens ist der

Begriff unmittelbar diess Allgemeine, welches sich bestimmt, besondert, diese Thätigkeit zu urtheilen, sich zu besondern, zu bestimmen, eine Endlichkeit zu setzen, und diese seine Endlichkeit zu negiren und durch die Negation dieser Endlichkeit identisch mit sich zu sein. Das ist der Begriff überhaupt; der Begriff Gottes, der absolute Begriff, Gott ist eben dieses. Gott als Geist oder als Liebe ist diess, dass Gott sich besondert, den Sohn erzeugt, die Welt erschafft, ein Anderes seiner und in diesem sich selbst hat, mit sich identisch ist." Auch hier ist der Begriff, die Idee des Allgemeinen, Gott, ausser der Schöpfung betrachtet, der unpersönliche Geist, der erst in endlichen Geistern persönlich wird. Vergebens sucht man hier die Persönlichkeit Gottes im Sinne von Rosenkranz und wie er sie Hegeln zuschreibt.

Nehmen wir noch Rücksicht auf die Logik Hegel's, so kann schon die Einleitung (W. III, 35) uns darüber aufklären, dass auch hier der Rosenkranzische Gott nicht zu finden ist. Die reine Wissenschaft setzt nach Hegel die Befreiung von dem Gegensatze des Bewusstseins voraus. Die Logik ist als das System der reinen Vernunft, als das Reich des reinen Gedankens zu fassen. „Dieses Reich ist die Wahrheit, wie sie ohne Hülle an und für sich selbst ist. Man kann sich desswegen ausdrücken, dass dieser Inhalt die Darstellung Gottes ist, wie er in seinem ewigen Wesen vor der Erschaffung der Natur und eines endlichen Geistes ist." Wie soll in diesem Reiche der reinen Denkbestimmungen und Wesenheiten die Persönlichkeit Gottes Platz haben? Auch dass nach Hegel die Wahrheit als Wissenschaft das reine sich entwickelnde Selbstbewusstsein und die Gestalt des Selbsts haben soll (W. III, 35), beweist nichts für Rosenkranz, denn das reine Selbstbewusstsein ist weiter nichts als der allgemeine Begriff, allenfalls die Potenz des als Endliches sich darstellenden Persönlichen, aber selbst nicht Persönlichkeit, auch nicht im halbtheistisch-halbpantheistischen Sinne.

Dass Hegel mit dem über die Substanz Spinoza's hinausgehenden Subjekt, der reinen Vernunft, einmal wenigstens auch r e i n e s S e l b s t b e w u s s t s e i n genannt, doch nur wieder den allgemeinen Begriff gibt, zeigt sich in dem zweiten Theil der Logik (W. V, 9), wo er den Begriff geradezu mit dem Subjekt identisch setzt. Nicht der persönliche Gott ist ihm Grund (Ursache schon gar nicht) der Welt, Schöpfer der Welt, sondern der zur Idee erhobene Begriff entäussert sich zur Natur, zerfällt in ihr und kehrt im endlichen Geiste in sie zurück. (W. V, 26.) Die unendliche Idee ist das absolute Wissen ihrer selbst (V, 243), heisst bei Hegel gar nichts Anderes, als die unendliche Idee ist der Inbegriff aller ewigen reinen

Denkbestimmungen und Wesenheiten, die das absolute Wissen des zur phil. Erkenntniss durchgedrungenen endlichen Geistes sind und nur in ihm ist das Selbstbewusstsein Gottes concret verwirklicht. Wenn daher Hegel sagt (V, 328): „Die absolute Idee allein ist Sein, unvergängliches Leben, sich wissende Wahrheit, und ist alle Wahrheit", so ist auch hier von keinem Wissen einer göttlichen Persönlichkeit die Rede. Daher wird auch (S. 330) die Methode (!) als der sich selbst wissende Begriff bezeichnet, woraus man sieht, was es mit der „sich wissenden Wahrheit" auf sich hat. Staunenswerther Tiefsinn ist in den Worten gefunden worden (S. 349): „das Reichste ist daher das Concreteste und Subjektivste, und das sich in die einfachste Tiefe Zurücknehmende das Mächtigste und Uebergreifendste. Die höchste zugeschärfteste Spitze ist die r e i n e P e r s ö n l i c h k e i t, die allein durch die absolute Dialektik, die ihre Natur ist, ebenso sehr Alles in sich befasst und hält, weil sie sich zum Freisten macht, — zur Einfachheit, welche die erste Unmittelbarkeit und Allgemeinheit ist." Die r e i n e Persönlichkeit ist eben k e i n e Persönlichkeit, und in Wahrheit nichts Anderes als was J. G. Fichte in den Worten aussprach, dass Gott der Materie nach lauter Geist sei, der Form nach aber nicht, da Bewusstsein nur in endlichen Schranken denkbar sei. Ich frage nochmals, warum hat Hegel nirgends und nie diese so prägnant ausgesprochene Einwendung gegen die Persönlichkeit Gottes widerlegt, wenn er in diesem Punkte im Wesentlichen anders als Fichte dachte? Ohne scharfe Widerlegung dieser Fichteschen Einwendung, die schon von den Skeptikern des Alterthums erhoben worden war, kann sich keine Lehre von der Persönlichkeit Gottes wissenschaftlich behaupten und Hegel hat das schwerlich übersehen. Also . . . .

Aus den übrigen Werken Hegel's liessen sich sowohl zahlreiche Stellen als auch Nachweisungen aus dem Geiste des Ganzen beibringen, welche vollgültige Bestätigung der von mir geltend gemachten Auffassung der Hegel'schen Gotteslehre bringen würden. Wie steht es nun im Angesichte dieser Nachweisungen mit der Behauptung von Rosenkranz, es werde der Hegel'schen Philosophie Unrecht angethan, ihr die Nichtachtung der Individualität, der Subjektivität, der Persönlichkeit zuzuschreiben?*) Wie konnte Rosenkranz diese Anklagen als faules Gerede bezeichnen, das der Unverstand und die Böswilligkeit durch unendliche Wiederholung fast zum Axiom erhoben habe (Sic). Wenn nur der Erste, der diese Anklagen erhob, Recht hatte, sollen sie darum weniger gültig sein,

*) Meine Reform der Hegel'schen Philosophie von Rosenkranz S. 16.

wenn viele Andere sie wiederholt haben? Könnten diese vielen Anderen nicht selbständig geurtheilt haben, obgleich sie in der Hauptsache zu dem gleichen Ergebniss ihrer Untersuchungen gelangten? In der That lässt sich eine nicht geringe Zahl von selbständigen Denkern nennen, welche alle jene Anklagen und wo möglich noch stärkere gegen Hegel erhoben haben, wie Baader, Günther, Weisse, I. H. Fichte, C. Ph. Fischer, Sengler, Staudenmaier, Deutinger, Ulrici, Sigwart, H. Ritter, Chalybäus, Trendelenburg, Herbart und seine Anhänger und noch viele Andere. Diese Denker sollen nach Rosenkranz mit banalen Redensarten gegen Hegel um sich geworfen haben, während sie in Wahrheit meist mit grosser Ausdauer Hegel's Werke studirt und für ihre Behauptungen eingehend triftige Beweise beigebracht haben. Ohne behaupten zu wollen, dass eine Sichtung der kritischen Beleuchtungen dieser Denker nicht erforderlich sein möchte, muss ich doch behaupten, dass die zerstreuten Entgegnungen der Hegelianer einem schillernden Geflunker ähnlicher sehen als einem ernsten, wissenschaftlichen und gründlichen Widerlegungsversuch. Ein nennenswerther Widerlegungsversuch in einem nur einigermassen bedeutenden Werke eines Hegelianers, der auch nur eines der gegen Hegel erschienenen Hauptwerke sich zum Vorwurf genommen hätte, ist mir nicht bekannt geworden. Zerstreute Apologie und Polemik findet sich wohl in der weitschichtigen Literatur der Hegel'schen Schule in reichlichem Maasse, aber ein Haupt- und Grundwerk, wie es auch nur als Versuch verlangt werden müsste, fehlt meines Wissens durchaus.

Baader's zwar zerstreute, aber tiefeinschneidende Kritik Hegel's ist so gut wie ganz ignorirt worden. Insbesondere K. Pb. Fischer's und Staudenmaier's umfassende, gründliche und geistvolle Werke über die gesammte Hegel'sche Philosophie sind meines Wissens oder Erinnerns von den Hegelianern kaum erwähnt, geschweige jemals eingehend beurtheilt oder gar widerlegt worden. Wenn Rosenkranz in seltsamer Erregtheit sich über die oben genannten Anklagen gegen Hegel empörend ausruft: „Hegel kennt danach keinen persönlichen Gott, Hegel weiss nichts von der Persönlichkeit des Geistes, Hegel vernichtet in seinem System der unpersönlichen Vernunft die Freiheit, Hegel unterwirft Alles dem Fatalismus des Begriffs!“ so steht unter allen unbefangenen Beurtheilern längst fest, dass alle diese Anklagen vollkommen begründet sind, wenn man den Geist des Ganzen seiner Lehre und deren Hauptgrundlagen ins Auge fasst. Damit verträgt sich das Zugeständniss Staudenmaiers, der behauptet, es fehle zwar bei Hegel nicht an Stellen, aus denen hervorgehe, er sei der Wahrheit zu Zeiten näher gestanden; allein die

Wahrheit als solche, in ihrem innersten und vollsten Wesen habe er doch nicht erblickt, weil er durch sein einmal aufgestelltes und für wahr gehaltenes Princip als durch ein grosses Vorurtheil sich habe täuschen und von den zum Wahren führenden Spuren bald wieder abbringen lassen.*) Staudenmaier gehört zu denjenigen Forschern, welche Hegel's Lehre nach seiner Totalität beurtheilten. Ist ihm darum eine eingehende Berücksichtigung von Seiten der Hegelianer zu Theil geworden? Wenn Rosenkranz in den Epilegomenen (S. 59) behauptet, die Gegner Hegel's hätten weniger durch Widerlegung, als durch stetes Erneuen ihrer Ansicht gewirkt, so kann dies nicht eingeräumt werden, weil der Erfolg ihres Wirkens gerade von der Gründlichkeit ihrer wissenschaftlichen Widerlegung ausging, ausserdem er wohl ausgeblieben sein würde. Warum haben denn die Hegelianer diesen Erfolg der Gegner nicht zu hindern vermocht, trotz ihrer nicht geringen Anzahl, trotz ihrer zum Theil glänzenden Talente und trotz ihrer Rührigkeit, wenn jene so wenig wissenschaftliche Widerlegung übten? Allerdings ging der Hegelianismus zum guten Theil durch seinen eigenen innern Zwiespalt zu Grunde und bestätigte das Wort der h. Schrift, dass jedes mit sich selbst uneinige Reich untergehen müsse. Wenn es den Hegelianern etwa rühmlich dünken sollte, dass die Vorherrschaft des Hegelianismus durch sie selbst gefallen ist, so werden die Anhänger eines anderen Systems sie um diesen Ruhm nicht beneiden. Ihre Erwartung, dass sich der Hegelianismus wieder erheben werde, hat Alles gegen sich. Keine Philosophie geht nach Hegel selbst über ihre Zeit hinaus (was zu bestreiten ist). Dann kann aber auch die seine nicht über ihre Zeit hinausgegangen sein, und eine andere Zeit erfordert eine andere oder doch vertieftere Philosophie. Wenn nach H. die Geschichte der Philosophie das Innerste der Weltgeschichte ist, mit der Hegel'schen Philosophie aber die Weltgeschichte nicht aufgehört haben kann, so sind auch tiefere, umfassendere Philosophien zu erwarten. Der Geist der Hegel'schen Philosophie wird vielleicht aus nichts klarer erkannt, als aus den stolzen Worten auf den letzten Blättern der Vorlesungen über die Geschichte der Philosophie (XV, 689): „Es ist eine neue Epoche in der Welt entsprungen. Es scheint, dass es dem Weltgeiste jetzt gelungen ist, alles fremde gegenständliche Wesen sich abzuthun, und endlich sich als absoluten Geist zu erfassen, und was ihm gegenständlich wird, aus sich zu erzeugen, und es, mit Ruhe dagegen, in seiner

---

*) Darstellung und Kritik des Hegel'schen Systems von Staudenmaier (1844) S. 752.

Gewalt zu behalten. Der Kampf des endlichen Selbstbewusstseins mit dem absoluten Selbstbewusstsein, das jenem ausser ihm erschien, hört auf. Das endliche Selbstbewusstsein hat aufgehört, endliches zu sein, und dadurch andererseits das absolute Selbstbewusstsein die Wirklichkeit erhalten, der es vorher entbehrte" etc.

Wenn diess nicht Vergötterung des Menschen, des menschlichen Selbstbewusstseins ist, was verlangt man dann noch mehr zu solcher Vergötterung?

Im Angesichte dieser Menschheitsvergötterung beweisen die Bezeichnungen Gottes als des absoluten Subjektes, des allgemeinen Geistes, der reinen Persönlichkeit nicht einmal einen Persönlichkeits-Pantheismus Hegel's, wie ihn R. behauptet, geschweige den ächten und wahren Theismus.

Indessen Rosenkranz erklärt uns offen, dass er zwar Hegel nicht missverstanden zu haben glaube, dass aber, sollte dies doch der Fall sein, es an seiner Ueberzeugung nichts ändern würde. Ich will nicht untersuchen, ob eine solche Erklärung die Prätension der Hegel'schen Philosophie, absolutes Wissen zu sein, nicht geradezu aufhebt. Nur kann man nicht sagen, dass Hegel selbst schon die Prätension eines absoluten Wissens mit dem Zugeständniss, dass seine Lehre, insbesondere seine Logik noch vieler Verbesserungen bedürftig sei, nicht vereinbar gefunden hätte. Doch prüfen wir die Haltbarkeit des Rosenkranz'schen Theismus, unabhängig von der Frage, ob auch Hegel denselben gelehrt habe oder nicht. Zuvörderst ist es nun ausser Frage, dass Rosenkranz mit dem Begriffe des Selbstbewusstseins, der Persönlichkeit Gottes im Unterschiede seines Sichwissens im Menschen, wiewohl nicht eigentlich in der Trennung von demselben Ernst macht. Mit geistreicher Lebhaftigkeit lässt sich Rosenkranz also vernehmen:

„Ich verberge mir nicht, dass es vielen Zeitgenossen unbegreiflich erscheint, den Namen eines Philosophen noch mit dem Glauben an einen persönlichen Gott vereinigen zu wollen. Ich verberge mir nicht, dass die Naturwissenschaften, indem sie bei der Natur als solcher stehen bleiben, diese Meinung vorzüglich unterstützen. Aber ich verberge mir auch nicht, dass dies eine Kurzsichtigkeit ist. Schon die arithmetische und mathematische Seite der Natur müssten einen Gott in ihr erkennen lassen. Die einzige Betrachtung des Verhältnisses der Kugel, des Cylinders und Kegels ist für mich ausreichend, mir die Gewissheit vom Dasein einer absoluten Intelligenz zu geben, denn Rechnen ist ohne Denken unmöglich. Wir finden in der Natur die genaueste Berechnung der Grössenverhältnisse. Die topographische Astronomie legt uns dar,

wie Raum und Zeit in der Bewegung der himmlischen Körper sich
nach bestimmten Proportionen verhalten und wie das, was als Ab-
weichung vom Gesetz erscheint, doch die Ordnung des Ganzen
nicht stört, weil es in dieselbe im Voraus als ein constanter
Coefficient miteingerechnet ist. Wie es möglich sein soll, dass
die undenkende, bewusst- und willenlose Materie zu einer solchen
Accuratesse der Berechnung von Millionen Körpern in ihren so ver-
schlungenen Bahnen gelangen solle, ist mir unbegreiflich. Ohne die
Hypothese einer berechnenden Intelligenz kommt mein Verstand hier
nicht aus. Wenn man so oft den Ausspruch jenes französischen
Astronomen anführt, der zu Napoleon äusserte, dass er im ganzen
kosmischen Universum keinen Gott angetroffen und einer solchen
Hypothese gar nicht bedurft habe, so kann man ihm das vom
Standpunkt des Gesetzes der Attraktion, dessen Erscheinungen er
eben überall antraf, vollkommen zugeben. Meint man aber damit
ein letztes Wort gesagt zu haben, so ist das höchst kläglich, denn
durch die Thatsache der Allgemeinheit des Gesetzes wird noch nicht
begreiflich, wie es selber möglich sei. Der Naturforscher als solcher
kann sich bei der causalen Nothwendigkeit beruhigen, nicht aber
der weiter denkende Mensch. Aber nicht blos die Astronomie,
sondern die ganze Naturwissenschaft scheint mir von der Existenz
eines allberechnenden Gottes Zeugniss abzulegen. Die Stöchiometrie,
die Krystallographie, die Meteorologie, die Anatomie und Physiologie können nicht weniger uns durch ihren Calcul in Erstaunen
setzen. Die Gestalt der Organe, das Ineinandergreifen ihrer Processe, die Proportion ihrer Produkte, wie ist das Alles bis in die
kleinsten und zartesten Beziehungen berechnet! Wie kann ein denkender Mensch im Ernst glauben, dass die Proportion von Lunge
und Luft, von Auge und Licht, von Ohr und Schall, sich durch
den Zufall stupider Atome gemacht habe! Wir finden Verstand
und Vernunft in der Natur; wir finden in ihr empirisch keinen persönlichen Gott, der etwa bei dem Herrn Naturforscher, sich zu
legitimiren, seine Visitenkarte abgäbe; aber wir können klar und
deutlich einsehen, dass Verstand und Vernunft nur von einem verständigen und vernünftigen Subjekt der brutalen Materie als ihr
immanente Bestimmungen gegeben sind und dass der absolute, über
Raum und Zeit erhabene Geist in seiner ewigen Allgegenwart und
Allwissenheit nicht als sinnfällige Person erscheinen kann, was die
Sprache der kirchlichen Dogmatik so ausdrückt, dass nicht Gott,
sondern nur die zweite Person der Gottheit Mensch geworden. Wie
das Mikroskop dem überraschten Auge im Wassertropfen ungeahnte
infusorielle Wesen entschleiert, so offenbart das Denken in der

gottlos scheinenden Natur den denkenden, das Grösste wie das Kleinste berechnenden Schöpfer der Natur. Die Natur rechnet nicht selber, aber sie ist berechnet. Die Naturforscher sollten über ihrem Rechnen nicht den Gedanken an Gott und die Pietisten über ihrer Andacht an Gott nicht vergessen, dass er ein strenger Arithmetiker ist, die Philosophen aber ihn im Calcul der Natur erkennen und anerkennen."

Ich will mit Rosenkranz nicht darüber rechten, ob in dieser Auseinandersetzung Alles bis auf jede Wendung und jeden Ausdruck genau richtig und ob das Vorgetragene als eine mustergültige philosophische Beweisführung anerkannt werden kann. Genug, er zeigt sich entschieden davon überzeugt, dass das Absolute, dass Gott als selbsbewusste Vernunft, als Persönlichkeit gedacht werden müsse. Diesen Grundgedanken erläutert Rosenkranz in den Kapiteln seiner angemerkten Schrift: Die Stellung des Zweckbegriffs im System, und: Die unbewusste Zweckthätigkeit, zum Theil gegen Michelet, in bemerkenswerther Weise. Hier sagt er unter Anderem: „Der denkende Mensch weiss, dass er nicht Ursache seiner selbst ist und geht, als d e n k e n d e r, über alle Endlichkeit der Erscheinung hinaus. Wenn Augustinus sagt, dass unser Herz unruhig sei, bis es in Gott ruhe, so sage ich: mens nostra inquieta est, donec acquiescat, Domine, in Te." Baader sagt Beides und kennt zwar einen Unterschied, aber keine Berechtigung zur Entgegensetzung des Herzens und des Geistes, der Vernunft und des Verstandes. „Gott ist allerdings", sagt ferner R., „für mich unergründlich, sofern ich immer neuen Grund, ihn zu bewundern, finden werde. Er ist unerschöpflich für mein Erkennen, aber keineswegs unerkennbar. Ich weiss, an wen ich glaube." Sehr gut. Doch verträgt sich dieser Gedanke nicht oder nur gezwungen mit Hegel's absolutem Wissen, während er von Baader von Anfang an in prägnantester Weise geltend gemacht worden ist.

Sehr gut entwickelt R. (S. 96) die Kraft des ontologischen Beweises, die ihm darin liegt, dass der Begriff des Absoluten nicht gedacht werden kann, ohne zugleich den seiner Existenz denken zu müssen. Nur verwickelt er sich hier in einen Widerspruch, der seinen Halbpantheismus zur Folge hat. Er sagt: „Es wird hier also ein bestimmter Begriff, der des Absoluten gedacht, d. h. das durch sich selbst seiende, in sich unendliche, seinen Begriff als Selbstzweck auf schlechthin adäquate Weise selbst realisirende Sein. Und von diesem Begriff wird mit Recht behauptet, dass der Gedanke seiner Realität von ihm untrennbar sei. Wer ihn denkt, muss auch

seine Realität denken." Vortrefflich! *) Nur fragt es sich, ob R.
die Identität des Begriffs und der Realität oder besser die Untrennbarkeit beider in Gott an und für sich, abgesehen von der Schöpfung
denkt, oder ob er nicht unvermerkt der Realität Gottes die Schöpfung
des Inbegriffs der endlichen Wesen unterschiebt und ob er nicht
von der andern Seite, sofern er wirklich eine Realität Gottes abgesehen von der Schöpfung statuirt, diese doch nur als Inbegriff der
auf die Schöpfung bezüglichen Urgedanken Gottes, die Urbilder
aller geschaffenen Wesen vorstellt, was er (Reform der Hegel'schen
Philos. S. 22) die Fülle aller Qualitäten, den Samen der Welten
nennt. Dann hätte er die an und für sich seiende Realität Gottes
doch nur als Begriff gesetzt und müsste die im Unterschied des
Begriffs gedachte volle und vollendende Realität Gottes in seine
Schöpfung, in die Welt, verlegen und somit die Identität des Begriffs
und der Realität Gottes in die Identität Gottes und der Welt setzen.
Von dem Hegel'schen Pantheismus würde sich dieser Pantheismus
nur dadurch unterscheiden, dass Hegel die unpersönliche Weltvernunft oder Weltidee nur in den endlichen Geistern persönlich
werden lässt, während die letztere Lehre der absoluten Vernunft
eine weil nicht völlig ausgewirkte, doch nur ideelle oder magische
Persönlichkeit zuschriebe, die sich erst in der Schöpfung der end-

---

*) Vergleiche übrigens die Correctur Lotze's. Lotze (Mikrokosmus III,
S 556 f.) sagt: „Dass der Begriff des allervollkommensten Wesens auch Wirklichkeit als eine seiner Vollkommenheiten einschliesse, dass mithin das vollkommenste Wesen nothwendig sei, ist ein so deutlicher Fehlschluss, dass
nach Kant's einschneidender Widerlegung jeder Versuch der Vertheidigung
nutzlos sein würde. Anselm hat in freierer Form der Reflexion den Gedanken
hin und wieder bewegt, dass das Grösste, was wir denken können, wenn wir
es nur als gedacht denken, kleiner sei, als dasselbe Grösste, wenn wir es als
seiend denken. Einen logisch triftigen Beweis wird auch aus dieser Ueberlegung Niemand entwickeln können, aber ihre Fassungsweise scheint einen
andern Hauptgedanken zu verrathen, der seinen Ausdruck sucht. Denn was
wäre es nun, wenn in der That das gedachte Vollkommenste als Gedachtes
geringer wäre als irgend eine Wirklichkeit? Warum würde dieser Gedanke
beunruhigen? Darum offenbar, weil es eine unmittelbare Gewissheit ist,
dass das Grösste, das Schönste und Werthvollste, nicht blosser Gedanke,
sondern Wirklichkeit sein muss, weil es unerträglich an sich sein würde, von
dem Ideal zu glauben, dass es eine Vorstellung sei, die das Denken wohl in
seiner Arbeit erzeugt, die aber in der Wirklichkeit kein Dasein, keine Macht
und keine Giltigkeit habe. Nicht aus der Vollkommenheit des Vollkommenen
wird als logische Consequenz zunächst seine Wirklichkeit gefolgert, sondern
ohne Umschweife einer Folgerung wird unmittelbar die Unmöglichkeit seines
Nichtseins empfunden und aller Schein syllogistischer Begründung dient nur
dazu, die Unmittelbarkeit dieser Gewissheit deutlicher zu machen."

lichen Natur und des endlichen Geistes (wenn auch ewig) auswirkte. Diese Ansicht könnte man doch höchstens Halbpantheismus nennen, höchtens: weil in ihr die volle Persönlichkeit Gottes nicht gesetzt wäre, sondern nur eine nur ideelle oder magische in Böhme's Sprache. Dass nun Rosenkranz diesen Halbtheismus und Halbpantheismus lehrt, ist unzweifelhaft. Der Beweis soll sogleich geführt werden. In der Schrift: Meine Reform der Hegel'schen Philosophie sagt Rosenkranz (S. 22): „Die Vernunft ist . . . nicht das Ursprüngliche, wenn von der Existenz die Rede ist, denn das Ursprüngliche . . . ist Gott als der absolute Geist. Aber Gott ist natura sua denkend. Sein Sein ist unmittelbar denkendes. Denken wir uns nun Gott, wie er ohne Natur und ohne eine Geisterwelt existiren würde (wenn diess, füge ich hinzu, nicht eine Abstraktion wäre, da nach R. Gott ewig Schöpfer ist), so würde er, da er erst durch das Weltschaffen Schöpfer u. s. w. wird (ohne welches übrigens nach R. Gott nie war und nie sein konnte), in seinem Sein doch wesentlich denkend sein. Er würde als sein eigener Begriff von seiner Realität (welcher? einer noch nicht existirenden und dann doch nur ideellen?) sich unterscheiden und zugleich diese seine Realität für sich als Begriff (also doch nur als Begriff!) setzen. Er würde als das allgemeine Sein sich doch auf sich selbst beziehen. Er würde als Subject sein Sein und sein Denken von sich unterscheiden. Er würde als die einzige Substanz mit sich selbst in ewiger Wechselwirkung sich hervorbringen und als Ursache seine Wirkung sein (?). Er würde als das absolute Wesen sich in sich selbst erscheinen (magisch nach dem Ausdrucke J. Böhme's) und als sein eigener Grund sich ewig in die Existenz (ideell) setzen und in seinem Sein als sein eigener Zweck unmittelbar die Fülle aller Qualitäten, den Samen der Welten, den Schooss alles Lebens besitzen. Er würde also in seinem Begriff alle Momente der Hegel'schen Logik enthalten und diese würde also in solchem Anbetracht doch eine rationale, speculative Theologie, eine Darstellung des weltlosen Gottes sein." Nach Hegel wie nach Rosenkranz würde aber dieser weltlose Gott nur eine Abstraktion sein, da es nach dieser Denker Vorraussetzung im Begriff und im Wesen Gottes liegt, ewig Schöpfer zu sein, da Gott nie ohne die Welt sein kann, Gott ohne die Welt nicht Gott wäre. Trotz des Unterschiedes zwischen Hegel und Rosenkranz würde doch auch nach dem Letzteren Gott ohne die Welt der wahrhaften Realität entbehren, folglich die Welt die Realität Gottes sein. Die Identität des Begriffs und der Realität ist also auch nach Rosenkranz die Identität, die Einheit, die Untrennbarkeit Gottes und der Welt.

Diese Lehre ist zum Mindesten Halbpantheismus. Wenn R.
(Epilegom. S. 99) sagt: „Er (Gott) ist die Einheit der Vernunft
und der Natur als freies, selbstbewusstes Subjekt", so scheint er
nach dem unmittelbar Vorausgegangenen und nach dem Geist
seiner Ansicht damit sagen zu wollen, Gott sei die überendliche,
unendliche Einheit der endlichen Vernunft und der endlichen Natur
als übergreifendes, freies, selbstbewusstes Subjekt. Denn, wenn er
die Einheit der Vernunft und der Natur in Gott tiefer, wenn er sie
im Sinne der tiefsinnigsten aller Forscher, im Sinne des intuitiven
Böhme und des scharfdenkenden Baader verstünde, so würde er
nicht von einem zu vermeidenden Rückfall in die Geistlebens-Lehre
des Baaderianismus (S. 78) sprechen können, sondern, auf der Höhe
des wahrhaften, des ideal-realen Theismus angelangt, die Nothwendigkeit des Abbruchs und des Neubaus seines philosophischen Systems
erkannt haben. Die Lehre Baader's ist es allein, welche nach den
genialen Intuitionen J. Böhme's mit der Identität, Einheit im Unterschiede, des Begriffs und der Realität, der Idee und der Wirklichkeit,
des Geistes und der Natur in Gott Ernst macht und darum Gott
in seiner vollen und vollendeten Wirklichkeit erfasst und denkt; und
sich damit in der Wurzel vom Pantheismus scheidet. Wenn nur
erst einmal zehn begabte Forscher in Deutschland diesen urtiefen,
alle andern Standpunkte weit überflügelnden Standpunkt Baader's
wahrhaft verstanden hätten, dann würden die Vogelscheuchen, die
man um die reichen Saatfelder der Baader'schen Werke gepflanzt
hat, bald der Lächerlichkeit verfallen und man würde aus diesen
Saatfeldern einen kaum geahnten Reichthum von Samenkörnern
der Wissenschaft nach Hause tragen.

Unstreitig geht nun Rosenkranz in die Tiefe, wenn er hervorhebt (S. 110), dass die reine Vernunft nicht existiren könne, wenn
sie nicht von einem denkenden Subjekte gedacht werde, dass die
Vernunft wie im denkenden göttlichen so im menschlichen Geist
persönlich sei (S. 113), dass ein Dogmatismus profan und verwerflich sei, der den Menschen verpeste und der sich einbilde, den
Begriff der Religion zu erhalten, indem er einzig dem Menschen
das absolute (?) Wissen zuschreibe, dass es traurig wäre, wenn das
letzte Ziel der Geschichte darin bestände, dass alle Menschen die
Kategorien der absoluten Logik hübsch durchzudenken lernten und
dass Religion ohne ein persönliches Verhältniss des Menschen zu
einem persönlichen Absoluten nicht Religion sei, etc. Allein er
verhehlt nicht, dass ihm die Annahme der Ewigkeit der Schöpfung
(die darum in seinem Sinne die Freiheit nicht ausschliessen soll,
wenn auch die Willkür) spekulative Nothwendigkeit sei. Wenn

behauptet werde, er lehre, dass Gott vor dem Schaffen nur Denken ohne Sein sei und dass er dann erst das Sein erschaffe, so sei doch ersichtlich, dass er (Reform d. H. Ph.) nur das Verhältniss habe beschreiben wollen, in welchem das Denken als das ursprüngliche Sein zu sich selber stehe, sofern es die Bedingung für das Wollen ausmache, ohne welches ein schöpferisches Thun undenkbar. Es seien barbarische, grundlose Insinuationen, dass er das Denken von dem Sein getrennt habe, dass er das Sein von Gott erst erschaffen liesse, dass er in dem Denken Gottes das Sein nicht zugleich als mitgesetzt dächte. Aber ganz wohl sei es in der Ordnung, dass er das Sein Gottes von dem durch sein Schaffen gesetzten Sein unterscheide. Auch Hegel habe gesagt, dass Gott in der Logik gedacht werde, wie er vor Erschaffung der Natur und des endlichen Geistes existire.

Diese Berufung auf Hegel würde in seinem Sinne wohl passen, wenn Hegel wie Rosenkranz die Persönlichkeit Gottes in überweltlicher Bedeutung lehrte. Da aber diess nicht der Fall ist, so passt die Berufung nicht. Dass Rosenkranz das Sein Gottes von dem durch sein Schaffen gesetzten Sein unterscheidet, wäre allerdings sehr wohl in der Ordnung, wenn nur diese Unterscheidung eine auf den Grund der Sache gehende wäre. Sehen wir zu, ob sie diess in Anspruch nehmen darf.

„Die Rückkehr des Geistes", sagt Rosenkranz, „aus der Natur in sich ist . . . nicht nur ein Akt des endlichen, des erscheinenden Geistes, sondern sie ist auch ein ewiger Akt des göttlichen Geistes, der die Natur erschafft, denn nur sofern er im Schaffen auch der mit sich identische bleibt, nur sofern er, wie Hegel es ausdrückt, als der ewig in sich zurückkehrende auch der ewig in sich zurückgekehrte ist, nur insofern ist er frei, unterscheidet er sich von der erschaffenen Natur und geht er nicht in ihr auf. Ohne die Natur, also auch ohne die Geschichte, würde Gott nur d e r e i n s a m e L o g o s sein, der nur in seinem ideellen Reflexe sich reell wäre, indessen er gerade durch die Entäusserung zur Natur sich seine reelle Anschauung gibt und als sie setzend schon von vornherein über sie erhaben ist." Lassen wir Hegel hier ganz aus dem Spiel und halten wir uns lediglich an die Art, wie Rosenkranz das ewige Schaffen des persönlichen Gottes fassen zu sollen glaubt. Zuerst ist zu constatiren, dass nach Rosenkranz Gott, ungeachtet seiner Persönlichkeit, die doch ohne innere Selbstunterscheidung und also ohne innere Nichteinsamkeit nicht sein könnte, doch nur der e i n s a m e L o g o s sein würde, der nur in seinem ideellen Reflex sich reell wäre, wenn er nicht durch seine Entäusserung zur (endlichen)

Natur sich seine reelle Anschauung gäbe. Hiemit bestätigt Rosenkranz nur meine obige Angabe und Auffassung seiner Lehre, welche Gott als überweltlichem Wesen nur eine ideelle Realität gibt und die reelle Realität Gott sich nur durch seine und in seiner Schöpfung geben lässt. Und da behaupte nun R., dass diese Lehre wahrhaft und ächt theistisch, aber ganz und gar nicht wenigstens halbpantheistisch sei! Der ohne Schöpfung einsame Logos rückt dem absoluten Subjekt Hegel's, der allgemeinen nicht persönlichen Vernunft, der reinen Persönlichkeit, doch wieder so nahe, dass es schwer wird, die absolute Persönlichkeit noch in ihm zu erblicken. Jedenfalls ist der einsame Logos keine vollausgewirkte Persönlichkeit und bedarf zu seiner Vollauswirkung der Schöpfung der endlichen Natur und des endlichen Geistes und sogar der Rückkehr derselben in seinen Mutterschooss, und, wie es scheint, des in Permanenz gesetzten Schaffens und Zurückkehrens des Geschaffenen in sich. Indess man hege keine Besorgniss, dass der einsame Logos sich bis zur Schöpfung langweilen würde. Er war im Grunde nie einsam und hat von Ewigkeit her schon reichlich für seine Unterhaltung gesorgt. Sein ideelles, d. h. leeres Denken hat er reell gemacht und erfüllt mit der Materie des gesammten Naturalls und deren Gestaltungen und sein Sein hat er tapfer erhalten durch das beständige Verzehren alles Geschaffenen, das er immer wieder neugebildet von sich gegeben hat, um immer wieder etwas zu verzehren zu haben. Diesen herrlichen Process des Schaffens und Verschlingens, des Erzeugens und Hungerstillens, des Setzens und Aufhebens, des immer wieder Neusetzens und immer wieder Zurücknehmens hat er nie angefangen, d. h. immer schon angefangen und wird ihn nie beendigen. Darin besteht sein ewiges Leben. In sich selbst ist der einsame Logos nicht Leben, Leben gewinnt er erst, wiewohl ewig, durch seine Entäusserung zur materiellen Natur, deren Gestaltungen und ihre Verinnerung zum endlichen, geschichtbildenden Geist und die Wiederzerreissung der Natur- und Geistesgestaltungen. Sein ewiges Leben ist die Identität des Belebens und des Tödtens, die Permanenz des Werdens und des Vergehens, über welchem er als der allein unvergängliche Begriff und Begreifer des beständigen Umsatzes thront.

Hegel kennt überall kein Causalitätsverhältniss zwischen Gott und Welt, sondern nur ein Substantialitätsverhältniss. Daher verhält sich nach ihm Gott und Welt wie Wesen und Erscheinung. Nur Gott ist ihm Wesenheit, die Welt nichts als verschwindende, immer wieder entstehende und immer wieder vergehende Erscheinung Gottes und nichts Substantielles, sondern nur Erscheinung. Rosenkranz bleibt merkwürdiger Weise dabei stehen, denn er kennt (wenigstens hier) nirgends eine Unvergänglichkeit des geschaffenen Individuellen, weder in der Natur- noch in der Geisterwelt, die auch nur dem Namen nach zwei sind. Gleichwohl bedient er sich als falscher Etiketten der Namen von Ursache und Wirkung, um das Verhältniss von Gott und Welt auszudrücken. Gott ist ihm˘sogar seine eigene Ursache und Wirkung, woraus man sieht, dass ihm auch das Verhältniss von Gott und Welt als Ursache und Wirkung nur dem Namen nach ein solches ist, in Wahrheit aber auch nur ein Substantialitätsverhältniss. Und dennoch soll nach seiner Versicherung seine Lehre nicht pantheistisch sein! Hilf Himmel, welche Versicherungen hat in Betreff des Pantheismus Hegel nicht gegeben und diess im Angesicht seiner Behauptung vom allein richtigen Substantialitätsverhältniss Gottes und der Welt und des Grundmerkmals alles Pantheismus, der Leugnung der individuellen Unvergänglichkeit der bedingten geistigen Wesen!

Wenn die Welt die Realisation des Begriffs oder der Idee, wenn die Welt die Selbstverwirklichung Gottes, möchte Gott auch als Persönlichkeit vorgestellt sein, wäre, wenn sie die für sich substanzlose, für sich wesenlose Erscheinung Gottes wäre, so würde sich Gott im Vergänglichen (Nichtigen) realisiren, im Vergänglichen (Nichtigen) erscheinen, also sich nicht realisiren, sich nicht erscheinen und er bliebe ewig der einsame Logos, der seine trockene ewige Monotonie und Langeweile in der nichtigen Phantasmagorie des Universalregenbogens der sogenannten Natur- und Geistes-Gestaltungen ewig vergeblich zu überwinden versuchen würde.

Schon der Umstand, dass Hegel die Welt den Abfall Gottes von sich selbst — nach Schelling — nennt, dass er in dieser für sich substanzlosen Phänomenenwelt die Nothwendigkeit des Bösen lehrt, hätte Rosenkranz belehren müssen, dass mit Pantheismus und Halbpantheismus Freiheit des Willens der bedingten geistigen Wesen nicht vereinbar ist. Im offenen Widerspruch mit Hegel lehrt er die Freiheit des Willens und die Nichtnothwendigkeit des Bösen, wiewohl er sie nicht aufrecht erhalten kann, da ihm der endliche Geist die Rückkehr aus der Natur und also der materiellen Natur, weil er eine andere nicht kennt, ist, wonach der Mensch ursprünglich unvermeidlich in einem rohen und wilden Zustand gewesen sein müsste, dessen Uebergang und Erhebung zu einem höheren nicht ein Gang aus der Unschuld zur Freiheit gewesen sein könnte, sondern ein Gang durch Schuld, Sünden und Verbrechen gewesen sein müsste, welche als Handlungen von Haus aus verthierter, unmündiger Wesen nicht als Freiheitshandlungen gelten könnten. Kein Wunder, wenn R. (Epileg. S. 102) ausruft: „Diese ganze düstere Region (des Ursprungs und der Erscheinungen des Bösen) beschäftigt nicht nur meinen Verstand unaufhörlich (er war also nicht im Klaren darüber), sondern bedrückt auch mein Gemüth oft mit der schwersten Melancholie." Das kann die innigste Theilnahme erwecken, allein es ist die Folge von dem Gefühl, sich von Hegel losreissen zu müssen und es nicht recht zu können, und macht einen überraschenden Contrast mit dem absoluten Wissen des Hegelianismus. Hätte er den Tiefsinn Kant's verstanden, der da es ihm in der Wissenschaft (irrig) unmöglich schien, wenigstens im sittlich nothwendigen Glauben die Untrennbarkeit der Ideen von. Gott, Freiheit und Unsterblichkeit unerschütterlich fest hielt, hätte er nicht geglaubt, die Unsterblichkeit opfern und doch Gott und Freiheit behalten zu können, so würde ihm das der Weg zu Baader geworden sein, der den Glauben Kant's in die Wissenschaft übersetzt und damit natürlich geläutert und vertieft hat.

Gleichwohl mag auch das als grosses Verdienst gelten, dass R. wie auf die Persönlichkeit Gottes, so auch auf die Freiheit des Willens wieder hingedeutet und den Weg zum Ziele tieferer Erkenntniss betreten und gewiesen hat, sowie es als grosses Verdienst Hegel's gelten mag, dass er von der Identitätsphilosophie Schelling's her die Erkenntniss der Persönlichkeit Gottes vorbereitet und eingeleitet hat, wenn auch nur in der Form eines Halbtheismus, wie sie bei Rosenkranz hervorgetreten ist. Sollte den letzteren Baader nicht auf diesen Weg geführt haben, so fand er in ihm doch Bestätigung und Bestärkung in der Idee der Persönlichkeit Gottes, wenn gleich er diesen Spuren nicht weit genug gefolgt ist.

So musste er z. B. bei Baader seinen Gedanken wiederfinden, dass das Negative als Widerspruch mit der Idee, als Unidee, erst aus der Idee begriffen werden könne (Epileg. S. 104). Wenn aber die Welt die Selbsterscheinung oder Selbstverwirklichung Gottes wäre, so würde in ihr die Möglichkeit des Widerspruchs nicht auftreten können, weil Gott in seinen Selbsbestimmungen sich nicht widersprechen kann. Nur dann ist die Möglichkeit des Hervortritts des Widerspruchs denkbar, wenn die Welt nicht die Selbsterscheinung Gottes ist, sondern wenn die geschaffenen Wesen durch göttliche Schöpferthätigkeit eine von Gottes Wesen unterschiedene Wesenheit erhalten haben. In diesem und nur in diesem Falle gilt, was R. sagt: „Das Leben kann im lebendigen Individuum erkranken, das Erkennen kann sich in Wahnsinn verirren, das Wollen kann sich diabolisch vereinsamen." Es ist ganz richtig mit R. zu sagen, die Idee sei immer und überall in der Entwicklung ihres Begriffs gegenwärtig und halte auch das Negative unter ihre Macht gebunden,

allein das Negative kann actu nur in der vom Wesen Gottes unterschiedenen Welt und nicht in den Selbstbestimmungsmomenten Gottes
selbst hervortreten. Ganz wohl kann man daher mit R. (Epileg.
S. 98) sagen: „Das Wahre, Gute, Schöne entsteht gar nicht als
Idee, sondern ist ewig. Wir Menschen, indem wir das Wahre erkennen, das Gute thun, das Schöne bilden, bringen damit zwar
bestimmte Erscheinungen dieser Ideen, nicht aber die Ideen selbst
hervor, die nicht erst auf uns gewartet haben und im Gegentheil
die absolute Voraussetzung unseres Handelns ausmachen." Es ist
ganz im Sinne Baader's gedacht, wenn R. (Epileg. S. 73) erklärt:
„Das Gute z. B. soll schlechthin sein. Es ist Idee. Sein Begriff
enthält die Nothwendigkeit seiner Realität. Von dem Bösen lässt
sich diess nicht behaupten. Im Gegentheil ist es das Nichtseinsollende.
Aber der Begriff des Bösen generalisirt, specialisirt, individualisirt
sich formell ebensowohl, als der Begriff des Guten. . . . . Der
Begriff der Idee ist . . . . nicht blos formell, sondern er ist auch
durch die Nothwendigkeit seines Inhalts über alle Relativität ewig
hinausgehoben. Das Gute, das Jemand will, verliert an seiner
Würde . . . . dadurch nichts, dass seine Ausführung gehindert wird
oder misslingt." Dabei ist nur zu bemerken, dasss der Wille des
Guten sich erst im Handeln vollendet, wenn auch mancher gute, als
solcher werthvolle Wille in seiner Ausführung gehemmt sein kann.

Mit Baader übereinstimmende Aeusserungen über das Positive
und Negative, das Gute und Böse, das Wahre und Falsche, das
Schöne und Hässliche finden sich vielfach in den Schriften von
Rosenkranz. Man vergleiche die Vorrede zur ersten Auflage der
Psychologie, 2. Aufl. p. XXXII, S. 114, 170, 243, 306, 358 etc.;
Encyclopädie der theologischen Wissenschaften S. 58, 67, 73, 76 ff.;
Aesthetik des Hässlichen S. 7, 27, 360, 363 ff., 371; System der
Wissenschaft S. 132 ff., 367, 371, 433, 443 ff., 475; Wissenschaft
der logischen Idee I, 35, 89, 305 ff., 317, 328, 445, 519, II, S. 5,
210, 219, 256, 307, 315, 321 ff., 342, 346, 458.

Die Verschiedenheit von Baader beginnt bei R. schon mit
dem Begriff des absoluten Geistes, der göttlichen Persönlichkeit.
Nach R. sprechen wir oder sollen wir sprechen vom Leben des
Geistes nicht kyriologisch, sondern metaphorisch und analogisch.
Macht man Ernst, sagt R. (Epileg. S. 78), mit der Kategorie des
Lebens für den Geist, so fällt man wieder (?) in den Schellingianismus oder auch den Baaderianismus. Zuvörderst scheint hier R.
zwar eine Verwandtschaft, aber doch einen wesentlichen Unterschied
zwischen Schelling und Baader gewittert oder auch gefunden zu
haben. Hätte er ihn uns doch aufgezeigt! Vielleicht wäre es ihm

Anlass zu merkwürdigen Entdeckungen geworden. Aber er geht flüchtig darüber hinweg und bemüht sich nicht, die Gründe zu prüfen, welche Schelling und Baader — in sehr verschiedener Weise — veranlasst haben, im eigentlichsten Sinne dem Geiste, dem absoluten wie dem bedingten, Leben zuzuschreiben und vom Leben und der Lebendigkeit des Geistes zu sprechen. Was sollte auch ein lebloser Geist für ein Geist sein? Sollte ein lebloser Geist nicht eher ein Gespenst, denn ein Geist genannt werden dürfen? Aber auch bei R. ist der absolute Geist im Grunde nicht als leblos vorgestellt, er ist es nur in der Abstraktion seines überweltlichen ideellen Insichreflektirtseins, in Wirklichkeit — concret — ist er in seiner ewigen Weltschöpfung realisirt oder doch in der Realisation begriffen und hat sein Leben in der Welt — freilich für ein göttliches ein sonderbares Leben, das im Schaffen, Zerstören und Wiederschaffen und in diesem Kreislauf in's Endlose fort besteht. Rosenkranz irrt also nicht sowohl darin, dass er Gott alles Leben abspräche, als darin, dass er sein Leben nicht immanent, nicht überweltlich fasst, sondern es aus Gott heraus in seine Entäusserung in die endliche Natur und den endlichen Geist wirft und diese Entäusserung doch wieder Gott immanent sein lässt.

Wenn sich doch mit Einem Worte verständlich machen liesse, wie schwerwiegend, wie verhängnissvoll dieser Grundirrthum ist! Doch Geduld, es wird klar werden. R. stellt Gott, abstrakt, von seiner ewigen Weltschöpfung abgesehen, als den einsamen Logos vor. Bezöge sich diese Einsamkeit bloss auf das vorgestellte Nichtvorhandensein bedingter geistiger Wesen, wenn man sie hinwegdenkt, so ist freilich nichts einfacher, als die Einsamkeit Gottes. Allein das ist nicht die Frage, sondern die Frage ist, ob Gott von der Schöpfung abgesehen in sich selbst einsam wäre, eine monotone Einfachheit im Sinne der Unterschiedslosigkeit oder doch nur ein blosser, wenn auch im Denken gefasster Inbegriff der logischen Bestimmungen an sich, ein bloss ideelles Bewusstsein und Denken der ewigen Weltkategorien. Wäre es also bestellt, so würde die Weltschöpfung nichts Anderes sein können, als ausgebildete, realisirte Logik. Entweder also müsste es eine Täuschung sein, wenn wir im Weltall noch etwas Anderes zu erblicken glauben, als ausgewirkte Logik, oder das Weltall ist aus der Voraussetzung eines Gottes, der, obgleich persönlich, doch nur Inbegriff der logischen Weltkategorien ist, nicht erklärbar. Und in der That sind es bloss leere Worte, dass der Begriff oder die Idee sich entäussere und entäussern könne, dass der Begriff oder die Idee in der Entäusserung zur Natur, zu dieser materiellen Natur — als von sich gekommener Gedanke — und in der Rückkehr aus der Natur zum endlichen Geist werde.

Wenn Gott das absolute ewig in sich verwirklichte Geistesleben ist, so erweist sich, dass der Tod im Begriff des Lebens selbst nicht liegt, und dass das geschaffene Leben nicht nothwendig sterben und untergehen muss. Das Leben Gottes kann darum auch nicht im ewigen Setzen und Aufheben, Hervorbringen und Verschlingen, Bilden und Zerstören bestehen.

R. kann mit seiner Bestimmung Gottes als des einsamen Logos, sofern er abstrakt ausser der Weltschöpfung vorgestellt wird, nicht zur immanenten Trinität, welche als Dreipersönlichkeit ausgesprochen werden muss, durchdringen und sieht nicht, dass die Hegel'sche Dreieinigkeitslehre als göttliche Idee, entäusserte Naturwelt und endliche Geisterwelt als Gemeinde Gottes nur eine Carikatur der christlichen Dreieinigkeitslehre ist.

Vergleicht man den Halbpantheismus von Rosenkranz mit dem Halbpantheismus des späteren Schelling, und in anderen Formen Weisse's, Lotze's, Fechner's, so erweist er sich diesen gegenüber sogar als Dreiviertelspantheismus, wenn man so sagen darf, inwiefern er alle geschöpflichen Individuen in Gott untergehen lässt, während jene, theils unbedingt, theils bedingt die Unvergänglichkeit der geistigen Individuen anerkennen und damit der Erkenntniss des Wesensunterschiedes Gottes und der Welt näher treten, wenn sie dieselbe auch nicht erreichen.

In der Vorrede zum 2ten Theil seiner Wissenschaft der logischen Idee erklärt Rosenkranz auf Baader und Schopenhauer Bezug nehmen zu wollen, weil diese Philosophen, von verschiedenen Standpunkten aus, sich am tiefsten in den Abgrund des Negativen zu versenken den Muth gehabt hätten. Wie nimmt nun R. Bezug auf Baader? In einer Weise, welche man nur als die crasseste Entstellung bezeichnen kann. In der bemerkten Schrift sagt R. geradezu (W. der log. Idee II, 330): „Die Theorie des Parsischen Dualismus ist von Jacob Böhme und Franz von Baader erneut." Nun muss man den Parsischen Dualismus, wie er bis zu Rosenkranz verstanden wurde, gar nicht kennen, wenn man ihn in Böhme und Baader wieder finden will. Jener behauptet, nach bis dahin gelten gelassener Auslegung, einen ursprünglichen Dualismus des Guten und des Bösen, oder eines guten und eines bösen Gottes, doch so dass der letztere zuletzt im Kampfe dem ersteren unterliegt. Davon sind Böhme und Baader unendlich weit entfernt und bekämpfen diese Ansicht, die Baader nicht für ursprünglich, sondern für spätere Ausartung hält und halten kann, sogar mit schärferen Waffen als fast alle anderen Gegner. Böhme und Baader lehren, dass die Einzigkeit des Absoluten im Begriff Gottes liege, dass Gott der absolut Gute und Heilige sei, dass die ewige Natur in Gott ewig dem Geist vollkommen unterworfen sei, wesshalb Gott Licht genannt werden könne, in welchem keine Finsterniss angetroffen werde, dass Gott Schöpfer aller Wesen sei, die wesentlich unterschieden von ihm existiren, dass er alle Wesen ursprünglich vollkommen geschaffen habe, aber als bedingte Wesen nur unmittelbar vollkommen und der Vermittelung und Fixirung in der anerschaffenen Vollkommenheit fähig und bedürftig, die natürlichen Wesen verderbbar oder zerrüttbar, die geistigen frei und darum fallbar. Baader findet keinen Grund, der Traditation der Kirche zu misstrauen, welche von einem durch einen hochgestellten Geisterfürsten begonnenen und veranlassten Geisterfall spricht und der innere Zusammenhang der Lehren der h. Schrift, so wie eine Reihe von Beobachtungen, Forschungen und Erwägungen scheinen ihm die Wahrheit jener Tradition zu bestätigen.*) Der gefallene Geisterfürst mag so grosse Geistes- und Naturmacht gehabt haben als er wolle, so ist es eine reine Lächerlichkeit, ihn zu einem zweiten und zwar negativen Gott aufblasen zu wollen oder ihn dazu von der Kirche oder von namhaften christlichen Theologen und Philosophen aufgeblasen vorstellen zu wollen.**) Jedes geschaffene Wesen, so hoch es auch von Haus aus gestellt sei, verschwindet gegen die Unendlichkeit Gottes und bleibt auch in selbstverschuldeter (relativer oder absoluter) Negativität in der unbedingten Macht Gottes. Wenn Baader den geschaffenen Geistern, sowohl den Engelgeistern als den Menschengeistern, eine begrenzte Macht zuschreibt, auf die Natur wohlthätig oder übelthätig, veredelnd oder verschlechternd, zerrüttend oder bildend, gestaltend, erhebend zu wirken, so kann doch höchstens die Frage nach dem Maasse und der Weise dieser Macht oder Kraft aufgeworfen werden, nicht nach dieser Macht und Kraft selber. Es wäre abermal bis zur Widersinnigkeit lächerlich, in der Behaup-

---

*) Handbuch der Theologie des Alten Bundes im Lichte des Neuen von P. Scholz II, 49 ff. Die christliche Lehrwissenschaft nach den biblischen Urkunden von J. T. Beck I, 247 ff. Geschichte der biblischen Offenbarung etc. von Haneberg. Dritte Auflage S. 25.

**) Selbst die strengsten Theologen, welche die Endlosigkeit der Höllenstrafen vertheidigen und die christlichen Confessionen, welche sie als Schrift- und Offenbarungslehre aufstellen, können doch darum nicht des Dualismus oder Manichäismus beschuldigt werden. Vergl. Kant's Lehre vom idealen Christus von Dr. L. Paul, S. 24, 104 ff.

22 *

tung dieser Macht (doch nur von Gott verliehener und begrenzter) Manichäismus erblicken zu wollen, und selbst, wenn Baader eine übertriebene Vorstellung von derselben gehabt hätte, so würde diess doch absolut nichts mit dem Manichäismus zu thun haben, da er die Geschaffenheit alles von Gott Unterschiedenen behauptet, folglich nur von bedingter, begrenzter, endlicher Macht böse gewordener Geister sprechen kann. Die Macht des menschlichen Geistes auf die Natur zu wirken und sie innerhalb gewisser Grenzen zu harmonisiren oder zu disharmonisiren, zu veredeln oder zu verschlechtern, ist doch wohl ausser aller Frage. Selbst dass der gute Wille auf die eigene Leiblichkeit und über sie hinaus wohlthätig und der böse Wille nach dieser oder jener Richtung hin unwohlthätig, verschlechternd, verderbend und selbst vergiftend wirken könne, ist ganz und gar unleugbar Auch dass diese Macht der Erweiterung und Verengerung fähig sei, wird nicht bezweifelt werden können und ob sie nicht unter begünstigenden Umständen eine über das Gewöhnliche hinausgehende Erweiterung und Intensivirung erlangen könnte, enthält durchaus keine Unmöglichkeit. Wenn Baader den Engelgeistern und dem Menschen im Anfang eine unvergleichlich grössere Macht auf die Natur im Guten und im Schlimmen zu wirken zuschreibt, so liegt diess durchaus in der Consequenz seiner Principien. Wäre wirklich, wie Viele, wenn nicht die Meisten, heute meinen, die Annahme eines höheren Urzustandes der ersten Menschen widerlegt, so würde allerdings die Theorie Baader's wenigstens theilweise fallen. Sie ist aber sehr haltbar, wenn der höhere Urzustand des Menschen im Anfang erwiesen werden kann. Ich kenne sehr gut die Einwendungen der Neuern gegen die Annahme jenes höheren Urzustandes. Aber es fragt sich, ob sie wirklich so entscheidend sind, wie man sich nach einem Knäuel von Hypothesen vorstellt. Naturforscher, wie C. Vogt und Genossen sprechen davon wie der Blinde von den Farben. Die Materie ist nicht, wie R. angibt, nach Baader das Produkt des Abfalls des creatürlichen Geistes von Gott, das Resultat eines Verbrechens und damit selbst vom Bösen inficirt, sondern die von dem gefallenen Geisterfürsten zerrüttete Naturregion ist nach Baader seiner Macht und seinem Einfluss wieder entzogen und zu einer Schutzwehr gegen seinen Einfluss gebildet und verwendet worden.*) Indem Baader die materialisirte Natur der Be-

*) Die Gründe für diese Bedeutung und Bestimmung der Materialisirung der Natur bleibt Baader für Niemanden schuldig, der seine Werke gründlich studiren will.

freiung von ihren groben Formen und der Veredlung und Verklärung für fähig erachtet, kommt er eben von der Materie, d. h.
der Materialität der Natur los, während R., der sie unverständlich
als von sich gekommenen Gedanken fasst, so wenig von der Materie loskommt, dass er diese grobe, verschlechterte, zweispaltige,
eitle, materielle Natur als unmittelbares Produkt Gottes und Moment seiner Selbstverwirklichung vorstellt. *) R. glaubt etwas vollkommen Schlagendes gesagt zu haben, wenn er äussert: „Weil
diese (die Materie, nach Baader) aber ein Produkt des Verbrechens
ist, so kann sie nicht wahrhaft vernünftig sein. Eine wahrhaft
objektive Naturwissenschaft ist mithin hier unmöglich." Allein die
Materie ist nach Baader nicht Produkt des Verbrechens, sondern
die Materialität der Natur ist eine gegen das Verbrechen gerichtete
Schranke, die Natur ist ihrem Wesen nach von Gott geschaffen,
der eingetretenen Zerrüttung soweit enthoben, dass die Lichtseite
vorwiegt, und dass sie als Damm gegen die Dämonen, als Däm-
pfung des Bösen im Menschen, als Strafe und Gnade, als Erzie-
hungs- und Erlösungsanstalt dienen kann. Von hier aus gewinnt
man den tiefsten Einblick in die Bedeutung der Naturübel zur
Erziehung und Erlösung des Menschengeschlechts. Da nach Baader
die geschöpflichen Dinge nicht in ihrer Essenz, nicht in ihrer
Wesenheit verdorben oder in das Verderbniss gezogen werden
können, sondern nur in der Aeusserung ihrer Vermögen, so bleibt
die Welt in ihrer Wesenheit als Schöpfung der Vernunft immer
vernünftig, so unvernünftig sich die Bethätigungen der Vermögen der Wesen gestalten können. Es ist daher falsch, dass
eine wahrhafte Naturwissenschaft nach Baader unmöglich sei, vielmehr ist sie gerade bei ihm möglich und bei Hegel nicht. **) Was
die Missbildungen in den Vermögens-Aeusserungen der Naturwesen
betrifft, so machen sie die Wissenschaft so wenig unmöglich, als
die Krankheiten die Physiologie, als die Unsittlichkeiten und
Bosheiten der Menschen die Psychologie und die Ethik und als
die Geisteskrankheiten die Geisteslehre unmöglich machen. Wenn
man sich von einer Theorie eine verrückte Vorstellung macht, so
muss sie Einem freilich verrückt erscheinen, aber dann ist die
Theorie ganz unschuldig daran und es bleibt nichts übrig, als sich
aus seiner Verrückung herauszugeben oder Zeitlebens nicht inne

*) Vergl. Physica sacra von Hamberger S. 70 ff., 112 ff., 127 ff.
**) Auch Hegel kennt das Irrationale in den Erscheinungen der materiellen
Natur. Aber seine Erklärung derselben ist selber irrationell, wie man besonders
aus K. Ph. Fischer's Charakteristik der Hegel'schen Philosophie und aus Staudenmaier's Darstellung und Kritik des Hegel'schen Systems ersehen kann.

zu werden, dass man im Wahn begriffen ist. R. will ja doch die Freiheit des Willens anerkannt wissen. Was würde er nun entgegnen, wenn Jemand ihm sagte, dass er damit die Wissenschaft des Geistes unmöglich mache? Diese Einwendung ist häufig genug gegen die Willensfreiheit gemacht worden, hat aber nicht mehr Werth als der obige Einwurf von Rosenkranz gegen Baader. Wenn R. einräumt, dass Baader tiefe Blicke in das infernale Reich, in das Unwesen des Negativen gethan, aber das Wahre in ihrer Erkenntniss durch die Verquickung mit mythischen Formen sehr erschwert habe, so ist von dem letzteren nur so viel wahr, dass Baader, wo er seine Gedanken an Aeusserungen älterer Theosophen anknüpft, nicht immer verschmäht, in den weniger mythischen als phantasievollen, nicht immer begrifflich correkten und ästhetischen Formen dieser Theosophen zu sprechen, wo er aber selbst aus sich herausspricht, wird man ihn fast ausnahmslos klar, scharf und bündig finden. Was aber auch an seiner Darstellungsart, die ihre sehr eminente Seite hat, zu tadeln sein möge, so hat er sich in seiner Diffusion doch unendlich viel verständlicher zu machen gewusst, als der grosse Methodiker und Systematiker Hegel, auf dessen Grabe sich seine Schüler auf scandalöse Weise über den wahren und richtigen Sinn seiner „absoluten" Wissenschaft herumstreiten.*) Was R. über die Bequemlichkeit sagt, womit Baader Alles unserem Eudämonismus Missfallende auf Rechnung jenes Abfalls setze, so würde er das unmöglich haben sagen können, wenn er den Charakter der ganzen Lehre Baader's tiefer gefasst hätte, wenn er die Mosaische Urkunde bis auf den Grund studirt, die Weissagungen der Propheten des alten Bundes und die Traditionen der Völker beachtet, wenn er die unausgründlich tiefen Aussprüche Christi, z. B. von dem Himmelreich, in welchem nicht gefreit und geheirathet werde, was einen tiefen Blick in seine Gesammtanschauung gestattet, berücksichtigt und die Erwartungen der h. Schrift von einem neuen Himmel und einer neuen Erde, die Sprüche Pauli von dem Seufzen aller irdischen Creatur und Harren auf die Offenbarung der Kinder Gottes, von der Eitelkeit und Unreinheit alles Irdischen, von der durch die Heiligung zu erhoffenden Verklärung des Leibes und die

---

*) Michelet's Polemik gegen Rosenkranz im „Gedanken" ist nicht ohne hochfahrende Ueberhebung, vollends unwürdig aber ist die Art, wie A. Ruge in seiner Schrift: Aus früherer Zeit, sich über den „Theismus" von Rosenkranz äussern zu dürfen glaubt. Ich werde Rosenkranz, der in der Geschichte der deutschen Philosophie eine ungleich ehrenvollere Stellung als A. Ruge einnehmen wird, nicht mit der Anführung des Wortlauts jener burschikosen Aeusserungen beleidigen.

Weissagung des dereinstigen Aufhörens der Zeit, ihrer Erhebung in das ewige Leben tiefer durchdacht hätte.

Wie R. sich der wahren Lehre Böhme's und Baader's zum Theil unkundig zeigt, so auch jener Saint-Martin's. In seinem „Leben und Schriften Diderot's",*) einem übrigens glänzend geistreich geschriebenen Werke, erhebt Rosenkranz auch gegen Saint-Martin die Anklage des Manichäismus. Hätte er, bevor er dies drucken liess, die ersten fünfzig bis sechzig Seiten des 12. Bandes der s. Werke Baader's durchgesehen, so würde er es sicher gestrichen haben. Dort aber sagt Baader: „Man fasst das Gute und Böse mit Saint Martin nur dann richtig, wenn man es als das Integre und Desintegre oder Corrumpirte auffasst. Dieser Begriff schliesst bereits ein ursprünglich und nothwendig Böses aus." Und weiter: „Nicht in der Anerkennung der Dualität des Guten und des Bösen in der Erscheinung irrte Mani. Diese Anerkennung war vielmehr vernünftig, indess die Alleinslehre der Naturphilosophie (Schelling's) unvernünftig war. Mani irrte nur darin (und dies war freilich ein furchtbarer Irrthum), dass er den Gegensatz des Guten und des Bösen nicht anders aufrecht erhalten zu können glaubte, als durch die Annahme zweier Götter, die, unabhängig von einander, beide ewig und Fürsten zweier total verschiedener Reiche seien. Zwar legte Mani dennoch dem Gott des Lichtes eine grosse Ueberlegenheit über den Gott der Finsterniss bei, zwar ist ihm nur der Gott des Lichtes der wahre Gott, der Gott der Finsterniss nur das Oberhaupt von allem Gott Feindseligen, zwar lässt er zuletzt den Gott des Bösen der Macht des Gottes des Guten erliegen, aber damit ist die heillose Vernunftwidrigkeit nicht getilgt, die in der Annahme zweier absoluter Wesen liegt, wie denn auch die Unterordnung des einen unter den andern in Rücksicht der Macht und das endliche Unterliegen des einen dem andern von der Voraussetzung der gleichen Absolutheit und somit Unabhängigkeit und Ewigkeit beider aus nur eine Inconsequenz ist. Deutlich gibt Saint-Martin zu verstehen, dass er den Dualismus Mani's verwerfe, wenn er sagt: „Auch haben sie (die Menschen), nachdem sie die zwei Principien angenommen hatten, nicht einsehen mögen, wie sie von einander unterschieden sind. Bald haben sie ihnen eine Gleichheit an Kraft und Alter beigelegt,

---

*) St. Martin, mitten in den Strömungen des Deismus, Naturalismus und Materialismus des 18. Jahrhunderts in Frankreich, wäre ein viel würdigerer Gegenstand der Forschungen und des Darstellungstalents von Rosenkranz gewesen. Zum Allermindesten hätte St. Martin als Gegenpol Diderots in die Darstellung hineingezogen werden sollen.

so dass ein jedwedes ein Nebenbuhler des andern und beide gleich
mächtig und gross wären. Bald haben sie, der Wahrheit gemäss,
sogar das Böse dem Guten in allem Betracht untergeordnet; aber
sie haben sich selbst widersprochen, als sie über die Natur dieses
Bösen und über seinen Ursprung näheren Aufschluss geben wollten."
Die Schelling'sche Alleinslehre aber hat Saint-Martin schon vor
ihrem Hervortreten schlagend mit den Worten widerlegt: „Bald
haben sie (die Menschen) sogar sich nicht gescheut, das Gute und
das Böse in ein und dasselbe Principium zu legen, in der Meinung,
dieses Principium zu ehren, wenn sie ihm eine ausschliessende
Macht beilegten, die es zum Urheber aller Dinge ohne Ausnahme
machte, d. h. dass dieses Princip solchergestalt zugleich sei Vater
und Tyrann, belebender Odem und fressendes Feuer, ungut, ungerecht durch seine Grösse und das folglich sich selbst strafen muss,
damit seine eigene Gerechtigkeit aufrecht erhalten werde." Der
Dualismus Mani's wird widerlegt durch die Einsicht, dass das Böse
keine Essenz hat, dass es kein essential Böses gibt, dass alles Böse
secundär ist und nur durch Corruption entsteht. Es bringt es auch
nicht zum wirklichen Dasein als solches. Das Böse kann eigentlich
nur gewollt, nicht gedacht, noch gethan werden. Es gibt keine
zwei Urwesen. Das Urwesen ist Eines. . . . Allen Dualismus widerlegt Saint-Martin mit der Behauptung, das Gute für jedes Wesen
sei die Erfüllung seines Gesetzes, und das Böse dasjenige, was sich
dieser Erfüllung widersetze. Erfülltheit ist nämlich Bestimmtheit,
Bestimmtheit ist Ganzheit. . . . Hat nicht Saint-Martin allen Manichäismus und Dualismus in der Wurzel vertilgt, wenn er zeigt,
dass nur das Gute von sich selbst alle seine Macht hat (ein Ausdruck, der wie jener der causa sui nur negativ zu nehmen ist, denn
Gott ist seinem Wesen nach nicht hervorgebracht, auch nicht von
sich selbst), dass das Böse durch sich selbst keine Kraft und Gewalt hat und die Kraft und Macht des Guten selbst über das Böse
sich erstreckt, dass folglich dem Bösen keine gleiche Macht und
kein gleiches Alter (keine Ewigkeit) mit dem Guten zugeschrieben
werden kann? Saint-Martin hat gezeigt, dass das Böse durch eine
freigewollte Scheidung vom Ewigen entstanden ist, also das Ewige
voraussetzt und selbst nicht ewig sein kann. Zum Ueberfluss wies
Saint-Martin noch nach, dass unter der Voraussetzung der Unabhängigkeit des Bösen vom Guten und der Gleichheit ihrer Macht
entweder keines von beiden auf das andere gewirkt haben würde,
oder beide sich gegenseitig das Gleichgewicht gehalten hätten und
es unmöglich gewesen wäre, irgend etwas hervorzubringen. Also,
folgert Saint-Martin mit Recht, kommt dem Guten eine unendliche

Ueberlegenheit zu, eine Einheit und Unzertrennlichkeit, womit es nothwendig vor allen Dingen existirt hat und also auch, da das Böse nur der Creatur möglich ist, vor dem Bösen, welches allererst nach dem Guten kommen konnte."

Es kann hier nicht unbemerkt bleiben, dass der Widerstreit, in welchem Saint-Martin mit der früheren Philosophie Schelling's steht, in der Hauptsache ebenso sich als Widerstreit mit Hegel herausstellt. Verwirft Saint-Martin Mani's Dualismus mit tief eindringenden Gründen, so stemmt er sich nicht minder gegen einen Pantheismus, wie ihn Schelling und Hegel vertreten, obgleich selber nicht ganz frei von Persönlichkeitspantheismus. Ist der Manichäismus schlimm und verwerflich, so sind die Lehren dieser Philosophen noch verwerflicher und noch schlimmer. Denn bei Mani schimmert durch seine verkehrte Auffassung durch, dass er im Grunde doch nur den Gott des Guten für den wahren Gott hält, weil er ihm die Macht der Ueberwindung des Bösen beilegt und sich überzeugt hält, dass dereinst alles Böse überwunden und aufgehoben sein wird, dagegen haben Schelling und Hegel den Dualismus des Guten und des Bösen zwar nicht in die Wesenheit Gottes selber, aber in seine Selbst-Offenbarung gelegt und durch ihre Behauptung der Ewigkeit der Schöpfung und der Nothwendigkeit des Bösen dasselbe nach Rückwärts wie nach Vorwärts verewigt. Denn wenn die Schöpfung ewig ist und zur Selbstverwirklichung Gottes gehört, so müssen auch nothwendig geistige Wesen (gleichviel ob alle oder nicht alle, wiewohl man nicht begreift, warum denn nicht alle) von Ewigkeit her sein, weil die angebliche ewige Rückkehr Gottes aus seiner Schöpfung schlechterdings keine blosse Rückkehr aus der taubstummen Materie sein könnte, und wenn das Böse nothwendig wäre, so könnte es in den endlichen Geistern nur schon von Ewigkeit her sein und müsste auch in alle Ewigkeit fortdauern, weil ewig endliche Geister sein müssten. Der Manichäismus, so verkehrt er auch ist, ist doch nur einem unbedachten Kinde gleich gegen die blasphemischen Lehren Schelling's und Hegel's, nach welchen die Schöpfung der Abfall Gottes von sich selber sein soll, um sich eine Bewegung zu machen und sich zu vollenden, was er doch nach den gemachten Voraussetzungen niemals erreichen kann. Hegel stellt ausdrücklich das Schaffen Gottes als Aeusserung seiner Liebe und das Fallenlassen, das Vernichten der Geschöpfe als Aeusserung seiner Gerechtigkeit vor. Baader's Werke sind voll schlagender Widerlegungen dieser grundfalschen Ansichten. Da aber nicht darauf zu rechnen ist, dass der Leser, wie er sollte, die Werke Baader's zur Hand nehmen wird, denn

fast ist eher zu erwarten, dass die Ströme aufwärts fliessen und
der Regen von der Erde zum Himmel hinauffällt, als dass das Eis
der Gleichgültigkeit gegen die Werke des tiefsinnigsten Forschers
der Neuzeit geschmolzen werde,*) so muss ich mir schon erlauben,
aus dem zwölften Bande der Werke Baader's einen bezüglichen
Passus hier anzuführen:

„Die Behauptung, es gebe kein Uebel in der Welt und was
Unordnung im Einzelnen scheine, bringe allgemeine Ordnung her-
vor, fand Saint-Martin nicht bloss in materialistischen, sondern auch
in idealistischen Systemen. Man verfocht ausdrücklich den Satz:
Privatlaster seien öffentliche Tugenden, d. h. die Sünden und Laster
Einzelner trügen zur Beförderung des Wohles der bürgerlichen
Gesellschaft bei. Ebensowenig erschrack oder erröthete man vor der
Behauptung, der Tod alles Einzelnen sei das Leben des Ganzen.
Beklagenswertherweise pflanzte sich diese Lehre ihrem Grundgedanken nach aus dem Spinozismus selbst auf Schelling und Hegel
fort und verbreitete sich von diesen imponirenden Geistern aus in
einer Sündfluth von seichten Schriften über ganz Deutschland und
halb Europa. Mit einer Art raffinirter Wohllust wühlte besonders
L. Feuerbach in wahnsinniger Verherrlichung und Vergötterung
des Todesgedankens, indem er mit seiner Verzweiflung an allem
Standhaltenden eine erhaben sein wollende und sollende, in Wahrheit aber doch nur hohle und lächerliche Prahlerei trieb. Ich setze
zur Illustration einige seiner Sätze aus seinen Gedanken über Tod
und Unsterblichkeit hierher:

„„Ewig lebet der Mensch, desshalb, wiss't, sterben die Menschen:
    Alles Zeitlichen Tod ist ja das Ewige nur.““

Kann es einen elenderen Begriff vom Ewigen geben?

„„In dem Leben verzehrt sich der Geist, im Tod die Natur drauf!
    Jener verzehrt den Kern, dieser die Schale von Dir.““

Geist und Natur wären hiernach nichts als von unstillbarem Hunger
geplagte, verzehrende, fressende, vertilgende Mächte und producirt
würde da nur, damit immer fort verzehrt und vernichtet werden
kann.

„„Was ist der Tod? nicht Tod, nur die Handlung, wo du die Krone
    Und den Scepter ablegst, die du im Leben geführt.““

---

*) Kahnis zeigt sich über Baader's Bedeutung noch 1861 so unkundig, dass
er (Lutherische Dogmatik I, 165) Baader unter die Schüler Schelling's stellt,
und Weber erscheint noch in der 12. Auflage seiner Weltgeschichte ganz un-
orientirt über die Bedeutung des Mannes. Noch immer begegnet man in zahlreichen Schriften den grundfalschesten Auffassungen seiner Lehren. Der Fortschritt der Sammlung meiner philosophischen Schriften wird diesem grossen
Uebelstand doch hoffentlich noch ein Ziel setzen.

Der Tod wäre also nicht der Tod, sondern was denn? Das Leben
eines Andern und das Leben wäre dann consequenterweise nicht
das Leben, sondern der Tod Anderer. Der Tod wäre da nur der
Beweis, dass das Leben nur beginnender und allmälig heranwachsen-
der Tod wäre. Dieser Gedanke ist nur die Carikatur des wahrhaften Lebensprocesses, der im Beharrlichen zugleich Wechsel verlangt, aber auch, was übersehen ist, im Wechsel ein Beharrliches.
Doch sie sagen, das Beharrliche ist nicht übersehen, es gibt ein
Beharrliches, aber dieses Beharrliche ist das eine, alles umfassende
und alles seiende Sein, Materie, Natur, Leben, Geist, wie ihr es
nennen wollt. Beim Lichte besehen, ist dieses Eine aber nur ein
Abstraktum, ein Gedankending, kein wahrhaft wirkliches Sein, kein
Seiendes, kein wirkliches Leben, kein wahrhaft seiner selbst mäch-
tiger und bewusster Geist.

> „„Magische Reize allein verleihet dem Leben der Menschen
> Einzig Vergänglichkeit nur: Königin ist sie der Welt.“"

Der Melancholischgewordene verliebt sich in seine eigenen Trauer-
gedanken und findet einen magischen Reiz und Genuss im Hegen
und Pflegen seiner eingebildeten Leiden. Das kranke Gemüth kann
sogar die Vernichtung wünschen. Das gesunde freut sich des Daseins und der aus dem Glauben an die Liebe Gottes von selbst
fliessenden Ueberzeugung von der ewigen Fortdauer des individuellen
Geistes. Die Vergänglichkeit des Irdischen beweiset so wenig die
Vergänglichkeit des individuellen Geistes, dass vielmehr der Geist
diese Vergänglichkeit des Irdischen gar nicht bemerken könnte, wenn
er selber vergänglich wäre, und dass vielmehr eben dieses Bemerken
der Vergänglichkeit des Irdischen ihm seine eigene Unvergänglichkeit beweiset und ihn überdies belehrt, dass er in dieser vergänglichen Welt nicht in seiner Heimath ist und auffordert, seine wahre
Heimath zu suchen. In dieser Heimath wird es aber freilich ganz
anders zugehen, als Feuerbach wähnt, dass die christliche Lehre es
dort zugehen lasse. Mag die geistlose Vorstellung schlecht unterrichteter Christen oder auch die dumme Auffassung manches Pfaffen
von Feuerbach's übrigens stark burschikosen Verhöhnungen getroffen
werden, wenn er das himmlische Jenseits eine ewige Kirchweih'
(wie eben viele Kirchweihfeste sind) nennt, und dort nichts zu thun
findet, als die Frucht zu schmausen, die auf der Erde gereift ist etc.;
die christliche Lehre selbst wird von solchen schiefen Vorstellungen
entfernt nicht berührt. Sie weiss nichts von einem Schlaraffenleben
im Himmel, sondern vielmehr von einem Aufhören der Unganzheit.
der Gebrochenheit und Gebrechlichkeit des Lebens und einem Beginne der Ganzheit, Vollheit, Vollkommenheit und Vollendung des

Lebens, was so wenig auf ein Nichtsthun hinauslaufen kann, dass
es vielmehr volles und ganzes Thun bezeichnet. .... Feuerbach curirt
alle Noth und Erkrankung des geistigen Lebens mit der Universal-
medicin der Vernichtung der Individualität im Tode, ganz wie in
dem bekannten Bänkelsängerlied Doktor Eisenbart seine Patienten
von ihren körperlichen Leiden durch den leiblichen Tod curirt. ....
Den von Saint-Martin gerügten Irrthum hat Feuerbach in allen
Variationen durchgespielt, worin ihm übrigens in seiner Weise schon
Blasche (das Böse im Einklang mit der göttlichen Weltordnung)
vorausgegangen war, der seinerseits sein Lichtlein an der düster
brennenden Fackel der damals noch halb spinozistischen, halb platonischen, halb neuplatonischen Schelling'schen Philosophie ansteckte.
Mit lichter Klarheit und mit aller Lebhaftigkeit tiefer Empfindung
fährt Saint-Martin in der citirten Stelle fort: „Was ist denn eine
allgemeine Ordnung, die aus Unordnung im Besonderen besteht?
Was ist denn ein gesammtes Gute, das aus einzelnen Uebeln zu-
sammengefügt ist? Was ist denn das Glück der Gattung, das aus
dem Unglück der Individuen besteht? So bringt doch auch Freude
mit Thränen und Seufzern in Einklang!"

Kraftvoller und grossartiger als Saint-Martin lässt sich Baader
anderwärts über Leben und Tod also vernehmen:

„Die Schriftlehre statuirt die Wirklichkeit und also die Möglichkeit des Zuvorscheinkommens eines ewigen Lebens, wogegen
unsere Naturphilosophen zwar ohne Beweis die Behauptung aufstellen, dass alles Leben nur als räumlich-zeitlich gebundenes, somit
nur als nichtewiges in die Erscheinung treten könne. Die Schrift
anerkennt eine Triplicität des Lebens: das unauflösliche, göttliche,
das auflösliche, zeitliche und das infernale Leben (den lebendigen
Tod). Paulus nennt das göttliche Leben das absolut unauflösliche
und unterscheidet dieses, welches Gott nicht von sich weggeben
kann, von dem creatürlichen Leben, welches er seines göttlichen
theilhaft (nicht zum Theil) machen kann. Hauptsächlich aber unterscheidet sich die Schriftlehre von jener der Naturphilosophen im
Begriffe des Todes, indem jene von diesem als von einer durch
Usurpation und durch Schuld der freien Creatur in der Creation
aufgekommenen, dieser feindlichen Macht spricht, welche, von ihrer
eigenen Region ausgehend, alles in ihren Bereich kommende in
diese herabzuziehen und in ihr festzuhalten strebt, wogegen die
Naturphilosophen im Tode der Creatur nichts sehen als das nothwendige Aufhören jedes endlichen Lebens, indem sie die Vollendetheit des creatürlichen Lebens als seine Vernichtung nehmen. Nichts
ist der Schriftlehre mehr entgegengesetzt als diese naturalistisch-

geistlose und triviale Lehre der Naturphilosophen, der Materialisten, Pantheisten und eines Theils sogar der sich so nennenden Idealisten. Die Schrift prägt tief ein, dass Gott den Tod nicht gemacht und nicht Lust habe am Verderben der Lebendigen (wie Schiwa oder Saturnus), sondern dass Er Alles geschaffen, damit es im Wesen bleiben soll, dass die Geburten heilsam seien und kein schädliches Gift in sich hätten etc. Dagegen wollen die Naturphilosophen eben nur im beständigen Vergehen als Entblättern des Baumes dessen Erhaltung, die Verjüngung und Fortdauer des Ganzen sehen. Indem sie sich also das Ganze abstract vorstellen und dem Satze zuwider: bonum ex integra causa, malum ex quolibet defectu, sind sie in der That, wie Saint-Martin sagt, der verkehrten Meinung, dass die Unordnung der einzelnen Wesen die Ordnung des Ganzen bewirke oder ausmache. Die Naturphilosophen meinen, dass eben aus dem von der Erde sich überall erhebenden Todesröcheln das grosse Lebensconcert entstehe und, in ihrem Aberglauben an die Primitivität und Divinität dieser materiellen Natur festgerannt, sind sie blind und taub für alle Greuel, Schrecken, Schmerzen und für allen Jammer und alles Elend, welche das zeitliche Leben verfolgen, und es befremdet sie nicht, zu sehen, dass diese Natur als Alma mater ihr Banquet des Lebens nicht anders zu erhalten weiss, als dass sie ihre Kinder sich unter sich würgen und aufspeisen lässt. Es kommt diesen Naturphilosophen gar nicht in den Sinn, zu fragen, ob denn nicht, wenn das Ganze nicht wechselt, sondern nur sich erneuert, dasselbe nicht auch für die Glieder gelten könnte, so dass sie so wenig zu sterben oder zu vergehen brauchten, als das Ganze.

Denn die Composition eines ewigen Wesens aus bloss zeitlichen Wesen involvirt einen Widerspruch. — Paulus spricht vom vollendeten (wiedergeborenen) Menschen, nicht bloss als von einem verherrlichten, sondern als von einem die umgebende und mit ihm solidär verbundene Natur als Creatur verherrlichenden. Diese jetzt noch wie bei Jesu, da Er im irdischen Fleisch noch verborgen war, durch das Leiden verdeckte und doch durch selbes in das Wachsthum gekommene Herrlichkeit der Kinder Gottes wird nach Pauli Lehre „am Tage des wieder in der Welt sich offenbarenden Gesalbten mit Ihm offenbar werden, worauf alles Geschöpf mit Schmerzen wartet", woran die ganze Schöpfung Theil nehmen und mit uns von Grund aus erneuert und verherrlicht werden wird, indem das ganze Schöpfungsall der Schauplatz der Herrlichkeit der Kinder Gottes und ihr Erbe werden soll. Denn ich achte, sagt der Apostel, dass die Leiden der jetzigen Zeit für nichts zu achten sind gegen die Herrlichkeit, welche in uns entdeckt werden wird. Denn das Sehnen des Geschöpfs erwartet die Entdeckung der Söhne Gottes, weil dasselbe der Eitelkeit (Zeitlichkeit als Leerheit) unterworfen worden ist, nicht freiwillig, sondern nur um desswillen, der sie unterworfen hat auf Hoffnung, indem auch selbst das Geschöpf vom Dienste der Verderbtheit und Zerstörung frei gemacht werden wird zur Freiheit der Herrlichkeit der Kinder Gottes und seines Dienstes. Denn wir wissen, dass das Geschöpf insgesammt zusammen seufzet und sich zusammen schmerzlich ängstet, den Tag der Erlösung erwartend." Die Vergleichung aller von dieser Paulinischen Theodicee abweichenden Lehren christlicher Theologen und Philosophen zeigt, dass sie, gegen jene gehalten, flach und armselig sind und erfüllt mit Gott, Natur und den Menschen herabwürdigenden, wo nicht blasphemirenden Vorstellungen." *)

Schelling's letzte Philosophie hat den von Baader verworfenen Standpunkt seiner früheren bedeutend überschritten und wenn auch gegen nicht wenige Lehren desselben Erhebliches einzuwenden ist, so ist sie doch den Lehren Baader's näher gekommen und hat insbesondere die Lehre von der Unsterblichkeit der Geistwesen wiederhergestellt. Die zweite Philosophie Schelling's, wiewohl der Läuterung bedürftig, wird schon desshalb für die Weiterentwickelung der deutschen Philosophie nicht verloren sein und grössere Beachtung als bisher finden, sobald die volle Bedeutung Baader's erkannt sein wird. **)

*) Grundzüge der Societätsphilosophie: Ideen über Recht, Staat, Gesellschaft und Kirche von Fr. v. Baader. Zweite Aufl. (1865) S. 162–64. Vergl. den XVI. Band der Baader'schen Werke S. 343—353, und Lutterbeck's Schrift: Baader's Lehre vom Weltgebäude. Frankfurt 1866.

**) Die Unsterblichkeitslehre Schelling's im ganzen Zusammenhang ihrer Entwickelung von Prof. Fr. Hubert Beckers. München, Franz, 1865. Es ist sehr zu beklagen, dass Beckers noch immer zögert, seine verschiedenen lehrreichen Abhandlungen über die letzte Gestalt der Schelling'schen Philosophie nicht in Einem Bande zusammenstellt, um ihr die wohlverdiente weitere Verbreitung zu sichern und damit das Interesse für die relativ reifste und bedeutendste Phase jener Philosophie neu anzuregen und zu wecken.

57.

Aus Schelling's Leben. In Briefen. Erster Band 1775—1803.
Zweiter Band 1803—1820. Leipzig, 1869—1870.
Dritter Band 1821—1854. Leipzig, Hirzel, 1870.*)

I.

Der Herausgeber, Herr Prof. Dr. Plitt, gibt in einem Vorbericht Nachricht über Entstehung und Absicht des vorliegenden
Werkes, welches erst mit dem dritten Bande seinen Abschluss finden
wird. Die Gesammtausgabe der Werke Schelling's sollte mit einer
ausführlichen Lebensbeschreibung schliessen. Diese Absicht wurde
durch den frühen Tod des Herausgebers jener Werke, eines Sohnes
Schelling's, vereitelt. Er hinterliess nur ein Bruchstück der begonnenen Biographie. So übernahm nun Herr Prof. Dr. Plitt,
Schwiegersohn eines Sohnes Schelling's, die Aufgabe, aus dem Nachlasse des Verewigten und dem von Andern zur Verfügung Gestellten dasjenige zu veröffentlichen, „was jedem künftigen Biographen,
der Schelling's Leben und Wirken richtig verstehen, gerecht beurtheilen und allseitig darstellen will, unentbehrlich ist.“ Soweit das
Werk vorliegt, entspricht es diesem Zwecke nicht gerade vollständig,
aber doch in gewissem Maasse. Das Bruchstück der Biographie
von der Hand des sel. Diakons K. F. A. Schelling wird nicht vor-
enthalten. Es ist sehr gut geschrieben und lässt in hohem Grade
bedauern, dass die Biographie Schelling's von der Hand seines
hochbegabten Sohnes nicht vollendet werden konnte.

Die Knabenjahre und das angehende Jünglingsalter Schelling's
sind sehr anziehend geschildert. Seine ersten Schriftstellerversuche,
sein Aufenthalt in Leipzig werden vorgeführt und seine Berufung
nach Jena erzählt. Dabei fehlt es nicht an lehrreichen Erläuterungen
der Ideen und des innern Stufengangs der Entwickelung Schelling's.
Hier endet das Bruchstück und der Herausgeber führt das Weitere
in kurzen Schilderungen oder Uebersichten fort. Ueber den Aufenthalt zu Jena 1798—1803 gibt der Herausgeber eine interessante
Schilderung. Die grosse Zahl hochbegabter Männer, die dort im
Verkehr miteinander standen, hatte für Schelling die grösste An-
ziehungskraft, aber die ausgebrochenen Streitigkeiten mit den Kan-
tianern und Halbkantianern etc. verleideten ihm den Aufenthalt.

*) Allgemeiner literarischer Anzeiger für das evang. Deutschland, heraus-
gegeben von Dr. Zöckler und Andreae.

Schon damals bot sich ihm Gelegenheit, durch Fichte nach Berlin gezogen zu werden, aber der Norden schien ihn nicht anzuziehen, und die Nähe Fichte's, über den er längst hinausgegangen war, mochte ihm nicht willkommen sein. Man darf vermuthen, dass seine Philosophie sich dort sowohl reicher als wissenschaftlicher entwickelt haben würde, wenn man erwägt, dass er energischeren Gegenkräften sich hätte gewachsen zu sein versuchen müssen und dass auch ihm die grössere Spannkraft des deutschen Nordens in der Vollkraft seines Lebens hätte zu gut kommen müssen. Um den nicht ganz ohne eigene Schuld getrübten Verhältnissen Jena's zu entkommen, nahm Schelling den durch Markus vermittelten Ruf als ordentlicher Professor der Naturphilosophie nach Würzburg an, verheirathete sich mit der geschiedenen Frau A. W. Schlegel's, Karoline, geb. Michaelis, mit welcher er schon seit einiger Zeit in einem nicht zu billigenden Verhältniss gestanden war, und eröffnete seine Vorlesungen zu Würzburg mit dem Beginn des Wintersemesters 1803. Die Briefe von und an Schelling aus der Jenenser Periode bis zum Abgange nach Würzburg sind reich und mannichfaltig. Der Geist, der aus den Aeusserungen Schelling's und seiner nächsten Geistesgenossen weht, ist der entschiedenste Pantheismus und doch ein Pantheismus, der nach Idealen ringt, die über ihn hinausweisen. Die Briefe Schelling's an Steffens (wie jene Baader's an denselben) sind leider untergegangen. Es ist diess für einen sehr grossen Verlust zu erachten, weil sich Schelling gegen Steffens sicher am unumwundensten ausgesprochen hat. Briefe von Steffens an Schelling sind erhalten und mitgetheilt. In einem derselben vom Jahre 1800 tönt ein Widerhall der Naturphilosophie, der deutlich genug spricht. Steffens schreibt da (I, 303): „Was ist Ehrgeiz der Gelehrten? Wenn nicht der Zweck seine Individualität in dem immer sich fortwälzenden Strome zu erhalten und zu sichern? — Wirken können wir freilich alle. — Was wir thaten, verliert sich — aber seine Individualität als die ewige Quelle bestimmter Wirksamkeit auf immer festzustellen, heisst vergöttert werden, und die Ewigkeit, die ich nicht kenne und nicht glaube — da das ungeheure Thier, das mich gebar — mich auch verschlingen wird, gebe ich für jene auf, die ich erringen kann." *) Wenn Steffens in einem andern Briefe (I, 311) die absolute Subjektivität das schaffende Princip des

---

*) Gegen diese naturalistische Vorstellung hatte Baader schon frühe sich mit aller Energie erklärt und damit auch Schelling getroffen, ohne seinen Namen zu nennen — in mehreren Aufsätzen der Sammelschrift: Beiträge zur dynamischen Philosophie (1809).

Alls nennt, so wäre es wichtig genug gewesen, zu sehen, wie Schelling sich darüber ausgesprochen haben mag. Dass der Fichte-Schelling'sche Briefwechsel ausgeschlossen werden musste, ist unerfreulich, wenn auch auf diesen gehörigen Orts hingewiesen ist. Der Forscher wird davon Gebrauch machen, der grössere Leserkreis nicht. Manches Interessante, zum Theil Wichtige findet sich in dem Briefwechsel mit Göthe, Eschenmayer, Windischmann, Hegel, Röschlaub. Den breitesten Raum nimmt der Briefwechsel mit A. W. Schlegel ein. Für die Philosophie ist derselbe nicht eben ergiebig zu nennen. Doch finden sich ganz interessante ästhetische Betrachtungen, wie denn die Aesthetik es gewesen zu sein scheint, welche das sonst auffällige Band zwischen Schelling und A. W. Schlegel geknüpft hat. Einige Briefe Schiller's sind bemerkenswerth durch die Feinheit, womit er die Zurückhaltung seines Urtheils über die Triftigkeit des Identitätssystems zu erkennen giebt. Man möchte fast eine leise Ironie darin zu finden meinen, wenn Schiller (I, 298) schreibt: „Da Sie selbst in ihrem Systeme ein so enges Band zwischen Poeten und Philosophen flechten, so lassen Sie diess auch unsere Freundschaft unzertrennlich verknüpfen." Noch bemerkenswerther schreibt Schiller etwas später (12. Mai 1801): „Meinen besten Dank, lieber Freund, für Ihre Schrift, deren Anfang und erste Sätze mich gleich sehr aufmerksam gemacht haben, weil Sie die Sache von einer trefflichen Seite fassen, freilich wohl auch von der schwersten. Ich sehe z. B. recht gut, wie viel Sie, negativ, auf diesem Wege gewinnen, um nämlich mit Einem Male alle die alten hartnäckigen Irrthümer aus dem Wege zu schaffen, die Ihrer Philosophie ewig widerstrebten, aber ich kann noch nicht ahnden, wie Sie Ihr System positiv aus dem Satze der Indifferenz herauziehen werden. Dass Sie es gethan haben, zweifle ich nicht und bin desto begieriger auf die Lösung dieses Knotens." Schiller wollte im Grunde wohl sagen, er sehe die Möglichkeit der Lösung dieses Knotens nicht ab und besorge, dass sein System daran scheitern werde. Es findet sich kein Brief, in welchem Schelling für Schiller die Lösung jenes Knotens versucht hätte. Eschenmayer macht in einem Briefe (I, 336) scharfsinnige Einwendungen gegen Schelling'sche Construktionen, worauf sich eine Antwort nicht vorfindet. In Schelling's Briefen an eine ganze Reihe von geistreichen Männern sind natürlich nicht wenige Gedanken ausgesprochen, welche hie und da zur helleren Beleuchtung seiner Philosophie dienen können, die aber doch im Ganzen aus der Unbestimmtheit gewisser Vorstellungen nicht herausführen. Ein Hauptanliegen ist ihm, die mögliche und nothwendige Vereinigung der Transscendenz und Immanenz nachzuweisen. Aber die Art seiner Nachweisung ist doch nicht befriedigend, da sie zwar über den Deismus, aber nicht ebenso über den Pantheismus hinausführt (Vergl. S. 88). Gelegentlich werden auch für die praktische Philosophie Gesichtspunkte angedeutet, wie wenn Schelling (S. 261) sagt: „Das Recht soll sich in Besitz der Wirklichkeit setzen und im Namen des Rechts die Rechtschaffenen herrschen."

Nach der Mitte des Briefwechsels werden drei Gedichte Schelling's mitgetheilt, die eine seltene poetische Begabung verrathen, aber nach ihrem Inhalt mit vollen Segeln im Pantheismus schwelgen. Unter ihnen verleugnet das erste die Verwandtschaft des Pantheismus mit dem Naturalismus und Materialismus am wenigsten. Es ist überschrieben: Epikurisch Glaubensbekenntniss Heinz Widerporstens. Man fragt sich erstaunt: wie kommt Schelling zu einem epikurischen Glaubensbekenntniss? Ist das des Pudels Kern? Oder ist dies Gedicht Ironie? ein Zornausbruch wider das Pfaffenthum, wider die Entstellung des Christenthums, der im genialen Uebermuth das Gegenbild gegenüberhält und diesem zum Aerger der Verhöhnten für einen Augenblick die Stange hält? Schelling gibt uns keinen Aufschluss darüber. Nach Fr. Schlegel's Nachricht müsste es als vorübergehender Rückfall in eine überwundene Epoche genommen werden (die also doch als vorhanden gewesen bezeichnet wird). In einer Anmerkung des Herausgebers wird nämlich gesagt: „Im Spätherbste 1799 schrieb Fr. Schlegel an Schleiermacher: „„Da die Menschen es so grimmig treiben mit ihrem Wesen, so hat Schelling einen neuen Anfall von seinem alten Enthusiasmus für die Irreligion bekommen, worin ich ihn denn auch aus allen Kräften bestätigte.*) Drob hat er ein Epikurisch Glaubensbekenntniss in Hans Sachs Göthe's Manier entworfen, welches Du auch das nächste Mal haben sollst. Unsere Philironie ist sehr dafür, es auch im Athenäum zu drucken, wenn die Deinige nichts dagegen hat. Doch müssen wirs noch überlegen. Einige ernsthafte Stellen gefallen mir ausser den witzigen."" — „Dass der Widerporst von Schelling sei, muss geheim bleiben. Wir haben es auch Tieck nicht gesagt, der sich sehr gekratzt hat mit allerlei seltsamen Meinungen." Aus Schleiermachers Leben 3, 134, 136. Das Gedicht kam damals nicht zum Drucke, nach Dorothea Veit's Mittheilung auf Widerrathen Göthe's, dem nach Haym A. W. Schlegel folgte.

---

*) Also auch Fr. Schlegel zählte noch damals zu den Enthusiasten für die Irreligion (ganz überhaupt und nicht etwa bloss gegen die Satzungen der christlichen Confessionen).

Etwas später veröffentlichte Schelling ein Bruchstück in seiner Zeitschrift für speculative Physik.

Es hat fast den Anschein, als ob dieses Gedicht auf Veranlassung der Reden Schleiermacher's über die Religion an die gebildeten unter ihren Verächtern entstanden sei, die Schelling bald darauf höchlich zu loben wusste*) (S. 345). Wenn das Gedicht mit den Versen beginnt:

„Kann es fürwahr nicht länger ertragen,
Muss wieder einmal um mich schlagen,"

so erinnert man sich, dass bestimmt behauptet wurde, Schelling habe schon einmal um sich geschlagen in den „Nachwachen von Bonaventura", welche freilich erst 1805 (Penig, Dienemann) erschienen, aber ganz sicher vor dem epikuräischen Glaubensbekenntniss geschrieben sind, wenn sie wirklich von Schelling herrühren.**) Diess Gedicht ist gar nicht aus einem Guss. In der ersten Hälfte wird behauptet:

„Dass nur das wirklich und wahrhaft ist,
Was man kann mit den Händen betasten,"

ein Dichter will sich gar trefflich befunden haben, seit er darüber ins Klare gekommen sei:

„Die Materie sei das einzig Wahre,
Unser Aller Schutz und Rather,
Aller Dinge rechter Vater,
Alles Denkens Element,
Alles Wissens Anfang und End."

(Das nächst Folgende wird so ausgelassen niedrig, dass selbst der wissenschaftliche Materialist sich dafür bedanken wird.) Dieser Materialismus wird aber in der zweiten Hälfte des Gedichts verlassen und an dessen Stelle der identitätsphilosophische Pantheismus gesetzt, der gleichwohl eine idealistische Färbung annimmt, aber nur, um gegen den Schluss wieder zu frivoler Sinnlichkeit herabzusinken. Der Wunsch am Schluss:

„Gott geb' noch vielen solchen Samen"

wie Hans Widerporst der zweite (soll vielleicht gar Göthe der erste gewesen sein oder Spinoza oder vielleicht Epikur selbst?) ist in unserem Heere von Materialisten reichlich, nur meist in weit re-

---

*) R. Haym bestätigt diese Vermuthung in seinem Werke: Die romantische Schule (1870) S 553 mit den Worten: „Es (jenes Gedicht) ist, wie schon der Titel besagt, ein Paroli auf die mystische Ueberschwänglichkeit der Schleiermacher'schen Reden und des Hardenberg'schen Fragments etc.

**) Haym wagt (l. c. 636) nicht zu entscheiden, ob der genannte Roman wirklich ein Werk Schelling's ist. Er gibt übrigens eine gedrängte richtige Charakteristik desselben. (Die Verfasserschaft Schelling's ist jetzt ausser Zweifel gesetzt.)

spektablerer Form in Erfüllung gegangen. Das Spielen mit dem Feuer ist gefährlich, hätte Schelling erwägen sollen, wenn es nichts Schlimmeres als Spielen war. Der Pantheismus widersteht häufig genug nicht dem Zuge, zum Materialismus herabzusinken und in den praktischen können auch Solche verfallen, die theoretisch gar nicht Materialisten sind.

Das zweite Gedicht prägt den Pantheismus als solchen reiner aus. Ihm ist Gott das schaffende und vernichtende Princip, der Saturn, wie Baader sagt, der vom Frasse seiner Kinder lebt.

> „Die ew'ge Liebe kann nur der verkünden,
> Dem sie aus sich die Dichterkraft gewährt.
> Denn sie, die ewig schaffet und vernichtet,
> Hat auch die Welt von Ewigkeit gedichtet."

Einer solchen Lehre, gegen deren angeblichen Tiefsinn die Lehre Christi vermuthlich nur Flachheit sein sollte, ist auch das Böse ewig, anfangs-endlos, und auch diess soll wieder tiefsinnig sein.

> „Den letzten Grund des anfanglosen Bösen
> Erkennt nur, wer zum Abgrund sich gesollt,
> Den Grund des Guten mag nur der erreichen,
> Der es gewagt, zum Quell des Lichts zu steigen."

Das dritte Gedicht: Lebenskunst, ist wieder hinlänglich epikuräisch oder selbst sybaritisch, wenigstens kann es so verstanden werden.

Bald darauf sehen wir Schelling in einem Briefe an Windischmann (S. 328) versichern, dass sein Gesichtspunkt ein unveränderlicher sei. Es ist der einzige centrale, der die Dinge im Mittelpunkt sieht, womit uns ja allein gedient sein kann, da es keine Frage ist, dass die Natur unzählige Seiten hat, von welchen aus sie sich darstellt und betrachtet werden kann, so dass man fast von jedem Punkt der unendlichen Peripherie aus eine eigene — nicht falsche — aber auch nicht in der Totalität wahre Naturansicht geben kann."

An A. W. Schlegel schreibt Schelling (S. 384), dass Hegel Fichte's Bestimmung des Menschen als in philosophischer Rücksicht nicht geschrieben hätte betrachten sollen. Diesem Urtheil kann nicht beigetreten werden. Später schreibt er an denselben (S. 398), alle Künste hätten ihr An sich im Absoluten. Dieser Behauptung kann, man allerdings eine tiefe Bedeutung beilegen. Allein die Hauptsache wäre, zu erfahren, wie dieses An sich der Künste im Absoluten zu denken und zu begründen ist. Dichtung und Kunst des Alterthums und des Mittelalters beschäftigten früh den anregsamen Geist Schelling's. Shakespeare, Calderon, Dante waren ihm früh vertraut. Die versuchte und hier (I, 442) mitgetheilte Uebersetzung des zweiten Gesangs des Paradieses der göttlichen Komödie verdiente jedenfalls grösseres Lob, als Schelling selbst ihr zu spenden geneigt war. Allen Anforderungen einer gelungenen Uebersetzung der göttlichen Komödie zu genügen, ist eine kaum lösbare Aufgabe. Es ist schon rühmlich, sich nicht ohne Geschick und Glück darin versucht zu haben.

Der zweite Band des Werkes hat nicht sehr lange auf sich warten lassen. Er umfasst die Lebensperiode Schelling's vom J. 1803 bis 1820, also von seinem Aufenthalt in Würzburg an bis zu seiner Uebersiedelung von München nach Erlangen. Auch in diesem Bande schickt der Herausgeber eine kurze Schilderung des Aufenthaltes Schelling's zuerst in Würzburg, dann vom J. 1806 an in München den mitgetheilten Briefen voran, ohne gerade tiefer in die unausweichlichen Verwickelungen, in die Schelling gerathen musste, einzugehen. Schelling war seiner von Fichte gewünschten Verpflanzung von Jena nach Berlin, wo damals freilich die (Berliner) Universität noch nicht existirte, ausgewichen. Er mochte dort gewisse Beschränkungen der ihm eigenen Richtung besorgen, erwog aber nicht, dass er in Bayern leicht auf noch viel grössere stossen konnte, nicht sowohl von der Regierung, als von dem den Katholicismus in Banden haltenden Ultramontanismus, protestantischen Confessionalismus und den daneben hergehenden seicht aufklärerischen Richtungen. Der Philosoph musste sich dahin wenden, wo er am meisten Freiheit des Denkens erwarten konnte oder er musste entschlossen sein, den Kampf für seine Denkrichtung auf Leben und Tod aufzunehmen. Schelling that weder das Eine noch das Andere, sondern ging nach Würzburg, von da nach München an die Akademie, dann aus Gesundheitsrücksichten nach Erlangen und wieder nach München an die dorthin verlegte Universität und bog Schritt vor Schritt nicht ohne Einfluss der verschiedenen Schattirungen der Opposition der in Bayern aufgetauchten philosophischen Richtungen seinen vom Idealismus ausgegangenen Pantheismus in einen Persönlichkeitspantheismus um, der ihm erlaubte, seiner Lehre auch den Namen des Theismus, des Monotheismus, zu vindiciren und die verworfene Unsterblichkeitslehre wiederherzustellen. In Würzburg fand nun Schelling zwar grossen Zudrang zu seinen Vorlesungen, stiess aber zugleich, besonders dem Bischof von Würzburg gegenüber, auf die grössten Schwierigkeiten. Wenn Schelling auch über Mangel an Verständniss bei der Masse seiner Zuhörer klagt, so hätte er schon in Jena wissen können, dass er in diesem Bezuge ein gleich günstiges Verhältniss zu Würzburg nicht antreffen werde. Damit verhält es sich heute nicht wesentlich anders, weil gleiche Ursachen gleiche Wirkungen hervorbringen. Die Ursachen aber liegen in der katholisch-ultramontanen Jugenderziehung und Gelehrtenbildung, welche in den katholischen Theilen Frankens heute nicht wesentlich verschieden ist von jener zu den Zeiten der Anwesenheit Schelling's zu Würzburg und die grössere Zahl in ultramontanen Banden festhält, während die von dieser Geistesbindung Abgestossenen meist nur der flachsten Aufklärung zu verfallen pflegen. Schelling drückt sich daher höchst derbe und unbefriedigt über seinen Würzburger Aufenthalt aus.*) Die Grösse der Zahl seiner Zuhörer darf nur zum Theil auf die imponirende Genialität Schelling's zurückgeführt werden. Zum andern Theil erklärt sie sich aus dem Aufsehen, welches das Auftreten eines Philosophen, der als eine Mischung Plotin's, Bruno's, Spinoza's und Fichte's angesehen wurde und einen mystischen Pantheismus vertrat, hervorrufen musste. Der Reiz des Neuen, Ungewohnten, zum Theil Unerhörten spielte dabei keine geringe Rolle. Wenn man vor zehn oder zwanzig Jahren einen Ludwig Feuerbach an eine deutsche Universität berufen hätte, so würde sein Hörsaal die zuströmenden Zuhörer nicht gefasst haben, nur dass Niemand sagen kann, wie lange das angedauert haben würde. Heute noch würde das Gleiche erfolgen, wenn Carl Vogt an eine deutsche Universität berufen würde, nur wahrscheinlich auf nicht sehr lange Zeit. Eine ganz andere Frage ist es, ob ein solcher Vorgang zum Heil der Wissenschaft gereichen würde, eine Frage, für deren Bejahung sich höchstens sagen lässt, dass die wissenschaftlichen Gegenkräfte um so stärker dadurch hervorgerufen würden.

Die mitgetheilten Briefe dieser Periode stehen an Interesse gegen die früheren nicht zurück, ja sie überbieten sie. Weniger wichtig sind die von und an Göthe. Auch die wenigen zwischen Schelling und Hegel gewechselten Briefe sind unerheblich. Besonders interessant ist ein Brief Schelling's an A. v. Humboldt und einer von Humboldt an Schelling vom J. 1805. Es musste Schelling vom grössten Interesse sein, Humboldt darüber zu verständigen, dass das verbreitete Vorgeben, die Naturphilosophie verschmähe die Erfahrung und hemme ihre Fortschritte, auf groben Vorurtheilen beruhe. Ganz mit Recht bemerkt Schelling (II, 48), dass Vernunft und Erfahrung sich nie anders als bloss scheinbar widerstreiten könnten,

---

*) Ueber J. J. J. Wagner, obgleich er unstreitig ein geistreicher Kopf und zugleich ein Virtuose des Kathedervortrags war, spricht sich Schelling sehr antipathisch aus. Auch Wagner befand sich in Würzburg nicht zum Besten und obwohl er grossen Ruf als Lehrer und Schriftsteller genoss, sind auf diesem Boden nach seinem Abgang die Wirkungen seiner Schriften ziemlich spurlos verschwunden.

aber damit ist und war die Frage nicht beantwortet, ob und inwieweit die Naturphilosophie Schelling's sich der Uebereinstimmung mit den Ergebnissen der empirischen Naturwissenschaften rühmen könne und dürfe. Bis heute ist der Streit darüber nicht beendigt, und der Unparteiische kann nicht finden, dass Schelling's Verdienst hinlänglich anerkannt wäre, wenn auch das Urtheil über den Vollwerth dieses Verdienstes sehr erschwert wird durch den Umstand, dass Schelling seine Naturphilosophie, „die Erfindung seiner Jugend", niemals mit der späteren Umgestaltung seiner Gesammtlehre in genügende Ausgleichung gebracht hat. Die Antwort Humboldt's war übrigens für Schelling so anerkennend und schmeichelhaft als möglich. Er bringt ihm die Versicherung seiner tiefsten Bewunderung und Hochachtung entgegen, fühlt sich durch seine Freundschaft überaus geehrt, wünscht ihm durch Walter gesagt, wie sehr er sich anzueignen wünsche, was Sch. durch Begründung einer Naturphilosophie in den letzten Jahren Grosses und Schönes errungen habe. Er hält die Revolution, welche Sch. in den Naturwissenschaften veranlasst, für eine der schönsten Epochen dieser raschen Zeiten. Ja er scheint der naturphilosophischen Schule Schelling's sich beigesellen zu wollen, wenn er hinzufügt: „Zwischen Chemismus und Erregungstheorie schwankend, habe ich stets geahnt, dass es noch etwas Besseres und Höheres geben müsse, auf das Alles zurückgeführt werden könne, und diess Höhere verdanken wir nun Ihren Entdeckungen." Humboldt mochte damals zu Paris, kaum von seiner mehrjährigen amerikanischen Reise zurückgekehrt, mehr von dem grossen Rufe der Schelling'schen Naturphilosophie gehört, als die Schriften Schelling's gelesen haben, aber Thatsache ist, dass Humboldt auch später und Zeit Lebens nicht wesentlich anders über Schelling's Naturphilosophie geurtheilt hat, als damals von Paris aus. Welchen grösseren Triumph konnte Schelling zu jener Zeit feiern, als die Anerkennung eines A. v. Humboldt errungen zu haben, der schon damals als der grösste empirische Naturkenner galt? Das musste sein Selbstgefühl nicht wenig steigern und die Spuren davon zeigen sich auch in den Briefen jener Zeit an Windischmann, Eschenmayer, Röschlaub, wo seine leicht verletzbare Empfindlichkeit mitunter etwas schroff hervortritt etc. Aber Humboldt sagte in jenem geistvollen Briefe an Schelling noch mehr und so Bedeutsames, dass es hier unmöglich fehlen darf. Er fährt nämlich fort: „Lassen Sie es sich aber nicht anfechten, dass diese Entdeckungen, wie alles Wohlthätige in der Welt, Vielen zum Gift geworden sind. Die Naturphilosophie kann den Fortschritten der empirischen Wissenschaften nie schädlich sein. Im Gegentheil, sie führt das Entdeckte auf Principien zurück, wie sie zugleich neue Entdeckungen begründet. Steht dabei eine Menschenklasse auf, welche es für bequemer hält, die Chemie durch die Kraft des Hirnes zu treiben, als sich die Hände zu benetzen, so ist das weder Ihre Schuld noch die der Naturphilosophie überhaupt. Darf man die Analysis verschreien, weil unsere Müller oft bessere Maschinen bauen, als die, welche der Mathematiker berechnet hat? Nicht die Mathematik, nein, ihre voreilige, unphilosophische Anwendung und die fehlenden Zwischenglieder haben allein die Schuld. — Hier haben Sie, vortrefflicher Mann, eine freimüthige Erklärung über einen für die Menschheit so wichtigen Gegenstand. Immer nach aussen strebend, fühlt doch Niemand mehr als ich Bewunderung für das, was der Mensch aus seiner eigenen Tiefe und Fülle schöpft und hervorbringt. Aber was kann meine Stimme, was soll sie in Deutschland bewirken? Die Wahrheit strahlt endlich doch durch die Finsterniss durch, und wir haben ja das Glück, einer Nation anzugehören, deren Geistesthätigkeit mit jedem Jahrzehnt neubeflügelt erscheint."

Es ist, als ob Humboldt hätte sagen wollen: um nicht weiter zurückzugehen, so folgte auf Leibniz Kant, auf diesen Fichte, auf diesen Du, und warte nur zehn Jahre, so wirst auch Du bei allem grossen Verdienst überflügelt sein und weitere Ueberflügelungen werden in unbestimmter Zahl folgen.

Bis in das Jahr 1804 hinein hatte Schelling indessen so viele Angriffe erfahren, dass er gewillt wurde, nicht länger dazu zu schweigen. Er glaubte aber von dieser Absicht den Curator der Universität zu Würzburg, den Herrn Grafen von Thürheim, benachrichtigen zu sollen, erhielt jedoch von diesem eine so überraschende Antwort, dass er vorzog, vorerst sich ganz ruhig zu verhalten. Graf Thürheim antwortete nämlich, dass er sich für verpflichtet gehalten habe, Schelling's Schreiben an ihn vom 26. Sept. (1804) Seiner Kurfürstlichen Durchlaucht vorzulegen, von welcher dann unter dem 29. Okt. Folgendes in terminis rescribirt worden sei: „Dass dem Briefsteller Höchstdero gerechtes Missfallen über die von ihm bewiesene Arroganz, welche einen überzeugenden Beweis liefere, wie wenig die speculative Philosophie die Menschen vernünftiger und sittlicher mache, zu erkennen gegeben, und derselbe auf das landesfürstliche Edikt über die Pressfreiheit, wo eine bescheidene Freimüthigkeit, Erforschung nützlicher Wahrheiten geschätzt, so wie Inurbanität und Zügellosigkeit leidenschaftlicher Schriftsteller in die Schranken gesetzlicher Ordnung zurückgewiesen würden, aufmerksam gemacht werden solle."

Wenn etwa die von früher her von Schelling etwas stark und überstark geübte Polemik eine Verwarnung sollte gerechtfertigt haben, so verräth doch der inurbane Ton derselben ihre Herkunft aus einer gereizten Quelle, die durch einen büreaukratischen Kanal bis zum Tintenfass des durchlauchtigen Churfürsten zu fliessen wusste, der durch seine Unterschrift dem Frieden in den gelehrten Kreisen des Landes zu dienen glaubte, wahrscheinlich auch gedient hat, nur dass sich dieses Ziel auf eine anständigere, bessere Art hätte erreichen lassen, wenn es überhaupt die Sache des Churfürsten war, einem gelehrten Streit, der auch sein Gutes haben konnte, vorbeugen zu wollen. Schelling musste durch einen so herben, stark nach büreaukratischem Geist riechenden Vorwurf sich tief gekränkt fühlen und es musste ihm dieser kränkende Vorfall, der einen Fichte zur Niederlegung seines Lehramtes bewogen haben würde, den Entschluss erschweren, bei der nicht sehr lange nachher eingetretenen Uebergabe des Fürstenthums Würzburg an den Grossherzog Ferdinand von Toscana, nicht in Würzburg zu bleiben, sondern vermöge des aus seiner Berufung durch Bayern herzuleitenden Rechtes eine andere Anstellung in Bayern zu suchen. Nach von München empfangenen Andeutungen, dass er eine Stelle an der Akademie erhalten werde, reiste er am 18. April in die bayerische Hauptstadt ab und erhielt dort bald von dem unterdessen zum Könige erhobenen Herrscher des Landes die Zusicherung seiner Anstellung. Diese erfolgte denn auch und Schelling wurde zum Mitglied der Akademie der Wissenschaften und zum General-Sekretär der Akademie der bildenden Künste ernannt, eine sehr ehrenvolle Stellung, in welcher er sehr viel Gutes und Förderliches wirken konnte und wirkte, die ihn aber nicht bloss dem Lehrberuf entzog, sondern auch, irre ich nicht, seine philosophische Schriftstellerthätigkeit beschränkte und die Erfüllung seiner Lebensaufgabe, die Schöpfung und Ausbildung einer haltbaren und fortwirkenden Philosophie, wesentlich beeinträchtigte. Schelling besorgte solche Wirkungen und Folgen seiner neuen Stellung nicht und auch der Herausgeber theilt unsere Auffassung nicht. „Als Schelling," sagt er, „so in München eine neue Heimath gefunden und sich in den ihm angewiesenen Geschäftskreis eingelebt hatte, beschloss er, sich wieder mit aller Kraft der schriftstellerischen Thätigkeit zuzuwenden, um theils mit bisher erstandenen Gegnern abzurechnen und unverständige Anhänger wie widerwillige Verdreher seiner Anschauungen gründlich zurückzuweisen, theils seine Philosophie weiter zu führen und klarer und allgemeinfasslicher darzustellen. Er wollte auf das Ganze des Volkes wirken, um es zu kräftigen und zu heben. Aber

wieder trat ihm die Ungunst der Zeitverhältnisse, welche alle literarischen Bestrebungen lahm zu legen drohte, hindernd in den Weg.
Dazu kam, dass er von Kränklichkeit heimgesucht ward." In der
That mussten ihm diese Momente schwere Hemmungen bereiten,
wozu noch der im J. 1809 erfolgte Verlust seiner Frau als ein er-
schütternder Schlag hinzukam. *) Auch ist seine Schriftstellerthätigkeit bis zum Jahre 1815 unter diesen Verhältnissen nicht bloss qualitativ noch immer bedeutend genug. Aber von da an ist sie erloschen
und, obgleich er fortwährend mit vielen und grossen Entwürfen beschäftigt war, auch dann nicht wieder hervorgetreten, als er sich
dem Lehrberuf auf's Neue zuwendete. Ein paar Reden und Recensionen kommen natürlich nicht in Betracht. Nach der glänzenden
Rede über das Verhältniss der bildenden Künste zu der Natur vom
J. 1807 machte Schelling Anstalt, seine philosophischen Schriften
zu sammeln, offenbar schon zu Anfang weder in der Absicht, noch
in der Hoffnung, sie alle in dieser Sammlung vereinigen zu können.
Im J. 1809 erschien der erste Band dieser Sammlung, bei dem es
auch geblieben ist, zu Landshut bei Ph. Krüll. Sie enthielt eine
seiner frühesten Schriften (Vom Ich als Prinzip der Philosophie)
und zwei schon früher gedruckte Zeitschriften-Arbeiten (Ph. Briefe
und Abhandlungen), dann einen Wiederabdruck der erwähnten Rede
vom J. 1807 und eine völlig neue Abhandlung, die in gesondertem
Abdruck niemals erschienen war und ist, die berühmten Philosophischen Untersuchungen über das Wesen der menschlichen Freiheit
und die damit zusammenhängenden Gegenstände. Die desultorische
Art Schelling's zeigt sich hier in bester Blüthe. Einige Schriften
ältester und neuester Zeit werden als: „Schelling's philosophische
Schriften" geboten. Es genügt Schelling und soll auch dem Leser
genügen, in der Vorrede bemerkt zu haben, dass die schon gedruckten Schriften in diesem Bande meist idealistischen Inhalts
seien, „vielleicht in einem Sinn, den er späterhin verlor." **)
Wenigstens, fügt er hinzu, ist das Ich noch überall als absolutes,
oder als Identität des Subjektiven oder Objektiven schlechthin, nicht
als subjektives genommen. Die Fragen, die hier auftauchen können,
werden nicht beantwortet. In den Briefen über Dogmatismus und

---

*) Vergl. die günstigen und ehrenden Urtheile Baader's über diese aus-
gezeichnete Dame vom Anfang ihres Münchener Aufenthaltes bis zu ihrem Tode
im Briefwechsel Baader's (der mit jenem Schelling's verglichen werden sollte)
im XV. Bande (S. 236) seiner S. Werke. Nur der Unverstand kann übersehen,
dass der Briefwechsel Baader's, obgleich der Hauptstamm desselben entzogen
blieb, bedeutender und gehaltreicher ist als der Schelling's.

**) Bei Wem, bei Fichte oder bei Schelling oder bei Wem sonst?

Kriticismus sollen die deutlichen Keime späterer und mehr positiver Ansichten liegen. Noch bestimmter sollen sich diese in den Abhandlungen zur Erläuterung des Idealismus der Wissenschaftslehre zeigen. Das Nähere soll der Leser selber finden und mit Nothwendigkeit zur Ueberzeugung gelangen, dass Schelling nothwendig diese (und andere hier nicht berührte) Phasen durchmachen musste, um es endlich so herrlich weit gebracht zu haben wie in den Untersuchungen über die menschliche Freiheit. Ueber die letzteren findet Schelling nur wenig zu bemerken. Diese Bemerkungen deuten an, dass erst jetzt der innerste Mittelpunkt der Philosophie (Gegensatz von Nothwendigkeit und Freiheit) zur Betrachtung komme (also früher von ihm nicht in Betracht kam), nur dass die Schrift: Philosophie und Religion schon einen Anfang dazu gemacht habe, der aber durch Schuld der Darstellung (also nicht der Gedanken selbst) undeutlich geblieben sei, dass ihm unangemessene Meinungen, nach eigenem Gutdünken, über Freiheit des Willens, Gut und Bös, Persönlichkeit u. s. w. beigelegt worden seien, obgleich er sich früher nirgends (?) darüber erklärt habe, dass seine Schriften kein fertiges, geschlossenes System, sondern Bruchstücke eines Ganzen seien, „deren Zusammenhang einzusehen, eine feinere Bemerkungsgabe, als sich bei zudringlichen Nachfolgern, und ein besserer Wille, als sich bei Gegnern zu finden pflege, erfordert werde. Allein war denn Schelling in der ganzen Reihenfolge seiner Schriften bis dahin nicht stets oder doch meist mit dem Anspruch aufgetreten, die volle Wahrheit gelehrt zu haben und sind seine Schriften vollberechtigte Stadien einer Entwickelung zu einem nun befriedigenden Ziele gewesen?*) Schelling macht sich die Sache leicht und dem Leser schwer, anstatt dass es umgekehrt sein sollte. Als Muster der Wissenschaftlichkeit können seine Schriften nun und nimmer gelten, so viel ihm auch durch geniale Blicke und geistreiche Anregungen zu danken ist. Er vergisst später nicht selten ganz und gar, was er früher ganz ernsthaft gelehrt hat. So lässt er z. B. in der Schrift vom Ich (Schelling's philosophische Schriften I, 55) drucken: „Das letzte Ziel des endlichen Ichs ist also Erweiterung bis zur Identität mit dem Unendlichen. Im endlichen Ich ist Einheit des Bewusstseins, d. h. Persönlichkeit. Das unendliche Ich aber kennt gar kein Objekt, also auch kein Bewusstsein, Persönlichkeit. Mithin kann das letzte Ziel alles Strebens auch als Erweiterung der Persönlichkeit zur Unendlichkeit, d. h. als Zernichtung derselben vorgestellt werden." Baader verweiset in seinem Handexemplar des ersten und

---

*) Vergl. Baader's Werke XV. 455, 462, 485, 689.

allein gebliebenen Bandes der Schelling'schen (gesammelten) Schriften
zur Vergleichung auf S. 505 desselben Bandes. Dort (in den Untersuchungen über die menschliche Freiheit) lesen wir nun Folgendes:
„Wer nun nicht auf das Innere eingeht, sondern nur die allgemeinsten
Begriffe aus dem Zusammenhange heraushebt, wie mag der das
Ganze richtig beurtheilen? So haben wir den bestimmten Punkt
des Systems aufgezeigt, wo der Begriff der Indifferenz allerdings der
einzige vom Absoluten mögliche ist. Wird er nun allgemein genommen, so wird das Ganze entstellt, es folgt dann auch, dass dieses
System die Personalität des höchsten Wesens aufhebe. Wir haben
zu diesem oft gehörten Vorwurf wie zu manchem andern bisher
geschwiegen, glauben aber in dieser Abhandlung den ersten deutlichen Begriff derselben aufgestellt zu haben." Vergl. S. 414, 419,
432, 437, 453, 481, 487. Schelling will also seinen bestimmtesten
früheren Erklärungen entgegen in Abrede stellen, dass er früher die
Persönlichkeit Gottes geleugnet habe und überdiess soll nun, nachdem
er sie anerkannt hat, Niemand vor ihm einen deutlichen Begriff von
derselben gehabt und gegeben haben. Und doch ist es unverkennbar,
dass sich ein Umschwung in Schelling vollzogen hatte von weit-
gehender Bedeutung, der sich am Kürzesten bezeichnen lässt als
eine Fortbildung und Erhebung von Spinoza - Fichte zu Böhme -
Baader hin, ohne aber wirklich bei ihnen anzulangen. Er war, näher
besehen, nicht so ganz plötzlich, sondern ging durch mehrere Mittel-
stufen hindurch, deren springender Punkt schon die Schrift: Philosophie und Religion, war und deren (später nicht ganz standhaltender)
Durchbruch durch den persönlichen Einfluss Baader's (seit 1806)
erfolgte. Diess steht nach (seit) meinen urkundlichen Nachweisungen *) so fest, dass daran nicht mehr gerüttelt werden kann, die
Theisten mögen diess nun Baader zum Verdienst, die Atheisten zum
Missverdienst anrechnen. **) An das Erscheinen der Schrift über
die menschliche Freiheit knüpfte sich ein zuerst in der A. Zeitschrift
von Deutschen für Deutsche veröffentlichter Briefwechsel zwischen
Eschenmayer und Schelling, in welchem sich die Ueberlegenheit
Schelling's deutlich beurkundete.

Die zweite Hauptaktion, die von Schelling zu München ausging, war seine Streitschrift gegen Jakobi: Das Denkmal der Schrift

---

*) Philosophische Schriften von Fr. Hoffmann, I, 39—159.

**) Beispiellos kann man es nennen, dass man zuerst den um zehn Jahre
älteren, selbstständigeren und tieferen Baader zum Schüler Schelling's (und damit
zum Pantheisten) herabsetzte, als aber meine Nachweisungen diese Auffassung
widerlegt hatten, in das andere Extrem verfiel, die spätere Philosophie Schelling's überwiegend auf den „verderblichen" Einfluss Baader's zu schieben!!!

Jakobi's von den göttlichen Dingen (1811 geschrieben, 1812 erschienen). Wenn auch die Anklagen Jakobi's gegen Schelling auf Naturalismus und Atheismus seiner früheren Philosophie gegründet gewesen wären, während sie es bezüglich seiner Identitätsphilosophie als Pantheismus doch jedenfalls schon nicht mehr waren, so ist noch auffallender, dass Jakobi die Untersuchungen über die menschliche Freiheit, die doch Gottes Persönlichkeit ausdrücklich lehrten, wenn auch in dieser Lehre ein pantheistischer Moment zurückblieb, ganz und gar unberücksichtigt liess, sogar noch als er im J. 1816 einen Vorbericht zu seiner in die Sammlung seiner Werke aufgenommenen Schrift schrieb (F. H. Jakobi's Werke III. 247—255). Anstatt wenigstens hier Schelling's Untersuchungen über die menschliche Freiheit zu beachten, blieb er auch da steif und fest auf der vollkommenen Richtigkeit seiner Anklagen gegen Schelling auf Naturalismus und Atheismus stehen und berief sich hiefür beispielsweise auf die von ihm früher nicht zu Hülfe genommene Recension des Fichte'schen Werkes: Ueber das Wesen des Gelehrten und seine Erscheinung im Gebiete der Freiheit, die mit F. W. J. S. unterzeichnet sei (also, will er zu verstehen geben, sicher von Schelling herrühre).*) Diese Recension (von der Hand Schelling's) sei gleichwohl so bedeutend, dass sie allein schon zureiche darzuthun, was zu erweisen gewesen sei. Diese Recension ist in die Gesammtausgabe der Werke Schelling's aufgenommen **) und beweist allerdings, dass Schelling damals den Pantheismus im Sinne des Identitätssystems aussprach. Aber auch hier übergeht Jakobi gänzlich Schelling's Schrift über die menschliche Freiheit, in welcher die Persönlichkeit Gottes ausdrücklich anerkannt war, wenn er auch damit den Pantheismus überhaupt nicht verlassen oder überschritten hatte. Schon desshalb ist die Behauptung Jakobi's (W. III. 248) zu beanstanden, dass mehrere tüchtige Männer die Schrift von den göttlichen Dingen v o l l k o m m e n   g e n ü g e n d gerechtfertigt hätten. Jakobi verweist hiefür auf die Göttingischen gelehrten Anzeigen 1812, 72. St., die Hallische allgemeine Literaturzeitung. 1812, Nro. 56, die Heidelbergischen Jahrbücher 1812, Nro. 22, die Leiziger Literaturzeitung, 1812, Nro. 90, 91, 92. Eine nähere Beleuchtung dieser Recensionen würde zeigen, dass ihre Verfasser wohl manches Richtige vorgebracht haben, aber einer genau richtigen und gerechten Beurtheilung Schelling's nicht gewachsen waren. Baader wäre der Mann gewesen, hier, Irrthum und Wahrheit scheidend, in die Mitte

---

*) Jakobi citirt: Jenaische Literaturzeitung 1806, Nro. 150 und 151.
**) Schelling's Werke VII. 4—20.

zu treten. *) Er zog es aber, mit Schelling befreundet, vor, jetzt nicht auf die früheren Stellungen Schelling's zurückzugehen, sondern, ihn n a c h seinen Untersuchungen über die menschliche Freiheit, in welchen er, ohne ihnen allseitig beizutreten, einen grossen Fortschritt erblickte, beurtheilend und Vergangenes Vergangenes sein lassend, sein Denkmal Jakobi's gegen Jakobi in Schutz zu nehmen, ohne darum den Ton zu billigen und Alles und Jedes in dieser unleugbar genialen Schrift unterschreiben zu wollen. **) Der im Ganzen doch bedeutende Erfolg seiner Streitschrift gegen Jakobi ermuthigte Schelling zu dem neuen Unternehmen der Zeitschrift: Von Deutschen für Deutsche, die indessen den erwarteten Fortgang nicht hatte. Schon länger trug er sich mit dem Plan, an die Ausführung einer grösseren Schrift, die auf grosse Wirkung berechnet war, Hand anzulegen und die unter dem Titel: Die Weltalter, sein gegenwärtiges System darlegen sollte. Er hatte schon vor dem Denkmal Jakobi's daran gearbeitet, musste aber nach dem Herausgeber die schon mehrfach angekündigte Veröffentlichung von Termin zu Termin hinausschieben. „Er wollte nichts Unvollendetes geben und konnte doch zu keinem Abschlusse kommen. So gelangte er an das Ende des Jahres (1811), an dessen Anfang der Druck des Werkes schon begonnen hatte, als neue Störungen eintraten, welche das ersehnte Ziel noch weiter in die Ferne rückten" (S. 90). Auch im nächsten Jahre (1812) traten Störungen ein und so rückte das Werk, wenn auch weiter, doch nicht zur Vollendung. In dieses Jahr fiel seine zweite Vermählung (mit Karoline Gotter). Die Weltalter wurden Freunden zur Ostermesse 1813 verheissen. „Doch auch diessmal brachte ihn das angestrengte Arbeiten während des ganzen Winters nicht zum ersehnten Ziele. Er konnte noch nicht zum Abschlusse kommen, und die gewaltigen weltgeschichllichen Ereignisse verboten ohnehin die Veröffentlichung. . . . . „Mit innigster Freude begrüsste er die grossen Thaten, die Deutschlands Ketten brachen" (S. 92). Immer wieder nahm Schelling die Arbeit auf, konnte sie aber nach

*) Schon im Jahre 1806 hatte Baader mit tiefeingreifenden Gedanken den Versuch einer reellen Vermittelung und Ausgleichung zwischen Jakobi und Schelling gemacht, gegen welche beide er sich höchst gerecht, objektiv und wohlwollend erwies. Vergl. die (geistvollen) Briefe Baader's an Jakobi (im XV. B. der Werke Baader's), in deren einem (vom 16. Juni 1806) etwas von Baader's Unterredungen mit Schelling durchblickt. „Eine lange gestrige Unterredung mit Schelling gibt mir Hoffnung, dass ich noch zwischen Ihm und E. Hochw. die Copula werden könnte" etc. S. 199.
**) Vergl. Werke Baader's XV. 254, wo er die zornliche Kraft nicht gegen unsere Brüder gebraucht wissen will, was bezüglich Schelling's gesagt war.

dem Herausgeber nicht so, wie er wünschte und für nöthig hielt,
vollenden. „Er entschloss sich sogar zweimal, 1811 und 1813, die
schon gedruckten Bogen wieder zurückzunehmen. Alljährlich kehrten
in den Briefen an die Freunde die Ankündigungen des Werkes
wieder, und alljährlich hatte er über neue Hindernisse zu berichten"
(S. 93). Kurz, das angekündigte Werk kam niemals zur Vollendung
und also auch niemals zur Erscheinung. Es ist vollkommen wahr,
dass sich äussere Störungen und Hemmungen für Schelling fort und
fort häuften, dennoch möchten diese das gänzliche Fallenlassen eines
Werkes, an welches bereits so viele Zeit, Kraft und Arbeit gewendet
worden war und welches so grosse Ziele zu erreichen bestimmt gewesen ist, allein nicht erklären, sondern es müssen auch innere
Gründe, der Mangel an voller Selbstbefriedigung, mitgewirkt haben.
Darauf deutet auch der Umstand, dass nach seinem Tode sein Sohn
K. F. A. Schelling, der Herausgeber seiner Werke, nicht den ganzen
Entwurf, soweit er gediehen war, in die Gesammtausgabe aufgenommen hat, sondern nur ein Fragment, übrigens von nahezu zehn
Bogen. *) Dasselbe gehört zu dem Bedeutendsten, was Schelling
geschrieben hat und lässt einen Schluss ziehen auf das, was daraus
geworden wäre, wenn er das Werk völlig zu Stande gebracht haben
würde. Seine Gesundheitsverhältnisse verschlimmerten sich in dem
Münchener Klima und er musste an eine Veränderung seines Auf-
enthaltsortes denken. „Da eröffnete ihm die Liberalität der Regierung einen erwünschten Ausweg, indem ihm unter Belassung seines
Amtes an beiden Akademien mit vollem Gehalte ein unbestimmter
Urlaub gewährt ward. Diess ergriff er mit Freuden. Er beschloss
mit Rücksicht auf das mildere Klima Frankens nach Erlangen zu
gehen und hier unter Genehmigung der Regierung, soweit es seine
Gesundheit zulasse, Vorlesungen zu halten, ohne sich doch zu bestimmten Leistungen zu verpflichten" (S. 96). So weit reicht das
Biographische des zweiten Bandes des vorliegenden Werkes. Der
Briefwechsel dieser Periode ist sehr reich und bedeutsam. Auch
offenbart sich mit dem Fortschritt und der Vertiefung seiner Philosophie ein unverkennbar veredelter Geist seiner Gesinnungen, Handlungen und Aeusserungen und hauptsächlich nur die Art der Polemik
gegen Jakobi und das Verhalten zu Baader konnte wohl etwas
anders gewünscht werden. Der Briefwechsel mit Windischmann,
Goethe, Eichstädt, Hegel, Schubert, Pfister, Eschenmayer setzt sich

---

*) Was früher davon gedruckt war, wird doch wohl auch noch existiren.
Irre ich nicht, so sind einige Philosophen im Besitz davon. Herr Prof. Dr. Erdmann wird darüber, glaub' ich, Auskunft zu geben wissen.

fort, neue Correspondenten, Niethammer, Fr. Roth, M. Wagner, Previzer, Michaelis, Georgii, Silvie von Ziegesar, Gries, Knebel, Silvester de Sacy, Creuzer, Friedrich Schlegel, Neurath, Orelli, Cousin, Atterbom, treten hinzu und gaben Gelegenheit zu vielfältigen geistreichen und zum Theil tiefgreifenden Erörterungen. Die Briefe an Pauline Gotter, seit 1812 seine zweite Frau, die ihn erst mit einem Kranz hoffnungsreicher Kinder beschenkte, da seine erste Ehe kinderlos geblieben war, und von Schelling an sie, vor und nach der Vermählung, gehören zu den schönsten Partien dieser reichhaltigen Briefe und enthalten wahrhaft erhebende Momente. Das Denkmal, welches Schelling seiner ersten Frau auf dem Kirchhof zu Maulbronn setzte, ist des Philosophen in höchstem Grade würdig. Die Briefe an seine Eltern, Vater und Mutter, und an seinen Bruder Karl und andere Verwandte zeigen die innigsten Familienverhältnisse, gereichen Schelling zu hoher Ehre und gehören zu den schönsten Zierden dieser Briefsammlung.

Schelling's Verhalten zu Jakobi und zu Baader bedarf aber einer näheren Beleuchtung.

Es erscheint wie eine Ahnung bevorstehenden Kampfes, wenn Schelling unter dem 18. August 1811 an Pauline Gotter (II, 261) schreibt: „Sind Sie denn noch auf dem Lande, oder umfängt Sie schon wieder die Stadt? Wo Sie sein mögen, meine Gedanken sind recht oft bei Ihnen, ja ich muss sie mit Gewalt zügeln und halten, da ich sie zu meinen jetzigen Arbeiten so sehr als möglich in der Nähe haben muss. Ich weiss nicht, liebe Pauline, ob Sie von dem jetzigen Gelehrtenleben einen Begriff haben; es hat mit dem Leben des Kriegers noch die meiste Aehnlichkeit. Der Künstler stellt sein Werk als etwas von ihm selbst Unabhängiges hin, das unmerklich die Gemüther, auch die nicht wollenden, an sich zieht und allmälig sich verähnlicht. Der Gelehrte, der eine Ueberzeugung ausspricht und sie geltend machen muss, setzt zugleich seine Persönlichkeit daran, und wir Philosophen vollends sind die eigentlichen Krieger im Reiche der Intelligenz. Bei einer Bewegung und Unruhe, wie sie in die Köpfe gekommen ist, lässt sich an keinen Frieden denken, und auch hier liegt alles daran, sich immer thätig, rüstig und wehrhaft zu halten. Diess ist nun freilich, je nachdem man's nimmt, wieder das schönste Leben, aber die fröhlichen Gedanken an ein friedliches, stillgeniessendes Leben, mit denen andere Menschen sich weiden, gedeihen nicht dabei, und fast müsste man ihre Verwirklichung von einem künftigen Leben fordern, wo die Seele des Ulysses, nach einer Erzählung bei Plato, sich dort nichts Anderes ausgewählet, als das stille Leben eines Privatmanns, fern von Krieg und von

'Staat.'' Man sieht, dass Schelling nicht aus Streitsucht in den Kampf zog, sondern, weil er ihn für Pflicht und unerlässlich hielt. Drei Monate später (11. Nov. 1811) schrieb er an Windischmann (II, 270): „Nächstens erscheint oder ist schon erschienen: Ueber die göttlichen Dinge und deren Offenbarung von Hrn. Präsident Jakobi. Es ist schwer abzusehen, wie die göttlichen Dinge Zeit gefunden, bei einem so viel und so gar nicht göttlich beschäftigten Manne vorzukommen. In den Vorzimmern und an den Speisetischen der Grossen haben sie ihn doch gewiss nicht aufgesucht. Es liegt in diesem Manne, der die Welt trefflich zu täuschen verstand, eine unglaubliche Anmaassung sammt verhältnissmässiger Leerheit des Herzens und Geistes, die man aus sechsjähriger Anschauung kennen muss, um sie zu begreifen. Unstreitig wird der Welt wieder die heillose Lehre des Nichtwissens vorgepredigt, mit frommen Verwünschungen der Gottlosigkeit unseres Pantheismus und Atheismus. Ich wünsche sehr, dass ihm von mehreren Seiten begegnet werde. Er hat unglaublichen Schaden gestiftet und stiftet ihn noch. — Auch unsere Zeit bedarf etwas ganz Anderes als das kahle Nichtwissen. Darin liegt sie ohnediess, und solche Lauheit, Herz - und Charakterlosigkeit, womit sich allein das Verzichten auf Erkenntniss und feste Ueberzeugung vom Gewissesten und Höchsten verträgt, ist eben die Ursache dieses Unglücks. Finden Sie Gelegenheit, auch ein kräftig Wort darüber auf Veranlassung jener Schrift zu sagen, so werden Sie der guten Sache den grössten Dienst leisten.'' Die Aeusserungen Schelling's in einem Briefe an Georgii vom 14. Jan. 1812 bewegen sich um dieselben Gedanken und heben nur noch hervor, dass Jakobi durch offenen Angriff ihn von seiner drückenden Lage frei gemacht und Gelegenheit zu einem Buche gegeben habe, welches in der Entwicklung seines Systems Epoche mache. Wieder an Pauline Gotter schrieb Schelling, am 15. Jan. 1812: „Ich habe den grössten Theil des letzten Monats vom Jahr angenehm und unangenehm zugebracht, wie man es nehmen will. Jakobi ... gab eben diess Spätjahr ein Buch voll der gehässigsten und bissigsten Ausfälle gegen mich heraus. Bei dem Verhältniss, in welchem wir zu einander stehen, hätte ich nicht ganz gleichgültig bleiben können, auch wenn es nicht längst wünschenswerth gewesen, mich wissenschaftlich mit ihm auseinander zu setzen. So konnte ich die Gelegenheit um so weniger vorbeigehen lassen, und muss nun Ihnen, Kind des Friedens, bekennen, dass ich das Ende des Jahrs meist damit zugebracht, ein gar sehr kriegerisches Buch zu schreiben, das in wenigen Tagen vielleicht herauskommt .... Ich habe mir wirklich etwas zu Gut gethan bei dieser Gelegenheit für die vielen unangenehmen Erfahrungen, welche ich (auch Caroline doch) von dem unmoralischen Charakter jenes Mannes gemacht habe, noch weit mehr aber für den Schaden, welcher durch ihn der Wissenschaft und Kunst in reichem Maasse zugefügt worden, volle Genugthuung genommen etc." In einem Briefe an dieselbe Dame vom 25. Febr. 1812 heisst es: „Lassen Sie sich mein letztes Buch nicht anfechten; es ist ein Opfer, das ich dem Frieden selbst bringen musste, den ich bis jetzt nur täuschender Weise geniessen konnte und der drückender war als offener Krieg. Das Buch ist mir auch darum nicht unlieb, weil es in der Entwickelung meiner Gedanken eine Art von Epoche macht. Literarische Unannehmlichkeiten, die für mich daraus entstehen könnten, werde ich abzuwehren wissen, um so mehr, da eben nicht abzusehen ist, was auf diese Art viel dagegen zu thun ist. Aeussere und politische unangenehme Folgen hat es bis jetzt nicht für mich gehabt und kann also ferner keine haben; im Gegentheil, es hat mir hier eine Menge Freunde gemacht und alle Parteien vereinigt, die eine ausgenommen, welche nun ganz blos dasteht." An M. Wagner schrieb Schelling am 25. Febr. 1812: „Seit einem Monat hat ein von mir herausgekommenes Buch viel Lärmen und grosses Aufsehen gemacht. Der Präsident Jakobi hatte mich in einer kurz vorher erschienenen Schrift auf hinterlistige, tückische Weise verleumdet als einen Menschen, der gottesleugnerische Grundsätze lehre, die Unsterblichkeit der Seele leugne etc., kurz als der gemeinste Ketzermacher. Hierauf habe ich denn freimüthig in einer kleinen Schrift geantwortet, wodurch ich ihm die Larve abgezogen. Er ist dadurch in die entsetzlichste Verlegenheit gesetzt; mir aber ist es recht, dass zwischen ihm und mir einmal reine Sache und offener Krieg ist." In einem Briefe an Windischmann vom 27. Febr. 1812 äusserte Schelling bemerkenswerth: „Ihr Brief, Freund, war ein begeisternder Zuruf. Ihr Urtheil hat für mich solchen Werth, dass ich mir nicht allein eitler Weise etwas darauf zu gute thue, sondern davon zu Höherem und Besserem angefeuert werde. Bei dem Lob, das Sie dieser Schrift ertheilen, rechne ich jedoch viel auf Ihre Nachsicht und die Bestochenheit der Freundschaft; denn ich finde, dass sie besonders im Einzelnen viele Mängel hat und weit besser werden konnte, wenn sie nicht binnen zwei Monaten geschrieben und gedruckt wurde. Hier hat selbige ein ungemeines Aufsehen gemacht, und ist nicht anders wie eine Bombe in die Stadt gefallen. Trotzdem hat sie für meine äussere und bürgerliche Existenz keine nachtheiligen Folgen gehabt. Im Gegentheil, sie hat mir viele Freunde erworben. Es ist auffallend, wie Menschen aller Art und jeden Standes davon ergriffen worden, dass sie mir ein

Bild wurde von der Wirkung auf die Gemüther, welche unsere vollkommen entwickelten Gedanken einst in ihrer Ausbildung zur letzten Klarheit auf das Menschengeschlecht haben müssen." Seinem Jugendfreund Pfister schrieb Schelling am 4. April 1812: „Wie ich mir in polemischer Hinsicht auch einmal wieder etwas zu gut gethan, wirst Du bei dem Lärmen, den es besonders in unserm lieben Schwabenlande gemacht zu haben scheint, wohl gehört haben . . . . Es ist mir wenigstens gelungen, einen der verfolgungssüchtigsten und giftigsten Feinde des höheren wissenschaftlichen Strebens mund-todt zu machen, dass auch seine Anhänger zwar mit neuen Lügen (denn deren Möglichkeit ist unendlich), aber mit keinem wahren Wort erwidern können. Meine lieben Landsleute hätten es zwar, wie ich aus einigen Sachen fast schliessen kann, lieber gesehen, wenn ich unterlegen; dagegen habe ich da, wo es galt und noch gilt, die entschiedenste und erwünschteste Wirkung hervorgebracht. Das Buch ist im Uebrigen, so stark einzelne Aeusserungen in der Ferne auffallen mögen, nach der gewissenhaftesten Ueberzeugung geschrieben; es ist im Ausland vielleicht zum Theil, hier aber von Niemandem, der nicht zu der betroffenen Partei gehört, zu hart gefunden worden." *) Ueber Fr. Schlegel's Recension seiner Denk-schrift äusserte sich Schelling in einem Briefe an Windischmann (vom 5. April 1812) im Ganzen nicht günstig. In einem Briefe an Pauline Gotter vom 1. Mai 1812 glaubt Schelling gegen die Ver-theidiger Jakobi's alle Hände voll zu thun zu bekommen, da Jakobi

---

*) Diess mag wohl von Allen gelten, die sich persönlich Schelling gegen-über äusserten, darum waren aber noch lange nicht alle Kreise der Gebildeten Münchens mit Schelling's leidenschaftlichem und herabwürdigendem Tone ein-verstanden. Ein positiver Nachweis dafür ist mir nicht gerade zur Hand. Es kann aber nicht zweifelhaft sein, dass auch in München nicht Wenige damals dachten, wie ein Mann, dessen Name bei fehlender Unterschrift nicht ermittelt werden konnte, der am 1. Nov. 1812 an Baader Folgendes schrieb: „Nicht die Härte, womit Sie sich über die Gegner des Positiven aussprechen, wunderte mich; aber diess erwartete ich nicht, dass Sie des Sanscullotischen Denkmals der Schrift von den göttlichen Dingen mit scheinbarem Beifall erwähnen würden. Wohl: „Ach, dass du warm oder kalt wärest . . . ich werde dich ausspeien aus meinem Munde" — das mag wohl der ἐγω ειμι τὸ A καὶ τὸ Ω aussprechen, und diejenigen, denen es ausdrücklich g e g e b e n ist, das ἀναϑεμα ἐστω zu verkünden. Ich finde aber keinen Zug dieser Mission in dem berüchtigten D e n k m a l. Uns Uebrigen ist ein milderes Gesetz gegeben: die Liebe erhebt sich nicht mit ge-schwätzigem Eigendünkel, sie blähet sich nicht auf, sie stellt sich nicht ungeberdig (sie behauptet immer ihre Würde), sie lässt sich nicht erbittern etc. 1. Cor. XIII. Ich könnte mich wenigstens nie dazu entschliessen, auf den Mann, der p. 375 und 400 die Briefe an Hamann geschrieben hat (S. d. 1. B. s. Werke), den ersten Stein zu werfen." Baader's Werke XV, 247.

alle seine Mannen aufbiete. Allein obgleich Jakobi, selber merkwürdig schweigsam, allerdings seine Mannen aufgeboten hatte, so
kam doch keine Entgegnung Schelling's zum Vorschein. In einem
merkwürdigen Briefe an Georgii vom 8. Dezbr. 1812 erklärt Schelling,
durch briefliche kritische Aeusserungen desselben (die aber nicht
mitgetheilt worden sind) nicht unmuthig geworden zu sein und
fordert ihn auf, auch künftig seine Gedanken gerade heraus, ohne
Verkleidung und Einhüllung, zu sagen. Dann fährt er fort: „Sie
fanden die Reaktion in•dem Buche über Jakobi nicht im Verhältniss
der Aktion, zu viel Leidenschaft u. s. w. Sie glauben, dass dieser
Fehler nirgends nachtheiliger auffallen und wirken konnte als in
einer so heiligen Sache, wie die Untersuchung von Gott und göttlichen Dingen ist. Ich kann nicht gut mein eigener Richter sein;
ich habe auch Fleisch und Blut und kann zu weit gegangen sein.
Dass ich es aber einsehe, kann ich nicht mit Wahrheit sagen; noch
jetzt würde ich in der Hauptsache gerade so, in Nebendingen vielleicht anders — wer weiss ob weniger scharf? verfahren. Ich will
nicht anführen, dass Ihnen Jakobi selbst unstreitig in einem viel
günstigeren Licht erscheint, als er bei näherer Kenntniss erscheinen
kann. Ich begreife diess um so eher von Ihnen, von einer Menge
achtbarer Menschen, als es mir gerade ebenso mit ihm ergangen ist.
Es haben nicht weniger als 6 volle Jahre, die ich in seiner Nähe
und in speciellen Verhältnissen mit ihm zubrachte, dazu gehört, mich
ihn so kennen zu lehren, wie ich ihn kenne. Was den Geist betrifft
— denken Sie sich ein Maximum von dem, was wir in Würtemberg
unter ausländischer Seichtigkeit uns vorstellen, und Sie haben ein
ungefähres Maass — Dieser Mann, der ganz für Wahrheit, Recht,
Freiheit und Ehre zu glühen schien, hat in der kurzen Zeit seiner
hiesigen Laufbahn keine Art von Cabalen, Ränken, niedriger
Schmeichelei u. a. verwerflichen Mitteln gescheut, um seiner persönlichen Eitelkeit Genüge zu thun. Diese Vorstellung von ihm ist
nicht die meinige, sondern die allgemeine derer, die ihn hier beobachten konnten, und sogar seiner (von 30 Jahren her) gewesenen
Freunde. Wenige, die durch ihn ihr Glück (was man so nennt)
gemacht haben und sich unter seinen Schutz begeben hatten, weil
sie sich selbst Achtung zu verschaffen unvermögend waren, machen
eine Ausnahme hiervon. Daher auch die Erscheinung, dass während
man auswärts meine Schrift hart fand, hier, die eben erwähnten
ausgenommen, Jedermann sie gerecht und der Person wie der Sache
angemessen gefunden hat. Ich will ebenso wenig anführen, dass
Jakobi es war, der zuerst die Beschuldigung des Pan- und Atheismus
und überhaupt der gräulichsten Irrthümer gegen mich auf die Bahn

brachte (vor 1803, wo sein Ausfall erfolgte, schämte man sich doch
noch, mir dergleichen zuzutrauen); *) dass ebenderselbe durch jede
Art von Mittel, besonders durch Aufsätze, Recensionen u. s. w. in
öffentlichen Blättern, die er durch seine Anhänger verfertigen liess,
diese Meinung immer mehr verbreitete und, weil ich schwieg, bei
der Menge dergestalt befestigte, dass sie unstreitig noch jetzt die
am meisten verbreitete ist. Ich will diess alles nicht anführen, da
es auf mich wirklich nur einen untergeordneten Einfluss gehabt hat.
Was mich eigentlich antrieb und, wenn Sie wollen, in eine Begeisterung des Zorns versetzte, ist die nachtheilige Wirkung dieses
Mannes in Bezug auf religiöse Ueberzeugung. Grade diese Lauheit
und Halbheit ist es, durch welche unser Zeitalter zu Grunde gegangen. Dabei der Heiligenschein des eifrigsten Religions- ja sogar
Christenthums-Lehrers, mit dem er sich umgeben und wodurch er
sogar manche eifrig religiöse Seelen (Claudius jedoch und ähnliche **)
ausgenommen) hintergangen hat, während er — ich will nicht sagen
über den Glauben — über die blosse Vorstellung einer unmittelbaren
Offenbarung, der Göttlichkeit Christi und der Schrift — lächelt.
Ich bin so wenig intolerant gegen den Gläubigsten und gegen den
Ungläubigsten, wenn er es nur recht ist, weil mir scheint, dass jeder
durch die offene Aeusserung dessen, was er denkt, sich von selbst
an seine rechte Stelle setzt. Aber solche Heuchler, wie sie die von
mir angeführte Stelle der Offenbarung darstellt, Menschen, die bei
der Welt zwar den Ruf aufgeklärter, freidenkender Köpfe und bei
Kindern Gottes den Namen der Gläubigen erhalten — Belial und
Christus zugleich dienen wollen — diese waren und sind mir ein
Gräuel. Da ist es dann nicht möglich, „dass bloss Geister sich im
edlen Wetteifer zeigen". Die „Gemüther" müssen wohl auch Antheil
nehmen. Ich kann Beides einmal in solchen Sachen nicht trennen;
sagt doch auch ein Heiliger: „der Eifer um dein Haus hat mich
gefressen". ***) Ob es ein solcher reiner Eifer, ein göttlicher Zorn
ist oder das Gegentheil, weiss der Herzenskündiger; doch wird man
es auch dann zum Theil beurtheilen können, wenn man sieht, wie

*) Schelling scheint hier wieder an beträchtlicher Gedächtnissschwäche
zu leiden, die doch in anderen Dingen keineswegs sein Fehler war. Woher
kamen denn seine Würzburger Klagen über die vielen erfahrenen Angriffe,
unter welchen nicht wenige waren, die ihm jene Irrthümer nicht bloss zutrauten,
sondern ausdrücklich zuschrieben?
**) Baader's Name wird hier absichtlich verschwiegen.
***) Wer sich vom Eifer — doch nur für seinen Glauben von Gott und
Göttlichem — fressen liess, war schwerlich in Wahrheit ein Heiliger und nicht
nachahmungswürdig.

ich meine Ueberzeugung darlege und ob ich mich des Evangeliums von Christo schäme. Als mir die Begriffe für eine göttlich geoffenbarte Religion fehlten, hatte ich es keinen Hehl; da ich noch nicht zu der vollen Tiefe der Ueberzeugung gekommen war wie jetzt, schwieg ich (?); wie ich jetzt reden werde, wird man sehen. *) Ueberhaupt glaube ich, dass unserer Zeit nicht die Sanftmuth so gut ist als die Strenge. Treibe ich es zu weit, so ist zu bedenken, dass mit diesem Laster mir vielleicht auch das wenige Gute genommen würde, das in mir ist. **) Legen also auch Sie, v. Fr., Eines gegen das Andere in die Wagschale, wie ich hoffe, dass am Ende dieser Periode der Wissenschaft, der Philosophie und Theologie sich Manches ausgleichen wird, was jetzt misstönt. Es war zu erwarten, dass meine Schrift eine Menge Gegner aufregen werde. Je mehr Menschen sich noch kund geben, desto besser. Es stand auch zu erwarten, dass sie alle auf die scheinbar (?) behauptete Entfaltung und Entwicklung Gottes losgehen und' mich verketzern würden. Diess muss ich mir gefallen lassen, indem ich über diese Sache mich nur im ganzen Zusammenhang meiner Ansicht erklären kann. Ich glaube freilich, dass es wörtlich zu verstehen ist: „Ich bin der da war, der da ist und der da sein wird" (obgleich in diesen drei Perioden der nämliche ewige Gott). ***) Dieses ist unsern aufgeklärten Theologen ein Aergerniss. Ihre Erinnerung, statt Entfaltung — Offenbarung, Manifestation zu setzen, werde ich indess, bis ich allen Missverstand auch bei jenen Ausdrücken (?) aufheben kann, dankbar mir zu Nutz machen. Den Einwurf betreffend, von dem Sie sagen, dass Sie ihn nicht recht aufzulösen wissen: „dass Gott (der persönliche) nur primus inter pares sein würde, weil Er, wie alle endlichen Geister, nur aus dem Grunde (dem B) sich emporhebe", so glaube ich, Sie werden ihn leicht lösen, wenn Sie nur Folgendes in Erwägung ziehen, a) dass dieser Grund in Ansehung Gottes doch immer ein zu ihm, auch als persönlichem Wesen, Gehöriges, wenngleich von ihm Verschiedenes, ja sogar ihm als solchem Unterworfenes ist; dagegen er von den endlichen Geistern

---

*) Man hat es gesehen, fand sich aber nicht sonderlich befriedigt davon, so wenig, trotz neuer Beweise genialen Geistes, so dass die letzte Gestalt der Philosophie Schelling's — wenn auch übertrieben — von Vielen für eine Verirrung des menschlichen Geistes erklärt wurde, was theilweise nicht gut in Abrede gestellt werden kann. Man denke nur an seinen theogonischen Process in der Mythologie.

**) Wie kam es, dass Schelling zwischen Strenge und zorniger Leidenschaft nicht zu unterscheiden wusste? —

***) Vergl. Baader's Werke II, 51 ff. (79 ff.)

ewig unabhängig bleibt, Etwas, das sie nie in ihre Gewalt bekommen,
— sowie dass dieser Grund gleich uranfänglich in Gott selbst (seiner
Totalität nach betrachtet) und nur a u s s e r ihm (als Geist) ist (was
zu seinem Wesen g e h ö r t, kann darum doch a u s s e r ihm sein
und umgekehrt); dass dagegen dieser Grund für jeden endlichen
Geist immer und ewig Etwas war, ist und bleibt, das ausser ihm
— und zwar in jeder Beziehung ausser ihm ist; b) (was die Hauptsache
ist), dass Gott sich aus diesem Grund d u r c h e i g e n e Kraft zur
Persönlichkeit und Geistigkeit verklärt *) (wie diess geschehen, bleibt
freilich hier bei Seite gesetzt); dagegen die endlichen Geister aus
ebendemselben nur durch den Willen und die Wirkung Gottes und zwar
des persönlichen Gottes, der sie aus dem, was rücksichtlich seiner ein
οὐκ ὄν ist, erschafft, emporgehoben werden. Also ist Gott hiedurch so
wenig primus inter pares als der Schöpfer unter seinen Geschöpfen."

II.

Ueberblicken wir nun alle diese Aeusserungen Schelling's über
Jakobi und damit Zusammenhängendes und fragen wir: war Schelling
durchaus im Rechte gegen Jakobi? so können wir diess keineswegs
einräumen. Schelling hat sich in seiner Gereiztheit zur Leidenschaftlichkeit fortreissen lassen. Seine Entgegnung hätte würdiger
und objektiver ausfallen können und sollen. Seine moralischen Be-
schuldigungen gegen Jakobi sind unter allen Umständen übertrieben.
Allerdings haben auch Andere in seiner Nähe Eitelkeit an Jakobi
und eine gewisse unmännliche Schwäche zu bemerken geglaubt,
und hieraus mögen manche Verhaltungsweisen und Handlungen hervorgegangen sein, die mit seinen religiösen und sittlichen Lehren
nicht in vollem Einklang standen. Aber Niemand hat ihm grobe
Immoralität nachzuweisen vermocht, vielmehr erschien er weitaus
der grössten Mehrheit seiner Zeitgenossen nicht bloss in der Ferne
im Lichte eines edlen Mannes, dem vor Allem Heuchelei fremd war.
Gefühlig, mehr weiblich als männlich angelegte Naturen, zumal
wenn ein poetischer Anhauch in ihnen waltet, pflegen so conciliant
zu sein, dass sie sich leicht in ihrem Verhalten in kleine Widersprüche
verwickeln oder auch zweideutig nur scheinen, wo sie es in Wirklichkeit gar nicht sind. Auch hatte Jakobi so manche Unbill von
Gesinnungsgenossen Schelling's erfahren, dass er diesem sich nicht
wohl persönlich sonderlich annähern konnte. Endlich war· Jakobi
— mit Recht oder mit Unrecht — fest überzeugt, dass die eigentliche

---

*) Wäre diese Verklärung als in keiner Weise zeitlicher, successiver,
sondern ewiger Akt gefasst worden, so hätte Schelling den Standpunkt Baader's
erreicht, mehr aber nicht, schon weil damit in dieser Frage Alles erreicht ist.

Consequenz des Identitätssystems der Atheismus und Materialismus sei. So viel ist daran wenigstens richtig, dass es nur darauf ankam, welches Moment, ob das ideale oder das reale, jenes hinauf, dieses hinab zog, um von der Identitätsphilosophie zum Persönlichkeits-pantheismus sich zu erheben, oder zum Materialismus hinabzusinken. Daher sich schon hier ein rechter und linker Flügel der Schelling'schen Schule bildete, deren erster sich zu Baader mehr oder minder hin-aufbewegte, deren zweiter zum Materialismus hinabsank.

Jakobi war Präsident der Akademie der Wissenschaften zu München. Diese Stellung hatte er sich nicht erschlichen, sondern durch seine Leistungen errungen. Hochangesehen, wie sie war, musste sie ihn mit der höheren Gesellschaft und dem Hof in Be-rührungen bringen und er konnte nicht umhin, sich, wenn er sie nicht schon hatte, die Gesellschaftsformen anzueignen, die in jenen Kreisen natürlich und in Geltung sind. Er selbst und sein Haus mochten damit eine gewisse Vornehmheit angenommen haben, welche den Mitgliedern der Akademie und den Gelehrten- und Künstler-kreisen vielleicht nicht zusagte. Einige Taktlosigkeiten mögen dabei mituntergelaufen sein, und seine, wie es scheint, etwas prätentiösen Schwestern, die er nicht genug beherrschte, mögen ihn in mehr als eine Ungeschicklichkeit verwickelt haben. Dass er aber in wesent-lichen Dingen die Würde des Philosophen und des Präsidenten preis gegeben habe, müsste meines Wissens doch noch erst erwiesen werden. Auch Baader's ungünstige Aeusserungen über die Person Jakobi's aus jener Zeit sind doch nicht von der Angabe von thatsächlichen Vorgängen begleitet, die Schelling's herabwürdigende Anklagen unterstützten. Inwiefern unrechte oder unbillige Partei-begünstigungen etwa Statt fanden, darüber hat Schelling wenigstens keine Beweise vorgelegt. Ein Philosoph, der eine Zeitlang von nicht Wenigen einem Kant gleichgestellt, von Manchen vorgezogen wurde, der eine nicht geringe Anzahl namhafter Anhänger und über diese hinaus weithin auf das gebildete Publikum gewirkt hatte, durfte auch einiges Selbstgefühl haben (welches er doch nirgends in hoch-fahrender Weise geoffenbart hat) und erwarten, dass er auch von Gegnern achtungsvoll werde behandelt werden. Schelling vermischt überdiess das Moralische mit dem Wissenschaftlichen, welches, so häufig es auch geschehen mag und so leicht es im Eifer geschehen kann, nicht zu billigen ist. In wissenschaftlichen Dingen soll man die grösste Wichtigkeit der Frage einräumen: Was wird behauptet und wird es mit gültigen Gründen behauptet oder nicht? nur eine untergeordnete aber der Frage: Wer behauptet dieses und wie ist der Mann moralisch beschaffen? Es kann jedenfalls zwar in vielen

Fällen nicht gleichgültig sein, wer der Mann ist, der eine Behauptung, eine Lehre aufstellt, aber über die Wahrheit oder Nichtwahrheit derselben kann nicht entschieden werden durch die Untersuchung oder selbst die Entscheidung über den Grad der Moralität des Behauptenden, sondern allein durch wissenschaftliche Gründe. Wenn ein böser Mensch behauptet, zweimal zwei ist vier, so bleibt es wahr, obgleich er ein böser Mensch ist und wenn ein himmlisch guter behauptete, zweimal zwei sei fünf, so wäre es ungeachtet seiner Willensgüte falsch. Dass die Unsittlichkeit, das Böse, die Leidenschaft, wie ihr Irrthum zu Grunde liegt, in weitere Irrthümer führt, die Sittlichkeit, der gute Wille, die Freiheit von Leidenschaft, allermindestens die Wahrheitserkenntniss begünstigt, befördert, erleichtert. wird darum kein Unbefangener verkennen. Unter Philosophen, welche wegen Erhebung über die grosse Menge die Vermuthung aufrichtigen Wahrheitsstrebens für sich haben, sollte daher die Beschuldigung unlauterer Beweggründe ihrer Behauptungen auch in der Polemik nicht so leichtweg gemacht werden, sondern nur in Fällen evidenter Herausstellungen, und auch dann auf würdige Weise.

Jakobi hat allerdings irrige Behauptungen gegen Schelling aufgestellt und es ist wahr, dass man nicht einsieht, wie diess bei Gründlichkeit der Untersuchung und Unbefangenheit des Gemüths möglich war. Er hat sich insofern das Gericht Schelling's selber — aus eigener Schuld — zugezogen. Er hat, auf das Gelindeste gesagt, frühere Standpunkte Schelling's, ohne auch diese genau genug zu fassen, mit seinem späteren und jüngsten willkürlich vercinerleit, wenn man nicht sagen müsste, diesen letzten gar nicht beachtet, auch seine ungegründete und in dieser Verschwommenheit unbegründbare Unwissenheitslehre sich, gegenüber dem berechtigten Streben Schelling's nach wirklicher und gesicherter Wissenschaft, zum Vorzug angerechnet. Aber auch Schelling war seinerseits nicht durchaus im Rechte gegen Jakobi. Er überwog diesen mehr durch geniale Kühnheit, als durch strenge Beweisführung. Um ganz objektiv zu sein, hätte er einräumen müssen, dass er die Phase des Atheismus wie des Pantheismus durchlaufen hatte *), bevor er zu

---

*) Gegen diese Unterscheidung der Entwickelungsstadien Schelling's, welche auch Erdmann macht, wird sich nichts Stichhaltiges einwenden lassen. Von Anderem abgesehen, erklärt Schelling selber die erste Gestalt der Fichte'schen Philosophie für Atheismus. Hing aber Schelling dieser Fichte'schen Philosophie nicht eine Zeitlang an, wenn auch vielleicht in einer subjektiv etwas verschiedenen Form? War seine zweite Philosophie nicht Pantheismus, da sie die Persönlichkeit Gottes nicht kannte, wenn sie auch unbestimmt von einer absoluten Subjektivität sprach? War es so sehr zum Verwundern, wenn noch so mancher

seinem den Naturalismus oder Pantheismus als Moment aufgehoben in sich tragenden Theismus gelangt war. Er hätte damit die Miss- verständnisse Jakobi's einigermassen entschuldigen können, ohne der Höhe seines erreichten Standpunktes etwas zu vergeben und wenn es überhaupt möglich war, den abstrakten Spiritualisten Jakobi für den spiritual - realen Theismus in der Gestalt eines Persönlichkeits- pantheismus zu gewinnen, so wäre es auf diesem Wege am sichersten erreicht worden : ein ungleich höherer Triumph (und ein folgenreicherer) als sich an der Verlegenheit seines niedergedonnerten schwächeren Gegners zu weiden. —

Wäre Jakobi der Mann dazu gewesen, so hätte er der Schrift Schelling's gegenüber nicht nöthig gehabt, die Miene des ungerecht schwer Gekränkten und Beleidigten anzunehmen und sich in ein, man weiss nicht recht, ob mehr vornehmes oder mehr feiges Schweigen einzuhüllen und es doch mit diesem Verhalten vereinbar zu finden, seine Anhänger gegen Schelling losgehen zu lassen. Er hätte urkundlich den früheren Atheismus und darauf folgenden Pan- theismus Schelling's nachweisen und zeigen können, dass auch sein endlich erlangter Theismus doch nur wieder eine Form des Pan- theismus, wenn auch im Wesentlichen die höchste Form desselben sei. Er hätte aufzeigen können, dass Schelling nicht der Erfinder dieses Systems sei, wofür er sich offenbar ausgebe, sondern höchstens in manchem der Verbesserer, ganz besonders aber der Ausschmücker desselben, dass er seine Quellen, die er nicht einmal richtig zu verstehen wusste, aus Ehrgeiz verschwiegen habe, welche der Kenner recht wohl in J. Böhme, Oetinger, Saint - Martin, Baader zu finden wisse. Er hätte ihm vorhalten können, dass er namentlich gegen seinen nächsten tieferen Vorgänger, Baader, ein sonderbares Betragen einhalte, da es klar sei, dass er von diesem Forscher die Haupt-

---

Andere ausser Jakobi — nach einem späteren Witzwort H. Heine's — den Pantheismus der Identitätsphilosophie als einen verschämten Atheismus ansah? Freilich ist eigentlich nur der Persönlichkeitspantheismus wirklich Pantheismus; was man gewöhnlich so nennt, ist im Grunde Naturalismus, wenn er sich auch idealistisch gebehrdet. Diesen Pantheismus, der Persönlichkeitspantheismus ist, hat Schelling im Sinne, wenn er sagt, er habe sich immer mehr von der Wahr- heit des Pantheismus überzeugt, obgleich seine Begriffe so elastisch sind, dass er wieder in die Vorstellung zurücksinkt, die Individuen seien dann erst voll- endet, wenn sie in das Eine und Ganze aufgelöst würden. Hätte diess Jakobi vernommen, so würde er sich nur in seiner Ansicht bestärkt gefunden haben, dass seine Anklage begründet gewesen sei, und sie war es in Rücksicht des Pantheismus überhaupt, nur nicht in Rücksicht des Atheismus, der mindestens der späteren Gestalt seiner Philosophie seit der Schrift über die menschliche Freiheit nicht mit Recht vorzuwerfen war.

anregung zu seinem letzten, wiewohl verfehlten System empfangen habe und dass es ganz den Anschein gewinne, als ob er demselben in seiner Schrift über die menschliche Freiheit einige Brocken des Lobes nur darum hinwerfe, um diese gefährliche Geisteskraft nicht gegen sich aufzuregen und wo möglich von dem Geltendmachen seines Prioritätsrechtes abzubringen und damit vor der öffentlichen Meinung mit ins Schlepptau zu nehmen. Jakobi hätte noch mehr beweisen können, dass Schelling zwar aus den genannten Forschern heraus-, aber nicht, namentlich nicht über Böhme und Baader, hinausgewachsen, sondern vielmehr hinter ihrem reineren Theismus zurückgeblieben sei, *) vorwiegend darauf bedacht, ohne den Verbindungsfaden mit der zweiten Gestalt seiner Philosophie völlig abzureissen, dem ideal-realen System, der Vereinigung des Theismus und des Naturalismus oder Pantheismus in einer schmuck- und glanzvolleren Ausbildung und Darstellung erscheinen zu lassen. Insbesondere hätte er zeigen können, dass der Persönlichkeitspantheismus Schelling's unfähig sei, die Unwandelbarkeit Gottes mit der Weltentwicklung in Ausgleichung zu bringen, die Freiheit des Willens der geistigen Wesen, des Menschen, den Ursprung des Bösen befriedigend abzuleiten, zu begründen und zu erklären. Diess Alles und Anderes hätte Jakobi nachweisen können, — wenn Jakobi nicht Jakobi gewesen wäre, d. h. nicht ein Mann, der die Philosophie stets nur dilettantisch betrieben, sein Genie durch eine sentimentale Verzweiflungslehre an wirklicher Wissenschaft, eine gelehrte Unwissenheitslehre, entnervt hatte, von den Entwicklungsstufen der Geschichte der Philosophie nur wenig verstand, zu objektivem Eingehen auf fremde Standpunkte wenig geneigt, wenn überhaupt befähigt war, und durch seinen Gefühls-Hyperspiritualismus für den

---

*) Bei dieser Behauptung muss natürlich von den unvollkommenen Formen Böhme's ab- und nur auf den Kern seiner Lehre gesehen werden, sowie der Mangel der Systematik Baader's und der damals noch nicht reicheren Ausbildung seiner Lehre hier nicht in Betracht kommen kann. Beiläufig kann hier erinnert werden, dass es nicht begreiflich ist, wie Herr von Harless ein so im besten Falle überflüssiges Buch wie seine Schrift: J. Böhme und die Alchymisten, schreiben konnte, da von den gerügten Schattenseiten Böhme's heute Niemand in Gefahr ist, missleitet zu werden, von der Lichtseite Böhme's aber Niemand von Herrn von Harless etwas lernen kann. Wenn nach Herrn von Harless Baader an Genialität und namentlich an Originalität Böhme weit überragt, so mag er hierin Recht haben oder nicht, jedenfalls hat er Böhme weit unter seine wahre eminente Bedeutung herabgesetzt. Ist man denn gerecht gegen einen Schriftsteller, wenn man in einem ganzen Buche die wirklichen und vermeintlichen Schattenseiten auseinander setzt, die weit überwiegende Lichtseite aber so gut wie nicht zur Sprache bringt?

Realismus auch in seiner vergeistigtsten, edelsten Gestalt nicht das mindeste Verständniss hatte.

Aber, wird man sagen, wenn dem so ist, warum hat denn Baader damals das Wort in diesem Sinne nicht ergriffen? Dass es, soviel wir wissen, unterblieb, spricht doch nicht sehr für die Gültigkeit deiner Behauptungen. Indem wir diese Frage zu untersuchen unternehmen, treten wir auf das Verhalten Schelling's zu Baader in der Periode des ersten Aufenthalts Jenes in München ein.

Vor dem Jahre 1806, in welchem Schelling nach München kam und bald mit Baader in freundschaftliche Verhältnisse trat, hatte keine persönliche Bekanntschaft, auch kein Briefwechsel zwischen beiden Forschern, soviel bekannt ist, stattgefunden, wohl aber eine gegenseitige Beachtung in ihren Schriften, die von dem älteren und entgegenkommenderen eröffnet wurde. Baader hatte keineswegs den damaligen Pantheismus Schelling's, sondern den Dynamismus seiner Naturphilosophie als den Boten eines nahenden Frühlings der Naturwissenschaft, als die erste erfreuliche Aeusserung der von dem Todtenschlaf der (mechanischen) Atomistik wieder aufwachenden Physik, begrüsst *) und Schelling hatte in verschiedenen Schriften den Tiefsinn Baader's hoch gepriesen **) und in seinen Würzburger Vorlesungen nach dem Zeugniss eines befähigten und zuverlässigen Ohrenzeugen, eines späteren höheren bairischen Officiers, Herrn v. Seyfrieds, von Baader als einem Seher fast überirdischer Art gesprochen. In München kam es bald zur persönlichen Bekanntschaft und Befreundung zwischen beiden. Wie Baader der zuvorkommendere war, so auch nach seiner lebhaften und natürlichen Art der mittheilsamere und anregendere, während sich Schelling in einer gewissen gemessenen Zurückhaltung gefiel. Von höchstem Interesse wäre, wenn uns die philosophischen Gespräche, die sie doch miteinander hatten, irgendwie erhalten worden wären.

Nach späteren persönlichen Mittheilungen Baader's an mich waren schon damals, zwischen 1806 und 1820 zwischen ihnen die Haupt-Differenzen zur Sprache gekommen, die niemals zwischen ihnen zur Ausgleichung gebracht worden sind. Aus dem Briefe Schelling's an seinen Vater vom 7. Septbr. 1806 (II, 101) ersieht man, dass Baader Schelling auch auf die Schriften Oetinger's aufmerksam gemacht hatte, nachdem jene J. Böhme's beiden schon von längerer Zeit her bekannt waren. Aus einem Briefe Schelling's an Windischmann vom 18. Dez. 1806 (II, 109) geht hervor, dass

---

*) Baader's Werke XV, 200, III, 249.
**) Schelling's Werke II, 241, III, 265, 267, 313, 660, 665, IV, 461.

Schelling einen grossen Eindruck von Baader empfangen hatte, indem er ihn einen herrlichen Seher und trefflichen Menschen nennt. Etwas später (S. 122) erwähnt er beifällig des Wohlwollens, welches Baader mit dem ihm sehr befreundeten W. Ritter gegen Schubert gezeigt hatte und theilt ihm weiterhin (S. 134) vertrauensvoll eine Berufungsangelegenheit Schubert's mit. Dann erwähnt er (S. 140) der (durch seine Stellung als Oberbergrath und Besitzer einer Glashütte in Anspruch genommenen) starken Beschäftigung Baader's mit noch andern als philosophischen Studien und Arbeiten. In einem Briefe vom 28. April 1809 (S. 155) macht Schelling Schubert neben dem Erscheinen des 1. Bandes seiner philosophischen Schriften auf die Beiträge zur dynamischen Philosophie mit den Worten aufmerksam: „Auch von Baader erscheint diese Messe eine Sammlung früherer und neuerer Abhandlungen, die gewiss von den heilsamsten Wirkungen sein wird." Nur Schade, dass Schelling diese Schrift weder angezeigt, noch jemals später auch nur erwähnt hat. Sie enthält, beiläufig bemerkt, den Embryo der gesammten Philosophie Baader's, wie er sie erst später in grösserer Ausbreitung zu entwickeln in die Lage versetzt worden ist. Etwas später rühmt Schelling von Baader (S. 160) gegen Jakobi, dass er durch und durch doktrinal und dem Missbrauch der Wissenschaft herzlich abgeneigt sei. Was nur von der falschen übertriebenen Ascetik gemeint sein konnte. Gleich darauf setzt er hinzu: „B. hat die liebenswürdige Eigenschaft der Mittheilsamkeit und der Lust zum Dociren; da diess nicht bei Jedermann angewendet ist, so lässt er sich wohl auch herab, einem abgelebten liflländischen Baron von seinen Perlen mitzutheilen; das geschieht aber nicht des Barons, sondern nur seiner selbst wegen." Das ist nicht eben eine freundschaftliche Auslegung einer liebenswürdigen Eigenschaft. Es kann bemerkt werden, dass der gemeinte lifländische Edelmann, ein überlebhafter, aber entschieden geistreicher Mann, heute (1870) noch lebt, also wohl das Prädikat der Abgelebtheit (1809) schwerlich verdient haben wird. In demselben Jahre noch vermisst Schelling die Quartausgabe der Werke J. Böhme's, die er früher Baader geschenkt hat und bestellt sie durch Schubert (S. 162). Am 7. August 1809 schreibt er an Windischmann: „Es fehlt mir trotz Baader doch sehr an Ansprache und beständiger Erregung. Baader ist viel in Geschäften anderer Art absorbirt und einen Theil des Jahres immer auf seiner Glashütte abwesend, was sowie seine übrigen Verhältnisse doch keinen gleichförmigen Umgang mit ihm erlaubt." Wohl, doch scheint schon hier eine gewisse Verstimmung Schelling's durchzublicken, denn an Baader hätte es, so viel seine Zeit erlaubte, sicher nicht gefehlt, ihm die verschiedenartigsten Anregungen nahe zu bringen. Dennoch sind die freundschaftlichen Verhältnisse fortgesetzt worden, wie auch ein Brief Schelling's an Schubert vom Jahre 1811 (S. 252) zeigt. Wie Schelling die von Baader besonders cultivirte Literatur der Theosophen mehr und mehr pflegte, zeigt sein Interesse für Angelus Silesius und Tauler (S. 252). Von da wird Baader's in Schelling's Briefen höchstens noch einmal flüchtig und fremd gedacht und in dem ganzen Verlauf des Jakobistreites ignorirt, bis er in einem Briefe an Atterbom vom 29. Januar 1819 sich ganz wohl zufrieden damit erklärt, seit einiger Zeit Freund Baader sehr wenig zu sehen, und dabei eine Mittheilung macht, deren Veröffentlichung von Seiten des Herausgebers — nicht gegen Baader, denn die Lehre, die Schelling dort Baader in den Mund legt, hat er nie verleugnet und wenn Schelling die Autorität der h. Schrift ernstlich anerkannt hätte, so hätte auch er jene Lehre nicht leugnen können — sondern gegen Jemand Andern eine bedauernswerthe starke Indiscretion genannt werden muss. Die Art, wie Schelling von der angeblichen Mittheilung, deren Wahrheit noch von keiner andern Seite bestätigt worden ist, schrieb, ziemte weder dem Freunde, noch dem Philosophen. Die Freundschaft, die eine Zeitlang zwischen beiden Philosophen bestand, ist von Seiten Schelling's niemals eine herzliche, kaum auf kurze Zeit eine wahrhaft aufrichtige gewesen. Mit seinen minder bedeutenden Freunden und Anhängern wusste er sich viel herzlicher und gefälliger zu benehmen, wenn er sie erst etwas herbe angelassen hatte. Der Hauptgrund davon lag in dem Ehrgeiz und in der Eifersucht Schelling's auf das Genie Baader's und noch mehr auf dessen Vortritt in der verwandten Denkrichtung, in welche einzumünden er sich gedrungen fühlte. Es steht nämlich urkundlich fest, dass Baader die Grund- und Haupt-Idee des neuschellingischen idealrealen Theismus und noch dazu reiner als Schelling schon lange vor ihm gefasst und unerschüttert festgehalten hatte. *) Diess war insofern ganz begreiflich, als Baader, ein ebenso frühreifes Genie als Schelling, geradeso um zehn Jahre älter war als dieser, wie Goethe um zehn Jahre älter als Schiller. Aber Baader hatte sich nicht der Laufbahn des Universitäts-Lehrers, sondern der praktischen, zuerst des Arztes, dann des Bergbauwesens gewidmet und ausser seiner mässig grösseren Schrift über die Wärmelehre nur kleinere philosophische Schriften und Zeitschriften-Aufsätze veröffentlicht, die in den Kreisen der hervorragenden Forscher bewundernde Beachtung fanden, aber in dieser Gestalt nicht geeignet waren, auf die Massen

---

*) Baader sah die Kluft zwischen Schelling und ihm als noch viel klaffender an.

der gelehrten Welt zu wirken und ausser von einigen Wenigen als
der Ansatz oder Embryo einer relativ-neuen und tieferen Gesammt-
weltanschauung erkannt zu werden. Hätte Baader die Fülle seiner
genialen Ideen bereits in grösseren Werken ausgeführt und dargelegt gehabt, als Schelling seinem Standpunkt und seiner Person
näher trat, so würde das Ansehen Baaders so weit verbreitet und
geltend gewesen sein, dass Schelling sich in die Rolle des Nach-
folgers, Fortbildners und vielleicht Weiterführers in besonderem Grade
würde haben finden müssen und wenn er die gleiche Gemüthsart
und relative Bescheidenheit, wie Schiller als Dichter Goethe gegenüber gehabt hätte, so würde sich zwischen Baader und Schelling
ein ähnliches Verhältniss gebildet haben wie jenes schöne, erfreuliche und folgenreiche war, welches zwischen Goethe und Schiller
zu ihrem und zum Ruhme der deutschen Nation sich so herrlich
gestaltet und entfaltet hat. Allein Schelling hatte sich bis zum
Jahre 1806 durch eine staunenswerthe Schöpferkraft des Geistes und
eine reiche Folge grossartig angelegter und bei aller zwischen Poesie
und Philosophie hin und her schillernder Romantik genialer Werke
einen so weitverbreiteten hohen Ruhm errungen, der sich ihm auf-
drängende Schritt in die Nähe des Baader'schen Standpunktes schien
seinem leichtbeweglichen, durch den Anflug der Romantik an das
Genaunehmen wenig gewöhnten Geiste vielleicht so sehr krönende
Folge seiner eigensten Strebungen, dass er es nicht über sich bringen
konnte, vor der Welt als einen Mann sich zu bekennen, der in die
Jüngerschaft des katholischen Broschürenschreibers Baader, so hoch
er auch in den Augen der grossen Forscher stand, eingetreten sei,
oder doch seinem Standpunkt und dem seiner nächsten Geistesverwandten sich angenähert habe. Die Priorität Baader's liess sich
offen nicht bestreiten. Daher zog Schelling vor, von ihr zu schweigen,
da es aber doch gefährlich war, den liebenswürdigen entgegen-
kommenden Löwen zu reizen, so wurden ihm endlich im Jahre 1809
in der Schrift über die Freiheit einige — nicht auf den Hauptpunkt
bezügliche — Lobeserhebungen gespendet. *) Anstatt dass die gelehrte Welt diese Anerkennung zum Anlass genommen hätte, das
Gesammtverhältniss Baader's zu Schelling auf dem Grunde ihrer
Schriften zu prüfen, deutete man das von Schelling Baader gespen-
dete Lob als das Lob des Meisters gegen den Jünger und bestärkte
das ohnehin schon vorhandene Vorurtheil nur um so mehr. Als
vollends Baader das Schelling'sche Sendschreiben an Eschenmayer,
welches sich an die Schrift über die menschliche Freiheit anschloss

---

*) Schelling's Werke VII, 306, 373, 377, 414.

— als einen Fortschritt — rühmte,*) was er, ohne seinem Standpunkt etwas zu vergeben, konnte, dabei aber, was er nicht hätte thun sollen, die vorhandenen Differenzen nicht zur Sprache brachte, als er im Jakobistreit, anstatt, wozu er befugt war, die Rolle des Schiedsrichters zu übernehmen, in der Hauptsache auf die Seite Schelling's gegen Jakobi trat,**) musste der Schein nur um so grösser werden, als ob Baader in die Fusstapfen Schelling's und nicht Schelling einigermassen in die Baader's getreten sei. Jener lebte so sehr in der Sache selbst, dass er dergleichen Fragen gar nicht beachtete und höchstens erwarten mochte, dass man sich aus seinen Schriften über s e i n e n S t a n d p u n k t zurecht finden werde. Schelling's Fortschritt schien ihm so erheblich, dass es ihm besser vorkommen mochte, ihm goldene Brücken zu bauen, als mit ihm Prioritätsstreitigkeiten zu eröffnen, da das Faktum der Priorität auf seiner Seite, das sich bei seinen Altersverhältnissen von selber gemacht hatte, urkundlich vorlag und über kurz oder lang an das Licht kommen musste, obgleich er eigentlich darauf kaum einen Werth legte. Schelling aber hätte die Pflicht gehabt, Baader und wohl noch mehr Böhme und Oetinger, als Vorgänger zu nennen, auch wenn er hätte glauben dürfen, sie insgesammt nicht bloss in den Formen, sondern auch in der Sache selbst übertroffen und weitergeführt zu haben. Seitdem ist das geflissentliche Ignoriren der genialen Leistungen Baader's bei Vielen noch mehr in Mode gekommen und würde vielleicht noch weiter um sich gegriffen haben, wenn nicht nach Baader's Tode durch Herstellung der Gesammtausgabe seiner Werke diesen unthätigen Strebungen ein nicht unwirksam gebliebener Strich durch die Rechnung gemacht worden wäre. Dennoch gibt es bis auf den heutigen Tag nicht wenige Verstockte, welche die alte Taktik auf unerhörte Weise fortsetzen. Zu diesen gehört R. Haym, der in seinem Werke: Die romantische Schule, ein Beitrag zur Geschichte des deutschen Geistes (1870), den zwei ersten Hauptgestalten der Schelling'schen Philosophie (S. 552—660) eine ziemlich eingehende Darstellung widmet und darin das Kunststück ausführt, hier wie in den übrigen Partien seines Buches von B a a d e r ' s Einfluss schon auf gewisse Seiten der zweiten Gestalt der Schelling'schen Philosophie, sowie auf Novalis und Friedrich Schlegel, gänzlich zu schweigen, obgleich ihm (B.) für die von Haym behandelte Epoche der Geschichte des deutschen Geistes noch eine andere und höhere Bedeutung zukommt, als die durch

*) Baader's Werke VII, 34.
**) L. c. I, 65.

seinen Einfluss auf jene und noch andere Romantiker bedingte.
Dieser auffällige Mangel an Unparteilichkeit und Objektivität, nicht
an Unkenntniss, wenn gleich an tieferem Verständniss — denn die
Hochstellung des potenzirt genialen Mannes durch Schelling, Hegel,
Schlegel, Krause, Steffens, Schubert, Eschenmayer, Windischmann,
Görres, Varnhagen, Molitor, Rothe etc. konnte ihm unmöglich unbekannt sein — erinnert mich an das Kunststück Fr. Rückert's,
welches er in den Makamen Hariri's unternimmt, eine ganze Erzählung oder Novelle ohne allen Gebrauch des Buchstabens R. auszuführen und welches er vollkommen glücklich ausführt. Es ist dabei
nur der Unterschied, dass eine solche virtuose Spielerei in jenen
dem arabischen Dichter nachgeahmten Redegewandtheiten ganz am
Platze ist, während in einer Geschichte der romantischen Schule
derjenige geniale Philosoph, welcher so viele Berührungspunkte mit
den Romantikern hatte und welchen man nicht selber einen Romantiker, sondern nach Analogie eines Hegel'schen Ausdrucks die
Wahrheit der Romantik nennen könnte, nicht unberücksichtigt bleiben
durfte. Wenn Haym indessen nichts Anderes oder doch nur Aehnliches über ihn zu sagen gewusst haben sollte, als die Mehrheit
unserer Geschichtschreiber der Philosophie, Ueberweg an der Spitze,
manche Theologen und Historiker wie Kahnis, Weber oder Zeitungs-
schreiber wie Kruse etc. so war es immer noch besser, zu schweigen,
als sich der Erinnerung auszusetzen: Si tacuisses, Philosophus
mansisses. Diese letzte Aeusserung wird minder auffallen, wenn
man meine vielfältigen Nachweisungen beachten will, dass die Zahl
der Entstellungen der Lehre Baader's Legion ist.

Auffallender Weise wird in den Briefen Schelling's während
des ganzen Jakobistreites, wie gesagt, Baader's niemals gedacht,
nicht einmal seiner allgemein gehaltenen Zustimmung gegen Jakobi
erwähnt und noch auffallender die von Baader im Jahre 1813 in
der Akademie der Wissenschaften zu München, vermuthlich in der
Anwesenheit Schelling's, gehaltene berühmte Rede über die Begründung der Ethik durch die Physik gänzlich ignorirt, obgleich der
Inhalt im nächsten Bezug zu dem beiden Forschern gemeinschaftlich
gewordenen Ideenkreise stand. Ebenso wenig lässt Schelling in
seinen Briefen auch nur eine Silbe über die Baader'schen Schriften
zwischen den Jahren 1812 bis 1820 fallen (deren nicht weniger als
zehn sind), mit Ausnahme „des Schriftleins": sur la notion du tems,
über welches er mit den frostigen, kühlen und nichtssagenden Worten
hinweggeht: „Soviel ich davon gelesen, berührt es meine notion
durchaus nicht." Es berührte sie doch, indem es sie indirekt widerlegt durch den Nachweis, dass Gott keiner zeitlich-geschichtlichen

Entwickelung unterliege und unterliegen könne. Die sich weiter ausbreitende Schriftstellerthätigkeit Baader's wurde Schelling immer unbequemer und kam ihm immer ungelegener, je weniger er selbst mit weiteren Schriften in die Oeffentlichkeit trat. Wir werden wohl im dritten Bande der Briefe Schelling's sehen, wie die Entfremdung zum Zerwürfniss führte, ohne dass doch Baader irgend einen nachweisbaren Anlass zur Verfeindung gegeben hatte. Denn allenfallsige Ansichtsverschiedenheiten, sei es, dass sie vielleicht weniger bemerkt schon vorhanden waren, sei es, dass sie sich erst herausgestalteten, sollten doch keinen Freundschaftsbruch herbeigeführt haben.

Ueberschauen wir noch den Hauptertrag weiterführender oder doch besonders bemerkenswerther Gedanken Schelling's, welche den zweiten Band seines Briefwechsels durchziehen, so möchte vorzüglich Folgendes hervorzuheben sein. W. Ritter's Untersuchungen über die Wirkungen der Wünschelruthe, das Erz- und Wasser-Fühlen gewisser Personen, beschäftigte auch Schelling in den Jahren 1806, 1807 lebhaft und er äussert unter Anderem bei dieser Gelegenheit (II, 114): „Der Mensch bricht wirklich als Sonne unter den übrigen Wesen, die alle seine Planeten sind, hervor. Die Theorie der Circulation, der Generation, Formation des Fötus, Assimilation, und wie viel Anderes noch wird seine Aufklärung hiedurch erhalten. Es beginnt die Physica coelestis oder urania nach der bisherigen terrestris." Das Tiefste in der Sache ist ihm (S. 116) „der unleugbare unmechanische magische Einfluss des Willens, ja des leisesten Gedankens auf diese Versuche." Nach Schelling's Angabe haben sich diese Versuche schon ziemlich weit fortgebildet. „Pendel, Baguette, und was man ihnen substituiren mag, folgt dem Entschluss des Willens (ja auch leisem Gedanken) ebenso wie der willkürliche Muskel, dessen Bewegung ohnedies eine rotatorische ist. So sind unsere Muskeln in der That nichts Anderes als Wünschelruthen, die nach innen oder aussen schlagen — Flexoren, Extensoren — je nachdem wir es wollen." (S. 119.) — Gegen Hegel, der in der Phänomenologie des Geistes den Begriff der Anschauung opponirte, bemerkte Schelling (S. 124): „du kannst unter jenem doch nichts Anderes meinen, als was du und ich Idee genannt haben, deren Natur es eben ist, eine Seite zu haben, von der sie Begriff, und eine, von der sie Anschauung ist." In einem Briefe an Windischmann bemerkt Schelling (S. 128): „Das Versinken in Gott ist wohl herrlich als Fassung und Zustand des Empfangens, aber nicht als Ausbildung des Empfangenen. Wär' es damit gethan, so müssten wir der Meinung unseres ehrwürdigen Braminen und Fleischhassers, Fr. Schlegel, zu Folge alle Philosophie überhaupt für abscheulichen Hochmuth und Gräuel halten." Dann

ist Schelling sehr begierig, was Windischmann mit Hegel (seiner
Phänomenologie des Geistes) anfangen werde und polemisirt bereits
etwas geringschätzig mit den Worten: „Mich verlangt zu sehen, wie
Sie den Weichselzopf entwirrt haben; hoffentlich haben Sie diesen
nicht von der gottesfürchtigen Seite genommen, so unrecht es wäre,
ihm anderntheils die Art hingehen zu lassen, womit er, was seiner
individuellen Natur gemäss und vergönnt ist, zum allgemeinen Maass
aufrichten will." Schubert räth er (S. 134) an: „Da wir den äusseren
Gang der Dinge so wenig in unserer Gewalt haben, so können wir
nicht besser für unsere Ruhe sorgen, als indem wir unsere Pflicht
erfüllen und im Uebrigen den von uns unabhängigen Lauf der
Dinge uns so wenig als möglich zu Gemüthe ziehen." Dann versichert er demselben (S. 138), dass das Wunder tief in die neueren
Geschichten hineinreiche. *) „Durch einen Franzosen wurde ich
unter Andern darauf gebracht, die Jeanne d'Arc als Clairvoyante
zu betrachten. Sie glauben nicht, wie bei dem genaueren Studium
ihrer (actenmässigen) Geschichte Alles zusammenstimmt, sie in diesem
Lichte zu zeigen. Aber was ist alle unmittelbare Offenbarung —
was sind alle wunderbaren Heilungen u. s. w. als Phänomene, die
in diesen Kreis gehören, der freilich wieder so viele Abstufungen
in sich schliesst, als die Welt überhaupt, die von dem Einfluss des
Teufels **) so gut als von der Allmacht Gottes zeugt. Am wenigsten
(ich bekenne es) bin ich mit den letzten Vorlesungen (über die
Symbolik des Traumes von Schubert) zufrieden. Sie scheinen mir
da fast etwas über Gebühr zurückhaltend, sowie die Erklärungen,
die Sie von einigen Phänomen geben, mir zu natürlich sind.
Reduktion aller Sinne aufs Gemeingefühl scheint mir ein zu geringer
Ausdruck für das Hellsehen. Ich denke mir es am liebsten als
einen Vorschmack unseres künftigen Daseins, oder vielmehr umgekehrt suche ich mir dieses durch jenes deutlich zu machen und sehe
es als den Weg an, wie uns auch dort Alles erhalten wird, was wir
geliebt, unser Leben von Anfang bis zum sogenannten Ende, ohne
Bedarf der Organe und Medien, die wir zu unserer Individualität zu
rechnen gewohnt sind — — kurz als das Geheimniss der vollkommensten
Individualität bei gänzlicher Auflösung ins Eine und Ganze. ***)

---

*) Es wäre äusserst wünschenswerth gewesen, wenn sich Schelling über
den Begriff des Wunders näher ausgesprochen hätte, den er übrigens nicht wohl
im herkömmlich theologischen Sinn konnte genommen wissen wollen.
**) Diess möchte die einzige Stelle sein, wo Schelling die Existenz des
Teufels einzuräumen scheint. Vorher geschah diess niemals, und später verwan-
delte sich diese Annahme in eine etwas ungeheuerliche unpersönliche Satanologie.
***) Hier verirrt sich Schelling wieder einmal ganz in das Unmögliche,

Den Ernst seiner sittlichen Gesinnung drückt er, Schubert sich verständigend, auf bemerkenswerthe Weise (S. 149) aus und schliesst mit der Ermahnung: „Ich bitte Sie, als redlicher Freund, in ihrem Antrittsprogramm ja der Empfindsamkeit keinen Raum zu geben. Unsere Frömmigkeit gehört vor Gott und uns selbst, nicht für die Welt. Die Welt soll die Früchte sehen, unser Wesen soll nur Gott erkennen etc." In einem folgenden Briefe an Schubert macht er diesen (S. 153) aufmerksam, dass „wir auch geistig Manches besitzen, wovon wir nichts wissen und zu dessen Bewusstsein uns erst Andere bringen müssen." Wenn er daselbst sagt: „In dem Werke (Friedrich Schlegel's) über Indien herrscht nach B.'s Ausdruck eine wahre Gouvernanten-Philosophie," so war dieser B. nach höchster Wahrscheinlichkeit Baader, da diese Bezeichnung für ihn so charakteristisch ist, wie wenn Schelling Hegel's Phänomenologie des Geistes einen Weichselzopf nennt, diess nicht minder für Schelling charakteristisch genannt werden muss. *) An Windischmann schreibt Schelling bei Gelegenheit der Uebersendung seiner philosophischen Untersuchungen über das Wesen der menschlichen Freiheit: „Ich weiss, dass Sie nicht wie Fr. Schlegel denken, dessen verdeckte Polemik ich in eine offene zu verwandeln gesucht habe. Sein höchst crasser und allgemeiner Begriff des Pantheismus lässt ihn freilich die Möglichkeit eines Systems nicht ahnen, worin mit der Immanenz der Dinge in Gott Freiheit, Leben, Individualität, desgleichen Gutes und Böses besteht. **) Er kennt nur die drei Systeme seines indischen Buches; das Wahre liegt aber gerade zwischen diesen dreien mitten inne und hat die organisch verflochtenen Bestandtheile eines jeden in sich. Es gibt einen (aber nicht nur einen) Punkt, bei dem die Vorstellung der Emanation anwendbar ist, einen (aber auch nur einen), wo die des Dualismus, und endlich wieder einen, wo die Indifferenz des Pantheismus. ***) Ich glaube diese Punkte in meiner Abhandlung

weil sich Widersprechende (Um wieviel tiefer geht in diesem Punkte Baader!) Was Schelling hier will, ist wohl klar, dasselbe, was die Theosophen die Vergottung genannt haben, womit sie nicht eine Auflösung der Individuen in Gott meinten, aber er lehrt die Auflösung und will doch die Individuen fortbestehen lassen.

*) Hät.e Schelling nur nicht erhebliche Schuld an der Entstehung dieses Weichselzopfs gehabt durch sein früheres Schwelgen im Pantheismus, der nicht etwa bloss dem Widerspruch verfällt, sondern in Widersprüchen sich bewegt.

**) So wie Schelling auch später noch die Immanenz fasst, bringt er es nur zu Schein-Individuen. Denn in Gott aufgelöste Individuen sind nicht mehr Individuen, sie waren es aber auch vorher nicht, wenn sie aus Gott durch Emanation hervorgegangen sind.

***) Aus der Indifferenz könnte niemals ein Dualismus abgeleitet werden. Geht aus der angenommenen Indifferenz Alles durch Emanation (wie könnte

mit zuvor nie erreichter Deutlichkeit bezeichnet zu haben." „Mir dünkt," heisst es weiterhin, „die Einsichtigen sollten sich fester als je zusammenschliessen. Wenn etwas Tüchtiges, Bleibendes, der deutschen Nation zur ewigen Lehre und zum Ehrendenkmal Dienendes aus den wissenschaftlichen Bewegungen unserer Zeit hervorkommt: so ist es auf unserm Wege. Noch sind wir nicht am Ziel; aber die Andern sind nicht einmal auf dem Wege dazu und betrachten die gewonnene Freiheit des Geistes nur als Freiheit zum Unsinn, zum Herumschwärmen und zu dem lächerlichen Dünkel, dass jeder gern sein eigenes Kirchlein bauen möchte, anstatt mit vereinten Kräften ein grosses Münster deutscher Wissenschaft zu erbauen." *) In einem Briefe an Schubert heisst es (S. 160): „Wir fehlen seltener durch Irrthum, als durch lässige Ergreifung der Wahrheit." In demselben Briefe erklärt Schelling: „Meine Ueberzeugung von der vollen Wahrheit des echten Pantheismus (ob ich gleich den Namen (?) mied, der Nebenbegriffe wegen) hat ebenfalls durch die neuen Angriffe nur gewonnen." **) Seinem Unmuth gegen Hegel seit der Phänomenologie des Geistes macht Schelling dann durch die Worte Luft: „Recht ergötzlich war mir zu sehen, wie gut und richtig Sie auch Hegeln genommen haben. Die spasshafte Seite ist wirklich die beste, wenn auch nicht die einzige. Ein solches reines Exemplar innerlicher und äusserlicher Prosa muss in unsern überpoetischen Zeiten heilig gehalten werden. Uns alle wandelt da und dort Sentimentalität an; dagegen ist ein solcher verneinender Geist ein treffliches Correctiv, wie er im Gegentheil belustigend wird, sobald er sich übers Negiren versteigt. Die Wirkung, wegen der Faust über Mephistopheles klagt, kann er bei dem, der ihn einmal begreift und übersicht, nicht hervorbringen." Innersten Bezug zu der Hauptlehre, welche Baader in eigenthümlicher Form vor Schelling geltend gemacht hatte, hat die Aeusserung Schelling's (S. 163): „Das sentimentale

---

Einiges, Anderes aber nicht daraus hervorgehen?) hervor, so kommt man nicht über den Pantheismus hinaus, Gott und Welt ist dann einer Wesenheit (und die Freiheit des Willens ist unerklärbar), selbst wenn man Gott Persönlichkeit zuschreibt.

*) Den tieferen Geist Baader's braucht Schelling nicht in sich aufzunehmen. Er allein darf sich sein eigenes Kirchlein bauen, welches alle für ein grosses Münster zu halten und in dasselbe hineinzugehen haben.

**) Dass Schelling's Pantheismus, wenn man den echten Theismus zugleich Pantheismus nennen darf, nicht der echte ist, geht aus dem Vorhergehenden hervor. Baader sagt nur, dass wenn man in seiner Lehre Pantheismus finden wolle, man ihn auch bei dem Apostel Paulus finden müsse, lehnt aber für sich den Namen des Pantheismus ab und bedient sich der von Krause herübergenommenen Bezeichnung seiner Lehre: Panentheismus.

Geschlecht, welches seit einiger Zeit sein Unwesen treibt, weiss sich
gar viel damit, dass sie die Natur Gott unterordnen; in den Heidelberger Jahrbüchern erfand neulich Daub die neue! Formel: Gott
nicht = All oder = Mensch, sondern Gott > All > Ich; was wir
freilich Alle von der Kinderlehre her wissen. Die Frage, um deren
willen allein philosophirt wird, ist aber die, wie jenes Untergeordnete, das durchaus anerkannt werden muss, aus Gott heraus- oder
zu Gott hinzukomme, und da weder das eine noch das andere von
diesen denkbar ist, so wird es wohl immer in Gott selbst gesucht
werden müssen; und da scheint mir noch immer der Begriff von Potenz
bezeichnender als jeder andere, und die Natur als Gottes Wesen in
der untersten Potenz (als Dunkelheit) begreiflicher, wie als Stoff,
Werkzeug, Basis u. dergl.*) So bin ich theils durch eignes Studium,
theils durch die Natur der Sache selbst überzeugt, dass gerade der
recht-verstandene Pantheismus das älteste System ist, wie es das
wahre ist." Weniger beachtet ist worden, dass Schelling — wie
Krause nur consequenter — zwar die Leibnizische, aber nicht jede
Gestalt der Monadologie ablehnte, nur dass er sie trotz der Auflösung in das Eine und Ganze behauptet. In diesem Sinne schrieb
Schelling an Georgii (S. 196): „Er (Leibniz) statuirt nur Ein Urwesen, Gott, und dieses ist von den abgeleiteten Wesen innerlich
nicht verschieden, indem ihm auch Gott nur Vorstellkraft ist, nämlich eine Kraft, unendliche Welten vorzustellen, indess die einzelnen
Monaden nur die Welt sich vorstellen, die durch ihr Verhältniss
zu andern Monaden bestimmt ist. Sind aber durch die verschiedenen
Wesen des Leibniz nur die numerisch verschiedenen Monaden verstanden, welche er statuirt, so findet in dieser Hinsicht zwischen
ihm und mir kein Unterschied statt, indem ich ebenfalls numerisch
verschiedene Wesen (Individuen im eigentlichen Verstande) nicht
nur zugebe, sondern behaupte."**) In einem folgenden Brief an
Georgii (S. 197 ff.) fasst Schelling die Lehren des Cartesius, Spinoza, Leibniz, Hollbach, Kant und Fichte in kurzen Formeln

---

*) Ist diess, wie es scheint, so gemeint, dass in Gott aktuelle Dunkelheit
wäre, so würde Gott die Einheit des Lichtes und der Finsterniss sein, während
Baader zeigt, dass die Natur (die Dunkelheit) ewig in das Licht aufgehoben,
verklärt ist, wie nach der Schrift Gott ein Licht ist, in welchem keine Finsterniss angetroffen wird.

**) Wenn die Individuen nach Schelling nur nicht wieder in das Eine
und Ganze aufgelöst würden, wo es dann wohlgemeinte aber leere Worte wären,
dass sie doch fortbestehen sollen. Die Einsicht, dass die Individuen aufrecht
erhalten werden sollen, genügt nicht, es muss durch die richtigen — wider-
spruchfreien Begriffe geschehen.

zusammen und fährt dann lehrreich fort: „Was mich betrifft, so besteht meine Grundansicht in der Verknüpfung oder absoluten Identität der Einheit und des Gegensatzes. Ich unterscheide mich

a) von Cartesius dadurch, dass ich keinen absoluten Dualismus behaupte, d. h. einen solchen, der Identität ausschliesst;

b) von Spinoza dadurch, dass ich keine absolute Identität in dem Sinn behaupte, dass sie allen Dualismus ausschlösse;

c) von Leibniz dadurch, dass ich Reales und Ideales (A und B) nicht wieder ins blosse Ideale (A) auflöse, sondern einen r e a l e n Gegensatz beider Principien b e i ihrer Einheit behaupte;

d) von den eigentlichen Materialisten dadurch, dass ich nicht Geistiges und Reales bloss ins Reale (B) auflöse etc.;

e) von Kant und Fichte dadurch, dass ich — weit entfernt, auch das Ideale wieder bloss subjektiv (im Ich) zu setzen, vielmehr diesem Idealen ein Reelles entgegensetze — also zwei Principien, deren absolute Identität Gott ist.

E. H. sehen, dass seit Cartesius, dem Vater aller neu-europäischen Philosophie, alle möglichen Einseitigkeiten — bis auf die äussersten und härtesten — im Idealismus Fichte's und dem Mechanismus der Franzosen — durchlaufen waren, dass also einem Kopf, der unbefangen die Philosophie von Grund aus wieder untersuchen wollte, kein andres als das Alles vereinigende übrig blieb." Sehr wohl, nur ist nicht bemerkt, dass schon J. Böhme und Oetinger den Grundgedanken ausgesprochen und in ihrer Art ausgeführt hatten und dass Baader schon früher als Schelling auf denselben Grundgedanken geführt worden war und ihn gründlicher, tiefer und widerspruchfrei durchführte. Aber die Welt wird von grossen Worten und äusserem Schmuck und Glanz auf einige Zeit leicht geblendet, indess sie ächte Genialität und Tiefe minder beachtet.*)

Wie nahe Schelling vorübergehend der eigensten Ansicht Baader's — der tiefsinnigsten, die je hervorgetreten ist — zu dieser Zeit trat, zeigt die bald darauf folgende Aeusserung (S. 201): „Ob Leibniz eine Personalität der endlichen Geister wirklich consequent behaupten könne? D i e s e Frage wäre nach Gründen . . . . zu verneinen. Leibniz ist am aufrichtigsten, wo er die Monaden blosse

---

*) Das Bedeutende und Bleibende in Baader suche ich nicht in seiner Anlehnung an confessionelle Lehren, sondern in den allgemeinen philosophischen Ideen.

coruscationes divinitatis nennt; das kommt von seiner einseitigen Identität. Ohne eine zweiseitige gibt es keinen wahren Unterschied der Dinge von Gott." Baader indess fasste Gott als ewige Mitte seiner Intention und Extention, seiner Innerlichkeit und Aeusserlichkeit und nur in diesem Sinne als zweiseitige Identität. Wer Gott als blosse Innerlichkeit fasst und seine Aeusserlichkeit leugnet, als abstrakte naturlose Geistigkeit, der muss die Welt zu seiner Aeusserlichkeit machen und somit den Wesensunterschied der Welt von Gott aufheben. Hätte Schelling diesen Gedanken nur auch durchgeführt. Allein indem er die Schöpfung nun doch wieder gröber als Leibniz als Emanation fasste, wich er wieder um einen halben Schritt zurück und kam bei der besten Absicht nicht aus dem Widerspruch heraus. Diess tritt mit grösster Schärfe und vollkommenster Klarheit hervor aus Hamberger's „Studien über Schelling's neueres System der Philosophie" in seiner Schrift: Christenthum und moderne Cultur, I., 134—164, dann 186—198, II., 204—221.

Die gemein pantheistische Ansicht vom Leben ist von Schelling allerdings hinten gelassen, wenn er an Georgii (S. 248) schreibt: „Ist es Ihnen bei dem Tod Ihrer geliebten Gattin nicht ebenfalls so ergangen, dass Ihnen die hohe Beziehung des Leiblichen dadurch um Vieles klarer geworden ist? Ich habe von jeher (?) das Leibliche nicht so herabgesetzt, als der Idealismus unserer Zeiten gethan hat und noch thut; aber in solchem Fall wird uns seine Wesentlichkeit noch in ganz anderer Weise fühlbar. Wir können uns nicht mit einem allgemeinen Fortdauern unserer Verstorbenen begnügen, ihre ganze Persönlichkeit möchten wir erhalten, nichts, auch das Kleinste nicht, von ihnen verlieren; wie wohlthuend ist da der Glaube, dass auch der schwächste Theil unserer Natur von Gott an- und aufgenommen ist, die Gewissheit von der Vergötterung (?) der ganzen Menschheit durch Christus. In der That, wenn diese mystische Verbindung der göttlichen und menschlichen Natur der höchste Punkt im ganzen Christenthume ist, so ist die Ueberzeugung von einer wirklichen Einheit Gottes und der Natur, kraft der sie nicht bloss als ein Fehlerhaftes oder Hervorgebrachtes, sondern auf eine eigentlichere und persönliche Weise zu ihm gehört, der wahre Vollendungspunkt menschlicher Wissenschaft.*) Von diesem aus erscheint uns erst Alles in höherem Lichte. Gerade der Tod, der uns unsere Abhängigkeit von der Natur verwünschen lässt, und der ein mensch-

---

*) Scheint hier nicht wieder die ewige göttliche und die geschaffene Natur in Eins zu zerfliessen?

liches Gemüth im ersten Eindruck fast mit Abscheu gegen diese unbarmherzige Gewalt erfüllt, die auch das Schönste und Beste, wenn es ihre Gesetze fordern, schonungslos vernichtet,*) gerade der Tod tiefer erfasst öffnet uns das Auge für jene Einheit des Natürlichen und Göttlichen. Wir können einmal der Natur eine gewisse untergeordnete Allmacht (?) nicht absprechen: wenn sie nun nicht Gott ist, so ist sie eine Art von anderer Gott (?), dem wir wenigstens mit einem Theil unseres Wesens (?) angehören; wie können wir nur Kinder des wahren Gottes sein, da wir doch nicht von 'seinem Fleisch und Blut sind? oder wie wird der Gott, der lauter Geist ist, den Leib auferwecken, der dem andern Gott angehört, und ihn mit dem Geist wieder verbinden, der allein seines Geschlechtes ist? ... Ohne jene letzte Hoffnung wäre selbst die Gewissheit der sogenannten Unsterblichkeit nur eine halbe, mit Schmerzen vermischte Freude. Die Gewissheit, dass der durch den Tod hindurch gegangen ist, der zuerst die Verbindung zwischen der Natur und dem Geisterreiche wieder hergestellt hat, wandelt den Tod für uns in einen Triumph, dem wir entgegen gehen, wie der Krieger dem gewissen Sieg. Wir dürfen uns unseres Trostes als Menschen freuen; denn gewiss, die Bestimmungen, die uns erwarten, sind unglaublich hoch, und ich wenigstens, der ich weit entfernt bin von aller sentimentalen Sehnsucht nach dem Tod und fest entschlossen zu leben und zu wirken, so lang' es mir vergönnt ist, muss mir doch den Augenblick des Sterbens als den wonnevollsten unseres ganzen Lebens denken."**)

------

*) Wenn Heinz Widerporst den ersten Eindruck wiedergegeben haben sollte, so lautete er ganz anders:

„Wüsst' auch nicht, wie mir vor der Welt sollt' grausen,
Da ich sie kenne von innen und aussen.
Ist gar ein träges und zahmes Thier,
Das weder dräuet dir noch mir,
Muss sich unter Gesetze schmiegen,
Ruhig zu meinen Füssen liegen."

Der Uebermuth bewahrte nicht vor der Anwandlung Schopenhauer'schen Kleinmuths und etwas Pessimismus, der nicht durch die Vollkraft und den Tiefsinn Baader'scher Weltanschauung, sondern durch eine aus Pietistische und Quietistische anstreifende Mystik mehr beschwichtigt als überwunden wird. O, Sinnlosigkeit vieler Philosophen, welche Baader Mystiker zu sein vorwerfen, indess sie die dicke, crasse und irrationale Mystik Spinoza's, Fichte's, Schelling's, Hegel's, Schleiermacher's nicht zu erblicken vermögen oder bestens verschleiern!

**) Hätte Schelling diese Behauptungen theoretisch als wahr streng erwiesen, so wäre es mit dem daraus geschöpften Trost ganz in der Ordnung. Aber der Trost gründet sich mehr auf Wunsch als auf Beweis.

Die in Schelling's Briefen vorkommenden ästhetischen und politischen Erörterungen müssen hier übergangen werden. Die Vertröstungen wegen Nichterscheinens der Weltalter erneuern sich immer wieder, bis in einem Briefe an Atterbom vom 29. Jan. 1819 folgende bemerkenswerthe Erklärung gegeben wird: „Sie fragen, was die Weltalter machen? Nach dem, was ich Ihnen oben erzählt, können Sie leicht denken, dass ich eben keine grosse Neigung haben konnte, an diesem Werk im vorigen Winter und Frühling zu arbeiten. Auch meinen ländlichen Aufenthalt musste ich mehr zu Herstellung meiner Gesundheit anwenden! Wenn ich übrigens bisher gezögert und mich selbst nicht habe überwinden können auch nur die letzte Hand anzulegen, so war es hauptsächlich, weil ich noch immer fühlte, das Ganze nicht so ganz und völlig nach meinem Sinn ausführen zu können, als ich wollte. Wenn ich von dieser eigensinnigen Forderung abging, konnte ich das Werk längst in die Welt schicken. Aber es war doch billig, einmal auch bloss auf die eigene Genugthuung zu sehen, *) und was kann man am Ende für ein höheres Glück begehren, als nur sich ganz auszusprechen? Niemand geht so rein durch seine Zeit, dass sich ihm nicht Vieles anhängt, was seinem eigentlichen Wesen gar nicht angehört. Diese Schlacken wegzuläutern, sich von allem Fremden, Hemmenden loszumachen und so in völlige Freiheit zu setzen, ist eigentlich das Schwere, und indess das Positive meines Werkes mit Leichtigkeit und gleichsam im seligsten Genusse schnell und fertig sich bildete, hat jenes negative Geschäft mich Jahre gekostet und nicht wenig Mühe. Denn immer blieb noch etwas Störendes zurück, das meinem Ideal eines durchaus unbefangenen, in Stoff und Form lauteren und, dass ich so sage, allgemein menschlichen Werkes entgegen war, und es kostete Arbeit, diess zu entdecken.**) Nun ist aber auch diess überwunden: ich stehe auf dem Punkte, wo ich stehen wollte, und es gehören nur noch wenige von Zerstreuung und anderem Geschäft freie Stunden dazu, um das Ganze völlig zu meiner eigenen Genugthuung zu beenden. Ob darum auch zur Genugthuung des befangenen Theils meiner Zeitgenossen, ist eine andere Frage. Allein nach dieser habe ich niemals gestrebt und

---

*) Das war also in den früheren Schriften nicht der Fall gewesen und er warf seine Gedanken halb bewusst unreif hinaus.

**) Erst zu entdecken? Das ist doch verwundersam. Schelling bewegt sich hier wieder in Selbsttäuschungen Nur was von Aussen kam, war ungenügend, aus seinem Innern konnte nur Herrliches, Göttliches kommen! Dass das von Aussen gekommene Ungenügende endlich aber überwunden worden wäre, davon hat man niemals etwas zu sehen bekommen.

lasse übrigens gern Jedem die Freude, sich mit seinen Fesseln zu brüsten, und die Freiheit mit den Ketten zu klirren. Ich stehe jetzt auf dem Punkt, nach dem ich immer gestrebt; der Himmel gebe mir die Kraft, auf ihm mich zu behaupten und Alles auszuführen, was von ihm aus möglich ist. Bei dem mir gegebenen Wort, das Werk gleich in die nordische Heldensprache zu übersetzen, halte ich Sie fest; nur Sie können es; ich weiss mit voller Gewissheit, dass Sie mich darin ganz empfinden, dass Sie mein Werk wie Ihr eigenes fühlen werden. Auf Geister und Gemüther wie die Ihrigen, zähle ich dabei mit voller Zuversicht; alle diese (ich weiss es), die noch nicht meine Freunde sind, werden es durch dieses Buch werden." Und dieses Buch wurde niemals fertig und es erschien aus dem Nachlasse Schelling's von dem unvollendeten Entwurf nur ein quantitativ nicht beträchtliches Bruchstück!*) Das vielversprechende Werk scheiterte wohl mehr an inneren als an äusseren Schwierig-keiten, die nach allem Vermuthen in dem misslichen, wenn nicht umöglichen Streben lagen, die frühere Naturphilosophie mit der späteren Theosophie in vollkommene Ausgleichung zu bringen. Dieses Scheitern eröffnete dem von Schelling allzu gering ge-schätzten Hegelianismus Thür und Thor zur Vorherrschaft in Deutschland auf ungefähr zwei Jahrzehnte, da Baader's nicht-systematische Schriften einen durchschlagenden Erfolg um so weniger haben konnten, als seine Schriftstellerthätigkeit jetzt erst anfing grössere Ausdehnung zu gewinnen und noch lange von ihrem Ab-schluss entfernt war, Herbart's Philosophie zu frostig und absonder-lich ansprach und Krause's tiefsinnige systematische Werke zu weich und breit angelegt waren, um rasch grössere Wirkungen zu erzielen. Hegel's Philosophie, ähnlich wie jene Fichte's, war noch mehr die Leistung einer starken, ausdauernden Willenskraft als des Genie's und sank von ihrer die Geister bewegenden Macht wieder herab nicht we-niger durch ihren innern Selbstwiderspruch und die daraus erwachsenen Zerwürfnisse innerhalb der Schule als durch die erfahrene energische Bekämpfung der übrigen vorhandenen und sich bildenden philoso-phischen Schulen.

Seit dem Jahre 1806, besonders aber seit 1809 zeigen sich die Briefe Schelling's von einem elegischen Hauche durchweht, welcher sich zum Theil aus seinen Krankheitsleiden, mehr noch aus seinen Schicksalen und bitteren Erfahrungen erklärt, zum Theil aber auch aus dem Rückblick auf die durchlaufenen Entwickelungsstufen. Mit nicht allzugeringer Einschränkung könnte man Schelling einen

---

*) Schelling's S. Werke. Erste Abtheilung, VIII. Band, 195—344.

umgekehrten Diderot nennen, eine Vergleichung, die vom religiösen Gesichtspunkte aus sicher kein geringes Lob ist. Wie Diderot vom Theismus zum Pantheismus und von diesem zum Atheismus und Materialismus überging, so erhob sich Schelling umgekehrt vom (idealistischen) Atheismus zum Pantheismus und von diesem zum Theismus, sofern man den Persönlichkeitspantheismus als eine Form des Theismus bezeichnen darf. Aber es bleibt uns vorerst zweifelhaft, ob Schelling diese Erhebung mit rechter Freudigkeit und Vollbefriedigung vollzog, wenn auch der Mangel derselben nicht einen zurückgebliebenen Rest von Zweifel bezeichnete, sondern die tiefe Seelentrauer des unbefriedigten Rückblicks gewesen ist. Uebrigens wird uns erst der dritte Band des Briefwechsels den weiteren Verlauf der Entwickelung Schelling's bis zum Schluss wiederspiegeln und erst, wenn dieser vorliegen wird, kann ein vollständiges und endgültiges Urtheil über ihn erfolgen.

Der Herausgeber scheint einen guten Theil des Briefwechsels bis zum Jahre 1820 ausgeschlossen zu haben. Die Uebersichten der Lebensperioden Schellings von seiner Hand sind sehr kurz gehalten. Nachweisungen und Mittheilungen über die bedeutenderen Personen des Briefwechsels fehlen fast gänzlich, allerdings nach dem Plane des Herausgebers, aber nicht zur Befriedigung des Lesers. Eine zweite Auflage wird dem Herausgeber wohl einen erweiterten Plan nahe legen.

III.

Der dritte Band der Briefe Schelling's ist dem zweiten bald gefolgt. Der Herausgeber erinnert in der Vorbemerkung, dass die Anzahl der Briefe dieses Bandes im Verhältnisse zu einem Zeitraum von 34 Jahren eine geringe sei. „Schelling schränkte seinen brieflichen Verkehr ebenso wie seinen persönlichen Umgang mehr und mehr ein. Fast nur die Glieder seiner Familie erhielten zahlreiche Briefe von ihm, welche aber natürlich grösstentheils nicht zur Veröffentlichung gelangen konnten. Was auch aus ihnen hier mitgetheilt wird, sollte dazu dienen, Schelling's Wesen nach der einen oder andern Seite hin möglichst deutlich und anschaulich zu zeichnen." Ausser den Briefen an Familienglieder begegnen wir in diesem Bande Briefen an Creuzer, Viktor Cousin, Wagner, Pfister und dessen Sohn, Thiersch, Hegel's Wittwe, Weisse, Beckers, Tafel, Brandis, Holzhausen, Wessenberg, Dorfmüller, Erdmann, Kopp, Bunsen, Boisserée, Schubert, v. Henning, Barth, Neander, Peip, Ottilie Wildermuth. Unter den Briefen an Familienglieder sind die bemerkenswerthesten die an seinen Bruder Karl, an seinen Sohn

Fritz und an seinen Schwiegersohn Waitz gerichteten. Der Familiensinn Schelling's, der sich schon in den Briefen des ersten und des zweiten Bandes so schön geoffenbart hatte, war im edelsten Sinne des Wortes ein hochgesteigerter und wir begegnen im dritten Bande den schönsten Blüthen desselben. Es offenbart sich darin ein tiefes Gemüth, ein hoher sittlicher Ernst, eine Treue und Hingabe nicht gewöhnlicher Art, und ein gotterfüllter Sinn, der in diesem kräftigen Geiste von doppelt ergreifender Wirkung ist. Dieser tiefe Familiensinn trug auch seine reichlichen Früchte in dem Gedeihen seiner Kinder und seiner Enkel, dessen er sich zu erfreuen hatte. Noch in seinem letzten Lebensjahre richtete er eine Ermahnung an einige seiner Enkel (S. 250), die die jungen Herzen sicher tief ergreifen musste und die in Schelling's zahlreicher Nachkommenschaft fort und fort segenvoll wirken wird. Besonders die Briefe an Waitz berühren auch Politisches, welches für den dem Absolutismus wie dem Demokratismus abgeneigten Standpunkt Schelling's bezeichnend ist. Vorzüglich zeigt er sich auch der Idee des deutschen Einheitsstaates abgeneigt und wiewohl er die deutschen Stämme durch ein starkes politisches Band geeinigt wissen will, so soll nach ihm Deutschland doch sich wie ein Volk von Völkern darstellen und so die Menschheit gleichsam im Kleinen wiederholen. Bezüglich Frankreichs hielt er die Rückkehr zum Princip der Legitimität für das richtige, ja einzige Mittel, aus dem politischen Fieberzustand des Wechsels zwischen Absolutismus und Revolution herauszukommen, wagte aber nicht diesen Gedanken öffentlich auszusprechen. Heute drängt sich derselbe Gedanke wieder auf,*) findet aber sowenig Verständniss wie damals, obgleich man sieht, dass der scheussliche Imperialismus keine Rettung für Frankreich sein könnte, die Republik in Frankreich von keinem Bestand sein kann, und der Orleanismus doch nur ein krankhaftes Gewächs der Revolution wäre. Käme dagegen die Krone Frankreichs an die Orleaniden (den Grafen von Paris) nach dem bevorstehenden Aussterben des restaurirten Bourboniden (Herzog von Chambord), dann könnte die konstitutionelle Monarchie in Frankreich feste Wurzeln schlagen. Kehrt Frankreich zum Princip der Legitimität nicht zurück, so wird der Absolutismus wiederkehren, sei es dass er die Republik, sei es dass er den Orleanismus aufzuzehren haben wird. Ist Frankreich,

*) Die Zeitungen melden, dass der Bischof von Orleans, Dupanloup, sich dieses Gedankens, wahrscheinlich ohne Schelling's Ansicht zu wissen, bereits angenommen habe. Doch wird ihm kein Erfolg in Aussicht gestellt.

wie es scheint, zu hochmüthig und zu verrannt in politische Utopien, um den angedeuteten Weg einzuschlagen, so wird es von noch furchtbareren Schicksalsschlägen heimgesucht werden, als es schon vom Himmel auf sich herabgezogen hat. Es versteht sich von selbst, dass die Rückkehr zum Princip der Legitimität auf den Grund der konstitutionellen Monarchie gebaut werden müsste. Jeder Rückfall in absolutistische Gelüste in staatlichen oder kirchlichen Dingen würde dem wiederhergestellten konstitutionellen Königthum tödtlich sein. — Für die Philosophie am wichtigsten sind die Briefe an Victor Cousin, Dorfmüller, Beckers und Weisse.

Die Briefe an V. Cousin, ungefähr 20, sind von Schelling in französischer Sprache geschrieben und auch nur in dieser hier mitgetheilt worden. Sie laufen vom J. 1826—38 und verdienen einmal eine besondere Betrachtung. *) Unter seinen Jüngern in Deutschland, deren er für die letzte Gestalt seiner Philosophie nur wenige zählte, wurden Dorfmüller und Beckers mit Briefen bedacht, die stets sehr huldvoll ausgefalllen sind.

In den Briefen an Dorfmüller fällt sofort auf, dass hier gleich Sengler (S. 131 ff.) sehr herbe beurtheilt wird, indess doch Schelling sehr freigebig mit Lob für jüngere Forscher ist, wenn sie nur recht treue Anhänglichkeit zeigen. Dass Schelling seine frühere Philosophie nicht eigentlich aufgeben, sondern sie als negative durch die positive ergänzen wollte, erklärt er auch hier in einem Briefe an Dorfmüller (S. 135). Aber wenn er gleich darin recht hatte, einen Weg von der Kantischen Kritik der reinen Vernunft zur eigentlichen, zur positiven Philosophie zu suchen, so hat er doch fast Niemand davon überzeugen können, dass er ihn unangreifbar in seiner späteren Philosophie gefunden habe. **) Wenn Schelling (S. 138 ff.) nicht eigentlich unter die christlichen Denker gezählt sein will, weil viele unter ihnen in ihren Ansichten ungemein beschränkt und ihrem Charakter nach zu eitel und eingebildet seien, um der Philosophie etwas zuzugestehen, so hat er jedenfalls nicht

---

*) Wiewohl nicht sehr viel dabei herauskommen wird. Man kann sich über die Ausdauer wundern, womit Schelling dem Briefwechsel mit dem französischen Philosophen oblag, der es doch nie über die Mittelmässigkeit hinausgebracht hat. Es galt wohl hauptsächlich, ihn von Hegel abzubringen und abzuhalten. Man wird an das Wort Göthe's im Faust erinnert: „Gesellschaft könnte er die allerbeste haben, Und läuft nun diesen Mägden nach."

**) Wenn die frühere Philosophie Schelling's irgendwie in die spätere aufgenommen werden soll, so begreift doch Niemand, wie diess möglich ist, da die frühere die Persönlichkeit Gottes, die Unsterblichkeit der Seele leugnet, die spätere behauptet. Die Umschmelzung müsste also immerhin sehr bedeutend geworden sein.

erwiesen, dass alle unter die christlichen Denker gezählten Forscher von jenem Vorwurfe getroffen werden, z. B. die grössten des Mittelalters nicht, welche streng zwischen (positiver) Theologie und Philosophie als Vernunftwissenschaft unterschieden und schon darum dieser nicht bloss etwas, sondern Alles zugestanden, was ihres Amtes ist, wie diess unter den Neuern auch Baader gethan hat und nicht, wie man nach einem oberflächlichen Anschein meint, das Gegentheil. *) Wenn Dorfmüller in einem Briefe einer Religionsphilosophie erwähnt, womit nur jene von Steffens gemeint sein kann, so antwortet Schelling darauf (S. 153), dass sie ihm höchst wehmüthige Empfindung verursacht habe. „Sie erinnerte mich an den grossen Schaden, den dergleichen voreilige Versuche dem, was ich gewollt, und dadurch mir selbst zugefügt, nur allzu lebhaft." Ist das nun eine Kritik des Werkes seines Freundes, des früheren Busenfreundes, und will damit Schelling frühere eigene Versuche verurtheilen? Darüber lässt er rathen, wem es zu rathen beliebt. Oft erklärt Schelling etwas zur Förderung Dorfmüller's in Rücksicht seiner äusseren Stellung thun zu wollen, ja er eröffnet ihm die Aussicht, an eine Universität gerufen zu werden, aber man sieht nicht, dass jemals etwas für ihn erfolgt wäre. — So lang es im Allgemeinen bleibt, zeigt sich Schelling sehr liberal. Da hören wir die Worte (S. 160): „Wer die Sache von Grund aus aufgebaut hat, weiss was dazu gehört, wie vieles noch ausgesetzt bleiben, welche Freiheit gelassen werden muss, damit Niemand sich ausgeschlossen oder beschwert oder geärgert fühle." Wehe aber dem, der ihm die Ungenüge seiner Lehre zeigen wollte. Ohne ihn nur recht gehört zu haben, wurde er sofort von dem Kreise der Urtheilsfähigen ausgeschlossen. Da Dorfmüller sich brieflich für den Fall einer von Schelling angeregten Versetzung an eine Universität für die Philosophie entschied — Schelling hatte ihm die Wahl zwischen Philosophie, Theologie und Philologie freigestellt —, so erklärte Schelling diese Wahl sehr wohl zu begreifen und billigte sie auch, „denn gewiss, da ist der Hebel, mit dem sich allein die Zeit bewegen lässt," allein er weiss ihn sofort geschickt auf die Theologie hinzuweisen, da er nur einige philosophische Lieblingsfächer zu vertreten bereit sei und für diese Fächer

---

*) Baader findet die Anmaassung der Neueren geradezu lächerlich, zu behaupten, die Philosophie habe erst wieder mit dem Ende des Mittelalters begonnen und weiss die mittelalterliche Philosophie in ihren grossen Häuptern wohl zu schätzen, ohne sich durch sie im Weitergehen und Fortschreiten beengen oder aufhalten zu lassen. Vergl. Erdmann's Grundriss der Geschichte der Philosophie.

allein Niemand gerufen werde.*) Dorfmüller wurde nicht erst gefragt, ob er sich für fähig erachte, alle Zweige der Philosophie zu vertreten, sondern so gelinde wie möglich von der Philosophie weggewiesen. Auch dieser Jünger war ihm also trotz aller schönen Worte nicht stark genug, seine Philosophie zu vertreten. Diese Auffassung wird nicht durch die Schlussworte des Schelling'schen Briefes: „Doch wie Sie wollen" widerlegt, denn der vorgeschobene Riegel: für die angegebenen ph. Fächer allein wird Niemand gerufen, wird damit nicht hinweggenommen und alle später gemeldeten Empfehlungen haben überhaupt, so viel bekannt, zu keinem Ergebniss geführt. Darin aber ist Schelling im Rechte, dass er sich (S. 161) gegen Julius Stahl's Versuch, sich für einen Schellingianer halten zu lassen, verwahrt. Wenn Schelling im folgenden Briefe (S. 166) schreibt, er könne wohl von Hegel und seinen Nachfolgern sagen, dass sie sein Brod ässen, ohne ihn gäbe es gewiss keinen Hegel und keine Hegelianer wie sie seien, so möchte man ausrufen: um so schlimmer, wenn Schelling kein besseres, kräftigeres, gesünderes Brod darbieten konnte, als jenes, welches wir Hegel und die Hegelianer ernährungslustig speisen sahen. Als nun aber Schelling jenes dargebotene Brod selber nicht mehr schmackhaft und kräftig genug fand und zu dem Brode Baader's griff, um sein eigenes im Zusammenbacken mit diesem zu verbessern, da sollte dieses neue Gebäck den Ursprung des hinzugekommenen Bestandtheils so wenig als möglich verrathen und das anfängliche Eingeständniss dieses Ursprungs gänzlich in Vergessenheit gebracht werden. Etwas später (1843 von Berlin aus) S. 182 erwartet Schelling von Dorfmüller, wenn seine Verwendung bessern Erfolg als bis dahin haben werde, auf die er sich verlassen möge, durch Beihülfe unschätzbaren Gewinn, denn an seinen Untersuchungen über Mythologie sei gerade die historische Seite das völlig Fehlende. Und doch versprach sich Schelling von seiner Philosophie der Mythologie grossen Erfolg, wie wenn sich Einer von einer Naturphilosophie grossen Erfolg verspräche, der weder Physik, noch Chemie, noch Naturgeschichte ordentlich und ausreichend studirt hätte.**) Wenn er auch recht mit der Behauptung hätte, dass das Beste, was man besitze, das Apriorische sei, so müsste man doch erstlich ein gültiges Kriterium des Apriorischen haben, um es vom bloss vorgeblich Apriorischen

---

*) Das dürfte doch nicht für alle Universitäten gelten.

**) Nicht als ob Schelling ohne Kenntniss der Mythologie gewesen wäre, sondern dass es nur ungenügend der Fall war und seine Kenntniss sehr weit hinter dem zurück, was auch damals schon vom Thatsächlichen der Mythologie ermittelt war, wird behauptet.

unterscheiden zu können, und dann lässt sich mit dem bloss Apriorischen weder Naturphilosophie, noch Geschichts-Philosophie (und Philosophie der Mythologie) machen. Recht aber hat Schelling wieder, wenn er (S. 182) den Protestantismus nicht für etwas Abgeschlossenes genommen wissen will, überschätzt jedoch seine Philosophie der Offenbarung, wenn er die Zeit erwartet, wo sie als die alleinige Auskunft (als ob es sich in der Religionsphilosophie um eine blosse Auskunft handeln könne) werde erkannt werden müssen. Die Indignation über den bekannten Nachdruck der Berliner Vorlesungen Schelling's durch den Kirchenrath Paulus, welche sich auch in den Briefen an Dorfmüller ausspricht, ist vollkommen gerecht, wenn auch die gerichtliche Verfolgung nicht zur Verurtheilung des schlauen Thäters führte, der sich durch Anschwellung von kritischen Beleuchtungen und andern Ausführungen im voraus gegen diese Gefahr gesichert hatte. Im J. 1844 schreibt Schelling an Dorfmüller (S. 188), dass dessen Schrift: Graeciae primordia seinen in der Hauptsache doch nur philosophisch gebliebenen Ideen erst den historischen Boden verschafft habe! Er findet seines Jüngers Talent unschätzbar, einleuchtende Klarheit mit Tiefe zu verbinden und ist immer noch in der Lage, zu wünschen, dass seine Forschungen ihm auch äusserlich grössern Vortheil bringen möchten! Der allerdings moralisch verwerfliche und höchst unangenehme Paulus'sche Nachdruck seiner Vorlesungen und der ungünstige Ausgang seiner gerichtlichen Klage afficirte Schelling in dem Grade,[*] dass ihm die Zustände in Bayern gegen die in Berlin in verklärtem Lichte erschienen, dass ihm in seiner Nähe Alles vom Dünkel der Selbstgerechtigkeit beherrscht ist und dass er für die Unannehmlichkeiten und Hemmnisse, die er erfuhr, die ganze deutsche Nation verantwortlich macht, indem er sich bis zu den Worten versteigt: „Die, denen ich wie immer geholfen, müssen auch mir helfen, mich aufzurichten. Denn die Erfahrung so weit verbreiteter unrechtlicher Gesinnung, die ich in solcher Ausdehnung mir nicht vorstellen konnte, hat mir fast verleidet, für die Deutschen noch irgend etwas zu thun, mein beständiges Gefühl sind Gustav Adolph's Worte, die mir vor vielen Jahren aufs Herz fielen (gerichtet an die in Nürnberg um ihn versammelten Grossen) — „und thut mir im Herzen weh, mit einer so verkehrten Nation zu thun zu haben." Diese Worte hätte nach meinem Gefühl und Urtheil Schelling niemals schreiben sollen. Er erscheint mir darin nicht gross, sondern klein.

---

[*] Wie er auch wegen dieses ungünstigen Ausgangs seine Vorlesungen in Berlin 1846 einstellte.

Der hochgemuthe Mann, dessen gesteigertes Selbstgefühl häufig
genug bei allen eingestreuten Demuthserklärungen an Grössenwahn
streift, erklärt sich der Aufrichtung durch seine Jünger bedürftig
in Folge eines Begegnisses, welches allerdings bedauerlich war, dergleichen aber andern Menschenkindern — oft noch viel schlimmer
— auch nicht erspart bleibt, ohne dass sie gleich die Flügel hängen
lassen und alle Welt darum schwarz ansehen.*) Hatten vielleicht
einige Unedle unter seinen Gegnern, schwerlich viele, Schadenfreude
bei jener Gelegenheit geäussert, so musste er grossgesinnt darüber
hinwegsehen, um so mehr vielleicht, als er wissen musste, dass jene
Gegner das Brod seiner früheren Philosophie gegessen hatten und
wenigstens durch dieses nicht zu hoher Sittlichkeit gekräftigt sein
konnten.   Denn aller Pantheismus schwächt die sittliche Kraft, weil
er die Freiheit des Willens und das Verantwortlichkeitsbewusstsein
nicht begründen kann und darum wenigstens zweifelhaft macht.
Hätte Schelling davon nicht selbst etwas empfunden, so würde er
seinen früheren Pantheismus nicht verlassen haben.   Die deutsche
Nation aber mit in die Verantwortlichkeit für die Schnödigkeit des
Kirchenraths Paulus und für die Schadenfreude einiger Gegner,
vielleicht auch einiger Tagschreiber hereinziehen zu wollen, über-
steigt alle Grenzen der Besonnenheit, der Gerechtigkeit und — der
Bescheidenheit.   Wäre auch seine angebliche Erfahrung weit verbreiteter unrechtlicher Gesinnung begründet gewesen, wie sie es nicht
war, so hätte eine wahrhaft edle Gesinnung darin die grösste Aufforderung finden müssen, durch eine wahrhaft tiefe Philosophie
diesem Verderben entgenzuwirken, anstatt es sich verleiden zu lassen,
„für die Deutschen noch irgend etwas zu thun“.   Wenn man aber
wie Schelling der deutschen Nation nach atheistischen Anfängen eine
pantheistische Philosophie gegeben hatte, die in einer grossen Zahl
mehr als bedenklicher Richtungen sittlich und religiös ungesunde
Seitenzweige getrieben hatte, deren Pantheismus, soviel an ihm war,
von Haus aus die sittliche Kraft der deutschen Nation nicht stärken,
sondern nur schwächen konnte, so musste man, wenn man Schelling
war, doppelte Aufforderung empfinden, noch etwas für die deutsche
Nation zu thun, d. h. den angerichteten Schaden wieder gut machen
durch eine Philosophie, welche in den theoretischen Principien so
tief ging, dass sie eine praktische Philosophie ermöglichte, welche
wahrhaft und nachhaltig auf die Hebung und Stärkung der sittlichen

---

*) Ich will darüber nicht entscheiden, ob das Begegniss schlimmer war,
als jenes, welches ich in der Vorrede zum 2. Bande meiner philosophischen
Schriften mittheilen musste.

Kraft der deutschen Nation und über sie hinaus der Menschheit
wirken konnte. Trotz vorübergehender Anwandlung eines hoch-
fahrenden Unmuths über üble Begegnisse, denen er übrigens durch
Veröffentlichung wenigstens eines Theils seiner Entwürfe die Spitze
abbrechen konnte, hatte Schelling ein solches Ziel wirklich vor
Augen. Man kann aber nur sagen, dass er trotz starker Ausschreitungen im Einzelnen wohl einen Schritt weiter gethan,
das Ziel selber aber nicht erreicht hat.*) Auch den
Schritt, den Schelling wirklich gethan hat, wollen die Wenigsten
heute gelten lassen, und es ist noch immer erforderlich, diesen
Schritt in das richtige Licht zu setzen. — In einem Briefe an Dorfmüller vom J. 1850 kommt doch wieder Schelling's alte Liebe zum
deutschen Volke zum Durchbruch, indem davon die Rede ist, dass
erkannt worden sei, „welch ein Fond von edler, ehrenhafter und
tapferer Gesinnung in dem liebenswürdigen deutschen Volke bisher
verborgen gelegen."

Die Briefe an Beckers sind eben auch nicht sehr reich an
philosophischer Ausbeute. In einem Briefe vom J. 1833 S. 68 wird
der Gedanke einer Essentification des ganzen Menschen, die im Tode
erfolge, berührt, aber von der Unklarheit nicht befreit, von welcher
dieser nach Analogie von Naturprocessen gebildete Gedanke umgeben ist.**) In einem folgenden Briefe (S. 105) kommt Schelling
auf denselben Gedanken zurück, mit dem Zusatz, dass er den Zustand nach dem Tode als den Zustand einer relativen Beraubung
(Privation) dargestellt habe, ohne dass er an Klarheit dadurch gewinnt. Wenn er in einem folgenden Briefe (S. 106) das Hegel'sche
Uebergreifen der Subjektivität als aus einem Gedanken seiner
früheren Philosophie hervorgegangen bezeichnet, so ist diess ganz
richtig, nur ist damit wenig gewonnen, so lange Gott als Ursache
pantheistisch gefasst wird. Etwas später (S. 112 ff.) verwahrt sich
Schelling mit Recht gegen die Behauptung von Hegelianern, dass
er erst nach dem Tode Hegel's sich gegen dessen Philosophie, die
seinen Standpunkt vom J. 1801 festgehalten und verstarrt, ausge-

*) Vergleiche Hamberger's authentische Darlegung der spätern Schel-
ling'schen Lehre und Vergleichung mit Baader's Lehren in seiner Schrift:
Christenthum und moderne Cultur. Dann meine Einleitungen zu Baader's Werken
und die bezüglichen Artikel in den drei ersten Bänden meiner Philosophischen
Schriften. Man könnte den Schritt, den Schelling vorwärts gethan hat, einen
halben Ruck in der Geschichte der neueren Philosophie nennen, während Baader
einen ganzen vollbracht hat.
**) Was Wahres an Schelling's „Essentification" ist, hat Baader viel besser
entwickelt, z. B. Werke III, 291, IV, 268 ff, 287 ff.

26*

sprochen habe. Weiterhin äussert Schelling (S. 115): „Ueberhaupt ist es eine nicht eben schwere und schöne Sache zu zeigen, wie man von dem Sein zu dem absoluten Denken, das seine Wirklichkeit in Gott hat, aufsteigen kann. Es ist möglich, auf diese Art einen ganz artigen Begriff und subjektive Ueberzeugung von Gott als absoluter Persönlichkeit herauszubringen; aber nur Pinsel in der Philosophie denken nicht an die Frage, wie man nun von da umgekehrt herabsteige, wie doch geschehen muss, wenn Gott Schöpfer heissen soll, wie man jetzt will." Es ist nicht ganz klar, ob diese Worte Schelling's Ansicht ausdrücken sollen oder nur eine Auslegung der Worte eines Andern (wie es scheint, Schubert's). Jedenfalls ist auffällig, dass hier von einem Herausbringen einer theistischen Ueberzeugung gesprochen wird, als ob es sich in der Philosophie um ein (künstliches) Herausbringen handle, und nicht um streng wissenschaftliche Beweise. Welcher Philosoph der Pinsel gewesen sein soll, der vom Sein zum Denken des Absoluten aufsteigend, nicht an die Frage gedacht habe, wie man von da umgekehrt herabsteige, möchte schwer zu sagen sein. Welcher Philosoph immer diesen regressiven Beweisweg einschlug, unmöglich konnte er n i c h t an das Herabsteigen vom höchsten Princip denken, er mochte so bedeutend oder so unbedeutend sein als er wollte. Die Frage konnte nur sein, ob er das Herabsteigen emanatistisch oder creationistisch vorstellte. Dass nun aber Schelling über das emanatistische Herabsteigen nicht hinauskam, liesse sich leicht zeigen. In einem Briefe vom J. 1836 S. 121 an Beckers ist von einigen besonderen Bemerkungen auf einem beigelegten Nebenblatte die Rede, von denen in einer Anmerkung auszügliche Kenntniss gegeben wird, während doch die Mittheilung des vollen Wortlautes wünschenswerth gewesen wäre. Es ist fast überflüssig zu bemerken, dass Schelling im Rechte ist, wenn er hier die Behauptung eines Hegelianers zurückweist: es liege in der Erkenntniss, dass der Geist höher sei als die Natur, das bestimmteste Abscheiden Hegel's von dem Standpunkt der früheren Lehre Schelling's. Wenn aber Schelling äussert, es sei (von Beckers) ganz richtig gesagt, zum Transscendenten sei a priori nur durch Wollen zu gelangen, so löst sich dieser scheinbare Tiefsinn in einen Widerspruch auf, weil es wenigstens hier kein vom Erkennen getrenntes Wollen geben kann, wäre es aber auch möglich, ein solches für die Wissenschaft keine Bedeutung haben könnte.*) Beckers anrathend, auf eine damals noch

---

*) Das Aufsteigen n u r d u r c h Wollen und das n i c h t o h n e das Wollen sind zwei sehr zu unterscheidende Behauptungen.

im Druck begriffene Schrift Göschel's gleich nach deren Erscheinen zu antworten und schärfer gegen G. einzudringen, äussert Schelling bemerkenswerth: „denn nach meiner Erfahrung ist jede Kritik und Polemik endlos und führt nie zum Ziel, wenn es nicht gelingt, das Individuum sich selbst wie in einem Spiegel und in einem Bilde zu zeigen, dessen Wahrheit er innerlich anzuerkennen genöthigt ist, wie sehr er sich auch äusserlich dagegen sträube . . . . Eine solche Kritik, wenn sie auch oft den Schein der Grausamkeit haben kann, scheint mir, mit der gehörigen Mässigung, am Ende doch auch allein die wahrhaft christliche. Denn da aller Verkehr mit Anderen, sei er freundlicher oder weniger freundlicher Art, die Besserung des Nächsten zur Absicht haben soll, so glaube ich, dass dieser Zweck nur durch solche Kritik zu erreichen ist." Von solcher Kritik und Polemik hat man im Leben Schelling's wenig Proben gesehen. Uebrigens kann bemerkt werden, dass die Kritik auf Irrthümer gerichtet sein soll, die bei den relativ sittlichsten Menschen möglich sind und um dann auf moralische Besserung, -wenn Unsittlichkeit des Gegners völlig unzweifelhaft oder gar notorisch ist. Hinter jedem wirklichen oder vermeintlichen Irrthum aber moralische Besserungsbedürftigkeit wittern wollen, wäre eine ganz illiberale und verwerfliche Weise der Kritik. Schelling selbst war mehrmal in der Lage, dass ihm ein Spiegel seiner Irrthümer vorgehalten werden musste. Es gab Jemand unter den deutschen Philosophen, der ihm den Spiegel vorhielt, als er die Persönlichkeit Gottes und die Unsterblichkeit der Seele läugnete, wenn er ihm indirekt mit kurzen Worten seinen Gott als den Saturnus, der vom Frasse seiner Kinder lebe, bezeichnete. Schelling hat auch in diesen Spiegel geblickt und sich darin erkannt und sich „gebessert", aber ohne dem Vorhalter des Spiegels den rechten Dank zu zollen.

Dass es ihm in dieser Zeit nicht einmal um eine kräftige und nachhaltige Vertheidigung seiner eigenen späteren Philosophie zu thun war, was sicher auf einer klug sein sollenden Berechnung beruhte, geht aus einem Briefe an Beckers vom J. 1837 hervor. Hier zeigt er Beckers an, dass er sich der Gelehrten Anzeigen in der Art bemächtigt habe, dass vom 1. Oktbr. an, wenigstens was eigentliche Spekulation und Metaphysik betreffe, nichts aufgenommen werden könne, was nicht von ihm übergeben sei. Er schloss also alles Philosophische aus, was nicht gut Schellingisch war und wünschte auch dieses sogar, sofern es direkt zur Sprache kommen sollte, fern gehalten! Denn er fährt fort: „Ich wünsche die Materien vorerst aus Sphären gewählt, die unseren Ideen und Gedanken

eben jetzt ferner liegen, damit es nicht aussähe, als hätten wir dieses
Organs zu bedürfen geglaubt, um u n s e r n Ideen Eingang zu verschaffen." Was soll man zu einem solchen Verfahren sagen? Das
heisst doch Anderen den Himmel verschliessen und selber nicht
hineingehen oder doch die eigenen Jünger nicht hineinlassen wollen.
Entweder stunden Schelling andere Organe zu Gebote und das
mochte sein, warum hat er sie nicht benutzt und nicht benutzen
lassen? Oder es stunden ihm keine anderen zu Gebote, war es
dann seiner würdig, den Schein erregen zu wollen und noch dazu
auf diese Art, als ob er nicht auf die Gelehrten Anzeigen beschränkt
sei? Was hätte daran gelegen, dass vielleicht Einige gesagt hätten,
Schelling sei auf dieses Organ beschränkt, wenn er es nur kräftig
und erfolgreich benutzt hätte? Im J. 1852 — gegen Ende —
schrieb Schelling an Beckers, dass er ihm für die Aeusserung danke,
dass die Principien- oder Potenzen-Lehre seine Metaphysik sei!
Aber ausser einigen hingeworfenen Bemerkungen erfahren wir doch
nicht mehr davon, als dass in Berlin allmälig Manches hinzugekommen sei, was das Frühere vollends bis zur Unerschütterlichkeit
bestätige und dass es sich jetzt für die Principienlehre nur noch um
die vollendete s c h r i f t l i c h e Abfassung handle. Aber am 12. Sept.
1853 — um wenig mehr als ein Jahr vor seinem Tode, der am
20. Aug. 1854 erfolgte, — schreibt er noch an Beckers: „Wie es
nun hier mit Vollendung meiner Arbeit von Statten gehen werde,
muss ich erwarten."

Der Briefe an Weisse sind nur vier. Im ersten derselben —
vom 6. Sept. 1832 — sagt Schelling: „Die sogenannte Hegel'sche
Philosophie kann ich in dem, was i h r e i g e n i s t, nur als eine
Episode in der Geschichte der neuern Philosophie betrachten, und
zwar nur als eine traurige. Nicht sie fortsetzen, sondern ganz von
ihr abbrechen, sie als nicht vorhanden betrachten muss man, um
wieder in die Linie des wahren Fortschritts zu kommen." Wohl!
die Hegel'sche Philosophie war eine Episode. Aber wenn sie es
war, war der Schelling'sche Pantheismus etwas mehr? Und wenn
jene eine traurige war, war diese es viel oder um nichts minder?
Entweder die Hegel'sche Philosophie war trotz diesem und jenem
bedeutender als Schelling einräumt, oder auch die Schelling'sche
war minder bedeutend, als Schelling sich vorstellt. Jedenfalls ist
das keine unbefangene, umsichtige Kritik, die Hegel'sche Philosophie
als nicht vorhanden betrachten zu wollen, was Schelling Andern
nicht hätte anrathen sollen, da er es selber nicht durchführen konnte,
sondern sich auf eine Kritik einlassen musste, die keineswegs seine

geringste Leistung ist.*) E. v. Hartmann erklärt sie sogar für die beste
unter allen erschienenen, wobei nur zweifelhaft bleibt, ob er sie alle
gelesen hat, z. B. die Baader's und die umfassend ausgeführten von
C. Ph. Fischer, J. H. Fichte und Staudenmaier. Welche Zumuthungen aber Schelling an geistvolle Philosophen zu machen im
Stande war, zeigt sich recht grell in dem, was er in demselben
Briefe sagt: „Wär' es denn so grosses Opfer, zu warten, bis das
wahrhaft Neue (das doch nicht mehr lang ausbleiben wird) da ist?
Lässt sich vermitteln, oder ein Mittleres finden, so ist dann erst
die Zeit dazu." Ist das nicht klassisch? Wo wäre Weisse mit
seinem rastlosem Erkenntnissdrang hingekommen, wenn er mit
Denken, Entwerfen, ans Licht Treten hätte warten wollen, bis Herr
Geheime Rath von Schelling mit dem Brüten über seinen Gedanken
fertig geworden wäre und sie an das Licht gestellt hätte? Wer
Schelling kannte, konnte schon damals ziemlich gewiss wissen, dass
er nie zu dem Entschluss kommen werde, noch bei Lebzeiten mit
einem grösseren Werke hervorzutreten.**) In dem zweiten Briefe
an Weisse (S. 67) vindicirt sich Schelling gegen Hegel die Methode
des Potenzirens, d. h. des successiven Objektwerdens des zuvor
Subjektiven und fortwährenden Dagegen-Erhöhens des Subjekts,
deren Umschreiben ins bloss Logische nur Hegel's Erfindung sei.
Dagegen ist nichts zu erinnern, nur dass man, wie Baader gezeigt
hat, mit dieser Methode im Pantheismus stecken bleibt. Abermals
muthet Schelling Weisse zu, gegen die Hegelianer zu schweigen,
bis er (der felsenfest meinte, allein das Heil der Philosophie bringen
zu können) werde gesprochen haben. Der dritte Brief an Weisse
(S. 77) ist noch lakonischer. Ueber einen Punkt (es ist wohl die
Frage nach der Fortdauer aller geistigen Wesen, auch der in
diesem Leben schlecht gebliebenen und jenseits verdammten gemeint)
seien seine Gedanken ganz andere, erklärt Schelling, ohne sich im

---

*) Diess allein schon beweist, dass die Hegel'sche Philosophie, wiewohl
lange nicht das letzte Wort der Philosophie, nicht einmal qualitativ das bedeutendste seiner Zeit, bedeutender war, als Schelling brieflich einräumen wollte.
Das, was man in der Hegel'schen Philosophie verderblich nennen kann, lag in
seinem von Schelling übernommenen und überkommenen Pantheismus, während
Schelling beständig nur urgirt, dass Hegel sie aus dem (vermeintlich) Lebendigen
der seinen ins bloss Logische übersetzt habe. Und doch musste er selber sowohl seinen als Hegel's Pantheismus überschreiten, was er freilich nur halb
vollbrachte.

**) Ich hatte Anlass, diess unumwunden im J. 1847 dem damaligen Kron-
prinzen von Bayern, der bald darauf König wurde, Max II., in einer Audienz
zu Würzburg zu äussern und der edelgesinnte König wird wohl im J. 1854 sich
meiner Worte erinnert haben.

Mindesten auf etwas Näheres einzulassen. Mit der Vermuthung, da möchte noch eine Hegel'sche Form im Wege sein, möchte Schelling kaum das Richtige getroffen haben. Es ist nicht zu ersehen, warum Schelling sich nicht an die mit Weisse's Ansicht verwandte von J. G. Fichte erinnerte,*) die sogar bei Lotze wieder hervorgetreten ist. Im dritten Briefe an Weisse (S. 98 ff.) wird Schelling etwas gesprächiger, da er hier Weisse für eine Anzeige der Uebersetzung der bekannten Schrift V. Cousin's von Beckers, wozu Schelling eine Vorrede schrieb, zu danken hatte. Selbst Gegenerinnerungen erwecken hier seine Unzufriedenheit nicht und er erfreut sich sogar der Aufrichtigkeit derselben. Wenn er Hegel entgegen bemerkt, dass es seine wirkliche Meinung sei, dass das Sciende (nicht das abstrakte Sein) das Negative sei, so macht er diese Vorstellung an diesem Orte doch nicht verständlich und wer darüber ins Klare kommen will, ist jetzt an seine Philosophie der Offenbarung zu verweisen. Richtig bemerkt er: „Hegel's Verdienst wäre kein geringes, hätte er das wahre Negative erkannt." Was aber das wahre Negative ist, wird hier nicht ersichtlich. Bezüglich J. Stahl's sagt er: „Hätte dieser, wie er gesollt, bekannt gemacht, was ich ihm bei der Gelegenheit geschrieben, als er mir einen Theil seiner Handschrift vorlegte, so hätte die Meinung, als ob die fortanige Ausschliessung aller Vernunftnothwendigkeit in meinem Sinne wäre, nie entstehen können." Diess kann vollkommen zugegeben werden. — Im vierten Briefe an Weisse (S. 142) vindicirt sich Schelling den unter Hegel's Schriften aufgenommenen Aufsatz: „Verhältniss der Naturphilosophie zur Philosophie überhaupt" ganz und die Einleitungen zum kritischen Journal (Wesen der philosophischen Kritik) zum Theil; gewiss mit vollkommen gutem Grunde. Dann gibt er jenen Schülern Hegel's Recht, welche und inwiefern sie einige pietistische Anhänger der Hegel'schen Philosophie der Falschmünzerei beschuldigen. Wie sollte er nicht, da er wusste, wie wenig Hegel Grund darbot, ihn im Sinne des Pietismus auszulegen. **)

---

*) Bei J. G. Fichte war sie um so merkwürdiger, als er sie (die Lehre, dass nur die sittlich bewährten Seelen aus diesem Leben scheidend nicht untergingen, sondern endlos, von Stufe zu Stufe steigend, fortdauerten) mit seinem idealistischen Pantheismus verbinden zu können glaubte, womit er nur verrieth, dass ihm der Theismus, von dem er hergekommen war, immer noch im Hintergrunde des Gemüthes schlummerte, wie er denn auch am Ende seines Lebens nahe daran war, wieder zu ihm zurückzukehren, — er, von dem unsere Pantheisten — den Hauptscheingrund ihres Atheismus herzunehmen pflegen, wie Michelet, Chlebik, E. von Hartmann etc.

**) Eine andere Frage ist, ob Göschel's Bedürfniss einer religiösen Philo-

An seinen Jugendfreund, den Geschichtschreiber Pfister, schrieb Schelling im J. 1834 (S. 92): „Die Gesammtausgabe meiner Schriften, mit der ich meine Laufbahn zu beschliessen hoffe, und welche die zahlreichen zwischen denselben befindlichen Lücken durch vieles noch Ungedruckte ausfüllen soll, wird mir Veranlassung geben, meinen geistigen Bildungs- und Entwickelungsgang, der, wenn ich ihn bedenke, mir selbst von einer Art scheint, dass ich mich nicht verwundern darf, wenn er nur Wenigen, vielleicht Keinem ganz begreiflich ist, ausführlich darzulegen; hier werde ich Gelegenheit haben, auch unserer Jugendfreundschaft ein Denkmal zu setzen." Die Lücken seiner Schriften sind nun in der Gesammtausgabe der Schelling'schen Werke von seinem Sohne ausgefüllt worden und darunter findet sich nicht wenig Hochinteressantes und Geistreiches, z. B. seine Aesthetik und die Fragmente aus den Weltaltern. Aber seinen geistigen Bildungs- und Entwicklungsgang darzulegen, dazu ist er so wenig als zur Veranstaltung der Sammlung seiner Schriften gekommen. Es wird sich nicht verkennen lassen, dass eine solche aufrichtige Schilderung und Erklärung wichtiger geworden wäre für die Philosophie als die Confessionen des h. Augustinus, des nichtheiligen Rousseau und zehn bis zwanzig anderer nicht unbedeutender Männer. Wenn jene deutschen Könige, welche ihn so hoch hielten und über gewöhnliche Bedürftigkeit weit hinausstellten, verstanden hätten, ihn rechtzeitig in die richtige Lebenslage zu solcher umfassenden Arbeit zu versetzen, so würde die Nachwelt ihnen dankbarer dafür geworden sein, als für ihm verliehene Ehrenauszeichnungen und gestiftete Denkmale. Ich würde mit Mehrern Schelling für das grösste Genie unter den neuern Philosophen halten, wenn ich nicht Baader wegen seines mit seltenem Verstande gepaarten Tiefsinns dafür halten müsste, wenn ich begreiflich finden könnte, wie ein Philosoph zwar genialer, aber minder tiefsinnig und minder wahrheitsgehaltvoll als ein anderer sein kann. Dass aber Baader der tiefsinnigere und wahrheitsreichere ist, brauche ich nicht erst zu eweisen. Denn diess habe ich längst erwiesen in meinen Einleitungen und Anmerkungen zu Baader's Werken wie in meinen (gesammelten) Philosophischen Schriften. Auch Erdmann wird von Schelling in einem Briefe vom J. 1838 zur Entschuldigung seines Sichnichteinlassens auf Erörterungen über dessen Schriften auf den „nicht allzufernen" Zeitpunkt vertröstet, wo das Ganze, aus welchem seine Ansichten und Urtheile flössen, dargelegt sein werde. Aber

---

sophie richtig mit dem Namen des Pietismus bezeichnet wird Der Religionslose wenigstens meint jede Religiosität als Pietismus behandeln zu dürfen.

er macht ihm doch keine solchen Zumuthungen, wie er sie sechs
Jahre früher Weisse gemacht hatte. Als H. Steffens 1839 mit
einer Religionsphilosophie (2 Bände) hervortrat, wovon schon die
Rede war, äusserte Schelling gegen Brandis 1840 (S. 149): „Steffens
Religionsphilosophie betreffend, so könnte ich in der That kaum
wünschen, dass von ihr in diesen Blättern (den Gelehrten Anzeigen)
die Rede wäre. (Ein schöner Freundschaftsdienst für den Busen-
freund Steffens!) Ich darf es Ihnen wohl im tiefsten Vertrauen
gestehen, dass ihr Anblick mich mit wahrer Wehmuth erfüllt hat;
es ist wieder einer der voreiligen Versuche, die der deutschen Philosophie so viel geschadet. Der Verfasser selbst scheint nach dem,
was er mir darüber geschrieben, sich der wahren Beschaffenheit
seines Werkes einigermassen bewusst — aber warum hat er es dann
drucken lassen?*) Seh' ich auf ihn und Andere, die einst mit mir

---

*) Steffens wird wohl kaum mehr brieflich geschrieben haben, als er in
der Vorrede seines Werkes drucken liess, wo er ganz würdig äusserte: „Meine
Schrift überschätze ich nicht. Der Gegenstand war mir zu mächtig, obgleich
ich ihn viele Jahre lang mit mir herumgetragen und in den vielseitigsten Richtungen zu verfolgen suchte. Dieses Werk wird vergessen werden, ja, meine
Hoffnung beruht darauf, denn es wäre vergebens geschrieben, wenn es nicht
viel Besseres hervorriefe. Die Gewissheit aber durchdringt mich,
dass es mit aller Unvollkommenheit den einzigen Weg enthält,
der eine Aussöhnung zwischen dem christlichen und dem Weltbewusstsein herbeizuführen vermag." So schreibt kein Mann, der
etwas drucken lässt, welches er selbst druckunwürdig erfunden hatte. War
nicht auch Schelling „der Gegenstand" zu mächtig und hat er nicht an Holzhausen geschrieben (1836) S. 126: „Ohne mir anzumassen, dass alles das in Erfüllung gehe, was Sie hoffen und erwarten, glaube ich doch aussprechen zu
dürfen, dass Sie im Ganzen über die Tendenz meiner fernern Arbeiten sich
nicht täuschen" etc. Wenn nur das Absolutvollkommene gedruckt werden sollte,
so dürfte kaum etwas gedruckt werden und auch die Werke Schelling's
hätten unterwegs bleiben müssen. In Steffens' Religionsphilosophie kommen die
tiefsinnigsten Gedanken vor und auch solche, deren Tiefe Schelling nie erreicht
hat. Nur eins hauptsächlich ist zu tadeln, dass Steffens, offenbar aus Scheue
vor Schelling, in dem ganzen Werke Baader's nirgends gedenkt, der ihm doch
den Impuls zu seiner religiösen Richtung, wenigstens mitwirkend, gegeben hatte.
Wenn Steffens sagt, dass er nie verleugnet habe, wie unendlich viel Schelling
zur Entwickelung seiner Ansicht beigetragen habe, so hätte er sich erinnern
sollen, dass ohne den frühern Einfluss Baader's auf Schelling auch das nur zur
Hälfte höchstens möglich gewesen wäre. Will man mit eignen Augen sehen,
wie Steffens unter dem Einfluss des früheren Schelling und wie später unter
dem unleugbaren Einfluss Baader's dachte, so vergleiche man jene Aeusserung
von Steffens in einem Briefe an Schelling vom J. 1800 mit einigen Stellen in
seiner später geschriebenen Religionsphilosophie. Dort sagt Steffens (Aus Schelling's Leben: in Briefen I, 303): „Wirken können wir freilich Alle. — Was wir

waren, da wäre es freilich kein Wunder, wenn tiefe Traurigkeit sich meines Innern bemächtigte und ich alle Hoffnung aufgäbe, je wieder etwas Erspriessliches leisten zu können." In der That, das ist auf den ersten Blick schwer verständlich. Nicht einmal gesprochen soll über das Werk seines edlen geistreichen Freundes werden. Dessen Anblick erfüllt ihn mit wahrer Wehmuth; es ist wieder ein voreiliger Versuch. Wenn man nur erführe, was er denn daran auszusetzen hatte. Nicht ein Wort davon wird laut. Steffens sollte eben, wie die andern Philosophen guter Gesinnung alle, geschwiegen haben, mochte auch die ganze bessere philosophische Literatur in Deutschland darüber veröden, bis der Herr Geheimrath von Schelling das allentscheidende grosse Wort gesprochen haben würde. Auf seine eigenen früheren voreiligen Versuche blickt er nicht mit Wehmuth zurück und obwohl beziehungsweise irrig, einseitig, unzureichend, gelten sie ihm doch im Stillen als nothwendige Durchgangspunkte zu seinem jüngsten, nun unerschütterlich gewordenen Standpunkte, der zwar bereits gedacht, man weiss nicht wie weit, aber nur zum Theil bereits entworfen ist. Solche Versuche wie der von Steffens und man darf vermuthen verschiedene Schriften von Schubert und anderen früheren Gesinnungsgenossen erfüllen ihn mit Traurigkeit und derselbe Mann, der einen Weisse, Erdmann und Andere auf sein grosses baldmöglichst erscheinen sollendes grosses Werk vertröstet, ist im Anblick der Steffens'schen Religionsphilosophie von der Anwandlung — 1840 — befallen, alle Hoffnung aufzugeben, je wieder etwas Erspriessliches leisten zu können! War die Religionsphilosophie von Steffens genügend, wenigstens ein Fortschritt, so

thaten, verliert sich — aber seine Individualität als die ewige Quelle bestimmter Wirksamkeit auf immer festzustellen, heisst vergöttert werden, und die Ewigkeit, die ich nicht kenne und nicht glaube — da das ungeheure Thier, das mich gebar — mich auch verschlingen wird, gebe ich für jene auf, die ich erringen kann." (Schade, dass die Antwort Schelling's fehlt.) Wie total anders spricht Steffens in der Religionsphilosophie (1839) II, 282, wo es heisst: — „So ist es uns klar, dass durch die Sünde die Krankheit und der Tod in die Welt kam, und dass die ganze Geschichte, wie sie, geistig und von dem Innern des Bewusstseins aus betrachtet, ein fortdauernder, bis zur Reinigung der Seligkeit gesteigerter Kampf zwischen Hölle und Himmel ist, so, von dem Standpunkte des sinnlichen Daseins, ein Kampf mit Krankheit und Tod genannt werden muss. . . . Alle erscheinende Organisation ist ursprünglich krankhaft, weil eine jede mit ihr gesetzte Persönlichkeit sündhaft ist. Aber dennoch liegt in dieser Urkrankheit selber ein Sieg über sie, der sie überwindet, und den Tod in einen Lebensmoment der Persönlichkeit verwandelt. Das ist das Gesetz, durch die Liebe bestätigt; es enthält die Gewissheit der persönlichen Unsterblichkeit." Vergl. ib. I, 16 ff, 61 ff, 219 ff., 410 ff.

war es Schelling's Schuldigkeit, es anzuerkennen. War sie nicht
genügend oder schien sie ihm es wenigstens nicht und diess war
offenbar der Fall, so hatte er, wenn nicht die Pflicht einer achtungs-
vollen Kritik, so doch gewiss die Aufforderung Besseres zu leisten
und um so weniger mit der Vollendung seiner grossen Entwürfe
zu zögern. Welch' ein Contrast mit Baader, der bis zum letzten
Athemzuge trotz der grössten äusseren Hemmungen, die Schelling
nur steigerte, nicht milderte, jugendkräftig und muthig von Entwurf
zu Entwurf fortging und in jedem einen Fortschritt der Entwickelung
seiner genialen und grossartigen Weltanschauung vollzog, die an
Tiefsinn wie an Verstand die Schelling'sche letzte Philosophie weit
überragt.

Das Räthsel der Wehmuth, der Traurigkeit, der Anwandelung
von Hoffnungslosigkeit Schelling's beim Anblick der Religionsphilosophie von Steffens löst sich, wenn man sich erinnern will, dass
Steffens, Schubert, Ritter und andere Anhänger der früheren Philosophie Schelling's schon vor der Zeit seines eigenen Umschwungs
im Jahre 1809 nicht ohne nachweisbaren Einfluss Baader's Schelling's
Pantheismus verlassen und in der Richtung der Ideen Baader's
theistisch-christlichen Ueberzeugungen sich zugewendet hatten. Die
Religionsphilosophie von Steffens war in dieser Richtung um einen
merklichen Schritt weitergegangen und Schelling musste bemerken
oder daran erinnert werden, wie die Ideen Baader's tief in den
Kreis seiner Freunde und Jünger bereits eingebrochen waren und
es musste ein Gefühl, eine Ahnung davon in ihm auftauchen, dass
die Ausführung seiner eigenen (halben) Hinwendung zu dem Kreise
der Ideen Baader's, wenn sie ans Licht gestellt sein würde, weder
seine Freunde, noch die philosophische Welt überhaupt vollauf befriedigen werde. Aehnliche Anwandelungen von Trauer hatte Schelling früher schon öfter gehabt, wie so mancher Brief vom J. 1809
anzeigt und z. B. noch 1836 sich in der Aeusserung an Holzhausen
(S. 126) ausdrückt, dass er sich nicht anmaasse, dass Alles in Erfüllung gehen werde, was jener hoffe und erwarte. Nur vorübergehend waren solche Anwandlungen allerdings und bald erblicken
wir Schelling wieder in seiner Richtung so bestärkt, dass sich ihm
die Ergebnisse seiner Forschung „bis zur Unerschütterlichkeit" feststellen. — Sehr schön sagt Schelling gleich darauf in einem Briefe
an Kopp (S. 151): „Wenn ein Mensch je den nach aller Herabwürdigung erhaben bleibenden Namen Genie verdient, so ist es
Keppler. In ihm lag der Stoff zu einem Pythagoras in seiner ganzen
Grösse. Wie erstaunt man über die tiefbegeisterten Stellen seiner
Harmonice mundi, wo die erhabensten Ideen zugleich in pracht-

vollem, Keppler's Blutverwandtschaft mit den Alten und classische Bildung beurkundendem Latein zur Bewunderung hinreissen." — Wenn Schelling an Bunsen (S. 157) schreibt, Stahl habe sich einem ganz beschränkten Orthodoxismus ergeben, so kann man ihm nicht widersprechen. Wenn ihm (ib.) der Protestantismus für sich so wenig die Kirche ist, als der Katholicismus für sich, so hat sich Baader darüber in ziemlich gleicher Weise — von der andern Seite her — ausgesprochen. In einem Briefe an Brandis (S. 199) glaubt Schelling sagen zu dürfen, dass er die Principien-Frage auf solche Einfachheit zurückgebracht habe, dass sie nicht leicht wieder verdreht und auf solch künstliche Wege geleitet werden könne etc. Und doch hat Schelling bis heute höchstens einen einzigen Philosophen von der Richtigkeit seiner Principien zu überzeugen vermocht. Es fehlt nicht an Männern, die Schelling für den genialsten Philosophen der Neuzeit erklären, fragt man aber nach ihrer Uebereinstimmung mit ihm, so ist kaum ein Hauptlehrpunkt zu finden, bezüglich dessen sie nicht mehr oder minder Protest einlegen. Im J. 1846 ist wieder (S. 200) von einer nächstens zur Erscheinung bestimmten Schrift die Rede, die acht Jahre nachher (als er 1854 starb) auch noch nicht erschienen war. Im J. 1851 schreibt Schelling an seinen Freund Schubert (S. 232) bei Gelegenheit des Empfangs der Geschichte der Seele des Letzteren (wohl nicht der ersten Ausgabe): „Dir, l. Fr., ist ein lieblicheres Loos gefallen als mir; Dir ist es verstattet, in alle die heimlichen, sonnigen, blumenreichen Thäler einzudringen, an denen ich, auf den allgemeinsten Zusammenhang angewiesen, wie auf dem Dampfschiff vorbeifahre, nur von ferne einen Blick in sie werfend. . . . Sieh mich als einen zum Theil Abgeschiedenen an, der fast mit sich allein bleiben muss, um im anhaltenden Feuer und im Zusammenhang seiner Arbeit zu bleiben." Kaum erhört ist die originelle Verbindung von Rücksichtslosigkeit mit glattester Artigkeit, die Schelling — nach längerer Vorübung in diesem Fach — zu Stande bringt, indem er Albert Peip ein auf Verlangen übersendetes Manuscript wegen allerlei Verhinderung uneröffnet zurückschickt. So etwas Granitisches, um mit A. W. Schlegel*) zu sprechen, möchte doch über die erforderliche Geradheit und Aufrichtigkeit hinausgehen. Ob Peip irgend etwas aus der ihm ertheilten Belehrung über die auch von ihm gemachte Unterscheidung der ökonomischen und der ontologischen Trinität hat schöpfen können, darüber wäre es interessant, ihn einmal zu hören.

---

*) Die romantische Schule von Haym S. 596.

Schliesslich können hier doch nicht wohl die Aeusserungen
übergangen werden, welche sich in diesen Briefen in Bezug auf
Baader vorfinden. Nachdem im Jahre 1824 eine Spannung zwischen
Schelling und Baader eingetreten war, wie aus zwei damals gewechselten Briefen hervorgeht,*) von denen der Herausgeber schweigt,
fanden bei Schelling auch die 1827 erschienenen Vorlesungen Baader's: Vom Erkennen, keine freundliche Aufnahme, wurden vielmehr in einem Briefe an Schubert (S. 27) nicht beurtheilt, nicht
widerlegt, sondern bewitzelt. — „Ich, schreibt Schelling, bin ein
gar so grosser Freund des Lichts (er hatte vom Sonnenlicht gesprochen), dass mir auch Herrn v. Baader's gedruckte Vorlesungen
per contrarium gewiss mehr Freude gemacht haben, als Dir die
mündlichen; ich weiss nicht, ob ich noch viel solcher Freunde in
München finde, wenn es nur lauter s o l c h e sind, werden sie mir
den Schlaf gewiss nicht verkümmern." Um diese Worte ganz zu
enträthseln, müsste man den vorausgegangenen Brief Schubert's an
Schelling kennen. Ohne Zweifel hatte Schubert, der zu München
jene Vorlesungen Baader's an der von Landshut eben dahin ver-
legten Universität gehört hatte, mit nicht wenigen andern Veteranen,
wie dem Physiologen Döllinger, v. Ringseis, von Seyfried etc. in
der Hauptsache sich erfreut über dieselben ausgesprochen. Das
scheint Schelling, der eben im Begriff war, von Erlangen nach
München überzusiedeln, um dort an der Universität philosophische
Vorträge zu halten, nicht sonderlich genehm gewesen zu sein, besonders da Baader in den seinigen das Identitätssystem angegriffen
hatte. Da konnte Schelling sich freilich nur per contrarium an
diesen Baader'schen Vorlesungen freuen. Besser würde er gethan
haben, in denselben die Berücksichtigung der (durch den Einfluss
Baader's und Böhme's vermittelten) Umbildung des Identitätssystems
vom J. 1809 an zu vermissen. Aber diess hätte nicht ohne ein Be-
kenntniss geschehen können, welches der hochgemuthe Mann um so
weniger über sich gewinnen konnte, als es seiner Absicht entgegen-
gewirkt haben würde, in München an der Universität die Hauptrolle
zu spielen und wo möglich keine philosophische Richtung neben
sich aufkommen zu lassen, welches er denn auch, soweit es nur

---

*) Baader's Sämmtliche Werke XV, 420—421. Der Anlass zu dieser
Spannung lag sicher in der Rüge der Schelling'schen Lehre von der Materie,
welche Baader 1824 in seinen „Bemerkungen über einige antireligiöse Philosopheme unserer Zeit" ausgesprochen hatte. Vergl. Baader's S. Werke II, 443—496.
Was konnte Baader dazu, dass er recht hatte. Besass Schelling ein Privilegium,
arge Irrthümer zu häufen, ohne einer wissenschaftlichen — wahrheitsgemässen —
Kritik unterstellt werden zu dürfen?

immer anging, nachher getreulich vollführt hat. Wiewohl sich seiner geistigen Kraft und seiner seltenen Virtuosität des Katheder-vortrags bewusst, war Schelling doch offenbar nicht ohne Besorg-niss, Baader könne ihm in München eine mächtige Concurrenz machen. Es ist nicht wohl zu bezweifeln, dass damit auch sein Verhalten zu Baader, als er im Herbst 1827 nach München kam, zusammenhing. Indem er jede Schicklichkeit bei Seite setzend, er, der Freund Baader's, der in ihm einen Seher seltener Art erblickt hatte, der College als Akademiker und als Universitäts-Professor, Baader nicht mit einem Besuch beehrte, führte er die von ihm aus-gegangene Spannung vollends auf die höchste Spitze und brach die Brücke einer noch möglichen Verständigung ab.*) Wenn der Herausgeber in der kurzen Schilderung des zweiten Aufenthaltes Schelling's in München (S. 33) von den ersten Münchener Vor-lesungen desselben sagt: „Auf das Schärfste bezeichnete er (Schelling) schon in den ersten geschichtlich gehaltenen Vorträgen seine Stel-lung zu Vorgängern und zu noch lebenden Mitforschern wie Jakobi, Baader, Hegel," so kann ich diese Angabe nicht ganz bestätigen. Bezüglich Jacobi's und Hegel's bestreite ich die Richtigkeit der An-gabe nicht, aber ganz bestimmt muss ich sie bezüglich Baader's be-streiten. Um über Baader öffentlich, vom Katheder herab, mit Namensnennung sich scharf und bestimmt zu erklären, dazu war Schelling viel zu vorsichtig, zu klug, um nicht zu sagen, zu feig. Denn er wusste, dass nach der offenen, geraden und ritterlichen Art Baader's, wenn er sich aussprach, wie er im Herzen dachte, ihm dieses sehr übel bekommen konnte; denn in der Polemik war Baader so ziemlich zermalmend, wovon auch Deutinger einen mäch-tigen Eindruck empfing.**) Vergeblich sucht man in den seit 1861 gedruckten Münchener Vorlesungen Schelling's: Zur Geschichte der neueren Philosophie, den Namen Baader's. Er ergeht sich in den-selben nur über den Theosophismus im Allgemeinen und im Be-sonderen über J. Böhme und St. Martin, wobei wohl für den Kenner durchblickt, dass er geneigt war, auch Baader dahin zu zählen, obgleich er ihn nicht mit einer Silbe nennt. Aber auch in den Münchener Vorlesungen selbst, denen ich anwohnte, ist meines Erinnerns der Name Baader's niemals von Schelling in den Mund

---

*) Baader sagte mir ganz bestimmt, dass er die früheren verletzenden Aeusserungen Schelling's bezüglich seiner Reise nach Russland ganz würde ver-gessen und auf sich haben beruhen lassen, wenn Schelling bei seiner Ankunft in München ihm einen freundschaftlichen Besuch gemacht hätte.

**) Das Princip der neuern Philosophie und die christliche Wissenschaft von Prof. Dr. M. Deutinger S. 337—370, bes. 341.

genommen worden. Wohl aber hat er wenigstens einmal, nicht ohne Absicht, in der ersten Zeit im Tone gekränkter Unschuld sich über einen Angriff auf die Lehre seiner früheren Philosophie über die materielle Natur beklagt, den die Unterrichteten unter seinen zahlreichen Zuhörern auf eine Aeusserung Baader's beziehen mussten, welche schon im J. 1824 in des Letzteren „Bemerkungen über einige antireligiöse Philosopheme unserer Zeit" gemacht worden war. Damit der Leser selber beurtheilen könne, ob Schelling damals berechtigt war, im Tone gekränkter Unschuld Verwahrung einzulegen gegen die in den „Bemerkungen etc." erhobene Beschuldigung, stehe die Stelle, über welche sich Schelling mit Emphase beklagte, als ob sie von einem Unzurechnungsfähigen oder Böswilligen ausgegangen wäre, hier. Sie lautet (nachdem Baader von zwei andern irreligiösen Philosophemen gesprochen hatte): Ein drittes Philosophem endlich, welches aus der Schule der Naturphilosophie (wie man früher die Schelling'sche Philosophie nicht genau richtig nannte) hervorging, stellt einen falschen Begriff der Materie auf, indem es von dem vergänglichen und die Verderbniss in sich bergenden Wesen dieser Welt behauptet, dass solches, unmittelbar und ewig aus Gott hervorgegangen und gehend, als der ewige Ausgang (Entäusserung) Gottes dessen ewigen Wiedereingang (als Geist) ewig bedinge etc." Wer wird nun, ausser etwa den durch „Schellingisches Brod" verdorbenen Hegelianern, leugnen können, dass Baader mit dieser Beschuldigung recht hatte, eine Beschuldigung, die Schelling später indirekt selber als berechtigt anerkannte, indem er, an Hegel erblickend, wozu seine Lehre führte, sie aufgab und soweit es sein halb pantheistischer Standpunkt nur immer zuliess, die Ansicht Baader's sich zu eigen machte.*) Indessen that, worauf es berechnet war, jene empathische Wendung gegen Baader ohne Namensnennung, wodurch noch der Anschein collegialischer Schonung gewonnen wurde, bei den Unwissenden einige Wirkung und von

---

*) Wer etwa Baader wenigstens darin nicht recht geben wollte, dass er die Materie vergänglich und die Verderbniss in sich bergend nennt, (was übrigens sicher Schriftlehre ist), der kann überrascht sein zu finden, dass Schelling später (schon 1809) auch diess in gewisser Weise einräumte. Seite 253 der vorliegenden Briefe (III) schreibt Schelling: „Wenn wir die rechte Empfindung vom gegenwärtigen Leben erhalten haben, wenn wir fühlen, dass der Zustand desselben weit schrecklicher ist, als wir gewöhnlich wissen, da eine göttliche Hand uns die eigentliche Beschaffenheit desselben verbirgt: so können wir die, welche davon befreit sind, nicht anders als glücklich preisen. Diese haben im eigentlichen Verstande überwunden, wir stehen noch auf dem Kampfplatz und warten auf unsere Erlösung. Schon das gewöhnliche Wort, dass Keiner vor seinem Ende selig ist, zeigt uns genug den Werth des jetzigen Lebens."

da an verminderte sich die Zahl der dummen Jungen in dem Vor-
lesungssaale Baader's, aber die besser Unterrichteten hörten ihn nur
um so aufmerksamer und anhaltender. Denn für die Fähigen und
Vorbereiteten war jede Vorlesungsstunde Baader's ein Fest, an dem
sie mit zwei- und dreifach reicheren Gaben überschüttet wurden,
als bei dem gemesseneren Vortrag und Vorgehen Schelling's. Ein
Semester wenigstens konnte ich Schelling unmittelbar nach Baader
hören und empfing an jedem Vorlesungstag den Eindruck nicht bloss
der grösseren Tiefe, sondern auch den des grösseren intensiveren
Reichthums der Gedanken bei dem Letzteren, der grösseren Gewandtheit und Eleganz bei dem Ersteren. Höchst interessant war
es aber, wenn zufällig nicht ganz selten in den Vorlesungen beider
am gleichen Tage verwandte Gedanken, die einigemal bis nahe zur
Identität fortgingen, ausgesprochen wurden, bei dem Einen in con-
centrirter Art, bei dem Andern in gefälligeren Formen. Der Unter-
richtete konnte da recht gut wissen, von Wem von Beiden jene
Gedanken zuerst gedacht worden waren. Jene Stelle in den Vorlesungen Schelling's Zur Geschichte der neueren Philosophie über
St. Martin, kam auch in dem vom Katheder aus Gesprochenen vor
und war indirekt gegen Baader gemünzt. Man versteht die Malitiosität nicht, die Schelling da gegen St. Martin übte, wenn man
nicht im Auge behält, dass Baader, der Bewunderer St. Martins,*)
indirekt damit discreditirt werden sollte, damit, so weit es nur immer
ging, nichts neben ihm aufkäme, wie er denn auch unter dem merkwürdigen Vorgeben, dass die Universität München ein geschlossenes
Ganze sei, in das man keine neuen Elemente aufnehmen dürfe, den
tiefen Denker und edlen Charakter Krause von der Universität fern
zu halten wusste, bis der schwer geprüfte Mann so gut wie am
gebrochenen Herzen 1832 starb. **) Um die Gültigkeit meiner Be-

---

*) Baader sagte geradezu, dass die deutschen Verkleinerer St. Martin's
ihm die Schuhriemen aufzulösen nicht würdig seien. Von deutschen Geschichts-
schreibern der Philosophie hat keiner auch nur Einiges von den Lehren St.
Martin's vorgetragen, ausser Ulrici. Wohl aber würdigt ihn Friedrich Schlegel
in seiner Geschichte der alten und neuen Literatur auf geistvolle Weise. S. Fr.
Schlegel's S. Werke. Zweite Orig.-Ausgabe II, 161 ff.

**) Vergleiche, was hierüber und über das ausschliessende und schroffe Be-
nehmen (um keinen stärkeren Ausdruck zu gebrauchen) Schelling's, und dann
das ritterlich edle Handeln Baader's bei Gelegenheit einer wider Krause zu
München wegen höchst seltsamer, unglaublicher Anschuldigungen von seinen
Feinden in Gang gesetzten Polizeiuntersuchung, die ohne Baader's muthige Vermittelung nahe daran war, zu einer Bayern compromittirenden Ausweisung des
schuldlos verfolgten bedeutenden Philosophen zu führen, von H. Freiherrn Prof.
Dr. von Leonhardi, gesagt worden ist: Krause's handschriftlicher Nachlass, I.

hauptung einer verdeckten Malitiosität gegen Baader von Seiten Schelling's beweisen zu können, bin ich genöthigt, den bezüglichen Passus der Schellingischen Vorlesungen hier vorzuführen. Es heisst dort: „Man muss Jakob Böhme, bei dem alles noch lauter und ursprünglich ist, wohl unterscheiden von einer andern Klasse von Mystikern, bei denen nichts Lebendiges und Ursprüngliches mehr anzutreffen, alles schon corrupt ist; in diese Klasse gehört besonders der bekannte St. Martin, man hört in ihm nicht mehr, wie in J. Böhme den ursprünglich ergriffenen, sondern nur noch den Concipisten oder Sekretär fremder Ideen, die noch überdiess schon zu Zwecken anderer Art zubereitet sind; was bei J. Böhme noch lebendig ist, ist bei ihm abgestorben, nur gleichsam noch das Cadaver, die einbalsamirte Leiche, die Mumie eines ursprünglich Lebendigen, wie sie in geheimen, zugleich alchemische, magische, theurgische Zwecke verfolgenden Gesellschaften vorgezeigt wird. Vor solchen Mysterien zu warnen ist Pflicht, zumal wenn man weiss, wie man leicht wissen kann, dass dieser Mysticismus seine Anhänger nicht in den gesunden, sondern gerade in den corruptesten Klassen der Gesellschaft gefunden hat. Ein solcher mit Gewürz, wo nicht mit weit schlimmeren Ingredienzen angesetzter Wein, höchstens gut und dazu bestimmt, einen längst abgestumpften Geschmack noch zu erregen, gehört in die Hexenküche, wohin es Göthe im Faust verwiesen hat. Deutsche Jugend aber möge Gott vor solchem und ähnlichen Höllengebräu jetzt und immer bewahren!"

Bei J. Böhme ist also Alles noch lauter und ursprünglich, bei St. Martin Alles schon corrupt, nach Schelling. Was nun die Lauterkeit betrifft, die man doch auf Gesinnung und Charakter beziehen darf, so steht St. Martin hierin hinter J. Böhme in keiner Weise zurück. Seine Lauterkeit, seine sittliche Gesinnung und Lebensführung ist so edel, so rein, so ungetrübt von Leidenschaft, dass man versucht sein könnte, ihn den nahezu Heiligen unter den Philosophen zu nennen. Was die Ursprünglichkeit betrifft, so kommt es darauf an, worein man diese setzt. U r s p r ü n g l i c h in dem Sinne, dass ihre Ideen völlig neu und ohne Vorgänger gewesen seien, ist keiner von beiden, wie auch Schelling nicht. Original aber selbst in der Auffassung und Verarbeitung des Empfangenen wie in den eigenen Entdeckungen sind beide, wenn auch J. Böhme in höherem Maasse. Dazu kommt, dass St. Martin erst in den fünfziger Lebensjahren Deutsch lernte,

---

4. Abth. Die reine und allgemeine Lebenlehre und Philosophie der Geschichte etc. Herausgegeben von H. K. von Leonhardi (1843): Vorbericht des Herausgebers p. XXXIX. Auch besonders abgedruckt S. 37.

um J. Böhme studiren zu können und seine früheren Werke aus andern Anregungen als J. Böhme'sche entsprungen waren *) und dass er auch nachher zu original blieb, um als Concipist oder Sekretär fremder Ideen angesehen werden zu können, so wenig mindestens als Schelling selbst, der eben so viel oder leicht mehr, wenn auch verarbeitend, aufnahm, als er wirklich spontan erzeugte. St. Martin übersetzte mehrere Werke J. Böhme's in das Französische, soviel ich urtheilen kann, meisterhaft und etwas Anderes war hier nicht zu thun. Wer die Probe machen wollte, Böhme aus St. Martin in die deutsche Sprache zurückzuübersetzen, würde, glaub' ich behaupten zu dürfen, finden, dass Böhme in solcher Rückübersetzung an Klarheit erheblich gewonnen haben würde. In keiner Schrift St. Martin's kommt etwas vor, das man berechtigt wäre, abgestorben, Cadaver, einbalsamirte Leiche, Mumie zu nennen. Schon das lebhafte Temperament des zartsinnigen und gefühlreichen Franzosen lässt so etwas gar nicht zu, vielmehr leidet er weit eher an einem Ueberreichthum von Analogien, Vergleichen, aber immer sinnreichen, wenn auch natürlich selten streng beweisenden, kurz an einem Streifen oder auch Eintauchen in Poesie, wo wissenschaftliche Beweise erforderlich wären. **) Zu fremden Zwecken zubereitet hat St. Martin absolut gar nichts und über sein Verhalten zu geheimen, alchemische, magische, theurgische Zwecke verfolgenden Gesellschaften war Schelling keineswegs richtig und gut unterrichtet. ***) Wenn vollends sein „Mysticismus" (Schelling's Lehre ist etwa nicht Mysticismus!) Anhänger gerade in den corruptesten Klassen der Gesellschaft gefunden haben soll, so fehlt doch für diese Behauptung selbst die blasseste Spur eines Beweises. †) Wäre sie wahr, so könnte das angebliche Vorkommniss höchstens auf einem Miss-

---

*) Sein erster Lehrer war der jedenfalls merkwürdige Martinez Pasqualis. Man vergl. über St. Martin den 12. Band der Werke Baader's, die Einleitung zu diesem Bande von B. Fr. von Osten-Sacken. (Literatur S. 50.) Saint-Martin, Sa vie et ses écrits etc., par Matter (1862). Jahrbücher für Gesellschafts- und Staatswissenschaft. H. von Glaser. VII, 1, 48 ff. Ueber Martinez Pasqualis S. Werke Baader's IV, 115—132. Dann: La Philosophie mystique en France à la fin du XVIIIe siécle: Saint-Martin et son maitre Martinez Pasqualis par Ad. Franck (Paris 1866). Im Anhang findet sich ein Bruchstück des merkwürdigen Werkes: Traité sur la réintegration des êtres dans leurs propriétés, vertus et puissances spirituelles et divines, par Martinez de Pasqualis.

**) Vergl. Baader's S. Werke I, 59—70, XII, 72.

***) Baader's Werke XII, 37.

†) Saint-Martin selbst pflegte, wie Matter und Franck zeigen, mit den edelsten seiner Zeitgenossen Umgang und war in den weitesten Kreisen hochgeehrt.

brauch der ethisch reinen Lehren des edlen St. Martin beruht haben,
was ein Unglück wäre, welches dem Edelsten zustossen könnte,
und auch Schelling hätte zustossen können, wenn man nicht sagen
darf, dass es ihm in gewissen Ausläufen seines Pantheismus einigermaassen zugestossen ist. Eher wäre möglich, dass St. Martin in
gewissen, aber gewiss nicht corrupten Kreisen Anlass zu Exaltationen
gegeben hätte, die gegen seinen Sinn waren. Aber das müsste
denn doch erst erwiesen werden. So viel bekannt, wurden die
Schriften St. Martin's eine Zeitlang vorzüglich in den Kreisen der
hohen Aristocratie der europäischen Gesellschaft eifrig gelesen und
innerhalb dieser sicher nur von den edleren und edelsten Mitgliedern
derselben. Höchstens ausnahmsweise kann einmal ein geistreicher
Sportmann auf kurze Zeit hinter diese Schriften gerathen sein, einer
von jenen Caricaturen des Faust, der von sich bekennt:

„Zwei Seelen wohnen, ach! in meiner Brust!
Die eine will sich von der andern trennen;
Die eine hält, in derber Liebeslust,
Sich an die Welt mit klammernden Organen;
Die andre hebt gewaltsam sich vom Dust
Zu den Gefilden hoher Ahnen.“

Aber, geschah es auch etwa, so wurde ein solcher entweder bald
gebessert und hob sich mit St. Martin zu erhabenen Gesinnungen,
oder sie wurden ihm bald widerwärtig, weil ein beständiger Vorwurf seiner Niedrigkeit, die über die Erhebung siegte. Hexenküche
und Höllengebräu passen nicht zu dem sanften Ernste St. Martin's.
Denn wenn er an magische Wirkungen glaubt, so kommt es erst
noch darauf an, in welchem Sinne er diese nimmt, die in einem
vernunftmässig möglichen Sinne selbst Schopenhauer nicht geleugnet hat und wenn er an den Geistersturz und dämonische
Einwirkungen glaubt, so müssten, wenn das Höllengebräu wäre,
auch die Lehren der Schrift und die Lehren der christlichen
Hauptconfessionen Höllengebräu sein, welches mit dürren Worten
zu sagen, Schelling niemals den erforderlichen Muth aufgebracht
haben würde. Aber an einem „unbekannten“ Philosophen, um
einen „bekannten“ damit zu treffen, konnte Schelling schon das
Müthchen zu kühlen versuchen, zum Danke dafür, dass der letztere
ihm die Bande lösen half, die ihn an den zum Materialismus hin-
zusinken drohenden Pantheismus gefesselt hatten. St. Martin ist zugleich unter allen Theosophen der beste Stilist und Darsteller. Auch
an ihm kann man vom Standpunkte der höchsten Forderungen strenger
Wissenschaft aus eine Schattenseite nachweisen neben der — wenigstens substantiell betrachtet — weit überwiegenden Lichtseite.
Aber sie würde billig in ungleich sanfteren Linien zu verlaufen

haben, als die von Hass eingegebene grelle Caricatur Schelling's. *)
So hat auch Herr von Harless in einer eigenen Schrift eine dichte
Schattenseite J. Böhme's nachgewiesen, die keineswegs zu leugnen
ist. Nur hat es der geistreiche Mann darin versehen, dass er sie
fast als die eigentliche Substanz Böhme's erscheinen lässt, während
sie nur die in seltsam verworren ineinanderlaufende Arabesken ge-
kleidete Hülle fast unvergleichlich tiefer und genialer Gedanken ist.
Anstatt, wie er wohlgethan, die Genialität anzuerkennen, womit
Baader Böhme's Kerngedanken ausgelegt hat, und wozu ein mittleres
Talent nicht ausgereicht hätte, überträgt er das Geniale dabei fast
nur auf diesen und entzieht dem Genie Böhme's bei Weitem zu
viel. In einem Briefe an V. Cousin (1834) S. 97 ärgert sich
Schelling darüber, dass ihm von einem Herrn C . . . noble Sympathien für die Schule der Baader, der Görres zugeschrieben würden,
wo er Baader offenbar für einen Ultramontanen wie Görres nimmt.
Die Sympathien zu Baader, den er früher einen herrlichen Seher
nannte, waren in Schelling nun freilich längst geschwunden, man
kennt aber keinen andern Anlass dieser Wandelung, als dass Baader
öfter seinen Pantheismus rügte und sich von ihm nicht vorschreiben
liess, was und wie er zu denken und als Schriftsteller zu wirken habe.

Zuletzt versteigt sich Schelling in einem Briefe an Beckers
vom J. 1834 (S. 100) sogar zu einer Insinuation, die nicht unpas-
sender hätte ausfallen können. Er schreibt nämlich: „Die Ausfälle
meines Freundes (?) Baader in den Bayerischen Annalen sind mir
nicht unbemerkt geblieben; sie haben mich gefreut als Beweise,
durch die seine Benutzung meiner Collegienhefte constatirt wird.“

Benutzung seiner Collegienhefte! Baader sah allerdings Schelling's Collegienhefte durch, fand zwar Spuren des ihm längst bekannten Schelling'schen Genies darin, war aber von den neusten
Früchten desselben nicht allzusehr befriedigt, konnte gar nichts von
seinen Ausführungen brauchen oder brauchte wenigstens thatsächlich

---

*) Ob Schelling die Werke St. Martin's bei der Diät in der Lektüre, die
er sich auferlegte, gelesen habe, ist sehr zweifelhaft, sie mag sich allenfalls auf
seine erste Schrift: Des Erreurs et de la verité, erstreckt haben und ausserdem
mag er Schubert's Uebersetzung der Schrift: De l'Esprit de choses gelesen haben,
wo schon seinen Unmuth erregt haben muss, dass sein Freund Schubert sich zu
einer solchen Arbeit von Baader, der eine geistvolle Vorrede dazu schrieb, hatte
bestimmen lassen Nicht glücklicher Nachahmer ist St. Martin allenfalls in
seinem grotesken Roman Le Crocodile, wo er Rabelais zum Vorbild genommen
hat, aber aus ihm wird Niemand seine Philosophie schöpfen wollen und es war
so wenig Gefahr vorhanden, dass die studirende Jugend ihn lese, dass nicht
einmal unsere Literaturhistoriker, deren Aufgabe es wäre, irgend eine Kenntniss
von ihm gegeben haben.

nichts davon (wäre es der Fall gewesen, so würde er nach seiner Geradheit die Quelle genannt haben, was Schelling nicht immer, z. B. bezüglich Böhme's und Oetinger's gethan hat) und legte ausdrücklich Protest gegen Schelling's Philosophie der Mythologie ein, deren Gedanken er dort mit über den mythologischen Sümpfen schwebenden Irrlichtern *) nicht ohne Grund verglich und dessen Versuch der christlichen Dreieinigkeitslehre die abstrakte Trilogie von Seinkönnen, Sein und Sein des Seinkönnens zu substituiren für falsch und irrig erklärte. Nur die ihm gebotene Kürze verhinderte ihn, sich noch viel stärker gegen diese Eskamotage auszulassen. Die bezügliche Reihe Baader'scher Abhandlungen in den bayerischen Annalen vom J. 1834 geht in allen Punkten weit über die spätere Philosophie Schelling's hinaus, ohne auch nur einen einzigen Gedanken derselben aufgenommen zu haben und überschreitet überhaupt das Concept der damals und der jetzt lebenden Philosophen, höchstens mit Ausnahme von Zweien oder Dreien, in einem Grade, dass ihnen in ihrer Entfremdung der Angelpunkte der christlichen Lehren sogar das Verständniss derselben ausgegangen ist. Das will sagen, dass ihnen diese tiefsinnigen Lehren wie Märchen aus tausend und einer Nacht vorkommen und sie nicht begreifen, wie so ihnen unfassliche Lehren im 19. Jahrhundert einem Philosophen auch nur in den Sinn kommen können. Indessen, wenn sie es nicht begreifen, so wird doch eine Zeit kommen, die Philosophen von tiefer dringendem Sinn erzeugen wird.

Die bemerkte verunglückte Aeusserung Schelling's über Baader ist die letzte, welche in seinen Briefen vorkommt. Vom J. 1834—35 an verschwindet Baader's Name völlig aus den Briefen Schelling's. Nicht einmal Baader's antipapistische Schriften, die seine Auffassung von ihm so gründlich hätte berichtigen können (1838—40), gaben Schelling Anlass, seiner brieflich zu gedenken. Sein Tod ging theilnahmlos und spurlos an ihm vorüber, soweit diess aus seinen Briefen erkannt werden kann. Schelling's Hass gegen den einzigen Philosophen seiner Zeit, der ihm an Originalität und Tiefsinn überlegen war und dessen Ueberlegenheit er im Innern zeitweise empfunden hatte, gegen denjenigen Philosophen, der ihn mit in die neue Bahn gelenkt hatte und der trotz tiefgreifender Differenzen unter allen **)

---

*) Mit den Irrlichtern wollte Baader zugleich das Geistreiche der Behandlung und das Unbefriedigende der Ergebnisse andeuten. C. Hermann spricht geradezu von einer Verirrung des menschlichen Geistes, in die Schelling verfallen sei.

**) Denn Krause und Schleiermacher, an die hier erinnert werden könnte, so bedeutend sie sind, stehen doch Baader und Schelling insofern weniger nahe,

noch immer die relativ grösste Geistesverwandtschaft mit ihm hatte, dauerte selbst über den Tod hinaus, indem er dem, wie er wissen musste, überaus schwierigen Zustandekommen der Gesammtausgabe der Werke Baader's auf ausgesucht schlaue Weise entgegenzuwirken suchte. Als ich im J. 1850 meine Vorrede zu Baader's Kleinen Schriften auch in besonderem Abdruck erscheinen liess, worin meine Nachweisungen über den Einfluss Baader's auf den Umschwung Schelling's vom J. 1809 enthalten waren, wurde nicht das Mindeste davon laut, dass Schelling Kenntniss davon genommen oder durch seine Freunde erhalten habe. Von ihm so lang er noch lebte, und von seinen Freunden und Jüngern altum silentium darüber bis heute, obwohl die Gültigkeit meiner Nachweisungen von Erdmann, Rosenkranz, Weisse, Fichte, C. Ph. Fischer und Anderen anerkannt worden ist. Gegen Baader indess war von den Eindrücken von früher her in Schelling bis zum Ende doch noch ein mehr geheimer als ausgesprochener Respekt übrig geblieben — vor dem Wagniss einer eingehenden Vertheidigung gegen die von Baader offen und ohne Verletzung der Person ausgesprochenen Erinnerungen gegen seine frühere und spätere Philosophie hat sich Schelling lebenslänglich wohlweislich gehütet —, gegen A. Günther aber sprach er sich — ohne Kenntniss seiner Hauptschriften — noch weit gehässiger aus. Eine Auslassung Günther's gegen eine Schrift des Sohnes Schelling's, des nachmaligen Herausgebers der Werke des Vaters, in der Lydia (Philos. Taschenbuch) *) wird von Schelling (S. 218 ff.) als ein verdientermaassen abzufertigendes Machwerk bezeichnet, Günther selbst ein leerer pfaffenmässig eitler Mensch genannt, der unter schlechtem Humor verberge, dass er eigentlich nichts wisse und sogar fast wisse, dass er nichts wisse. „Gegen seine nichtssagenden Bemerkungen hast Du Dich nicht zu vertheidigen; es wäre aber eine gute Gelegenheit, dieser Art von Wiener philosophischem Casperl (zum Abraham a St. Clara bringt ers nicht) den Spiegel vorzuhalten, und besonders seiner miserablen (halb wenigstens in einem Theil der jetzigen Form gestohlenen) sogenannten Creations-Theorie die Erbärmlichkeit nachzuweisen. Der erste Grundgedanke war: dass Gott sich ein Nicht-Ich entgensetze (was ihm der eitle Rothe, jetzt in Bonn, in seiner Christlichen Ethik wieder gestohlen), jetzt kommen einige andere Winke dazu, die mir die drei Potenzen

___

als das Naturell der Letzteren markiger, gedrungener, mit A. W. Schlegel zu sprechen, granitiger ist.

*) Lydia: Ph. T. von Günther und Veith erschien in fünf Jahrgängen: 1849—1854.

verhüllen zu sollen scheinen. Kurz, nicht Widerlegung oder Vertheidigung, Züchtigung wäre dafür am Platz etc." Bekanntlich konnte auch Baader Günther's Philosophie, die er besser als Schelling kannte, nicht überaus tiefsinnig und befriedigend finden, hielt auch seine humoristisch seinsollenden Witzeleien der Würde der Philosophie nicht für angemessen *) und nicht für so originell als sie zu sein meinten, aber seine Entgegnungen verletzten weder die Achtung der Person, noch die Achtung vor einer Denkkraft, welche sich trotz jener wegzuwünschenden Zuthaten in der katholischen und protestantischen Welt nicht geringe Anerkennung und unleugbaren Einfluss zu verschaffen gewusst hat. Den Rang eines geistreichen Mitforschers machte Baader A. Günther nicht streitig, wenn er auch Vieles und Wichtiges gegen ihn zu erinnern hatte, wiewohl er ihm auch in Anderem seine Zustimmung nicht versagte. Die Polemik, die ich selber gegen Günther zu führen genöthigt war, muss hier unerörtert bleiben.

Unter den kleinen Nachträgen zu dem vorliegenden dritten Theile der Briefe Schelling's (offenbar in stark gesichteter Auswahl) ist das Interessanteste ein Brief Schelling's an Georgii aus dem J. 1811 wegen der darin ausgesprochenen Ansicht über das Leben nach dem Tode, nach welcher der Tod, weit entfernt die Persönlichkeit zu schwächen, sie vielmehr erhöhe, indem er sie von so manchem Zufälligem befreie. Dass Baader über die Unsterblichkeit viel tiefer Gehendes vorgetragen hat, wird von den Meisten noch heute ignorirt, während man vor Erstaunen und Bewunderung ausser sich geräth, Schelling — nach Baader — die Unsterblichkeit vertheidigen zu sehen.

Sollte von diesen Briefen Schelling's eine zweite Auflage erforderlich werden, so wäre zu wünschen, dass eine kundige Hand die literarischen Beziehungen sorgfältiger und umfassender berücksichtigte mit der nöthigen Literaturangabe und ein Personenverzeichniss mit den nöthigen Seitenzahl-Angaben angehängt würde.

Zusatz im J. 1876: Wie Schelling sich gegen Christian Kapp betrug, ist zu ersehen aus der Schrift: Briefwechsel zwischen L. Feuerbach und Chr. Kapp. Herausg. von August Kapp. Leipzig, O. Wigand 1876.

---

*) Den Witz überhaupt verschmähte Baader nicht, aber wenn ein Schlagwitz genial ist, so ist es der seine — kurz, consistent und nicht sowohl brillant, als ins Herz treffend, mitunter auch bitter.

58

Die wichtigsten Zeitfragen von Dr. G. H. G. Jahr,
Ritter etc. Erster Band. Die Natur, der Menschengeist und sein Gottesbegriff. Leipzig, Literari-
sches Institut, 1870.

Wir begegnen hier einem Versuch einer antimaterialistischen
Schöpfungstheorie nebst kritischen Besprechungen der Lehre des
Materialismus. Vorgedruckt ist der Schrift ein in deutschen Vereinen zu Paris im Frühjahr 1869 gehaltener Vortrag über Kraft
und Stoff. Die Schrift selbst gliedert sich in eine Einleitung und
drei Abtheilungen: 1) Die äussere Natur; 2) Der Menschengeist;
3) Der Gottesbegriff des Menschengeistes. Der vorausgeschickte
Vortrag kann als ein Programm der ganzen Schrift gelten. Der
Verfasser ist wohl inne geworden, dass zur Untersuchung über den
Materialismus vor Allem eine richtige Erkenntnisstheorie erforderlich
wäre. Dieses Bedürfniss sucht die Einleitung einigermaassen zu
befriedigen, aber sie geht nicht streng wissenschaftlich genug zu
Werke. Das Wahre schwebt ihm wohl in mehr oder minder unbestimmter Weise vor, aber er erreicht es nicht, wenn er einerseits
behauptet, dass Alles in der Natur, was über unsere Sinne hinaus-
gehe, Alles, was Kraft und Wirksamkeit heisse, uns seinem Wesen
nach absolut unzugänglich bleibe und von unseren Sinnen nur in
seinen Wirkungen erkannt werden könne, daher ohne Ausnahme
dem Bereiche des Gefühls, der Phantasie und des Glaubens zugehöre,
andererseits aber doch der Vernunft das Vermögen beilegt, richtige
Schlüsse oder Rückschlüsse aus dem Sinnlichen ziehen zu können,
welche eine rationelle Philosophie ermöglichten. Nach der ersten
Behauptung könnte es keine Wissenschaft des Uebersinnlichen geben;
nach der letzteren kann nicht bloss sondern es muss das Ganze aus
den Einzelnheiten durch die Vernunft erschlossen werden, daher
„ewig und immerdar nur eine rationelle Philosophie und nicht eine
empirische auf den Namen einer wahren Wissenschaft Anspruch
machen kann". Weiterhin vereinerlei der Verfasser die Vernunft
geradezu mit dem inneren Sinn (wonach die Vernunftwissenschaft
auch nur eine Art Kenntniss, nur innerer, geistiger Art, sein
könnte) und behauptet, diese Vernunft könne zwar das Sinnliche
nicht seinem Wesen, doch aber seiner Idee nach begreifen. Müsste
denn aber die Idee nicht im Wesen gegründet sein, wenn sie Erkenntniss gewähren sollte, oder kann es Ideen ausser allem Wesen

geben? Die Frage kann daher nicht sein, ob es eine Wesenserkenntniss gibt, sondern ob die Wesenserkenntniss für den Menschen
eine absolute, schlechthin unendliche oder eine bedingte und relative
ist. Das will auch der Verfasser im Grunde sagen, aber er drückt
sich nicht richtig aus. Da er sich überzeugt hält, dass Alles, was
wir sinnlich wahrnehmen, streng genommen nur der Zustand ist,
in den unsere Sinne durch die äusseren Reize des Lichtes, des
Schalles, der Berührung, des Geruchs und Geschmacks versetzt
worden sind, folglich keine unmittelbare Gewissheit gewährt, so
glaubt er den Ausgangspunkt seiner Untersuchungen mit Cartesius
im Selbstbewusstsein, als der allein unmittelbaren Wahrnehmung,
nehmen zu sollen. Nur ein Ding ist, sagt er, das ebenso über allem
Zweifel erhaben, als auch einem Jeden an sich selbst einleuchtend
sein muss, und dieses ist unser eigenes Dasein, unser Ich mit seinen
Gedanken, inneren Anschauungen, Vorstellungen, Begriffen, Ideen
und Erfahrungen. Hiegegen ist nun freilich die Einwendung Büchner's nicht stichhaltig, damit werde nichts weiter gesagt, als auch
in dem Satz liege: „der Hund bellt, also ist der Hund." Aber der
Verfasser übersieht, dass das Selbstbewusstsein sich doch nicht als
einheitliches Wesen, sondern nur als innere Erscheinung unmittelbar
gewiss ist, und dass es nur aus der Eigenthümlichkeit dieser Erscheinung auf die Einheit seines Wesens zurückschliesst, und indem
es diese als bedingte, begrenzte und endliche erkennt, sofort sich
auf das Absolute, Unendliche zurückgewiesen sieht und sich nur
aus diesem beweisen kann. Durch allerlei Mittelglieder kommt der
Verfasser zuletzt auch dahin, ob auf ganz befriedigende Weise, das
werden wir später sehen, nur räumen wir nicht ein, dass eine gründliche Analyse des Selbstbewusstseins nicht ohne Weiteres zu jenem
Ergebniss führen könne und müsse. Ausserdem ist es wohl richtig,
dass die Sinnesanschauungen nicht das Wesen des Sinnlichen zu
erschliessen vermögen; dass aber ein gegenständliches Wesen denselben zu Grunde liegen müsse, ist in demselben Augenblicke gewiss,
in welchem das Selbstbewusstsein sich als solches im Unterschiede
seiner sinnlichen Gegenstände erfasst, und es sieht sich in demselben
Augenblicke genöthigt, die Totalität der wirklichen und möglichen
Erscheinungen des Sinnlichen auf dasselbe Unendliche zurückzuführen und aus ihm abzuleiten, aus welchem es sich selber nur zu
begreifen vermag. Die Wahrheit des Cartesianischen cogito ergo
sum ist die Einsicht (die auch Baader keineswegs fehlte), dass nur das
Selbstbewusste von Anderem, sei es endlich, sei es unendlich wissen
kann, dass das Selbstbewusstsein also die Bedingung des Bewusstseins von allem Andern ist, auch vom Unendlichen, welches darum

dennoch als das absolute Princip von Allem, auch dem endlichen selbstbewussten Wesen, erkannt werden kann, soll und muss.

Die erste Abtheilung unserer Schrift: die äussere Natur, enthält zwei Capitel: 1) die sogenannte leblose Natur, 2) die lebende oder organische Natur. Im ersten Capitel werden betrachtet: 1) Kraft und Stoff, 2) Ursprung und Dauer des Stoffes, 3) die Naturgesetze. In dem 1. Capitel zeigt der Verfasser sehr gut, dass die Vernunft überhaupt nicht bei einem Dualismus, also auch nicht bei dem Dualismus von Stoff und Kraft stehen bleiben könne, dass aber ebensowenig der Stoff der alleinige Grund alles Seins und Werdens sein könne. Ebenso zeigt er, dass Alles, was stofflich oder materiell ist, aus Molekülen zusammengesetzt ist, die selber nicht primitiv sein können, sondern aus immateriellen Kraftpunkten bestehen müssen, welche er im Unterschiede der Molekülen Atome nennt. Die sich ihm hieraus ergebende Atomistik stellt er ausdrücklich der materiellen Atomistik entgegen als eine durchaus dynamische. Die dynamische Atomistik ist aber im Grunde nichts Anderes als Monadologie. Wenn man will, kann man allerdings die Monadologie dynamische Atomistik nennen, wo dann das Atom nicht ein körperlich kleinstes Theilchen, sondern nur die Untheilbarkeit jeder einzelnen Kraft bezeichnet, dasselbe, was Baader unter (immateriellen) Differentialien versteht, die er wohl nur darum nicht Monaden nennt, weil Leibniz die Monaden als innerlich unterschiedslose Krafteinheiten gefasst hat, während Baader die Einfachheit der primitiven Kraftwesen nicht als innere Unterschiedslosigkeit gedacht wissen will, weil das wirkliche, in sich Unterschiedslose nur todt und kraftlos sein könnte.

So bestätigt der Verfasser Baader's Behauptungen, dass das Materielle aus Immateriellem geworden sei, und weil es wieder in das Immaterielle zurückgehen könne und gehe, vergänglich sei, ohne dass darum von ihm auch die Vergänglichkeit der primitiven immateriellen Kraftwesen behauptet würde. Baader kann daher trotz der Behauptung der Vergänglichkeit des Materiellen dem Satze zustimmen, dass nichts Wesenhaftes im Universum untergehe. Nichts Geschaffenes kann untergehen, sondern nur verwandelt werden und denjenigen, welche diess wussten, kann die Erhaltung der Kraft an sich selbst nicht als eine neue Entdeckung gelten, sondern nur als eine weitere Entwicklung jenes Grundgedankens. Von besonderem Interesse ist in diesem Zusammenhang der § 11 der vorliegenden Schrift, der hier ganz mitgetheilt zu werden verdiente, wenn nicht zuviel Raum dadurch in Anspruch genommen würde.

Im 2. Capitel dieses Abschnittes widerlegt der Verfasser in der Hauptsache ganz gut die Behauptungen der Materialisten über den Ursprung und die Dauer des Stoffes. Er zeigt sehr gut, dass der Stoff, das Stoffliche, aus Kräften entstanden sein kann und entstanden ist, also nicht ewig ist und darum wieder (in die primitiven Kräfte zurückgehend) vergehen kann und vergeht. Fragt man uns nun, sagt der Verfasser mit Recht, was vor der Materie dagewesen sein könne, wenn diese nicht von Ewigkeit her besteht, so antworten wir: der Aether oder das Reich der freien Kräfte, und stimmen hierin mit der vollsten Ueberzeugung denjenigen Naturphilosophen bei, die da sagen: die Welt ist aus dem Aether entstanden. Der Verfasser meint damit nur die nächste Ursache, nicht die absolute. Auch hierin stimmt also der Verfasser mit Baader überein, wenn er sich gleich eine andere und nicht befriedigende Vorstellung von dem Zustande dieses Uräthers macht. Auch darin ist ihm übrigens beizupflichten, dass die erste Form der Weltkörperbildung eine gasförmige gewesen sei. Im 3. Capitel: über Ursprung und Wesen der Kraft, kommt der Verfasser nach einer trefflichen Auseinandersetzung zu dem ganz richtigen Ergebniss, dass sich die gründliche Forschung genöthigt sieht, sämmtliche Kräfte der Natur nicht, wie die Materialisten (unsinniger Weise), als von den Stoffen abhängige Eigenschaften dieser, sondern vielmehr als das Ursprüngliche, den Stoff Erzeugende und Gestaltende anzusehen, so dass wir uns nur zu fragen haben, woher nun aber diese Kräfte an sich selbst ihren Ursprung nehmen. Die Antwort auf diese Frage gibt der Verfasser mit Recht dahin, dass die Vielheit der Kräfte in einer einigen Urkraft, deren Modifikationen jene sind, gegründet sein müsse. Ohne ihn zu nennen, weist hier der Verfasser Herbart mit seiner Annahme der Absolutheit der Realen (der einzelnen primitiven Kräfte) zurück. Die Gesammtheit aller Naturkräfte sind eben die eine Naturkraft an sich selbst in den Erweisungen derselben. Büchner wird daher mit Recht so gut zurückgewiesen als Herbart. Eine andere Frage ist die, ob die eine in Allem (Natürlichen) wirkende Kraft ewig sei oder nicht. Der Verfasser bejaht diese Frage zu voreilig, und wir werden später sehen, wozu diese Voreiligkeit führt. Zunächst kann aber der Verfasser nicht umhin, eine der ewigen Naturkraft innewohnende Idee für nothwendig zu erachten, womit er eigentlich den Standpunkt Hegel's betritt, ohne jedoch bei der Idee als dem Letzten stehen bleiben zu wollen. Die Nothwendigkeit der Annahme der der (nach ihm ewigen und unendlichen) Natur einwohnenden Idee führt dann den Verfasser zu der Behauptung: dass der Begriff alles nur erdenklichen endlichen Seins auch die

Idee des in jeder Hinsicht höchst Vollkommenen miteinschliesse, und in dieser Beziehung kann man nach ihm sagen, dass das letzte Ziel, nach dem Alles in der Schöpfung strebt, die Erreichung des höchsten Ideales in allen Dingen ist. Wie die Idee der ewigen Natur einwohnen könnte, wenn die Idee nicht in einem absoluten Selbstbewusstsein gegründet wäre, wird freilich nicht gezeigt, sondern obgleich der Verfasser zu verstehen gibt, dass er noch nicht zur letzten Instanz gekommen sei, doch fortgefahren: „So ist es denn in letzter Instanz das Streben nach dem ewigen Ideal der absoluten Vollkommenheit, was alle Kräfte der Natur in harmonischem Wirken zu Erreichung eines einzigen gemeinsamen Zieles vereint und sie dahin bringt, alle ihre Bestrebungen, ihnen selbst unbewusst, auf einen einzigen Punkt zu richten." Werfen ihm nun die Materialisten die vielen Unvollkommenheiten in der Natur in die Quere, so glaubt er genug gethan zu haben, wenn er ihnen darauf antwortet: „Gerade in dieser Hinsicht muss man nun aber sagen, dass die Welt oder die erscheinende Natur, trotz der vielen scheinbaren Unvollkommenheiten in ihr, ja trotz der vielen Missgeburten, wegen deren die Materialisten sie wie einen Schafskopf verhöhnen, in jedem Augenblicke nicht nur nach absoluter Vollkommenheit strebt, sondern auch immer so absolut vollkommen ist, wie sie es in jedem Augenblicke unter den gegebenen Umständen sein kann. Alles, was die Natur Vollkommenes hervorbringt, ist eine natürliche Consequenz ihres Strebens, und Alles, was sie gar nicht oder unvollkommen hervorbringt, muss auf die alleinige Rechnung absoluter, zeitlicher (augenblicklicher) oder ewiger Unmöglichkeiten gebracht werden, indem es in ihrem Streben liegt, in jedem gegebenen Augenblicke alles nur Mögliche so vollkommen als nur möglich darzustellen." Diese absoluten Unmöglichkeiten beruhen nach dem Verfasser auf nichts Anderem als auf den sogenannten ewigen Naturgesetzen, die nicht etwas willkürlich Gesetztes, sondern eine nothwendige unabänderliche Folge der absoluten Gewalt und Macht aller einzelnen Kräfte sind. „Denn da sämmtliche einzelne Kräfte aus nichts Anderem entspringen, als aus einer fortlaufenden Zerlegung der ewigen schaffenden Universalkraft in ihre Gegensätze, und da ein jeder solcher Zweig dieser Kraft dieselbe absolute und nur auf ein kleineres Feld beschränkte Wirksamkeit besitzt, wie die Gesammtkraft selbst; so bekämpfen, hindern oder unterstützen sich diese verschiedenen Kräfte gegenseitig und es entstehen hieraus gewisse ewige oder zeitliche Möglichkeiten oder Unmöglichkeiten, welche eben nichts Anderes sind, als die in der Vereinzelung der verschiedenen Kräfte mitgegebenen absoluten Nothwendigkeiten oder Naturgesetze." Um uns nicht den geringsten Zweifel übrig zu lassen, wie diess gemeint ist, fügt der Verfasser noch hinzu: „Darum sind denn aber auch die auf den verschiedenen Thätigkeiten der einzelnen Kräfte beruhenden Naturgesetze ebenso absolut, ebenso unabänderlich, wie diese ewigen Kräfte selbst, und es liegt eine tiefe philosophische Wahrheit in dem Glauben der Alten an ein ewiges Fatum, gegen das selbst die Götter vergebens ankämpften; denn gegen die Naturgesetze vermag keine Kraft des Weltalls auch nur das Geringste zu unternehmen." Allein was heisst hier der langen Rede kurzer Sinn anders, als: der Fatalismus ist schon recht und die einzig standhaltende Weisheit, nur sollt Ihr Herren Materialisten ihn nicht materialistisch und also nicht pluralistisch nehmen, sondern monistisch. Es lässst sich schon jetzt ermessen, dass der Fatalismus als unumstössliche Wahrheit auch dann stehen bleibt, wenn wir uns etwa veranlasst oder genöthigt sehen sollten, der ewigen Natur und Idee ein ewiges Selbstbewusstsein einwohnend zu denken. Nichts war leichter vorauszusehen, als dass der Verfasser wenigstens insoweit er vorerst bei seiner ewigen ideedurchwohnten Natur stehen blieb, über den Fatalismus nicht hinauskommen werde, welcher sich überdiess als ein anfangendloser Zwiespalt, ein Zerfall, eine unheilbare Zerrissenheit darstellt. Indessen ist die Annahme der ewigen ideedurchwohnten Natur nur eine vorläufige, den pluralistischen Idealisten und Materialisten gegenüber, und wir haben daher den Verfasser in seinen weiteren Untersuchungen zu begleiten, um zu sehen, ob sich die Sache nicht noch wenigstens anders, wenn auch nicht besser, gestalten wird.

Zunächst wendet sich der Verfasser zur Betrachtung der lebenden oder organischen Natur und verfolgt dieses Thema in den Untersuchungen über die Lebenskraft, das Reich der organischen Schöpfungen, und der Zweckmässigkeit, Bestimmung und Vorsehung in der Schöpfung. Hier erörtert er nun vieles Richtige gegen den Materialismus, gestützt auf die Erkenntniss des Ausgangspunktes alles natürlichen Lebens in der Zelle, die nicht ohne Lebenskraft gedacht werden kann. Die Entstehung und der Fortgang alles Lebens besteht ihm auf einer Umwandlung des Stoffes in freie Kräfte und die Lebenskraft ist ihm ein aus den in gewissen Stoffen eingeschlossenen Urkräften zu einer einheitlichen Thätigkeit zusammengesetztes System von Kräften. Wenn der Materialismus diese Ansicht mystisch nennt, so bemerkt er nicht, dass er „selbst in den allerärgsten Mysticismus verfällt", indem er das Leben als Produkt des Stoffs, das Leben als Produkt des Todten ansieht. Die fortschreitende Entwickelung des Organischen einräumend verfällt der Verfasser doch nicht in den Darwinismus. Die Thiere konnten ihm durchaus nur nach den Pflanzen entstehen und es gilt ihm fast für ausgemacht, dass die ersteren nur aus den Frucht-kernen der letzteren entstehen konnten, indem in diesen allein der zum Entstehen des Thieres unentbehrliche Eiweissstoff erzeugt werde. Alle Organismen und deren Organe sind ihm eigentlich nichts Anderes als stete Wiederholungen der ersten, sich in sich selbst entzweienden und durch fortlaufende Entzweiungen sich selbst wiederholt setzenden Zelle. Daher erscheint ihm begreiflich, wie mit dem alleinigen Auftreten der ersten Pflanzenzelle nothwendiger-weise das ganze Reich der pflanzlichen und thierischen Organismen ebenso implicite mitgegeben sein musste, wie das Auftreten aller einzelnen Kräfte durch die alleinige Selbstentzweiung der Einen, ewigen Alles in Allem wirkenden Schöpferkraft der Natur. Hienach gibt es dem Verfasser überhaupt in der Natur nur Einen Schöpfungs-act, mit dem alles Weitere unbedingt und nothwendiger Weise gegeben ist bis ans Ende der Zeiten, sowie es auch nur ein einziges durch die ganze Natur hindurchgehendes Schöpfungsgesetz, eine einzige Weise gibt, auf die Alles zu Stande kommt, was da im Endlichen ist, wird und geschieht, entsteht, sich entwickelt und vergeht. Die Pflanzen- und Thier-Welt ist, wie schon Oken zeigte, die auseinandergelegte Entwickelungsgeschichte der organischen Schöpfung. Darum waltet in der Schöpfungsgeschichte ein folge-rechter, einem bestimmten Ziele zuschreitender Gang, den der Or-ganisationstrieb der Natur sowohl im Ganzen, als auch in Bezug auf seine einzelnen Etappen so unabänderlich und mit einer in ihm selbst liegenden Kraft verfolgt, dass alle Kräfte der äussern Natur, die er nicht in seinen Dienst ziehen kann, bis hierher, je nach den Umständen wohl einzelne Abarten in den eigenthümlichen Typen der organischen Schöpfung, ja sogar Verkümmerungen und Miss-geburten hervorbringen, den Fortschritt des Ganzen aber nie von seinem Ziele ablenken konnte. Dieses Ziel konnte wenigstens auf unserem Planeten kein anderes sein als die Entwickelung des Menschengeistes. Da sämmtliche während des Entwickelungsganges der Organismen der Reihe nach in einzelnen Thiergattungen sich herausbildenden Gewebe, Organe und mechanischen wie geistigen Anlagen und Fähigkeiten im Menschen so vollkommen wieder zu-sammengefasst sind, dass eine vollkommnere unmöglich scheint, so kann der Mensch mit vollem Recht als die vollständige Synthesis aller einzelnen materiellen und geistigen Schöpfungen, aller einzelnen Grundstoffe und Naturkräfte angesehen werden. Ist aber so mit ihm die stoffliche Organisation der Natur ganz und vollständig ab-geschlossen, so ist diess doch keineswegs ebenso mit den weiteren

Schöpfungen der Fall, die von nun an zu geistigen werden und mit Hülfe des menschlichen Bewusstseins ein ganz neues, unendliches, schrankenloses und in Ewigkeiten nicht abzuschliessendes Reich der geistigen Schöpfungen und Gestaltungen, die Organisation der Menschengeister und ihrer inneren, auf die äussere zu übertragenden Welt begründen. Mit dem Menschen ist also nach dem Verfasser ein neues Naturreich, *) das des Geistes gegeben, wie das Pflanzenreich mit dem Auftreten der ersten Zellen und das Thierreich mit dem Freiwerden der Fruchtzellen der ersteren von dem sie erzeugenden Boden gegeben war. Dem äusseren oberflächlichen Ansehen nach scheint der Mensch ein Thier zu sein. Aber in Wahrheit steht er mit dem, was ihm das Eigenthümliche gibt, d. i. mit seinen geistigen Anlagen und Fähigkeiten so einzig in der Schöpfung da, dass man ihn mit Recht als den Anfangspunkt einer neuen synthetisch geistigen Schöpfung ansehen kann. Mit höchster Wahrscheinlichkeit konnte der Mensch nicht eher auftreten, als bis alle Organe und Gewebe, aus denen er besteht, vollkommen gebildet waren, gerade so, wie diess noch heute im Embryo geschieht. Könnte man nun aber auf diese Weise gewissermassen auch die gesammten, unter dem Menschen stehenden organischen Schöpfungen als ebensoviele auf den verschiedenen Entwicklungsstufen des menschlichen Embryo stehen gebliebene und selbstständig gewordene Individuen ansehen, so folgt daraus noch keineswegs, dass sich nun auch jede höhere Stufe aus der vorhergehenden herausgebildet, oder der aus ihr hervorgehende Keim sich in einigen ihrer Individuen sogar während ihres Lebens schon zu höheren Stufen entwickelt hätte; ja es muss diese Annahme sogar für um so unwahrscheinlicher gehalten werden, als alle Metamorphosen, die wir sehen, fürs Erste immer nur bei den Individuen niederer Gattungen vorkommen und auch diese dann nie die Art und noch weniger die der Gattung überschreiten. **) Vielmehr würde es sich rechtfertigen lassen, wenn man annehmen wollte, dass in den allerersten entstehenden Zellen schon eo ipso die Möglichkeit oder Fähigkeit mitgegeben war, in organischer Hinsicht, mit Hülfe der Kräfte der äusseren Natur Alles zu werden, was nur die Umstände erlauben würden. Ebenso wie dann das, was nach der Entstehung des Pflanzenreichs Thierzelle werden konnte, diess auch wurde: ebenso entwickelten sich weiterhin, in parallel fortlaufendem Gange, diese animalischen Urzellen, je nach

---

*) Dass es Naturreich genannt wird, hebt seine Geistigkeit nicht auf, da ja schon das gewöhnlich dem Geisterreich entgegengesetzte Naturreich als aus dem göttlichen Geiste entsprungen selber schon geistig ist

**) Man sieht, wie der Verfasser hier sich gegen den Darwinismus erklärt.

den Umständen und den sie umgebenden Natureinflüssen, diese nur
soweit, andere weiter, zu selbstständigen Gattungen, verhältnissmässig
nur wenige aber bis zur höchsten organischen Entfaltung, d. i. bis
zur menschlichen, und auch diese mussten dann nothwendigerweise
wieder nach den verschiedenen klimatischen und andern Natureinflüssen in verschiedenen Racen auftreten. Bedenken wir hiebei,
wie bei gleichen ursprünglichen Anlagen die Energie zu Ausbildung
derselben doch nie die gleiche ist und die höchste stets viel spar-
samer angetroffen wird, als die mittelmässigen und schwächsten, so
muss es der ausgesprochenen Annahme zufolge dann auch ganz
begreiflich sein, wie die Zahl nicht nur der Gattungsarten, sondern
auch ihrer Individuen dadurch immer mehr abnehmen musste, je
mehr Energie und Widerstandskraft nöthig war, es bis zum höchsten
Gipfel der organischen Ausbildung zu bringen.

Von diesem Standpunkte aus erklärt sich nun der Verfasser
mit vollkommen gültigen Gründen sowohl gegen die Materialisten,
wie gegen die (deistischen oder auch zwischen Deismus, Pantheismus
und Materialismus schwankenden) Darwinianer und alle Vertheidiger
der generatio aequivoca. Gegen die Ableitung des Menschen aus
dem Affen oder irgend einer andern Thierart spricht er sich mit
einsichtsvollen Gründen so entschieden aus, als wir es früher nur
immer gethan haben. Ebenso mit Recht nimmt dann der Verfasser
die Teleologie in Schutz und zeigt, dass ohne die gültige Annahme
derselben von einer Moral, einer Bestimmung, einer Aufgabe des
Menschen gar nicht die Rede sein könnte, dass aber auch der
theoretische Materialismus bei nur einiger Consequenz zu dem Materialismus des Lebens führen müsse und folglich zum Verderben
des Menschen und der Menschheit.

In der zweiten Abtheilung geht der Verfasser zur Betrachtung
des Menschengeistes über und erörtert in drei Capiteln das Wesen
des Menschengeistes, das eigenthümliche Leben desselben und seine
Stellung in der Natur.

Was nun der Verfasser zunächst über Geist und Materie gegen
den Materialismus, besonders Büchner's, ausführt, ist zum grössten
Theil vollkommen gültig und zeigt den Materialismus recht in seiner
Blösse. Nicht weniger bringt er vieles Gültige über den Unterschied
des Menschengeistes und der Thierseele vor, sowie er über die
eigenthümlichen Ideen und Triebe des Menschengeistes viel Gutes
entwickelt. *) Geht er nun im 3. Capitel zur Betrachtung der Freiheit

---

*) Den Creatianismus zieht der Verfasser gar nicht in Untersuchung und
sichert sich nicht gegen die Möglichkeit, dass dieser sich begründet erwiese, wo

und Unfreiheit des Geistes über, so findet sich auch hier nicht wenig Anerkennenswerthes, aber er nimmt doch die Freiheit des Geistes in einem Sinne, in welchem sie nicht über den Determinismus hinauskommt. In der Untersuchung über die persönliche Fortdauer des Menschen erhebt sich der Verfasser entschieden über den Standpunkt Oken's und nähert sich der Lehre von der Möglichkeit einer Vergeistigung der Natur, ja er spricht sie aus, indem er von der Möglichkeit eines im Jenseits fortbestehenden Systems von (immateriellen) Kraftatomen (Kraftmomenten) spricht.

Die dritte Abtheilung: der Gottesbegriff des Menschengeistes, handelt von Gott, Glauben und Religion. Hier vollendet der Verfasser gewissermaassen seine Beweisführungen gegen den Materialismus und zeigt die Seichtigkeit der Gründe seiner Vertreter gegen den Gottesglauben. Er erklärt mit Recht die materialistische Philosophie, welche allen und jeden Glauben an irgend etwas Uebersinnliches von Grund aus auszurotten strebt, für das Allerverderblichste, was nur irgend ersonnen werden kann, und er hätte hinzufügen können, dass es auch das Allerunvernünftigste und Verstandloseste ist. Beides geht immer Hand in Hand. Dagegen wird nun gezeigt, dass in allem Thun der Natur, im Einzelnen wie im Ganzen, die Offenbarung einer einheitlichen leitenden Idee unverkennbar ist, also auch angenommen werden muss, dass aber die Idee nicht auf sich selber ruhen kann, sondern nur Gebilde eines Ideebildenden, folglich selbstbewussten Wesens sein kann. Der Pantheismus sieht sich zwar genöthigt, ein absolutes Wesen anzuerkennen, spricht ihm aber an sich das Bewusstsein ab und statuirt es blos als Potenz im Absoluten, welche erst im Menschen, in der Menschheit, zur Verwirklichung gelange. Der Verfasser erkennt die Unzulänglichkeit dieser Lehre, welche nicht die geringste Kritik aushält, meint aber im Grunde, sobald der Pantheist erkenne, dass die Lehre von einer blinden Gottheit mit dem Atheismus zusammenfalle, könne ihm der Uebergang zum philosophisch-christlichen Gottesbegriff nicht eben schwer werden. Hier drückt sich nun der Verfasser in folgender charakteristischer Weise also aus: „Wird angenommen, dass sich die ewig schaffende Naturkraft nur im Menschen zum Bewusstsein komme, ausserdem aber kein eigenes Selbstbewusstsein habe, so schliesst diess unbedingt nicht nur jeden Begriff eines über der Natur und der Menschheit stehenden „höchsten Gedankens" aus, sondern es macht auch das im Menschen sich zum Bewusstsein kommende

---

dann sein Generationismus eine Umgestaltung erfahren müsste. Man möge die Anthropologie von Dr. Carl Werner vergleichen.

Gottesgefühl (welches der Verfasser allen Menschen in grösserem oder minderem Grade zuschreibt) zu einem gegenstandslosen, dem nichts in der Natur entspricht als entweder eine ewige, nach blindem Triebe ein ewiges Ideal verfolgende Idee oder der blinde Zufall in den Wirkungen gewisser von Ewigkeit her „zusammengewürfelter" und sich gegenseitig bekämpfender oder unterstützender Kräfte oder Stoffe, bei denen dann immer die Frage übrig bleibt, woher sie kommen. Wird dagegen das Weltall nicht als das gesammte, sondern nur als das sinnlich erscheinende oder in sichtbaren Formen sich offenbarende Wesen Gottes, oder m. a. W., als der in ewig unerschöpflichen Gestaltungen in die Erscheinung tretende Gott angesehen, und die diesen Erscheinungen zu Grunde liegende Idee von diesen ebenso getrennt gedacht, wie unser geistiges Ich von seinen Gedanken oder von seinem Leibe, so kommt dieser pantheistische Gottesbegriff, welcher aus der materiellen Schöpfung den erscheinenden Leib Gottes macht, dem christlichen, der einen mit seiner Alles in Allem wirkenden Kraft allgegenwärtigen, d. h. als ewige Kraft Alles durchdringenden Gott annimmt, sehr nahe, und es braucht der Pantheist nur der in der Natur waltenden ewigen Schöpferkraft auch ein Selbstbewusstsein zuzuschreiben, um seinen Gottesbegriff ganz mit dem höhern der christlichen und selbst der Paulinischen Philosophie übereinstimmend zu sehen.

Dazu sieht sich aber die Wissenschaft nach dem Verfasser darum genöthigt, weil ebenso wie die verschiedenen Sonnensysteme in dem Centralatome alles Seins ihren ewigen Gravitationspunkt finden, so auch diess in Bezug auf das Bewusstsein der einzelnen Ichs gelten und diese ebenfalls einen absoluten Centralpunkt haben müssen, in dem alles einzelne Bewusstsein zusammentrifft und von dem das einheitliche Zusammenwirken ausgeht. Auch könnte das Ich gar kein Selbstbewusstsein haben, wenn nicht das gesammte seiende, werdende und noch in der ewigen Idee verborgene All ein Centralbewusstsein von sich selber hätte. Gott ist daher, im engern Sinne des Wortes, das absolute, unbedingte Ich, das sich selbst und Alles unmittelbar erkennende, empfindende, wollende und mit der Natur unzertrennlich verbundene Centralatom der ewigen, Alles in Allem wirkenden Naturkraft, das sich zum Ganzen der Natur gerade ebenso verhält, wie das Ich des Menschengeistes zum Menschen. Gottes Denken ist daher, wie Herr Oken sagte, ein Schaffen, und alle werdenden Dinge sind Vorstellungen Gottes von allen in jedem gegebenen Augenblicke vorhandenen Möglichkeiten des wirklichen Seins. Dabei muss dann zugleich das Selbstbewusstsein oder Sichselbstschauen Gottes je nach den in ihm liegenden einzelnen Wesen-

heiten als ein verschiedenes gedacht werden, indem er sich einmal
nur als das absolute, der Natur gegenüberstehend gedachte Ich oder
als den Centralpunkt aller Thätigkeit, ein andermal in dem Inbegriff
aller seiner Kräfte und Naturthätigkeiten, und ebenso wiederum als
den mit seinen verwirklichten Vorstellungen oder Schöpfungen Alles
in Allem erfüllenden Gott, und endlich auch noch nur in Bezug
auf die in ihm liegenden ewigen Ideen und Ideale, als den Schöpfer
und Lenker alles Werdenden schauen und betrachten kann. Der
selbstbewusste Wille Gottes richtet sich stets auf die unbedingte
Verfolgung der Ideen oder Ideale, und wie es nur ein einziges Ziel
der absoluten Vollkommenheit gibt, so ist das Wollen Gottes durch
die absolute Vollkommenheit seines eigenen Wesens im Grossen
wie im Kleinen unabänderlich gegeben.

Diese Gotteslehre steht hoch über dem Materialismus, Naturalismus und insgemein sogenannten Pantheismus. Sie erhebt sich
zur Erkenntniss Gottes als der dreieinigen Urpersönlichkeit und der
Unsterblichkeit des menschlichen Geistes und sucht auch der Freiheit
des Willens eine bedingte und relative Berechtigung zu erhalten.
Sie nimmt aber die Welt als Selbstverwirklichung Gottes, wenn
auch des persönlichen Gottes und charakterisirt sich so als eine
Form des Persönlichkeitspantheismus, kosmischen Theismus, Halbpantheismus oder wie man sonst diese die Welt als Ausgestaltung
Gottes fassende Lehre nennen will. Es ist im Wesentlichen der
gleiche Standpunkt, den späterhin Schelling einnahm und der in
verschiedenen Modificationen und Variationen sich durch die Systeme
Weisse's, Fechner's, Lotze's und Anderer hindurchzieht. Einige,
wie Carl Werner, wollen den im Wesentlichen gleichen Standpunkt
auch bei Baader gefunden haben, womit sie nur zeigen, wie wenig
tief sie in den Geist dieses theistischen Philosophen eingedrungen
sind. Der Verfasser berührt sich nicht selten mit Oken, hat aber
dessen Standpunkt insofern wesentlich überschritten, als er n i c h t
mit ihm alles Geschaffene als vergänglich dem Untergang geweiht
sein lässt, sondern monadologisch die Unvergänglichkeit aller wirklichen und wahren Einzelwesen im Wechsel ihrer Verbindungen und
Trennungen festhält. Hier hat er nicht gezeigt, wie sich der
Monismus seiner Lehren mit der Monadologie (die er Atomistik
nennt) soll vereinbaren lassen. Hätte Oken sich von dieser Ver-
einbarkeit überzeugen können, so würde er sich ziemlich sicher seinem
strengen theistischen oder halbtheistischen Monismus, der die Vergänglichkeit alles Geschaffenen verlangte, entzogen haben. Oken
ist nicht, wie man so häufig sagen hört, Naturalist, noch weniger
Materialist, sondern die Persönlichkeit Gottes, der ihm sogar der

dreipersönliche ist, steht ihm ausser aller Frage, und der Ursprung
aller Dinge ist ihm daher Abkunft aus dem (absoluten) Geiste, und
darum sind sie ihrem innersten Wesen nach geistig, aber ihre innere
Geistigkeit enthebt sie nicht ihrer Endlichkeit nach seiner Auffassung,
und darum gelten sie ihm ohne Ausnahme, ob bewusstlos oder bewusst, ob vernunftlos oder vernünftig, für vergänglich. *) Ihre
Vergänglichkeit liegt ihm nicht in einer Nichtgeistigkeit, denn geistig
sind sie alle auf verschiedenen Stufen ihrer Entwickelung, sondern
in ihrer Endlichkeit. Diesen Standpunkt Oken's, so wenig er der
höchste ist, hat nicht einmal Hegel erreicht, da alle Beweisversuche
z. B. von Rosenkranz, dass er die Persönlichkeit Gottes gelehrt
habe, unzutreffend und unzulänglich sind. Wohl aber steht fest,
dass er wie Oken die Unvergänglichkeit der geschaffenen Wesen,
der sogenannt natürlichen wie der geistigen nicht lehren konnte.
Indem Rosenkranz die Persönlichkeit Gottes und die Vergänglichkeit
aller geschaffenen Wesen aufstellt, tritt er, ohne es recht zu wissen,
wie es scheint, dem Standpunkt Oken's bei und vindicirt unrichtig
für Hegel den Standpunkt Oken's. Man kann von diesem Ergebniss
überrascht sein, allein beim Lichte betrachtet verhält es sich damit
nicht anders. Der Versuch einer Wiedererweckung der Hegel'schen
Philosophie, wie ihn Rosenkranz in der Schrift: Hegel als deutscher
Nationalphilosoph, unternommen hat, ist gänzlich misslungen und
musste misslingen. So wenig die Schreibfedern der Ultramontanen
das Mittelalter wieder erwecken können, so wenig kann die Schreib-
feder des Philosophen Rosenkranz den überwundenen Hegelianismus,
vollends in einer Form, die er gar nicht hatte, in das Leben wieder
zurückrufen. Und wenn zum hundertjährigen Geburtstage Hegel's
zehn und zwanzig Schriften ihn wieder erwecken wollen sollten, so
wird sich doch bald die Eitelkeit ihres Strebens an das Licht stellen.
Hegel wird wohl fortwirken, aber nicht anders wie jeder bedeutende
Philosoph der Vergangenheit, der durch den fortschreitenden Geist
der Zeit überflügelt worden ist. Den Ideen nach, wenn auch nicht
der entsprechenden Gestaltung derselben nach, ist aber Hegel namentlich von Baader überflügelt worden. **) Wenn sich Rosenkranz

---

*) Lehrbuch der Naturphilosophie von Oken. Zweite umgearbeitete Auf-
lage (Jena, Frommann 1831) S. 13, 14 ff., 21 ff.

**) Wäre Baader's Lehre nicht eine totale Weltanschauung trotz ihrer nicht
systematischen Gestalt, so könnte freilich davon nicht die Rede sein. Sie ist
aber eine solche und zwar äusserlich weniger zersplittert als z. B. das philosophische System des Leibniz, innerlich aber geschlossener, energischer und
mit sich selbst zusammenstimmender. Es ist daher eine starke Unkunde, wenn
R. Zimmermann (Studien und Kritiken zur Philosophie und Aesthetik I, 367)

darin gefällt, die Lehre Baader's zu verballhornen, so werden seine
Entstellungen nur dazu auffordern, aus den Quellen die wirkliche
und wahre Lehre Baader's kennen zu lernen, und man darf sie nur
in ihren Hauptgrundzügen erfassen, um zu erkennen, wie tief und
hoch sie über Hegel hinausführen. Aber auch die höher zu stellende
Lehre Dr. Jahr's reicht nicht an die Tiefen der Lehre Baader's, so
wenig als Neuschelling, Weisse, Fechner oder Lotze. Denn indem
sie den Schöpfungsbegriff eliminiren oder in den Begriff der Selbst-
generation oder Selbstausgestaltung Gottes verwandeln, verlieren
sie den Wesensunterschied Gottes von der Welt, wonach alles
„Geschaffene" nicht geschaffen, sondern gezeugt wäre und somit
nur Modification Gottes, in jedem Sinne unselbstthätig, unselbst-
ständig, unfrei und durch und durch determinirt. So würde alles
Geschehene zur für sich wesenlosen Erscheinung des Absoluten
herabsinken, und die Weltwesen würden den Charakter blosser
determinirter Erscheinungen sogar dann nicht verlieren, wenn man
sie als unvergängliche Determinationen erweisen könnte, d. h. wenn
man zeigen könnte, dass sie ins Endlose hin nur immer aus einer
Gestalt der Erscheinung in andere Gestalten übergingen.

Diese strengen Folgerungen werden von dem Verfasser nun
aber nicht gezogen und von den geschaffenen Wesen wie von relativ
selbstständigen gesprochen. Wie Spinoza im Grunde doch nur
Mystiker, aber in falscher Form war, so hält sich auch der Verfasser
überzeugt, dass es keine wahre Religion ohne Mystik geben könne.
Er würdigt sehr wohl den verborgenen Umgang des menschlichen
Herzens mit Gott und gibt der Forderung, dass das Leben des
Menschen ein stetes Gebet sein soll, die richtige Bedeutung einer
steten Erhebung des Herzens und der Gedanken zu Gott. Dass
ein solcher Mann auch der Bibel eine hohe Bedeutung einräumen
werde, war zu erwarten, und er erkennt in der That an, dass sie
mehr als irgend ein anderes Buch in der Welt Alles enthalte, was
der Mensch bedürfe, um sich aus ihren Lehrsätzen die höchste,
reinste, idealste und untrüglichste Religion zu bilden. Da sollte er

vorgibt, Baader sei nie über den Aphorismus hinausgekommen. Seine Unkunde
verräth sich auch darin, dass er Baader's Tagebücher, die dem 11. Bande angehören, dem 15. zuweist, der vielmehr die Biographie und den Briefwechsel
enthält. Es lässt sich schon a priori erwarten, dass ein Philosoph, der den
grössten als ebenbürtig erkannt worden ist, nicht 14 bis 15 Bände Aphorismen
geschrieben haben wird. Wann werden die Jünger Herbart's, unter welchen
R. Zimmermann einer der vorzüglichsten ist, Baader's Werke ernstlicher zu
studiren beginnen? Wüssten sie, dass Baader keineswegs Monist (wohl aber
Monotheist) ist, so würde vielleicht eher Aussicht dazu vorhanden sein.

denn doch billig denjenigen Philosophen beachtet haben, der wie kein Anderer mit den Grundlehren der Bibel übereinstimmt und ihre grandiosen Anschauungen für eine tiefere Philosophie verwerthet. Selbst die Idee der Gottmenschheit gilt dem Verfasser als eine wohlbegründete, weil sich ein Mensch denken lasse, in welchem, gleichsam als in der Blüthe des Menschengeschlechtes, ebenso wie die sämmtlichen Organe der Pflanzen und Thiere im Menschen, so auch alle geistigen und moralischen Eigenschaften, deren überhaupt nur die Menschheit fähig ist, zusammengefasst auftreten könne. Leider nur, meint der Verfasser, hätten wir viel zu wenig unwiderlegliche Nachrichten über Christi Person, um aus diesen einen über allen Zweifel erhabenen Beweis von der in ihm „leibhaftig sichtbar werdenden Vollkommenheit Gottes" führen zu können, und es bleibe, was seine Person betreffe, eine reine Glaubenssache, während die an seine Person geknüpfte Idee eines in Menschengestalt auftretenden Gottes in der That eine sehr annehmbare und richtige sei. Während also gewisse Rationalisten die Vollkommenheit Christi nicht bezweifeln und nur über die Schwierigkeit nicht hinwegkommen können, wie Gott ein endliches, wenn auch das höchste der endlichen, Wesen werden kann, wie wenigstens die dogmatische Lehre die Sache zu fassen scheint, findet der Verfasser darin gar keine Schwierigkeit und hält nur einen streng wissenschaftlichen Beweis nicht für ausführbar, die Vollkommenheit Christi sicher zu stellen, während er dem Glauben an diese Vollkommenheit nicht wehren will. Diesen Glauben angenommen, findet der Verfasser in dem Opfertod Christi als einer unverdienten, freiwilligen Opferung zur Sühnung der Schuld der Menschheit das eigentliche Wesen des Christenthums und kann ihre Wirkungen nicht hoch genug anschlagen. Ja, er glaubt sagen zu dürfen: „Wäre sie (die Opfertodlehre von Christus) die Angel geblieben, um welche sich das Christenthum gedreht, so würde dieses vielleicht schon lange die beglückendste Religion Aller sein, indem die ausgesprochene Wahrheit dem gemeinsten Manne ebenso einleuchten muss, wie dem grössten Philosophen, und es gewiss wahr ist, dass Jeder, der in dem überzeugten Glauben an diese höhere Bedeutung des Opfertodes Christi lebt und handelt und den geistigen Christus als das Ideal menschlicher Selbstverleugnung zum Besten des Ganzen und zum Wirken für das geistige und leibliche Wohl seiner Mitmenschen zum Vorbilde nimmt, unausbleiblich auch zu einem wahrhaft glücklichen und Heil und Segen um sich her verbreitenden Leben gelangt." Eine gesammte Religionsphilosophie zu entwickeln hat hier der Verfasser nicht beabsichtigt. Daher fehlt vor Allem die Lehre von den letzten Dingen, welche

auf die Nothwendigkeit gcführt haben würde, auch die ersten befriedigend zu begründen. Es würde sich dann herausgestellt haben,
dass auch der Persönlichkeitspantheismus, welcher dem ächten
Theismus und somit der Wahrheit am nächsten steht, überschritten
werden muss und in keiner Weise anders überschritten werden kann,
als ihn Baader überschritten hat.

Wir scheiden von dem geistreichen Buche wohl des bedeutendsten
unter den lebenden Homöopathen mit dem Wunsche, dass es vielseitigst
beachtet werden und dass ihm bald die Fortsetzung folgen möge.

59.

Aus Briefen an den Herausgeber der Philosophi-
schen Monatshefte (J. Bergmann).

Die moderne Naturwissenschaft, soweit sie sich zum Materialismus bekennt, meint auf sicheren Grundlagen zu ruhen, während
sie doch nur auf Hypothesen beruht, deren Hauptstamm noch dazu
voller Widersprüche ist. Die Hauptentdeckungen in den Naturwissenschaften, wenn nicht die grösste Zahl derselben überhaupt,
sind von Nichtmaterialisten oder ausgesprochenen Gegnern des
Materialismus gemacht worden, häufig aber sofort von den Materialisten gleichsam mit Beschlag belegt und in ihre Vorstellungen
umgedeutet worden. So haben sie, um nur Einige zu nennen, von
Copernikus, von Newton, von Darwin, von R. Mayer zu profitiren
gesucht und es scheint ihnen fast gelungen, den ursprünglich nicht
materialistischen deistischen Darwin in's Schlepptau zu nehmen,
während sie von R. Mayer ein entschiedenes Dementi erhalten haben.
R. Mayer stellte bekanntlich die Lehre von der Erhaltung der Kraft
und der Umwandlungsmöglichkeit aller Kräfte auf. Sofort bemäch-
tigten sich die Materialisten dieser Lehre und deuteten sie nicht
bloss in den Materialismus um, sondern zogen auch aus der Wärmetheorie R. Mayer's die absurde Folgerung, dass dereinst irgendwann
eine allgemeine Materienerstarrung in das Endlose hin eintreten
müsse. Ja, man vermaass sich, diese Absurdität als eine unausweich-
liche Wahrheit mathematisch bewiesen haben zu wollen. Aber schon
A. Fick gab dieser Behauptung eine bedenkliche Wendung, indem
er in seiner Schrift: Die Naturkräfte in ihrer Wechselwirkung, sich
schliesslich vor die Alternative gestellt glaubt: „entweder sind bei

den höchsten, allgemeinsten und fundamentalsten Abstractionen der Naturwissenschaft wesentliche Punkte übersehen oder — wenn diese Abstractionen vollkommen streng und allgemein gültig sind (d. h. wenn die Annahme eines dereinstigen allgemeinen Todes eine sicher erwiesene Erkenntniss ist) — dann kann die Welt nicht von Ewigkeit her da sein, sondern sie muss in einem von heute nicht unendlichen Zeitpunkt durch ein in der Kette des natürlichen Causalnexus nicht begriffenes Ereigniss, d. h. durch einen Schöpfungsact entstanden sein." Man sieht, dass Fick von der Beweiskraft der auch von Clausius versuchten Argumente für den dereinstigen allgemeinen Tod oder die allgemeine Materienerstarrung, welche, wie es scheint, von den geistigen Wesen nichts übrig liesse, nicht allzutief durchdrungen ist. Es stieg in ihm ein gerechter Zweifel auf, der ihn sogar dahin führt, die Möglichkeit des Entstandenseins der Welt durch einen Schöpfungsact nicht von der Hand zu weisen. Dass dieser für Fick vorerst problematische Schöpfungsact auf Gott als absoluten Geist und Schöpfer zurückführen würde, kann doch wohl kaum zweifelhaft sein. Offenbar hat Fick sich der Erwägung nicht entschlagen können, dass, wenn die Welt, wie die Materialisten behaupten, ungeschaffen von Ewigkeit wäre, sie von unendlicher Zeit her sein müsste, dann aber in jedem Zeitpunkt der Vergangenheit schon eine unendliche Zeit abgelaufen sein müsste und dann weder begreiflich würde, wie es zu unserer Zeit habe kommen können, noch wie vollends, wäre diess auch möglich, ein dereinstiger Stillstand der Zeit, die ohne Zeitliches keine Zeit wäre, sollte eintreten können. Auf der Naturforscherversammlung zu Insbruck im Herbste 1869 hat R. Mayer einen Vortrag gehalten, worin er ausdrücklich den Folgerungen von Helmholtz, Clausius und Anderen aus seiner Wärme- und Kraft-Theorie überhaupt entgegentritt und, noch weitergehend, den Materialismus für unberechtigt erklärt. In der That bewegt sich der Materialismus in den auffallendsten Widersprüchen, die ihm oft genug, sogar schon im Alterthum nach dem damaligen Stand desselben, nachgewiesen worden sind. Aber wie die Materialisten in der Regel ohne philosophische Bildung oder doch nur von dürftiger philosophischer Bildung sind und doch naturalistisch und dilettantisch in den Tag hinein zu philosophiren unternehmen, während sie doch schon die elementarsten Grundsätze einer richtigen Erkenntnisslehre ignoriren oder verleugnen, so beachten sie entweder die Gründe der Gegner des Materialismus nicht, oder sie verstehen sie nicht. Das Geringste, was man von ihnen verlangen kann, ist, dass sie diese Gegengründe in einem umfassenden Werke einer wirklich philosophischen Prüfung unterziehen, da sie ja doch als

Philosophen, und welche Philosophen! gelten wollen. Denn dass
der Materialismus keine Erfahrungsthatsache ist (Thatsache ist bloss,
dass es Naturforscher gibt, welche eine materialistische Weltanschauung
als Wahrheit geltend zu machen suchen), sondern eine Theorie über
wirkliche oder vermeintliche Thatsachen, sollte ihnen doch wohl einleuchtend sein. Dann aber haben sie sich vor Allem dem Forum
der philosophischen Erkenntnisstheorie zu stellen und zu zeigen, ob
sie im Besitz einer richtigen Erkenntnisstheorie sind oder nicht.
Nach sämmtlichen Proben einer Erkenntnisstheorie, die mir von
Materialisten bekannt sind, hält nicht eine einzige dem unbefangen
prüfenden Blicke Stand, und wenn eine genügende in dieser Richtung möglich wäre, was ich nicht einräumen kann, so müsste sie
erst noch geschaffen werden. Was soll man z. B. dazu sagen, wenn
der Materialist, obgleich er seine eigenen Gedanken nie sinnlich
wahrnehmen kann, doch behauptet, dass alle über das Sinnliche
hinausgehenden Gedanken ungültig oder doch unzuverlässig seien
und wenigstens wegen Unzuverlässigkeit wissenschaftlich ungültig.
Als ob er nicht schon damit seinen eigenen materialistischen Gedanken, die als solche doch nicht Materie und nicht sinnlich wahrnehmbar sind, den Todesstoss gäbe! Nun vollends will er trotz jener
Behauptung doch wissen, dass die Welt ewig sei, dass alle Dinge
nur wechselnde Combinationen ewiger Atome seien, also dass unwahr-
nehmbare kleinste Körper absolut seien, dass sie kraftbegabt seien,
obgleich Kraft nach ihnen nicht sinnlich wahrnehmbar ist, dass der
Geist nur Function gewisser Complicationen, Aneinanderlagerungen
der Materie, also der Atome sei etc. Wie doch Menschen, geistige
Wesen, gelehrte und nicht selten geistreiche Forscher voller Widersprüche sein können, ohne es entweder zu merken oder ohne die
Kraft zu haben, aus ihren Umstrickungen sich denkend zu befreien!

———

Fr. H. Jakobi und Fr. Baader hatten sich eine Zeitlang berührt und Briefe gewechselt, entfremdeten sich aber später mehr
und mehr. Ich gedenke Ihnen nächstens eine ungedruckte Reliquie
aus jenem Briefwechsel mitzutheilen. J. Hamberger, der Jünger
Baader's, hat nun kürzlich Weisheitssprüche von Jakobi (Gotha,
Perthes 1869) herausgegeben, welche zu einer Vergleichung der
Lehren beider Philosophen ermuntern könnten. Friedrich Schlegel,
der freilich sehr wechselnden Eindrücken unterlag, erklärte im Jahre
1814 in einer Unterredung mit Victor Cousin Jakobi, Schelling und
Baader für die drei grössten Männer Deutschlands. *) Ob Jakobi

———

*) Hoffmann's Philosophische Schriften I, 286, wo die Revue des deux
mondes als Quelle angegeben ist.

und Schelling bei Schlegel auch später noch diesen hohen Rang
einnahmen, ist eine andere Frage. Thatsache aber ist, dass Schlegel
schon in einem Briefe an Sulpiz Boisserée im Jahr 1811 aus Wien
schrieb: „Könnte er (Baader) schreiben, so wie er zu sprechen versteht, so würde von Schelling und Fichte wenig mehr die Rede
sein (?). Sonderbar, dass das Schreibenkönnen eine so abgesonderte
Gabe ist." *) Wenn er dann freilich ihn doch wieder noch sehr
beschränkt, nur besser als jene, nur leidlich findet, denselben Mann,
den er gleich darauf den merkwürdigsten, den geistvollsten, den
tiefsten Menschen, den er seit lange gesehen, nennt, so drängen sich
mehrere Fragen auf, von denen ich nur die eine berühren will, ob
Schlegel's Hinneigung zum Ultramontanismus von sonderlichem
Mangel an Beschränktheit Zeugniss ablegen konnte. Ueber diese
und verwandte Neigungen machte Baader Schlegel bei einem Besuch
in Schwabing bei München im Herbste 1827 eindringliche Vorstellungen, für die es Schade ist, dass Schlegel sie nicht irgendwo
brieflich zur Sprache gebracht hat. Baader sprach sein Bedauern
aus, dass er zu Gunsten anderer geistiger Arbeiten seinem eigentlichen Berufe des Aesthetikers, Kunstkritikers und Literatur-Ge-
schichtsschreibers nicht treu geblieben sei. Als Stilist wird Fr.
Schlegel immer einen hohen Rang einnehmen. Wenn Baader gar
nicht nach diesem Ruhme geizte, so will ich die Ursachen davon
ein anderes Mal besprechen und mich hier nur mit der Behauptung
begnügen, dass diess nicht am Mangel des Vermögens dazu lag.
Wer ganz für sich schrieb, was in den Tagebüchern veröffentlicht
worden ist, **) dem konnte das Vermögen einer classischen Darstellungsart nicht mangeln. In jenen Tagebüchern, von denen er
nicht einmal ahnen konnte, dass sie je an das Licht gestellt werden
würden, stellt sich Vieles dem Besten gleich, was in deutscher Literatur jemals hervorgetreten ist. Dass dabei, wie Wirth glaubt, ***)

*) Sulpiz Boisserée. Erster Band, S. 110. Boisserée scheint sich später
dieser brieflichen Aeusserungen Schlegel's nicht mehr erinnert zu haben. In
grosser Unkenntniss der Neu-Schelling'schen Philosophie und ihres Verhältnisses
zur Baader'schen schrieb er im Jahr 1828 von München an Goethe über Schelling, Baader, Hegel Dinge, welche diesen zu falschen Auffassungen führen mussten,
wenn er ihm hierin Vertrauen schenkte.

**) S. Werke Baader's XI. — Die Weltalter: Lichtstrahlen aus Baader's
Werken. Erlangen, Besold 1868.

***) Zeitschrift für Philosophie und philos. Kritik. Neue Folge, fünfund-
zwanzigsten Bandes erstes Heft, S. 168—169. Wenn Wirth dort an dem Titel:
Weltalter Anstoss nimmt, so hat er versäumt, einen passenderen vorzuschlagen
für eine Schrift, welche den Baader'schen Trialismus der Weltgestaltung als
Ab- und Nachbildung des immanenten göttlichen Trialismus hervorheben und

Herder, von dem Baader damals mit Enthusiasmus sprach, von
Einfluss gewesen sei, ist darum nicht zu erweisen, weil eine Aehn-
lichkeit mit Herder's Darstellungsart keineswegs ersichtlich ist. Die
Sprache Baader's trägt auch dort das Gepräge einer markirten
Eigenthümlichkeit.

Hamberger's Auswahl von Stellen aus Jakobi's Werken verdient entschieden alle Anerkennung. Er bringt sie unter drei
Abtheilungen, versäumt aber, diese mit allgemeinen Ueberschriften zu
versehen und gibt nur im Vorwort an, was jede der drei Abtheilungen
enthält: die erste nämlich bezieht sich auf Sittlichkeit, Tugend,
Staatsleben und Civilisation, die zweite hat die Philosophie zum
Gegenstande und die dritte endlich verbreitet sich über den Naturalismus, den Theismus und das Christenthum. Hätte der Herausgeber vorzüglich das theoretische Interesse im Auge gehabt, so
würde er sicher die Philosophie vorangestellt haben. Allein ihn
bewegt vorwiegend das praktische Interesse und von diesem Gesichtspunkte aus wird seine Anordnung verständlich und gerechtfertigt.
Er überschreibt den Titel des Büchleins: „Aus dem Leben und für
das Leben." Er hat es auf eine Art intellectuellen Erbauungsbuches
abgesehen und in diesem Sinne wird es seine Wirkung vielfach
kaum verfehlen. Die Weisheitssprüche Jakobi's sind daher nicht
eigentlich für den Philosophen an das Licht gestellt, sondern für
die gebildete Welt, und dieser kann das gehaltvolle Büchlein reichlich
gute Dienste thun. Auch der Philosoph zwar kann fruchtbare Anregungen daraus empfangen, nur wird er in anderer Weise sie verfolgen, wenn er sie in der Wissenschaft zur Geltung bringen wollte.
Gewiss ist es sehr sinnvoll und wesentlich wahr, wenn auch nicht
streng wissenschaftlich gesagt, wenn Jakobi z. B. erklärt: „Philosophiren ist ein Bemühen, aufwärts zu fahren den Strom des Daseins
und der Erkenntniss bis zu seiner Quelle." Noch schöner, meinem
Gefühl nach, hört es sich an, wenn Jakobi sagt: „Aus Nachsinnen
entsteht Philosophie, die ein Rückweg ist bis zum Anfang. Wer
sich jedes Rückschrittes im Nachsinnen bis zum Anfang bewusst
ist und nun wieder dahin zurückkehrt, wo er sich zuerst gestellt

---

damit wie mit einem Schlage die ganze Weltanschauung Baader's, allerdings
vom Focus der Religionsphilosophie aus, überschaulich machen wollte. Daher
ist diese Schrift keine blosse Auswahl besonders anziehender und anregender
Gedanken, sondern ein Umriss der theoretischen Philosophie Baader's vom Focus
der Religionsphilosophie aus. Sie greift in die Erkenntnisslehre, Metaphysik,
Psychologie und Naturphilosophie ein. Die zweite Auflage der Societätsphilosophie kann als Umriss der praktischen Philosophie Baader's gelten. Beide
Schriften ergänzen sich also.

hatte, hat eine Philosophie erfunden." Sieht man auf den Grundgedanken, so ist er wesentlich wahr. Sieht man auf die Darstellungsart
des Gedankens, so ist es die Ausdrucksweise des Dilettanten in der
Philosophie. Der Grundgedanke selbst ist schon von Platon ausgesprochen worden, aber erst Krause hat eine systematische Ausführung desselben versucht, der andere ähnliche Versuche jedenfalls
hinter sich zurücklässt, wenn gleich auch dieser einer Revision
bedürfen möchte. Diese Weisheitssprüche Jakobi's reihen sich an
diejenigen Schriften an, die in neuerer Zeit unter dem Titel:
„Lichtstrahlen" aus den Werken hervorragender Forscher erschienen
sind und nehmen unter ihnen eine ehrenvolle Stelle ein. Die schöne,
innige, von einem dichterischen Anhauch durchwehte Darstellungsart
Jakobi's ist stets mit Recht anerkannt worden.

Nur um die Verworrenheit zu zeigen, in welcher sich angebliche Naturforscher herumtreiben, sei des Schriftchens gedacht:
Elemente zur Begründung einer mathematisch-physikalischen Orga-
nismenlehre oder Mathesis allein ist Wissenschaft. Von Dr. J.
Christoph Schmidt (München, 1869). Hier wird uns ein krasser
Materialismus im Gewande eines Pseudo-Pythagoreismus geboten,
der unter Anderm von dem Fortgang seiner Mathesis erwartet, dass
„wir uns jenem Geschlechtscultus wieder nähern würden, welcher
in der vorpythagoreischen, überhaupt in der vorgeometrischen Zeit
mit bewunderungswürdigem Scharfsinne in den Tempeln der Lehrer
altägyptischer Theo-Kosmogonie getrieben worden ist." Derselbe
Mann, welcher (S. 44) behauptet, dass der Geist und alles Geistige
nur die oberste Blüthe der Materie und des Materiellen sei, will
die Möglichkeit der Abstammung des Menschen von der „Affen-
schaft" mit mathematischer Schärfe (!) widerlegt haben und diese
Annahme aus einem sicher nur „einer heiteren Weinlaune ent-
sprossenen Libertinenspuke" erklären. Sapienti sat!

Von ganz anderem Werthe ist: Darwin's Hypothese und ihr
Verhältniss zu Religion und Moral (gegen Jäger) von C. Schmid.
Stuttgart, Belser 1869. Der Verfasser argumentirt nicht als Natur-
forscher, sondern als Theolog und Morallehrer, von diesem Stand-
punkte aus aber mit Umsicht und Besonnenheit, so dass seine
Schrift jedenfalls Beachtung und Prüfung verdient.

Die Antritts-Vorlesung des Prof. Dr. J. N. Czermak: Die
Physiologie als allgemeines Bildungselement (Leipzig, Engelmann)
stellt eine energische Thätigkeit an der Hochschule zu Leipzig in
Aussicht. Ich würde den Plan des talentvollen und vielseitig unterrichteten Mannes vollkommen billigen, wenn er nicht auf der

Grundlage eines blind angenommenen Materialismus ruhte, worüber
es nur deshalb ihm und seinen Genossen den Staar zu stechen
schwer ist, weil ihnen die dazu erforderliche philosopische Bildung
gebricht und sie mit einer fabelhaften Leichtigkeit über die Gründe
der Gegner des Materialismus hinwegsehen. Der Materialismus hat
bereits eine Macht über viele Naturforscher gewonnen, die sie so
blind macht für eine tiefere Naturauffassung, wie einst der mythologische Polytheismus blind geworden war für die Wahrheit und
Tiefe des Monotheismus. Ginge es so fort, so wäre ein zweites
Heidenthum im Anzug, mit analogen Folgen und Wirkungen. So
tief ist bereits die Befangenheit und Verstocktheit, dass solche Erinnerungen nur mit sich überlegen dünkendem Lächeln oder auch
mit verhöhnendem Lachen aufgenommen werden.

Schon längst waren mir von Zeit zu Zeit Schriften von Dr.
G. Lautier zu Gesicht gekommen, auf die einzugehen es mir an
Zeit und darum auch an Lust fehlte, weil einige Blicke in dieselben
Mangel an Klarheit bemerken zu lassen schienen. Aus der eben
erschienenen Broschüre Lautier's: Bedeutung und philosophische
Grundlage von Fröbel's Pädagogik (Berlin, Heymann 1870), ersehe
ich nun, dass mindestens zwei Beurtheiler von Schriften aus seiner
Feder diesem Philosophen nicht geringe Bedeutung beilegen, einer
von ihnen sogar seinen Vorlesungen etc. epochemachende Bedeutung zuschreibt. Diess wird mich veranlassen, sobald ich kann,
Kenntniss von Lautier's Schriften zu nehmen. Von diesem Vorhaben
wird mich auch der mir anstössige Umstand nicht abbringen, dass
er sich einen, soviel ich urtheilen kann, nicht bloss grundlosen,
sondern auch ehrverletzenden Ausfall gegen Sie, verehrter Herr
Redacteur, erlaubt. *) Er missdeutet erbittert Ihre Erklärung, dass
die Philosophischen Monatshefte ein Organ für Alle sein sollen, die
bestrebt sind, die philosophische Bildung zu fördern, und findet ein
Arg in der Aufforderung an die Denker der Gegenwart, einmüthig
in dem Streben nach der Wahrheit zusammenzuwirken. Sein Unmuth scheint hauptsächlich durch Ihre Behauptung erweckt worden
zu sein, dass das wahre System der Philosophie, auch in den wesentlichen Zügen, noch nicht geliefert sei. Er glaubt wohl es geliefert
zu haben. Aber wäre dieser Glaube begründet, so müsste er doch

---

*) Wir würden die obige Notiz nicht gebracht haben, wenn wir nicht erst
während der Correctur des Druckes gehört hätten, dass Lautier Anfangs dieses
Jahres gestorben ist. Unterdrücken konnten wir nur noch eine Anmerkung, in
welcher wir den Lautier'schen Angriff in das richtige Licht zu stellen versucht hatten.   Anm. d. Red.

die gelehrte Welt auf eine andere und würdigere Weise zur Prüfung
seines Anspruchs aufzufordern und zu bewegen wissen, als durch
gehässige Ausfälle. Der Schlusssatz seiner Anmerkung zu S. 46
v. Schr. wird ihn zwar sicherlich nicht in den Verdacht bringen,
Schätze aufhäufen zu wollen, aber Niemand wird es der Würde des
Philosophen entsprechend finden, wie der Verf. (l. c.) drucken zu
lassen: „Ein Bericht über Bergmann's erstes Monatsheft ist beim
Verfasser gegenwärtiger Schrift gegen 1 Sgr. (kostenfrei) zu haben."
Ein solches Offert würde, wenn es sich um ein chemisches Präparat
oder etwas Verwandtes handelte, Niemandem auffallen, aber von
einem Philosophen, der das wahre System der Philosophie geliefert
zu haben glaubt und ziemlich deutlich Epoche gemacht haben will,
ist es bis zum Komischen anstössig.

Was nun Lautier's neueste Schrift betrifft, so will ich in eine
erschöpfende Beurtheilung nicht eingehen. Nur einige Punkte will
ich besprechen. Verschiedentlich berührt der Verf. seine, wie er
glaubt, eigenthümliche und neue Lehre von den Widersprüchen
und deren Lösung. Was er in dieser Schrift darüber vorbringt,
scheint mir nicht geeignet zu beweisen, dass er sich über diese
Lehre nicht täusche. Ich kann in dem, was er allgemeine Widersprüche im All nennt, nur nothwendige Unterschiede und daraus
erwachsende Gegensätze erblicken, die in ihrer Normalität zur
Harmonie zusammengehen können und gehen, in ihrer möglichen
Abnormität zu Widerstreiten mannigfaltiger Art werden und aus
dieser feindlichen Spannung zur harmonischen Ausgleichung wieder
hergestellt werden können. Im Wesen der Dinge selber können
keine Widersprüche oder Widerstreite angetroffen werden.

Der Verf. behauptet, Krause habe beabsichtigt, mit der absoluten Einheit des blossen Denkens (nach Hegel) und des Willens
(nach Schopenhauer) die Individualität im Weltlichen zu vereinen.
Hier wäre die Beziehung auf Hegel und Schopenhauer besser weg-
geblieben, weil Krause zur Zeit der Conception seines Systems
kaum an Hegel, sicher aber nicht an Schopenhauer gedacht haben
konnte. Darin hat der Verf. wohl Recht, dass Krause in der
Fassung des Verhältnisses Gottes zur Welt und der Welt zu Gott
nicht befriedigt, man kann sagen: halbpantheistisch bleibt. Und
dennoch kann man nicht mit vollem Rechte, wie der Verf., behaupten, das Krause'sche System sei nur eine populäre und demokratische Ausführung des Schelling'schen. Denn das erste System
Schelling's war ganz pantheistisch und war von Krause überschritten
worden, ehe Schelling seine zweite halbpantheistische Philosophie
aufgestellt hatte. Dass der Verf. über den Pantheismus und Halb-

pantheismus hinausstrebt, ist zu loben, nur wären dazu schärfere Bestimmungen erforderlich. Gegen den Materialismus bringt der Verf. manches Treffende vor, aber es consolidirt sich nicht zu einer durchgreifenden Kritik. Sehr gut äussert er sich über die Bedingungen und Schranken, innerhalb welcher von einer Emancipation des Weibes ernstlich die Rede sein kann und soll.

Ueber Fröbel's Pädagogik begegne ich nicht wenigen guten Gedanken, aber ein Muster von Klarheit, streng wissenschaftlicher Begründung und Durchführung des Themas kann ich in dieser Schrift doch nicht entdecken.

60.

Die Hegel'sche Philosophie in St. Louis in den vereinigten Staaten Nordamerika's.

In St. Louis in Nordamerika besteht seit einer Reihe von Jahren eine philosophische Gesellschaft, aus deren Mitte eine philosophische Zeitschrift hervorgegangen ist, die seit 1867 besteht. Sie erscheint in englischer Sprache unter der Aufschrift: The Speculative Philosophy und hat zum Herausgeber Herrn W. T. Harris.*) Sie verbreitet sich in ihren zahlreichen Artikeln über alle Zweige der Philosophie und die Geschichte der Philosophie, befasst sich vorwiegend mit den Systemen der deutschen Philosophie und unter ihnen am meisten mit dem Hegel'schen, welchem sie den ersten Rang einräumt. Eine so wichtige Erscheinung im fernen Ausland und gerade in demjenigen Welttheil, welchem von unseren vorwärtsblickenden Geschichtschreibern, Geographen und nicht wenigen Philosophen eine ausserordentlich grosse Zukunft zugeschrieben wird, verdient in Deutschland die allgemeinste Beachtung. Ich muss Anderen die Beurtheilung und Würdigung der bisherigen Leistungen der genannten phil. Zeitschrift überlassen und kann mich nur auf die Betrachtung eines Artikels einlassen, der sich im Januarheft 1871 der genannten Zeitschrift (Vol. V, Nr. 1, p. 86—94) unter der Aufschrift: Theism and pantheism, vorfindet. In diesem Artikel, der die Unterschrift des H. Herausgebers trägt, wird eingeräumt, dass die Ideen von Gott, Freiheit und Unsterblichkeit das dreieinige

---

*) Vergl. Phil. Monatshefte von J. Bergmann, Bd. I, S. 132 ff.

Princip bilden, auf welches sich die einzig positive Lösung des Lebensräthsels gründe. Es wird weiter behauptet, dass die Ergebnisse meines Vortrags über Theismus und Pantheismus*) nicht wesentlich verschieden seien von denen Hegels oder seiner Nachfolger und dass es desshalb dem Schreiber ein tiefes Geheimniss bleibe, wie ich Rosenkranz des Pantheismus beschuldigen oder auch Hegel's Glauben an die Unsterblichkeit der Seele bezweifeln könne. Der Herr Verfasser des besprochenen Artikels sucht sich diess aus den Schwierigkeiten zu erklären, welche die (verschiedenartige) Auffassungs- und Auslegungsweise der Hegelianer herbeigeführt habe. Die Unsterblichkeit der Seele lasse sich als Haupt- oder Grund-Inhalt (the subject matter) der gesammten Philosophie Hegel's betrachten. Denn er entwickele dialektisch, was unsterblich sei und was nicht, durch das gesammte Denken und Sein. Hegel finde ewiges Denken — nicht als vage Abstraction, wogegen er sich in der Logik verwahre, wenn er von „Etwas" und von der Negation der Negation spreche — nicht um an solchen allgemeinen Begriffen wie Existenz, Leben, Denken etc. festzuhalten, sondern um sie in ihrer Wirklichkeit als existirende Etwas zu setzen, als lebendig Seiendes. Seine ganze Philosophie sei eine zusammenhängende Demonstration der concreten Universalität der Person gegenüber den abstracten Allgemeinbegriffen des Pantheismus. Er wolle mit Leibniz bejahen, dass wir Personen (Monaden) seien. Es scheine, dass Hegel mehr gekannt werde aus den Traditionen seiner Gegner als durch gewissenhaftes Studium seiner Werke. Amerikanischen Denkern sei es höchlich überraschend, in deutschen Zeitschriften Hegel wie einen Strohmann behandelt zu sehen. Der Verf. findet diess Alles nur zu natürlich in einem Lande, von dem er die Vorstellung hat, dass man da, anstatt die trockenen und weitläufigen Werke Hegel's gründlich zu studiren, den viel bequemeren Weg einschlage, sich über Hegel's Philosophie aus Vorlesungen an den Universitäten zu orientiren.

Ich muss nun vor Allem erklären, dass ich Rosenkranz nicht die Lehre des Pantheismus zuschreibe, sondern sie als Theismus (Monotheismus) anerkenne, insofern jede Lehre theistisch zu nennen ist, die Gott als die absolute Persönlichkeit auffasst. Gilt ihm aber die Welt nicht als Schöpfung, sondern als vollendende Selbstverwirklichung Gottes, wie ich ihn verstand, so kann ich ihn so wenig von dem Einschlag eines halbpantheistischen Momentes freisprechen, als die spätere Lehre Schelling's, welche mit der Aner-

---

*) Philosophische Schriften von Fr. Hoffmann II, 440—468.

kennung der Persönlichkeit Gottes sich dem Theismus zuwandte, von dem Einschlag eines halbpantheistischen Momentes frei zu nennen ist. *) Wäre die Welt die vollendende Selbstverwirklichung Gottes, so wäre sie Gott selbst in seiner Selbsterscheinung, die Gesammtheit ihrer Gestaltungen wäre die Gesammtheit seiner Weisen, Formen, Artungen, Bestimmungen und Bestimmtheiten zu sein. Dann müsste die Welt, das All, gleichewig mit Gott und anfangslos wie grenzenlos existirend, als Erscheinung der Vollkommenheit Gottes vollkommen, allharmonisch und allharmonisirt, leidenlos und wie der Verunvollkommnung unfähig, so der Vervollkommnung unbedürftig, ja unfähig sein. Die Unendlichkeit der Erscheinungsweisen Gottes müsste zwar in beständiger Veränderung, in ununterbrochenem Entstehen und Vergehen und Wechseln und Wandeln der Formen begriffen sein, aber es könnte weder Rückschritt noch Fortschritt der Gesammterscheinung stattfinden und folglich keine Geschichte. Indem alle diese Dinge nur Erscheinungen und nichts als Erscheinungen des einen Wesens Gottes wären, könnte ihnen keine von Gott unterschiedene Wesenheit, keine Selbstthätigkeit und keine Selbstbestimmung und ebensowenig eine individuelle Dauer durch alle Zeit zukommen. Obgleich daher Rosenkranz die Freiheit des menschlichen Willens schon immer gelehrt hat, obgleich er — was ich in seinen Schriften nicht positiv und bestimmt ausgedrückt finden konnte, jetzt aber nach sicherer Erklärung an einen nahestehenden Freund annehme, die Unsterblichkeit der Seele glaubt, so folgen doch beide Annahmen nicht aus dem Princip, nach welchem die Welt nichts Anderes als die Selbsterscheinung und Selbstausgestaltung Gottes wäre. Die Existenz der Welt setzt die ewige Selbstvollendung Gottes voraus und ist nicht Mittel, sondern freie Folge derselben. Rosenkranz leugnet die Gott immanente ewige Natur. Gott ist ihm nicht der seiner ewigen Natur ewig mächtige und gewaltige Geist, sondern der rein ideell sich selbst denkende absolute Denker, der nur Leben hat oder lebendig ist, sofern er sich zur Welt entäussert. Damit muss sein Theismus nothwendig einem Halbpantheismus verfallen. Denn wenn Gott Natur und Leben nicht in sich selbst hat, so bedarf er der Welt, um Natur und Leben in ihr zu gewinnen. Eine Form des Theismus ist darum die Lehre von Rosenkranz doch, und wenn Hegel im Wesentlichen das Gleiche gelehrt hätte, so würde auch

---

*) Ich bestreite nur die Lehre von der Zertheilung der Wesenheit Gottes in die Welt, nicht, wie Herbart, die Abkunft aller Dinge aus den Kräften Gottes. Will man auch diese Lehre pantheistisch nennen, so ist dieser Pantheismus der allein wahre Theismus.

s e i n System als eine Form des Theismus bezeichnet werden müssen. Rosenkranz hat bekanntlich Hegeln den Theismus in seinem Sinne vindicirt. Wesshalb ich mich dieser Auffassung und Auslegung nicht anschliessen konnte, ist von mir in einer Reihe von Nachweisungen auseinandergesetzt worden. Ausser auf die Erklärungen über Hegel in den zwei Bänden meiner „Philosophischen Schriften" verweise ich hierüber auf meinen Artikel in diesen Blättern: Baader, Hegel und Rosenkranz, einen zweiten im 4. Hefte der „Neuen Zeit" von H. v. Leonhardi über Rosenkranz' Auffassung Baader's in seiner Schrift: Hegel als deutscher Nationalphilosoph, einen dritten im 2. Bde. der period. Schrift: „Deutschland" von Wilh. Hoffmann: Baader's Stellung in der Geschichte der Philosophie, und auf eine Reihe von Artikeln und Recensionen, Hegel'sche Philosophie betreffend, in Glaser's Jahrbüchern für Gesellschafts- und Staatswissenschaften und im Allgemeinen Anzeiger für das evangelische Deutschland von Andreä, Cremer und Zöckler.*) Wiewohl es Herrn Harris in St. Louis erschwert sein mag, von diesen Arbeiten Kenntniss zu nehmen, so wird es doch nicht unmöglich sein. Geschähe es, so würde seine Verwunderung über meine Auffassung der Hegel'schen Philosophie vielleicht sich erheblich mindern, vielleicht ganz schwinden. Jedenfalls würde er sich überzeugen, dass die deutschen Philosophen ihre Kenntniss Hegel's nicht aus secundären Quellen schöpfen und dass man Gegner Hegel's sein kann, ohne das Genie und die Verdienste dieses hervorragenden Philosophen verkennen zu müssen. Schopenhauer's leidenschaftliche Schmähungen gegen Hegel sind von keinem einigermaassen namhaften Philosophen in Deutschland gebilligt worden. In deutschen Zeitschriften kommt wohl nicht wenig Unrichtiges in Lob und Tadel über Hegel vor, aber solcher Zeitschriften entsinne ich mich nicht, in welchen er als Strohmann behandelt worden wäre. Alle namhaften Gegner Hegel's unter den deutschen Philosophen räumen ihm den Rang eines hervorragenden Geistes ein. Die namentlich bezüglich der Lehre von Gott, von der Willensfreiheit und der Unsterblichkeit der Seele entgegengesetzte Auslegung Hegel's durch die zwei Fractionen seiner Jünger muss doch wohl ihren Grund in den Werken Hegel's selber haben, sonst könnte dieser Streit nicht Jahrzehnte hindurch fortgeführt worden sein und eine der beiden entgegengesetzten Auslegungen müsste längst den Sieg über die andere davon getragen haben. Statt dessen sehen wir noch im Jahre 1870

---

*) Recensionen der Hegel-Schriften von Köstlin, Schasler, Chlebik und Michelet.

Rosenkranz und Michelet*) sich auf das Schroffeste einander gegen-
überstehen, der Eine den Theismus, der Andere den Pantheismus
Hegel's behauptend und zu erweisen suchend, und nur darin brüder-
lich eins, dass beide trotz entgegengesetzter Auslegung Hegel als
den grössten aller deutschen Philosophen feiern. Gewiss ein merkwürdiges Schauspiel, das uns zwei geistreiche Jünger Hegel's darbieten, deren Jeder nicht ohne Anhang ist. Beide sind Kenner
der Werke Hegel's wie Wenige, beide vielseitig gebildete, gelehrte
und scharfsinnige Männer, fähig aus eigenem Fond eine Philosophie
zu schaffen, wenn sie nicht von jener Hegel's, die sie in jungen
Jahren bereits vorfanden, schon früh tief und wohl allzutief ergriffen worden wären, jeder in seiner Weise, und sich so schroff
seit Jahrzehnten entgegenstehend, dass es zum Verwundern wäre,
wenn nicht noch ein direkter Zusammenstoss, sei es der Führer, sei
es der Jünger, erfolgen sollte. Meine Stellung zu diesem Streite
ist nun die, dass ich Rosenkranz nicht Recht geben kann in der
Auslegung Hegel's, seinen eigenen Fortschritt zum Theismus aber
anerkennend hervorhebe und nur nicht einräume, dass er das Princip
des Theismus ganz durchdacht und durchdrungen habe, in welchem
Falle er Gott als nichtnaturlos und die Schöpfung im strengsten
Sinne als Hervorbringung von Gott unterschiedener Wesen erkennen
würde, und dass ich andererseits Michelet in der Auslegung Hegel's
Recht gebe, aber die Festhaltung des Hegel'schen Panlogismus als
Pantheismus missbillige und verwerfe.

Herrn Harris ist zu empfehlen, die Werke Hegel's nochmals
zu studiren, nachdem er zuvor die Gegensätze in der Hegel'schen
Schule eingehend kennen gelernt haben wird. Dann dürfte er sich
davon überzeugen, dass Hegel zwar die Erkenntniss des Concreten,
des lebendig Seienden, des Individuellen anstrebt, sie aber nicht
erreicht. Wo Alles im ewigen Flusse des Entstehens und Vergehens begriffen gedacht wird, da kann doch von beharrlichen Individuen nicht die Rede sein. Herr Harris nimmt die Lehre Hegel's
als Monadologie. Wenn ihm das Recht dieser Auffassung zu beweisen gelingen könnte, so würde sich freilich das Urtheil über
Hegel's Philosophie, welche von seinen Gegnern als Monismus verstanden worden ist, und nicht minder von der linken Fraction seiner
Schule, bedeutend ändern müssen. Aber den Beweis muss ich für
unmöglich halten.

Wenn aber der Herr Herausgeber des Journals für speculative Philosophie und seine Hauptmitarbeiter den Standpunkt des

---

*) Hegel als deutscher Nationalphilosoph von K. Rosenkranz, und: Hegel
der unwiderlegte Weltphilosoph von Michelet.

Theismus eingenommen haben, so werden sie einräumen, dass die
Wahrheit desselben unabhängig davon ist, ob Hegel ihm gehuldigt
hat oder nicht, und dass, indem wir im philosophischen Theismus
uns zusammen finden als in dem allein wahren System, ein Band
unsere Forschungen und Strebungen umschlingt, welches uns beider-
seits ermuthigen kann und soll, auf der Bahn tieferer Erkenntniss
rastlos fortzuschreiten und den Segen der erkannten Wahrheit in
beiden Welttheilen zu immer grösserer Ausbreitung zu bringen.
Denn wie der Blick des Philosophen theoretisch auf das ganze Weltall
gerichtet sein soll, so soll er theoretisch und praktisch auf Erden
auf die ganze Menschheit gerichtet sein. Der Patriotismus ist nicht
der rechte und gesunde, welcher den Kosmopolitismus, und der
Kosmopolitismus ist nicht der rechte und gesunde, welcher den
Patriotismus ausschliesst. Reichen wir uns also die Hände zum
kräftigen Wirken in diesem Geiste!

61.

Die Natur im Lichte philosophischer Anschauung.
Dargestellt von Maximilian Perty. Leipzig und Heidelberg,
Winter, 1869.

Seit dem Werke: Natur und Idee oder das Werdende und
sein Gesetz von C. G. Carus (1861) ist das vorliegende Werk das
umfangreichste und bedeutendste unter allen, welche in umfassender
Weise die Natur philosophisch zu betrachten unternommen haben.
Eine Vergleichung beider Werke würde ohne Zweifel lehrreich sein.
Doch liegt eine solche nicht in unserer Absicht, wenn auch einzelne
Vergleichungspunkte vielleicht zur Sprache kommen können. Beide
Forscher haben Anregungen aus der Naturphilosophie Schelling's,
Oken's, Steffen's etc. empfangen und eine gewisse Verwandtschaft
des Geistes dürfte nicht zu verkennen sein. Doch ist das Werk
Perty's gesättigter von Erfahrungselementen als jenes von Carus.
Perty unterscheidet zunächst einen allgemeinen und einen speciellen Theil. Der allgemeine Theil handelt von Materie, Organismus, Geist, vom allgemeinen Zusammenhang der Wesen, vom allgemeinen Leben, von Bewegung und Entwickelung, von den Analogien,
der Zweckmässigkeit und den ästhetischen Beziehungen in der Natur,
vom Weltgrund und vom Verhältniss Gottes zur Welt, und endlich
von dem Verhältniss der Natur zur sittlichen Idee. —

Der zweite (specielle und umfänglichere) Theil handelt von den Erscheinungen und Formen der Natur und gliedert sich in folgender Weise.

A. Die Stoffe und Kräfte.
B. Die individualisirten Naturgestalten.
  I. Die kosmischen Individuen oder Himmelskörper.
  II. Die Erde.
  III. Das Reich der Mineralien.
  IV. Die organischen Wesen der Erde. Allgemeine Verhältnisse.
  V. Das Reich der Vegetabilien.
  VI. Das Reich der Thiere.
  VII. Der Mensch und das Reich der Menschheit.

In der Einleitung entwickelt der Verfasser, wie die Naturwissenschaft zur Naturphilosophie werden kann. Jene habe es zunächst mit dem Einzelnen zu thun, diese habe das Ganze im Auge, jene erforsche die wirkenden Ursachen, diese auch die Zweck- oder End-Ursachen. Wie die Naturwissenschaft ihre Aufgaben nur annähernd, unter vielen Irrungen und Missgriffen, erfülle, so könne auch die Naturphilosophie nur durch Verirrungen auf Seitenwege sich langsam ihrem Ziele nähern. Der Verfasser erkennt, dass eine bloss mechanische Erklärung der Natur der Philosophie nicht genüge, dass aber auch die dynamische Naturphilosophie, wie sie Kant, Schelling und Hegel, verschieden modificirt, zu gestalten versuchten, nicht allseitig genüge. Während er alles Construiren der Welt a priori für ein verfehltes Streben erklärt, hat ihn doch die neuere Naturphilosophie zu der sicheren Erkenntniss geführt, dass das Höhere nicht aus dem Niedern zu begreifen sei. Alles, behauptet er mit Recht, kann nur aus dem Höchsten begriffen werden, wenn auch das Niedere als Vermittelung und materielle Grundlage desselben erscheint.

Hierin berührt er sich ganz mit Carus, der Gott als die Voraussetzung aller Philosophie erklärt und behauptet (Natur und Idee S. 14), dass die Naturphilosophie bei jedem Schritt, den sie vorwärts thue, nothwendig einer wahren Theosophie sich nähern und anschliessen müsse. Wenn der Verfasser aber der Naturphilosophie Oken's die entgegengesetzte Construktionsweise zuschreibt, so beruht diess auf einem Missverständniss; da auch Oken das Niedere nur als Vermittelung des Höheren nimmt und Alles zuletzt aus Gott ableitet und insofern so gut Theosoph ist als Carus. Der Hauptfehler Oken's ist, dass er alles Geschaffene vergänglich sein lässt. Mit Recht dagegen bestreitet der Verfasser die Behauptung von David Strauss, dass der Menschengeist „als noch unbewusster Naturgeist die Verhältnisse der Gestirne geordnet, die Erden und Metalle geformt, den organischen Bau der Pflanzen und Thiere eingerichtet" habe, wonach die Wissenschaft bloss eine allmälige Belebung der Erinnerung an diese Thätigkeit wäre. Eine Behauptung, die schon allein verräth, wie weit Strauss, dem linken Flügel der Hegel'schen Philosophie folgend, von ächter Philosophie entfernt war. Sehr schön zeigt der Verfasser, wie die Erkenntniss der Natur, in der Alles zugleich mechanisch, physikalisch, chemisch, organisch und geistig sei, das ganze Wesen des Menschen erfordere, nicht nur Sinne und Verstand, sondern auch Phantasie, Gemüth und Geist. „Die Naturphilosophie darf auch Vermuthungen wagen, manches schwer Zugängliche nach der Wahrscheinlichkeit beurtheilen, in einigen Fällen selbst der Ahnung ein Recht einräumen. Die Realität ist lebendige Macht, der Begriff abstrakte Form, der Verstand erfasst nur den werthvollsten Inhalt des Seins . . . Je wahrer und reicher Geist und Gemüth, desto herrlicher erscheint die Welt, welche in ihrer Majestät und Unendlichkeit dem unendlichen Geiste entspricht." Wenn der Verfasser ausdrücklich hervorhebt, dass blosse Zusammenfassung der Hauptergebnisse der empirischen Naturwissenschaft für die Naturphilosophie nicht genüge und dass sie vielmehr zu den transscendenten Principien der Welt fortgehen müsse, so glaubt er doch vor dem Wahn warnen zu sollen, dass alle ihre Räthsel sich vor dem menschlichen Geiste aufschliessen werden, ohne darum die Möglichkeit, ja die Gewissheit weiteren Fortschreitens der Philosophie überhaupt und der Naturphilosophie ins Besondere leugnen zu wollen.

Im allgemeinen Theile seines Werkes charakterisirt sich der philosophische Standpunkt des Verfassers bestimmter. Dieser allgemeine Theil zeigt, dass der Verfasser zu der Idee Gottes als des absoluten Geistes durchgedrungen ist. Er wirft die Frage auf, ob das Universum aus blinder Nothwendigkeit hervorgegangen sein könne? Seine Antwort darauf lässt sich in folgenden Sätzen zusammenfassen:

Die Vernunft gebietet die Annahme eines geistigen Wesens von unendlicher Vollkommenheit . . . Alles Bedingte fordert ein Bedingendes und das unendliche Universum kann nur durch ein unendlich Unbedingtes bedingt sein . . . Geist kann nur aus Geist entspringen und der subjektive setzt den absoluten voraus . . . . Da die Schönheit und Zweckmässigkeit der Natur nicht mechanisch erklärt werden kann, so erfordern sie die Annahme einer vernünftigen Weltursache . . . Nicht ein blinder Wille kann das absolute

Realprincip sein, der erst aus der Möglichkeit nach der Wirklichkeit strebt, sondern nur ein von Anbeginn her absolut Wirkliches. (Diess ist genau im Sinne Baader's gesagt) . . . Gottes Persönlichkeit ist nicht bedingt durch die Welt. Er ist vielmehr der Urpersönliche, der von Anbeginn an Selbstbewusste, sich selbst Genügende. Weil er erhaben ist über die Begriffe von Objektivität und Subjektivität, so ist auch sein Denken nicht vergleichbar dem Denken einer endlichen Persönlichkeit, sondern ein transscendent absolutes Denken von intuitiver Art, nicht von discursiver, wie das menschliche Denken. Die Gottheit hat ein nach innen gewendetes und ein geoffenbartes Leben. Die göttlichen Potenzen, von Ewigkeit her auseinander hervorgehend und ineinander zurückwirkend, bedingen ein Leben ohne Anfang und Ende, ein Allbewusstsein ohne Unterbrechung, ein Licht ohne Nacht, in welchem Alles, was von jeher wirklich und möglich war, in seiner urbildlichen Form angeschaut wird. Das ist die himmlische Gedankenwelt Gottes, sein ewiges, seliges Leben, welches, von Anbeginn her in sich vollendet, keinem Wechsel unterworfen ist. Mit seinen bildenden und gestaltenden Kräften erzeugt Gott die sichtbare Welt, *) mit ihren Bestimmungen und Zwecken, mit ihrem Werden und Vergehen, mit ihren Entwickelungskämpfen, und ist in dieser Sphäre seines Seins das Innerste der Welt, welches sie schaffend und erhaltend durchdringt, nie schwankt oder irrt, jeden Augenblick das Nothwendige wirkt. Die Kämpfe und Bewegungen der Welt erreichen aber nicht das ruhig über ihnen schwebende selige Sein Gottes. Alles, was im Laufe der Zeiten in der sichtbaren Welt gestaltet wird, in ihr in vergänglicher Form existirt, ausser und nacheinander geschieht, ist nur ein Reflex jener urbildlichen sinnlichen Welt und besteht dort zugleich und miteinander in ewiger Vollendung. Ihre Bildungen sind nicht blosse Vorstellungen oder Gedanken, sondern weil in Gott Schaffen und Denken zusammenfällt, sein Denken das allerrealste Sein ist, so ist auch jene himmlische Welt in höherem Grade als die sinnliche real, und ihre sinnvollen Wunder erschöpft auch die Betrachtung des höchsten Geistes nicht. In der Erscheinungswelt spiegeln sich die Kräfte und Gesetze der Idealwelt Gottes, zu der erstere in einem Abhängigkeitsverhältniss steht.

Von der Idealwelt her haben die erscheinenden Dinge relative Realität, sind substantielle Entfaltung realer Kräfte des Absoluten, darum vernünftig und zweckmässig, zugleich aber beschränkt durch

---

*) Diess setzt voraus, dass Gott der seiner ewigen Natur mächtige absolute Geist sei, was der Verfasser bestimmter hätte hervorheben sollen.

Zeit, Raum und Form. Weil von Ewigkeit her Gott der Allwissende und Allvorhersehende ist, ist von Ewigkeit her der gesetzliche Gang der Welt bestimmt und vorausgesehen. Gott ist der Alldurchdringende und Allgegenwärtige, der Welt immanent und ihr gegenüber zugleich transscendent als der von Ewigkeit her Unveränderliche. Alles Wirken der Dinge aufeinander aus nächster Nähe wie aus weitester Ferne, alle Bewegung von den Atomen bis zu den Himmelskörpern ist nur durch ihn und mit seinem Wissen möglich. Wie er in jedem Atom dessen Schicksale, in jedem Punkte der Bahn eines Himmelskörpers dessen ganze Bahn schaut, so erkennt er in jedem Gedanken der Seele ihre ganze Natur, ihre Vergangenheit und ihre Zukunft und sieht, weil Raum und Zeit für ihn nicht existiren, auch die freien Thaten der Geister als stets gegenwärtige. Auch das Zufällige sieht er nicht als ein aus einem (für uns verborgenen) Causalgrunde sich Entwickelndes, sondern er sieht es, weil Alles, was geschieht, vor ihm offen liegt. Gott, der immer Gleiche, mit sich absolut eins, offenbart sich in der Natur und Geschichte nicht nur der Völker, sondern auch des Einzelnen. Seine unendliche Kraft erweckt unsere endliche, und weil er der Urvernünftige, der nach Zwecken Schaffende, der Allheilige ist, so erkennen wir in der Welt Vernunft, Zweck und Sittengesetz. Wir erkennen ihn nach dem Maasse unserer Vollkommenheit und soweit er sich, zunächst im religiösen Gefühl, uns offenbaren will, aber immer nur innerhalb der Schranken der menschlichen Natur. Nur wenn das Absolute als absoluter Geist gefasst wird, wird eine Einsicht in das geistige Leben der Weltwesen möglich, und die Welt selbst erscheint als ein vernünftig zweckmässiges Universum, gesetzt durch ein frei-nothwendiges, absolut vernünftiges Urwesen zu ihrer Glückseligkeit und seiner Verherrlichung. Diess ist der Begriff der Finalität, nach welchem die Welt Entfaltung ewiger Ideen mit bewusstem Endziel ist, ein ideales Kunstwerk, das zwar in jedem Moment zweckmässig und vernünftig ist, doch aber erst mit seiner Vollendung herrlich und verklärt erscheint. Jedes Wesen ist zugleich für sich selbst und für das Ganze da. In der Naturphilosophie wird sich Gottes Heiligkeit unter der Form der Nothwendigkeit in Wahrheit offenbaren, in der Geistersphäre als Güte und Freiheit, im ganzen Universum als Schönheit und dasselbe als das höchste Kunstwerk, dem Gott mit seinen Gedanken immanent ist. Dem Zwecke der höchsten Vollkommenheit gemäss, da die Welt das ganze Wesen Gottes wiederspiegeln soll, kann in ihr auch das Princip der Freiheit nicht fehlen. Obschon daher die Gesammteinrichtung der Welt auf Gottes Willen beruht, so besteht doch innerhalb derselben auch

der individuelle Wille der selbstbewussten intelligenten Wesen. Diese
können den absoluten Zweck der Schöpfung fördern oder hemmen,
ohne im letzteren Falle eine mehr als momentane Störung des grossen
Entwicklungsprocesses herbeizuführen. Die zeitlichen Mängel und
Unvollkommenheiten thun dem letzten ewigen Zwecke der Welt um
so weniger Eintrag, als sie nur die Form, nicht die Substanz betreffen, oder nur Bedingungen und Vorbereitungen für eine höhere
Stufe sind und überwunden werden. Ein Theil von ihnen ist durch
die freien Geister selbst gesetzt; daher sind auch Leiden und Uebel
dem absoluten Zwecke der höchsten Vernunft nicht entgegen und
lassen zuletzt die ewige Macht und Weisheit nur strahlender hervortreten. Die Weltbürger stellen mit allen ihren Lebendigen nicht
die Vollendung der Welt, sondern verschiedene Entwickelungszustände
dar, in ihnen erscheint nicht das absolut, sondern das relativ Vollkommene, welches eben darum in den vernünftigen Wesen die
Sehnsucht und das Streben nach der höchsten Vollkommenheit
lebendig erhält. Die Welt ist allseitig, wie der Geist, der Mechanismus ist in der Natur eine secundäre Erscheinung. Alle mechanishe
Thätigkeit setzt dynamische voraus. Die Form der Naturwesen ist
nicht aus mechanischen Gesetzen, sondern aus ihren prototypischen
Urbildern zu erklären. Die innere Natur jedes Wesens spricht sich
in seiner äusseren Gestalt aus. Die Welt ist das sichtbar gewordene
Ideensystem Gottes. Die Naturgesetze sind nur die Formen, unter
welchen sich die Qualitäten der Dinge aussprechen und ihnen von
der weltordnenden Macht zugleich mit den Qualitäten gegeben. Die
unendliche Mannigfaltigkeit der Dinge ist in dem Reichthum der
göttlichen Ideenwelt begründet.

Soviel mussten wir aus dem allgemeinen Theil des vorliegenden
Werkes herausheben, um den Grundstandpunkt des Verfassers in
seiner ganzen Bedeutung erkennen zu lassen. Das Vorgetragene
rechtfertigt die Behauptung, dass der Verfasser in den obersten
Principien der Naturphilosophie tiefer vorgedrungen ist, als die meisten
der jezt lebenden namhafteren Naturforscher. Zu der Tiefe des
Verfassers erhebt sich weder A. Lange, noch Planck, noch Helmholtz, noch Dubois-Reymond, noch auch E. von Hartmann. Das
Studium Baader's ist nicht zu verkennen. Ihm tritt er unter den
neueren Philosophen am nächsten in der Gottes- und Schöpfungslehre,
wenn er auch in Anderem und Späterem sich von ihm entfernt.
Gross ist das Verdienst des Verfassers, die Naturphilosophie wieder
auf ihr wahres Princip zurückgeführt zu haben mitten in dieser
Fluth naturalistischer und materialistischer Schriften, welche alles
tiefere Denken zu ersticken drohte. Wie meistens das Gediegene

nur langsam zu wirken pflegt, so wird auch dieses Werk einige Zeit brauchen, bis es sich allgemeinere Beachtung errungen haben wird. Aber es kann von den Naturforschern doch auf die Länge nicht ignorirt werden. Nicht als ob die Principien des Verfassers durchaus genügen könnten, aber es ist schon ein grosser Schritt, gezeigt zu haben, dass die Naturphilosophie sich nicht vollenden kann, ohne auf die Idee Gottes als des absoluten Geistes zurückzugehen.

Der specielle Theil des Werkes nimmt bei weitem den grössten Theil des Ganzen in Anspruch. Die Kenntnisse des Verfassers erstrecken sich über alle Zweige der Naturwissenschaft und in Grundzügen verbreitet sein Werk sich über alle. Wir besprechen davon nur solche Punkte, die ein vorwiegend philosophisches Interesse darbieten.

Die Betrachtung der Erscheinungen und Formen der Natur schreitet von der der Stoffe und Kräfte zu jener der individualisirten Naturgestalten fort.

Als ursprünglichste und zugleich allgemeinste Position der weltsetzenden, weltbewegenden Kraft statuirt der Verfasser den Weltäther, durch welchen die zwei allgemeinsten Erscheinungen im Universum, die Schwere und das Licht, welche durch das ganze Weltall reichen, zu Stande kommen. „In der Schwere spricht sich die allgemeine Beziehung aller Materie zu einander aus, durch das Licht werden die Weltdinge in die Sichtbarkeit eingeführt. In der ersten Form, der sich zusammenfassenden Kraft, ist das Urthema aller concreten Gestaltung, alles Fürsichseins, alles Innerlichen und Nächtlichen gegeben, in der zweiten das Urthema aller Offenbarung, alles Aufgeschlossenseins, Füreinanderseins. Ohne Aether kein Licht, sondern schwarze Nacht durch den ganzen Raum. Die erste Form hat einen centripetalen, die andere einen centrifugalen Charakter: die erste strebt nach Ruhe, die zweite nach Bewegung." Es war zu erwarten, dass dem Verfasser die herrschende Atomistik nicht genügen werde. Er verwirft in der That die Annahme absolut fixer Atome, da die Materie in ewigem Flusse und Wandel begriffen sei und bekennt sich zu der Annahme werdender und vergehender, nur vorübergehend fixirter Atome, zu welchen die Materie punktualisirt und specifisch bestimmt werde. Es ist klar, dass der Ausdruck: Atome, hier seine eigentliche Bedeutung verliert. Der Verfasser befindet sich hierin nicht bloss im Einklang mit Baader, Schelling und Hegel, sondern auch mit den Naturalisten Lange und Planck, deren scharfsinnige Kritik der Atomistik nicht ohne Wirkung bleiben wird.*)

---

*) Geschichte des Materialismus und Kritik seiner Bedeutung in der Gegen-

Nachdem der Verfasser sich eingehend über die schwingenden Bewegungen des Aethers und der Materie, das Licht, die Wärme, den Schall, die Elektricität, den Magnetismus, den chemischen Process und die Aequivalenz der Kraft im Process ihrer Wandlung lehrreich verbreitet hat, wendet er sich der Betrachtung der individualisirten Naturgestalten zu. Sein dynamisches Princip befähigt ihn, zu zeigen, dass Wärme, Licht, Elektricität, Magnetismus und chemischer Process in näherer oder entfernterer Verwandtschaft stehen und dass alle Vorgänge innerhalb dieser Kraftwirkungen in einander übergehen und sich in einander umwandeln lassen. Besonders der chemische Process gibt dem Verfasser erneuten Anlass, sich gegen die Atomistik, wenn sie mehr als ein Hülfsmittel der Rechnung sein will, zu erklären und damit die Annahme einer bestimmten Anzahl unabänderlicher fixirter Grundstoffe abzulehnen. Es gibt nach ihm nur einen einzigen Grundstoff und dabei nicht einige sechzig oder siebzig, sondern unzählige Materien, so viele als Arten von Körpern vorhanden sind. „Man kann nicht behaupten, denselben Stoff vor sich zu haben, wenn keine der Eigenschaften desselben existirt und die sogenannten Elemente erst dann wieder hervortreten, wenn die Körper, welche sie bildeten, als solche zerstört sind." Endlich sieht man einmal von einem Naturforscher die kenntniss- und geistreiche Philosophie der Chemie von Karsten (1843) erwähnt, welche längst gezeigt hat, dass die Chemie und folglich die Naturwissenschaft überhaupt nicht an die Atomistik gefesselt ist.

Schon in diesem Zusammenhang verwirft der Verfasser die flache Ableitung des Organischen aus dem Unorganischen, *) indem er vortrefflich sagt (S. 135 ff.): „Bei den organischen Wesen bestimmt offenbar nicht die chemische Zusammensetzung deren specifische Natur, und die grössten Autoritäten, unter ihnen Liebig, sind der Ansicht, dass diese nicht aus chemischen und physikalischen Verhältnissen erklärbar sei, sondern ein unbekanntes Etwas, was man Lebenskraft nennt, erfordert. Aehnliches gilt auch für die unorganischen Wesen, die nicht als Produkte ihrer vermeintlichen Bestandtheile vorgestellt werden dürfen, sondern als Bildungen, welche nach ihrer specifischen Natur diese oder jene materielle Artung zeigen." Die Lehre von der Verwandlung der Kräfte ineinander nach bestimmten Aequivalentverhältnissen hebt die Atomistik in der Wurzel auf und lässt sie nur als ein fictives Hülfsmittel der

wart von Fr. A. Lange (1866) S. 362, 364 ff., 378 ff. Seele und Geist etc. von K. G. Planck (1871) S. 37, 44 ff., 65, 98, 218, 221 ff., 631, 637, 638 ff.
*) Vergl. Planck: Seele und Geist S. 234 ff.

Rechnung fortbestehen. Daher hat C. G. Carus (Natur und Idee oder das Werdende und seine Gesetze, 1861 S. 59) die unendlichen einzelnen Kräfte als Metamorphosen einer Urkraft betrachtend, es merkwürdig gefunden, dass man die Kraftverwandlungslehre R. Mayer's als eine neue wichtige Entdeckung angekündigt habe. Mit Recht erschien sie ihm als nichts weiter, denn als eine durchaus dankenswerthe Erläuterung eines Satzes, den die Naturphilosophie (von Baader, Schelling, Hegel, Oken an) längst kannte. Mayer hat sie nur von den Voraussetzungen der Atomistik her gewonnen, ohne inne zu werden, dass sie die Atomistik aufhebt.

In dem folgenden Abschnitt über die individualisirten Naturgestalten kommen in Betracht die kosmischen Individuen oder Himmelskörper: die Sonne, Nebelflecke, Sternhaufen, Weltinseln, unser Sonnensystem: der Centralkörper, die peripherischen Körper (die rythmischen und endogenen, die Monde, die arythmischen, meist exogenen Körper, Meteoriten, Kometen und Sternschnuppen, Kometen, woran sich die Untersuchung über Entstehung und Bildung der Weltkörper anschliesst. Es sind diess durchaus lehrreiche Entwicklungen auf dem Grunde der älteren wie der neuesten (bis 1869) Forschungsergebnisse. Dann folgen Ausführungen über die Erde, die Feste, die Structur der Erdrinde, das Meer und die Gewässer des Landes, das elektrische Erdorgan, die Atmosphäre, die Phänomenologie der Erde und die Entwickelungsgeschichte der Erde. Einfachheit und Klarheit der Darstellung wetteifern in diesen Entwickelungen mit der Fülle und dem Reichthum der vorgeführten Thatsachen und der Beleuchtung der verschiedenen Hypothesen, bezüglich noch nicht vollkommen erklärter Erscheinungen. Vom Reiche der Mineralien gibt dann der Verfasser einen vortrefflichen gedrängten Umriss mit leitenden philosophischen Gedanken. Ueber die Krystalle, Krystalloide, Pseudomorphosen, die Edelsteine, Metalle werden geistvolle Andeutungen gegeben.

In dem IV. Abschnitt: Die organischen Wesen der Erde, handelt der Verfasser von den allgemeinen Verhältnissen, vom Begriff des Organismus, von den Stufen der organischen Natur, von dem organischen Individuum, von der naturgeschichtlichen Art (Species), von der Gliederung des Organismus (die organische Ursubstanz und die Elementartheile, die Organe und Functionen zur Erhaltung des Individuums, Zeugung und Fortpflanzung, Entwicklung, die jungfräuliche Vermehrung, der Generationswechsel, Missbildungen), von der Krankheit, von den Heilmitteln und Giften, vom Tode, von der ersten Entstehung organischer Wesen, von der chronologischen Ausbildung der organischen Natur, von den gegenseitigen Beziehungen

der organischen Wesen, von den Aehnlichkeiten in Form und Farbe
bei Thieren und Pflanzen und von der Conformation der organischen
Reiche. Getreu seiner tiefgedachten theistisch-organischen Auffassung
zeigt der Verfasser zunächst, dass das Princip eines Weltkörpers
zuerst seine Sphäre gestaltet, dann die Differenzen in seiner Masse
setzt, und zuletzt die organischen Wesen auf ihm hervorruft. „Der
Urerde waren alle Prototypen immanent, deren Verwirklichung wir
nun schauen, und von denen immer die früheren die späteren vorbereiteten. In der Urerde waren weder die Organe des Planeten,
noch seine unorganische und organische Welt geschieden, sondern
in einer Indifferenz verschlossen, welche später zu chemischem,
organischem, geistigem Leben sich so entwickelte, wie eben im Keime
eines Menschen sein leibliches, seelisches und geistiges Wesen verschlossen ist und erst nach und nach zur gesonderten Darstellung
gelangt. Weil die Entwickelung in der Zeit vor sich geht und die
niederen Stufen vor den höheren auftraten, so s c h e i n t es, als
wenn das Höhere aus dem Niederen, der Geist aus der Materie
entstände. Die verschiedenen Organisationsstufen müssen als nothwendige Entwickelungsphasen mit bestimmtem Fortgang und Ziel
gefasst werden, in deren Nebeneinanderbestehen der ganze reiche
Inhalt der ihn erfüllenden Ideen dargelegt ist, z. B. auf der Erde
von der unorganischen Materie bis zum freien Geiste. Auf die Lehre
Baader's, nach welcher zwischen der primitiven und einer secundären
Schöpfung zu unterscheiden sei, geht der Verfasser nicht ein.

Davon einmal abgesehen, entwickelt der Verfasser den Begriff
des Organismus vortrefflich und zeigt sehr gut, wie das Organische
den chemischen Process zum Mittel herabsetzt und wie die unzähligen
für die Organismen charakteristischen Formen auf die schöpferischen
Ideen zurückweisen. Ueber die Stufen der organischen Natur verbreitet sich der Verfasser ungemein lehrreich und fasst das Ergebniss
seiner Untersuchungen trefflich in die Worte zusammen: „Der höhere
Organismus nimmt immer auch die Bestimmungen des niedern mit
in sein Wesen auf, schreitet aber über sie hinaus. Das Thier hat
auch die Pflanze in sich, der Mensch die Pflanze und das Thier.
Der menschliche Organismus wiederholt nicht bloss die Processe
der unter ihm stehenden Stufen, sondern veredelt sie und wird dadurch zum entsprechenden Organ des Geistes, was kein Thierleib
sein könnte. Im Menschen ist sowohl ein finsterer Grund, als das
Licht, welches diesen erleuchtet, sowohl das verzehrende Feuer als
die liebevoll schaffende Kraft. Beim Einblick in das Leben der
Menschheit eröffnet sich eine unendliche Tiefe, in der man nicht
nur die treibenden Kräfte der Welt, sondern auch das Walten Gottes

schaut, insofern dieser die sittliche und erziehende Macht der Geisterwelt ist." In der Untersuchung über die naturgeschichtliche Art
weiss der Verfasser mit Kenntniss und Scharfsinn die extremen
Auffassungen nach beiden Seiten zu vermeiden und sich in der
richtigen Mitte zu halten. Er hält nach Befund der Thatsachen an
dem wesentlichen Unterschiede der Varietät und der Art fest und
unterlässt nicht, darauf hinzuweisen (S. 380), dass der Darwinianer
Kabsch (das Pflanzenleben der Erde) zugeben muss, dass noch
Niemand Umbildung einer Art in eine andere beobachtet habe,
wogegen es nicht als Beweis der Wirklichkeit gelten kann, dass die
Umbildung unbeobachtet stattgefunden haben könne. Doch ist der
Verfasser beziehungsweise nachgiebig genug zu sagen: „Es dürften
die Arten Wirklichkeiten sein, wenn auch nicht für alle Zeiten
geltende. Die gewöhnlichen Einflüsse innerhalb desselben Erdalters
mögen hinreichen, Bastarde, Rassen, Varietäten — namentlich an der
Grenze der Verbreitungsbezirke — zu erzeugen; Umgestaltung der
Arten, Hervorrufung wirklich neuer Gestalten scheint noch andere
Kräfte zu erfordern, wie sie zwischen den geologischen Perioden
hervorgetreten sind, die keineswegs immer unmerklich ineinander
flossen. . . . Die Art besteht so lange, bis die schöpferische Bewegung, deren Product sie ist, über sie hinaus zu anderen Formen
schreitet."
Nach den an Thatsachen und Gedanken reichen Entwickelungen
über die Gliederung des Organismus zieht der Verfasser auch Krankheit, Heilmittel, Gifte und Tod in seine Untersuchung.
„Die Krankheit ist das Nichtseinsollende, Widersprechende,
Verkehrte, Naturwidrige, eine positive Alteration und Depravation,
wie die Sünde in der sittlichen Welt, und hat wie diese ihre Gesetze, ihre Krisen, bestimmten Verlauf und Consequenzen, verursacht
wie diese Schmerz und Leiden. . . . In der Krankheit geht die
Harmonie in Disharmonie, die Ordnung in Zerrüttung über. Werden
die Dissentirenden nicht von den treugebliebenen Lebensmächten
überwunden, so endigt die Krankheit mit theilweisem oder allge-
meinem Sterben. Gemeinschaftlich ist allen Krankheiten die Störung
der Umbildungs- und Verjüngungsvorgänge in den Elementartheilen
des Organismus. Ihr Ziel ist die Vernichtung des Organismus oder
einzelner Energien und Theile desselben, die Krankheit ist wesentlich
Todesprocess. — Wäre die Krankheit nicht, so wüssten wir nichts
von der Gesundheit, so wenig als vom Guten, wenn das Böse
nicht wäre."
Hier genügen die Ansichten des Verfassers nicht. Nach seinen
Voraussetzungen sind die Widerstreite der Naturkräfte unabtrennbar

von ihren Wirkungen und nothwendig in der unorganischen wie in der organischen Natur, womit in der letzten Krankheit und Tod als nothwendige Vorgänge gesetzt sind. Im Widerspruch damit erklärt er nun die Krankheit für das Nichtseinsollende, Naturwidrige. Wenn nach ihm das Sterben der lebendigen Wesen nothwendig ist, wie soll da der Todesprocess, die Krankheit, das Nichtseinsollende sein? Wenn es wahr wäre, dass wir nichts von der Gesundheit wüssten, wenn die Krankheit nicht wäre, nichts vom Guten, wenn das Böse nicht wäre, so müsste die Krankheit und das Böse nothwendig sein, ja sie müssten, wenn nicht der Gesundheit und dem Guten vorausgehend, sie doch stets begleitend und unabtrennlich von ihnen sein.

Der Verfasser zieht etwas später bei der Betrachtung der Gifte, Giftpflanzen und Giftthiere die Aeusserung Snell's an: „Ist ein Göttliches in der Natur, so ist auch ein Diabolisches darin. Im Jubel des Lerchengesangs spricht sich das heilige Gefühl des ewig schaffenden Triebes aus; die Giftthiere fluchen ihrem Schöpfer wie die gefallenen Engel oder die Verdammten." Aber er äussert sich nicht über diesen frappanten, in dieser Fassung leicht als manichäisch missdeutbaren Ausspruch; der Verfasser gibt überhaupt vom Bösen, von der Krankheit, von den Giften, von den Naturrepetitionen, vom Tode der lebenden Wesen und der Menschen keine genügende Erklärung. Jedenfalls hätte er gut gethan, Baader's auf diese Fragen bezügliche Lehren in ihrem ganzen grossen Zusammenhang zu studiren und zu prüfen.

In der Untersuchung über die erste Entstehung organischer Wesen und die chronologische Ausbildung der organischen Natur nimmt der Verfasser eine sehr bemerkenswerthe Stellung ein. Vor Allem räumt er nicht ein, dass auch durch die neuesten Untersuchungen von H. Hoffmann, Schaafhausen, Wyman, Keferstein, Pasteur die Unmöglichkeit der generatio aequivoca für gewisse niederste Organismen, wie Pilze und Vibrionen erwiesen sei. Den Darwinismus bestreitet er in der Hauptsache und lässt ihm nur eine sehr untergeordnete Anwendbarkeit. Darwin erscheint ihm offenbar flach, wenn er ein Gesetz nothwendiger Vervollkomnung nicht annimmt und keinen Plan in der Schöpfung anerkennt, obgleich er wenigstens anfänglich nicht Materialist war. Wenn Darwin nach der langweiligen Theorie der schneckenbewegungsgleichen, mechanisch von äussern Einwirkungen bedingten, allmäligen Entwicklung und Umänderung der organischen Wesen auch jede Fähigkeit des Geistes nur (schneckenganggleich) stufenweise erworben werden lässt, so erinnert der Verfasser mit Recht an die Genie's, welche unberechenbar

und meteorartig zu allen Zeiten kommen und von denen die eigentlich
neuen Bahnen und Schöpfungen ausgehen. Er hätte hinzufügen
können, dass auch in der Naturentwickelung ein Analogon des
Genialen nicht fehlen könne. Mit vollem Rechte sagt der Verfasser,
dass die grossen Schwierigkeiten, welche der Lehre Darwin's ent-
gegenstehen, mit aller Anstrengung nicht haben hinweggeräumt werden
können. Vor Allem stehe ihr schon entgegen, dass äussere Umstände
und Gebrauch oder Nichtgebrauch von Organen wohl kleinere Aenderungen hervorbringen, aber nie den Typus zu verändern vermögen.
Durch die unzähligen Züchtungsversuche seit alter Zeit mit Tauben
und dem indischen Buschvogel habe man wohl sehr viele Varietäten,
aber keine neue Art erhalten. Sitten und Instinkte der Thiere seien
sich seit vielen Jahrtausenden gleich geblieben. Nach einer Reihe
von Nachweisungen gegen Darwin äussert der Verfasser treffend:
„Das Unzureichende Darwin'scher Anschauungen zeigt sich am
deutlichsten bei grossen Verhältnissen, und es ist sehr übertrieben,
von dieser Lehre eine gänzliche Umwandlung der ganzen menschlichen Weltanschauung zu erwarten, wie manche ihrer Anhänger
glauben." Hätte beim Erscheinen des Darwin'schen Werkes über
die Entstehung der Arten Deismus, linkshegel'sche geistreichconfuse
Dialektik und geistloser Materialismus das Denken so vieler nicht
angegriffen und verdorben gehabt, so würde dasselbe kein so grosses
Aufsehen gemacht haben und nur wegen seines zusammengespeicherten
Materials von Kenntnissen und seiner Anregungskraft vorzüglich
geschätzt worden sein. Dass es eine grosse Aufregung hervorrief,
hängt genau mit den ausschweifenden Hoffnungen der Materialisten
zusammen, die sie an den Darwinismus in seiner weiteren Entwicklung zu Gunsten des Siegs ihrer Lehren knüpften. Darwin
selbst hat aber bisher seinen deistischen Standpunkt nicht verlassen und
huldigt keineswegs principiell dem Materialismus. In seinem dritten
Werke (Die Abstammung des Menschen und die geschlechtliche
Zuchtwahl von Ch. Darwin, übersetzt von V. Carus S. 55) schreibt
er dem Glauben an die Existenz eines allmächtigen Gottes ver-
edelnde Wirkungen zu und sagt: „Natürlich ist diese Frage (ob
der Mensch schon ursprünglich eine Idee von Gott gehabt habe)
von der anderen höheren völlig verschieden, ob ein Schöpfer und
Regierer des Weltalles existirt und diese ist von den grössten
Geistern, welche je gelebt haben, bejahend beantwortet worden."
Es ist daher nicht wohl zu bezweifeln, dass Darwin sich in dieser
Frage in Einklang mit den grössten Geistern weiss. Wenn der
Verfasser den Darwinismus, als Abstammungslehre, bis zu einem
gewissen Grade berechtigt nennt, so geschieht es, weil er zeigen

zu können glaubt, dass seit den ältesten Zeiten Aenderungen auf
der Erde und eine Umwandlung der Organismen stattgefunden
habe, aber nur zum Theile durch die jetzigen allmälig wirkenden
Kräfte und bei den Organismen (nur zum Theil) durch natürliche
Auswahl und Anpassung an die äusseren Verhältnisse. Es steht
ihm allerdings fest, dass mit den Veränderungen der Erde sich
auch die organische Natur geändert habe. Nach ihm muss man
zugleich eine Anzahl gewaltiger, rascher verlaufenden Aenderungen
auf dem Planeten annehmen, verbunden mit potenzirter Entwicklung
der Organisation und Untergang nicht mehr lebensfähiger Theile
derselben, wie der Trilobiten am Ende der paläozoischen Zeit, der
Ammoniten und grossen Landsaurier am Ende der mesozoischen.
Die Erdalter, eine Zeit lang gleichmässig verlaufend, endigten mit
Katastrophen, und mit dem Eintritt einer neuen Periode fand auch
theilweise Erneuerung der organischen Natur statt. Im selben Erdalter erlitt die Organisation nur eine geringe Veränderung, die
grossen Aenderungen waren an die Entwicklungskrisen der Erde
gebunden. Es ist denkbar, dass jene ersten still und allmälig er-
folgenden Aenderungen die Species vorbereiteten und reif machten
zu jenen rasch und in bedeutendem Grade vor sich gehenden grossen,
die dann wohl den Schein erzeugten, als fehle zwischen den alten
und neuen Typen jede Vermittlung. Die einzelnen Erdalter hatten
ihre bestimmte Thier- und Pflanzenwelt, die alten Formen ver-
schwanden und mit den neuen Zuständen waren neue Formen da.
Zwar rettete sich ein Theil der früheren Wesen in die neue Ordnung der Dinge, war in ihr lebensfähig und bequemte sich unter
Modificationen des Baues an. Es war keine Katastrophe ganz
allgemein. Es muss hier ein Princip gewaltet haben, welches nicht
nur langsam und unwesentlich umzubilden, sondern auch Neues zu
erzeugen vermochte, dasselbe Princip, welches den grossen Schritt
von der unorganischen zur organischen Natur vollbrachte. Wechselnde
Hebungen und Senkungen waren in früheren Erdperioden häufiger,
rascher und stärker als gegenwärtig. Die letzte grosse Aenderung
der organischen Natur und die gegenwärtige Gestaltung der Land-
massen fand am Ende der Tertiärperiode statt, wo sich mächtige
Gebirge, wie der Himalaya und Caucasus erhoben haben und dann
eine Zeit grosser Fluthungen, die Diluvialzeit, kam. Noch vor derselben ist der Mensch auf den Schauplatz des Lebens getreten, hat
die gegenwärtige Erdperiode eröffnet und gibt derselben ihren unterscheidenden Charakter. Seitdem scheint mehr Gleichgewicht und
Ruhe in die Erdnatur eingetreten zu sein, so dass die Aenderungen
fast nur in der Bildung neuer Rassen, die Verbreitung, das Ausrotten

einiger, das Herrschendwerden anderer Arten betreffen und selbst dieses nur unter bedeutender Mitwirkung des Menschen." Diese Umrisse der Entwickelungsgeschichte der Erde und der organischen Wesen auf ihr ist geistvoller und tiefer als Darwins scheinbar verstandesmässige, in Wahrheit aber phantastische, in einer Unsumme unhaltbarer Hypothesen sich tummelnde Lehre. Würde er erst den Gottes- und Schöpfungsbegriff tiefer erfassen und seinen englischen Deismus zum deutschen Theismus gestalten, so würde er auch von der mechanischen Naturauffassung zur dynamischen und organischen fortschreiten.

In den drei letzten Abschnitten seines Werkes wird vom Verfasser in reicher Ausführung das Reich der Vegetabilien, der Thiere und der Menschheit vortrefflich auseinandergelegt. Da er indes dem tiefen Standpunkt des ideal-realen Theismus zwar näher tritt, ihn aber nicht völlig erreicht oder festhält, so bleiben da und dort einzelne unzulängliche Punkte zurück. Der auffälligste vor allen tritt am Ende seines Werkes hervor, wo sich zeigt, dass er den Anlass und Grund der Materialisirung der irdischen Natur nicht kennt und ebensowenig die Möglichkeit ihrer Umwandlung, Vergeistigung und Verklärung. Die moderne Lehre der mechanischen Wärmetheorie nimmt er als hypothetisch gültig an, „wenn sie nicht durch ein anderes, unbekanntes, welterneuerndes compensirt werde." Schon Rosenkranz (Ueber Helmholtzens Beweis für den endlichen Stillstand des Weltalls*) hätte ihm zeigen können, dass jene mechanische Wärmetheorie-Folgerung auf capitalem Irrthum beruhen muss und beruht. Man muss von allen Göttern, d. h. von allem tieferem Verstande verlassen sein, wenn man es auch nur für möglich erachten kann, dass „im Laufe langer Zeiten endlich alle lebendige Kraft in Wärme umgesetzt werden muss, so dass die Erde, die Sonne und überhaupt alle Weltkörper zuletzt dunkel, kalt und starr werden, und alle Organisationen auf denselben untergehen müssen." Als ob diess nicht bloss möglich, sondern auch völlig ausgemacht sei, trotz seines ausgedrückten leisen Zweifels. fährt der Verf. fort: „Dann bleibt nur das Universum selbstbewusster Geister, die neben und um den ewigen Geist ein keinem weiteren Wandel unterworfenes Leben der Verklärung, Seligkeit und relativen Vollkommenheit haben, ein Leben, unfassbar reich an Fülle harmonisch ineinander greifender himmlischer Kräfte und Phänomene, und wie der ewige, nicht gewordene

*) Gelesen in der physikalisch-ökonomischen Gesellschaft zu Königsberg am 28. Mai 1856. Neue Studien von K. Rosenkranz, I. Band.

Geist das Erste war, so wird das Endziel seiner Offenbarung und als Produkt der Weltentwicklung die geschaffene Geisterwelt das Letzte sein."
Nur durch ein Vergessen oder Verleugnen des Dynamismus
seiner Naturphilosophie kann der Verf. die Ungeheuerlichkeit der
mechanischen Wärmetheorie auch nur als möglich erachten. Nur
durch ein Vergessen seiner Annahme der Anfangslosigkeit der Weltschöpfung (welche auch die Endlosigkeit des göttlichen Schaffens
verlangen würde) kann er zu einem Ziel und Ende der Weltentwickelung in einem keinem Wandel unterworfenen Geisterreiche gelangen. Nur durch ein Vergessen seiner Behauptung eines nur
relativen Unterschiedes von Natur und Geist als der totalen Offenbarung des absoluten Geistes kann er dazu kommen, auch nur
hypothetisch das gesammte Naturall ewiger — endloser — Erstarrung, die er sogar mit Vernichtung zu verwechseln scheint, wenn
er sagt, dass zuletzt nur das Universum selbstbewusster Geister
übrig bleiben würde, preis zu geben, wo er dann die Geisterwelt
völlig naturlos denken müsste, was er doch wieder nicht so ganz
vollkommen thut, wenn er von himmlischen Kräften und Phäno-
menen der relativ vollkommenen Geisterwelt spricht. Hätte er den
absoluten Geist mit aller Bestimmtheit als den seiner ewigen, überweltlichen, immanenten Natur mächtigen Geist begriffen, so würde
er auch eingesehen haben, dass in der Schöpfung Natur und
Geist untrennbar mit einander verbunden sind und dass Gott, wenn
er die Geisterwelt zur Vollendung führt, auch die Naturwelt zur
Vollendung erhebt, da weder Geisterwelt ohne Naturwelt, noch Naturwelt ohne Geisterwelt der Vollendung fähig sind. So rächt es
sich an dem Verfasser, dass er bei aller Bedeutung seiner mit
reichen Kenntnissen ausgestatteten Leistung in diesen und verwandten
Fragen den Tiefen Baader's aus dem Wege gegangen ist.

62.

Eduard v. Hartmann. Philosophie des Unbewussten.
Zweite vermehrte Aufl. Berlin, 1870. Duncker (Heymans).

Das Ding an sich und seine Beschaffenheit. Kritische
Studien zur Erkenntnisstheorie und Metaphysik. Ebendaselbst,
1871.

1. Die erstgenannte Schrift erschien (in starker Auflage)
1869 und fand gleich so bedeutenden Absatz, dass schon im folgenden Jahre die zweite Auflage erscheinen konnte. Es ist kein
zweites philosophisches Werk bekannt, das in Deutschland einen

gleichen Erfolg aufzuweisen hätte. *) Es erlebte gleich unzählige Anzeigen, Recensionen, Besprechungen in den gelesensten Zeitschriften und Zeitblättern, die meist mit ausserordentlicher Anerkennung, zum Theil mit Enthusiasmus diese neue Erscheinung be-
grüssten. Auch wer erhebliche Bedenken gegen den Standpunkt
und die Forschungsergebnisse des Verfassers hegt und gegründete
Einwendungen dagegen erheben zu können glaubt, wird einräumen
müssen, dass hier eine hervorragende Erscheinung vorliegt. Meister-
hafte Darstellungskunst vereinigt sich hier mit einem seltenen Umfang von Kenntnissen, aussergewöhnlichem Scharfsinn und eminenter
Gedankenkraft. Man kann das Werk nicht eigentlich systematisch
nennen und doch ist es nach einem wohldurchdachten Plane in
induktiver Methode angelegt. Nach einer Einleitung mit allgemeinen
Vorbereitungen über Aufgabe, Methode und Vorgänger, woran sich eine
Untersuchung über die Annahme von Zwecken in der Natur anschliesst, folgen drei Hauptabschnitte mit Unterabschnitten: A. Die Erscheinung des Unbewussten in der Leiblichkeit, B. Das Unbewusste
im Geiste, C. Metaphysik des Unbewussten. Es ist hier nicht der
Ort in die vielverzweigten Untersuchungen der zwei ersten Hauptabschnitte einzugehen. Auch vom dritten Hauptabschnitt können
wir hier nur den Schluss: Die letzten Principien, in Betracht ziehen.
Wille und Vorstellung sind die zwei letzten Principien, auf welche
er sich durch seine Untersuchungen hingeführt sieht. Er nennt sie
ursprüngliche Elemente, weil uns jeder Versuch, sie in einfachere
Elemente zu zerlegen, von vornherein als aussichtslos erscheine.
Gefühl oder Empfindung und Bewusstsein gelten ihm als Folge-
erscheinungen jener Principien. „Von den grossen Philosophen, behauptet der Verf., treffen mit unseren Principien am meisten zusammen Plato und Schelling, Hegel und Schopenhauer, und zwar
repräsentiren die beiden Letzteren die einseitigen Extreme (Hegel
das Logische, Schopenhauer den Willen), während Plato und
Schelling eine verknüpfende und vermittelnde Stellung einnehmen,
so zwar, dass in keinem von beiden ein vollständiges Gleichgewicht
beider Seiten vorhanden ist, sondern in Plato die Idee, in Schelling's
letztem Systeme der Wille prävalirt." Der Verf. glaubt nun das
Problem der völligen Ausgleichung der beiden Seiten gelöst zu
haben, indem er (S. 712) sagt: „Wenn auch die Zustände des Seinkönnens (des reinen Willens) und reinen Seins (der Idee, des un-
reflectirt intuitiven Vorstellens) verschieden sind, so hindert diess
doch nicht, das Wesentliche oder Substantielle beider Principien,

---

*) Jetzt (1876) liegt die siebente Auflage in zwei Bänden vor.

das, was sein kann und das, was rein ist, als Ein und dasselbe zu setzen. Sowie die substantielle Identität und nur zuständliche Verschiedenheit beider Principien anerkannt ist, haben wir Spinoza's Eine Substanz mit zwei Attributen erreicht." Diess wird weiter in den Worten ausgeführt: „Wären Wille und Vorstellung getrennte Substanzen, so würde ein unüberwindlicher Dualismus durch die Welt hindurchgehen .... Der Monismus .... wäre damit absolut aufgehoben und ein reiner Dualismus an seine Stelle gesetzt. Jetzt erst ist die heimliche Furcht vor dieser Spaltung (C. VII.) beseitigt, indem wir dieselbe als einen Dualismus nur der Attribute erkannt haben, welcher die Einheit der Substanz nicht beeinträchtigt, welcher aber unmöglich entbehrt werden kann, wo ein Prozess zu erklären ist; denn der Prozess verlangt erstens ein nicht sein Sollendes, und zweitens ein anderes, welches dieses nicht sein Sollende bekämpft.... Wenn man berechtigt ist, irgend etwas Ursprüngliches den absoluten Geist zu nennen, so ist es gewiss diese Einheit von Wille und Vorstellung, diese Eine Substanz, die hier will und dort vorstellt, das Unbewusste. Dieser unbewusste Geist ist das „Ueberseiende, welches alles Seiende ist." Ist der absolute Geist Einheit von Wille und Vorstellung, so kann er unmöglich hier wollen und dort vorstellen, sondern indem er will, stellt er zugleich vor und indem er vorstellt, will er zugleich, Wille und Vorstellung sind sich unendlich innigst durchdringend eins und darum harmonisch. Die Einheit der Substanz, des absoluten Geistes, ist eine aktuose, alle ihre Bestimmungen setzende, in der Unterscheidung einende und in der Einung unterscheidende. Würde Wille und Vorstellung im Einen Absoluten getrennt und jedes für sich wirken, so würden sie nicht Attribute derselben Substanz sein können, vollends wenn sie nicht bloss verschieden, sondern entgegengesetzt wirkten. Was dem Zerrbild des Verf. unbewusst im Hintergrunde vorschwebt, das würde er entdecken, wenn er J. Böhme an der Hand Baader's studiren wollte. Kein Anderer führt in gleicher Weise in die Tiefen Böhme's ein, indem er zugleich über ihn hinausgeht. Jeder in die Tiefe speculirende Philosoph, der die von Baader erschlossenen Tiefen Böhme's nicht kennt, wird immer in Gefahr sein, Ungeheuerlichkeiten zu unterliegen, dergleichen weder Schelling und Hegel, noch Schopenhauer und der Verf. entgangen sind.

2. Die zweite, gleichfalls von bedeutendem Scharfsinn und nicht geringer schriftstellerischer Gewandtheit des Verf. zeugende Schrift verläuft in acht Abschnitten: 1) Die subjektive Erscheinung, 2) Das transscendentale Objekt, 3) Das transscendentale Subjekt, 4) Die transscendente Ursache, 5) Transscendente und immanente

Causalität, 6) Die Kategorien als Formen des Dinges an sich, 7) Räumlichkeit und Zeitlichkeit als Formen des Dinges an sich, 8) Kritik der transscendentalen Aesthetik. Wir können hier nur die springenden Punkte der Untersuchung hervorheben.

Im 1. Abschnitt behauptet der Verfasser, dass, wenn die neueste deutsche Philosophie alle ihre grossen Wahrheiten und grossen Irrthümer auf Ideenkeime bei Kant zurückführen könne, diess in erhöhtem Masse hinsichtlich der Erkenntnisstheorie der Fall sei. Niemand, fährt er fort, hat die Probleme mehr in ihrer Tiefe aufgewühlt: Niemand ist desshalb ferner von jener glatten Widerspruchslosigkeit der Form, hinter welcher meistens nur die Oberflächlichkeit eine unbedeutende Weisheit in Paragraphen ordnet; — mehr als irgend ein bahnbrechendes Genie hat er die hohe Selbstverleugnung besessen, die Widersprüche in seiner Lehre stehen zu lassen, die er noch nicht anders als auf Kosten wohlberechtigter Gedankenelemente zu beseitigen gewusst hätte. — Ob es gerade Selbstverleugnung war, wesshalb die Werke Kant's reich genug an unüberwundenen Widersprüchen sind, soll hier nicht untersucht werden. Aber der Ruhm darf ihm nicht geschmälert werden, die schwersten Probleme in ihrer Tiefe aufgewühlt und dadurch gewaltige Anregungen und Wirkungen hervorgerufen zu haben. Es giebt (Gedanken-) Wurzelgräber in der Geschichte der Philosophie, welche wie ermüdet von ihrer gewaltigen Geistesanstrengung es nicht zur harmonischen Gestaltung ihrer Entdeckungen bringen, aber vermöge ihres Heraufschürfens bis dahin unbekannter Gedankenschätze den Gang der Geistesentwickelung auf Jahrhunderte hinaus bestimmen. Ein solcher Philosoph war Kant. Als er auftrat, fand er einen idealistischen Zug gewisser philosophischer Systeme schon vor, sah sich aber von ihrer Halbheit unbefriedigt und rang danach, dem Idealismus eine befriedigende Gestalt zu geben und durch ihn hindurch zu einer wissenschaftlichen Sicherung des Realen und so in gewissem Sinne zu einem Ideal-Realismus zu gelangen. Der Idealismus ist in den objektiven und den subjektiven zu unterscheiden. Der objektive ist zugleich der absolute und entweder theistisch oder pantheistisch. Der subjektive kann gar nicht zum durchgebildeten System sich gestalten und je mehr er sich solchem annähert, um so mehr geht er in Illusionismus über. Seinen Ursprung nimmt der subjektive Idealismus in der (unberechtigten) Verwechselung oder Vereinerleiung des Gedankens, dass das Subjekt die Bedingung des Objekts für das Subjekt ist mit dem anderen, dass das Subjekt (ebendarum) die Ursache des Objekts sei. Der erste Gedanke ist wahr, der zweite falsch. Denke ich das Subjekt aufgehoben, so ist für das-

selbe allerdings das Objekt mit aufgehoben. Daraus folgt aber
nicht, dass andere Subjekte und für diese Objekte nicht sein können
und ebenso folgt nicht, dass wenn das Subjekt gesetzt ist, es als
Ursache des Objekts gesetzt ist und sein muss, sondern nur, dass
das Objekt dem Subjekt nothwendig in seinen Anschauungs- und
Denkformen erscheinen muss. In diesen Untersuchungen bewegt
sich nun Kant's Erkenntnisstheorie mit eminentem Scharfsinn und
dicht daneben doch zugleich in einer Reihe von Widersprüchen.
Der Verfasser verfolgt diese Kantischen Untersuchungen in allen
Stadien ihrer Entwickelung mit grosser Sachkenntniss und mit hervorragendem Scharfsinn. Er weist nach, dass Kant zwar dem subjektiven Idealismus durch Erstrebung der Begründung des Realen
zu entkommen sucht, dieses Ziel aber nicht völlig erreicht, daher
man in der allerdings von Kant eingeschlagenen Richtung zum
Realen weiter als er gehen müsse (S. 77). Diess thut er denn auch
in seiner Weise und gelangt damit jedenfalls weiter als Kant gelangt
ist, wenn auch der sich ihm ergebende Pantheismus mit einem bloss
phänomenalen Monadologismus nicht genügen und nur soviel eingeräumt werden kann, dass er von seinem Monismus mit den Attributen der unreflektirt intuitiven Weisheit und des unbewussten
(blinden) Willens nur wenige, aber wichtige Schritte zu thun hätte,
um bei dem ideal- oder spiritual-realistischen Theismus anzulangen.
Der Hauptschritt wäre die Getrenntheit der Idee (Weisheit) und des
Willens im Absoluten um so mehr in deren Identität aufzuheben,
als doch im Absoluten nimmermehr getrennte und getrennt wirkende
Momente, Bestimmungen, Attribute statt finden können. Die Einheit des Absoluten, die als aktuelle nur bewusster Wille und wollendes
Bewusstsein sein kann, durchdringt und beherrscht die ganze Unendlichkeit ihrer Bestimmungen und es hilft nichts den Dualismus
der Urprincipien (Geist und Materie oder wie man den Gegensatz
immer bestimmen möge) zu beseitigen, wenn er als immanenter
Dualismus (nach dem Verfasser als reflexionslos intuitive Idee und
blinder Wille) wiederkehrt. Aus diesem immanenten Dualismus
entspringen dann die ungeheuerlichsten Dinge, die auf die Länge
nicht befriedigen können und auf die tiefern Principien zunächst
Neu-Schelling's und dann Baader's hinleiten müssen. Gerade das,
was den Fortschritt Schelling's über seinen von Spinoza stark be-
einflussten Pantheismus bezeichnet, wird bis jetzt von Hartmann mit
grösstem Unrecht als Rückschritt behandelt. Die Morgenröthe ist
ein Fortschritt aus der Nacht heraus.